“十二五”国家重点图书出版规划项目
中国社会科学院创新工程学术出版资助项目

总主编：金 碚

经济管理学科前沿研究报告系列丛书

THE FRONTIER REPORT ON THE DISCIPLINE OF ENERGY ECONOMICS

史 丹 朱 彤 主编

能源经济学学科前沿研究报告

《经济管理学科前沿研究报告》
专家委员会

《经济管理学科前沿研究报告》

编辑委员会

《能源经济学学科前沿研究报告》参与编写人员

朱　彤　吴利学　杨　帅　裴庆冰　王　蕾　聂新伟　左腾达　李久盛

序 言

为了落实中国社会科学院哲学社会科学创新工程的实施，加快建设哲学社会科学创新体系，实现中国社会科学院成为马克思主义的坚强阵地、党中央国务院的思想库和智囊团、哲学社会科学的最高殿堂的定位要求，提升中国社会科学院在国际、国内哲学社会科学领域的话语权和影响力，加快中国社会科学院哲学社会科学学科建设，推进哲学社会科学的繁荣发展具有重大意义。

旨在准确把握经济和管理学科前沿发展状况，评估各学科发展近况，及时跟踪国内外学科发展的最新动态，准确把握学科前沿，引领学科发展方向，积极推进学科建设，特组织中国社会科学院和全国重点的大学专家学者研究撰写《经济管理学科前沿研究报告》。本系列报告的研究和出版得到了国家新闻出版广电总局的支持和肯定，特将本系列报告丛书列为“十二五”国家重点图书出版项目。

《经济管理学科前沿研究报告》包括经济学和管理学两大学科。经济学包括能源经济学、旅游经济学、服务经济学、农业经济学、国际经济合作、世界经济、资源与环境经济学、区域经济学、财政学、金融学、产业经济学、国际贸易学、劳动经济学、数量经济学、统计学。管理学包括工商管理学科、公共管理学科、管理科学与工程三个学科。工商管理学科包括管理学、创新管理、战略管理、技术管理与技术创新、公司治理、会计与审计、财务管理、市场营销、人力资源管理、组织行为学、企业信息管理、物流供应链管理、创业与中小企业管理等学科及研究方向；公共管理学科包括公共行政学、公共政策学、政府绩效管理学、公共部门战略管理学、城市管理学、危机管理学、公共部门经济学、电子政务学、社会保障学、政治学、公共政策与政府管理等学科及研究方向；管理科学与工程包括工程管理、电子商务、管理心理与行为、管理系统工程、信息系统与管理、数据科学、智能制造与运营等学科及研究方向。

《经济管理学科前沿研究报告》依托中国社会科学院独特的学术地位和超前的研究优势，撰写出具有一流水准的哲学社会科学前沿报告，致力于体现以下特点：

（1）前沿性。本系列报告能体现国内外学科发展的最新前沿动态，包括各学术领域内的最新理论观点和方法、热点问题及重大理论创新。

（2）系统性。本系列报告囊括学科发展的所有范畴和领域。一方面，学科覆盖具有全面性，包括本年度不同学科的科研成果、理论发展、科研队伍的建设，以及某学科发展过程中具有的优势和存在的问题；另一方面，就各学科而言，还将涉及该学科下的各个二级学科，既包括学科的传统范畴，也包括新兴领域。

（3）权威性。本系列报告由各个学科内长期从事理论研究的专家、学者主编和组织本领域内一流的专家、学者进行撰写，无疑将是各学科内的权威学术研究。

（4）文献性。本系列丛书不仅系统总结和评价了每年各个学科的发展历程，还提炼了各学科学术发展进程中的重大问题、重大事件及重要学术成果，因此具有工具书式的资料性，为哲学社会科学研究的进一步发展奠定了新的基础。

《经济管理学科前沿研究报告》全面体现了经济、管理学科及研究方向本年度国内外的发展状况、最新动态、重要理论观点、前沿问题、热点问题等。该系列报告包括经济学、管理学一级学科和二级学科以及一些重要的研究方向，其中经济学科及研究方向15个，管理学科及研究方向45个。该系列丛书按年度撰写出版60部学科前沿报告，成为系统研究的年度连续出版物。这项工作虽然是学术研究的一项基础工作，但意义十分重大。要想做好这项工作，需要大量的组织、协调、研究工作，更需要专家学者付出大量的时间和艰苦的努力，在此，特向参与本研究的院内外专家、学者和参与出版工作的同仁表示由衷的敬意和感谢。相信在大家的齐心努力下，会进一步推动中国对经济学和管理学学科建设的研究，同时，也希望本系列报告的连续出版能提升我国经济和管理学科的研究水平。

金 碚

2014.5

目 录

第一章　2011 年能源经济学研究综述

能源经济学自 20 世纪 70 年代产生以来，研究领域随着学者们在不同时期关注不同内容而深化和扩展。尽管从学科完备性角度看，学者们对于能源经济学的内涵和外延各有见解，但从能源经济学 40 多年的发展历史看，能源消费与经济增长、能源供给与能源投资、能源消费与能源结构、能源价格与宏观经济、能源效率与影响因素、节能减排与碳排放等已经成为能源经济学长期关注的重要主题。

近年来，国内外学者围绕上述主题的研究成果很多。通过对国内外主要学术期刊的梳理，我们总结了国内外能源经济学者研究的五个重点内容。

（1）能源消费与经济增长关系研究。能源消费与经济增长之间是否存在某种关系，一直是能源经济学关注的热点。近年来国内外学者的研究不再局限于计量方法，研究对象也开始拓展到发展中国家、新型工业化国家。但是目前依然没有得到一致的结论，这说明能源消费与经济增长的关系，很大程度上受到国家差异的影响。

（2）能源效率及其影响因素研究。最近几年，国外研究能源效率这一主题的成果很少，相比之下，国内有关能源效率及其影响因素的论文较多，研究内容涉及影响中国能源效率变化的主要因素、能源效率回弹效应和能源强度等问题。

（3）能源价格研究。国内外学者关于能源价格的研究主要集中在以下三个方面：一是能源价格波动对经济增长的影响；二是石油价格与股市的关联效应；三是国际油价对碳交易和碳排放的影响。

（4）节能减排与碳排放研究。近几年来，节能减排和碳排放成为能源经济学研究热点问题。节能减排方面，国内学者重点关注中国节能潜力、节能减排的政府行为与激励机制问题。其中，测算节能潜力，引入了 DEA 的方法，构建了全要素能源潜力测算模型，弥补了传统单要素能源潜力测算模型的不足。对政府行为与激励机制问题，不少学者指出目前中国地方政府实施节能减排的动力与能力均不足，现行财权事权不对称的财政体制和政绩考核机制是地方政府实施节能减排的主要制度性障碍。国内对碳排放研究主要是对中国碳排放规模的测算与对比，主要观点是未来中国碳排放总量将持续增加，在 2030 年达到高峰。但是与相同发展程度的发达国家相比，人均排放指标远低于发达国家水平。

（5）能源领域消费者行为的研究。近年来，国内外学者开始关注能源经济学的微观领域。其中的热点问题之一便是消费者对新能源使用的支付意愿及其影响因素。例如，消费者是否购买新能源汽车主要有能源资源禀赋条件、国际市场发育和燃料相对价格（Pacini

和 Silveira，2011）、行驶里程、充电时间、燃料节约幅度（Hidrue 等，2011）、驾照数量、车辆数量、政府政策和燃料价格（Zhang 等，2011）等因素影响。

表 1　近年来能源价格研究领域与主要观点

研究领域	主要观点与结论
能源价格波动对经济增长的影响	目前研究的主要观点基本一致，即能源价格过度提高将导致经济增长放缓，却能够在一定程度上降低能源强度，优化产业结构（Ratti，2011）。国内学者①则更多关注国际能源价格（主要是国际油价）对中国宏观经济的冲击
石油价格与股市的关联效应	国外学者通过实证方法证实了原油价格对股票市场的关联性传导。石油与股市的关联存在门槛效应，因此股市受到负向冲击后恢复到均衡的速度明显快于受到正面冲击后恢复的速度
国际油价对碳交易和碳排放的影响	随着国际油价上升，世界二级 CDM 市场、自愿 OTC 和 CCX 市场的交易量显著增加，而一级 CDM 和联合履约（JI）市场受到一定冲击，发达国家减少与发展中国家的合作更倾向于内部碳交易。同时，欧盟排放交易计划（EUETS）和二级 CDM 市场碳交易价格增幅显著，自愿的 OTC 和 CCX 市场价格变化较小（王双英、李东和王群伟，2011）。祝婧然（2011）考察了能源价格波动对中国碳排放量的调节作用。结果表明：无论是能源价格变量单独作用还是与其他变量联合作用，能源价格都会对碳排放量产生不同程度的调节作用

2011 年，能源经济学的相关研究成果很多。通过对国内外能源经济学主要学术刊物的梳理，我们发现，国内外能源经济学者本年度的研究主要围绕能源消费与经济增长的关系、能源效率变化及其影响因素、能源价格与能源补贴、节能减排与碳排放以及能源工业的相关问题等主题展开。

第一节　能源消费与经济增长关系研究

自从 20 世纪 70 年代对电力与经济增长关系的研究开始，能源消费与经济增长之间的关系就一直是能源经济学的研究热点。到目前为止，依然没有得到一致的结论，争议仍在继续。Belke 等（2011）将主成分分析方法引入到协整和格兰杰因果检验分析中，通过区分 25 个经济合作与发展组织（OECD）国家的共同成分和个体成分，发现能源消费与经济增长的长期关系主要由各国的共同成分决定，从而意味着能源消费实际上是价格无弹性的。当然，可能与 OECD 国家经济比较发达、经济结构相对接近、各国之间经济联系比较紧密相关，而未必对其他类型国家同样适用。例如，Nicholas 和 Payne（2011）研究 88 个

① 严云鸿和易波波（2011）通过考察，认为国际能源价格波动对中国经济的冲击效应明显，对国内消费物价水平的冲击比对工业产出的冲击程度更大。张斌和徐建炜（2011）认为，只有当国际油价变化传导至一般价格水平上涨、要素投入变化以及货币政策调整的时候，才会显著影响中国宏观经济。

国家的电力消费与GDP增长之间的关系，他们根据世界银行的标准将这些国家划分为不同的收入组别，结果发现各发达国家之间能源消费特征存在很大区别，高收入和中高收入国家长期和短期内都存在电力消费与GDP增长的双向格兰杰因果关系，中低收入国家短期内只存在电力消费向GDP的单向关系，而低收入国家则长短期内都只存在电力消费向GDP的单向关系。这说明能源消费与经济发展的关系并不是一成不变的，特别是经济发展初期电力等基础设施建设对经济起飞可能存在制约作用。

但是，如果引入其他因素，以上结论是否稳健就值得探讨了。例如Hossain（2011）利用1971~2007年新型工业化国家数据，通过引入碳排放、对外开放、城市化等因素，更为全面地检验了能源消费与经济增长的关系，结果发现这些国家仅存在短期的经济增长向能源消费的格兰杰因果关系，长期内经济增长、城市化和开放都与能源消费和碳排放不存在格兰杰因果关系。Ratti等（2011）从投资角度具体地考察了能源价格对经济增长的影响，他们发现大部分欧盟国家中能源价格上升会导致企业投资下降，而且对工业中小企业的影响更为突出，这就意味着能源价格过度提高将导致经济增长放缓。

国内学者对中国能源消费与经济增长的关系的研究，因选取的时间序列不同以及所采用的检验方法不同，所得到的结论也不完全相同，有的甚至相互矛盾。比如，有学者利用1978~2000年数据研究发现，中国能源消费与经济增长之间存在双向的格兰杰因果关系，但不具有长期的协整性（韩智勇等，2004）；而另一些学者利用1953~2008年数据研究却发现，中国能源消费与经济增长存在长期协整关系和长期双向格兰杰因果关系（周杰琦和汪同三，2009）。

2011年，尹建华、王兆华（2011）采用E-G两步法，刘悦、杨浩然、谢和均（2011）采用Cobb-Douglas生产函数分别对1953~2008年和1960~2009年我国的能源消费和经济增长之间的关系进行了研究，他们的研究支持了周杰琦和汪同三（2009）的部分结论，即经济增长和能源消费之间存在长期协整关系的结论。不同在于，尹建华、王兆华（2011）认为存在从能源消费到经济增长的单向格兰杰因果关系，而刘悦、杨浩然、谢和均（2011）则发现经济增长是引导能源消费的格兰杰成因，但能源消费不是引导经济增长的格兰杰成因。发现存在经济增长到能源消费的单向格兰杰因果关系的学者还有林小娟（2011），李婷、邓媛方和皮中原（2011）等。①

第二节　能源效率及其影响因素研究

2011年，国外研究能源效率这一主题的成果很少，相比之下，国内有关能源效率及其影响因素的论文却非常丰富，研究内容涉及影响中国能源效率变化的各个主要影响因素、

① 林小娟采用的数据区间是1978~2010年，李婷、邓媛方、皮中原等人采用的是1979~2007年。

能源效率回弹效应和能源强度①等问题。

产业结构与能源消费结构是影响我国能源效率非常关键的因素。王强等（2011）研究发现，近40年来，中国第三产业比第二产业发展对能源效率提高具有更大推动作用，第二产业发展对能源效率提高的抑制效应尚未显现。而姜磊和季民河（2011）却认为第二产业比重的提高会降低我国能源效率。不过，他们都同意中国以煤为主的能源消费结构特征对能源效率的提高具有抑制作用。从对能源效率的影响看，中国产业结构变化影响程度比能源消费结构变化要大，因此，产业结构调整与升级是影响中国能源效率提高、节能减排政策实施的关键环节（王强等，2011）。

技术进步是影响能源效率的重要因素。研究发现，技术进步显著地与能源效率正相关，技术进步会明显提高能源效率（姜磊、季民河，2011）。屈小娥（2011）在研究中国省际工业能源效率差异的影响因素时也发现，工业R&D投入增加、资本深化有利于提高工业能源效率。

在经济发展的不同阶段，能源效率不同影响因素的作用程度差异很大。傅晓霞和吴利学（2010）研究发现：改革之前，我国工业化程度和重工业比重变化对能源效率的影响比较大，且影响为负；能源相对价格变化和技术进步影响较小。改革后工业化程度和重工业比重变化的总体影响变小，能源相对价格变化和技术进步的影响显著为正且作用很大。笔者还注意到，近几年结构和价格因素都对能源效率产生了负向贡献。这表明近几年的工业发展对能源消费需求拉动过大，而能源价格不能灵活变化进一步增加了能源消耗，抑制了能源效率的提升。

一些学者还注意到对外贸易和收入差距对我国能源效率的影响。綦建红和陈小亮（2011）研究进出口对中国工业部门能源效率的影响后发现：总体而言，增加出口会降低能源利用效率，增加进口会提高能源利用效率。不过，不同行业进出口对能源利用效率的影响存在显著差异。尹显萍和石晓敏（2010）则从能源强度角度探讨了出口贸易对能源效率的影响，得到了我国能源强度和出口贸易结构之间存在单向因果关系的结论，并指出低能耗行业组出口比重的上升对降低我国能源强度的作用远大于中、高能耗行业组出口比重下降所产生的节能影响。

陈夕红等（2011）研究了地区收入差距和城乡收入差距对我国能源效率的影响，结果发现：地区收入差距扩大对全社会能源效率的增长率影响很小，而城乡收入差距的扩大会使全社会能源效率降低，但通过城市化可以缩小城乡收入差距，进而改善全社会能源效率。不过，从能源总量约束角度看，这一研究显然忽视了能源效率的回弹效应问题。

回弹效应（Rebound Effects）主要指能源使用效率的提高并未使得能源消费减少，反而使得能源消费增加。能源回弹效应涉及各种因素对能源效率的影响效果，因而一直是能源经济学长期研究与争论的焦点。查冬兰和周德群（2010）通过构建能源效率影响下的可

① 能源强度又叫“单位产值能耗”，是反映一国综合能源利用效率的重要指标，可以看成是能源效率的另一个研究维度。

计算一般均衡模型研究了中国能源效率的回弹效应问题，发现能源效率回弹效应在我国显著存在。宣烨和周绍东（2011）则进一步讨论了回弹效应存在情况下企业的技术创新行为和中国工业行业的能源效率之间的关系。研究表明，中国工业行业的企业原始创新行为与能源效率具有微弱的正向关系，但企业二次创新行为与能源效率具有较强的正向关系。同时，技术创新对于能源效率的回弹效应主要体现在原始创新活动上。Turner 和 Hanley（2011）从回弹效应角度研究了能源效率与环境污染的关系，他们利用 CGE 模型分析了能源技术进步对苏格兰二氧化碳排放总量、强度和人均排放的影响，发现能源价格的需求弹性以及影响它的各种因素是决定环境库兹涅茨曲线的关键。

能源强度与能源效率互为倒数，能源强度可以看成是能源效率的另一个研究维度。丁建勋和曹梓珞（2011）研究了我国 1953～2008 年能源强度演变特征后发现，能源强度的倒 U 曲线演变规律在我国同样存在，并且能源强度已经超过了转折点。这意味着我国经济发展已具有了节能降耗的内在要求。

第三节　能源价格与能源补贴研究

能源价格，特别是石油价格，一直是国际能源经济学的研究热点。能源补贴是使生产者或消费者的能源价格偏离市场价格的政府干预，这在发展中国家是一个非常重要的问题。

（一）能源价格及其影响

2011 年，国内外学者关于能源价格的研究主要集中在以下四个方面：

一是能源价格波动对经济增长的影响。Ratti 等（2011）指出能源价格过度提高将导致经济增长放缓。他们发现大部分欧盟国家中能源价格上升会导致企业投资下降，而且对工业中小企业的影响更为突出。严云鸿和易波波（2011）具体考察了国际能源价格波动对中国经济的影响。研究发现，能源价格对中国经济的冲击效应明显，对国内消费物价水平的冲击比对工业产出的冲击程度更大。而张斌和徐建炜（2011）认为，只有当国际油价变化传导至一般价格水平上涨、要素投入变化以及货币政策调整的时候，才会显著影响中国宏观经济。原鹏飞、吴吉林（2011）通过构建 CGE 模型研究了国内能源价格上涨情景下我国能源消费与经济增长的综合波动特征，结果发现：能源价格上涨虽然对经济增长有不利影响，但却能够在一定程度上降低能源强度并优化产业结构。

二是石油价格与股市的关联效应。Elyasiani 等（2011）研究了原油价格对股票市场波动性和回报的影响，结果都进一步证实了原油价格对股票市场的关联性传导，特别是股票市场波动还具有更长的持续性。Zhu 等（2011）利用多国面板数据的研究发现，石油与股市的关联存在着门槛效应，从而正向冲击与负向冲击的作用差别很大，股市受到负向冲击后恢复到均衡的速度明显快于受到正向冲击后恢复的速度。

三是国际油价对碳交易和碳排放的影响。王双英、李东和王群伟（2011）研究发现，随着国际油价上升，世界二级 CDM 市场、自愿 OTC 和 CCX 市场的交易量显著增加，而一级 CDM 和联合履约（JI）市场受到一定冲击，发达国家减少与发展中国家的合作，更倾向于内部碳交易。同时，欧盟排放交易计划（EUETS）和二级 CDM 市场碳交易价格增幅显著，自愿的 OTC 和 CCX 市场价格变化较小。祝婧然（2011）考察了能源价格波动对中国碳排放量的调节作用，结果表明：无论是能源价格变量单独作用还是与其他变量联合作用，能源价格都会对碳排放量产生不同程度的调节作用。

四是能源价格自身的波动规律。Reboredo（2011）用 Copula 函数方法研究了主要市场的原油基准价格，发现各地价格存在显著的对称性波动关系，从而支持了关于国际石油市场是一个整体市场而不是一个区域性市场的假说。Radchenko 和 Shapiro（2011）分析了石油价格和天然气存货与天然气价格的关系，结果发现天然气存货变化对天然气价格的影响具有显著的非对称性，并且预期到和未预期到的石油价格波动对天然气价格影响也存在巨大差别。

（二）中国能源补贴规模

2011 年，我国学者李虹探讨了我国化石能源补贴规模及碳排放问题，测算出 2007 年中国化石能源补贴规模为 3864 亿元，如果取消这部分补贴会减少二氧化碳排放 6214.98 万吨。姚昕、蒋竺均和刘江华（2011）研究发现，2007 年我国终端能源价格补贴规模占 GDP 的份额为 4.51%。取消化石能源补贴，能显著减少一次能源消费和二氧化碳排放，但对宏观经济的冲击较大。周勤、赵静和盛巧燕（2011）认为，我国能源补贴政策提高了中国出口产品竞争力，全部能源补贴中约有 10% 通过出口产品净补贴给了国外消费者。

第四节　节能减排与碳排放研究

近几年来，节能减排和碳排放成为能源经济学研究热点问题。2011 年，国内外能源经济学者围绕节能减排和碳排放的理论与现实问题研究产生了较为丰富的研究成果。

（一）节能减排

节能减排方面，Lanz 和 Rausch 等（2011）利用一般均衡模型，在研究发电技术与减排成本之间关系时发现，各部门之间的交互影响效应非常显著，因而单从电力部门研究不

能充分反映出技术进步对减排成本的全部影响，这表明技术进步在节能减排中的实际作用可能比局部均衡分析得到的结果要大。

国内学者就中国的节能潜力、节能减排的政府行为与激励机制问题进行了研究。余泳泽（2011）依据DEA模型计算了我国节能减排潜力和效率，以及污染治理效率，研究发现：2003～2008年年均节能潜力约8亿吨标准煤，节能效率为0.671，年均COD减排潜力为312万吨，减排效率为0.393，年均二氧化硫减排潜力为1334万吨，减排效率为0.345，污染治理效率平均为0.660。朱彤（2010）分析了石化行业的节能效果与潜力及其影响因素。

其他一些国内学者则将研究视角扩展到节能减排的政府行为和机制研究方面。申亮（2011）的研究表明，地方政府实施节能减排动力和能力不足，现行财权事权不对称的财政体制和政绩考核机制是地方政府实施节能减排的主要制度性障碍，因此，要建立节能减排的长效机制，必须进行相应的制度改革。王琳、肖序和许家林（2011）构建了政府—企业节能减排互动机制激励模型，利用该模型，我们可以获得政府与企业在节能减排战略中最优的责任分摊比例，并计算企业节能减排的成本投入和各项经济、环境效益指标，从而为政府合理分摊企业节能减排压力提供科学的依据。

（二）碳排放

碳排放研究方面，Kirat和Ahamada（2011）重点研究了碳交易对欧盟（特别是在《京都议定书》中有所承诺的德法两国）发电系统二氧化碳排放的影响，结果发现在开始两年碳交易市场在德法两国都发挥了作用，发电企业都考虑了碳成本对电力生产方式的影响，但随后对德国企业的影响弱化，特别是德国碳交易市场垮掉之后发电企业又纷纷改变发电燃料结构。这对我国碳交易市场构建具有经验和教训两方面的借鉴意义。Xu等（2011）研究了出口结构对中国碳排放的影响，发现尽管技术进步导致单位产品能效大幅下降，但近年来贸易结构的剧烈变化导致2002～2008年中国出口品内嵌的碳排放不断增加，因而降低高载能产品的出口比例是减少中国碳排放的重要途径。

一些学者测算了中国未来碳排放规模并与发达国家水平进行比较。李晓明、王安建和于汶加（2010）预测了中国2030年CO_2排放情况：2030年中国CO_2排放总量将为124亿吨，人均排放约为8.5吨，CO_2排放强度为356吨/百万美元，与处于相同发展程度的美国（1994年）相比，人均排放指标和排放强度指标均不到其一半水平。王铮等（2010）估计了最优增长路径下的中国碳排放规模，发现能源消费碳排放在2031年达到高峰，为2637兆吨，对应的人均GDP低于OECD国家的实证经验；人均排放高峰出现在2030年，为1.73吨/人，远低于美国欧盟和日本2006年的水平。

此外，刘建翠（2011）预测了中国交通部门的碳排放情况。结果表明，2050年，中国达到发达国家的水平时，交通运输领域的能源消费占全社会的比重、排放的CO_2占全社会的比重分别是16%和14%左右，低于目前发达国家的比重。王长波、张力小和栗广省

(2011) 研究发现中国农村能源消费的碳排放呈现快速增长趋势：从1979年的8.89亿吨增至2007年的28.74亿吨，在全国总排放中所占比重在40%～60%。冯玲、吝涛和赵千钧（2011）分析了1999～2007年我国城镇居民生活能耗碳排放的特点，发现城镇居民生活间接能耗与碳排放始终大于直接能耗与碳排放，食品、教育文化娱乐服务和居住是居民生活间接能耗与碳排放的主要来源，人均住宅建筑面积是居民生活碳排放变化的主要影响因子。

第五节　能源工业相关问题研究

近年来，国外能源需求与供给分析的一个显著趋势就是研究微观化，即从市场微观主体的角度探讨各种能源及其相关产品的供需情况，对新能源的研究尤为突出。当然，传统的宏观研究也有一定进展，主要表现在研究方法上的改进。例如，Alberini 和 Filippini（2011）认为既有的能源需求研究存在回归方程的内生性和能源价格度量偏误两个方面缺陷，他们利用修正后的动态面板数据分析方法估计了1995～2007年美国48个州的居民用电需求，结果发现其价格弹性很高，认为碳税等能源价格调整政策能够有效减少居民用电，从而降低电力部门二氧化碳排放。

在能源相关产品需求方面，电动、生物燃料和混合动力汽车是近年来的研究热点。Pacini 和 Silveira（2011）通过比较巴西和瑞典两国消费者对乙醇和天然气汽车购买行为的比较发现，资源禀赋条件、国际市场发育和燃料相对价格是决定消费决策的关键，瑞典消费者并未像巴西消费者那样大量选择乙醇燃料，而且由于近年来天然气价格下降，部分消费者从乙醇又换回天然气。这些发现对我国新能源汽车发展有很强的借鉴意义，特别是政府政策必须考虑消费的可持续性。Hidrue 等（2011）通过问卷调查方法研究了消费者对电力汽车的支付意愿，发现行驶里程、充电时间、燃料节约幅度、污染物减排和车况五个因素中，前三个对消费者行为影响较大，但实际上如果不出现电池的大幅降价，没有政府补贴的话电力汽车在美国也很难推广。Zhang 等（2011）在南京的驾校中也做了消费者调查，发现消费者是否购买电力汽车主要取决于驾照数量、车辆数量、政府政策和燃料价格，而何时购买则还与年收入、税率等因素有关，而且这些消费决策又都受到年龄、学历、家庭规模等因素的影响。

国内学者的研究主要集中在电力行业的需求、效率和煤电关系等方面。刘畅和高铁梅（2011）探讨了中国电力行业周期波动特征和电力需求影响因素。结果表明，电力行业景气与宏观经济波动具有一致的变化趋势，但波动幅度不同；工业经济增长和经济结构重型化是影响电力需求的最重要因素；无论是长期还是短期，电价对电力需求的影响都不显著。张各兴和夏大慰（2011）研究了所有权结构、环境规制对中国发电行业效率的影响。研究发现，我国发电行业总体的技术效率水平较低，所有权结构对于发电行业技术效率存

在显著影响，环境规制与发电行业技术效率呈现U型关系。值得注意的是，该实证表明，电价、煤炭价格与发电行业效率分别呈现的正向和负向关系并不显著，但设备利用率的提高对于发电行业效率具有显著的正向影响。

张占东和张铭慎（2011）的研究发现，2005～2008年煤电矛盾导致煤电产业链的潜在福利损失平均相当于当年GDP的2.9%左右。刘冰（2011）则剖析了煤电矛盾的体制困境，并指出在渐进式电力改革策略约束下，建立利益共享下的新型煤电纵向关系，是缓解矛盾的可行之策。

邸元和刘晓鸥（2011）从传统能源电力与风电的需求替代关系出发，认为政府通过政策手段内化传统电力对社会环境的负外部性，提高传统电力的价格，将显著增加对风电的需求量，从而推动风电产业实现快速的增长。

参考文献

[1] 韩智勇，魏一鸣，焦建玲，范英，张九天．中国能源消费与经济增长的协整性与因果关系分析［J］．系统工程，2004（12）．

[2] 周杰琦，汪同三．中国能源消费与经济增长——基于因果检验和非对称协整的实证分析［J］．华北电力大学学报（社会科学版），2009（5）．

[3] 刘悦，杨浩然，谢和均．中国能源消费与经济增长——基于新古典生产函数的研究［J］．中国物价，2011（4）．

[4] 尹建华，王兆华．中国能源消费与经济增长间关系的实证研究——基于1953～2008年数据的分析［J］．科研管理，2011（7）．

[5] 林小娟．能源消费与经济增长的实证分析［J］．经济研究导刊，2011（27）．

[6] 李婷，邓媛方，皮中原．我国能源消费与经济增长的动态关系分析［J］．煤炭经济研究，2010（11）．

[7] 原鹏飞，吴吉林．能源价格上涨情景下能源消费与经济波动的综合特征［J］．统计研究，2011（9）．

[8] 王强，郑颖，伍世代，李婷婷．能源效率对产业结构及能源消费结构演变的响应［J］．地理学报，2011（6）．

[9] 傅晓霞，吴利学．中国能源效率及其决定机制的变化——基于变系数模型的影响因素分析［J］．管理世界，2010（9）．

[10] 许启钦，孙浦阳，陈思阳．贸易开放是否改善了能源效率：基于省区间比较优势非线性的实证分析［J］．上海经济研究，2011（8）．

[11] 胡宗义，刘静，刘亦文．中国省际能源效率差异及其影响因素分析［J］．中国人口·资源与环境，2011（7）．

[12] 陈夕红，李长青，张国荣，孙振．城市化进程中的收入差距对能源效率的影响分析［J］．经济问题探索，2011（7）．

[13] 屈小娥．中国省际工业能源效率与节能潜力：基于DEA的实证和模拟［J］．

经济管理，2011 (7).

[14] 金培振，张亚斌，李激扬. 能源效率与节能潜力的国际比较——以中国与OECD国家为例 [J]. 世界经济研究，2011 (1).

[15] 查冬兰，周德群. 基于CGE模型的中国能源效率回弹效应研究 [J]. 数量经济技术经济研究，2010 (12).

[16] 宣烨，周绍东. 技术创新、回报效应与中国工业行业的能源效率 [J]. 财贸经济，2011 (1).

[17] 姜磊，季民河. 技术进步、产业结构、能源消费结构与中国能源效率——基于岭回归的分析 [J]. 当代经济管理，2011 (5).

[18] 綦建红，陈小亮. 进出口与能源利用效率：基于中国工业部门面板数据的实证研究 [J]. 南方经济，2011 (1).

[19] 丁建勋，曹梓珞. 能源强度演变的倒U型规律与我国节能降耗内在动力研究 [J]. 统计与决策，2011 (6).

[20] 尹显萍，石晓敏. 工业出口贸易结构变动对我国能源强度的影响 [J]. 中国人口·资源与环境，2010 (11).

[21] 严云鸿，易波波. 国际能源价格波动对中国经济的影响 [J]. 社会科学家，2011 (7).

[22] 王双英，李东，王群伟. 国际石油价格对世界碳交易市场的影响研究 [J]. 价格理论与实践，2011 (3).

[23] 祝婧然. 能源价格与中国碳排放量的调节 [J]. 经济研究导刊，2011 (9).

[24] 李虹. 中国化石能源补贴与碳减排——衡量能源补贴规模的理论方法综述与实证分析 [J]. 经济学动态，2011 (3).

[25] 姚昕，蒋竺均，刘江华. 改革化石能源补贴可以支持清洁能源发展 [J]. 金融研究，2011 (3).

[26] 周勤，赵静，盛巧燕. 中国能源补贴政策形成和出口产品竞争优势的关系研究 [J]. 中国工业经济，2011 (3).

[27] 王琳，肖序，许家林. 政府—企业节能减排互动机制研究 [J]. 中国人口·资源与环境，2011 (6).

[28] 申亮. 实施节能减排的地方政府行为研究 [J]. 经济评论，2011 (2).

[29] 余泳泽. 我国节能减排潜力、治理效率与实施路径研究 [J]. 中国工业经济，2011 (5).

[30] 朱彤. 我国石化工业能源效率与节能潜力分析 [J]. 经济管理，2010 (10).

[31] 李晓明，王安建，于汶加. 基于能源需求理论的全球CO_2排放趋势分析 [J]. 地球学报，2010 (10).

[32] 刘建翠. 中国交通运输部门节能潜力和碳排放预测 [J]. 资源科学，2011 (4).

[33] 冯玲，吝涛，赵千钧. 城镇居民生活能耗与碳排放动态特征分析 [J]. 中国人

口·资源与环境，2011（5）.

［34］王长波，张力小，栗广省．中国农村能源消费的碳排放核算［J］．农业工程学报，2011（1）.

［35］王铮，朱永彬，刘昌新，马晓哲．最优增长路径下的中国碳排放估计［J］．地理学报，2010（12）.

［36］刘畅，高铁梅．中国电力行业周期波动特征及电力需求影响因素分析——基于景气分析及误差修正模型的研究［J］．资源科学，2011（1）.

［37］邸元，刘晓鸥．中国风电产业政策与产业发展——一项基于风电与传统电力替代性的研究［J］．经济理论与经济管理，2011（5）.

［38］张各兴，夏大慰．所有权结构、环境规制与中国发电行业的效率——基于2003~2009年30个省级面板数据的分析［J］．中国工业经济，2011（6）.

［39］张占东，张铭慎．市场势力、煤电矛盾与潜在福利损失——来自上市公司的经验证据［J］．产业经济研究，2011（1）.

［40］刘冰．我国煤电产业纵向关系：非利益共享下的体制困境与纾解策略［J］．煤炭经济研究，2011（7）.

［41］张斌，徐建炜．石油价格冲击与中国的宏观经济：机制、影响与对策［C］．中国社科院世界经济与政治所国际金融中心工作论文，No. 2011W05，2011（3）.

［42］Alberini，Anna，Massimo Filippini. Response of residential electricity demand to price：The effect of measurement error. Energy Economics，2011（33）：889 –895.

［43］Apergis，Nicholas，James E. Payne. A dynamic panel study of economic development and the electricity consumption – growth Nexus. Energy Economics，2011（33）：770 –781.

［44］Belke，Ansgar，Frauke Dobnik，Christian Dreger. Energy consumption and economic growth：New insights into the cointegration relationship. Energy Economics，2011（33）：782 –789.

［45］Criado，C. Ordás，J. – M. Grether. Convergence in per capita CO_2 emissions：A robust distributional approach. Resource and Energy Economics，2011（33）：637 –665.

［46］Elyasiani，Elyas，Iqbal Mansur，Babatunde Odusami. Oil price shocks and industry stock returns. Energy Economics，2011（33）：966 –974.

［47］Hidrue，Michael K.，George R. Parsons b，Willett Kempton，Meryl P. Gardner. Willingness to pay for electric vehicles and their attributes. Resource and Energy Economics，2011（33）：686 –705.

［48］Hossain，Md. Sharif. Panel estimation for CO_2 emissions，energy consumption，economic growth，trade openness and urbanization of newly industrialized countries. Energy Policy，2011（39）：6991 –6999.

［49］Lanz，Bruno，Sebastian Rausch. General equilibrium，electricity generation technologies and the cost of carbon abatement：A structural sensitivity analysis. Energy Economics，2011（33）：1035 –1047.

[50] Pacini, Henrique, Semida Silveira. Consumer choice between ethanol and gasoline: Lessons from Brazil and Sweden. Energy Policy, 2011 (39): 6936 -6942.

[51] Radchenko, Stanislav, Dmitry Shapiro. Anticipated and unanticipated effects of crude oil prices and gasoline inventory changes on gasoline prices. Energy Economics, 2011 (33): 758 -769.

[52] Ratti, Ronald A., Youn Seol, Kyung Hwan Yoon. Relative energy price and investment by European firms. Energy Economics, 2011 (33): 721 -731.

[53] Reboredo, Juan C. How do crude oil prices co - move? A copula approach. Energy Economics, 2011 (33): 948 -955.

[54] Turner, Karen, Nick Hanley. Energy efficiency, rebound effects and the environmental Kuznets Curve. Energy Economics, 2011 (33): 709 -720.

[55] Vo, Minh. Oil and stock market volatility: A multivariate stochastic volatility perspective. Energy Economics, 2011 (33): 956 -965.

[56] Xu, Ming, Ran Li, John C. Crittenden, Yongsheng Chen. CO_2 emissions embodied in China's exports from 2002 to 2008: A structural decomposition analysis. Energy Policy, 2011 (39): 7381 -7388.

[57] Zhang, Yong, Yifeng Yu, Bai Zou. Analyzing public awareness and acceptance of alternative fuel vehicles in China: The case of EV. Energy Policy, 2011 (39): 7015 -7024.

[58] Zhu Hui - Ming, Su - Fang Li, Keming Yu. Crude oil shocks and stock markets: A panel threshold cointegration approach. Energy Economics, 2011 (33): 987 -994.

第二章　2011 年能源经济学期刊论文精选

第一节　中文期刊论文精选

中文期刊论文的选择范围主要根据南京大学发布的 CSSCI 来源期刊确定，并经过以下程序最终选定：首先，重点考虑学术界公认的《中国社会科学》、《经济研究》、《管理世界》、《经济学（季刊）》、《中国工业经济》等权威期刊中的能源经济学文章；其次，参考其他期刊中文章的引用率进行候选期刊的补充；最后，在文章来源充足的情况下，尽可能地考虑能源经济学不同研究领域进行选择。根据以上原则，综合选择出 2011 年期刊论文 131 篇，在此基础上，经专家组讨论，最终优选出以下 15 篇文章。

基于环境绩效的长三角都市圈全要素能源效率研究*

张伟[1,2] 吴文元[2]
（1. 贵州大学管理学院 2. 上海交通大学中国都市圈管理研究中心）

【摘要】本文运用“多投入—多产出”的DEA模型，以环境生产函数（EPF）和环境方向距离函数（EDDF）为基础，将污染作为生产过程产生的负产出纳入生产理论，将传统的生产技术扩展为环境生产技术，对长三角都市圈城市群1996～2008年全要素能源效率及其成分进行了测度，并对能源效率及其成分的影响因素进行了实证分析。本文发现，在环境约束下，能源的过度使用以及废气的过度排放导致长三角都市圈能源效率增长率和能源使用技术效率增长率的降低，而忽视能源使用减排技术的提高导致能源使用技术进步增长率的降低。累积的技术效率增长率、人均GDP、单位GDP废气排放量、技术进步程度、FDI、人均能源使用量对能源效率有不同程度的影响。技术效率增长率、技术进步增长率、人均GDP、工业产值占比、单位GDP废气排放量对能源效率增长率有不同程度的影响。

【关键词】环境生产函数；环境方向距离函数；全要素能源效率；ML生产率指数

一、引 言

地处上海、江苏和浙江的长三角都市圈，自1982年以来形成近30年经济高速增长。但是，随着经济的快速发展，能源使用效率不高使得能源过度消费而导致的能源不足和环境质量下降的问题，日益成为长三角都市圈经济可持续发展的重要“瓶颈”。基于在经济快速发展过程中能源使用效率的改善能较大地缓解能源不足和提高能源使用福利水平的巨大作用，提高能源使用效率越来越受到各级政府和企业的关注。长三角都市圈15个城市①

* 本文选自《经济研究》2011年第10期。
基金项目：中国博士后基金一等奖项目“长三角都市圈能源效率研究”（20090450078）的阶段性成果，并获得国家自然科学基金（70963002）的资助。

作者简介：张伟，贵州大学管理学院；吴文元，上海交通大学中国都市圈管理研究中心。

① 长三角都市圈包括上海市，江苏省的南京市、苏州市、无锡市、常州市、镇江市、扬州市、泰州市和南通市，以及浙江省的杭州市、宁波市、绍兴市、嘉兴市、湖州市、台州市和舟山市，共16个城市。由于泰州市的相关研究数据欠缺，因此，本文的研究范围限于除泰州市以外的15个城市。

是我国经济发展水平最高的地区之一，工业化程度高，能源消费量大，随着工业化的快速推进和经济的高速增长，污染排放也呈现高速推进的态势。本文以长三角都市圈能源使用效率为研究对象，重点考察环境约束下长三角都市圈能源效率的变动趋势及其影响因素，目的是以长三角都市圈节能减排为目标，提出有价值的研究结论和政策建议。

在人类的生产活动中，能源作为一种生产要素必须和资本、劳动等其他生产要素相结合才能生产出产品。因此，经济学家提出了以全要素能源效率来衡量一个地区的能源效率，即将能源作为多种投入的一种，考虑投入要素替代在实现能源效率中的作用（Chan等，1990；Conrad，2000；Boyd等，2000；魏楚等，2007；杨红亮等，2008）。在此基础上，Hu等（2006）进一步建立起全要素能源效率的分析框架，即在给定能源投入要素的条件下实现最大产出，或者给定产出水平下实现能源投入最小化的能力，通过测度样本点相对于生产前沿的远近程度来进行相对效率比较。但是全要素能源效率仅考虑资本、劳动和能源等生产要素的投入约束，并没有考虑环境的约束，也就是仅仅考虑了合意的经济产出而缺少对使用能源产生的非合意产出污染物的考察，这会扭曲对使用能源带来的社会福利变化和经济绩效的评价，从而会误导能源政策，导致过度低效地使用能源，形成大量的污染，破坏环境。

污染物的产生源于生产技术上的无效率，而污染物减排及其成本决定环境绩效。对污染物减排如何影响产出，Chambers和Chung等做出了开创性的贡献。Chambers等（2000）和Chung等（1997）提出了基于方向性距离函数（DDF）的环境规制行为模型（AAM），污染排放被看作具有负外部性的非合意产出和合意产出一起引入生产过程，从方法论上第一次比较合理地拟合了环境因素在生产过程的制约作用，并使得捕捉环境规制的真实效应成为可能（陈诗一，2010）。在此基础上，许多学者发展并运用该模型进行了环境约束下生产效率的研究，比较典型的如Fare等（2001，2007）和Boyd等（2002）。Fare等（2007）基于“多投入—多产出”的分析框架，提出了环境生产函数和环境方向性距离函数用于考察生产过程中环境绩效，以及为达到包含环境绩效的“多投入—多产出”框架下最优生产的要素组合，即实现投入减少、产出扩张及污染物削减的生产途径。

目前，从总体上来看，国内学者对能源效率进行了广泛的研究，但是缺乏对环境约束下能源效率的研究：一是国内现有的能源效率的研究大部分没有考虑能源使用对环境质量的影响，即忽略了能源使用与环境可持续发展问题。而在节能减排的背景下，这一因素对提升我国能源使用效率和政策抉择将会产生重要影响。二是国内学者在使用全要素能源效率分析方法时大多没有考虑到产出多样性的问题，仅考虑了合意的经济产出而缺少对不合意产出——污染物的考察，这无法全面反映能源使用所带来的“好产出”与“坏产出”的两面性，将会使对能源效率的度量产生偏差。为此，本文以长三角都市圈15个城市为研究对象，对国内现有的能源效率研究的不足进行拓展：一是运用投入导向的规模报酬不变的DEA模型测度环境约束下长三角都市圈15个城市1996~2008年的全要素能源效率。二是基于环境方向性距离函数，运用ML生产率指数测度长三角都市圈15个城市1996~2008年的环境全要素能源效率增长率及其成分。三是对影响环境全要素能源效率增长率的因素进行实证研究。

本文下面的结构安排是：第二部分介绍基于 DEA 的全要素能源效率的基本原理，建立长三角都市圈 15 个城市环境生产函数模型和环境方向性距离函数模型，在此基础上，构建 M－L 的基于环境绩效的能源生产率指数；第三部分对本文所使用的变量和数据进行说明；第四部分分析实证研究的结果；第五部分计量分析全要素能源效率影响因素；第六部分计量分析全要素能源效率增长率影响因素；第七部分是研究结论。

二、研究方法

本文运用“多投入—多产出”的 DEA 模型，以 Fare 等（2007）提出的环境生产函数（EPF）和环境方向距离函数（EDDF）为基础，将污染作为生产过程产生的负产出纳入生产理论，将传统的生产技术扩展为环境生产技术，考察基于环境绩效的长三角都市圈能源效率的变动趋势及其影响因素。

（一）全要素能源效率

根据 Hu 等（2006）对全要素能源效率的界定，本文采用数据包络分析法（DEA）分析长三角都市圈全要素能源效率，我们把长三角都市圈 15 个城市中的每一个城市看作一个生产决策单位来构造每一个时期长三角都市圈生产的最佳实践边界。由于关注生产要素的投入，因此，本文将运用投入导向的规模报酬不变（CRS）的 DEA 方法测度长三角都市圈 15 个城市 1996～2008 年的全要素能源效率。

用传统 DEA 模型评价决策单元效率时，结果可能出现多个评价单元同处于前沿面而相对都有效的情况，从而陷入对这些相对有效单元无法做出进一步评价与比较的困境（袁晓玲等，2009）。因此，为克服这一困境，本文以 Andersen 等（1993）建立的超效率 DEA 模型为基础，通过将决策单元排除在参与集之外的方法，分无环境约束和环境约束两种情形对长三角都市圈 15 个城市的全要素能源效率进行测算。

（二）基于环境绩效的全要素能源效率

为了将环境纳入生产率分析框架中，我们根据 Fare 等（2007）提出的环境生产技术来构造一个既包括合意产出，又包括非合意产出的长三角都市圈 15 个城市的生产可能性集，即环境技术。假设每一个城市使用 N 种投入 $x=(x^1, \cdots, x^N)\in R_+^N$，合意产出为 M 种“好”产出 $y=(y^1, \cdots, y^M)\in R_+^M$，以及非合意产出为 L 种“坏产出 $b=(b^1, \cdots, b^L)\in R_+^L$，非合意产出由排放的污染物构成，则“多投入—多产出”的生产可行集为：

$P(x) = \{(y, b): x$ 能够生产 $(y, b)\}$。$P(x)$ 定义为"环境技术产出集"[①]，它满足：投入要素自由可处置性、产出弱可处置性、合意产出与非合意产出的联合生产性、合意产出的强可处置性四项条件。

为避免环境生产函数仅仅是在环境技术集中求取最大化的合意产出，而并没有减少非合意产出的缺点，本文引用 Fare 等（2007）提出的方向性距离函数作为长三角都市圈环境方向性产出距离函数，以达到扩大合意产出，同时又减少非合意产出的目的。图 1 表达了环境方向性产出距离函数的原理，与传统环境生产函数合意产出和非合意产出同时增加不同，环境方向性产出距离函数可以沿着 ABC 方向（见图 1）同时拟合合意产出增加和非合意产出减少的行为。设方向向量 $g_k^t = g(g_{k,y}^t, g_{k,b}^t)$，根据 Luenberger（1995）短缺函数（Shortage Function）和 Chung 等（1997）方向距离函数（Directional Distance Function）的方法构造了长三角都市圈环境方向性产出距离函数：

$$\vec{D}_o(x_k^t, y_k^t, b_k^t; g_{k,y}^t, g_{k,b}^t) = \text{Max}[\beta: (y_k^t + \beta g_{k,y}^t, b_k^t - \beta g_{k,b}^t) \in P(x_k^t)] \quad (1)$$

在这里，合意产出和非合意产出没有被一致地对待，对于给定投入 x_k^t，当合意产出 y_k^t 沿着 $g_{k,y}^t$ 进行扩张和非合意产出 b_k^t 沿着 $g_{k,b}^t$ 进行收缩，β 就是合意产出 y_k^t 增长和非合意产出 b_k^t 减少的最大可能数量。见图 1，$(y_k^t + \beta^* g_{k,y}^t, b_k^t - \beta^* g_{k,b}^t)$，$\beta^* = \vec{D}_o(x_k^t, y_k^t; g_{k,y}^t, g_{k,b}^t)$。由上式可知，长三角都市圈环境方向性产出距离函数取决于投入产出值 (x_k^t, y_k^t, b_k^t) 和 g_k^t。方向向量 g_k^t 的确定具有一定的主观性（涂正革，2008），它是外生设定的，取决于研究目的和非合意产出的危害性。另外，非合意产出表现出的强弱可处置性制约方向向量选择（Fare 等，2005）。基于本文的研究目的[②]，本文采用 Chung 等（1997）定义的 M－L 方法，将方向向量设定为 $g_k^t = g(y_k^t, b_k^t)$，其含义就是合意产出在现有基础进行1∶1比例性增加，而非合意产出在现有基础进行 1∶1 比例性缩减。在此基础上，生产单元 k^* $(x_{k^*}^t, y_{k^*}^t, b_{k^*}^t)$满足上述环境技术集条件的长三角都市圈环境方向性产出距离函数模型为：

$$\vec{D}_o^t(x_{k^*}^t, y_{k^*}^t, b_{k^*}^t; y_{k^*}^t, b_{k^*}^t) = \text{Max}[\beta: (y_{k^*}^t + \beta y_{k^*}^t, b_{k^*}^t - \beta b_{k^*}^t) \in P(x_k^t)] \quad (2)$$

$$\text{S. t.} \{\sum_{k=1}^{15} z_k^t y_k^t \geqslant (1+\beta) y_{k^*}^t (\text{设定只有一个合意产出}); \sum_{k=1}^{15} z_k b_{k,l}^t \geqslant (1-\beta) b_{k^*,l}^t$$

$$l = 1, \cdots, L; \sum_{k=1}^{15} z_k x_{k,n}^t \leqslant x_{k^*,n}^t \quad n = 1, \cdots, N; z_k^t \geqslant 0 \quad k = 1, \cdots, 15; \sum_{l=1}^{L} b_{k,l}^t > 0$$

$$k = 1, \cdots, 15; \sum_{k=1}^{15} b_{k,l}^t > 0 \quad l = 1, \cdots, L; t = 1996, \cdots, 2008 \quad (3)$$

对以上环境方向性产出距离函数模型，可以采用非参数线性规划技术进行求解。本文运用数据包络分析当期 DEA 方法求解以上线性规划模型。根据本文的研究目的，基于以上环境方向性距离函数，本文将分别对无环境约束和环境约束两种情形下的全要素能源效率、全要素能源效率增长率及其成分进行研究。环境约束下的模型即为以上模型（2）～（3）

① 环境技术产出集已经应用较广，在此不再重复。

② 本文研究目的：增加合意产出（GDP），减少非合意产出（废气排放量）。

的线性规划模型。对于无环境约束下的情形，可以通过选择不同的方向向量和构建不同的环境技术集，构建其线性规划模型。在无环境约束的情形下，由于没有环境管制，非合意产出不受限制，因此，方向向量选择为 $g_k^t = g(y_k^t, 0)$，环境技术集中将不存在非合意产出的给定和缩小的限制。

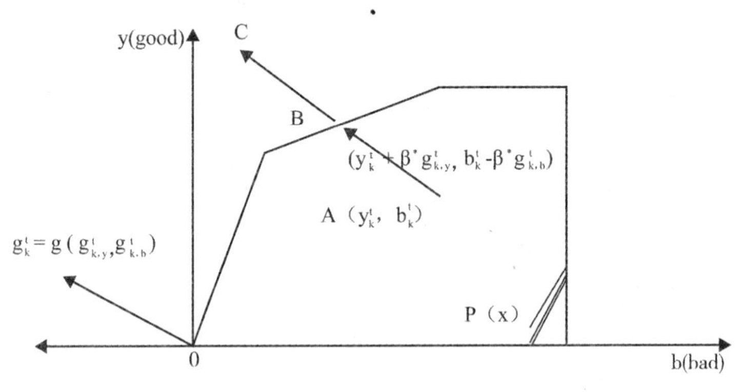

图 1　环境方向性产出距离函数

（三）Malmquist – Luenberger 生产率指数

模型（2）～（3）环境方向性产出距离函数模型模拟了长三角都市圈 15 个城市合意产出增加和非合意产出减少的行为，可以基于该环境方向性产出距离函数值，通过构建 M – L 生产率指数来度量考虑了能源使用和环境约束因素后的长三角都市圈 15 个城市的环境全要素能源效率变化 ML_t^{t+1}，并进一步将其分解为技术效率变化（$EFFCH_t^{t+1}$）和技术进步变化（$TECH_t^{t+1}$）两个部分。该指数的计算与传统 Malmquist 生产率指数相同，这里省略其计算公式。按照 CRS – DEA，$EFFCH_t^{t+1}$ 表示的是投入要素自由处置且规模报酬不变的情形下全要素能源效率变化指数，它测度了从时期 t 到 t + 1 每个城市到前沿生产面的追赶程度。$TECH_t^{t+1}$ 表示的是技术进步指数，它测度每个城市技术边界从时期 t 到 t + 1 的移动程度。ML、EFFCH 和 TECH 是环比发展指数形式，它们大于（或小于）1 分别表明环境全要素能源效率跨期增长（或下降），以及技术跨期进步（或退步）、技术效率跨期提高（或降低）。根据模型（2）～（3），在无环境约束和环境约束两种情形下，全要素能源效率变化的计算需要求解四个方向性距离函数的线性规划模型。本文运用当期 DEA 方法计算了长三角都市圈 15 个城市 1997～2008 年全要素能源效率指数、技术效率变化指数和技术进步指数。

三、变量与数据说明

本文的研究覆盖长三角都市圈 15 个城市。根据前面的理论模型，本文采用年度面板数据，样本区间为 1996 ~2008 年。假定生产过程中需要三种生产要素：资本存量、劳动力、能源，产出由合意产出和非合意产出组成，合意产出为 GDP，非合意产出为环境污染排放。

（1）资本存量。目前常用“永续盘存法”来估算按可比价格计算的每年的资本存量，计算方法为 $K_{i,t}=I_{i,t}+(1-\delta_{i,t})K_{i,t-1}$，其中 $K_{i,t}$是地区 i 第 t 年的资本存量，$I_{i,t}$是地区 i 第 t 年的投资，$\delta_{i,t}$是地区 i 第 t 年的固定资产折旧率。根据张军（2004）对我国资本存量估计的成果，本文选择固定资本形成总额作为每一个城市当年投资，并运用他们的方法，以各个城市每年的固定资产投资指数和当年的固定资产形成总额为基础，折算得到以 2008 年为不变价格的各个城市的实际投资序列数据。我们可以获得 15 个城市 1978 ~2008 年的投资序列数据，以此投资序列数据为基础，按照 Fare 等（2001）方法，通过对 15 个城市的投资序列数据的对数与时间的回归，模拟出 1952 ~1978 年的投资序列数据，并以 1952 年作为各个城市资本存量形成的起始年，1952 年时的资本存量以 1952 年的资本形成总额除以 0.1 计。由于长三角都市圈 15 个城市地域接近，劳动生产率和设备利用率相对来说较为接近，因此，本文对 15 个城市采用统一的折旧率 0.04。计算资本存量的数据来自长三角都市圈 15 个城市 1996 ~2008 年《中国统计年鉴》。

（2）劳动力。在衡量劳动力投入时，劳动力素质和劳动时间是影响劳动力投入的重要因素，但是由于这两方面的数据较难获得，因此，本文仅以各个城市历年的从业人数作为劳动力投入量指标。劳动力的数据来自长三角都市圈 15 个城市 1997 ~2009 年《中国统计年鉴》。

（3）能源。使用各个城市每年的能源消耗量作为能源投入，由于各个城市的能源消费种类不一，所以统计上把煤炭、石油制品、热力、电力等能源的消费量转换成统一单位“吨标准煤”加总而成。由于煤炭中将有一部分转化为二次能源电力、热力等，因此，本文中煤炭消费量排除了煤炭中用于生产二次能源的数量。能源消费的数据主要来自于各个城市相应年份的《中国统计年鉴》。

（4）合意产出。合意产出以长三角都市圈 15 个城市每年的 GDP 表示。各个城市每年的 GDP 采用的是以 2008 年的不变价格计算的实际 GDP，原始数据来源于 1997 ~2009 年的长三角都市圈 15 个城市的历年《中国统计年鉴》。

（5）非合意产出。对于非合意产出，国内外学者有不同选择（Kaneko 等，2004；Watanabe 等，2007；胡鞍钢等，2008；涂正革，2008；王兵等，2010；陈诗一，2010）。本文研究能源消费对环境的影响，由于能源消费的污染主要是大气污染，空气中约 70% 的

CO_2 排放、90%的 SO_2 排放和67%的 NO_x 排放来自于化石燃料的使用，而本文主要研究能源消费对环境的影响，因此，基于研究的目的和相关数据的可获得性，本文选取15个城市1996~2008年工业废气排放量指标作为污染排放的衡量指标。15个城市1996~2008年的污染排放原始数据来自于各个城市1997~2009年的《中国统计年鉴》。

四、实证结果分析

运用第二部分介绍的方法和第三部分的样本数据，我们构造了每一年长三角都市圈15个城市环境约束下的最佳生产边界，并将每个城市环境约束下的最优生产效率与这个边界比较。本文选取基于投入导向的规模报酬不变的DEA模型，以每个城市每年的资本存量、劳动力和能源消耗为投入变量，每年的GDP为合意产出变量，废气排放量指标为非合意产出变量，运用EMS软件计算并分析长三角都市圈15个城市环境全要素能源效率，这里的环境全要素能源效率是基于超效率DEA模型。为了全面地分析15个城市中每个城市的环境全要素能源效率的变化趋势及其根源，本文将分析长三角都市圈15个城市逐年无环境约束和环境约束两种情形下的全要素能源效率、全要素能源效率指数及其成分变化的结果。

（一）无环境约束下的全要素能源效率

在这种情况下，将不考虑环境污染对全要素能源效率的影响。仅考虑资本、劳动力和能源的投入及GDP产出。运用EMS软件，计算得到长三角都市圈15个城市1996~2008年的能源效率，见表1。

从表1可以看出，长三角都市圈15个城市1996~2008年全要素能源效率变动规律特征如下：①能源效率最高的为无锡，在1996~2008年均处于前沿线上，上海、苏州、杭州、台州和舟山在此区间内也有若干年处于前沿线上；能源效率较低的分别为南京、镇江和嘉兴，1996~2008年它们的能源效率平均值低于0.8。②从能源效率的变化趋势来看，15个城市中大部分城市能源效率处于“1996~2001年上升，2002~2008年平台波动”的趋势，15个城市平均值变化趋势在无环境约束下能源效率变动呈现“1996~2002年上升，2002~2008年平台波动”的趋势；另外，从表1可以看出，除舟山外，15个城市能源效率值呈现不断收敛的趋势，并且在研究期间，能源效率值处于前沿面的城市越来越多，从1996年的2个增加到2008年的7个。③城市之间能源效率存在一定差异，具有一定的节能潜力。对于一直处于前沿上的无锡来说，研究期间的能源效率值呈现不断下降的趋势，从1.18下降到1.09，它的能源效率提升空间不大；而对于能源效率较低的南京，能源效率从0.64提高到0.75，扬州能源效率从0.65提高到1.05，镇江、南通、宁波能源效率整

体从0.66左右提高到0.8以上；对于全部15个城市来讲，研究期间能源效率值的标准差为0.2151，年均能源效率高低相差最大0.43，波动幅度大，即能源效率值城市之间的个体差异大，能源效率提升有一定空间。因此，对比处于前沿面上的城市和不处于前沿面上的城市能源效率值的变动趋势，可以看出，提升长三角都市圈15个城市能源效率的重点在于那些能源效率低的城市，如南京、镇江、扬州、南通和宁波，并且，它们也有一定的提升空间。

表1　长三角都市圈15个城市无环境约束下全要素能源效率（1996~2008年）

城市＼年份	1996	1997	1998	1999	2000	2001	2002	2003	2004	2005	2006	2007	2008
上海	0.98	0.99	0.98	0.99	0.97	1.13	1.07	1.06	1.02	1.02	1.05	1.07	1.03
南京	0.64	0.67	0.67	0.68	0.68	0.73	0.75	0.75	0.76	0.77	0.76	0.77	0.75
苏州	0.91	0.98	1.03	1.04	1.05	1.04	1.09	1.08	1.10	1.08	1.07	1.04	1.05
无锡	1.18	1.21	1.23	1.22	1.20	1.17	1.09	1.07	1.05	1.13	1.11	1.05	1.09
常州	0.67	0.75	0.99	1.02	1.01	0.96	0.85	0.75	0.76	0.80	0.76	0.77	0.73
镇江	0.63	0.79	0.78	0.75	0.76	0.76	0.78	0.82	0.83	0.86	0.87	0.88	0.87
扬州	0.65	0.80	0.81	0.82	0.83	0.82	0.84	0.86	0.91	0.93	0.94	0.95	1.05
南通	0.67	0.78	0.83	0.85	0.88	0.97	0.95	0.88	0.84	0.85	0.84	0.85	0.91
杭州	0.87	1.03	1.01	0.99	1.05	1.03	1.05	1.12	1.11	1.12	1.07	1.11	1.08
宁波	0.65	0.82	0.83	0.84	0.85	0.86	0.87	0.90	0.91	0.92	0.90	0.91	0.89
绍兴	1.23	0.89	0.88	0.88	0.87	0.88	0.88	0.89	0.89	0.91	0.89	0.90	0.91
嘉兴	0.65	0.82	0.81	0.83	0.84	0.88	0.91	0.93	0.88	0.81	0.80	0.77	0.76
湖州	0.70	0.91	0.90	0.88	0.86	0.86	0.84	0.85	0.87	0.86	0.87	0.87	0.84
台州	0.88	0.99	1.03	1.04	1.13	1.18	1.23	1.26	1.25	1.25	1.25	1.09	1.07
舟山	0.59	0.61	0.76	0.84	1.05	1.06	1.13	1.19	1.27	1.34	1.45	1.82	2.60
平均	0.79	0.87	0.90	0.91	0.94	0.96	0.95	0.96	0.96	0.98	0.98	0.99	1.04

数据来源：运用EMS计算而得。平均指15个城市在某一年的全要素能源效率值的平均值。

（二）环境约束下的全要素能源效率

在这种情况下，将要考虑环境污染对全要素能源效率的影响。考虑资本、劳动力和能源的投入及合意产出GDP和非合意产出环境污染。运用EMS软件，计算得到长三角都市圈15个城市1996~2008年的能源效率，见表2。

从表2可以看出，环境约束下长三角都市圈15个城市1996~2008年全要素能源效率变动规律特征：①在1996~2008年，处于前沿线上的城市除了无锡外，还增加了上海，另外，南京、苏州、杭州和湖州在此区间内也有若干年处于前沿线上；能源效率较低的分别为常州、扬州、南通和宁波，它们的能源效率平均值低于1。②从能源效率的变化趋势来看，15个城市中杭州、湖州、舟山在1996~2008年能源效率呈现不断上升趋势，而南京和无锡呈现不断下降趋势，苏州、常州、镇江、扬州和南通能源效率先上升后下降。整体上来看，全部城市的能源效率围绕0.9上下波动，没有明显的方向变动趋势；另外，从表2可以看出，除舟山外，15个城市能源效率值呈现不断收敛的趋势，并且在研究期间，能源效率值处于前沿面的城市越来越多，从1996年的4个增加到2008年的8个。③城市之间能源效率存在一定差异，具有一定的节能潜力。对于一直处于前沿面上的无锡来说，研究期间的能源效率值呈现不断下降的趋势，从1.25下降到1.12，南京的能源效率值从1.48下降到0.97左右，绍兴的能源效率值从1.30下降到0.91，它们的能源效率提升空间不大；而对于能源效率较低的杭州、宁波、嘉兴和舟山，能源效率从0.61~0.97提高到0.91~1.95；对于全部15个城市来讲，研究期间能源效率值的标准差为0.1970，年均能源效率高低相差最大0.35，波动幅度大，即能源效率值城市之间的个体差异大，能源效率提升有一定空间。因此，对比处于前沿面上城市和不处于前沿面上的城市能源效率值的变动趋势，可以看出，提升长三角都市圈15个城市能源效率的重点在于那些能源效率低的城市，如常州、绍兴、南通和宁波，并且，它们还有一定的提升空间。

表2　长三角都市圈15个城市环境约束下全要素能源效率（1996~2008年）

城市＼年份	1996	1997	1998	1999	2000	2001	2002	2003	2004	2005	2006	2007	2008
上海	1.22	1.20	1.21	1.21	1.22	1.16	1.07	1.05	1.02	1.05	1.07	1.16	1.08
南京	1.48	1.37	1.31	1.30	1.32	0.89	0.90	1.10	1.07	0.98	0.95	0.97	0.97
苏州	0.95	1.05	1.14	1.13	1.16	1.20	1.23	1.24	1.18	1.17	1.25	1.16	1.12
无锡	1.25	1.22	1.22	1.20	1.18	1.15	1.13	1.07	1.04	1.12	1.11	1.09	1.12
常州	0.71	0.77	1.01	1.03	1.01	0.95	0.86	0.77	0.78	0.81	0.76	0.80	0.73
镇江	0.94	0.96	0.95	1.15	1.24	1.43	1.53	1.29	1.26	1.05	1.03	1.06	1.02
扬州	0.84	0.80	0.81	0.93	0.90	0.88	0.89	0.92	0.94	0.93	0.95	0.94	0.92
南通	0.76	0.78	0.88	0.96	1.01	0.96	0.95	0.86	0.86	0.85	0.85	0.90	0.91
杭州	0.97	1.03	1.04	1.00	1.05	1.13	1.14	1.24	1.32	1.22	1.18	1.23	1.18
宁波	0.84	0.83	0.89	0.93	0.95	0.91	0.91	0.95	0.92	0.90	0.91	0.93	0.92
绍兴	1.30	1.17	0.96	0.90	0.89	0.87	0.87	0.89	0.88	0.89	0.89	0.90	0.91
嘉兴	0.70	0.88	1.19	1.21	1.17	1.31	1.11	1.17	1.16	1.01	0.92	1.03	0.99
湖州	0.92	1.10	1.04	1.01	0.99	0.93	0.92	1.07	1.12	1.22	1.27	1.33	1.35
台州	0.89	1.01	1.05	1.06	1.08	1.18	1.25	1.26	1.26	1.25	1.26	1.21	1.11
舟山	0.61	0.60	0.76	0.95	1.04	1.07	1.10	1.16	1.18	1.26	1.37	1.45	1.95
平均	0.97	0.98	1.03	1.06	1.08	1.07	1.06	1.07	1.07	1.05	1.05	1.08	1.09

数据来源：运用EMS计算而得。平均指15个城市在某一年的全要素能源效率值的平均值。

（三）Malmquist – Luenberger 生产率指数

运用 EMS 软件，本文计算了长三角都市圈 15 个城市 1996 ~ 2008 年 Malmquist – Luenberger Productivity Index（MLPI），结果见表 3。

在这里，ML 指数测量的是长三角都市圈 15 个城市 1996 ~ 2008 年全要素能源效率的变化率，而在本节第一部分，我们计算的是全要素能源效率。根据两者的含义，全要素能源效率测度的是既定时期各个城市与生产边界的相对关系，它是一种静态分析。而全要素能源效率变化率分析的是每个城市与生产边界的相对位置变化（效率变化），以及生产边界的移动（技术进步），它是一种动态分析（王兵等，2010）。表 3 是 1996 ~ 2008 年长三角都市圈 15 个城市和全部城市无环境约束下和环境约束下全要素能源效率变化率及其成分的增长率，即能源技术效率和能源技术进步的增长率。

表 3　1996 ~ 2008 年长三角都市圈全要素能源效率增长率分解

城市	无环境约束下			环境约束下		
	能源效率增长率	技术效率增长率	技术进步增长率	能源效率增长率	技术效率增长率	技术进步增长率
上海	0.7785	0.0081	0.7689	0.3915	-0.1151	0.5395
南京	0.7131	0.1018	0.5598	0.1587	-0.1875	0.4395
苏州	0.6012	0.1235	0.4376	0.5789	0.1298	0.3995
无锡	0.4719	0.0475	0.4203	0.3571	-0.0751	0.4517
常州	0.5589	0.0651	0.4713	0.5295	0.0518	0.4589
镇江	0.6713	0.2687	0.3389	0.3585	0.0265	0.3297
扬州	0.6611	0.2351	0.3309	0.4153	-0.0387	0.4613
南通	0.5321	0.3239	0.1417	0.4301	0.1607	0.2296
杭州	0.4713	0.1789	0.2585	0.4259	0.1208	0.2795
宁波	0.6409	0.2275	0.3385	0.5119	0.0875	0.3954
绍兴	0.1905	0.0671	0.1185	0.0925	0.0198	0.0715
嘉兴	0.4825	0.1715	0.2595	0.5301	0.2275	0.2543
湖州	0.4151	0.1698	0.1819	0.5609	0.2807	0.2201
台州	0.3571	0.1925	0.1285	0.3274	0.1319	0.1818
舟山	1.8613	1.4315	0.2105	1.6789	1.2587	0.1975
平均	0.6271	0.2408	0.3310	0.4898	0.1386	0.3280

数据来源：运用 EMS 计算而得。平均指 15 个城市在某一年的增长率值的平均值。

从表 3 可以看出：第一，在无环境约束下，1996～2008 年长三角都市圈 15 个城市全要素能源效率增长率大幅度提高，提升幅度最低的绍兴为 19.05%，最高的舟山达到 186.13%，全部 15 个城市平均提升 62.71%，能源技术效率和技术进步都对全要素能源效率增长率大幅度提高做出贡献。第二，在环境约束下，1996～2008 年全部城市平均全要素能源效率增长率为 48.98%，低于无环境约束下全部城市全要素能源效率增长率。但是，在此期间 15 个城市中的嘉兴和湖州两个城市环境约束下的全要素能源效率增长率高于它们在无环境约束下的全要素能源效率增长率，这说明在 1996～2008 年这两个城市的环境约束促进了它们全要素能源效率的提高。第三，在环境约束下，1996～2008 年长三角都市圈全部 15 个城市的平均全要素能源效率增长率低于无环境约束下的 15 个城市的平均全要素能源效率增长率，这说明资源的过度使用和环境污染阻碍了长三角都市圈 15 个城市的全要素能源效率的增长，对全要素能源效率造成损失。

五、全要素能源效率影响因素的计量分析

从前面计算出的结果可以看出，长三角都市圈不同城市之间全要素能源效率及其变动趋势，以及全要素能源效率指数及其变动趋势差异较大，而且环境约束对它们产生较大影响。本部分将分析影响长三角都市圈城市全要素能源效率和全要素能源效率指数的因素。这样有助于我们更好地理解一个类似于长三角都市圈、经济联系比较紧密的区域中，经济发展、能源消费和环境污染三者之间的关系和作用机理，并在此基础上寻求实现可持续发展的可行途径，以达到经济发展、能源效率提高和环境污染强度降低的多赢结果。因此，分析哪些因素影响环境约束下的全要素能源效率和全要素能源效率指数的变化就显得非常重要。

（一）变量及数据说明

根据已有的国内外的全要素能源效率和全要素能源效率指数的相关文献，以及长三角都市圈经济发展的现实状况和城市之间产业发展的特点来确定这些因素：第一，经济发展水平。史丹等（2008）认为，经济发展水平与能源利用效率高度相关；Kumar（2006）将经济发展水平作为影响环境全要素生产率的因素。尽管长三角都市圈 15 个城市地域接近，但是，经济发展水平存在差距，这势必影响它们的能源效率。本文经济发展水平用不变价人均 GDP 的对数（ln（pergdp））表示。

第二，生产要素禀赋水平。资本、劳动力和能源是一个地区基本的生产要素，它们决定一个地区生产率的高低。长三角都市圈各个城市的资本、劳动力和能源的禀赋水平存在较大差异，这势必会影响它们的生产率水平，进而影响全要素能源效率水平。本文用

资本/劳动比的对数（percapital = ln（K/L））和人均能源使用量（Perenergy）表示长三角都市圈各个城市的生产要素禀赋水平。

第三，产业结构。Suewing 等（2004）、史丹等（2002）、韩智勇等（2004）、周勇等（2006）、吴滨等（2007）、魏楚等（2007，2008）、袁晓玲等（2009）认为产业结构对能源效率有着重要的影响。考虑到长三角都市圈处于工业化中后期的状况、城市工业比重高的特点，本文产业结构用各个城市第二产业总产值占 GDP 的份额（indusstr）表示。

第四，能源结构。各种能源之间的热效率相差较大，能源结构对能源效率有重要影响。考虑到长三角都市圈各个城市能源结构存在差异，并且煤炭消费占比大的特点，本文用各个城市中煤炭在能源终端消费中的占比表示能源结构。

第五，技术进步率与技术效率增长率。从第五部分的分析可以看出，技术进步和技术效率对全要素能源效率影响较大，并且，在有无环境约束两种情形下，它们对全要素能源效率的影响是不同的。由前面知道，技术进步增长率 tech 和技术效率增长率 effch 仅表示相对于上年来说技术进步和技术效率的增长幅度。本文以研究的初始年 1996 年为基准，分别计算相对于 1996 年累积的技术进步增长率 techcumu 和累积的技术效率增长率 effchcumu，并用 techcumu 和 effchcumu 表示技术进步率和技术效率增长率，这样有助于全面反映研究期间技术进步程度和技术效率的增长程度。

第六，外商直接投资。长三角都市圈是我国外向度较高的地区，外商直接投资（FDI）比较多。为了检验外商直接投资中是否存在能源资源消耗过大和环境污染过高、降低长三角都市圈城市的全要素能源效率的现象，本文引进 FDI 作为影响因素加以考虑，用外商直接投资额/GDP 的比重表示外商直接投资（fdi）。

以上各影响因素的数据，人均 GDP（pergdp）、人均资本（percapital）、人均能源消费量（perenergy）、第二产业总产值占 GDP 的份额（indusstr）、能源结构（energystr）、外商直接投资（fdi）数据来源于长三角都市圈各个城市统计年鉴（1997～2009），以 2008 年不变价计算；技术进步 techcumu 和技术效率 effchcumu 来源于第五部分的计算。

（二）计量模型

本文计量模型的数据具有空间和时间两种特性，为了检验能源效率和其影响因素的关系，我们用面板数据计量模型进行回归。

$$EE_{k,t} = \alpha + \beta_1 \ln(pergdp_{k,t}) + \beta_2 \ln(percapital_{k,t}) + \beta_3 perenergy_{k,t} + \beta_4 indusstr_{k,t} + \beta_5 energystr_{k,t} + \beta_6 effchcumu_{k,t} + \beta_7 techcumu_{k,t} + \beta_8 fdi_{k,t} + \varepsilon_{k,t} \quad (4)$$

$EE_{k,t}$表示全要素能源效率（因变量），分无环境约束和环境约束两种情况，$\ln(pergdp_{k,t})$、$\ln(percapital_{k,t})$、$perenergy_{k,t}$、$indusstr_{k,t}$、$energystr_{k,t}$、$effchcumu_{k,t}$、$techcumu_{k,t}$、$fdi_{k,t}$代表影响全要素能源效率的因素（解释变量），其中 k、t 分别表示不同时期不同城市的对应值，β_i 是被估计参数，$\varepsilon_{k,t}$是随机误差项，服从正态分布。为了减少误差项中存在的异方差性和序列相关性的影响，本文使用可行广义最小二乘法（GLS）对模型（4）进行参数估计。

表4给出了模型（4）对长三角都市圈15个城市1996～2008年全要素能源效率及其影响因素进行回归所得到的解释变量系数估计值。回归分无环境约束和环境约束两种情形进行，并且在每一种情形下，给出了固定效应（FE）和随机效应（RE）两种情况下的回归结果。从Hausman检验的结果来看，在无环境约束和环境约束两种情形下全要素能源效率的回归分析应当选择固定效应模型。另外，由于在M－L指数计算中，ML＝effch×tech，因此，尽管在回归模型（4）中，用累积值effchcumu和techcumu作为解释变量，回归模型仍可能存在多重共线性问题。为此，我们进行了多重共线性检验，经检验解释变量之间的相关系数都小于0.4，变量之间存在多重共线性的可能性小。

表4 全要素能源效率影响因素的计量分析

变量	无环境约束下			环境约束下		
	FE（GLS）	RE（GLS）	FE（2SLS）	FE	RE	FE（2SLS）
α	0.7034**** (-6.4132)	-1.1070**** (-5.4081)	-0.4630** (-1.8573)	-1.1874**** (-4.4518)	-1.1267**** (-9.2555)	-1.2896*** (-3.9458)
ln（pergdp）	0.0231*** (2.5331)	0.0166 (0.3389)	0.0591** (1.3870)	0.0097*** (3.8758)	-0.1387*** (-5.2461)	0.0113*** (3.5468)
ln（percapital）	0.0015*** (1.9876)	0.0027 (0.5384)	0.0029** (1.6876)	-0.0027 (-0.4715)	-0.0069** (-2.4532)	-0.0069 (-0.3321)
perenergy	-0.01265**** (-3.9785)	-0.0167** (-2.0368)	-0.01378*** (-2.7542)	-0.0087** (-2.9873)	0.0014 (0.2758)	-0.0059** (-2.5796)
industr	0.2681*** (2.4678)	0.8728*** (2.7649)	0.2765** (1.8754)	0.4782* (1.2975)	1.0201*** (5.0065)	0.3986* (1.0986)
energystr	-0.0775* (-1.6687)	0.0120 0.0975	-0.0698** (-1.4321)	-0.3798**** (-4.6895)	-0.4965**** (-6.6026)	-0.3229*** (-2.9873)
effchcumu	1.3987**** (18.8191)	1.3431**** (15.7996)	1.2578**** (12.7895)	1.5796**** (16.8765)	1.8460**** (14.3842)	1.3985**** (12.2119)
techcumu	0.4897*** (2.9875)	0.0981 (0.6619)	0.6985*** (2.6791)	-0.2189** (-2.3987)	0.0745* (1.1508)	-0.4335** (-1.9874)
fdi	-0.2018*** (-1.6185)	-0.1642 (-0.5240)	-0.2524** (-1.4868)	-0.2896*** (-2.6589)	0.4392** (2.3327)	-0.3116** (-2.3896)
R^2	0.9652	0.6561	0.9387	0.9291	0.7652	0.8953
F-stat	87.3679	40.7847	38.9134	90.1356	56.1453	41.6791
DW stat	1.3711	0.6958	1.1055	1.5711	0.4558	0.8822
Hausman Test		60.0239		86.8010		

续表

变量	无环境约束下			环境约束下		
	FE（GLS）	RE（GLS）	FE（2SLS）	FE	RE	FE（2SLS）
Sargan Test（p Value）			0.4897			0.4291
OBS	180	180	165	180	180	165

注：****表示估计系数在1%水平上显著，***表示估计系数在10%水平上显著，**表示估计系数在20%水平上显著，*表示估计系数在50%水平上显著。括号内为基于标准差计算的t统计量。所有系数的计算和检验借助EViews 6.0完成。

（三）解释变量的内生性问题

长三角都市圈全要素能源效率在本文的分析中所存在的内生性问题来源于两个方面：一是模型设定偏误，即由遗漏变量引起。全要素能源效率作为因变量受到许多变量的影响，在实际建模过程中无法将解释变量全部列出。在这样的情况下，遗漏变量的影响就被纳入了误差项中，在该遗漏变量与其他解释变量相关的情况下，就引起了内生性问题。为了解决因遗漏变量而引起的内生性问题，可以利用面板数据的固定效应模型剔除不可观测因素引起的偏误。二是因变量全要素能源效率与解释变量双向交互影响。例如，经济发展水平高的地区，其全要素能源效率高；反过来，全要素能源的高效率也在提升一个地区的经济发展水平。在这种情况下，通常办法是寻找工具变量采用两阶段估计以获得无偏的结果。本文将经济发展水平人均GDP的对数、生产要素禀赋水平中的人均能源使用量、产业结构、能源结构、技术进步率、技术效率、外商直接投资设为内生变量，并以这些变量滞后一期作为工具变量。基于固定效应模型，运用两阶段估计方法（2SLS）进行回归，结果见表4。表4给出了工具变量的诊断检验值，从检验结果来看第一阶段的F统计值较大（10以上），说明所选择的工具变量与内生解释变量之间是高度相关的；Sargan检验的概率值均在0.1以上，说明不存在工具变量的过度识别问题，工具变量的选择是有效的。

（四）计量结果分析

基于工具变量的两阶段估计方法（2SLS）的回归结果，可得出如下结论：

第一，在无环境约束下，能源使用不会产生废气排放等非合意产出，累积的技术效率增长率对能源效率有显著的正影响，工业产值占比对能源效率有一定的正影响，而人均GDP、人均资本存量对能源效率无显著的正影响，人均能源使用量对能源效率无显著的负影响。这表明，在无环境约束下，决定长三角都市圈能源效率的主要因素是累积的技术效率增长率、累积的技术进步和工业产值占比三个因素，总体上看，这是由长三角都市圈走新型工业化，大力发展低能耗、高附加值的先进制造业所决定的。另外，技术进步程度对能源效率有一定的正影响，但是，与技术效率相比，影响不显著，这表明长三角都市圈能源效率的提升还主要依靠技术效率的推动，属于技术引进消化后扩大生产所致，而源于技术创新推动技术进步对能源效率提升的作用不显著。FDI 对能源效率有一定的负影响，但是其估计系数仅仅是在 50% 水平上显著，可信度不高。

第二，在环境约束下，能源使用将会产生废气排放等非合意产出，累积的技术效率增长率对能源效率有显著的正影响，人均 GDP 对能源效率有一定的正影响，技术进步程度、FDI、人均能源使用量对能源效率有一定的负影响。由于工业产值占比的估计系数仅仅是在 50% 水平上显著，可信度不高，因此，与无环境约束情况相比，在环境约束下，决定长三角都市圈能源效率的主要因素是累积的技术效率增长率。这表明，尽管在无环境约束下，长三角都市圈大力发展低能耗、高附加值的先进制造业，走新型工业化道路提高了能源效率，但是，在环境约束下，工业化程度提高并没有对能源效率产生正影响。人均 GDP 代表地区的经济发展程度，人均 GDP 对能源效率有正影响表明，随着长三角都市圈经济发展程度的提高，能源效率将提升。与无环境约束相比，环境约束下技术进步程度对能源效率的负影响表明，技术进步大多是为了提高产出，而没有提高对使用能源造成的废气排放的减排技术。FDI 的流入对长三角都市圈能源效率有负作用，表明外商直接投资的企业大多是高耗能和高排放的行业，这从一个侧面印证了“污染天堂假说”。人均能源使用量与人均 GDP 对能源效率一负一正的影响表明，目前长三角都市圈已进入服务经济时代，总体特征就是人均 GDP 提高，而人均能源使用量下降，推动能源效率的提升。

六、全要素能源效率增长率影响因素的计量分析

（一）计量模型

全要素能源效率仅仅表达静态效率，还不能说明全要素能源效率的动态变化特征。为此，本文进一步对全要素能源效率的增长率及其影响因素进行计量分析。

$$RCEE_{k,t} = \alpha + \beta_1 \ln(pergdp_{k,t}) + \beta_2 \ln(percapital_{k,t}) + \beta_3 perenergy_{k,t} + \beta_4 indusstr_{k,t} + \beta_5 energystr_{k,t} + \beta_6 effch_{k,t} + \beta_7 tech_{k,t} + \beta_8 fdi_{k,t} + \varepsilon_{k,t} \quad (5)$$

$RCEE_{K,t}$表示全要素能源效率增长率（因变量），分无环境约束和环境约束两种情况，它是通过各个城市年份序列的 EE 值计算得到全要素能源效率增长率。$\ln(pergdp_{k,t})$、$\ln(percapital_{k,t})$、$perenergy_{k,t}$、$indusstr_{k,t}$、$energystr_{k,t}$、$effch_{k,t}$、$tech_{k,t}$、$fdi_{k,t}$代表影响能源效率增长率的因素（解释变量），其中 k、t 分别表示不同时期不同城市的对应值，β_i 是被估计参数，$\varepsilon_{k,t}$是随机误差项，服从正态分布。为了减少误差项中存在的异方差性和序列相关性的影响，本文使用可行广义最小二乘法（GLS）对模型（5）进行参数估计。

表5给出了模型（5）对长三角都市圈15个城市1996～2008年全要素能源效率及其影响因素进行回归所得到的解释变量系数估计值。回归分无环境约束和环境约束两种情形进行，并且在每一种情形下，给出了固定效应（FE）和随机效应（RE）两种情况下的回归结果。从Hausman检验的结果表明，在无环境约束和环境约束两种情形下全要素能源效率的回归分析应当选择固定效应模型。另外，由于在M－L指数计算中，ML＝effch×tech，因此，回归模型可能存在多重共线性问题。为此，我们进行了多重共线性检验，经检验解释变量之间的相关系数都小于0.5，变量之间存在多重共线性的可能性小。

表5　全要素能源效率增长率影响因素的计量分析

变量	无环境约束下			环境约束下		
	FE（GLS）	RE（GLS）	FE（2SLS）	FE（GLS）	RE（GLS）	FE（2SLS）
α	-1.4896**** (-8.9872)	-2.3156**** (-4.0009)	0.0196 (-0.0101)	-0.6357**** (-6.1365)	-1.5679*** (-3.9876)	-0.3468* (-1.2789)
ln（pergdp）	0.0198** (1.7983)	0.0437** (1.5857)	0.0716*** (2.0581)	0.0276** (1.8976)	0.0387** (1.6987)	0.0598*** (2.1587)
ln（percapital）	0.0015*** (2.5897)	0.0040 (0.6347)	0.0069* (0.8845)	0.0189* (0.7786)	0.0029 (0.5132)	0.0254 (0.4897)
perenergy	-0.0011* (-1.5897)	-0.0108** (-1.8532)	-0.0125** -1.6142	-0.0197* (-1.3165)	-0.0185* (-1.1986)	-0.0211* (0.8769)
indusstr	0.0411 (0.4897)	-0.0538 (-0.3048)	-0.2715* (-0.9776)	-0.1876*** (-1.8973)	-0.1765*** (-2.3476)	0.2016*** (-2.4786)
energystr	-0.0201 (-0.4897)	-0.0960** (-1.0673)	-0.1188** (-1.4180)	-0.0257 (-0.5998)	-0.0198 (-0.5897)	-0.0187 (-0.6123)
effch	0.8671**** (13.0824)	1.4318**** (7.7513)	1.7282*** (3.0334)	0.9975**** (9.8798)	1.2565**** (6.7965)	1.1976**** (5.1587)
tech	0.5783**** (6.7796)	0.7543**** (4.4589)	0.5693*** (2.8797)	1.1876**** (7.0986)	1.3198**** (4.0456)	0.7986**** (4.3567)
fdi	0.0243 (0.3871)	0.0391 (0.6765)	0.0276 (0.4598)	-0.1987* (-1.4276)	-0.1743* (0.7654)	-0.1365 (0.5789)
R^2	0.7865	0.5262	0.4589	0.6883	0.4897	0.3986
F－stat	50.3476	25.8740	15.9876	25.6979	18.7659	12.8798
DW stat	1.9874	2.6914	2.6289	1.8965	1.6387	1.7123
Hausman Test		30.9854		25.3176		

续表

变量	无环境约束下			环境约束下		
	FE（GLS）	RE（GLS）	FE（2SLS）	FE（GLS）	RE（GLS）	FE（2SLS）
Sargan Test（p Value）			0.5698			0.4796
OBS	180	180	165	180	180	165

注：****表示估计系数在1%水平上显著，***表示估计系数在10%水平上显著，**表示估计系数在20%水平上显著，*表示估计系数在50%水平上显著。所有系数的计算和检验借助EViews 6.0完成。

（二）解释变量的内生性问题

与处理全要素能源效率的内生性问题一样，在处理长三角都市圈全要素能源效率增长率的内生性问题中，本文将经济发展水平人均GDP的对数、生产要素禀赋水平中的人均能源使用量、产业结构、能源结构、技术进步率增长率、技术效率增长率、外商直接投资设为内生变量，并以这些变量滞后一期作为工具变量。基于固定效应模型，运用两阶段估计方法（2SLS）进行回归，结果见表5。

表5给出了工具变量的诊断检验值，从检验结果来看第一阶段的F统计值较大（10以上），说明所选择的工具变量与内生解释变量之间是高度相关的；Sargan检验的概率值均在0.1以上，说明不存在工具变量的过度识别问题，工具变量的选择是有效的。

（三）计量结果分析

基于工具变量的两阶段估计方法（2SLS）的回归结果，可得出如下结论：

第一，在无环境约束下，1996~2008年，技术效率增长率和技术进步增长率对全要素能源效率增长率有显著的正影响，人均GDP对全要素能源效率增长率有一定的正影响。值得注意的是，工业产值占比对全要素能源效率增长率没有影响，而从前面的分析可知，工业产值占比对全要素能源效率有正影响。这说明，在无环境约束下，工业产值占比对全要素能源效率只有短期的水平效应，而没有长期的增长效应。

第二，在环境约束下，1996~2008年，技术效率增长率和技术进步增长率对全要素能源效率增长率有显著的正影响，人均GDP对全要素能源效率增长率有一定的正影响，工业产值占比对全要素能源效率增长率有显著的负影响。

综合考虑，我们可以看出各个影响因素对全要素能源效率短期及长期的作用。

从表6可以看出，在无环境约束下，八个影响全要素能源效率的因素中，人均资本存量既有短期的正影响，也有长期的正影响，但是都不显著，这说明，无论短期还是长期，资本密集型产业的多少对能源效率的影响并不显著；工业产值占比有一定的短期正影响，但是没有长期影响，这说明，长期中工业产值占比提高无助于全要素能源效率的提高，还必须发展能耗少而效益好的高端服务业；技术效率既有短期显著的正影响，又有长期显著的正影响，这说明，无论短期还是长期，技术效率的提高始终是全要素能源效率提升的重要来源；技术进步短期对全要素能源效率有一定的正影响，而长期有显著的正影响，这说明，尽管短期技术进步对能源效率仅有一定的影响而无显著影响，但是长期技术进步将显著地提升能源效率。

在环境约束下，八个影响全要素能源效率的因素中，人均 GDP 短期有一定的正影响，长期有正影响，但是不显著，这说明，长期来看，经济发展到一定程度，其对能源效率的影响不显著；工业产值占比短期有一定的正影响，长期有一定的负影响，这说明，未来要提升能源效率还必须降低工业产值占比，提高服务业的比重；技术效率既有短期显著的正影响，又有长期显著的正影响，这说明，无论短期还是长期，技术效率的提高始终是全要素能源效率提升的重要来源；技术进步短期有一定的负影响，长期有显著的正影响，这说明，长期看，技术进步的方向转变，不仅会提高能源使用的生产率，还会提高能源使用的环境效率；外商直接投资短期有一定的负影响，但从长期看，随着环境约束，外商直接投资对能源效率将不会产生显著影响。

表 6　影响全要素能源效率短期长期因素对比

影响因素	无环境约束下		环境约束下	
	能源效率	能源效率增长率	能源效率	能源效率增长率
ln（pergdp）	0	+	+	+
ln（percapital）	+	+	0	0
perenergy	– –	–	– –	–
industr	+ +	0	+ +	– –
energystr	—	0	– –	0
effch	+ + +	+ + +	+ + +	+ + +
tech	+ +	+ + +	– –	+ + +
fdi	–	0	– –	–

注："0" 表示没有影响；"+" 表示有正影响，但不显著；"+ +" 表示有一定正影响；"+ + +" 表示有显著正影响；"–" 表示有负影响，但不显著；"– –" 表示有一定负影响。

七、结　论

由于国内现有的能源效率的研究大部分没有考虑能源使用对环境质量的影响，并且在使用全要素能源效率分析方法时大多没有考虑到产出多样性的问题，仅考虑了合意的经济产出而缺少对不合意产出——污染物的考察，这将会使对能源效率的度量产生偏差。本文基于环境方向性距离函数，运用投入导向的规模报酬不变的 DEA 模型测度环境约束下长三角都市圈 15 个城市 1996～2008 年的能源效率，并运用 ML 生产率指数测度长三角都市圈 15 个城市 1996～2008 年的环境全要素能源效率增长率及其成分。最后，对影响环境全要素能源效率增长率的因素进行实证研究。

1997～2008 年，长三角都市圈 15 个城市在有无环境约束两种情形下全要素能源效率的增长率、能源使用技术效率增长率、能源使用技术进步增长率，以及它们的变动趋势不同，这主要源于能源的过度使用以及废气的过度排放导致环境约束下全要素能源效率增长率和能源使用技术效率增长率的降低，而忽视能源使用中减排技术的提高导致环境约束下能源使用技术进步增长率的降低。

本文还分别考察了无环境约束下影响全要素能源效率及其增长率的因素，以及影响环境约束下全要素能源效率及其增长率的因素。在无环境约束下，累积的技术效率增长率对能源效率有显著的正影响，累积的技术进步和工业产值占比对能源效率有一定的正影响，而人均 GDP、人均资本存量对能源效率无显著的正影响，人均能源使用量对能源效率有一定的负影响。技术效率增长率和技术进步增长率对全要素能源效率增长率有显著的正影响，人均资本存量对全要素能源效率增长率有一定的正影响。工业产值占比对全要素能源效率增长率没有影响。

在环境约束下，累积的技术效率增长率对能源效率有显著的正影响，人均 GDP 对能源效率有一定的正影响，技术进步程度、FDI、人均能源使用量对能源效率有一定的负影响。技术效率增长率和技术进步增长率对全要素能源效率增长率有显著的正影响，人均 GDP 对全要素能源效率增长率有一定的正影响，工业产值占比对全要素能源效率增长率有一定的负影响。需要说明的是，由于受数据限制，本文研究的时期较短，并且没有考虑除废气以外的其他污染排放物。另外，在进行实证研究时，选取的影响因素可能并不全面。这些研究的不足将对长三角都市圈各个城市的全要素能源效率、全要素能源效率增长率及其组成部分的估计产生影响，降低相关结论的准确性。这些问题将是未来研究的重点。

参考文献

[1] 陈诗一．节能减排与中国工业的双赢发展：2009～2049 [J]．经济研究，2010 (3)．

[2] 胡鞍钢，郑京海，高宇宁，张宁，许海萍．考虑环境因素的省级技术效率排名 (1999～2005) [J]．经济学季刊，2008，7 (3)．

[3] 史丹，吴利学，傅晓霞，吴滨．中国能源效率地区差异及其成因研究——基于随机前沿生产函数的方差分解 [J]．管理世界，2008 (2)．

[4] 涂正革．环境、资源与工业增长的协调性 [J]．经济研究，2008 (2)．

[5] 魏楚，沈满洪．能源效率及其影响因素：基于 DEA 的实证分析 [J]．管理世界，2007 (8)．

[6] 王兵，吴延瑞，倪鹏飞．中国区域环境效率与环境全要素生产率增长 [J]．经

济研究，2010（5）.

［7］袁晓玲，屈小娥．中国地区能源消费差异及影响因素分析［J］．商业经济与管理，2009（9）.

［8］Anderson P. and N. C. Petersen. A procedure for ranking units in data envelopment analysis. Management Science，1993，39（10）：515－521.

［9］Boyd G. A. and J. X. Pang. Estimating the linkage between energy efficiency and productivity. Energy Policy，2000（28）：289－296.

［10］Chung，Y. H.，R. Fare and S. Grosskopf. Productivity and undesirable outputs：A directional distance function approach. Journal of Environmental Management，1997（51）：229－240.

［11］Chan，M. W. L. and D. C. Mountain. An index number framework for explaining changes in input productivity：An application to energy efficiency. Applied Economics，2000（22）：785－794.

［12］Conrad，K.. An econometric model of production with endogenous improvement in energy efficiency：1970－1995. Applied Economics，2000（32）：1153－1160.

［13］Fare，R.，S. Grosskopf and D. Margaritis. Accounting for air pollution emissions in measuring productivity growth. Journal of Regional Science，2001a（41）：381－409.

［14］Fare，R.，S. Grosskopf，D. W. Noh and W. Weber. Characteristics of a polluting technology：theory and practice. Journal of Econometrics，2005（126）：469－492.

［15］Fare，R.，S. Grosskopf，A. Carl and Jr. Pasurka. Environmental production functions and environmental directional distance functions. Energy，2007（32）：1055－1066.

［16］Fare，R.，S. Grosskopf，A. Carl and Jr. Pasurka. Pollution abatement activities and traditional productivity. Ecological Economics，2007（62）：673－682.

［17］Hu Jin－Li and Shih－Chuan Wang. Total－factor energy efficiency of regions in china. Energy Policy，2006（34）：3206－3217.

［18］Kaneko，S. and S. Managi. Environmental productivity in China. Economics Bulletin，2004（17）：1－10.

［19］Luenberger，D. G.. Microeconomic Theory，Boston，McGraw－Hill，1995.

［20］Ian Sue Wing，S. Eckaus. Explaining long－run changes in the energy intensity of the U. S. Economy. Working Paper，2004.

［21］Watanabe，M. and K. Tanaka. Efficiency analysis of Chinese industry：A directional distance function approach. Energy Policy，2007（35）：6323－6331.

Research on Total - factor Energy Efficiency of Metropolitan Regions of Yangtze River Delta Based on Environmental Performance

Zhang Wei[1,2] and Wu Wenyuan[2]

(1. Management School, Guizhou University; 2. Research Center on Metropolitan Regions of China, Shanghai Jiaotong University)

Abstract: Handling the DEA model of "multiinput - multioutput", based on environmental production functions and environmental directional distance functions, bringing pollution into production theory as byproduct of production process, extending traditional production technique into environmental production technique, this paper measures the total - factor energy efficiency of Metropolitan Regions of Yangtze River Delta and its composition during 1996 - 2008, and empirically analyzes their influencing factors. This paper finds out, under environmental restriction, energy overspend and excessive discharge of exhaust gas brought out the decline of growth rate of energy efficiency and technical efficiency of energy use, and neglecting the elevation of energy use of emission reduction resulted in the decline of growth rate of technique of energy use. Accumulative growth rate of technical efficiency, per capita GDP, volume of exhaust emission of unit GDP, progressive degree of technique, FDI and per capita amount of energy have a varying degree effect on the energy efficiency. Growth rate of technical efficiency, growth rate of technical advancement, per capita GDP, proportion of industrial production and volume of exhaust emission of unit GDP have a varying degree effect on the growth rate of energy efficiency.

Key Words: Environmental Production Functions; Environmental Directional Distance Functions; Total - factor Energy Efficiency; ML Productivity Index

取消燃气和电力补贴对我国居民生活的影响*

李虹[1]　董亮[2]　谢明华[3]

（1. 北京大学经济学院　2. 中科院过程研究所　3. 厦门大学中国能源经济研究中心）

【摘要】分析取消能源补贴对居民生活的影响是完善能源补贴改革的重要基础。本文首先应用价差法估算了中国2007年燃气和电力的补贴规模。其次考虑到中国居民贫富与区域差异，将城乡居民按收入水平分为10组，引入“能源预算”概念并设计“影响指数”、“承受力指数”等核心指标，结合投入产出模型，从直接和间接两方面综合研究了取消燃气和电力补贴对不同收入阶层居民生活的影响，分析结果表明无论从直接影响还是间接影响的角度，取消燃气和电力补贴对低收入阶层居民，尤其是农村低收入居民的冲击更大。最后基于实证分析结果，提出阶梯化定价机制与补贴转移等能够让低收入阶层居民真正获益的能源补贴改革建议。

【关键词】燃气和电力补贴；居民生活；不同收入阶层；投入产出模型

一、引　言

燃气①与电力是现代社会重要的生活能源。改革开放以来，伴随着中国经济与社会的快速发展，居民燃气以及电力的消费量、普及率都有了较大的提高②，而促进这种消费量与普及率不断上升的重要原因之一是中国政府长期以来以低价形式对燃气和电力进行的消费侧补贴，这种补贴政策使得中国居民燃气与电力的终端消费价格普遍低于国际价格：以2007年为例，中国民用天然气平均价格为2.15元/立方米③，而美国、英国、日本则分别

---

* 本文选自《经济研究》2011年第2期。

基金项目：2007年美国能源基金会项目“中国电力产业提高能源效率和减少污染的管制行动”、2009年中国博士后科学基金“可持续发展与社会公平：基于能源补贴理论与政策实践的研究”（项目编号20090460202）、2009年教育部哲学社会科学规划项目“中国电力价格体制改革研究——煤电价格联动的政策效应”（项目编号09YJA790006）的阶段性研究成果。

作者简介：李虹，北京大学经济学院；董亮，中科院过程研究所；谢明华，厦门大学中国能源经济研究中心。

① 为讨论方便，本文的燃气指天然气和液化石油气，没有考虑煤气等。

② 1980~2008年，城镇居民天然气与液化石油气的消费量分别增长了153.4倍和22.3倍，城镇居民天然气、液化石油气的普及率从1978年的17.3%增长到2008年的89.6%；2000~2008年，居民电力消费增长了116.7%。数据来源：中国建设部发布的《中国城市建设统计年鉴》(2008)。

③ 数据来源：联合证券发布的2007年《中国天然气行业深度研究报告》。

为3.189元/立方米、4.809元/立方米、7.894元/立方米①；中国居民用电价格为0.47元/千瓦时，美国、英国、日本则分别为0.81元/千瓦时、1.41元/千瓦时、1.35元/千瓦时②。

补贴政策是低收入阶层居民获取现代能源的重要途径之一，然而其在促进居民燃气、电力等现代能源的消费与普及的同时，也逐渐暴露出种种弊端。一方面，中国燃气和电力补贴规模较大，增加了政府的财政负担，2005年中国天然气以及电力补贴高达120亿美元（IEA，2006），约占当年GDP的0.54%③；另一方面，由于补贴机制存在的缺陷，导致从补贴政策中得到较大收益的并非是最需要补贴的低收入阶层而是高收入阶层，从而加剧了社会的不公平（Moor，1997；Myers和Kent，1998；Schneider等，1999；UNEP，2003；Shim，2007；OECD，2008），这种"富人搭穷人便车"的现象对于中国这样一个人口众多、贫富差距较大、社会结构复杂的发展中国家来说尤为严重，因此，中国能源补贴改革尤其是化石能源补贴改革势在必行。

但长期的国际能源补贴改革实践证明，改革也将会带来一些负面影响，其中尤为突出的是对居民生活，特别是贫困阶层居民生活的影响。IEA（2002）、Brannon（1974）、Anderson和McKibbin（1997）运用局部均衡法研究表明取消能源补贴将提高能源价格进而对工业产品价格和居民生活产生潜在的负面影响。Dube（2003）计算了津巴布韦在取消补贴后增加的能源支出占城镇居民总收入以及能源预算的比重变化，结论是家庭越贫困，比值越大，即取消能源补贴对贫困家庭影响更大。Kebede（2006）利用平均能源支出来表征家庭可以承担的能源购买力，通过问卷调查法研究表明埃塞俄比亚削减能源补贴对贫困阶层家庭支出的影响较大。Khattab（2007）使用局部均衡法研究得到的结论是，削减埃及能源密集型行业的能源补贴将会导致能源价格上涨，从而对这些行业产生难以忽视的影响，因此应在深入分析这些影响的基础上制订补贴改革方案。

具体到对居民生活至关重要的燃气、电力、煤油等能源，Thukral（1994）、Gangopadhyay（2005）研究表明印度居民煤油及石油、天然气补贴的实质是高收入群体获益最大，但取消补贴对贫困阶层居民的福利影响较大，因此改革尤其需要对贫困阶层居民制定相关补偿措施。Barnes和Halpern（2001）提出，设计对农村居民更有效的电力补贴政策必须遵循两个原则：降低能源服务的前期成本，提供补偿改革造成经济效率损失的相关激励措施。Saboohi（2001）使用投入产出模型（I－O Model）证明了伊朗削减煤油以及液化石油气补贴会使得其他商品价格上涨，居民生活成本增加，其中城镇居民家庭总支出增加32.2%，农村居民家庭总支出增加37.5%。综上所述，为了有效实施能源补贴改革，应全面、深入地分析改革对居民尤其是低收入阶层居民生活的影响（UNEP，2008）。

---

① 数据来源：IEA，International Energy Prices and Taxes，Statistics，2008。2007年，美元对人民币平均汇率为7.604。

② 数据来源：林伯强，蒋竺均，林静．有目标的电价补贴有助于能源公平和效率［J］．金融研究，2009（11）．

③ 2005年中国GDP 183084.80亿元，全国财政收入31649.29亿元。数据来源：中华人民共和国国家统计局发布的《中国统计年鉴》（2006）。

与国际相比，中国关于能源补贴改革的研究尤其是改革对居民生活影响方面的研究十分稀少，仅有极少数学者给予了一定程度的关注。林伯强等（2009）在论述削减电力交叉补贴对居民尤其是低收入阶层居民的福利将产生负面影响的前提下，指出应在公平和效率的原则下，设计更为合理的电力补贴机制。刘伟、李虹（2009）利用 CGE 模型分析表明削减 2007 年 5% 的中国煤炭消费侧补贴将导致就业率降低 0.24%，从而会在一定程度上增加本国的贫困率和失业率，威胁到社会稳定。

中国作为一个正处于工业化与城市化快速发展阶段的发展中国家，城乡居民平均收入普遍不高，且贫富差距较大，使得城乡居民能源消费能力也有很大的差异，2007 年城镇人均能源与电力消费量分别是农村地区的 3.8 倍和 5.1 倍①，这些差异必然造成能源补贴改革对不同收入阶层居民的影响是不同的。因此在设计中国燃气与电力补贴改革时，应充分考虑中国居民的收入水平以及能源消费差异，深入、系统地分析取消补贴对于不同收入阶层居民的影响。

本文余下部分的结构安排如下：第二部分构建了取消燃气与电力补贴对于居民生活影响的分析框架；第三部分根据价差法，估算了 2007 年中国燃气以及电力的补贴规模；第四部分将中国居民按城乡与人均收入水平分为 10 组，通过引入“能源预算”概念，设计分析指标，并应用投入产出模型，具体研究取消补贴对中国不同收入阶层居民的直接和间接影响；基于实证分析；第五部分提出了相关政策建议，以实现中国燃气和电力补贴机制改革的高效与公平。

二、研究方法

补贴会降低终端消费价格，因此取消补贴会引起能源产品价格上涨。燃气和电力与居民生活息息相关，其价格变动会影响居民生活。如图 1 所示，这些影响主要体现在如下几方面：

（1）直接影响：燃气和电力是居民生活的重要能源，因此取消补贴引起的价格上涨会直接增加居民生活能源消费支出，提高生活成本。

（2）间接影响：能源是重要的生产材料，因此能源价格的变动会引起与其相关的其他商品和服务的价格变动，并最终传递给消费者。这种间接影响可以通过投入产出模型进行计算。

为了分析计算上述影响，本文①引入“能源预算”概念并设计“影响指数”、“承受力指数”两个核心指标，应用指标分析方法计算取消补贴对居民生活的直接影响；②应用

① 2007 年城镇人均能源消费量为 2030 千克标准煤，电力消费量为 3000 千瓦时，农村地区人均能源消费和电力消费则分别为 540 千克标准煤和 593 千瓦时。数据来源：中华人民共和国国家统计局发布的《中国统计年鉴》(2009)。

投入产出模型，计算取消补贴引起的能源产品价格变动与其他部门商品服务价格之间的联动关系从而分析对居民生活的间接影响。

本文构建了指标分析与投入产出模型相耦合的综合分析方法，从直接到间接影响，针对取消燃气与电力补贴对居民生活的影响进行全景计算分析，分析结论将为国家相应政策制定提供科学参考。

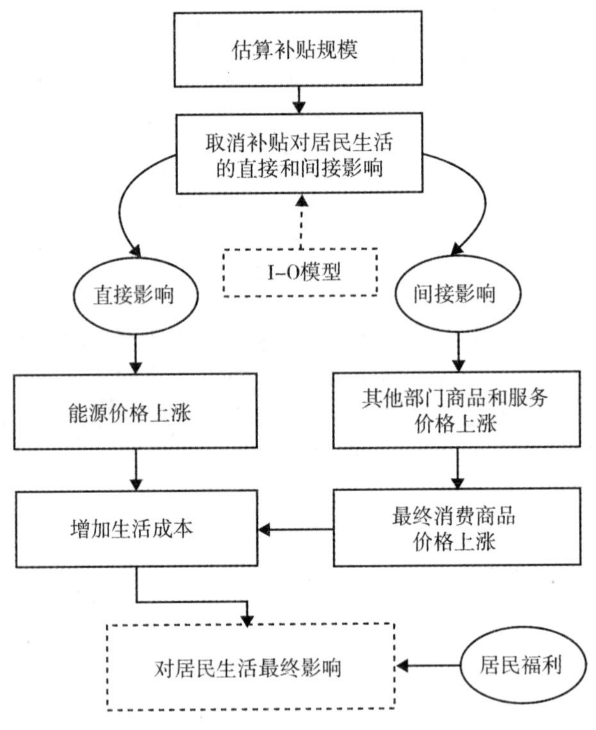

图1　取消燃气和电力补贴对居民生活的影响

三、中国燃气和电力补贴规模估算

为满足后续实证分析的需要，本节应用价差法估算 2007 年中国燃气和电力补贴规模和补贴率①。

① 价差法只适用于销售价格低于自由市场价格的情况，它只能衡量消费侧补贴，因此本文计算出的补贴规模指的是燃气和电力的消费侧补贴规模。

（一）价差法

根据 IEA（1999），价差法基本公式为：

$$S_i = (M_i - P_i) \times C_i \tag{1}$$

其中，S_i 为能源产品补贴数额；M_i 为基准价格，对于燃气和电力，基准价格为其长期边际成本；P_i 为终端消费价格（一般选取消费市场价格）；C_i 为消费量；i 为能源产品种类。

取消价差会影响能源产品的价格，对于这种影响，本文参考 IEA（1999）的公式：

$$q = p^{\varepsilon} \tag{2}$$

$$\Delta q = Q_0 - Q_1 \tag{3}$$

其中，q 为能源产品消费量；ε 是能源长期需求价格弹性；Δq 为取消补贴后能源消费量的变化；Q_0 和 Q_1 分别为取消补贴前后的消费量。

（二）燃气补贴规模计算

1. 价差法应用

对于中国天然气和液化石油气，本文参考 IEA（1999）、IMF（2002），采用公式（2）确定其基准价格：

$$M_i = W_i + D_i + T_i \tag{4}$$

其中，W_i 为基准价格；D_i 为运销成本；T_i 为一般销售税、增值税等。

2. 天然气补贴规模计算

（1）基准价格（M_i）。对于天然气，国家发展与改革委员会通过控制天然气的出厂价格、管输费以及分销成本等，降低其终端消费价格。由于政府管控生产成本，因此国内天然气实际生产成本很难得到，本文选取国际价格来确定基准价格。本文选取 2007 年北美天然气平均现货价格 1.91 元/立方米①作为天然气基准价格。

对于运销成本 D_i，天然气运销成本包括管输费用以及分配费用等。为了简化计算，本文选用国内天然气典型消费市场②的平均市场价格与国内天然气平均出厂价格的差值 1.4

---

① 数据来源：国研网数据中心，http：//edu. drcnet. com. cn/DRCNet. Edu. Web/，2010 年 2 月 13 日。

② 本文选取北京、天津、上海等中国 36 个大中城市作为天然气典型消费市场。

元/立方米[①]作为中国天然气平均运销成本。

对于税费 T_i，2007 年中国天然气产品增值税率为 13%（包含在出厂价格中）。2007 年中国天然气主要产地川渝盆地、长庆气田（陕甘宁）、青海和新疆等地平均出厂价格为 0.8 元/立方米，计算得增值税为 0.104 元/立方米。

根据公式（2）及以上确定的各项参数，计算得 2007 年中国天然气基准价格 M_i 为 3.41 元/立方米。

（2）终端消费价格（P_i）。2007 年中国民用天然气平均价格为 2.15 元/立方米，工业用天然气平均价格为 2.47 元/立方米[②]。

（3）消费量（C_i）。2007 年中国民用天然气消费量为 136.68 亿立方米，工业用天然气消费量为 535.41 亿立方米[③]。

根据上述各项的参数确定以及价差法计算公式（1）得 2007 年中国民用天然气补贴规模为 172.73 亿元，补贴率[④]为 37.02%；工业用天然气补贴规模为 505.28 亿元，补贴率为 27.65%。

3. *液化石油气补贴规模估算*

参考以上计算思路估算 2007 年中国液化石油气的补贴规模。以 2007 年中国国内液化石油气平均价 5258 元/吨[⑤]作为终端消费价格；消费量为 2302.25 万吨[⑥]；因为沙特阿美合同价格（CP 丙烷）能很好地反映国际市场液化石油气价格，因此本文选用其 2007 年平均值 5320 元/吨[⑦]作为液化石油气国际现货价格。为了简化计算，将国内液化石油气平均价格与液化石油气平均出厂价格的差值作为运销成本，2007 年中国液化石油气平均出厂价格为 5064.66 元/吨[⑧]，增值税税率为 13%，计算得出基准价格为 6094.87 元/吨。综上，依据价差法计算得 2007 年中国液化石油气补贴为 192.56 亿元，平均补贴率 13.72%。

---

① 数据来源：国家发展和改革委员会、中国价格协会、国家发展和改革委员会价格认证中心发布的《中国物价年鉴》(2008)。2007 年中国 36 个大中城市民用、工业天然气平均市场价格为 2.20 元/立方米。2007 年中国天然气主要产地川渝盆地、长庆气田（陕甘宁）、青海和新疆等地平均出厂价格为 0.8 元/立方米，本文用此价格作为中国天然气平均出厂价格。数据来源：平均出厂价格根据发改委公布的历次天然气出厂价格调整整理。

② 数据来源：国家发展和改革委员会、中国价格协会、国家发展和改革委员会价格认证中心发布的《中国物价年鉴》(2008)。

③ 数据来源：中国国家统计局，http：//www.stats.gov.cn/tjsj/，2010 年 3 月 23 日。

④ 补贴率 = 价差/基准价格

⑤ 数据来源：国家发展改革委价格监测中心。本文将 2007 年我国北京、上海、天津等主要城市液化石油气平均价格作为中国液化石油气的平均价格。

⑥ 数据来源：国家统计局能源司、国家能源局综合司发布的《中国能源统计年鉴》(2008)。

⑦ 数据来源：蔡德洪.2008 年国内液化石油气市场分析及 2009 年预测 [J]. 市场观察，2008（1）.

⑧ 数据来源：国家发展和改革委员会、中国价格协会、国家发展和改革委员会价格认证中心发布的《中国物价年鉴》(2008)。液化石油气生产企业要按照与 90#汽油保持 1:（0.83～0.92）的比价关系确定出厂价格，90#汽油 2007 年均价 6102 元/吨。

综上所述，2007 年中国燃气补贴为 870. 57 亿元，其平均补贴率[①]为 23. 56%。

4. 电力补贴规模估算

对于中国居民电力补贴计算，基准价格选取 2007 年居民电力长期边际成本 1. 03 元/千瓦时[②]；居民电力终端消费价格选取 2007 年中国城镇和农村居民生活用电价格（0. 52 元/千瓦时、0. 45 元/千瓦时[③]）的消费量加权平均值为 0. 49 元/千瓦时[④]；居民用电量为 3622. 71 亿千瓦时[⑤]。依据价差法计算得 2007 年居民用电电力补贴规模为 1956. 26 亿元，补贴率为 52. 43%。

综上所述，2007 年中国燃气和电力补贴率都较高，即政府通过补贴政策大幅降低了居民用气与用电价格。考虑到燃气和电力对于居民生活的重要性，需要全面、深入分析取消燃气和电力补贴对居民生活产生的各种影响。

四、实证分析

（一）不同收入阶层居民的燃气和电力消费状况

考虑到中国城乡居民生活消费差异，为了进一步深入研究取消燃气和电力补贴对居民生活的影响，本节按照人均可支配收入水平将中国城镇与农村居民分为 10 组，其中城镇居民分为 7 组，农村居民分为 3 组（如表 1 所示），在此基础上分析不同收入阶层居民的生活支出和能源消费情况。

表 1　城乡 10 组居民收入和支出情况

单位：元

收入阶层	分组	人均可支配收入	人均消费支出	人均能源消费支出
城镇困难家庭	Grl - 1	4210. 06	4036. 32	187. 51

① 燃气平均补贴率 = ［补贴数额（天然气 + 液化石油气）］/［消费额（天然气 + 液化石油气）+ 补贴数额（天然气 + 液化石油气）］×100%

② 数据来源：国家统计局能源司、国家能源局综合司发布的《中国能源统计年鉴》（2008）。

③ 数据来源：国家发展和改革委员会、中国价格协会、国家发展和改革委员会价格认证中心发布的《中国物价年鉴》（2008）。

④ 城镇居民用电占生活用电比例约为 61%，农村用电比例为 39%。数据来源：国家统计局能源司、国家能源局综合司发布的《中国能源统计年鉴》（2008）。

⑤ 数据来源：国家统计局能源司、国家能源局综合司发布的《中国能源统计年鉴》（2008）。

续表

收入阶层	分组	人均可支配收入	人均消费支出	人均能源消费支出
城镇低收入家庭	Gr1 - 2	6504.60	5634.15	210.05
城镇较低收入家庭	Gr1 - 3	8900.51	7123.69	234.52
城镇中等收入家庭	Gr1 - 4	12042.32	9097.35	243.53
城镇较高收入家庭	Gr1 - 5	16385.80	11570.39	279.58
城镇高收入家庭	Gr1 - 6	22233.56	15297.73	325.78
城镇最高收入家庭	Gr1 - 7	36784.51	23337.33	484.63
农村低收入家庭	Gr2 - 1	2216.17	1852.40	151.2
农村中等收入家庭	Gr2 - 2	3658.83	2938.47	180.2
农村高收入家庭	Gr2 - 3	7460.23	4838.58	220.00

注：①Gr1 - i 表示城市第 i 收入组，Gr2 - i 表示农村第 i 收入组，分组根据统计年鉴中数据进行整合。②对于农村居民，可支配收入指纯收入。低收入家庭包括统计年鉴中低收入户与中下收入户；高收入家庭包括中上收入户与高收入户，收入水平取其均值。

数据来源：国家统计局城市社会经济调查司发布的《中国城市（镇）生活与价格年鉴》(2008)；国家统计局农村社会经济调查司发布的《中国农村统计年鉴》(2008)。

首先，本节依据中国家庭支出的统计数据，计算并分析了不同收入阶层家庭支出结构以及能源消费结构（如图 2 所示）①。从图中可以看出，能源支出是居民家庭支出的重要组成部分；家庭人均收入越高，总能源消费就越高，而其中燃气和电力消费是能源消费的主要部分。

其次，进一步分析不同收入阶层居民的能源消费能力（如图 3 所示）。尽管人均能源支出随着家庭人均收入的增加而增加，但是其占家庭人均收入的比重却在下降，这表明高收入阶层居民的能源消费能力较强。由此可见，由于不同收入阶层居民的能源消费结构与能源消费能力存在很大差异，取消补贴会对他们产生不同的影响，本文进一步从直接和间接的角度具体分析这些影响。

（二）取消补贴对能源需求影响及不同收入阶层居民能源需求的价格弹性

居民在消费燃气和电力价格波动时会调整消费量，因此取消补贴后实际价格上涨幅度要考虑需求价格弹性：

① 对于农村家庭消费支出结构，统计年鉴中没有提供按收入分组的数据，本文采用面板数据的处理思路，对 31 个省（市、自治区）的数据进行加权处理，具体思路如下：对各省（市、自治区）农村居民按收入进行排序，将其分为高（>3700 元）、中（2200 ~ 3700 元）、低（<2200 元）三个收入组，各项消费支出数据为收入组内各省份平均值，这样得到通过面板数据处理的三个收入组消费支出结构，然后对应本文的三个农村居民收入分组划分，对各项数值进行进一步调整：确定调整因子 κ，其等于按面板数据处理的分组对应的消费支出与本文确定分组中消费支出的比值，然后面板数据处理后的各项消费支出乘以调整因子，最终得到农村居民三个收入分组家庭消费支出结构。

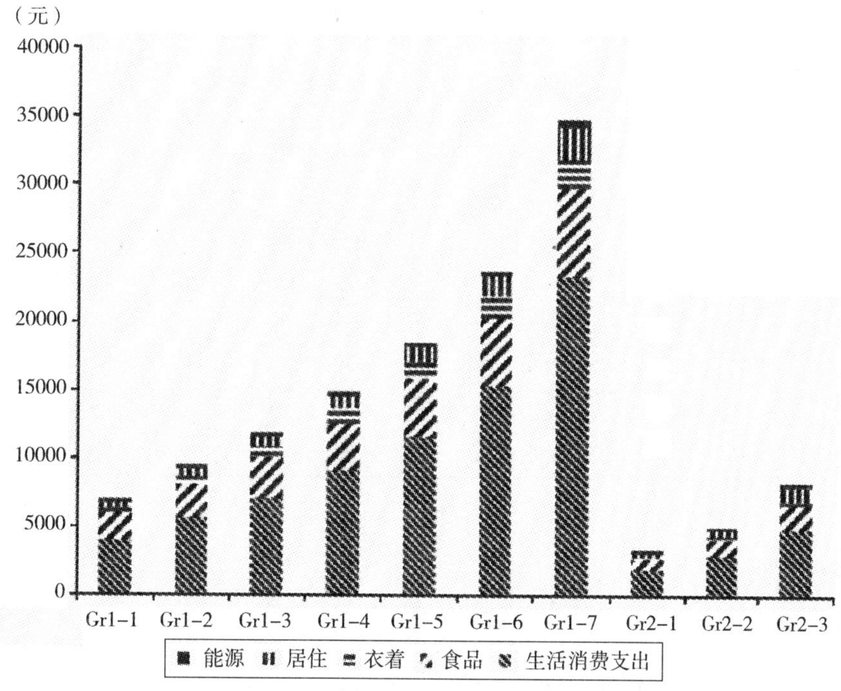

图2 10组居民家庭支出结构与能源消费结构

数据来源：国家统计局城市社会经济调查司发布的《中国城市（镇）生活与价格年鉴》（2008）；国家统计局农村社会经济调查司发布的《中国农村统计年鉴》（2008）。

$$\alpha=\xi\times\frac{Q_1}{Q_0} \tag{5}$$

$$\ln Q_1=\varepsilon\times(\ln P_1-\ln P_0)+\ln Q_0 \tag{6}$$

其中，P_0 和 P_1 为取消价差后的能源产品价格；α 为取消补贴能源产品价格上涨幅度，ξ 为能源产品补贴率。根据式（5）、式（6）可以计算出取消补贴后居民燃气和电力消费价格的上涨幅度。

对于能源价格长期需求价格弹性 ε 的计算，由于采用方法与数据的差异，不同学者计算的结果不同。本文选取 Qi 等（2009）计算的数值 -0.16 作为中国居民用电需求价格弹性。选取 Lin（2010）计算的数值 -0.31 作为中国居民燃气需求价格弹性。

不同收入阶层对应不同的能源产品消费价格弹性，但由于数据的限制，本文无法分别估计出城乡 10 组收入阶层的弹性。因此，本文以上述价格弹性作为基准值，对各阶层的弹性进行调整。调整思路为：

（1）确定城镇、农村需求价格弹性基准值。农村居民用电大多为维持基本生活，用电量小而且价格的作用非常有限，所以弹性相较于城镇居民较小，因此本文在 -0.16 绝对值的基础上减 0.1，即 -0.06 作为农村居民生活用电需求价格弹性基准值。城镇居民会综合考虑电费与舒适度，具有一定的弹性，因此在 -0.16 绝对值的基础上加 0.2，即 -0.36 作

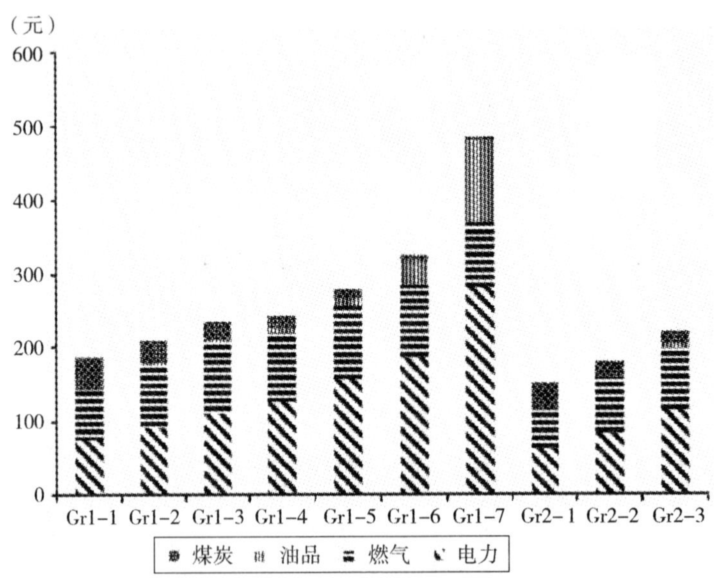

图3　10组居民能源消费支出差异

为城镇居民生活用电需求价格弹性基准值。

（2）确定城乡不同收入阶层需求价格弹性。对于不同收入阶层，其消费性质会影响需求价格弹性。总体来说，收入增加，弹性会增加，但当收入较高时，又会对价格变化不太敏感，因此，中等收入价格弹性最大。

对于燃气需求价格弹性处理方法一致。各收入阶层居民电力与燃气的需求价格弹性以及取消补贴导致的电力和燃气价格上涨幅度如表2所示。

表2　各收入阶层电力与燃气需求价格弹性以及价格上涨幅度

收入阶层	电力需求价格弹性	对应取消电力补贴价格上涨幅度（%）	燃气需求价格弹性	对应取消燃气补贴价格上涨幅度（%）
城镇困难家庭	-0.06	50.14	-0.21	21.38
城镇低收入家庭	-0.16	46.55	-0.31	20.42
城镇较低收入家庭	-0.26	43.22	-0.41	19.50
城镇中等收入家庭	-0.36	40.13	-0.51	18.62
城镇较高收入家庭	-0.31	41.64	-0.36	19.96
城镇高收入家庭	-0.26	43.22	-0.21	21.38
城镇最高收入家庭	-0.21	44.86	-0.06	22.92
农村低收入家庭	-0.01	52.04	-0.11	22.39
农村中等收入家庭	-0.06	50.14	-0.21	21.38
农村高收入家庭	-0.26	43.22	-0.11	22.39

注：农村、城镇中等收入家庭价格弹性为基准值，其他收入阶层在基准值基础上按照上述分析思路进行增减。

（三）取消燃气和电力补贴对居民生活的直接影响

由于能源消费侧补贴直接降低了居民终端消费价格，因此假定取消燃气和电力消费侧补贴会使其价格上涨，且对于城乡不同收入阶层，价格上涨幅度不同。本节设计两个指标来表征这种价格上涨带来的直接影响：①影响指数：能源价格上涨所引发的居民能源消费支出的增加占居民收入的比重；②承受力指数：不同收入阶层居民对能源支出增加的承受能力。

1. 影响指数

$$EI = \frac{人均能源消费支出 \times 能源价格上涨幅度}{人均可支配收入} \times 100 \tag{7}$$

影响指数越大，说明取消补贴引起的能源消费支出增加占居民收入的比重越大，即对居民生活的直接影响越大。根据式（7）计算结果体现出取消燃气和电力补贴对于城乡不同收入阶层居民的直接影响差异显著：①最低收入阶层居民的影响指数最大，城镇困难家庭和农村低收入家庭分别为 1.26 和 2.01；而对应的最高收入阶层居民的影响指数较小，城镇最高收入家庭和农村高收入家庭分别为 0.40 和 0.92。②城乡差异显著：城镇中等收入家庭与农村中等收入家庭的影响指数分别为0.57 和1.59（如表3 所示）。低收入居民尤其是农村低收入居民受到的直接冲击更为明显（如图 4 所示）。

表 3　10 组居民能源消费支出增加的影响指数计算结果

	Gr1 -1	Gr1 -2	Gr1 -3	Gr1 -4	Gr1 -5	Gr1 -6	Gr1 -7	Gr2 -1	Gr2 -2	Gr2 -3
燃气消费支出增加影响指数	0.34	0.27	0.21	0.14	0.12	0.09	0.05	0.55	0.43	0.25
电力消费支出增加影响指数	0.92	0.66	0.54	0.43	0.40	0.37	0.34	1.46	1.16	0.67
综合影响指数（总计）	1.26	0.92	0.75	0.57	0.52	0.46	0.40	2.01	1.59	0.92

2. 承受力指数

分析取消补贴对居民生活影响，一方面要分析影响大小，另一方面还要分析居民对这些影响的承受能力。本文引入“能源预算”的概念①（energy budget）（Ikhupuleng，2003）来计算不同收入阶层居民对能源支出增加的承受能力。考虑到不同收入阶层居民能源消费能力不同，本节假设，对于城镇、农村居民，最低收入阶层居民的能源预算是其将家庭结

① 能源预算指居民愿意承担的平均能源支出。

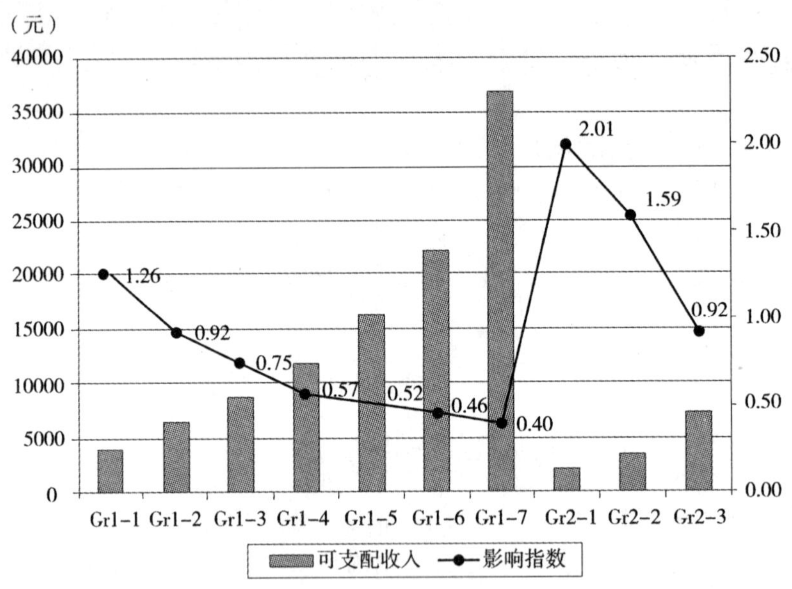

图 4　能源价格上涨对 10 组居民直接影响的差异

余中的 30%[①]用作能源支出，其余收入阶层居民的能源预算以此比例为基准，根据不同收入阶层人均能源支出占人均消费支出的比例来做相应调整，承受力指数计算公式如下：

$$\xi = \frac{能源预算}{能源消费支出增加} \tag{8}$$

$$Energy\ budget = S_i \times \eta_i \tag{9}$$

$$\eta_i = 30\% \times \frac{\delta_i}{\delta_1} \tag{10}$$

其中，ξ 为居民对于能源支出增加的承受力指数，ξ 越大，说明居民对能源支出增加的承受能力越强；S_i 为第 i 组居民人均家庭结余；η_i 为第 i 组居民人均家庭结余用作能源支出的比例；δ_i 为第 i 组居民人均能源消费支出占总消费支出的比重。中国城乡不同收入阶层居民人均家庭结余以及人均能源预算计算结果如表 4 所示。

表 4　10 组居民人均家庭结余和能源预算计算结果

	Gr1-1	Gr1-2	Gr1-3	Gr1-4	Gr1-5	Gr1-6	Gr1-7	Gr2-1	Gr2-2	Gr2-3
家庭结余（元）	173.74	870.45	1776.82	2944.97	4815.41	6935.83	13447.18	363.77	720.36	2621.65
η_i	0.30	0.22	0.20	0.16	0.14	0.13	0.12	0.30	0.23	0.17

① 本文对不同收入阶层居民消费支出结构进行了计算。对于城镇和农村低收入阶层居民，能源消费支出占生活消费支出（除去食品、衣着、居住、家庭设备等必需条目外）的比重约为 20%。本文在实证分析中取比这一比例稍高的 30% 作为基准值，以体现能源的重要性。

续表

	Gr1 - 1	Gr1 - 2	Gr1 - 3	Gr1 - 4	Gr1 - 5	Gr1 - 6	Gr1 - 7	Gr2 - 1	Gr2 - 2	Gr2 - 3
能源预算（元）	52.12	194.71	350.97	473.02	698.12	886.23	1675.50	109.13	165.66	447.00
承受力指数	0.98	3.24	5.27	6.88	8.18	8.70	11.42	2.45	2.85	6.50

根据上述公式，本节计算出不同收入阶层居民对能源支出增加的承受力指数 ξ（如表 4 所示）：收入阶层越高，能源预算越大，承受力指数 ξ 越大，对能源支出增加的承受能力越强，城镇收入最高阶层居民的 ξ 值高达 11.42，即能源预算是能源支出增加的 11.42 倍；而城镇困难家庭居民的 ξ 值仅为 0.98，其能源预算不足以支付能源支出的增加，对能源支出增加的承受能力很弱，因此，低收入阶层居民常常会动用其他用途的家庭结余，如医疗、教育等，来弥补能源预算的不足，这无疑会进一步降低他们的生活质量。从图 5 可以看出，承受力指数分布呈正三角金字塔状，高收入阶层处于承受力指数金字塔的顶端，而广大中低收入阶层处于底部。

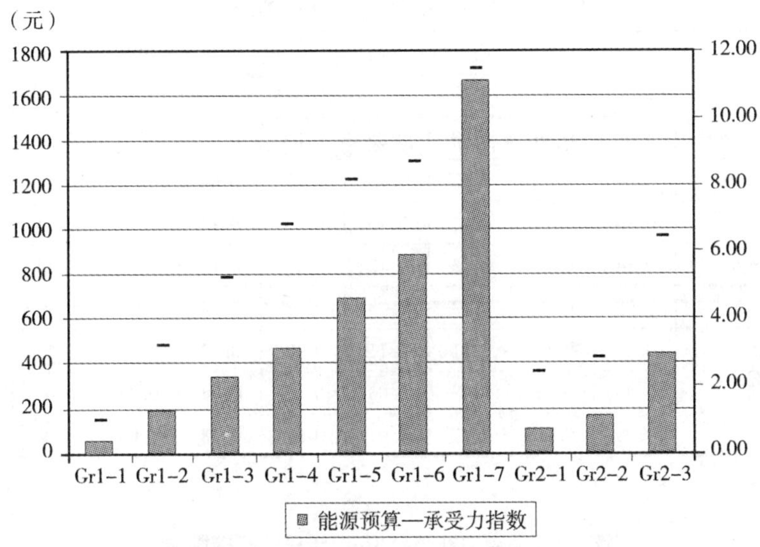

图 5　10 组居民对燃气和电力价格上涨的承受力指数分布

综上分析，无论从能源支出增加的角度，还是从对这种支出增加的承受能力角度，低收入阶层居民受到的影响更为严重。

（四）取消燃气和电力补贴对居民生活的间接影响

作为重要生产资料，能源价格变动会引发与能源密切相关产品和服务价格的变动，进而对居民生活造成间接的影响。为了计算这种间接影响，本节基于中国 2007 年投入产出表，应用投入产出模型来模拟计算取消燃气和电力补贴所引起的价格上涨对居民生活支出的具体影响。城乡居民的消费支出项目类别包括食品、服装、住房、家居用品和服务、医药、交通和通信、教育和娱乐、其他，与2007年的投入产出表中的产出部门一一对应然后进行计算。投入产出计算公式为①：

$$PX = PAX + PD \tag{11}$$

$$\Delta P(I - A)X = \Delta PD \tag{12}$$

$$\partial P_r = \Delta P(I - A)^{-1} \tag{13}$$

其中，P是价格向量；X是部门向量；A是投入产出矩阵；D是终端需求；ΔP是产品价格的相对变化；∂P_r是终端消费品的价格变化。

依据投入产出模型，我们计算取消补贴对居民各项家庭支出的影响②，结果表明，取消燃气和电力补贴后，能源价格上涨的联动效应导致10组居民的各项家庭支出都有所增加。在此基础上，我们进一步计算了各项消费支出增加占居民收入的比重（如表5和表6所示）。

表5 取消燃气补贴对10组居民的间接影响

	燃气价格上涨导致的家庭各项支出增加幅度（%）									
	Gr1 -1	Gr1 -2	Gr1 -3	Gr1 -4	Gr1 -5	Gr1 -6	Gr1 -7	Gr2 -1	Gr2 -2	Gr2 -3
食品	0.09	0.09	0.08	0.08	0.08	0.09	0.10	0.09	0.09	0.09
服装	0.04	0.03	0.03	0.03	0.03	0.04	0.04	0.04	0.04	0.04
住房	0.14	0.14	0.13	0.13	0.13	0.14	0.15	0.15	0.14	0.15
家居用品和服务	0.14	0.13	0.13	0.12	0.13	0.14	0.15	0.14	0.14	0.14
医药	0.03	0.03	0.03	0.03	0.03	0.03	0.03	0.03	0.03	0.03
交通和通信	0.13	0.12	0.11	0.11	0.12	0.13	0.14	0.13	0.13	0.13
教育和娱乐	0.04	0.03	0.03	0.03	0.03	0.04	0.04	0.04	0.04	0.04
其他	0.08	0.07	0.07	0.07	0.07	0.08	0.08	0.08	0.08	0.08

表6 取消电力补贴对10组居民的间接影响

	电力价格上涨导致的家庭各项支出增加幅度（%）									
	Gr1 -1	Gr1 -2	Gr1 -3	Gr1 -4	Gr1 -5	Gr1 -6	Gr1 -7	Gr2 -1	Gr2 -2	Gr2 -3
食品	4.5	4.20	3.90	3.62	3.76	3.90	4.05	4.69	4.52	3.90

① Y. Saboohi. An evaluation of the impact of reducing energy subsidies on living expenses of households. Energy Policy, 2001 (29): 245-252.

② “对家庭支出的影响”指的是居民家庭各项支出增加的绝对百分比，表5和表6中10组居民对应的数值是各项支出增加的相对百分比，即各项家庭支出增加占其人均可支配收入的比例。

续表

	电力价格上涨导致的家庭各项支出增加幅度（%）									
	Gr1 -1	Gr1 -2	Gr1 -3	Gr1 -4	Gr1 -5	Gr1 -6	Gr1 -7	Gr2 -1	Gr2 -2	Gr2 -3
服装	2.39	2.22	2.06	1.91	1.99	2.06	2.14	2.48	2.39	2.06
住宅	3.11	2.89	2.68	2.49	2.58	2.68	2.78	3.23	3.11	2.68
家庭设备及服务	7.80	7.24	6.72	6.24	6.48	6.72	6.98	8.09	7.80	6.72
医疗	1.87	1.74	1.61	1.50	1.55	1.61	1.67	1.94	1.87	1.61
交通和通信	6.22	5.78	5.37	4.98	5.17	5.37	5.57	6.46	6.22	5.37
教育和娱乐	2.20	2.04	1.89	1.76	1.82	1.89	1.96	2.28	2.20	1.89
其他	3.95	3.67	3.41	3.16	3.28	3.41	3.54	4.10	3.95	3.41

由于需求弹性不同，对于不同收入阶层居民，各个部门的商品的价格上涨幅度不同。进一步分析如图6所示：横坐标为人均消费支出占人均可支配收入的比重，纵坐标为燃气和电力价格提高间接导致的人均总消费支出增加占人均可支配收入的比重。从图中可以看出，人均可支配收入越低，消费支出占可支配收入的比重越高，人均总消费支出增加占人均可支配收入的比重也越高。同时，3组农村家庭整体位于7组城镇居民上方，即所处收入阶层类似的情况下，农村家庭受到燃气与电力价格上涨的间接影响更为明显。

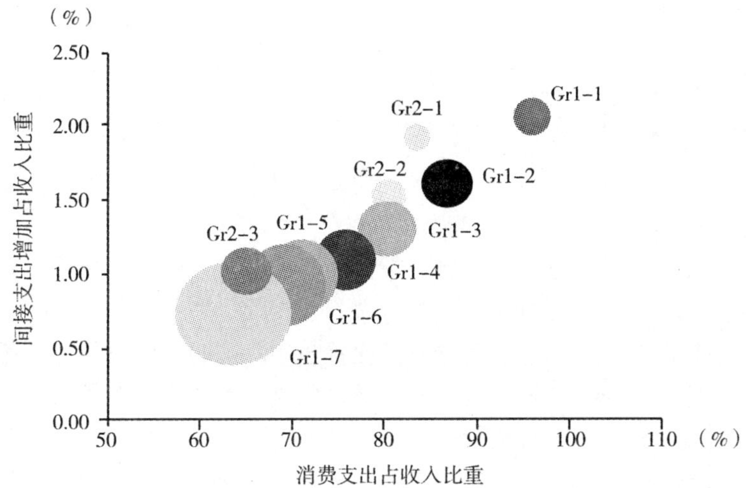

图6 燃气、电力价格上涨对10组居民家庭支出的间接影响

注：气泡大小代表其人均可支配收入高低。

通过上述两节分析，取消燃气和电力补贴引起的燃气和电力价格上涨对居民的直接能源支出（直接影响）以及家庭各方面支出的影响（间接影响）一致，即收入阶层越低，影响越大。同时农村居民相较于城镇居民，受影响更大。

五、结论及政策建议

（一）结论

通过构建耦合指标设计与投入产出计算的分析框架，本文从直接影响与间接影响两方面系统研究了取消燃气和电力补贴对于中国城乡不同收入阶层居民生活的影响。其中，直接影响关注取消补贴导致作为居民生活必需品的能源价格上涨，间接影响关注能源价格上涨的联动效应引起的其他部门商品价格上涨。通过计算分析，本文主要结论如下：

（1）2007 年中国燃气和电力补贴的补贴率较高，分别为 23.56% 和 52.43%。

（2）从直接影响角度来看，取消燃气和电力补贴会直接导致居民能源消费支出增加，但对不同收入阶层居民的影响不同。从影响情况和抵御这种影响的承受力两方面来看，收入越低，能源消费支出增加的影响越大，同时居民对这种能源支出增加的承受力越差。城乡横向比较，农村低收入阶层受影响更大。

（3）投入产出模型计算结果表明，能源价格变动的联动效应会进一步影响相关产品和服务价格并传递给消费者，从而导致居民生活总支出增加，低收入阶层居民受到的这种间接影响更为显著。

（二）政策建议

针对分析结论，本文提出如下政策建议：

第一，从本文实证计算部分可以看出，一方面，居民所处收入阶层低，能源消费水平低，但是由于能源为居民生活必需品，因此需求弹性较低；另一方面，尽管低收入阶层能源消费水平低，但是能源消费占总消费支出的比重较大。这两方面决定了取消补贴对低收入居民的生活影响更大。而且相较于高收入阶层，低收入阶层居民对价格上涨的承受力较小。因此，为降低能源补贴改革对最低收入阶层居民的影响，保障低收入阶层居民的基本能源消费，应以消费水平为依据，按照“消费水平高，价格高”的原则制定阶梯化能源定价机制，从根本上解决能源补贴改革对低收入阶层居民的负面影响。

第二，低收入阶层与高收入阶层对于取消补贴的承受力不同，应该制定差异化的能源补贴改革政策：对低收入阶层居民采取渐进式的改革方式，逐步取消能源补贴，降低改革的冲击；而对高收入阶层居民可采取一次性取消能源补贴的方式。

第三，对于能源补贴改革节省下来的财政资金进行再分配时，重点考虑低收入阶层居民的利益，依据“损失越大，补偿越多”的原则，采用多种方式给予直接或间接（公共

福利项目的投资、职业培训等）补偿，从而真正实现“富人补贴穷人”的目标。本文建议设立相应的专项基金，对于城乡低收入阶层居民采取直接给予现金补偿、对特定人群维持补贴等直接补贴措施。

第四，补贴转移：将取消补贴节省的资金转移到有利于提升城乡居民低收入家庭生活水平的社会公共事业中，比如，基础教育及职业教育、基础设施建设、基本医疗卫生等项目，从而将改革对他们的冲击降低到最低程度。此外，可以将取消补贴节省的资金用来加强低收入阶层居民的能源利用技术方面的支持，提高能源的利用效率，降低能源的使用成本，从而使得更多的低收入阶层居民能够使用现代能源。

参考文献

［1］林伯强，蒋竺均，林静．有目标的电价补贴有助于能源公平和效率［J］．金融研究，2009（11）.

［2］刘伟，李虹．中国化石能源补贴改革政策效应综合评价——基于 CGE 模型的实证分析［D］．北京大学工作论文，2009.

［3］Andréde Moor and Peter Calamai. Subsidizing unsustainable development：undermining the earth with public funds. Published by Earth Councial，Toronto，1997.

［4］A. S. Khattab. Assessing the impact of removing energy subsidies on energy intensive industries in egypt，2007，http：//egyptoil－gas. com/read_ article_ issues. php？AID＝68.

［5］B. Kebede. Energy subsidies and costs in urban ethiopia：The cases of kerosene and electricity. Renewable Energy，2006（31）：2140－2151.

［6］D. Barnes，J. Halpern. Reaching the poor：designing energy subsidies to benefit those that need it. Refocus，2001，2（6）：32－34.

［7］G. M. Brannon. Energy taxes and subsidies. Cambridge：Mass，1974.

［8］I. Dube. Impact of energy subsidies on energy consumption and supply in Zimbabwe：Do the urban poor really benefit？. Energy Policy，2003（31）：1635－1645.

［9］IEA. World energy outlook looking at energy subsidies：Getting the prices right. Paris：OECD，1999.

［10］IEA. World energy outlook 2002. Paris：OECD，2002.

［11］IEA. World energy outlook 2008. Paris：OECD，2008.

［12］K. Anderson，W. J. McKibbin. Reducing coal subsidies and trade barriers：Their contribution to GHGs abatement. University of Adelaide：（CIES），1997.

［13］K. Schneider，T. Phamduc，Wu Zhonghu，Liu Xiaoli，Shi Lin，Dai Lin and Zhu Yuezhong. Supplying coal to south east China：Impacts of China's market liberalisation. Canberra：ABARE Research Report，1999.

［14］K. Thukrala，P. M. Bhandari. The rationale for reducing the subsidy on LPG in India. Energy Policy，1994（22）：81－87.

[15] Lin, B., Jiang, Z.. Estimates of energy subsidies in China and impact of energy subsidy reform. Energy Ecomics, 2011 (33): 273 -283.

[16] N. Myers and J. Kent. Perverse subsidies: How tax dollars can undercut the environment and the economy. International Institute for Sustainable Development: Winnipeg, Canada, 1998.

[17] Qi, F., Zhang, L. Z., Wei, B., Que, G. H.. An application of ramsey pricing in solving the cross - subsidies in Chinese electricity tariffs. IEEE, 2009: 442 -447.

[18] S. Gangopadhyay, B. Ramaswami, W. Wadhwa. Reducing subsidies on household fuels in India: How will it affect the poor? . Energy Policy, 2005 (33): 2326 -2336.

[19] Shim, Jae Hyun. The reform of energy subsidies for the enhancement of marine sustainability——an empirical analysis of energy subsidies worldwide and an in - depth case study, 2007, http: //suapp. udel. edu/content/recent - dissertations.

[20] UNEP. Energy subsidies, lessons learned in assessing their impact and designing policy reforms. Paris: UNEP, 2003.

[21] UNEP, Reforming energy subsidies, opportunities to contribute to the climate change agenda. Paris: UNEP, 2008.

[22] Y. Saboohi. An evaluation of the impact of reducing engy subsidies on living expenses of households. Energy Policy, 2001 (29): 245 -252.

A Study on the Comprehensive Evaluation and Optimization of How Removing Gas and Electricity Subsidies Would Affect Households' Living

Li Hong[1], Dong Liang[2] and Xie Minghua[3]

(1. Peking University; 2. Chinese Academy of Sciences; 3. Xiamen University)

Abstract: Removing energy subsidies is the basis of energy subsidies reform. In this paper, a two - step approach integrating indicator analysis and input - output table is proposed to study the problem. We first apply price - gap approach to estimate China's gas and electricity subsidies in 2007, then take China's income and area disparity, we divide urban and rural households into 10 income groups, and based on "energy budget" concepts, we design "impact index" and "affordability index", with the help of input - output table, make a comprehensive study on how removing gas and electricity subsidies would affect households' living from the perspective of direct and indirect aspects. Analytical results show that removing subsidies would have more serious impacts on low income households, especially rural poor households. Based on the study results, support policy that would limit the adverse impacts is proposed so as to develop and implement subsidies reform effectively in China.

Key Words: Gas and Electricity Subsidies; Households' Living; Different Income Group; Input – output Model

从投入产出视角看中国能耗加速增长现象*

刘瑞翔[1]　姜彩楼[2]

（1. 南京大学经济学院　2. 南京信息工程大学经济管理学院）

【摘要】本文运用结构分解方法，对近年来中国能源消费加速增长现象进行了研究，结果表明：①1987～2007年，中间产品投入结构变化和经济规模扩大是导致中国能源消费加速增长的主要原因；②在行业层面上，我国能耗加速增长主要与工业，特别是重化工业迅速发展有关；③不同最终需求驱动的经济增长对于能源依赖程度不同，中国经济依存结构变化在推动我国经济高速增长的同时，导致能源消费出现加速增长现象。

【关键词】能源消费；加速增长；结构分解方法

一、引　言

改革开放以来，随着中国经济的快速增长，中国能源消耗总量在不断增加。在中国能源消耗的增长过程中，有一个现象需要引起特别的重视：从1978年改革开放到2001年加入世界贸易组织（World Trade Organization，WTO）之前，中国的能源消费增长速度持续低于经济增长速度，导致能源强度（energy intensity）呈现单调下降的趋势，能源消费总量也保持缓和的增长趋势；但在2001年加入WTO之后，中国的能源消费增长速度超过了经济增长速度，单位GDP能耗在2002～2005年出现了大幅度的波动，中国的能源消耗总量出现了加速上升趋势，在短短的七年内增长了近两倍，到2007年已经达到26.56亿吨标准煤，占世界能源消耗的比重为16.8%。由于中国在世界经济体系中扮演越来越重要的角色，深入探讨中国能源消耗加速增长背后的驱动因素，不仅对于中国的可持续发展有着巨大的理论和现实意义，而且对于世界范围内的温室气体减排和环境保护具有重要的影响。

在加入世界贸易组织之后，中国的国际贸易数量快速增长。以当年价格计，中国的进出口贸易量从2000年的4723.97亿美元迅速增长到2008年的25632.55亿美元，增长了约5.4倍。因此，学者们广泛认为，中国入世之后日益增长的国际贸易是导致能源消费以及

* 本文选自《经济学》（季刊）2011年第3期。

作者简介：刘瑞翔，南京大学经济学院；姜彩楼，南京信息工程大学经济管理学院。

温室气体排放加速增长的主要原因。Shui 和 Harriss（2006）是最早研究中美贸易对于中国碳排放影响的文献之一，他们认为中国有 7% ~14% 的碳排放是由于对美出口产生的。Kahrl 和 Roland - Holst（2008）认为尽管出口对于能源消费的影响并没有想象中的巨大，但仍然是推动中国能耗上涨最主要的因素。Liu 等（2010）采用投入产出技术，对于 1992 ~ 2005 年中国出口所诱发的能源消费增长进行了因素分析，结果表明出口数量和出口结构是导致相应能源消费增长的主要原因。尽管我们并不否认出口需求对于中国能源消费增长的重要性，但仍然存在疑惑：出口是解释中国能源消费近年来加速增长的唯一原因吗？或者，除了出口之外，还有哪些因素对中国能源消费的增长产生了影响？以往的相关研究并没有给出全面确切的答案。

本文运用结构分解分析法（Structure Decomposition Analysis，SDA)，从不同的角度对中国的能源消耗增长进行成因分解分析。我们首先运用 1987 ~2007 年数据进行整体层面的分析，然后对所使用的结构分解方法稍做改进后，进一步深入行业层面分析，最后基于最终需求的视角，对中国在加入 WTO 后能源消耗加速增长的现象进行了解释。本文的研究结果表明，改革开放以来，中国能源消耗增长的驱动因素发生了根本改变，近年来能源消耗之所以加速增长，与当前工业化进程和通过加工贸易方式参与国际分工有关，这就意味着我国节能减排工作将面临较大的挑战，必须通过技术进步和转变经济增长方式来实现预先设定的目标。

本文正文安排如下：第一部分为引言；第二部分对以往相关研究进行文献综述；第三部分介绍本文所应用的理论模型及数据来源；第四部分为分解结果以及相应分析；第五部分进行进一步深入分析，从最终需求的角度探讨经济增长与能源消费之间的关系；第六部分得出结论并提出相应的政策建议。

二、文献综述

能源是现代经济增长的基础，而经济快速增长往往伴随着能源资源匮乏、环境质量下降等问题，因此，能源、环境与经济增长之间的关系（即 3E 问题）近年来成为国内外研究的焦点。现有的研究文献主要沿着三条思路展开，第一，针对传统生产率测算方法的不足，将环境资源约束纳入效率和生产率分析框架中，对经济增长绩效做出更为准确和科学的评价（Kaneko 和 Managi，2004；胡鞍钢等，2008；陈诗一，2009；王兵等，2010)；第二，在经济全球化背景下，运用计量模型检验环境规制、污染排放以及产业转移之间的关系（Dean 等，2009；李小平和卢现祥，2010)；第三，采用因素分解分析方法，以期发现导致能源消耗和碳排放变化的影响因素，从而制定出更有针对性的节能减排对策。本文的研究主要与最后一种思路相关。

在能源经济学领域内有两种常用的分解分析方法，一种是指数分解分析法（Index Decomposition Analysis，IDA)，另一种是结构分解分析法（Structure Decomposition Analysis，SDA)，两种分解方法机理不尽相同，具体应用中也各有利弊。指数分解法主要包括拉氏分解和迪氏分解等方法（Ang，2005），其优点在于数据获得性较好，分解过程简单方便，但缺点在于难以对经济现象提供合理解释。结构分解法恰好与其相反，由于考虑了经济活动中的直接和间接关联，因此可对经济现象背后的动因提供合理解释，但缺点在于数据难以得到，不如指数分解法简单直接。在实际应用中已经有大量研究运用这两种方法，对中国的能源消费以及碳排放进行了深入的研究。

从1978年改革开放到2001年加入WTO之前，中国在工业化的同时能源强度呈现持续下降趋势，引起了国内外学者们的广泛关注，有关中国能源领域的早期研究主要与此有关。Huang（1993）运用LMDI方法对中国1980~1988年六个部门的数据进行了研究，认为技术进步是导致中国能耗密集度不断下降的主要原因，而结构变化对能耗强度下降几乎没有影响。Sinton和Levine（1993）运用拉氏分解方法，对中国1980~1990年的工业数据进行了研究，得到了与Huang（1993）相似的结论。与以上研究运用指数分解方法不同，Lin和Polenske（1995）运用结构分解方法，把中国经济分成七个大的部门，对中国1981~1987年的能源消费进行了研究，同样认为生产技术的进步是导致能耗强度降低的主要原因。进一步地，Garbaccio等（1999）将中国经济细分为29个部门，在得到技术进步是中国能耗强度降低主要原因的结论的同时，发现产业结构变动导致中国能耗强度的升高。与以上研究主要运用行业层面数据不同，Fisher-Vanden等（2004）使用企业层面的数据，对中国1997~1999年的能耗强度变动进行了研究，发现结构效应与产业结构划分的程度有关，当结构划分足够细时，结构变动同样会导致中国能耗强度的降低。

近年来，有关中国能源消耗强度异常波动的现象引起了学者们的关注。Ma和Stern（2008）运用LMDI分解方法，对1980~2003年中国能源消耗强度变动进行了分析，认为2000年以来中国能耗强度波动与负向的技术进步有关，同时发现中国能源结构变动对能源效率几乎不产生影响。指数分析方法一般将产业结构作为能源效率变化的解释变量，但正如Chai等（2009）在文章中所指出的，产业结构是由技术进步以及最终需求结构等因素决定的，因此从产业结构角度并不能给出能源效率深层次驱动原因。与指数分析方法相比，结构分解方法直接从最终需求结构等角度来进行分析，因此近年来得到了广泛的应用。Chai等（2009）利用1992年、1997年、2002年以及2004年中国投入产出数据，运用结构分解分析方法，认为中国的产业结构受到最终需求结构和技术进步的影响，中国单位GDP能耗之所以产生波动，主要与技术变动和由此导致的结构变动有关。Kahrl和Roland-Holst（2008、2009）从最终需求的角度，分析了出口、投资等对于中国能源消费的影响，得到出口是导致中国能源消费加速增长主要原因的结论。除此之外，近年来我国学者也常将该方法应用在能源消耗与碳排放领域的研究，并取得丰硕的成果（陈迎等，2008；张友国，2010）。

综上所述，针对中国改革开放的能源消耗问题，现有文献进行了广泛而又深入的研究，但整体上存在以下的不足：首先，现有研究主要针对中国能源消耗强度的变化，对于

中国能源消耗总量增长分析不足，尽管两者之间具有一定相关性，但与用单位 GDP 能源消耗表示的能耗强度相比，能源消耗总量更能直接反映中国当前所面临的能源困境问题；其次，尽管部分学者已经从对外贸易的角度对能源消耗问题进行了分析，但并没有能够对中国近年来能源消耗加速增长的现象提供全面的解释。中国加入世界贸易组织是否是导致能源消费加速增长的主要因素？或者说，除了出口之外，还有哪些因素对中国能源消费增长产生重要影响？针对以往研究的不足，本文可能的创新之处在于以下几个方面：①与以往研究主要集中在中国能源效率近年来异常波动不同，本文针对中国加入 WTO 之后的能源消耗加速增长现象进行了研究，在研究对象上有所区分；②本文运用结构分解方法，从多个角度对中国能源消耗加速增长现象进行了深入研究，并提出了全面的解释和分析，克服了之前研究视角过于单一的缺陷；③利用国家统计局颁布的最新投入产出数据，分析了 1987 ~2007 年中国工业化进程中能源消耗增长的驱动因素，特别针对不同发展阶段影响能源消耗增长的驱动因素进行了深入分析。

三、理论模型与数据来源

（一）理论模型

由于中国统计局公布的投入产出数据为进口竞争型，在使用过程中并不区分国内产品和进口产品，不能直接测算最终需求对于中国经济增长以及能源消费的影响。因此，为了得到包括消费、投资以及出口需求对于中国能源消费的驱动关系，我们首先需要将国内产品和进口产品区分开，得到非竞争型经济能源投入产出数据表①，具体如表 1 所示。

表 1　（进口）非竞争型经济能源投入产出表

		中间使用	最终使用				总产出或进口
		1，…，n	消费	投资	出口	合计	
国内产品中间投入	1，…，n	A^dX	F_c^d	F_{in}^d	E_x	F^d	X
进口产品中间投入	1，…，n	A^mX	F_c^m	F_{in}^m		F^m	M
增加值	V						
总投入	X						
能源消费	E						

注：右上角的 d 代表国内产品，m 代表进口产品。

① 由于生活用能源消费占能源消费总量比例较小且增长较为平缓，因此本文仅考虑生产用能源消费对于中国能源消费总量加速增长的影响。

表 1 中 A^dX 和 A^mX 分别代表生产过程中国内产品和进口产品的直接消耗向量，其中 A^d 表示国内产品的直接消耗系数矩阵，A^m 表示进口产品的直接消耗系数矩阵。F^d 和 F^m 分别表示国内产品和进口产品的最终使用向量，其中国内产品的最终使用由三部分组成，包括消费向量 F_c^d、资本形成向量 F_{in}^d 和出口向量 E_x；与国内产品不同的是，进口产品一般不直接用于出口，因此其最终使用 F^m 由消费 F_c^m 和资本形成 F_{in}^m 两部分组成，M 代表进口产品列向量。

根据投入产出表的特性，横向上的均衡关系可以表示为：

$$A^dX + F^d = X \tag{1}$$

式（1）表明总产出等于国内产品的中间投入与最终需求的总和，其中最终需求包括消费、投资以及出口三部分，即 $F^d = F_c^d + F_{in}^d + E_x$。进一步地，总产出可以表示为：

$$X = (I - A^d)^{-1}F^d \tag{2}$$

式（2）中 $(I - A^d)^{-1}$ 为里昂惕夫逆矩阵，可以用符号 B 表示。在得到总产出的基础上，能源消费可以表示为：

$$E = WX = WBF^d \tag{3}$$

式（3）中 W 为能源消费强度系数向量，用一个 1×26 的行向量表示，其元素 $w_i = e_i/x_i$，其中 e_i 为 i 部门的能源消费量，x_i 为该部门当年的产出，因此 w_i 表示 i 部门单位产出所消费的能源，WX 则表示生产出总产出 X 所需要消耗的能源总量。最终需求可以进一步用相应的产业结构、需求结构以及需求总量来表示，具体可以表示为：

$$F^d = MSy^d \tag{4}$$

式（4）中 M 是一个 26×4 矩阵①，它刻画了基于最终需求的经济体系产业结构 S 为 4×4 最终需求结构对角矩阵，其对角元素为 S_k，k 代表第 k 类需求在国内产品总需求中的比重。y^d 为最终需求总量，根据非竞争型投入产出表的原理，最终需求 y^d 等于国内增加值 v 与进口中间产品之和②，令 $y^d = \lambda_v$，其中 λ 的数值越大，说明生产过程中进口中间产品投入的比例越高。因此，能源消费总量可以表示为：

$$E = WX = WBF^d = WBMS\lambda_v \tag{5}$$

为进一步找到影响中国能源消费增长的驱动因素，我们利用投入产出分析模型可做如下分解：

$$E_1 - E_0 = W_1B_1M_1S_1\lambda_{1v_1} - W_0B_0M_0S_0\lambda_{0v_0} \tag{6}$$

其中，下标 0，1 分别表示变量在第 0 期和第 1 期的取值。使用结构分解往往存在“非唯一性问题”（Dietzenbacher 和 Los，1998），在实际应用中一般采用两极分解法来避免该问题。在两极分解法中，以上分解有两种形式，其中之一为：

$$E_1 - E_0 = \Delta WB_1M_1S_1\lambda_{1v_1} + W_0\Delta BM_1S_1\lambda_{1v_1} + W_0B_0\Delta MS_1\lambda_{1v_1} + W_0B_0M_0\Delta S\lambda_{1v_1} + W_0B_0M_0S_0\Delta S\lambda_{1v_1} + W_0B_0M_0S_0\lambda_{0\Delta v} \tag{7}$$

① 虽然最终需求由消费、投资以及出口三项组成，但由于存在误差项，因此必须考虑投入产出表中“其他”项目对于结算结果的影响，这也是本处为 26×4 矩阵的原因。

② 从表 1 中可以看出，在水平方向上总产出等于国内产品中间消耗与最终需求之和，在垂直方向总产出等于国内产品中间消耗、进口产品中间消耗以及国内增加值三者之和，因此最终需求等于国内增加值与进口产品中间消耗之和。

另外一种分解形式为：

$$E_1 - E_0 = \Delta W B_0 M_0 S_0 \lambda_{0v_0} + W_1 \Delta B M_0 S_0 \lambda_{0v_0} + W_1 B_1 \Delta M S_0 \lambda_{0v_0} + W_1 B_1 M_1 \Delta S \lambda_{0v_0} + W_1 B_1 M_1 S_1 \Delta\lambda_0 v_0 + W_1 B_1 M_1 S_1 \lambda_{1\Delta v} \tag{8}$$

因此，中国的能源消费增长可以分解为：

$$\begin{aligned} E_1 - E_0 = & \underbrace{0.5\times(\Delta W B_1 M_1 S_1 \lambda_{1v_1} + \Delta W B_0 M_0 S_0 \lambda_{0v_0})}_{\text{能源技术进步效应}} \\ & + \underbrace{0.5\times(W_0 \Delta B M_1 S_1 \lambda_{1v_1} + W_1 \Delta B M_0 S_0 \lambda_{0v_0})}_{\text{投入产出结构变化效应}} \\ & + \underbrace{0.5\times(W_0 B_0 \Delta M S_1 \lambda_{1v_1} + W_1 B_1 \Delta M S_0 \lambda_{0v_0})}_{\text{产业结构变化效应}} \\ & + \underbrace{0.5\times(W_0 B_0 M_0 \Delta S \lambda_{1v_1} + W_1 B_1 M_1 \Delta S \lambda_{0v_0})}_{\text{最终需求结构变化效应}} \\ & + \underbrace{0.5\times(W_0 B_0 M_0 S_0 \Delta\lambda_{1v_1} + W_1 B_1 M_1 S_1 \Delta\lambda_{0v_0})}_{\text{进口中间品投入变化效应}} \\ & + \underbrace{0.5\times(W_0 B_0 M_0 S_0 \lambda_0 \Delta v + W_1 B_1 M_1 S_1 \lambda_1 \Delta v)}_{\text{经济规模变化效应}} \end{aligned} \tag{9}$$

通过以上的分解，我们发现影响中国能源消费的因素具体包括六个方面：能源技术的进步、中间投入结构变化、生产过程中进口中间投入比例的变化、基于最终需求的产业结构变化、最终需求自身的结构变化以及经济规模变化。

（二）数据来源及处理

本文所采用的原始数据主要来自于国家统计局所颁布的 1987 年、1992 年、1997 年、2002 年以及 2007 年五张投入产出表。由于五张表之间的统计口径有所不同，同时考虑到对能源行业数据的对应，我们对表中的部门进行了合并与调整，合计包括 26 个部门①。另外，我国颁布的 1987 年和 1992 年投入产出表的最终需求没有区分进口和出口，而是将其合并成净出口一项。因此，为了得到 1987 年和 1992 年的出口数据，我们参照李强和薛天栋（1998）中各产业进口和出口的比率，并结合对应年份的净出口数据，最终得到 1987 年和 1992 年的出口和进口数据。

由于中国颁布的投入产出表都是基于当年价格的名义表，在做时间序列的比较分析时应消除价格波动带来的影响，本文利用各种公布数据推算了相应产业的价格指数，并利用该指数对 1987 年、1992 年、1997 年、2002 年、2007 年五张投入产出表进行了平减。具

① 26 个部门具体包括：农林牧渔业，煤炭开采和洗选业，石油和天然气开采业，金属矿采选业，非金属矿及其他矿采选业，食品制造及烟草加工业，纺织业，纺织服装鞋帽皮革羽绒及其制品业，木材加工及家具制造业，造纸印刷及文教体育用品制造业，石油加工、炼焦及核燃料加工业，化学工业，非金属矿物制品业，金属冶炼及压延加工业，金属制品业，通用、专用设备制造业，交通运输设备制造业，电气机械及器材制造业，通信设备、计算机及其他电子设备制造业，仪器仪表及文化办公用机械制造业，其他制造业，电力、煤气与自来水的生产与供应业，建筑业，交通运输及仓储业，批发、零售和餐饮业，其他行业。

体的过程如下：有关农业部门的价格指数主要是根据《中国统计年鉴》（2009）中国内生产总值的当年价与不变价推算得到，工业部门的价格指数主要利用历年《中国统计年鉴》中的“按行业分的工业品出厂价格指数”得到，第三产业的价格指数主要是根据《中国统计年鉴》（2009）中第三产业增加值推算而得到，并以2002年价格为基准。各部门能源消耗量数据取自相应年份的《中国能源统计年鉴》，为了保持与相应的投入产出数据一致，将历年的部门能源消耗数据统一调整为26个部门。其中，1992年之前能源消耗部门划分比较笼统，我们参照相邻年度的能源消耗比例进行了分解。此外，由于在中国国家统计局历年所公布的投入产出表中，中间使用和最终使用并没有对国内产品和进口产品进行有效区分，本文借鉴张友国（2010）的方法，以按比例的方法将竞争型投入产出表转化为（进口）非竞争型投入产出表。

四、分解结果

（一）整体层面的分析

根据上述提供的分解思路和数据来源，表2和表3给出了结构分解的具体结果。本部分首先对1987~2007年能源消耗增长的动因进行整体分析，在此基础上，针对不同阶段的分解结果进一步深入研究，了解在此期间中国能源消耗增长的动力来源有没有发生变化，以解决中国能源消耗总量近年来加速增长的疑惑。

表2　1987~2007年中国能源消耗总量增长结构分解表（一）

单位：EJ

时间	能源强度	中间投入	进口率	产业结构	需求结构	经济规模	总量
1987~1992	-10.42	3.14	0.55	-0.05	1.73	9.74	4.69
1992~1997	-14.51	3.92	0.69	3.88	0.55	15.90	10.43
1997~2002	-17.12	-0.35	1.81	0.09	1.77	17.55	3.76
2002~2007	-16.27	8.77	2.69	-1.48	2.20	34.73	30.63
1987~2007	-58.32	15.48	5.75	2.44	6.25	77.91	49.51

注：1EJ（10^{18}J）=34.12百万吨标准煤。

表3　1987~2007年中国能源消耗总量增长结构分解表（二）

单位:%

时间	能源强度	中间投入	进口率	产业结构	需求结构	经济规模	总量
1987~1992	-21.05	6.35	1.11	-0.09	3.49	19.66	9.47
1992~1997	-29.3	7.91	1.4	7.83	1.11	32.11	21.06

续表

时间	能源强度	中间投入	进口率	产业结构	需求结构	经济规模	总量
1997~2002	-34.58	-0.7	3.67	0.18	3.57	35.46	7.6
2002~2007	-32.87	17.71	5.44	-2.99	4.44	70.14	61.88
1987~2007	-117.8	31.27	11.61	4.94	12.62	157.37	100

根据《中国统计年鉴》提供的数据，中国生产用能源消耗量1987年为69856.55万吨标准煤，转换成热量单位约为20.47EJ，2007年为238793.2万吨标准煤，约为69.99EJ，20年间能源消耗增长约为49.51EJ。其中，由于生产过程中能源技术进步导致能源消耗减少58.32EJ，约是分析期间能源消耗增长总量的-117.8%，说明各部门能源效率的提高是减缓我国能源消费过快上涨的主要原因；除了能源强度之外，其余因素对中国能源消费增长都起到促进效果。其中基于最终需求的产业结构变化对于中国能源消费增长的影响并不明显，包括产业内和三次产业间的结构变化导致能源消费增长2.44EJ，约占到能源消费增长总量的4.94%，是导致我国能源消费增长效果最不明显的驱动因素之一；与产业结构变化效应相比，最终需求自身的结构变化对于我国能源消费的影响要更大一些，在1987~2007年由于最终需求结构变化导致我国能源消费增长6.25EJ，约占到能源消费增长总量的12.62%；在中国对外开放进程中，进口中间品在生产过程中的比例不断上升，导致中国能源消费增长5.75EJ，约占到1987~2007年能源消费增长总量的11.61%。中间产品投入结构的变化是导致中国能源消费增长的主要驱动因素，在1987~2007年，由于中间投入产出结构的变化导致中国能源消费增长15.48EJ，约占到增长总量的近1/3。尽管中间产品结构变化对于中国能源消费影响较大，但却不是最主要的驱动因素，进一步分析可发现，驱动中国能源消耗增长的主要因素来自于中国经济规模的扩大，在20年间导致我国能源消耗增长77.91EJ，是此期间能源消耗增长总量的157%。

进一步深入分析可发现，在此期间中国能源消耗总量增长的速度并不相同。在1987~1992年和1992~1997年两个阶段，中国能源消费分别增长了4.69EJ和10.43EJ，约占到能源消费增长总量的9.47%和21.06%。在1997年之后，由于受到亚洲金融危机冲击的影响，中国能源消费增长速度也出现了下降，在1997~2002年增长了3.76EJ，仅为该阶段能源消费增长总量的7.6%。在加入世界贸易组织之后，中国能源消耗在2002~2007年增长30.63EJ，约占到能源消耗增长总量的61.88%，说明影响中国能源消耗增长的动力来源在此期间发生了根本的改变。通过对比各个阶段的分析结果可发现，能源强度的变化并不是推动能源消耗加速增长的主要原因，相反，中国在能源消耗增长的同时，各部门的能源效率也获得了大幅提高，1997~2002年和2002~2007年由于能源技术进步导致能源消费分别减少17.12EJ和16.27EJ，是1987~2007年能源消费技术效应最为明显的两个阶段。与技术效应相似，最终需求结构和相关产业结构改变对于中国能源消费影响在此期间变化并不大，其中最终需求结构变化在1997年之后对于中国能源消费驱动效果虽然逐步增强，但与1997年之前相比差别并不明显，而产业结构变化不但没有使中国能源消费出现加速增长；相反，却导致中国能源消费在 2002 ~ 2007 年下降 1.48EJ。与以上驱动因素不同，中间品投入结构变化和经济规模扩大不但是推动中国能源消费增长的主要因素，更是导致中国能源消费近年来加速增长的主要原因。

表 2 的数据表明，无论是中间投入效应还是进口率变化效应，在 2002 ~ 2007 年阶段的数值约占到相应总量的一半。图 1 显示了 1987 ~ 2007 年三次产业间中间产品投入比例的变化趋势，其中农产品中间投入在此期间呈现出不断下降的趋势，以服务业为主的第三产业中间投入比例在此期间出现多次反复，但整体呈现下降趋势。与此不同的是，第二产业中间投入比例在分析期间是不断上升的，特别是在 1992 ~ 1997 年以及 2002 ~ 2007 年，更是出现大幅度上升的趋势。深入行业分析后可发现，在 2002 年之后中间投入上升幅度较为显著的行业主要包括通信设备、计算机及其他电子设备制造业，电气、机械及器材制造业，交通运输设备制造业以及非金属矿采业，而中间投入下降比较明显的则主要包括农业，服务业以及采掘业。实际上，以机械电子部门为主的中间投入比例的上升，不仅与我国的工业化进程密切相关，而且与近年来机械电子部门通过加工贸易的方式参与国际专业化分工有关。实际上，最终需求中进口中间产品比例的升高也进一步验证了以上的观点。图 2 表明，1987 ~ 2007 年，我国最终需求中进口中间产品的价值从 1987 年的 6.22% 上升到 2007 年的 18.2%，其中最为明显的是出口需求，在 1997 年以来保持直线上升的趋势，从 1997 年的 14.18% 上升到 2007 年的 24.75%。因此，近年来我国最终需求中进口中间产品比例的不断上升，也是导致我国能源消费出现加速增长的原因。

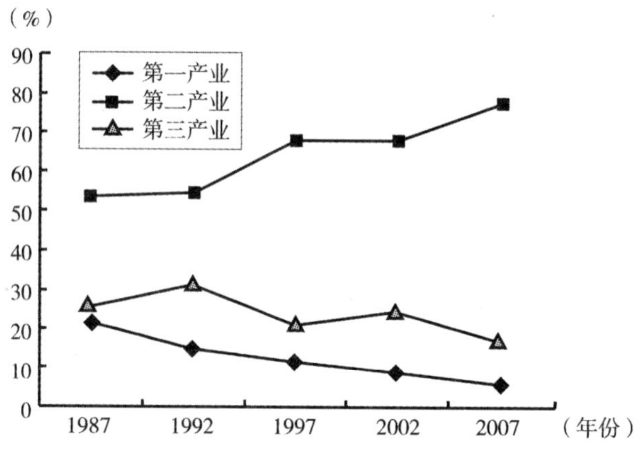

图 1　1987 ~ 2007 年三次产业国内中间产品比例变化趋势

表 2 数据表明，经济规模的扩大是中国能源消耗近年来加速增长最主要的原因。由于经济规模的扩大，在分析期间共导致中国能源消费增长 77.91EJ，但主要的增长集中在 2002 ~ 2007 年，在此期间由于经济规模的扩大导致能源消费增长 34.73EJ，约占到 1987 ~ 2007 年中国能源消费增长总量的 70.14%。根据统计部门所提供的数据，中国的国内生产总值从 1987 年的 12058.6 亿元增长到 2007 年的 257305.6 亿元（当年价），如果去除价格

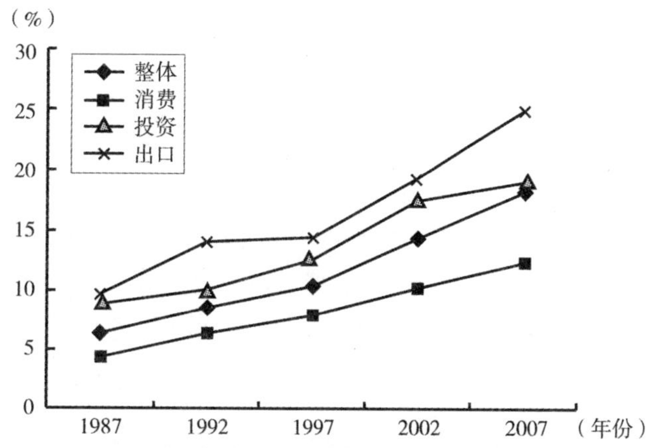

图 2　1987 ~ 2007 年最终需求中进口中间产品价值所占比例变化趋势

因素的影响，在此期间实际增长了约 6.47 倍。分阶段来分析，1987 ~ 1992 年是中国经济发展比较缓慢的阶段；在 1992 ~ 1997 年，中国经济经历了快速的发展；但由于受到 1997 年亚洲金融危机的影响，随之在 1997 ~ 2002 年又进行调整；在 2001 年底加入世界贸易组织之后，中国经济又经历了一个快速发展的阶段。尽管 1992 ~ 1997 年和 2002 ~ 2007 年两个阶段中国经济都经历了快速的发展，但由于 2002 年之后经济基数比较大，因此规模效应显得更为突出。下文将进一步探讨经济增长模式的变化对中国能源消费的影响，我们将发现，经济增长模式改变一方面推动了我国经济高速增长，但另一方面也是能源消费近年来加速增长的主要原因。

通过以上整体层面的分析，可以发现中间投入结构变化和经济规模的扩大是导致我国能源消费增长的两大主要原因。但与我们的常识不同的是，无论是行业结构变化还是最终需求结构变化，对于中国能源消费增长的解释并不显著。究其原因，与本部分采用的结构分解方法有关，因为在这种分解方法中，行业结构与需求结构对于中国能源消费增长的影响，往往通过中间投入结构以及经济规模等其他因素表现出来。因此，为了更好地解释近年来中国能源消费加速增长之谜，我们需要从另外的角度进行深入研究。

（二）基于行业特征的中国能源消费增长因素分析

在对能源消耗总量分析基础上，本部分将进一步深入行业层面分析，以期找到推动我国能源消耗增长的深层次原因。对于农业而言，与其相关的能源消费增长量为 1.04EJ，约为此阶段中国能源消耗总量的 2.23%，几乎可以忽略不计。与农业不同，以服务业为主的第三产业在驱动能耗增长方面显得更为重要，与其相关的能源消费增长量约为 7.91EJ，占到能源消耗增长总量的 16.91%。从表 4 可以发现，我国第三产业能源消耗增长在 1987 ~ 1992 年和 1992 ~ 1997 年相差并不大，但在 1997 年之后却出现了加速增长的现象，其中 1997 ~ 2002 年增长了 1.77EJ，约是之前五年增长总量的 1.67 倍，而在 2002 ~ 2007 年增长了4.24EJ，又是之前五年增长总量的2.4倍，究其原因，主要与我国交通运输行业近年来的迅速发展有关。尽管第三产业的能源消耗在1997年之后迅速增长，但却不是推动我国能源消耗加速增长的主要原因，因为与其相比，第二产业在1997～2002年能源消耗增长1.59EJ，还稍低于同时期第三产业的能耗增长数量，但在2002～2007年，这一数字迅速上升到24.24EJ，与之前五年增长总量相比增长了15.26倍。在第二产业内部，不同部门的能源消耗增长趋势又有很大的不同，对于建筑部门而言，尽管在1997年之后由于房地产业的发展，导致相关的能源消耗出现大幅度增长，但由于其在能源消耗总量中所占比重较小，同时在1997年之后增长趋势比较平缓，对于中国能源消耗增长的影响并不大，因此，工业部门近年来的蓬勃发展是驱动我国能耗加速增长的主要因素。

表4　1987～2007年按行业分中国能源消耗增长趋势分解表

单位：EJ

时间	第一产业	第二产业			第三产业	总量
		工业	建筑业	合计		
1987～1992	0.15	3.40	0.04	3.43	0.84	4.43
1992～1997	0.24	8.61	-0.06	8.55	1.06	9.85
1997～2002	0.20	1.21	0.38	1.59	1.77	3.55
2002～2007	0.45	23.83	0.41	24.24	4.24	28.94
1987～2007	1.04	37.05	0.77	37.82	7.91	46.77

为了更好地从行业层面分析我国能源消费增长的驱动因素，本文对能源消耗结构分解公式稍加调整，直接对我国工业部门能源消耗的增长进行分解，具体见附录1。与式（9）相比，区别在于直接度量最终需求变化对于能源消费增长的影响，而式（9）将包括消费、投资以及出口需求变化转变为行业结构、需求结构、进口中间品结构以及国内增加值的变化。需要指出的是，两种分解方法本身并无优劣之分，主要根据分析研究的需要进行选择。

表5的数据显示，在1987～2007年中国工业部门①能源消耗共增长39.22EJ，约占到该阶段中国能源消耗增长总量的80%，说明中国能源消耗增长主要与工业有关。在众多影响因素中，能源技术进步导致工业部门能耗减少53.25EJ，中间投入结构变化导致能源消耗增加15.84EJ。与此不同的是，最终需求是导致工业部门能耗增长的主要因素，合计使能源消耗增长78.26EJ，其中出口需求和投资需求是拉动我国工业能耗最主要的因素，两

① 工业部门具体包括：煤炭开采和洗选业，石油和天然气开采业，金属矿采选业，非金属矿及其他矿采选业，食品制造及烟草加工业，纺织业，纺织服装鞋帽皮革羽绒及其制品业，木材加工及家具制造业，造纸印刷及文教体育用品制造业，石油加工、炼焦及核燃料加工业，化学工业，非金属矿物制品业，金属冶炼及压延加工业，金属制品业，通用、专用设备制造业，交通运输设备制造业，电气机械及器材制造业，通信设备、计算机及其他电子设备制造业，仪器仪表及文化办公用机械制造业，其他制造业，电力、煤气与自来水的生产与供应业。其中轻工业部门包括食品制造及烟草加工业，纺织业，纺织服装鞋帽皮革羽绒及其制品业，木材加工及家具制造业，造纸印刷及文教体育用品制造业，仪器仪表及文化办公用机械制造业，其余为重工业。

者分别导致工业部门能源消耗增长 30. 30EJ 和 28. 94EJ，与出口和投资相比，消费需求对于工业部门能源消耗拉动效应相对较弱，仅使得工业部门能源消耗增长 19. 02EJ。

进一步研究可发现，能源强度效应在分析期间保持较为平稳趋势，并不是驱动工业部门能源消耗加速增长的主要因素。与能源强度效应不同，中间投入结构变化是导致工业部门能源消耗加速增长的重要原因。在 1997 ~2002 年，中间投入结构变化不但没有导致工业部门能耗增加，相反导致工业部门能源消费减少 1. 45EJ，主要与该期间工业部门在国民经济中间消耗中的比例减少有关，但在 2002 年之后，随着工业部门中间投入的比例大幅度上升，中间投入结构变化导致我国工业能源消费增长 10EJ，约占到 1987 ~2007 年我国能源消耗总量的 20. 2%。最终需求的变化是驱动中国工业部门能源消耗增长的主要因素，但不同最终需求对能源消费增长的影响又有所区别。从表 5 可以发现，中国工业部门能源消耗之所以近年来出现加速增长，主要与来自投资和出口需求的驱动有关。在 1987 ~2002 年 15 年，由投资和出口需求诱发的能源消费保持稳定增长状态，但在 2002 ~2007 年却出现快速增长趋势，其中投资需求导致中国工业能耗增加 12. 84EJ，与之前 5 年相比实现翻番，同期间出口需求导致中国工业能耗增加 15. 73EJ，超过了之前 15 年能源消耗的总和，因此，投资和出口需求对于工业部门能源消费的驱动效应是中国能耗增长的主要原因。

表 5　1987 ~2007 年中国工业部门能源消耗增长结构分解表

单位：EJ

分析阶段	能源强度	投入结构	最终需求				总量
			消费	投资	出口	合计	
1987 ~1992 年	-9. 44	2. 83	3. 35	3. 05	3. 43	9. 83	3. 59
1992 ~1997 年	-13. 27	4. 46	5. 90	7. 18	5. 95	19. 03	9. 12
1997 ~2002 年	-14. 30	-1. 45	4. 41	5. 87	5. 20	15. 48	1. 28
2002 ~2007 年	-16. 25	10. 00	5. 36	12. 84	15. 73	33. 93	25. 23
1987 ~2007 年	-53. 25	15. 84	19. 02	28. 94	30. 30	78. 26	39. 22

为了更加深入地了解驱动中国能耗增长的主要原因，我们对于工业内部的能源消耗增长结构做进一步的分析。由表 6 中数据可以发现，轻工业对中国能耗增长的影响很小，1987 ~2007 年与轻工业相关的能源消耗增长量为 2. 83EJ，仅是此阶段中国能源消耗增长总量的 5. 71%，而由重工业拉动的能耗增长总量高达 36. 39EJ，占到 1987 ~2007 年中国能源消耗总量的 73. 51%。进一步深入分析后可发现，与重工业相关的能耗增加主要产生在 2002 ~2007 年，在该阶段相关的能源消耗增加量达到 23. 25EJ，占到能耗增长总量的 46. 97%，即中国 1987 ~2007 年约一半能源消耗增长与 2002 年之后重工业发展有关。在重工业内部，采掘部门和机械电子部门对能耗增加的驱动作用并不明显，与其相关的能源消耗增加量仅为 3. 9EJ，占重工业部门能耗增加总量不到 13%。与采掘业和机械业相比，化学工业和金属工业是导致中国能耗增长的两大主要行业，两者合计使中国能源消耗量增长

27.62EJ，占到该阶段中国能耗增加总量的55.79%。因此，深入行业层面后可发现，以化学和金属行业为主的重化工业近年来的迅速发展，是导致中国能源消耗总量加速增长的主要原因。

表6 1987~2007年中国轻、重工业能源消耗增长结构分解表

单位：EJ

部门	分析阶段	能源强度	投入结构	最终需求				总量
				消费	投资	出口	合计	
轻工业	1987~1992年	-1.45	0.41	0.68	0.34	0.72	1.74	0.71
	1992~1997年	-3.02	0.52	1.32	0.37	0.80	2.49	0.03
	1997~2002年	-0.69	-0.44	0.41	0.11	0.61	1.13	0.11
	2002~2007年	-2.25	1.04	1.04	0.53	1.65	3.21	1.97
	1987~2007年	-7.41	1.54	3.45	1.34	3.78	8.57	2.83
重工业	1987~1992年	-7.99	2.41	2.67	2.71	2.71	8.09	2.88
	1992~1997年	-10.25	3.94	4.58	6.81	5.15	16.53	9.08
	1997~2002年	-13.61	-1.01	4.00	5.76	4.58	14.35	1.17
	2002~2007年	-14.00	8.96	4.32	12.32	14.08	30.72	23.25
	1987~2007年	-45.84	14.30	15.57	27.60	26.52	69.69	36.39

与梁进社等（2007）相同，本文也发现在行业层面存在能源强度效应（梁文称为技术效应）与中间投入结构效应（梁文称为中间需求效应）存在负相关的现象，即绝大部分产业能源强度效应与投入结构效应符号恰好相反。如何对这一现象给出合理的解释？我们整理的行业数据表明，尽管在分阶段个别行业能源强度效应为正，但在1987~2007年整体期间所有行业的能源强度效应都为负，说明技术进步在所有的行业都普遍存在。而农业、石油开采和洗选业、煤炭开采和洗选业、建筑业以及部分第三产业的投入结构效应为负，与这些行业的中间投入比例有所降低有关。正如图2中已经指出的，在中国工业化的进程中，工业部门的中间投入比例呈现出整体上升的趋势，而农业部门、建筑业以及第三产业的中间投入比例有所减少，这也是这些部门中间投入结构效应为负的主要原因。至于石油开采和洗选业等部门的投入结构效应为负，与改革开放以来我们能源产品价格出现大幅度上升有关，正是由于能源产品的价格不断升高，导致其在中间产品消耗中的比例有所降低，最终导致中间投入效应为负。

五、基于最终需求视角的中国能源消费增长分析

基于上文的分析，从整体层面我们了解到中国能源消费增长与中间投入结构变化和经

济规模扩大有关，从产业层面上又发现与工业特别是重工业的发展有关，但我们仍然没有能够回答这样的问题：为什么在加入 WTO 之后，中国能源消费出现了加速增长的现象？为了能对该问题提供合理的解释，本部分基于最终需求的视角，将中国能源消费表示为以下形式：

$$E = WX = WBF^d = WBF_c^d + WBF_{in}^d + WBE_X \tag{10}$$

式（10）中 WBF_c^d 表示内含于消费需求的能源消费（embodied energy），相似地，WBF_{in}^d、WBE_X 分别表示内含于投资和出口需求中的能源消费。通过以上的表示方式，可以得到 1987 ~ 2007 年内含于最终需求中的能源消费，如图 3 所示。

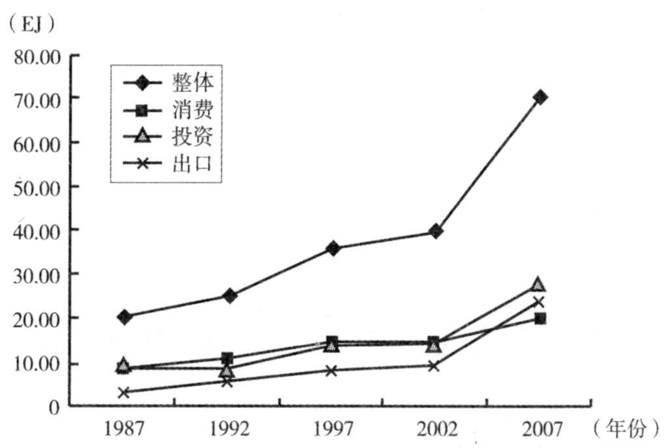

图 3　1987 ~ 2007 年内含于最终需求中的中国能源消费增长趋势

从图 3 可以发现，如果按照最终需求中内含能源消耗数量进行排序，则在 2002 年之前几乎所有的阶段，最终需求之间的相互顺序保持不变，即内含于消费需求的能源消耗始终位于首位，而内含于出口需求的能源消耗是最低的，而投资需求内含的能源消耗则介于两者之间。但在 2002 年之后，内含于投资需求的能源消耗从 14. 39EJ 增长到 28. 18EJ，与此同时，内含于出口和消费需求的能源消耗则分别为 23. 44EJ 和 19. 92EJ，三者之间次序发生根本的变化。进一步分析可以发现，虽然出口需求所内含的能源消费所占比例并不是最大，但却是近年来中国能源消费出现加速增长现象的主要原因。在 1987 ~ 2002 年，包括消费、投资与出口需求所驱动的能源消费增长速度差别并不大，但在 2002 ~ 2007 年，内含于消费需求中的能源消费仅增长了 33. 95%，而同期内含于投资需求的能源消费增长了 95. 83%，最为明显的是内含于出口需求中的能源消费，尽管在数量上仍然要低于投资需求所内含的能源消费，但在增长速度上却是三驾马车中最高的，在 2002 ~ 2007 年五年上涨了 145. 14%。因此，三驾马车中的投资与出口需求，特别是对外出口是导致我国能源消费近年来加速增长的主要原因。

为了进一步从最终需求角度来分析中国能源消费增长的动力来源，可以将能源消费简单地表示为以下的形式：

$$E = WPG \tag{11}$$

其中，W 为基于最终需求的能源消费强度行向量，其元素 w_i 代表基于 i 最终需求的单位产出能源消费数量，i＝1，2，3 分别代表消费、投资以及出口需求；P 为基于最终需求的投入产出效率对角矩阵，其对角元素 $p_{i,i}$ 代表基于 i 需求的投入产出效率，用每单位新增国内增加值所需产出值来表示，在数值上等于增加值率的倒数；G 为反映国内增加值的列向量，其元素 g_i 表示由最终需求 i 诱发产生的国内增加值。同样应用结构分解方法，可以将能源消费增长分解，具体分解公式见附录 2，结果如表 7 所示。

表 7　基于最终需求 1987～2007 年中国能源消耗增长结构分解表

单位：EJ

分析阶段	能源技术进步	投入产出效率	经济增长规模	合计
1987～1992	-10.19	3.46	11.41	4.69
1992～1997	-8.72	2.61	16.54	10.43
1997～2002	-15.98	0.50	19.24	3.76
2002～2007	-13.32	6.34	37.62	30.63
1987～2007	-48.21	12.92	84.81	49.51

与表 2 相比，表 7 的区别在于从最终需求视角分析中国能源消费增长的影响因素。结果显示在 1987～2007 年，因能源技术进步而导致能源消费减少 48.21EJ，减少量约为 1987～2007 年能源消费增长总量的 97.38%，因生产过程中投入产出效率下降导致能源消费增长 12.92EJ，约为能源消费增长总量的 26.1%，而因经济规模扩大而导致的能源消耗增长约为 84.81EJ，约为 1987～2007 年能源消费增长总量的 171.28%。从整体上看，中国能源消费增长主要与经济规模扩大以及投入产出效率下降有关，其中 2002～2007 年经济规模效应约为 37.62EJ，投入产出效率效应为 6.34EJ，是近年来驱动中国能源消耗加速增长的主要原因。

图 4 表示 1987～2007 年基于最终需求视角的中国单位产出能源消耗结构变化趋势。从图中可以看出，我国单位产出能耗整体上呈现下降趋势，从 1987 年的 3.39MJ/RMB 下降到 2007 年的 1.02MJ/RMB，表明我国生产过程中的能源效率在不断提高。在消费、投资以及出口三者之中，与消费相关的单位产出能源消费在此期间始终是最低的，说明由消费推动的经济增长是资源集约型的，通过消费来拉动中国经济的增长，有利于减少对于能源的依赖。与此不同的是，在 1997 年之前与出口相关的单位产出能耗要高于与投资相关的单位产出能耗，应与改革开放初期我国对外贸易较为单一，主要以出口原材料的方式参与国际竞争有关；但在 1997 年之后，与出口相关的单位产出能耗出现快速下降，到 2007 年已经下降为 1.06MJ/RMB，是三驾马车中下降最为迅速的，说明中国在以加工贸易的方式参与国际分工过程中，与之相关的生产技术水平得到有效提升。与消费和出口相比，基

于投资驱动的经济增长单位产出能耗虽然在此期间也出现下降，但仍然是单位产出能源消费最高的，说明通过投资来拉动经济是一种粗放型的经济增长方式。

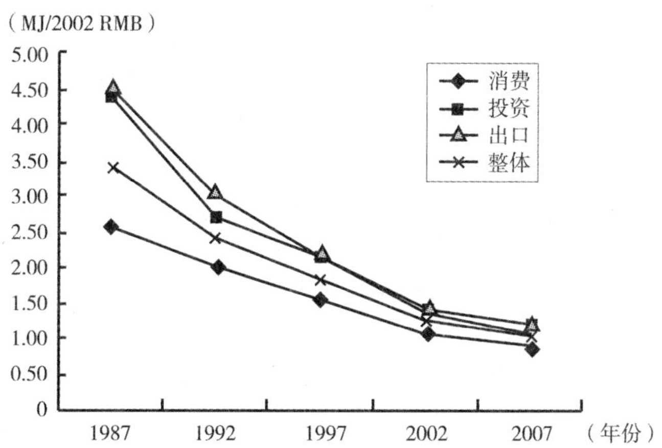

图 4　1987～2007 年基于最终需求中国单位产出能耗变化趋势

正如上文所指出的，生产规模的扩大是中国能耗增长的主要原因。而生产规模之所以扩大，固然与中国经济总量（GDP）不断增长有关，但另一方面也与我国国民经济中间消耗比例不断增加有关。正是由于国民经济中间消耗部分持续上升，使得中国经济投入产出效率不断下降（沈利生和王恒，2006；沈利生，2009），在 GDP 总量持续高速增长的背景下，中国生产规模出现了大幅度增长，导致能源消耗总量的加速增长。本文用增加值率（国内增加值在单位产出中所占的比例）来表示经济投入产出效率，图 5 给出了 1987～2007 年中国经济增加值率变化趋势。图中显示，自 1987 年以来，中国经济增加值率出现了持续下降的趋势，从 1987 年的 0.4955 下降到 2007 年的 0.3385，20 年间约下降了 1/3，表明中国经济的投入产出效率在不断降低。进一步深入分析可知，不同最终需求的三条曲线在此期间表现出相似的变化趋势，都是在 1992～2002 年比较平缓，而在 1987～1992 年和 2002～2007 年出现明显的下降趋势，之所以出现这种特征，应与中国所经历的工业化进程相关。改革开放以来，中国逐步从以农业为主的经济过渡到以工业为主的经济，因此在工业化的初期阶段，出现了产业生产高加工度化的现象，在 2002 年之后，随着重化工业在经济结构中的比例逐步增加，中国进入了重工业化阶段，生产的分工趋势更为明显，这也是增加值率曲线出现下降现象的主要原因。

与表 2 中结果相似，经济规模效应同样是导致中国能源消耗增长的主要原因。在基于最终需求视角的分解结果中，由于经济规模扩大导致能源消耗增长 49.51EJ，比表 2 中的对应结果要高一些，主要是因为表 7 中的经济规模效应，不但包括了经济规模的扩大，而且包含经济依存结构变化所带来的影响。我们的研究结果表明，1987～2007 年中国经济在高速增长的同时，其依存结构发生了本质的变化，经济正在从“内需依存型”向“出口导向型”转变。1987 年，我国国内增加值对于消费的依存度为 57%，也就表示每单位的

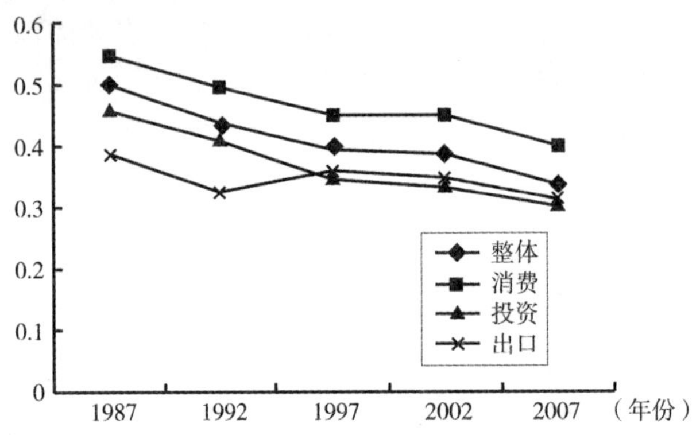

图 5　基于最终需求的 1987 ~ 2007 年中国增加值率变化趋势

GDP 就有 0.57 单位是由消费诱发产生的，对于投资需求的依存度为 32%，两者之和接近 90%，说明我国有约九成的 GDP 是基于消费和投资的诱发，明显属于“内需依存型”。到了 2007 年，我国国内增加值对于消费需求的依存度下降为 35.5%，而对于出口需求的依存度已经高达 32.2%，说明在 1987 ~ 2007 年中国经济正迅速从“内需依存型”向“出口导向型”转变。另外，中国经济对于投资需求的依存度始终保持在 30%，到 2007 年对于投资和出口的依存度合计已达到 65% 左右。图 6 的结果说明，对于驱动经济增长的三驾马车而言，在 2002 年前后对于中国经济的影响程度发生了变化，在 2002 年之前，基于国内市场的消费需求是驱动中国经济增长的主要动力，但在 2002 年之后该动力已转变为投资和出口需求，这固然与中国加入世界贸易组织有关，但同时也与中国进入重工业化阶段有关。经济增长模式的改变一方面推动了我国经济高速增长，但另一方面也是能源消费近年来加速增长的主要原因。

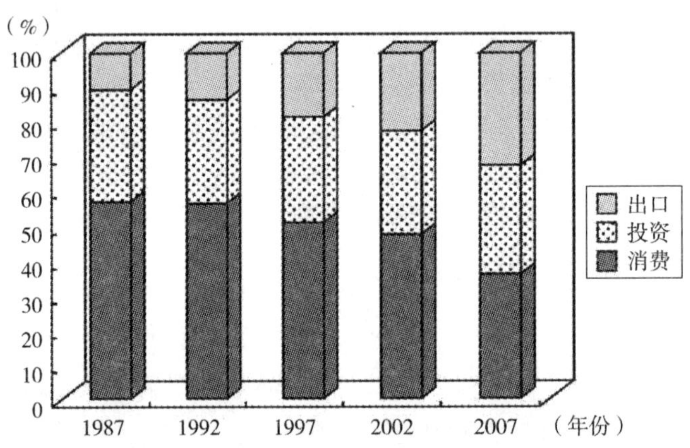

图 6　基于最终需求 1987 ~ 2007 年中国经济的依存结构变化趋势

需要指出的是，除了上文已经涉及的驱动因素之外，包括能源价格、能源结构在内的其他因素都对中国能源消耗产生了重要的影响，并引起了学者们的广泛关注（Fisher - Vanden 等，2004；Ma 和 Stern，2008；Chai 等，2009）。其中特别是能源价格对于我国能源消耗产生较大影响，一方面，由于能源价格的不断升高导致能源效率的提高（Fisher - Vanden 等，2004；Shi 和 Polenske，2005）；另一方面，由于管制而导致的价格扭曲使得国内企业放缓能源技术的升级，甚至通过出口间接补贴了国际市场（Chai 等，2009），是导致我国经济当前粗放型增长的重要因素之一。由于文章篇幅和分析框架的限制，在这里我们将暂缓以上问题的研究，未来将作为一个专题单独进行深入分析。

六、结　论

本文基于投入产出的视角，利用国家统计局颁布的 1987 年、1992 年、1997 年、2002 年以及 2007 年投入产出表，运用不同的结构分解方法，对中国能源消耗近年来加速增长的现象进行了研究。综合本文的分析，可以得到以下结论：

（1）通过 1987 ~ 2007 年数据的整体分析可发现，包括国内消费、投资以及出口在内的最终需求是驱动中国能源消耗增长的主要原因，技术进步提高了能源的利用效率，而中间投入产品和进口结构的变化对能源消耗增长的影响并不显著。进一步深入分析可发现，导致中国能源消耗增长的动因在此期间发生了根本的改变，与中间产品投入相关的结构效应，以及由投资、出口需求诱发的需求效应，是近年来中国能源消耗加速增长的主要原因。

（2）深入行业层面分析后可知，农业部门对我国能源消耗增长的影响很小，交通运输行业的迅速发展导致第三产业能源消耗大幅增长，但以工业为主的第二产业是驱动我国能耗加速增长的主要原因。在中国的工业经济中，轻工业对中国能耗增长的影响很小，化学工业和金属工业是导致中国能耗增长的两大主要行业，两者合计占到中国能耗增加总量的 55.79%。因此，深入行业层面后可发现，以化学和金属行业为主的重化工业近年来的迅速发展，是导致中国能源消耗总量加速增长的主要原因。

（3）基于最终需求的分解视角可发现，不同最终需求驱动的经济增长对于能源依赖程度不同。基于消费驱动的经济增长是资源集约型的，而基于投资驱动的经济增长是粗放型的经济增长方式。在工业化和改革开放过程中，由于国民经济中间消耗部分持续上升，使得中国经济投入产出效率不断下降，中国生产规模出现了大幅度增长，导致能源消耗总量的加速增长。最重要的是，中国经济增长对于消费的依存度不断降低，而对于投资和出口的依存度持续增高，经济增长动力源泉的改变在推动了我国经济高速增长的同时，也导致了能源消费近年来出现加速增长现象。

本文的研究结果表明，中国近年来能源消耗之所以出现加速增长，是当前中国在工业化进程中所处的阶段以及以加工贸易参与国际分工的共同结果。因此，相关部门在制定节能降耗政策时，一方面要尊重客观事实，认识到当前工业化阶段的不可逾越性；另一方面应鼓励企业加大研发投入力度，通过能源技术的进步来达到节能减排的目标。此外，更为重要的是，要逐步转变经济的增长方式，从投资驱动的粗放式增长向消费驱动的内含式增长转变，同时在参与国际分工中，逐步转变其世界制造中心的职能，通过研发能力提升和品牌打造，积极向全球价值链高端攀升。

附录：

附录 1

$$E = WX = WBF^d = WB\ (F_c^d + F_{in}^d + E_X) \tag{12}$$

在式（12）基础上对能源消费增长进行结构分解，得到以下表达式：

$$\begin{aligned} E_1 - E_0 = & 1/2\ (W_1 - W_0)\ (X_0 + X_1)\ + 1/2\ [W_0\ (B_1 - B_0)\ F_1^d + W_1\ (B_1 - B_0)\ F_0^d]\ + \\ & 1/2\ (W_0B_0 + W_1B_1)\ (F_{c1} + F_{c0})\ + 1/2\ (W_0B_0 + W_1B_1)\ (F_{in1}^d - F_{in0}^d)\ + \\ & 1/2\ (W_0B_0 + W_1B_1)\ (EX_1 - EX_0) \end{aligned} \tag{13}$$

附录 2

$$\begin{aligned} E_1 - E_0 = & 1/2 \times\ (\Delta WP_1G_1 + \Delta WP_0G_0)\ + 1/2 \times\ (W_0\Delta PG_1 + W_1\Delta PG_0)\ + \\ & 1/2 \times\ (W_0P_0\Delta G + W_1P_1\Delta G) \end{aligned} \tag{14}$$

参考文献

[1] 陈诗一. 能源消耗、二氧化碳排放与中国工业的可持续发展 [J]. 经济研究，2009 (4)：41 -55.

[2] 陈迎，潘家华，谢来辉. 中国外贸进出口商品中的内含能源以及政策含义 [J]. 经济研究，2008 (7)：11 -25.

[3] 胡鞍钢，郑京海，高宇宁，张宁，许海萍. 考虑环境因素的省级技术效率排名 (1999 ~2005) [J]. 经济学（季刊），2008，7 (3)：933 -960.

[4] 李强，薛天栋. 中国经济发展部门分析：兼新编可比价投入产出序列表 [M]. 中国统计出版社，1998.

[5] 李小平，卢现祥. 国际贸易、污染产业转移和中国工业 CO_2 排放 [J]. 经济研究，2010 (1)：15 -26.

[6] 梁进社，郑蔚，蔡建明. 中国能源消费增长的分解——基于投入产出方法 [J]. 自然资源学报，2007 (6)：853 -864.

[7] 沈利生，王恒. 增加值率下降意味着什么? [J]. 经济研究，2006 (3)：59 -66.

[8] 沈利生. 中国经济增长质量与增加值变动分析 [J]. 吉林大学社会科学学报，2009 (3)：126 -134.

[9] 王兵，吴延瑞，颜鹏飞. 中国区域环境效率与环境全要素生产率增长 [J]. 经

济研究，2010（5）：95－109.

［10］张友国. 经济发展方式变化对中国碳排放强度的影响［J］. 经济研究，2010（4）：120－133.

［11］Ang B.. The LMDI approach to decomposition analysis：A practical guide. Energy Policy，2005，33（7）：867－871.

［12］Chai J.，J. Guo，S. Wang，and K. Lai. Why does energy intensity fluctuate in China?. Energy Policy，2009，37（12）：5717－5731.

［13］Dean J.，E. Mary，and H. Wang. Are foreign investors attracted to weak environmental regulations? Evaluation the evidence from China. Journal of Development Economics，2009，90（1）：1－13.

［14］Dietzenbacher，E.，and B. Los. Structural decomposition techniques：Sense and sensitivity. Economics Systems Research，1998，10（4）：307－323.

［15］Fisher－Vanden K.，G. Jefferson，H. Liu，and Q. Tao. What is driving China's decline in energy intensity?. Resource and Energy Economics，2004，26（1）：77－97.

［16］Garbaccio，R.，M. Ho，and D. Jorgenson. Why has the energy－output ratio fallen in China?. Energy Journal，1999，20（3）：63－91.

［17］Huang J.. Industrial energy use and structural change：A case study of the People's Republic of China. Energy Economics，1993，15（2）：131－136.

［18］Kahrl F.，and D. Roland－Holst. Energy and exports in China. China Economic Review，2008，19（4）：649－658.

［19］Kahrl F.，and D. Roland－Holst. Growth and structural change in China's energy economy. Energy，2009（34）：894－903.

［20］Kaneko，S.，and S. Managi. Environmental productivity in China. Economics Bulletin，2004，17（2）：1－10.

［21］Lin，X.，and K. Polenske. Input－output anatomy of China's energy－use Changes in the 1980s. Economic Systems Research，1995，7（1）：67－84.

［22］Liu，H.，Y. Xi，J. Guo，and X. Li. Energy embodied in the international trade of China：An energy input－output analysis. Energy Policy，2010，38（3）：3957－3964.

［23］Ma C.，and D. Stern. China's changing energy intensity trend：A decomposition analysis. Energy Economics，2008，30（3）：1037－1053.

［24］Shui B.，and R. Harriss. The role of CO_2 embodiment in US－China trade. Energy Policy，2006，34（18）：4063－4068.

［25］Sinton，J.，and M. Levine. Changing energy intensity in Chinese industry：the relative importance of structural shift and intensity change. Energy Policy，1994，22（3）：239－255.

［26］Shi X.，and K. Polenske. Energy prices and energy intensity in China：A structural decomposition analysis and economics study. Working Paper, 2005.

Understanding the Accelerating Growth of Energy Consumption in China from the Input - output Perspective

Liu Ruixiang[1] Jiang Cailou[2]

(1. Nanjing University; 2. Nanjing University of Information Science & Technology)

Abstract: The accelerating growth of energy consumption in China between 1987 and 2007 is studied by a structural decomposition analysis. The following results are obtained. First, the changing intermediate input structure and expanding economic scale were the main forces behind energy consumption. Second, at the industry level the growth of energy consumption was mainly driven by the expansion of the manufacturing industries, especially heavy industries. Third, structural change not only promoted economic growth, but also led to the explosive growth of energy consumption.

Key Words: Energy Consumption; Accelerating Growth; Structural Decomposition Method

优化能源结构对实现中国碳强度目标的贡献潜力评估*

王锋　冯根福

（西安交通大学经济与金融学院，陕西西安　710061）

【摘要】如何实现中国的碳强度目标已成为学术界关注的重大课题。本文首先运用协整技术和马尔可夫链模型预测了 2011～2020 年中国的碳强度趋势，然后分 9 个组合情景评估了优化能源结构对实现碳强度目标的贡献潜力。主要结论表明：在经济高速增长情景中，如果“大幅调整”能源结构，那么在 2020 年可使碳强度相对 2005 年下降 19%，该情景中的能源结构优化对实现碳强度目标的贡献潜力最大，将达到 42.3%～47.6%；即使保守估计，在经济低速增长情景中，若仅实现了国家中长期能源发展规划对能源结构的调整目标，那么碳强度将下降 15.6%，优化能源结构的贡献潜力也会达到 34.6%～38.9%。

【关键词】能源结构；碳强度目标；碳排放

一、问题提出

在全球变暖的大环境中，中国的气候也发生了明显变化，并影响到了中国的水资源、农业、陆地生态系统、海岸带和近海生态系统。为了进一步应对气候变化，中国决定到 2020 年把单位国内生产总值 CO_2 排放比 2005 年降低 40%～45%，作为约束性指标纳入国民经济和社会发展中长期规划。自该碳强度①目标被提出以来，“如何实现这一目标”成为学术界研究的重大课题。实现碳强度目标可采取一系列对策，其中优化能源结构不仅是实现能源产业协调发展、保障国家能源安全的政策选择，而且是比较直接和有效地降低碳强度的措施之一。通过优化能源结构来实现碳强度目标，须从理论上回答两个问题：①优化能源结构可使碳强度下降多大幅度？②优化能源结构对实现碳强度目标的贡献潜力有多大？深入研究这两个问题，对实现碳强度目标有着重要的理论和现实意义。

在中国的碳强度目标被提出以前，碳强度没有重要的政策含义，关注这一指标的文献

---

* 本文选自《中国工业经济》2011 年第 4 期。

作者简介：王锋（1974～　），男，陕西渭南人，西安交通大学经济与金融学院博士后；冯根福（1957～　），男，河南新郑人，西安交通大学经济与金融学院院长，教授，博士生导师。

① 单位国内生产总值 CO_2 排放也称为“碳强度”。

比较少。对中国碳强度进行研究的文献，较早可追溯到 Shrestha 和 Timilsina（1996）对包括中国在内的亚洲 12 国电力行业碳强度的研究。此后，何建坤、刘滨（2004）、Zhang 等（2005）、Fan 等（2007）、Zhang（2009）从不同角度对中国的碳强度进行了研究。在碳强度目标被提出以后，该指标具有了重要的政策含义，相关文献逐渐增多。岳超等（2010）对我国各省（区、市）的碳强度进行了分析，认为应从调整产业结构、改革能源政策、发展可再生能源等方面确保碳强度目标的顺利实现。李陶等（2010）基于非线性规划的减排配额分配模型，针对碳强度下降目标给出了各省市的最优分配方案。张友国（2010）基于投入产出结构分解法研究了经济发展方式变化对碳强度的影响。林伯强和孙传旺（2011）研究了如何在保障中国经济增长前提下实现碳强度目标。以上文献从不同角度研究了中国的碳强度，但尚未发现有文献评估优化能源结构对实现碳强度目标的贡献潜力。

二、一次能源消费需求预测

能源活动是中国最主要的 CO_2 排放源，1994 年中国能源活动的 CO_2 排放量占全国总排放量的 90.95%[①]。因此，本文主要研究中国与能源活动有关的 CO_2 排放，而不考虑其他排放源。本部分将在对影响能源消费需求的因素进行分析的基础上，选取解释变量，然后建立协整模型，进一步预测 2011～2020 年中国的一次能源需求量。

1. 变量选择与数据说明

从能源的市场需求来看，能源价格和收入水平是决定能源需求的两个最主要因素。如果从宏观经济的角度来看，经济增长、经济结构、人口数量和能源利用效率等都会影响能源需求。借鉴已有文献的研究成果，本文选取以下六个变量来解释中国的能源需求。

（1）能源价格：根据需求函数的定义，能源价格是决定能源需求的最基本变量。能源价格数据的选取，本文是基于以下考虑：由于我国没有统计综合的能源价格指数，因此必须选择其他价格指数来替代。虽然燃料、动力类购进价格指数能比较全面地反映能源价格情况，但其统计数据最早只发布到 1989 年，限制了样本容量。考虑到煤炭在我国一次能源消费总量中的比例达到 70% 左右，而且其价格的市场化程度相对较高，可获得的数据最早能追溯到 1978 年，故选择煤炭工业品出厂价格指数作为能源价格的替代变量，并将环比的原始数据转换为以 1978 年为基期的定基比价格指数。

（2）收入水平：收入水平也是决定能源需求的一个基本变量，收入水平上升会引起能源需求增加。众多文献以 GDP 作为收入水平的替代变量，且研究结论认为能源需求与

① 此数据来源于《中华人民共和国气候变化初始国家信息通报》。

GDP 之间存在显著的正相关关系（林伯强，2003；何晓萍等，2009）。GDP 除了能反映国民收入水平外，还包含了经济增长的信息，因此本文把 GDP 引入能源需求函数，以解释收入水平提高和经济增长对能源需求的影响，并把按当年价格计算的 GDP 换算为以 1978 年价格计算的不变价 GDP。

（3）人口数量：无论是对能源的生产性需求还是生活消费需求，其最终目的都是为了满足人们对物质产品和服务产品的需要。因此，人口数量的变化是在研究能源需求时不可忽视的一个重要变量。从理论上讲，人口增加，能源需求上升。刘兰凤、易行健（2008）及郭菊娥等（2008）的研究表明，人口是影响能源需求的一个显著因素。基于以上原因，本文也把人口作为解释能源需求的一个变量。

（4）居民消费水平：与居民各项消费相关的能耗包括直接能耗和间接能耗。直接能耗是居民生活中直接消耗的能源，间接能耗是各种消费品或服务的“载能量”，亦可视为消费品或消费服务的全能耗。理论上，一种产品的全能耗不仅包括生产这种产品的直接能耗，还包括生产原材料和中间品等环节的间接能耗。居民消费水平上升，不仅会直接带动生活能源消费量的增加，而且会增加居民对各行业产品的消费支出，进而间接拉动生产领域的能源消费增加。本文把居民消费水平指数引入能源需求函数，这一指标是按常住人口平均计算，以 1978 年为基期的全体居民消费水平指数。

（5）工业化：现阶段中国经济发展的一个显著特征是工业化。工业化过程一般具有三个基本特征：一是国民收入中制造业和第二产业所占比例的提高；二是在制造业和第二产业就业的劳动人口比例也有增加的趋势；三是在这两种比率增加的同时，整个人口的人均收入也在增加①。这三个基本特征也对应着另外三层含义，即经济结构的调整、城镇化进程的推进及人均收入的提高，从能源需求的角度来看，这三个方面正是影响能源需求的重要因素。因此，工业化指标是一个综合了三方面信息的解释变量，应该被引入到能源需求函数中。本文用工业增加值占 GDP 的比例作为工业化的代理变量。

（6）能源利用效率：面对能源资源日益耗竭、价格上涨和全球变暖，厂商和政府都有动机推动技术进步，提高能源利用效率，从而达到节能降耗、减少能源需求的目的。能源效率提高，能源需求量就会减少。由于我国工业部门消耗了能源消费总量的70%左右，因此工业部门的能源效率最能反映我国能源利用水平。本文用 1978 年不变价格计算的工业部门增加值与工业部门能源消费量之比，作为能源利用效率指标。

以上所提及的变量中，煤炭工业品出厂价格指数、工业增加值和工业部门能源消费量来自中经网经济统计数据库，GDP、人口数量、居民消费水平指数来源于《中国统计年鉴》（2009）。

2. 能源消费需求模型构建

根据以上分析，中国能源消费需求函数可表示为：

① 此特征描述参见《帕尔格雷夫经济学大辞典》。

$ENE_t = f(\overset{-}{PRI_t}, \overset{+}{GDP_t}, \overset{+}{POP_t}, \overset{+}{RCI_t}, \overset{+}{IND_t}, \overset{-}{EFF_t})$

其中，ENE_t 为能源消费需求量，PRI_t 为能源价格，GDP_t 为国内生产总值，POP_t 为人口，RCI_t 为居民消费水平指数，IND_t 为工业化指标，EFF_t 为能源利用效率；各解释变量上面的符号分别表示其与能源消费量之间在理论上的相关关系。由于大多数经济变量都是非平稳的时间序列，如果对非平稳的时间序列建立计量模型，并进行 OLS 回归，则会产生伪回归现象。协整理论为非平稳变量的建模提供了一条有效途径。根据协整的定义，建模前必须首先检验各变量的平稳性。

（1）变量的平稳性检验：检验时间序列数据平稳性的标准方法是单位根检验，本文采用最常用的 ADF 检验法。为了削弱数据的异方差性，并去掉变量的量纲，首先对各变量取自然对数，然后进行单位根检验。平稳性检验结果表明，7 个变量都是一阶积分过程 I（1）[①]。根据协整的定义，如果存在非零向量，使得这 7 个变量的线性组合是平稳的，那么这 7 个变量就存在协整关系。

（2）协整检验：采用 Johansen 检验法进行协整检验时，滞后间隔设定是指在辅助回归中的一阶差分的滞后项的设定，而不是原序列。由于对原序列建立的 VAR 模型的滞后长度为 2，所以协整检验时的滞后间隔设定为“11”。由于在上文建立的 VAR 模型中，截距项在 5% 显著水平不显著，因此可以认为 VAR 模型没有截距项，那么协整方程中就可以不包含趋势，仅仅包含截距项。根据以上设定，协整检验的结果如表 1 所示。该结果表明，模型中 7 个变量之间存在 6 个协整关系。其中以能源消费需求量为被解释变量且系数经过标准化的协整方程为：

$$\begin{aligned} \ln(ENE_t) = & -0.048\ln(PRI_t) + 0.846\ln(GDP_t) + 0.886\ln(POP_t) + 0.103\ln(RCI_t) \\ & \quad (2.455) \qquad\qquad (-2.309) \qquad\qquad (-1.995) \qquad\qquad (-4.18) \\ & + 0.766\ln(IND_t) - 0.691\ln(EFF_t) - 8.344 \\ & \quad (-8.017) \qquad\qquad (35.267) \qquad\qquad (1.593) \end{aligned}$$

在协整方程中，括号中的数值为 t 统计量。该统计量表明 6 个解释变量的回归系数在 90% 的水平下是影响显著的；常数项虽然在 90% 的水平下不显著，但在 80% 水平下是显著的。各变量系数的符号均与理论预期相同。把各解释变量的原始数据代入协整方程，得到能源消费量的对数的拟合值，并与能源消费量原始数据的对数进行比较，结果表明协整方程的拟合优度比较高。

3. 能源消费需求预测

（1）协整方程中各解释变量的长期趋势预测和设定：下面依次对协整模型中 6 个解释变量的长期趋势进行预测和设定。

能源价格变动是一个随机过程，其与股票和证券的价格类似，行为比较复杂。所以对能源价格的未来变动趋势，不能简单地假设其遵循一个固定的速度增长，而是要运用计量

① 由于篇幅所限，平稳性检验的结果不在文中列出。

模型尽可能准确地预测。但是，目前很少有文献预测中国能源价格的长期趋势，所以也不能参考已有的研究成果。基于以上分析，本文借鉴 Pindyck（1999）运用的状态空间模型，预测了 2011 ~ 2020 年中国能源价格的长期变动趋势。由于采用煤炭工业品出厂价格指数作为能源价格的替代变量，因此，仅对该价格指数的长期趋势进行预测，详细预测过程因篇幅较长不再列出，预测结果见表 2。

表 1　协整检验结果

假设的协整方程个数	特征值	迹统计量检验			最大特征值统计量检验		
		迹统计量	5%临界值	概率	最大特征值统计量	5%临界值	概率
没有*	0.926	268.013	134.678	0.000	70.348	47.079	0.000
最多 1 个*	0.904	197.664	103.847	0.000	63.250	40.957	0.000
最多 2 个*	0.850	134.415	76.973	0.000	51.220	34.806	0.000
最多 3 个*	0.705	83.194	54.079	0.000	32.975	28.588	0.013
最多 4 个*	0.595	50.219	35.193	0.001	24.374	22.299	0.025
最多 5 个*	0.480	25.845	20.262	0.008	17.668	15.892	0.026
最多 6 个	0.261	8.176	9.165	0.077	8.176	9.165	0.077

注：* 表示在 5% 显著水平拒绝零假设。

表 2　2011 ~ 2020 年煤炭价格上涨速度的预测

单位：%

时间（年）	2011	2012	2013	2014	2015	2016	2017	2018	2019	2020
增速	3.46	3.02	2.64	2.29	1.96	1.65	1.37	1.10	0.86	0.63

由于以 GDP 作为收入水平的替代变量，因此对收入水平的预测就转为对经济增速的预测。关于 2011 ~ 2020 年中国经济的增长速度，已有较多文献进行了预测。本文汇总了能检索到的 12 个学者或机构的预测结果①，并与 2000 ~ 2009 年的实际经济增速进行比较，发现这些预测结果各不相同，有些结果之间差异还比较大，而且对 2000 ~ 2010 年的大部分预测结果都与实际经济增速差距较大。因此，本文不再做重复的预测工作，而是在已有研究成果的基础上，结合近年来的实际经济增速，对已有的研究结论进行调整，进而设定 2010 ~ 2020 年的经济增速。借鉴李善同（2005）的研究思路，本文把中国未来经济增长设定为高速、中速和低速三种情景，并把每一个情景划分为三个时间段，在三个时间段里经济增速是逐段递减的。借鉴中国科学院可持续发展研究组（2004）预测的高增长情景和

① 由于篇幅所限，不再详细列出这些文献及其研究结果。

基准情景作为本文经济高速和中速增长情景，借鉴李善同（2005）预测的风险情景作为本文经济低速增长情景，具体设定见表3。

国家人口发展战略研究课题组（2007）指出，我国的人口发展战略目标是到2010年人口总量控制在13.6亿人，到2020年人口总量控制在14.5亿人。如果按这一数据计算，2010~2020年，我国人口的年均自然增长率应该为6.62‰左右。但实际上，我国的人口自然增长率从2004年就已经降到5.87‰，到2008年更是降到5.08‰。从1978年以来的数据看，人口自然增长率一直呈现不断下降的趋势。因此，本文认为不能直接引用国家人口发展战略研究课题组（2007）中的数据。对比近年来有关预测我国人口未来增长趋势的文献，董永权（2009）预测的结果相对比较合理，因此本文采用他的研究结果，其预测表明，2011年、2015年和2020年中国的人口将分别达到13.5亿人、13.8亿人和14.2亿人。

居民消费水平与经济增长直接相关。由于本文把未来经济增长速度设定为高、中、低三种情景，因此不再对居民消费水平指数进行预测，而是首先建立GDP与居民消费水平指数间的协整方程，计算出两者增速间的准确数量关系，然后结合设定的经济增速，推算出2011~2020年居民消费水平的增长速度。协整检验结果表明，GDP与居民消费水平之间存在协整关系①，GDP每增长1%，居民消费水平指数提高0.679%。根据这一关系，可推算出2011~2020年居民消费水平指数的增长速度（见表3）。

陈佳贵等（2004）研究认为：如果中国能保持“十五”期间工业化水平综合指数的年均增长速度4%~5%，到2015~2018年，该指数将达到100，工业化将基本实现；即使按照“九五”期间和“十五”期间整个10年间工业化水平综合指数的年均增长速度推算，到2021年该指数也将达到100。由于本文采用工业增加值占GDP的比例作为工业化的代理变量，因此陈佳贵等（2004）构造的中国工业化水平综合指数不能直接运用到本文的预测中去，但他们的研究结论给本文提供了一个可靠的判断，即中国的工业化水平将在2011~2020年不断提升。基于这一判断，本文借鉴他们的静态推算法，用“九五”时期以来工业增加值占GDP比重的年平均增速0.4%，作为2010年工业化水平的提升速度。考虑到增速的衰减，进而采用阶梯递减的方式设定2011~2015年和2016~2020年的平均增长速度分别为0.3%和0.2%。

对于能源利用效率未来变动趋势的设定，本文借鉴厦门大学中国能源经济研究中心（2009）的设定方法，即根据工业能源效率的历史变化趋势，设定2010年工业能源效率的增长率为3%，之后每5年递减0.5%，具体设定见表3。

① 由于篇幅所限，协整检验的结果不再列出。

表 3　部分变量的变动速度设定

单位:%

变量	收入水平			居民消费水平指数			工业化	能源利用效率
经济增长情景	高速	中速	低速	高速	中速	低速		
2010 年	8.8	8.0	7.5	6.0	5.4	5.1	0.4	3.0
2011 ~ 2015 年	7.9	7.2	5.8	5.4	4.9	3.9	0.3	2.5
2016 ~ 2020 年	6.9	6.3	4.8	4.7	4.3	3.3	0.2	2.0

注：高速、中速、低速分别指经济高速、中速、低速增长情景，下文各表格中的相同。

（2）能源消费需求预测：根据以上设定，可预测出 2011 ~ 2020 年中国一次能源需求量（见表 4）。为了表述简洁，本文仅列出 2011 年、2015 年和 2020 年预测结果。到 2015 年，在三个经济增长情景中，一次能源需求量分别达到 41.92、40.28 和 37.16 亿吨标准煤；2020 年分别上升为 55.77、52.28 和 45.32 亿吨标准煤。IEA（2008）预测认为，在参考情景下中国的一次能源需求量将在 2015 年和 2020 年分别达到 41.5 亿吨和 46.9 亿吨标准煤，本文的预测结果与 IEA 的结果比较接近，因此在一定程度上是可信的。

表 4　2011 ~ 2020 年中国一次能源需求量

单位：亿吨标准煤

年份	经济高速增长	经济中速增长	经济低速增长
2011	32.26	31.71	30.64
2015	41.92	40.28	37.16
2020	55.77	52.28	45.32

由于不同的化石能源在燃烧时具有不同的碳排放系数，因此要根据预测的能源消费量来计算 CO_2 排放量，还需要进一步预测能源消费结构，以便把能源消费总量区分为具体的能源消费量。

三、能源消费结构预测

能源消费结构的演进有其内在的驱动因素和变动规律，这种演变规律所包含的信息为我们预测未来的能源消费结构提供了依据。目前对能源消费结构进行预测的文献主要采用了马尔可夫链预测模型和能源环境综合政策评价模型（Integrated Assessment Model，IAM）。IAM 模型涉及多学科、多领域和多行业，一般是研究团队合作开发的成果，个人研究者很难建立此模型。因此本文将采用马尔可夫链模型，预测中国 2011 ~ 2020 年的一次能源消费结构。

1. 能源消费结构预测的马尔可夫链模型

马尔可夫链是指如果一类随机过程的未来状态仅与现在的状态有关，而与以前的状态无关，即具有“无后效性”特点，那么这类随机过程就称为马尔可夫链。马尔可夫链预测就是根据某些变量的现在状态及其变化趋向，预测其在未来某一特定期间内可能出现的状态。能源消费结构的变动就是一个马尔可夫过程。

设在 n 时刻，中国的能源消费结构状态向量为 $S(n) = \{s_c(n), s_o(n), s_g(n), s_e(n)\}$，其中 $s_c(n)$，$s_o(n)$，$s_g(n)$，$s_e(n)$ 分别表示煤炭、石油、天然气、水核风电四类能源在一次能源消费总量中的比例①。设中国能源消费结构从 n 时刻到 n+1 时刻的一步转移概率矩阵为：

$$P(n) = \begin{bmatrix} p_{c\to c}(n) & p_{c\to o}(n) & p_{c\to g}(n) & p_{c\to e}(n) \\ p_{o\to c}(n) & p_{o\to o}(n) & p_{o\to g}(n) & p_{o\to e}(n) \\ p_{g\to c}(n) & p_{g\to o}(n) & p_{g\to g}(n) & p_{g\to e}(n) \\ p_{e\to c}(n) & p_{e\to o}(n) & p_{e\to g}(n) & p_{e\to e}(n) \end{bmatrix}$$

在概率矩阵 P 中，主对角线上的元素表示四类能源消费保持原有份额的概率；主对角线以外的概率元素为转移概率：其中行元素表示该类能源消费份额向其他能源转化的概率，列元素表示该类能源吸收其他类能源消费份额的概率；而且转移矩阵的每一行之和等于 1。

如果根据目前的能源消费结构来预测未来的能源消费结构，首先需要通过各年能源消费结构及其状态变化来确定每步的状态转移概率矩阵，然后求出平均转移概率矩阵，再利用平均转移矩阵预测未来一次能源消费结构的变化趋势。设从初始时刻到 n 时刻，能源消费结构在每步的转移概率矩阵分别为 P(1)，P(2)，P(3)，…，P(n)，则平均转移概率矩阵为：$P = [P(1) \cdot P(2) \cdot P(3) \cdot \cdots \cdot P(n)]^{1/n}$，根据 n 时刻的能源消费结构以及平均转移概率矩阵，就可以预测出 n+m 时刻的能源消费结构：

$$S(n+m) = S(n) \cdot P^m \qquad (1)$$

2. 确定转移概率矩阵

用马尔可夫链预测模型进行预测，关键在于确定转移概率矩阵。本文选择 2000～2008 年的能源消费结构数据来计算转移概率矩阵，数据来源于《中国统计年鉴》(2009)。确定转移概率矩阵时，根据对一次能源消费结构历史数据的观察，可以发现，煤炭、石油、天然气、水核风电之间都存在相互转移份额的可能性。为了叙述方便，把转移概率矩阵的主对角线元素称为“保留概率元素”；从行的角度看，把每行中除保留概率元素外的其他元素称为“转移概率元素”；从列的角度看，把每列中除保留概率元

① 为了表述方便，论文把水电、核电、风电合并在一起，简称为水核风电。

素外的其他元素称为“吸收概率元素”。计算转移概率矩阵可按照以下四个步骤进行：①计算保留概率元素值：当能源消费结构从 n 时刻转移到 n+1 时刻，如果一种能源的消费份额增加，则这种能源在转移矩阵中的保留概率为 1；如果份额减小，则其保留概率的计算公式为：保留概率 = n 时刻的份额/n+1 时刻的份额。②确定保留概率为 1 的元素所在行的转移概率元素值：若某行的保留概率元素为 1，说明该行所代表的能源消费份额不变或增加，故不存在向其他能源转移的可能性，而且在前面已经设定转移概率矩阵的每行元素之和等于 1，因此，该行的转移概率元素值都为 0。③确定保留概率小于 1 的元素所在列的吸收概率元素值：若某列的保留概率元素值小于 1，说明该列所代表的能源消费份额在减少，故不存在从其他能源吸收份额的可能性，因此，该列的吸收概率元素值都为 0。④确定保留概率小于 1 的元素所在行的非零转移概率元素值，以煤炭的保留概率小于 1 的情景为例，即：

$$\begin{cases} p_{c\to c}(n)<1 \\ p_{c\to o}(n)\neq 0 \\ p_{c\to g}(n)\neq 0 \\ p_{c\to e}(n)\neq 0 \end{cases} \Rightarrow \begin{cases} p_{c\to o}(n)=\dfrac{[1-p_{c\to c}(n)]\times[s_o(n+1)-s_o(n)]}{[s_o(n+1)-s_o(n)]+[s_g(n+1)-s_g(n)]+[s_e(n+1)-s_e(n)]} \\ p_{c\to g}(n)=\dfrac{[1-p_{c\to c}(n)]\times[s_g(n+1)-s_g(n)]}{[s_o(n+1)-s_o(n)]+[s_g(n+1)-s_g(n)]+[s_e(n+1)-s_e(n)]} \\ p_{c\to e}(n)=\dfrac{[1-p_{e\to c}(n)]\times[s_e(n+1)-s_e(n)]}{[s_o(n+1)-s_o(n)]+[s_g(n+1)-s_g(n)]+[s_e(n+1)-s_e(n)]} \end{cases} \tag{2}$$

按照上述四个步骤，可分别计算出 2002~2008 年一次能源消费结构在每步（两年之间）的转移概率矩阵，然后根据每步的转移概率矩阵，计算出平均转移概率矩阵为：

$$P=\begin{bmatrix} 0.9952 & 0.0008 & 0.0006 & 0.0034 \\ 0.0155 & 0.9696 & 0.0065 & 0.0084 \\ 0 & 0 & 1 & 0 \\ 0.0149 & 0.0028 & 0.0003 & 0.9821 \end{bmatrix}$$

3. *无规划约束的能源消费结构预测*

如果不考虑国家中长期能源发展规划对能源结构的调整，而仅基于过去能源结构的演变规律，来预测其在未来的自发变动状态，本文把这一情景称为“无规划约束的小幅调整情景”，简称“小幅调整”①。在 2008 年的一次能源消费结构向量及平均转移概率矩阵 P 的基础上，运用公式（1）可预测出“小幅调整”情景中的能源消费结构（见表 5）。

① 此处命名仅是为了叙述方便，并不追求所定义的名称完全涵盖其真实含义，下文的命名类同。

表5　三个情景中的一次能源消费结构

单位:%

能源结构情景	小幅调整				中幅调整				大幅调整			
能源种类	煤炭	石油	天然气	水核风电	煤炭	石油	天然气	水核风电	煤炭	石油	天然气	水核风电
2011 年	68.93	17.26	4.26	9.56	67.74	17.30	4.25	10.71	66.64	18.48	4.24	10.65
2015 年	69.23	15.57	4.87	10.35	66.53	15.62	4.86	13.00	64.02	18.22	4.84	12.93
2020 年	69.51	13.75	5.57	11.19	65.04	13.75	5.57	15.66	60.89	17.90	5.57	15.65

注：小幅调整为无规划约束的能源结构调整，中幅调整为有规划约束的能源结构调整，大幅调整为既有规划约束又有石油消费比例目标引导的能源结构调整，下文各表格中的含义相同，不再注释。

4. 有规划约束的能源消费结构预测

为了增加能源供应、保障能源安全、改善能源结构，我国于 2007 年研究制定了《可再生能源中长期发展规划》。该规划提出，要降低煤炭在能源消费中的比例，提高可再生能源比例，促进能源结构调整，并把具体发展目标设定为：力争到 2010 年可再生能源消费量达到能源消费总量的 10%，到 2020 年达到 15%。国家发改委在 2007 年 10 月公布了《核电中长期发展规划（2005～2020 年）》，在此规划中提出了核电发展目标：到 2020 年，核电年发电量达到 2600 亿～2800 亿千瓦时。如果以 2800 亿千瓦时计算，则相当于 0.34 亿吨标准煤①，这在本文预测出的 2020 年一次能源需求量中占到 0.66%。综合考虑以上两个能源发展规划，到 2020 年水核风电等消费量预计达到一次能源消费总量的 15.66%，这一情景本文称为“有规划约束的中幅调整情景”，简称“中幅调整”。在无能源发展规划约束情景中的预测结果表明，到 2020 年水核风电在一次能源消费量中的比例上升到 11.19%，这与能源发展规划目标 15.66% 有一定差距。因此，下文将以国家能源发展规划所设定的目标作为约束条件，调整转移概率矩阵，以修正预测结果。

国家调整能源结构的主要措施是降低煤炭在能源消费中的比例，提高水电、核电、风电等能源的比例，而对石油和天然气消费的比例并没有明确的规划目标。因此本文假设在 2011～2020 年，石油和天然气消费比例的变动依然保持在过去调整的基本趋势，而水核风电比例的增加将由煤炭比例的减少来补充。基于这个假设，我们可计算出有能源发展规划约束的 2020 年的能源消费结构，即煤炭、石油、天然气、水核风电的比例分别为 65.04%、13.75%、5.57%、15.66%。

设在能源发展规划约束情景中，2008 年与 2020 年的能源消费结构向量分别为 S（2008）和 S^*（2020），2008～2020 年，调整的平均一步转移概率矩阵为 P^*，则 S^*（2020）= S（2008）×（P^*）^{12}成立。设 Ω =（P^*）^{12}，根据无规划约束情景中的对天

① 根据《中华人民共和国国家标准——综合能耗计算通则》（GB/T 2589—2008）中的电力与标准煤之间的折算系数计算得到，折算系数为 1 千瓦时 =0.1229 千克标准煤。

然气的预测结果，可知天然气的比例将一直处于上升趋势，因此 Ω 的第三行向量为 [0，0，1，0]；根据国家能源发展规划，可知水核风电的比例也将一直上升，因此 Ω 的第四行向量为 [0，0，0，1]；由于煤炭和石油的比例将会下降，因此可根据式（2）计算出 Ω 的第一、第二行向量。基于以上分析，可把 Ω 写成矩阵形式，并进一步计算出调整的平均一步转移概率矩阵 P^*。

$$\Omega = (P^*)^{12} = \begin{bmatrix} 0.9471 & 0 & 0.0111 & 0.0418 \\ 0 & 0.7361 & 0.0554 & 0.2085 \\ 0 & 0 & 1 & 0 \\ 0 & 0 & 0 & 1 \end{bmatrix}$$

$$P^* = \begin{bmatrix} 0.9955 & 0 & 0.0009 & 0.0036 \\ 0 & 0.9748 & 0.0053 & 0.0199 \\ 0 & 0 & 1 & 0 \\ 0 & 0 & 0 & 1 \end{bmatrix}$$

根据调整的平均一步转移概率矩阵 P^*，以及 2008 年的能源消费结构向量 S（2008）可以重新预测出“中幅调整”情景中的一次能源消费结构（见表 5）。

5. 既有规划约束又有石油消费比例目标引导的能源消费结构预测

国家能源政策对石油消费比例的变动并没有特定的追求目标，而且自 2004 年以后，中国石油消费比例不断下降，但是石油消费总量却一直在快速增加。随着石油需求量的不断增加，CO_2 减排压力的加大，以及对外石油勘探开采和进口的增加，政府应该在石油消费比例的调整上有所作为，提高石油的消费比例。前文预测的石油消费比例在 2011 ~ 2020 年依然保持 2004 年以来的下降趋势。但是如果能用政策改变石油消费比例不断下降的趋势，逐步增加以石油替代煤炭的比例，那么能源消费结构中的石油比例将会逐渐增加。IEA（2009）预测中国石油消费比例在 2020 年将达到 17.9%。如果能进一步加大能源结构调整的力度，遏制石油消费比例不断下降的趋势，使其到 2020 年能保持在 17.9% 的水平上，这对抑制 CO_2 排放必然能起到一定的作用。

如果把 2020 年的石油消费比例目标设定为 17.9%，并假定水核风电比例的增加是替代煤炭结果，那么就可预测出新的既有规划约束又有石油消费比例目标引导的能源结构，本文把这一情景称为“既有规划约束又有石油消费比例目标引导的大幅调整情景”，简称“大幅调整”。重新设定 2020 年的能源消费结构向量为 S^{**}（2020），2008 ~ 2020 年间调整的平均一步转移概率矩阵为 P^{**}，则 S^{**}（2020）= S（2008）·$(P^{**})^{12}$ 成立。运用与上文相同方法，可以分别计算出矩阵 Ω^* 和 P^{**}。据此，可重新预测出“大幅调整”情景中的一次能源消费结构（见表 5）。

$$\Omega^* = (P^{**})^{12} = \begin{bmatrix} 0.8867 & 0 & 0.0238 & 0.0895 \\ 0 & 0.9582 & 0.0088 & 0.0330 \\ 0 & 0 & 1 & 0 \\ 0 & 0 & 0 & 1 \end{bmatrix}$$

$$P^{**}=\begin{bmatrix}0.9900 & 0 & 0.0021 & 0.0079\\ 0 & 0.9965 & 0.0007 & 0.0028\\ 0 & 0 & 1 & 0\\ 0 & 0 & 0 & 1\end{bmatrix}$$

四、优化能源结构对实现碳强度目标的贡献潜力评估

基于以上预测结果，本文一是以三个情景中的能源消费结构，把各年的能源消费总量区分为煤炭、石油、天然气、水核风电四类具体能源的消费量；二是根据 IPCC（2006）介绍的“方法 1”来估算消费三类化石能源的 CO_2 排放量；三是结合前文预测的 GDP 数据计算出各情景中的碳强度；四是在 9 种情景中评估优化能源结构对实现碳强度目标的贡献潜力。

1. 各情景中的碳强度预测

各个情景中的碳强度预测结果见表 6。以经济中速增长为例来说明，在无能源结构规划约束的“小幅调整”情景中，碳强度将从 2011 年的 1.13 千克/元下降到 2020 年的 1.011 千克/元，总计下降 10.5%；在有能源结构规划约束的“中幅调整”情景中，碳强度将从 2011 年的 1.12 千克/元下降到 2020 年的 0.956 千克/元，总计下降 14.6%；在既有规划约束又有石油消费比例目标引导的“大幅调整”情景中，碳强度将从 2011 年的 1.118 千克/元下降到 2020 年的 0.944 千克/元，总计下降 15.6%。

表 6　各情景中的碳强度预测结果

单位：千克/元

能源结构情景	小幅调整			中幅调整			大幅调整		
经济增长情景	高速	中速	低速	高速	中速	低速	高速	中速	低速
2011 年	1.128	1.130	1.134	1.118	1.120	1.123	1.116	1.118	1.121
2015 年	1.060	1.066	1.078	1.026	1.032	1.044	1.019	1.025	1.036
2020 年	1.002	1.011	1.031	0.948	0.956	0.976	0.936	0.944	0.963

2. 优化能源结构对实现碳强度目标的贡献潜力

中国制定的碳强度下降目标是以 2005 年为基准。本文利用 IEA 发布的 CO_2 排放量数据及《中国统计年鉴》中的 GDP 数据，计算出 2005 年的碳强度为 1.156 千克/元。如果到 2020 年碳强度比 2005 年下降 40% ~ 45%，也就是说，必须下降到 0.694 ~

0.636 千克/元。

在前文中，我们设定了三个经济增长情景和三个能源消费结构调整情景，如果每两个情景进行组合，可以组成9个组合情景。根据表6中各个情景下2020年的碳强度及2005年的碳强度，可计算出2020年在9个组合情景中，优化能源结构驱使碳强度相对于2005年下降的幅度及其对实现碳强度目标的贡献潜力（见表7）。需要说明的是，表7中的“贡献潜力”是指每个组合情景中碳强度的“下降幅度”相对于碳强度下降目标的比例，即对“下降40%～45%”贡献的百分比。由于碳强度下降目标是一个区间，因此“贡献潜力”的估算结果也是一个区间。以经济高速增长且能源结构“小幅调整”情景为例，预测出的2020年的碳强度为1.128千克/元，其相对于2005年下降了13.3%，这一“下降幅度”在碳强度下降目标为40%时，对实现该目标贡献了33.3%，而在碳强度下降目标为45%时，对实现该目标贡献了29.6%，故“贡献潜力”的区间为29.6%～33.3%。

表7 优化能源结构将实现的碳强度下降幅度及其贡献潜力

单位:%

组合情景		能源消费结构调整情景					
		小幅调整		中幅调整		大幅调整	
度量指标		下降幅度	贡献潜力	下降幅度	贡献潜力	下降幅度	贡献潜力
经济增长情景	高速	13.3	29.6～33.3	18.0	40～45	19.0	42.3～47.6
	中速	12.5	27.9～31.4	17.3	38.4～43.3	18.3	40.8～45.8
	低速	10.8	24～27	15.6	34.6～38.9	16.7	37.1～41.7

表7中的数据是前文一系列计算所得到的最终结果。以经济中速增长情景为例来说明，假设不考虑国家中长期能源发展规划对能源结构的调整目标，而能源结构仍保持2002～2008年的调整趋势，即“小幅调整”，那么在2020年可使碳强度相对于2005年下降12.5%，其对实现碳强度目标的贡献潜力为27.9%～31.4%；如果实现了国家中长期能源发展规划对能源结构的调整目标，即到2020年水核风电等消费量达到一次能源消费总量的15.66%，也就是说实现了本文所谓的能源结构“中幅调整”，那么，在2020年可使碳强度相对于2005年下降17.3%，其对实现碳强度目标的贡献潜力为38.4%～43.3%；如果既实现了国家中长期能源发展规划对能源结构的调整目标，又抑制住了石油消费比例不断下滑的趋势，将其到2020年保持在17.9%的水平上，即实现了本文所谓的能源结构“大幅调整”，那么，在2020年可使碳强度相对于2005年下降18.3%，其对实现碳强度目标的贡献潜力为40.8%～45.8%。

表7可以发现两点：①从表格的行看，在同一种经济增长情景中，能源消费结构“大幅调整”所实现的碳强度“下降幅度”及“贡献潜力”，依次大于“中幅调整”和“小幅调整”情景中的对应指标，这个结果很直观，能源结构的调整幅度越大，碳强度的下降幅度越大，贡献潜力自然越大；②从表格的列看，在同一种能源结构调整情景中，经济高

速增长情景中所实现的碳强度“下降幅度”及“贡献潜力”，依次大于“中速”和“低速”增长情景中的对应指标，这个结果并不直观，需要利用下面的碳强度计算公式来说明。设在t时刻，中国的碳强度为CI_t，GDP为Y_t，能源强度为EI_t，第i种化石能源的消费量为E_{it}，其在化石能源消费总量E_t中的份额为S_{it}，且其碳排放因子为θ_i①，并假设化石能源只区分为三种：煤炭、石油和天然气，即$i=3$。碳强度的计算公式可以简单表示为：$CI_t=(\sum_{i=1}^{3}E_{it}\theta_t)/Y_t=E_t(S_{1t}\theta_1+S_{2t}\theta_2+S_{3t}\theta_3)/Y_t$。该等式表明，决定碳强度的变量有三个，即能源消费总量、能源消费结构和GDP。如果在同一种能源结构调整情景中，则决定碳强度的变量只有能源消费总量和GDP。前文预测能源消费需求的协整模型表明，若不考虑其他因素，GDP每增长1%，能源消费总量就会增加0.846%，可认为，经济增速与能源消费量的增速保持着0.846的长期比例关系，因为这一比例小于1，所以经济增速越高，能源消费量与GDP的比值就越小，最终导致碳强度的“下降幅度”就越大。

五、研究结论

通过研究可以发现，优化能源结构是驱动碳强度下降的有效措施。在同一种经济增速情景中，能源结构的调整幅度越大，碳强度的下降幅度就越大；在同一种能源结构调整情景中，经济增速越高，能源结构调整驱使碳强度下降的幅度就越大。在经济中速增长情景中，如果实现了2020年水核风电等消费量占一次能源消费总量15.66%的发展目标，那么，2020年的碳强度相对于2005年将下降17.3%，优化能源结构对实现碳强度目标的贡献潜力为38.4%～43.3%；如果既实现了国家中长期能源发展规划对能源结构的调整目标，又抑制住了石油消费比例不断下滑的趋势，将其到2020年保持在17.9%的水平上，那么，在2020年可使碳强度相对于2005年下降18.3%，其对实现碳强度目标的贡献潜力会达到40.8%～45.8%。

把9个组合情景中的碳强度“下降幅度”和“贡献潜力”进行比较，可以发现，在经济高速增长情景中，能源结构“大幅调整”驱使碳强度下降的幅度最大，将达到19%，其对实现碳强度目标的“贡献潜力”也最大，达到42.3%～47.6%，这是一种预期的理想状态。如果达不到这种理想状态，即使保守估计，在经济低速增长情景中，如果实现了2020年水核风电等消费量占一次能源消费总量15.66%的发展目标，那么碳强度将下降15.6%，优化能源结构对实现碳强度目标的贡献潜力也会达到34.6%～38.9%。

虽然本文在预测碳强度时，综合考虑了多种因素的影响，但这并不能完全刻画碳强度变动的真实情况，而且在估计碳强度的下降幅度时，仅考虑了优化能源结构的作用，并没有考虑其他政策的作用。因此，本文的研究结论仅是对采取优化能源结构政策以实现碳强

① 假设每一种化石能源在任何时刻被消费时都是充分燃烧的，也就是说，其碳排放因子不随时间发生变化。

度目标提供一些量化的参考情景。正如引言中提到，优化能源结构只是实现碳强度目标的有效措施之一，如果系统性采取一系列对策，那么实现碳强度目标是完全可能的，但需要付出艰苦卓绝的努力。

参考文献

[1] 陈佳贵，黄群慧，王延中，刘刚．中国工业现代化问题研究［M］．中国社会科学出版社，2004.

[2] 董永权．中国人口增长预测［J］．唐山师范学院学报，2009（2）.

[3] 郭菊娥，柴建，吕振东．我国能源消费需求影响因素及其影响机理分析［J］．管理学报，2008（5）.

[4] 何建坤，刘滨．作为温室气体排放衡量指标的碳排放强度分析［J］．清华大学学报（自然科学版），2004（6）.

[5] 何晓萍，刘希颖，林艳苹．中国城市化进程中的电力需求预测［J］．经济研究，2009（1）.

[6] 李善同．2005～2020年中国经济增长前景分析［J］．财经界，2005（11）.

[7] 李陶，陈林菊，范英．基于非线性规划的我国省区碳强度减排配额研究［J］．管理评论，2010（6）.

[8] 林伯强．结构变化、效率改进与能源需求预测——以中国电力行业为例［J］．经济研究，2003（5）.

[9] 林伯强，孙传旺．如何在保障中国经济增长前提下完成碳减排目标［J］．中国社会科学，2011（1）.

[10] 刘兰凤，易行健．中国能源需求的估计与预测模拟［J］．上海财经大学学报，2008（4）.

[11] 厦门大学中国能源经济研究中心．“十二五”规划前期研究——能源发展战略［R］．厦门大学中国能源经济研究中心，2009.

[12] 岳超，胡雪洋，贺灿飞，朱江玲，王少鹏，方精云．1995～2007年我国省区碳排放及碳强度的分析——碳排放与社会发展［J］．北京大学学报（自然科学版），2010（4）.

[13] 张友国．经济发展方式变化对中国碳排放强度的影响［J］．经济研究，2010（4）.

[14] 中国科学院可持续发展研究组．2004年中国可持续发展战略报告［M］．科学出版社，2004.

[15] 国家人口发展战略研究课题组．国家人口发展战略研究报告简介［EB/OL］. http：//www.gov.cn/gzdt/2007－01/11/content_493721.htm.

[16] Fan，Y.，L.－C. Liu，G. Wu，H.－T. Tsai，and Y.－M. Wei. Changes in carbon intensity in China：Empirical findings from 1980－2003［J］. Ecological Economics，2007

(62)：3 -4.

[17] IEA. World energy outlook 2008 [EB/OL]. http：//www. worldenergyoutlook. org/2008. asp.

[18] IEA. World energy outlook 2009 [EB/OL]. http：//www. worldenergyoutlook. org/2009. asp.

[19] Pindyck，R. S. The long - run evolution of energy prices [J] . Energy Journal，1999 (2).

[20] Shrestha，R. M.，and G. R. Timilsina. Factors affecting CO_2 intensities of power sector in Asia：A divisia decomposition analysis [J] . Energy Economics，1996，18 (4).

[21] Zhang，C.，C. H. Thomas，and M. M. Michael. Carbon intensity of electricity generation and CDM baseline：Case studies of three Chinese provinces [J] . Energy Policy，2005，33 (4).

[22] Zhang，Y. - G. Structural decomposition analysis of sources of decarbonizing economic development in China：1992 -2006 [J] . Ecological Economics，2009，68 (8 -9).

[23] IPCC. 2006 年 IPCC 国家温室气体清单指南 [EB/OL]. http：//www. ipcc - nggip. iges. or. jp/pub - lic/2006gl/chinese/index. html.

国际能源价格波动对中国股市的影响*

——基于计量模型的实证检验

郭国峰[1] 郑召锋[2]

（1. 郑州大学商学院，河南郑州 450001；2. 中国人民银行濮阳市中心支行，河南濮阳 457000）

【摘要】本文从中国整体股市—沪深分市场股指—分行业股指三个层次，利用GARCH（1，1）－M模型研究了国际能源价格波动对中国股票市场的影响。研究结果表明，国际能源价格波动对中国股市的整体影响不显著，但对沪、深分市场股指的影响是显著的，并且对沪市收益率的影响大于对深市收益率的影响。分行业来看，国际能源价格波动对化工制品、石油和天然气、基础资源、建筑和材料、食品和饮料、汽车和零件、个人和家庭用品7行业股指收益率的影响是显著的，其他行业的股票收益率对国际能源价格波动则没有显著响应。

【关键词】国际能源价格；股票市场；计量检验

一、问题提出

伴随着中国经济的高速增长，中国能源需求总量日益增长，而能源生产量增速有限，导致能源消费对外依存度逐步上升，从而使中国经济受国际能源价格波动的影响越来越显著。作为宏观经济的“晴雨表”和风向标，股票市场也理所当然地会受到国际能源价格波动的影响。国外学者对于国际能源价格波动，特别是石油价格波动影响的研究文献十分丰富，概括起来可以分为两类。一是国际能源价格波动对一国股市的整体影响。Chen、Roll和Ross（1986）研究了美国和日本股票市场对于石油价格波动的响应，没有发现石油价格可以作为股票定价因子的证据。但Kaneko、Lee（1995）采用不同的样本数据进行实证分析，则发现石油价格可以影响日本股市收益率。Basher和Sadorsky（2006）的研究结果则表明石油价格可以显著地影响新兴市场的股指收益。二是国际能源价格对股市不同行业的影响。AL－Mudhaf和Goodwin（1993）研究了美国石油公司股票收益率对石油价格波动的

---

* 本文选自《中国工业经济》2011年第6期。

作者简介：郭国峰（1963～），男，河南南阳人，郑州大学商学院教授，经济学博士；郑召锋（1984～），男，河南濮阳人，中国人民银行濮阳市中心支行，经济学硕士。

反应，发现石油价格对石油公司股票价格的影响是不稳定的。Faff 和 Brailsford（1999）则发现，国际石油价格对澳大利亚不同行业的股票有不同方向和不同程度的影响。

国内学者则主要研究了国际石油价格波动对股票市场的影响。金洪飞、金荦（2008）研究发现，美国股市收益和国际石油价格变化之间存在双向的影响关系，而中国股市价格和国际石油价格之间不存在任何方向的影响关系。2010 年，两位研究人员深入分析了国际石油价格对中国股票市场的影响，实证检验了国际石油价格对中国各行业的影响效果。

以上研究取得了许多有价值的结论，但也存在一些不足之处：一是由于研究方法与样本选取的原因，对同一国家股票市场、分行业股指与国际能源价格波动影响关系的实证结果存在差异，甚至出现大相径庭的结论。目前，还没有文献运用同一研究方法、选取相同的样本数据，研究国际能源价格波动对同一国家股票市场的整体影响及对各行业的影响。二是国际石油价格波动对股票市场影响的研究结论对中国的参考价值有限。原因在于中国的能源消费以煤炭为主，石油在中国能源消费中所占比重较低[①]。仅仅考察石油对中国股市的影响，而忽视能源要素之间由于价格波动而造成的替代效应，那么这种研究就存在逻辑不缜密的问题。三是研究国际能源价格波动对中国股市影响的相关文献极其有限，且全部为定性研究。

正是基于以上考虑，笔者选取科学的研究方法和样本数据，从中国整体股市—沪深分市场股指—分行业股指三个层次，分析国际能源价格对中国股票市场的影响，并对检验结论所揭示的现象特征和本质问题进行深入思考。

二、数据和研究方法

1. 数据来源和数据描述

本文选取道琼斯—瑞银商品群分指数中的能源指数（Dow Jones - UBS Commodity Indexes/Subindex/Energy）作为国际能源价格波动的度量指标。该指数于 2001 年 11 月 15 日推出，基准日为 1990 年 12 月 31 日，由在交易所交易的实体商品期货构成。采用道琼斯第一财经中国 600 行业领先指数（以下简称“道琼斯中国 600 行业指数”）作为中国行业股票价格指数。道琼斯中国 600 行业指数追踪 14 个行业[②]的价格变动情况：汽车和零件、化工制品、建筑和材料、金融、食品和饮料、卫生保健、工业用品和服务、石油和天然气、个人和家庭用品、公共事业、基础资源、零售、科技、旅游和休闲。行业划分按照行业划分标准（ICB）进行，每个行业成分股按照流通量调整市值、销售收入和净利润的综合排

① 采用 1996~2010 年《中国统计年鉴》的数据，经过整理可知，1978~2009 年，中国石油消费量占能源消费总量的平均占比仅为 19.5%，而煤炭的平均占比达到了 72%。

② 具体行业分类内容请查阅网站：http：//www. djchinaindexes. com/gb/classification. htm.

名选取，并且单只股票的权重最高为20%，每个行业指数包含15只成份股。为了和行业指数保持一致，保证研究的可比性，笔者选取道琼斯中国600指数（以下简称“道中指数”）作为衡量中国股票市场整体情况的市场指数，选取道琼斯上海指数（以下简称“道沪指数”）作为衡量在上海交易所上市公司的股票情况，选取道琼斯深圳指数（以下简称“道深指数”）作为衡量在深圳交易所上市公司的股票情况。以上所有数据均来源于道琼斯系列指数网站（http：//www. djindexes. com），选取样本为2001年1月2日至2010年12月31日的日度数据。同时，为了研究和数据处理的需要，对原始数据进行如下简单处理：

$a_{i,t} = (A_{i,t} - A_{i,t-1}) / A_{i,t}$

其中，$A_{i,t}$为第i个指标t时期的原始数据，$a_{i,t}$为第i个指标t时期调整后的数据。经过处理后，$a_{1,t}$表示国际能源价格的波动率，$a_{i,t}$（$i \neq 1$）表示相应的股票指数收益率。为了对以上各指标数据有整体上的把握，并检验各指标的统计特征，本文首先考察国际能源价格变动率、道中指数收益率、道沪指数收益率、道深指数收益率及14个行业指数收益率的描述性统计量，结果如表1所示。从指标均值来看，各指标数据的均值都为正值，说明2001年以来国际能源价格波动率、市场股指收益率、行业股指收益率平均来看都有一定的上升。在各股指收益率中，食品和饮料行业的均值最高，其次是零售行业，卫生保健行业和化工制品行业的均值也显著地高于其他行业的平均水平。从中位数来看，除了公共事业行业以外，其他指标的中位数都大于0。这意味着绝大部分指标的收益率或价格波动率上涨的月份多于下跌的月份。从标准差来看，汽车和零件行业股指收益率的波动最大，其次是国际能源价格的波动率，波动最小的是道沪指数股指收益率，但各指标的波动性差异较小，都在［1.80，2.30］区间内。从Jarque - Bera统计量和对应的P值分析可知，所有指标数据都显著地服从正态分布，符合数理模型的基本前提，可以在下文运用数量模型进行实证分析。

表1　国际能源价格变化率、道琼斯系列指数收益率的描述性统计量

	国际能源	道中指数	道沪指数	道深指数	汽车和零件	化工制品	建筑和材料	金融	食品和饮料
均值	0.001	0.03	0.03	0.04	0.05	0.06	0.03	0.05	0.08
中位数	0.08	0.09	0.08	0.10	0.04	0.05	0.07	0.00	0.03
标准差	2.22	1.87	1.81	1.86	2.25	1.96	2.07	2.16	1.84
Jarque - Bera 统计量	690.62	1523.79	1265.25	998.56	869.71	586.88	1708.46	941.14	1403.86
P值	0.00	0.00	0.00	0.00	0.00	0.00	0.00	0.00	0.00
	卫生保健	工业用品和服务	石油和天然气	个人和家庭用品	公共事业	基础资源	零售	科技	旅游和休闲
均值	0.06	0.03	0.05	0.03	0.01	0.04	0.07	0.02	0.03
中位数	0.02	0.03	0.08	0.04	-0.02	0.01	0.08	0.06	0.04

续表

	卫生保健	工业用品和服务	石油和天然气	个人和家庭用品	公共事业	基础资源	零售	科技	旅游和休闲
标准差	1.85	1.95	1.97	2.08	1.88	2.21	2.01	2.20	2.17
Jarque - Bera 统计量	1781.30	1275.92	2890.92	1025.43	1673.07	1000.94	1815.92	484.47	1027.42
P 值	0.00	0.00	0.00	0.00	0.00	0.00	0.00	0.00	0.00

注：P 值是指在显著性水平下拒绝变量时间序列服从正态分布的概率。

2. *研究方法*

考虑到经济金融时间序列通常具有条件异方差性，笔者计划运用GARCH（1，1）-M 模型①进行数理分析。GARCH（1，1）-M 的一般形式为：

均值方程：$y_t = x_t B_0 + B_1 \sigma_t^2 + u_t^1$②

方差方程：$\sigma_t^2 = R_0 + \sum R_1 U_{t-D}^2 + R_2 u_{t-1}^2 d_{t-1} + \sum R_3 \sigma_{t-p}^2$

其中，$d_t = \begin{cases} 0, & u_t \geq 0 \\ 1, & u_t < 0 \end{cases}$，$u_t \geq 0$ 表示利好消息，$u_t < 0$ 表示利坏消息。当 $R_2 = 0$ 时，条件方差对冲击的反应是对称的。当 $R_2 \neq 0$ 时，条件方差对冲击的反应是非对称的。如果出现利好消息时，波动平方项的系数是 $\sum R_1$；如果出现利坏消息时，波动平方项的系数是 $\sum R_1 + R_2$。

就具体的研究对象而言，参考 AL - Mudhaf 和 Goodwin（1993）、Faff 和 Brailsford（1999）的研究，本文采用 APT 的多因子模型分析国际能源价格对中国股票市场的影响。那么，GARCH（1，1）-M 的具体形式为：

均值方程：$R_{i,t} = \beta_{i,0} + \beta_{i,1} R_{0,t} + \beta_{i,2} R_{e,t-1} + \beta_{i,3} \sigma_{i,t} + u_{i,t}$

方差方程：$\sigma_t^2 = \gamma_{i,0} + \gamma_{i,1} u_{t-1}^2 + \gamma_{i,2} u_{t-1}^2 d_{t-1} + \gamma_{i,3} \sigma_{t-1}^2$

其中，$R_{i,t}$ 为道中/道沪/道深指数或第 i 个行业在 t 时期的股指收益率；$R_{0,t}$ 为 t 时期的市场收益率③，$\beta_{i,1}$ 表示了第 i 个行业的市场风险因子的贝塔系数；$R_{e,t-1}$④为 t-1 时期的国际能源价格变化率，$\beta_{i,2}$ 表示了第 i 个行业的能源价格风险因子的贝塔系数；$\sigma_{i,t}$ 为引入均值方程的条件方差形式，$u_{i,t}$ 为道中/道沪/道深指数或第 i 个行业的股指收益率的误差项。

---

① 在对均值方程进行 ARCH - LM 和 F 检验后，发现残差序列存在条件异方差效应，而选择 GARCH（1，1）-M 则可以消除异方差效应。

② 也可以将其中的 δ_t^2 换成 δ_t 或者 $\ln(\delta_t^2)$。

③ 即 t 时期的道中指数收益率。在考察国际能源价格波动对道中、道沪、道深指数的影响时，模型中不包含 $R_{0,t}$ 变量。

④ 经过多次尝试，同期国际能源价格变化率对各指数的影响不显著，而滞后一期的能源价格变化率则可以显著地影响相应指数。

三、实证检验

为了检验数据是否满足数理模型的假设条件，避免伪回归现象的出现，本文对各指数波动率和收益率进行单位根检验。检验结果表明，各时间序列都在1%的水平上拒绝存在单位根的原假设，即各指数序列都是平稳的，可以进行接下来的数量模型分析。

1. 国际能源价格波动对中国股市的整体影响

将国际能源价格作为影响中国股市整体变动的一个因子，利用 EViews6.0 计算 GARCH（1，1）－M 模型的各参数值。计算结果表明，GARCH（1，1）－M 模型中均值方程的国际能源价格对应的参数值不显著，并且模型调整后的拟合度$\overline{R^2}$仅为0.0043。同时，对国际能源价格波动率和道中指数收益率时间序列进行 Granger 因果关系检验，选取滞后期1~15期，都未发现两者之间存在显著的单向或双向影响关系。最后，考察国际能源价格波动率和道中指数收益率的相关系数，分析结果显示，两者之间的相关系数仅为0.0667。

从以上各视角的分析可以得到结论：国际能源价格波动对中国股市整体的影响不显著，中国股市整体上对国际能源价格波动的冲击不能做出响应。对于一个有效的股票市场，国际能源价格波动应该在股票收益中得到体现。那么，研究结论也就意味着支持“中国股票市场是一个非有效的市场”。为什么会出现这种情况呢？经过详细考察和深入分析，笔者认为以下因素或许可以说明一些问题：

第一，中国能源消费结构和能源消费对外依存度。中国的能源消费由煤炭、石油、天然气及水电、核电、风电几部分构成。1978~2009年，煤炭占中国能源消费的平均比重为72%，石油的平均占比为19.5%，天然气的平均占比为2.5%，水电、核电、风电的平均占比为6%。从这些数据可以看出，中国的能源消费以煤炭为主，其他能源占的比例总体较低。《中国统计年鉴》（2010）显示，1995年以来，中国煤炭每年的进口量小于出口量，煤炭消费完全可以实现自给；而石油每年的进口量则远远大于出口量，石油进口量与出口量的比例在2008年已达到781%，石油消费对外依存度较高。然而，尽管中国石油进口量在逐步增加，但其在中国能源消费占比较低，而能源消费中占比最大的煤炭则基本不受国际价格的影响，在两种力量的对比作用下，其结果便是国际能源价格波动对中国经济进而对中国股市整体的影响不显著。

第二，中国股市的成熟程度。与国外成熟的股票市场相比，中国股市起步时间较晚，在技术、规则、信息等多方面还不规范，导致中国股票市场的透明性较差。同时，从中国证券市场成立之初，中国股市的波动就与政府的政策紧密相关。这种“政府推动型”股市整体上更多地受到国内因素的影响，而受国际因素的影响较小。

第三，中国股市的投机特征。从中国股市的换手率数据可以发现，中国上证A股的换手率远远高于纽约证交所的股票换手率。在2004~2007年间，上海交易所A股换手率的均值为523%，而纽约证交所的股票换手率仅为114%。较高的换手率伴随的是较短的投资期限，目前在中国股市中秉承长线投资理念的投资者很少，股票投资主要以短线投资为主。较高的换手率和较短的投资期限表明了中国股市具有明显的投机性，股价变动情况很大程度上并不能反映经济基本面的变化。那么，国际能源价格波动对中国股市整体影响较小的实证分析结论也就不足为奇了。

第四，中国能源价格形成机制的特殊性也是应该考虑的一个因素。在中国，全面反映市场供需的能源价格机制尚未形成，行政干预和企业垄断同时存在，导致中国能源价格受国际能源价格的影响十分有限。

2. 国际能源价格波动对沪、深股市的影响

将国际能源价格作为影响沪深分市场的一个因子，利用单因子模型进行实证检验，分析国际能源价格对沪、深市场影响的程度和差异，实证结果如表2所示。从均值方程来看，国际能源价格波动对沪、深股市的影响都是显著的；从方差方程来看，国际能源价格波动使得沪、深股市收益率的波动增强①。但是，无论从均值方程分析，还是从方差方程考察，都可以发现国际能源价格波动对沪市收益率的影响大于对深市收益率的影响。从均值方程来看，沪市的国际能源价格因子系数（0.0317）大于深市的0.0297；从方差方程来看，沪市的系数$\gamma_{i,2}$（0.0487）大于深市的0.0469。

表2　国际能源价格波动对沪深股市分市场的影响

模型结果 / 市场	均值方程			方差方程			
	$\beta_{i,0}$	$\beta_{i,2}$	$\beta_{i,3}$	$\gamma_{i,0}$	$\gamma_{i,1}$	$\gamma_{i,2}$	$\gamma_{i,3}$
上海股市	-0.2129	0.0317**	0.1494	0.0376	0.0631	0.0487	0.9049
深圳股市	-0.2267	0.0297**	0.1570	0.0414	0.0704	0.0469	0.8984

注：系数$\beta_{i,2}$后的符号**分别表示在5%的显著性水平下拒绝原假设。

基于这种结论，笔者对国际能源价格影响沪、深市场的差异特征进行详细考察。在分析过程中，本文选取了与国际能源联系最为密切的采掘、水电煤气、石化塑胶3个行业，考察沪、深市场中这3个行业发行股本占市场总发行股本的比重、各行业流通股的占比情况、月度换手率等指标，并进行了比较分析，考察结果如表3所示。

① 虚拟变量系数$\gamma_{i,2}$大于0。

表3　沪、深股票市场流通和交易情况

单位:%

行业 \ 指标	深市			沪市		
	占总发行股本的比例	流通股本占发行股本的比例	月度换手率	占总发行股本的比例	流通股本占发行股本的比例	月度换手率
采掘业	2.19	74.06	27.54	14.20	94.96	3.64
水电煤气	3.78	86.16	12.73	4.31	67.12	12.93
石化塑胶	9.61	69.16	28.34	1.98	74.14	30.72
简单均值	5.19	76.46	22.87	6.83	78.74	15.76
加权均值	—	73.97	23.82	—	87.09	7.37
市场整体情况	—	69.47	26.28	—	73.99	10.78

注：数据来源于上海证券交易所2011年2月份月报和深圳证券交易所2011年2月份月报。

（1）发行股本占市场总发行股本比重差异分析。从采掘业、水电煤气行业发行股本在总股本中的占比来看，沪市的比重都要高于深市的比重。尽管沪市石化塑胶行业的占比小于深市的占比，但从整体来看，沪市采掘业、水电煤气、石化塑胶3行业总股本占市场发行总股本的比重要高于深市的比重。沪市中与能源联系密切的股本比重较高，成为沪市对国际能源价格波动的反应强于深市的一个直接原因。

（2）流通股本占发行股本比重差异分析。由于历史原因，中国股市的股票可以分为流通股和非流通股，在事实上形成股权分置的格局。非流通股包括国家股、国有法人股、发起人认购股等，这类股票不能在交易市场自由买卖，也不能纳入股票指数。那么，考察相关行业流通股本占总股本的比重，可以在一定程度上解释股票市场对于国际能源价格波动反应的差异性。深市采掘业、水电煤气、石化塑胶3行业的流通股占比的简单均值（76.46%）低于沪市的78.74%；就加权均值而言，深市流通股的占比更是低于沪市的比重，深市流通股占比低于沪市占比的比例高达17.74%。和市场整体水平相比，深市采掘业、水电煤气、石化塑胶3行业的流通股占比的加权均值低于沪市整体水平，沪市3行业的占比则高于沪市整体水平。深市相关行业流通股占比低于沪市以及与沪市整体水平相比的“一低一高”，构成了深市对国际能源价格波动反应弱于沪市的又一原因。

（3）换手率差异分析。考察行业或市场换手率，可以分析某行业或市场投资者的理性程度。如果换手率持续较高，说明投资者买卖股票较少考虑基本面，主要是基于技术分析或者说投机成分较多，进行长期投资的相对较少。如果换手率较低，说明投资者注重长期投资，在进行投资决策时慎重考虑了基本面。从表3可知，深市采掘业、水电煤气、石化塑胶3行业2011年2月份月度换手率的简单均值（22.87%）高于沪市的15.76%；深市的加权均值更是远远高于沪市的加权均值。深市换手率较高、较少考虑基本面的特征，在一定程度上可以解释国际能源价格波动对深市影响相对较小的结论。

3. 国际能源价格波动对各行业的影响

由于各行业对能源需求和消耗特点的不同，它们对国际能源价格波动的响应就会有所差异，对波动响应的敏感度也不同。表4显示了国际能源价格波动对中国股市各行业的影响及差异特征。

表4 国际能源价格波动对中国股市各行业的影响

模型结果 / 行业	均值方程			方差方程			
	$\beta_{i,1}$	$\beta_{i,2}$	$\beta_{i,3}$	$\gamma_{i,0}$	$\gamma_{i,1}$	$\gamma_{i,2}$	$\gamma_{i,3}$
汽车和零件	0.9330	−0.0168*	0.0408	0.0018	0.0425	−0.0104	0.9641
化工制品	0.9506	0.0176***	0.0397	0.0049	0.117	−0.0522	0.9086
建筑和材料	1.0022	−0.0098**	—	0.0004	0.0483	−0.0152	0.9616
金融	1.0330	—	—	0.0107	0.0768	—	0.9168
食品和饮料	0.7945	−0.0141**	0.0507	0.0024	0.093	−0.0323	0.9256
卫生保健	0.8819	—	0.0379	0.0186	0.1922	−0.0295	0.8275
工业用品和服务	0.9584	—	—	0.0095	0.1204	—	0.8731
石油和天然气	0.9289	0.0403***	0	0.0105	0.064	0.0646	0.9131
个人和家庭用品	0.9981	−0.0105*	—	0.0051	0.0372	0.0474	0.9378
公共事业	0.9041	—	—	0.0064	0.8189	—	0.9136
基础资源	0.9734	0.0237***	—	0.0051	0.0895	−0.0204	0.9211
零售	0.9838	—	—	0.0037	0.0533	—	0.9443
科技	1.0571	—	—	0.0243	0.0683	—	0.9127
旅游和休闲	1.0442	—	—	0.0034	0.0646	—	0.9345

注：①根据模型结果，均值方程中的常数项在统计意义上均不显著，故未在表中反映。②系数 $\beta_{i,2}$ 后的符号"*"、"**"、"***"分别表示在10%、5%和1%的显著性水平下拒绝原假设。③其他系数后代表显著性水平的符号不在表格中显示，统一规定为：凡是系数后有具体数值的，其显著性水平均不高于10%；没有数值的"—"则表示该系数不显著。

（1）市场风险贝塔系数分析。从均值方程回归结果可知，对于每一个行业，市场风险因子系数 $\beta_{i,1}$ 都是显著的，并且均为正数。实证分析结论意味着，市场收益率的波动对于各行业收益率的影响是显著的，且这种影响是正向的，市场收益风险越大，行业收益率越高，这和资产定价理论也是相符的。在14个行业中，建筑和材料、金融、科技、旅游和休闲行业的市场风险系数显著地大于1，其他10个行业的系数均小于1。在大于1的4个行业中，科技行业的市场风险因子系数最大，在小于1的10个行业中，食品和饮料行业的市场因子系数最小。这种结果表明，建筑和材料、金融、科技、旅游和休闲行业的股票收益率风险显著地高于市场整体风险，尤其是科技行业的股票收益风险最高；而个人和家庭用品、零售、基础资源等10个行业的股票收益风险则低于市场整体风险。

科技行业包括向其他公司提供信息技术相关咨询服务的计算机服务公司；提供互联网相关服务的公司；家庭或办公用电脑软件的出版商和分销商；电脑、服务器、主机、工作站和其他诸如大容量存储驱动器、鼠标、键盘和打印机等电脑硬件和子系统的制造商和分销商；半导体和其他集成芯片的制造商和分销商；高科技通信产品的制造商和分销商。从科技行业的构成部分可以发现，一方面，科技行业为其他行业提供生产投入要素；另一方面，科技行业也包括了高新科技在内的若干产业。作为生产投入要素，它在很大程度上要受市场整体风险的影响；作为高新科技行业，它承受的收益风险则要远远高于市场整体风险。那么，科技行业的股票收益风险显著地高于市场整体风险的实证分析结论也就不难理解了。

食品和饮料行业则包括了酿造业、酒业、软饮料业；从事农作物种植或畜牧养殖、渔业或拥有非烟草种植园的公司；从事肉类加工、快餐、水果、蔬菜、乳制品和冷冻水产品生产的食品生产企业。食品和饮料作为消费者生产生活中的必需品，其需求弹性系数较小，主要受人口因素的影响。因此，食品和饮料行业的股票收益风险显著地小于市场风险的结论是合理的。

（2）国际能源风险系数分析。从国际能源价格因子的系数 $\beta_{i,2}$ 来看，汽车和零件、个人和家庭用品行业的国际能源价格因子在 10% 的显著性水平下是显著的；建筑和材料、食品和饮料行业的国际能源价格因子系数在 5% 的显著性水平下是显著的；化工制品、石油和天然气、基础资源行业的国际能源价格因子在 1% 的显著性水平下是显著的；其余 7 个行业的国际能源价格因子系数都是不显著的。在国际能源价格因子系数具有统计显著性的 7 个行业中，食品和饮料、建筑和材料、汽车和零件、个人和家庭用品行业的能源价格因子系数小于 0，说明国际能源价格波动对这 4 个行业的影响是反向的；而化工制品、石油和天然气、基础资源行业的能源价格因子系数大于 0，表明国际能源价格波动对这 3 个行业的影响是同向的。

汽车和零件行业包括摩托车、轿车、运动型多功能汽车和轻型卡车等多种汽车及其零件的制造和销售。国际能源价格对该行业的影响就是通过对其行业产品的需求而产生作用的。由于能源尤其是石油和汽车属于互补商品，能源价格的上升会抑制汽车行业的需求，从而影响汽车和零件行业的生产和销售。因此，国际能源价格波动给该行业带来的影响是反向的。对于个人和家庭用品、食品和饮料、建筑和材料 3 个行业而言，它们有个明显的共同点，就是在生产或建设过程中都要消耗大量的能源，国际能源价格上升会直接增加其生产成本。那么，国际能源价格上升导致 3 行业股票收益率下降也就理所当然了。

根据金洪飞、金荦（2010）的分析，在石油天然气行业和基础资源行业中，一方面，由于两个行业中都包含构成能源的部分要素，能源价格的上升会增加两行业的收益，从而使得其股票收益率提高。另一方面，资源行业中的采矿业和有色金属工业要消耗大量的能源，能源价格的上升会压缩其利润空间，从而降低其股票收益率。而对于石油天然气行业和化工制品行业中将能源作为投入要素进行加工的下游企业，尽管能源价格的上升会给其带来不利影响，但是这些企业可以把能源价格上涨的负担转嫁给能源消费企业，从而将不利影响控制在最小范围内。那么，石油天然气行业、基础资源行业和化工制品行业对国际能源价格波动的整体反应取决于这种同向、反向两力量的对比。本文的实证结果则明确了国际能源价格波动对3行业的最终影响情况：能源价格上升带来的收益增加大于成本增加，从而使国际能源价格波动的影响是同向的。

对于金融、卫生保健、工业用品和服务、公共事业、零售、科技、旅游休闲7个行业，其国际能源价格因子系数不显著，国际能源价格波动对这些行业股票收益率的影响不显著。其中，金融、科技、旅游休闲行业主要受宏观经济进而受市场整体风险的影响。工业用品和服务行业中，工业运输企业、工业产品和工业机械产品的生产都需要消耗大量的能源，工业用品和服务行业会受国际能源价格波动的直接影响。公共事业、卫生保健、零售行业也都要消耗一定的能源，从理论上分析，也应或多或少地受到国际能源价格波动的影响。但是，实证分析结果并没有显示国际能源价格波动对这4个行业的股票收益有显著影响。中国股市投资者未充分考虑国际能源价格对这些行业的影响、该行业股票收益率未完全反映行业基本面，或许可以解释实证分析结论。

（3）行业波动特征分析。从均值方程来看，汽车和零件、化工制品、食品和饮料行业的股票收益率除了受市场风险因子和国际能源价格因子影响外，还受本行业自身波动的影响。而卫生保健行业的股票收益率则主要受市场风险因子和自身波动的影响，这从另一个角度说明了该行业受国际能源价格影响不显著的原因。除了汽车和零件、化工制品、食品和饮料、卫生保健4个行业外，其他的10个行业的股票收益率并没有表现出自身波动的风险溢价。

从方差方程来看，汽车和零件、化工制品、建筑和材料、食品和饮料、卫生保健、石油和天然气、个人和家庭用品、基础资源8个行业的股票收益率波动对国际能源价格波动的反应存在显著的非对称性①。其中，国际能源价格波动对石油和天然气、个人和家庭用品两行业的非对称性影响②表现为：利空消息会引起两行业股票收益率更大的波动，从而导致两行业股票收益率的波动整体上增大。国际能源价格波动对汽车和零件、化工制品、建筑和材料、食品和饮料、卫生保健、基础资源6个行业的非对称性影响③表现为：利空消息会造成这些行业股票收益率较小的波动，从而使得这6个行业股票收益率的波动整体上减小。

四、结论及启示

本文以2001年1月2日~2010年12月31日的日数据为样本，从中国整体股市—沪

① 即存在杠杆效应：国际能源价格的利空和利好消息对行业股票收益率波动的影响不对称。

② 系数 $\gamma_{i,2}$ 显著地大于0。

③ 系数 $\gamma_{i,2}$ 显著地小于0。

深分市场股指—分行业股指三个层次，研究了国际能源价格波动对中国股票市场的影响，得到如下结论：

第一，2001 年以来，国际能源价格波动率、市场股指收益率、行业股指收益率都有不同程度的提高；除了公共事业行业以外，其他指标收益率或价格波动率上涨的月份多于下跌的月份。这表明，无论国际能源价格波动对中国股市的影响显著与否，我国股市都是适合长期投资的，尽管有些行业的股票收益率波动较大。选取合适的行业进行长期投资，无须进行频繁的股票买卖，从而降低换手率，降低交易成本，或许是我国投资者应有的选择。

第二，国际能源价格波动对中国股市的整体影响不显著，中国股市整体上对国际能源价格波动的冲击无法做出响应。但是，国际能源价格波动对沪、深分市场股指的影响是显著的，并且对沪市收益率的影响大于对深市收益率的影响。从行业层面来看，国际能源价格波动对化工制品、石油和天然气、基础资源、建筑和材料、食品和饮料、汽车和零件、个人和家庭用品 7 行业股指收益率的影响是显著的。其中，国际能源价格波动对汽车和零件、食品和饮料、建筑和材料、个人和家庭用品 4 个行业的影响是反向的，对化工制品、石油和天然气、基础资源 3 个行业的影响是正向的。而对于金融、卫生保健、工业用品和服务、公共事业、零售、科技、旅游休闲 7 个行业，国际能源价格波动对其股票收益率的影响不显著。

第三，市场收益率的波动对各行业收益率都存在正向影响，市场收益风险越大，行业收益率越高。其中，科技、建筑和材料、金融、旅游和休闲行业的股票收益率风险显著地高于市场整体风险；食品和饮料、个人和家庭用品、零售、基础资源等 10 个行业的股票收益风险则低于市场整体风险。除了受市场风险和国际能源价格的影响外，汽车和零件、化工制品、食品和饮料、卫生保健 4 个行业的股指收益率还受自身波动的影响，自身波动越大，股指收益率越高，表现出自身波动的风险溢价。此外，汽车和零件、化工制品、建筑和材料、食品和饮料、卫生保健、石油和天然气、个人和家庭用品、基础资源 8 行业的股票收益率波动对国际能源价格波动的反应存在杠杆效应。

基于以上结论，笔者对本文所涉及的几个问题进行了深入思考，得到了以下几点启示：

第一，国际能源价格指数可以作为中国股市化工制品、石油和天然气、基础资源等行业股票收益率变动的先行指标。在当前宏观经济环境下，投资者可以参考道琼斯—瑞银指数中能源指数的波动情况，结合上市公司股票收益率与该行业收益率的相关性，根据对上市公司的财务指标、经营指标等基本面的综合分析，进行投资决策。具体来看，在进行长期视角下的战略资产配置或战术资产配置中对行业大类资产进行调整决策时，可以根据道琼斯—瑞银能源指数的走向进行选择。比如，由于国际能源价格波动会造成中国石油和天然气行业股票收益率的同向波动，当国际能源价格在一段时期内持续走高时，投资者就可以做多石油和天然气行业，力求在长期内获取较高收益。而在进行短期战术资产配置时，道琼斯—瑞银能源指数的先行指示作用更为明显①。以中国石油和天然气行业的上市公司A为例，在宏观经济环境没有发生重大变化的前提下，并且该公司的股票收益率与其所处行业的收益率历史表现相关度较高，如果道琼斯—瑞银能源指数持续走高，投资者就可以在不违背A公司基本面的情况下尽快买入其股票。

第二，投资者还应注意的是，总体来看，国际能源价格波动对中国股市的影响有限，影响力度并没有现实中传播的或预期的那么大。在国际能源价格波动较大时，投资者可以调整行业或产品的投资组合比例，但无须“谈能源色变”、过度反应，采取过激的投资操作。之所以强调这一点，原因在于，当前相当数量的股评、投资顾问和券商研究人员撰文分析股价波动原因或进行所谓的预测、荐股时，都无一不将国际能源价格当成影响股价变动的重要因素，无一不把国际能源价格变化的“风吹草动”作为股价变动的重要推手，似乎只有这样才能彰显其国际视野、表现其高超水平。然而事实胜于雄辩，正如本文的实证结果所表明，由于中国能源消费对外依存度较低、中国股市弱势有效的固有特征、特殊的能源价格形成机制以及宏观经济复杂的交互影响作用，国际能源价格波动对中国股市、沪深分市场和各行业的影响呈现出很大的差异，有些行业股票收益率根本不受国际能源价格波动的影响，有些行业股票收益率对国际能源价格波动的响应十分有限。因此，投资者应客观对待国际能源价格波动，理性进行投资决策。

第三，为了与国际股票市场接轨，加强和国际股票市场的联系，实现全球内的资源优化配置，必须继续推进中国股票市场改革。一方面要加快股权分置改革的步伐；另一方面要建立充分的信息披露制度、有力的监管体系和完善的法律制度，规范市场参与者的投资行为。同时，伴随着中国股票市场的逐步成熟，无论是机构投资者，还是散户投资者，都应有科学的股票投资理念：注重长期投资，淡化短期投机。正如实证结论所揭示的，各行业都显著地受市场平均收益的影响。从长期来看，在激烈的竞争压力下，各行业都在进行产品创新、生产工艺创新、经营管理创新等多方面的企业创新，以此增加企业利润和市场收益，进而提高股票收益率。长期投资可以受益于宏观经济的发展、行业的景气及企业利润的增加。而短期投机行为，不仅增加投资成本，而且会加大投资风险。因此，从市场稳定和风险偏好的角度考虑，转变投资理念是很必要的。

第四，尽管从目前来看，中国对国外能源依存度并不高。但出于对中国工业化进程快速推进、煤炭资源供给有限、生化能源匮乏枯竭等动态情况和长期形势的考量，出于对国家经济发展战略、国家能源安全的考虑，中国应积极采取措施降低对国际能源的依赖程度。在倡导能源节约意识、提高能源利用效率的同时，必须从投资项目审批、信贷投向控制、财税政策调节等各环节优化能源消费结构，大力支持水电、核电、风电、地热等新型能源的发展，逐步减少对煤炭、石油和天然气的消费。

① 由前文实证结果可知，中国各行业股票收益率波动对国际石油价格波动的响应仅仅滞后一期。

参考文献

[1] 金洪飞，金荦．国际石油价格对中国股票市场的影响［J］．金融研究，2010（2）．

[2] 金洪飞，金荦．石油价格与股票市场的溢出效应［J］．金融研究，2008（2）．

[3] 李涛，郭杰．风险态度与股票投资［J］．经济研究，2009（2）．

[4] 郭菊娥，柴建，吕振东．中国能源需求影响因素及其影响机理分析［J］．管理学报，2008（5）．

[5] 曾胜，黄登仕．中国能源消费、经济增长与能源效率——基于1980～2007年的实证分析［J］．数量经济技术经济研究，2009（8）．

[6] 蔡旭娜，赖川波．区域经济增长与能源消费关系的实证检验——基于中国八大经济区域的面板数据［J］．统计与决策，2010（11）．

[7] 庞晓波，刘刚，何彬，李晓东．国际石油价格对中国宏观经济的影响［J］．社会科学战线，2008（7）．

[8] 高岩，周德群，刘晨琛．基于指数型弱化缓冲算子的能源需求预测［J］．管理学报，2010（8）．

[9] 徐盈之，管建伟．中国区域能源效率趋同性研究：基于空间经济学视角［J］．财经研究，2011（1）．

[10] 李小月，卢锟．国际能源价格变动对中国能源价格机制形成的影响［J］．中国矿业，2008（1）．

[11] 国涓，郭崇慧，凌煜．中国工业部门能源反弹效应研究［J］．数量经济技术经济研究，2010（11）．

[12] 李俊．基础能源品价改潮来袭——水、电、天然气价改研究［J］．资本市场，2010（1）．

[13] 丁宪浩．国际能源价格走势及其对中国经济的影响［J］．新金融，2009（11）．

[14] 张小军，石明明．基于误差修正机制的能源价格联动性研究［J］．中国物价，2009（11）．

[15] 朱轩彤．国际能源格局发展新趋势［J］．中国能源，2011（1）．

[16] 王震．金融危机后的国际能源格局及其对我国的影响［J］．世界经济研究，2010（11）．

[17] Chen，Nai－Fu，Richard Roll，Stephen A Ross. Economic forces and the stock market. Journal of Business，1986（59）．

[18] Kaneko，Takashi，Bong－soo Lee. Relative importance of economic factors in the US and japanese stock market. Journal of the Japanese and International Economic，1995（9）．

[19] AL－Mudhaf，Anwar，Thomas H. Goodwin. Oil shock and stocks：Evidence from the 1970s. Applied Economics，1993（25）．

[20] Faff, Robert W. Timothy J. Brailsford. Oil price risk and the australian stock market. Journal of Business, 1999 (59)

Effect of Chinese Stock Market to the Volatility of International Energy—Based on Empirical Econometric Model

Guo Guofeng[1] Zheng Zhao－feng[2]

(1. Business School of Zhengzhou University, Zhengzhou 450001, China;
2. Puyang Central Sub－branch of PBC, Puyang 457000, China)

Abstract: From three perspective of Chinese overall stock market, Shanghai and Shenzhen stock market, the subindex of 14 Chinese industries, the author analyze the effect of Chinese stock market to the volatility of international energy, employing the GARCH (1, 1) －M model. The results show that international energy can't impact Chinese overall stock market. But it can influence the submarket of Shanghai and Shenzhen significantly. Additionally, the effect to Shanghai stock market is greater than that to Shenzhen. As for the subindex of industries, the volatility of international energy can impact the return of chemical products industry, oil&gas industry, basic resources industry, construction&materials industry, food&beverage industry, automotive&parts industry, personal&household goods industry significantly. However, there is no evidence to prove the international energy price can impact other industries.

Key Words: the Price of International Energy; the Stock Market; Econometric Test

经济增长、能源消费与二氧化碳排放的动态关系研究*

杨子晖
（中山大学岭南学院 510275）

【摘要】本文首次采用最新发展的“有向无环图”技术方法，对中国“经济增长”、“能源消费”与“二氧化碳排放”的动态关系展开深入研究，并结合递归分析方法，考察“增长—能源—排放”关系随时间的演变轨迹。研究结果表明，“能源消费”与“碳排放”是支撑中国“经济增长”的重要因素，现阶段任何大规模“节能减排”的措施都将不可避免地对经济增长产生较大影响。本文发现，中国存在着由“经济增长”⇒“能源消费”⇒“二氧化碳排放”的关系链，随着经济的发展，二氧化碳排放将进一步增加，中国将面临更加严峻的生态环境问题。“能源消费”与“碳排放”是十多亿人口生存、生活、发展的客观需要。不顾中国“人口规模庞大”等基本国情，一味地要求中国等发展中国家承担与发达国家相同的减排责任，将可能延缓乃至阻碍“低碳经济”在欠发达国家（地区）乃至全球的发展进程。

【关键词】有向无环图；能源消费；二氧化碳排放

一、引　言

随着人类经济的不断发展以及能源消费的不断增加，温室气体排放加剧所引发的“全球气候变暖”、“生态系统恶化”等问题正严重威胁着人类的生存与发展。根据联合国政府间气候变化专门委员会（IPCC）2007 年的评估报告，如果全球平均温度比 1980～1999 年升高 1.5℃～2.5℃，将提升 20%～30% 的被评估动植物物种灭绝的风险，如果全球平均温度升高超过约 3.5℃，全球将出现大量物种灭绝（占被评估物种的 40%～70%）。正因如此，近 20 年来国际社会先后召开了“里约会议”、“京都会议”、“哥本哈根会议”等多次全球性会议，试图找出协调世界各国经济增长、能源消费与温室气体排放的利益平衡点。

* 本文选自《世界经济》2011 年第 6 期。
作者简介：杨子晖：中山大学岭南学院。

与此同时，中国经济的持续发展以及能源消费的快速增长导致了二氧化碳排放量的急剧增加（见图1），其中二氧化碳排放总量已经从1978年的14.8亿吨攀升至2005年的55.5亿吨，增幅接近300%，使中国一跃成为世界第二大能源消费国家和第二大碳排放国家。依据中国政府2007年首次发布的《中国应对气候变化国家方案》，中国近百年来平均气温升高了0.5℃~0.8℃，略高于同期全球增温的平均值，而且科学家断定，中国未来仍将呈现显著变暖的态势，预计2020年中国年平均气温将比2000年升高1.3℃~2.1℃。伴随着气候变暖，中国沿海海平面在近50年来以每年2.5毫米的平均速率上升，干旱、洪水等极端天气也更加频繁地出现。在目前全球气候加速变暖的严峻形势下，国际社会要求中国“节能减排”的呼声日益高涨，外国官员甚至提出中国应当承担与发达国家同样的减排义务①。由此可见，如何协调“经济增长”、“能源消费”以及“二氧化碳排放”三者的矛盾与冲突已成为当前中国政策当局面临的重大挑战，在此背景下，现阶段对中国“经济增长”、“能源消费”与“二氧化碳排放”的关系展开深入研究显然具有重要的学术价值与现实意义，它将为政策当局对未来能源和环境经济政策的选择与安排提供理论分析与经验检验的参考依据。

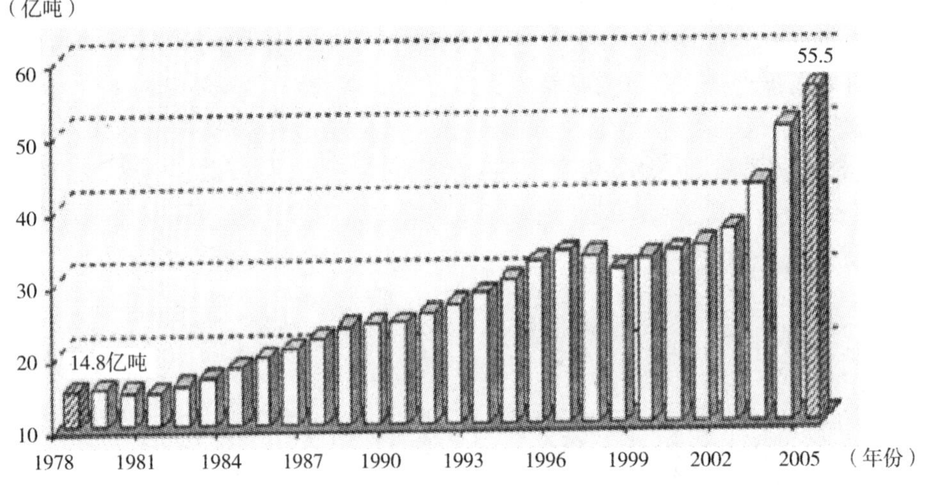

图1　1978~2005年中国二氧化碳排放总量

数据来源：世界银行2009年的《世界发展指标》。

---

① 在哥本哈根气候变化大会，美国代表斯特恩提出中国应当承担与发达国家同样的减排义务，而中国外交部副部长何亚非对此给予了反驳，并强调中国不能接受任何强制性的减排承诺（详见2009年12月12日news.cctv.com的相关报道）。此外，此次会议上，其他一些发达国家也抛出了要求发展中国家在2012年后承担与发达国家相同的减排责任的提议。

二、文献综述

“增长—能源—排放”关系的研究文献主要可分为两类：第一类是对“经济增长”与“二氧化碳排放”之间的关系进行研究。具体而言，此类研究主要考察“经济增长”与“二氧化碳排放”两者的关系是否遵循“环境库兹涅茨曲线假说”（Environmental Kuznets Curve，EKC）。依据“EKC”我们可知，在经济发展的初始阶段，二氧化碳等污染物排放量将随着经济的增长而增加，而当经济增长达到某个门槛水平之后，二氧化碳等污染物排放量将随着经济的增长而下降。在现有的文献中，“EKC 假说”常常被看作是一个“有待检验的现象”（Coondoo 和 Dinda，2002；Stern，2004），自从 Grossman 和 Krueger（1991）首次对其进行分析之后，围绕着“EKC 假说”是否成立，学术界展开了深入的研究，并由此涌现出大量的文献。

最新的研究表明基于“EKC 假说”对“经济增长”与“二氧化碳排放”的关系进行研究可能存在着较大的局限性。这是因为现有的 EKC 模型常常把经济增长变量当成外生变量，进而忽略了经济增长变量与环境污染变量可能存在相互作用的反馈机制（Stern，2004；Zhang 和 Cheng，2009）；再者，如果二氧化碳是在生产过程中产生的，那么经济增长将滞后于碳排放，因此，假定由“产出”到“污染排放”的单向因果关系也并非十分恰当；而且更重要的是，如果基于“仅存在由‘产出’到‘二氧化碳排放’的单向因果关系”的先验假定展开分析，可能导致我们对两者关系的偏差性理解，进而影响我们对未来能源与环境经济政策的正确选择（Coondoo 和 Dinda，2002；Dinda，2005）。正因如此，近年来采用 Granger 因果检验等现代计量经济学方法对“经济增长”与“二氧化碳排放”的因果关系展开分析的文献正不断涌现，其中代表性的研究如 Coondoo 和 Dinda（2002），他们首次在 Granger 因果检验的框架下对“经济增长”与“二氧化碳排放”的因果关系进行检验；Dinda 和 Coondoo（2006）则在面板协整分析框架下，对 88 个国家在 1960 ~ 1990 年“经济增长”与“二氧化碳排放”的 Granger 因果关系展开深入研究；此外，具代表性的还有 Maddison 和 Rehdanz（2008）等的研究。

第二类文献则是考察“经济增长”与“能源消费”的相互影响关系。“经济增长”与“能源消费”关系紧密，具体来说更多的能源消费能有效地促进经济的发展，而经济的进一步发展所带来的技术改进则可能提高能源利用效率，进而减少能源消费，因此，“经济增长”与“能源消费”之间是否存在因果关系以及相互间的作用方向成为学术界长期关注的问题，而且经验研究结果也常常因为国别以及样本期的不同选择而导致结论不尽相同（Ozturk，2010）。Kraft 和 Kraft（1978）首次采用传统 Granger 因果检验方法，对 1947 ~ 1974 年美国“经济增长”与“能源消费”的关系展开深入研究，分析结果表明存在着由产出到能源消费的单向因果关系；Yu 和 Hwang（1984）采用传统的 Granger 因果检验方法对美国在 1947 ~ 1979 年的“经济增长”与“能源消费”关系进行检验，发现两者并不存在显著的因果关系；Yu 和 Choi（1985）对韩国、菲律宾等 5 个国家进行跨国研究，基于传统 Granger 因果检验方法研究表明，韩国存在着由“经济增长”到“能源消费”因果关系，而菲律宾则存在着由“能源消费”到“经济增长”的因果关系；Yemane（2004）结合 Granger 因果检验方法考察了 1952 ~ 1999 年上海各种工业“能源消费”与产出的相互影响关系，研究发现存在着由煤炭等能源消费到经济增长的单向因果关系；Narayan 和 Smyth（2009）在面板协整框架下考察中东国家电力消费与产出的相互影响关系，研究表明电力消费与产出之间存在着显著的反馈作用关系；最近，Apergis 和 Payne（2010）在面板协整框架下考察了 15 个新兴国家在 1980 ~ 2006 年煤消费与经济增长的动态关系，面板因果检验结果表明无论是长期还是短期，煤消费与经济增长均存在着双向因果关系。

近年来该领域的研究有了进一步的发展，在统一框架下同时考察“经济增长”、“能源消费”与“二氧化碳排放”三者的关系成为了该领域新的研究动态（Halicioglu，2009；Lean 和 Smyth，2010）。Soytas 等（2007）结合 Granger 因果检验、预测方差分解分析等技术方法对美国在 1960 ~ 2004 年经济增长、能源消费与二氧化碳排放的动态关系进行研究，分析表明产出与二氧化碳排放以及产出与能源消费之间并不存在显著的因果关系，但存在着由能源消费到二氧化碳排放的因果关系；Apergis 和 Payne（2009）则采用面板向量误差修正模型考察了 6 个中美国家在 1971 ~ 2004 年产出、能源消费与二氧化碳排放的关系，研究发现长期能源消费与二氧化碳排放存在着双向因果关系；Soytas 和 Sari（2009）采用 Granger 因果检验等技术方法考察土耳其在 1960 ~ 2000 年的经济增长、能源消费与二氧化碳排放的相互影响关系，研究表明存在着由碳排放到能源消费的单向 Granger 因果关系；Ghosh（2010）则在多变量的协整框架下，采用 Granger 因果检验、预测方差分解等技术方法考察印度在 1971 ~ 2006 年经济增长、能源供应与二氧化碳排放等 5 个变量的动态关系；此外，Lean 和 Smyth（2010）采用面板向量误差修正模型对 5 个东盟（ASEAN）成员国在 1980 ~ 2006 年经济增长、电力消费以及二氧化碳排放的关系展开深入研究，分析结果表明在长期存在着由电力消费以及二氧化碳排放到经济增长的单向因果关系。

在关于经济增长与二氧化碳排放、能源消费的关系问题上，中国学者已从不同的角度对其进行了很好的分析与阐述，其中代表性研究包括彭水军和包群（2006）、吴巧生等（2008）、陈诗一（2009、2010）、林伯强与蒋竺均（2009）以及杨子晖（2010）。然而，综观国内外该领域的研究，第一类文献与第二类文献分别是在双变量的框架下，独立考察“经济增长”与“二氧化碳排放”关系或者“经济增长”与“能源消费”关系，这可能导致遗漏变量与模型错误设定问题的产生（Soytas 等，2007；Akbostanci 等，2009；Lean 和 Smyth，2010）；而且，关于各经济变量间的相互影响关系以及作用方向，学术界尚未达成一致结论（Ozturk，2010），因此，对“增长—能源—排放”的关系展开进一步的深入研究显然十分重要，它将为政府当局应对气候变暖的政策抉择提供有益的参考依据（Soytas 和 Sari，2009）；再者，从该领域的研究方法上看，现有的文献通常沿用 Granger 因果检验和预测方差分解方法展开分析，然而传统的 Granger 因果检验可能存在着一定的局限性。

因为 Granger 因果检验是基于"因"、"果"事件发生时间次序的"先后"，从而忽略了变量间的同期因果关系（Hoover，2005；Yang 等，2006a）；其检验结论也常常因滞后阶数的主观选择而产生敏感性的变化（Gujarati，2003）；而且更重要的是，在实际检验过程中，传统的 Granger 因果检验方法过度地关注因果关系在统计意义上的显著性，而忽略了其在经济意义上的显著性（Sims，1972；Abdullah 和 Rangazas，1988）。而传统的方差分解分析方法（如常用的 Choleski 方差分解及 Bernanke 方差分解）虽然考虑了经济变量因果关系的经济显著性，却在正交化（orthogonalize）过程中对扰动项施加了主观判断的关系结构（Bernanke，1986；Swanson 和 Granger，1997；Awokuse，2008），并使得分析结论常常因变量的不同排序或结构关系的不同设定而呈现迥异的变化（Pesaran 和 Shin，1996；Enders，2004；Yang 等，2006b）。有鉴于此，本文尝试在现有研究的基础上做一个有益的补充，采用最新发展的"有向无环图"技术方法，在统一的框架下对"经济增长"、"能源消费"以及"二氧化碳排放"的动态关系展开深入研究，并结合前沿的递归分析方法，考察中国"能源—排放—增长"关系随时间的演变轨迹，在此基础上提出现阶段发展低碳经济的若干启示。

本文余下部分结构安排如下：第三部分结合最新的研究进展，对本文经验分析中所采用的有向无环图等技术方法进行简要说明；第四部分为本文的计量分析；最后是本文的结论。

三、方法和数据说明

（一）最新发展的有向无环图分析方法

Swanson 和 Granger（1997）、Spirtes 等（2000）以及 Pearl（2000）等结合计算机科学和人工智能的相关理论，提出了"有向无环图"（Directed Acyclic Graphs，DAG）分析方法，以对变量之间的同期因果关系进行有效识别。该图论（graph - theoretic）分析方法考察的是变量之间与时间次序无关的因果关系，并为我们正确识别结论向量自回归模型（SVAR）结构关系提供数据驱动（data - driven）的客观依据，从而在很大程度上克服了 Granger 因果检验等传统分析方法的局限性。尽管 DAG 方法本身具有较为明显的经济学应用分析优势，但是在初期并不为经济学家所熟知（Demiralp 和 Hoover，2003；Moneta，2008）。Swanson 和 Granger（1997）首次应用 DAG 方法对向量自回归模型（VAR）系统进行同期因果次序识别。此外，经 Swanson（2002）、Demiralp 和 Hoover（2003）以及 Hoover（2005）等的引进和介绍，DAG 分析方法在近年来得到了经济学界的广泛关注和应用，取得了显著的成效，其中代表性的研究包括 Yang 等（2006a）、Wang 等（2007）、Moneta

(2008)、Awokuse 等 (2009) 以及 Wang (2010)。下面我们对 DAG 方法的基本原理进行简要说明。

"有向无环图"技术是用图形的形式来直观地表示变量间同期因果关系的依赖性和指向性。它是由代表变量的节点以及连接节点"有向边"构成的，其中，存在"有向边"相连的两个节点就意味着变量之间存在着同期因果关系，而没有"有向边"连接的节点则表明两者相互独立。此外，无环图表示图形中不会出现有向回路，即当以某个变量为初始出发点，我们无法依据有向边的指向最终再次回到原始出发点，从而形成有向回路。具体来说，对于任意的两个变量 Y 和 X，可能存在的因果关系有 5 种情形：①"Y→X"，表示当其他变量保持不变，"Y"的变化将直接导致"X"的变化，即存在着由"Y"到"X"的单向因果关系；②"Y↔X"，表示两者存在着双向的因果关系；③"YX"，表示两者为(条件) 独立关系；④"Y—X"，表示两者存在着因果关系，但因果关系的指向尚未明确；⑤"Y←X"则表示存在着由"X"到"Y"的单向因果关系。

假设存在着 X、Y 和 Z 三个变量，变量"Y"是引起"X"发生的原因，同时"Z"也是引起"X"发生的原因，即 Y→X←Z，这样，"Y"和"Z"的无条件相关系数为 0，而当以"X"为条件变量，"Y"和"Z"两者的偏相关系数 (条件相关系数) 则不为 0；类似的，假设变量"X"同时是引起"Y"与"Z"发生的原因，即 Y←X→Z，由于"X"是"Y"和"Z"发生的共同原因，因此，"Y"和"Z"的无条件相关系数不为 0，然而当以"X"为条件变量时，"Y"和"Z"两者的偏相关系数 (条件相关系数) 则为 0；另外，假设变量"Y"是引起"X"发生的原因，而"X"是引起"Z"发生的原因，即 Y→X→Z，那么"Y"和"Z"的无条件相关系数不为 0，而当以"X"为条件变量，"Y"和"Z"两者的偏相关系数 (条件相关系数) 则为 0。

在 DAG 分析过程中，借助 Spirtes 等 (2000) 提出的 PC 算法，我们可对扰动项之间的相关系数与偏相关系数进行分析，并在此基础上对变量之间的同期因果关系进行有效识别。具体来说，PC 算法首先构建了系统变量的"无向完全图" (complete undirect - ed graph)[①]，以表示系统各变量之间可能存在的同期因果关系；接着，该算法从"无向完全图"出发，分析变量间的 (无条件) 相关系数，当相关系数为 0，则将表示因果关系的连线移去；在对所有的 (无条件) 相关系数分析完成后，分析 1 阶偏相关系数、2 阶偏相关系数、3 阶偏相关系数……与无条件相关系数分析相类似，当变量间的偏相关系数为 0，则移去两者之间的连线。对于 N 个变量，这一算法将持续分析到 N - 2 阶的偏相关系数。在实际应用分析中，为了检验偏相关系数是否为 0，与现有大部分研究相一致，我们采用了 Fisher's z 统计检验量 (Spirtes 等，2000)，具体表达形式如下：

$$z\left[\rho(i, j|k)\ n\right] = 1/2\ (n - |k| - 3)^{1/2} \cdot \ln\left\{\left[|1 + \rho(i, j|k)|\right] \cdot \left[|1 - \rho(i, j|k)|\right]^{-1}\right\} \tag{1}$$

① 在"无向完全图"中，系统中各个变量均与其他变量有着无方向的连线，以表示各变量之间可能存在的同期因果关系。

其中，n 是估计相关系数的可观测值数目，ρ（i，j | k）则表示以 k 个变量为条件变量，变量 i 和 j 的偏相关系数；k 则表示条件变量的数目。令 r（i，j | k）为样本偏相关系数，如果变量 i、j 和 k 满足正态分布，z［ρ（i，j | k）n］－z［r（i，j | k）n］则遵从标准正态分布。

在以上相关系数分析的基础上，依据相应的方向判别准则①，并借助“相邻”（adjacent）和“隔离集”（sepset）这两个概念，我们可进一步识别变量间因果关系的方向。

（二）广义预测方差分解分析

为了保证结论的可靠性与稳健性，本文采用广义预测方差分解分析方法（Pesaran 和 Shin，1998）展开进一步的研究。基于该方法的分析结果不会因变量排列次序的不同而发生敏感性的变化，因此，在实际检验中，借助该方法研究者可获得唯一可靠的分析结论（Yang 等，2005；Yang 等，2006b；Elyasiani 等，2007），而且，Dekker 等（2001）通过对比分析表明，广义预测方差分解分析方法比传统的预测方差分解分析方法（如传统的 Choleski 分解）更能提供可靠的分析结论。下面对广义预测方差分解分析方法的基本原理做简要说明。

令误差修正模型（ECM）表达如下：

$$\Delta X_t = \prod X_{t-1} + \sum_{i=1}^{k}\Gamma_i \Delta X_{t-1} + \mu + e_t \quad t=1，\cdots，T \tag{2}$$

其中，X_t 是（n×1）向量单位根过程，Δ 表示一阶差分，μ 是截距向量矩阵，Γ_i（i=1，2，…，）（n×n）系数矩阵，参数矩阵∏包含着 n 个变量长期关系的信息。

在此基础上，我们可把上述关系式进一步表述成为有限移动平均式（infinite moving average process），即：

$$\Delta X_t = \sum_{i=0}^{\infty} A_i \varepsilon_{t-i} \tag{3}$$

其中，t=1，2，…，T。依据 Pesaran 和 Shin（1998）的研究，我们可知向量 X_t 的广义预测方差分解分析式可表述为：

$$\theta_{ij}(n) = \frac{\sigma_{ii}^{-1}\sum_{l=0}^{n}(e_i' A_l \Sigma e_j)^2}{\sum_{l=0}^{n}(e_i' A_l \Sigma A_i^{*} e_i)} \tag{4}$$

其中，i，j=1，2，…，n，σ_{ii}为残差方差—协方差矩阵 Σ 的第 ii 个元素，e_i 表示第 i 个元素为 1，其余元素为 0 的（n×1）向量，n 表示预测期，A_l 为移动平均式的系数。

（三）数据说明

与 Soytas 等（2007）、Soytas 和 Sari（2009）以及 Ghosh（2010）的研究类似，本文在

① 限于篇幅，我们只对 DAG 方法的基本原理做简单说明。关于 DAG 分析的方向判别准则以及其他方面的深入讨论，有兴趣的读者可参阅 Spirtes 等（2000）、Pearl（2000）和杨子晖（2008）的研究。

VAR 的统一框架下对“经济增长”、“能源消费”与“二氧化碳排放”的动态关系展开深入研究，而且与该领域的研究相一致，本文的研究系统包括了 Y、CO_2、EC、POP 以及 INV 五个变量。其中，我们以实际国内生产总值 Y（以 2000 年不变的美元价格衡量）作为“经济增长”的代表变量，以中国因化石燃料的使用以及水泥生产等经济活动所产生的二氧化碳量 CO_2（千吨为单位）作为“二氧化碳排放”的代表变量，EC 表示“能源消费量”（以千吨油当量为单位）。此外，与 Soytas 等（2007）、Zhang 和 Cheng（2009）、Soytas 和 Sari（2009）的研究类似，我们把人口规模 POP 以及实际的固定资产投资形成变量 INV（以 2000 年不变的美元价格衡量）作为研究系统的控制变量。

依据数据的可获得性，本文的样本区间为 1971 ~ 2005 年①，数据均来自世界银行 2009 年的《世界发展指标》，各变量均为年度变量，均采用对数变换的形式。

四、经验检验结果与分析

（一）单位根检验

为了考察变量的单整阶数，本文采用 ADF 方法对各变量进行单位根检验，检验结果列于表 1。由表 1 可知，当我们对各个时间序列的水平值进行检验时，检验结果均表明不能拒绝“存在单位根”的原假设；而当我们对各个时间序列的一阶差分进行检验，检验结果显著地拒绝“存在单位根”的原假设。由此，我们可断定各个时间序列均为非平稳的 I（1）过程。

---

① 基于现有宏观数据的可获得性，本文样本数据的时间跨度并不太长。实际上，这也是国内外该研究领域面临的一个共同的问题，为了克服样本时间跨度相对较小的问题，一部分文献采用面板分析框架展开研究。然而，面板分析的文献集中在跨国（跨区域）的研究，而本文只对中国这一单一国家展开研究，所以面板分析框架并不适用。此外，更重要的是，近年来的研究相继表明，在该研究领域中面板分析框架可能在某些方面存在着一定的局限性，而时间序列分析方法具备其自身的优势，这是因为现有的研究较多采用截面或面板技术进行研究，而较少对单一国家展开分析，只有对单一国家进行研究才更能够为不同的污染排放是否遵循“EKC 假说”提供答案（Akbostanci 等，2009）；而且，与截面分析分析相比，基于单一国家进行研究所得出的结论，能为该国政策当局进行未来的政策抉择提供更为具体而有益的参考依据（Ang，2008）；Lindmark（2002）和 De Bruyn 等（1998）则进一步指出，与截面分析相比，采用时间序列方法对单一国家进行研究将更有助于从动态分析的角度来揭示“经济增长—环境关系”；此外，Jalil 和 Mahmud（2009）同样认为，现在的文献大多采用多个国家的面板框架展开分析，而对单一国家的时间序列分析或许能够提供更好的分析框架，它能够更好地考察外生变量的时序效应。正因如此，尽管面临着样本量较小的这一局限性，但该研究领域使用典型的时间序列分析方法展开研究的文献仍不断涌现，其中代表性的包括 Soytas 等（2007）、Ang（2008）、Jalil 和 Mahmud（2009）、Soytas 和 Sari（2009）以及 Ghosh（2010）等的研究。

表1　单位根检验

变量	ADF 检验	1%临界值	5%临界值	10%临界值
Y	0.864	-3.642	-2.953	-2.615
CO_2	-0.558	-3.675	-2.966	-2.622
EC	-0.025	-3.657	-2.959	-2.618
INV	1.237	-3.675	-2.966	-2.622
POP	-1.270	-3.635	-2.950	-2.613
ΔY	-2.852*	-3.642	-2.953	-2.615
ΔCO_2	-4.045***	-3.675	-2.966	-2.622
ΔEC	-3.994***	-3.657	-2.959	-2.618
ΔINV	-3.782***	-3.657	-2.959	-2.618
ΔPOP	-2.615*	-3.635	-2.950	-2.613

注：变量前加“Δ”表示对变量做一阶差分；检验形式采用只带常数项；检验中的最优滞后阶数根据 AIC 信息准则选择；***、**及*分别表示在1%、5%及10%显著性水平上拒绝存在单位根的原假设。

（二）同期因果关系的有向无环图分析

与 Yang 等（2006a）和 Awokuse 等（2009）的研究相一致，在展开有向无环图分析之前，为了保证模型的正确设定，我们在单位根检验的基础上进一步考察非平稳时间序列之间是否存在着协整关系。在实际检验过程中，本文依据 SC 信息准则选定水平 VAR 的最优滞后阶数，并采用“原序列存在线性趋势，而协整方程只带截距项”的一般形式进行 Johansen 协整检验。迹检验统计量表明在10%的显著水平下，我们无法拒绝“协整向量个数为3”的原假设，因此，各变量之间存在着协整关系，也意味着 ECM 模型（误差修正模型）是刻画各变量关系的正确的模型形式。

通过对 ECM 模型进行正确的估计①，我们可得到以下各变量之间的“扰动相关系数矩阵”（innovation correlation matrix）：

$$
\begin{array}{ccccc} CO_2 & INV & EC & Y & POP \end{array}
$$

$$
corr=\begin{bmatrix} 1 & & & & \\ 0.464 & 1 & & & \\ 0.786 & 0.535 & 1 & & \\ 0.671 & 0.754 & 0.516 & 1 & \\ 0.357 & -0.032 & -0.036 & 0.213 & 1 \end{bmatrix}
$$

我们以“扰动相关系数矩阵”为出发点，对各变量扰动项之间的同期因果关系进行 DAG 分析，DAG 分析的结果也将是我们对 SVAR 进行识别并展开方差分解分析的重要前

① 为了节省空间，这里没有给出完整的估计结果，有兴趣的读者可向笔者索取。

提。首先，我们画出“无向完全图”，如图 2a 所示，各个变量均与其他变量有着无方向的连线，以表示各变量之间可能存在的同期因果关系。与此同时，由于受限于中国宏观变量的时间跨度，本文实际应用分析的样本仅为 35 个观测值，依据 Spirtes 等（2000）对 DAG 方法小样本性质的研究，我们可知当数据样本量较小时（如小于 200 个观察值），DAG 分析存在一定程度的“低估”，因此，“在小样本的情形下，采用较高的显著水平系数（如当样本量小于 100 时，采用 0.2 的显著性水平系数），将有助于改善 DAG 的分析效果（Spirtes 等，2000）”。有鉴于此，与 Awokuse（2005）等研究相类似，在 DAG 分析过程中，我们把显著性水平适当放宽为 20%，以便更清晰地刻画出变量之间同期因果关系的方向；接着，我们运用 TETRAD 软件，利用其已设计好的 PC 算法（algorithm），通过“扰动相关系数矩阵”对各变量之间的无条件相关系数以及偏相关系数（条件相关系数）进行分析，并逐步地把不存在同期因果关系的变量之间的连线移去；我们依据相应的方向判别准则，有效地识别出变量间同期因果关系的指向性①。DAG 的分析结果显示，各变量的同期因果关系及其方向最终明确为图 2b，即对于各变量的扰动项之间，存在着由“产出”（Y）、“投资”（INV）到“能源消费”（EC）的同期因果关系，并且存在着由“人口”（POP）、“投资”（INV）到“二氧化碳排放”（CO_2）的同期因果关系。此外，DAG 分析还显示，存在着由“二氧化碳排放”（CO_2）到“产出”（Y）的同期因果关系。

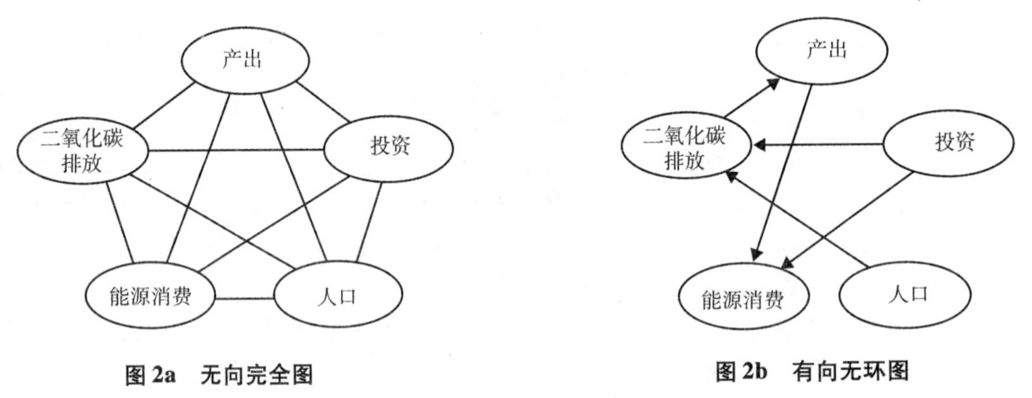

图 2a　无向完全图　　**图 2b　有向无环图**

为了确保 DAG 分析结论的可靠性与合理性，本文结合似然比率检验方法（Sims，1986）对 DAG 分析的结果做进一步的检验。检验结果表明，即对于各变量的扰动项之间，当我们假定存在着由“产出”（Y）、“投资”（INV）到“能源消费”（EC）的同期因果关系、存在着由“人口”、“投资”（INV）到“二氧化碳排放”（CO_2）的同期因果关系，以及存在着由“二氧化碳排放”（CO_2）到“产出”（Y）的同期因果关系，LR 统计检验量所对应的 P 值为 0.37，因此，我们在 10%（以及 5%）的显著水平下无法拒绝“过度

① 限于篇幅，我们不对 DAG 分析过程做细节性报道与技术性描述，有兴趣的读者可向笔者索取关于 DAG 的分析过程的详细报告。

约束是‘真’”的原假设。这就充分地表明，通过 DAG 分析得出的结论是合理有效的。

（三）基于有向无环图的 SVAR 模型识别

在以上分析的基础上，我们以 DAG 分析所得的结论为依据，对 VAR 扰动项进行结构性分解（识别 SVAR），并在此基础上展开方差分解分析，从长短期动态分析的角度考察“经济增长”、“能源消费”、“二氧化碳排放”的相互影响关系。基于“有向无环图”的预测方差分解分析的结果列于表 2。

表 2　基于“有向无环图”（DAG）的预测方差分解

预测期	CO_2	EC	Y	POP	INV
	二氧化碳排放的预测方差分解				
1	22.865	62.585	0.000	14.550	0.000
2	15.948	73.722	1.220	7.742	1.368
3	15.579	74.580	2.768	5.562	1.510
4	16.774	72.172	3.953	5.578	1.524
5	16.419	72.258	3.890	5.966	1.467
6	14.065	75.371	4.016	5.156	1.392
7	12.029	76.194	5.973	4.264	1.541
8	10.978	72.833	8.980	5.305	1.904
9	10.163	67.200	11.351	9.052	2.235
10	9.407	63.422	11.240	13.749	2.182
能源消费的预测方差分解					
1	0.000	100.000	0.000	0.000	0.000
2	0.968	96.061	2.165	0.348	0.458
3	2.515	90.975	4.040	1.394	1.077
4	3.370	86.107	4.954	3.801	1.769
5	3.251	82.529	4.786	7.383	2.050
6	3.535	80.687	4.874	9.148	1.755
7	5.070	78.701	6.678	8.013	1.538
8	6.760	75.207	9.669	6.687	1.678
9	7.570	71.036	12.588	6.879	1.926
10	7.167	69.129	13.478	8.290	1.935
产出的预测方差分解					
1	10.406	28.483	54.490	6.622	0.000

续表

预测期	CO_2	EC	Y	POP	INV
	产出的预测方差分解				
2	10.803	28.248	53.901	6.121	0.928
3	9.059	32.210	53.686	4.401	0.644
4	7.563	37.322	51.267	3.254	0.595
5	6.433	43.190	46.867	2.711	0.799
6	5.635	48.965	41.970	2.572	0.858
7	5.124	53.470	37.897	2.740	0.769
8	4.791	55.958	35.334	3.231	0.686
9	4.502	56.413	34.378	4.064	0.643
10	4.232	55.316	34.723	5.122	0.608

注：该方差分解分析是基于 DAG 分析的结果（即图 2b）

在对“二氧化碳排放”的预测方差分解分析中，我们发现“能源消费”对“二氧化碳排放”有着决定性的影响，其中无论是在短期还是中长期，“能源消费”对“二氧化碳排放”的解释比重基本稳定在 63% ~75%，由此可见，“能源消费”规模是决定“二氧化碳排放”强度至关重要的因素。与此同时，“能源消费”的预测方差分解分析显示，中国“能源消费”除了归因于自身的扰动之外，有很大的程度上可归因于“经济增长”影响，其解释程度在中长期高达 13% 左右。因此，现阶段中国形成了由“经济增长”⇒“能源消费”⇒“二氧化碳排放”的关系链。究其缘由，这是因为中国的经济发展水平较低，能源生产与利用技术水平也较为落后，从而使得现阶段经济增长方式呈现出“粗放式”、“高能耗”、“低能效”的显著特征。官方的相关数据显示①，“2004 年中国 GDP 占全球 GDP 只有 4%，但单位产值能耗却是发达国家的 3 ~4 倍，其中，中国单位 GDP 的能耗是日本的 7 倍、美国的 6 倍，甚至是印度的 2.8 倍”，而且，“中国能源利用效率比国际先进水平约低 10 个百分点，高耗能产品单位能耗比国际先进水平高出 40% 左右”。因此，在“粗放式”、“高能耗”、“低能效”的经济增长方式下，伴随着经济的快速增长，中国的能源消费规模显著攀升，其中，中国能源消费总量已经从 1978 年约 57000 万吨标准煤增加到 2008 年的 285000 万吨标准煤，增幅接近 400%，从而形成了由“经济增长”到“能源消费”的作用机制。而且更重要的是，一直以来中国面临“富煤、贫油、少气”窘境②，能源选择空间相对有限，在中国现阶段资金相对短缺、生产技术较为落后的情况下，经济发展需要大量“廉价”的能源支撑，尽管煤炭能源的使用将导致大量二氧化碳的产生，但因获得性较高、价格低廉使其不可避免地成为中国的首选能源，并使得中国成为世界上少

① 数据来源于中国官方 2007 年发布《中国应对气候变化国家方案》。

② 在中国能源探明储量中，煤炭占 94%，石油占 5.4%，天然气占 0.6%（徐瑞娥，2009）。

数以煤为主要燃料的国家。其中官方的数据显示（见表3），近十年来中国煤炭消费占能源消费总量的平均比重高达68.3%，远高于2005年全球平均27.8%的比重。与其形成鲜明对比的是，中国水电、风电等清洁能源仅占不到8%的比例，远低于OECD国家14%的比重，比世界9.5%平均水平也低了近2个百分点。因此，在现阶段煤炭为主的能源消费结构下，经济增长对能源消费的刚性需求将不可避免地导致二氧化碳排放的持续增加，从而使得中国经济运行呈现出“高增长”、“高能耗”、“高排放”的“三高”特征，并由此形成了“经济增长”⇒“能源消费”⇒“二氧化碳排放”的作用机制。

在能源消费和二氧化碳排放的相互影响关系中，以上研究表明存在着由能源消费到二氧化碳排放的作用关系。然而，二氧化碳排放同样可以反作用于能源消费。由世界银行关于二氧化碳排放的计算口径以及联合国政府间气候变化专门委员会（IPCC）的研究报告，我们可以看出二氧化碳排放主要来源于化石燃料的能源消费，而煤炭则为排放系数最大的化石能源。对于中国这一能源依赖型的发展中国家，在以煤炭为主的能源消费结构短期无法根本扭转的现实情形下，“二氧化碳排放”的约束目标将客观制约着中国“能源消费”的显著增长，进而对经济增长带来冲击与影响，并由此形成了经济发展的能源瓶颈约束。与此同时，从长期来看，“二氧化碳排放”的约束目标也将影响着一次能源消费结构，二氧化碳排放约束越紧（排放量下降），煤炭在一次能源消费结构中的比例将越低，而太阳能等新能源的比例将不断上升（林伯强，2011）。由此可见，加快发展清洁能源、积极调整能源消费结构、提高能源利用效率将成为中国经济发展面临的重要挑战。

表3 能源消费构成

单位：%

年份	1999	2000	2001	2002	2003	2004	2005	2006	2007	2008	平均
中国煤炭	69.1	67.8	66.7	66.3	68.4	68.0	69.1	69.4	69.5	68.7	68.3
中国石油	22.6	23.2	22.9	23.4	22.2	22.3	21.0	20.4	19.7	18.7	21.6
中国天然气	2.1	2.4	2.6	2.6	2.6	2.6	2.8	3.0	3.5	3.8	2.8
中国水电、核电、风能	6.2	6.7	7.9	7.7	6.8	7.1	7.1	7.2	7.3	8.9	7.3
OECD国家清洁能源	14.5	14.4	14.5	14.4	13.9	14.2	14.3	14.5	—	—	14.3
世界清洁能源	9.7	9.7	9.8	9.6	9.3	9.3	9.2	9.2	—	—	9.5

注：依据世界银行的定义，清洁能源为生产过程中不产生二氧化碳的“无碳能源”，主要包括水电、核能、地热能、风能等。“－”表示数据缺失。

数据来源：中国的数据来源于2009年的《中国统计年鉴》，OECD与世界清洁能源占能源消费总量的比重数据来源于世界银行2009年的《世界发展指标》。

中国“二氧化碳排放”的预测方差分解分析也显示，“二氧化碳排放”规模的变动有相当大的比重可归因于“人口规模”的冲击解释，在中长期其解释比重高达14%左右。“能源消费”的预测方差分解分析结果也表明，“能源消费”的变动有较大的比重可由“人口规模”来解释，“人口规模”同样是影响“能源消费”的重要因素。究其原因，首先，中国是世界上人口最多的国家，截至2005年底，中国人口高达13.1亿，约占世界人口总数的1/5。然而，中国城镇化水平低下，2005年城镇人口占全国总人口的比重仅为43%①，低于世界平均水平，而由农村人口向城市人口的转变将导致能源消费的显著上升，因此，随着中国城市化进程的不断推进，快速增加的“城镇人口”将导致“能源消费”与“二氧化碳排放”的大幅增加。其次，现阶段中国经济发展水平仍然较低，工业化、现代化进程远未完成，中国面临着改善民生、发展经济的艰巨任务。世界银行的相关数据显示，2008年中国人均GDP约为1963美元（按照2000年不变美元价格计算），不到美国的1/19，与OECD国家人均29820美元相去甚远，而且也仅为世界人均水平的1/3左右，因此，消除贫困、提高人民生活水平仍为现阶段中国社会经济发展的迫切需要。随着人民生活、居住条件的逐步改善，空调、冰箱、汽车等家庭耐用消费品正逐渐增加，并由此导致家庭能源消费与碳排放呈现快速增长的趋势。再次，中国农村基础设施落后，完善基础设施建设成为提高9亿多农村人口生活水平的必要条件，而大规模基础设施建设将耗费大量钢铁、水泥等高碳材料，这就不可避免地导致“碳排放”的显著增加。最后，“碳排放”本身就是人类生存的基本条件，相关的研究显示，人类日常的一切活动以及食品的消耗都会产生二氧化碳（见表4），其中“人体每人每天通过呼吸大约释放1公斤的二氧化碳”，因此，对于世界第一大人口国家，在二氧化碳的排放总量中有相当一部分是满足十多亿人口生存所需的基本排放。由此可见，“能源消费”与“碳排放”是现阶段中国十多亿人口生存、生活、发展的客观需要，随着中国社会经济发展水平提高以及城镇化进程的进一步加快，庞大的人口基数将不可避免地对“能源消费”与“二氧化碳排放”造成显著的冲击与影响。

表4　人类日常生活中二氧化碳排放量

单位：公斤

	每人每天通过呼吸	大排量汽车行驶2万公里（吨）	生活家用电器的使用每年间接排放量			
			卤素灯泡	电脑	洗衣机	冰箱
二氧化碳排放量	1	2	10.8	10.5	7.75	6.3

注：数据来源于中央政府门户网站（www.gov.cn）《日常生活中二氧化碳是怎样产生的》。

与此同时，中国“二氧化碳排放”的预测方差分解分析还显示，随着时间的推移，“经济增长”对“二氧化碳排放”的影响力度正在逐步凸显，其解释比重在中、长期达到了11%左右。这就充分地表明，“经济增长”除了通过“能源消费”的刚性需求（即使用煤、石油等化石燃料）对“二氧化碳排放”产生间接影响，还通过畜牧业生产、农业生产、土地利用活动、工业生产过程中的冷冻、储存等经济生产活动来对“二氧化碳排放”产生直接的影响。

最后，对“经济增长”的预测方差分解分析结果则表明，“能源消费”对“经济增

① 数据来源于中国官方2007年发布《中国应对气候变化国家方案》。

长”有着决定性的影响，而且“能源消费”对“经济增长”的影响力度正随着时间的推移而不断地凸显，其解释比重从30%至56%不等，这就充分地表明，中国是能源依赖型国家，能源是支撑其经济增长的战略性要素。此外，预测方差分解分析结果还显示，在中、短期“二氧化碳排放”对“经济增长”同样产生较为显著的影响，其解释程度在中、短期高达11%左右。因此，基于“粗放式”、“高能耗”、“低能效”增长方式在短期内无法根本扭转的客观现实，对于中国这一能源依赖型的发展中国家，现阶段任何大规模“节能减排”的措施都将不可避免地对其经济增长产生显著的冲击与影响。

（四）基于有向无环图的动态递归分析

以上的分析是从总体样本的角度对“经济增长”、“能源消费”与“二氧化碳排放”之间的关系进行研究。然而，Coondoo和Dinda（2002）的研究表明，“经济增长”、“能源消费”与“二氧化碳排放”之间的关系并非“静态不变”，宏观变量的冲击（如国际油价、开放程度）可能影响乃至改变两者之间的相互影响关系。有鉴于此，为了进一步考察它们在不同样本期的相互影响关系，本文采用基于有向无环图的递归预测方差分解分析方法（Yang等，2006a），以考察“经济增长”、“能源消费”与“二氧化碳排放”关系在不同时期的演变轨迹。

递归分析的基本原理与Yang等（2006a）的研究相一致，在递归分析过程中我们以1971~1989年为基期，即首先对1971~1990年的样本期进行第一次方差分解分析，再对1971~1991年的样本期进行第二次方差分解分析，依次类推，直至到对1971~2005年的样本期进行方差分解分析，并分别把第10个预测期的结果列于图3a至图5c，同时需要说明的是，该预测方差分解分析仍是基于DAG分析结果而进行的。

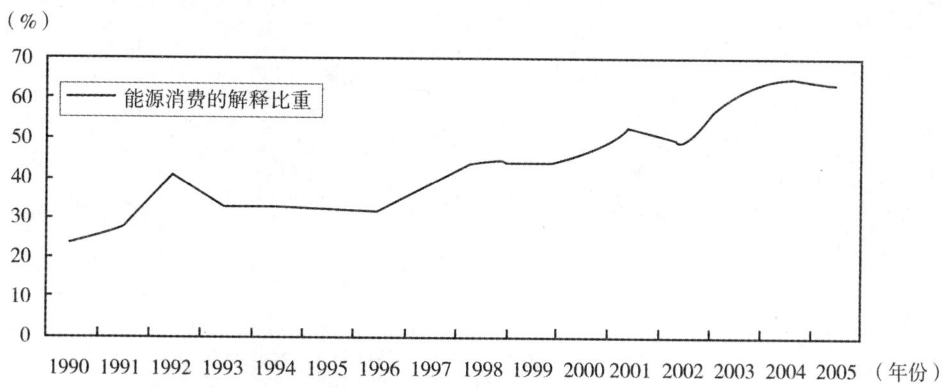

图3a 二氧化碳排放的递归预测方差分解（基于DAG）

在对“二氧化碳排放”进行动态递归分析时，由图3a我们可知，“能源消费”对“二氧化碳排放”有着决定性的影响，而且自20世纪90年代以来，能源消费的不断攀升

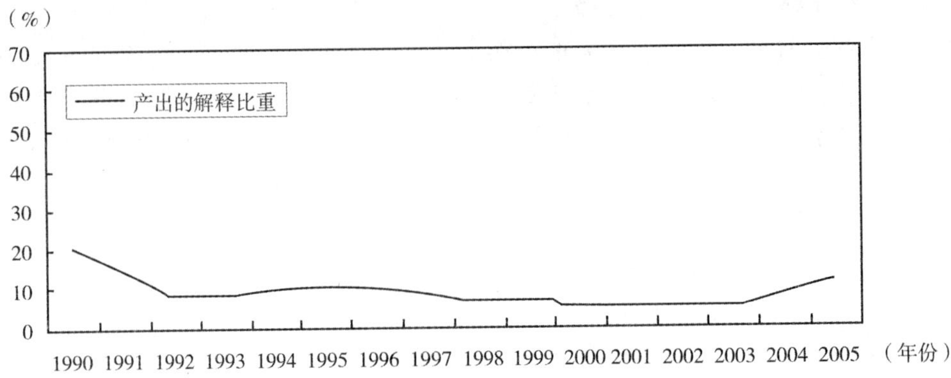

图 3b 二氧化碳排放的递归预测方差分解（基于 DAG）

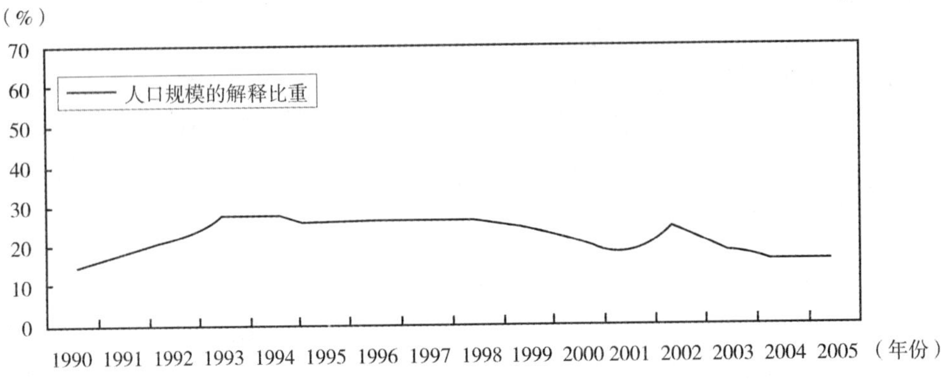

图 3c 二氧化碳排放的递归预测方差分解（基于 DAG）

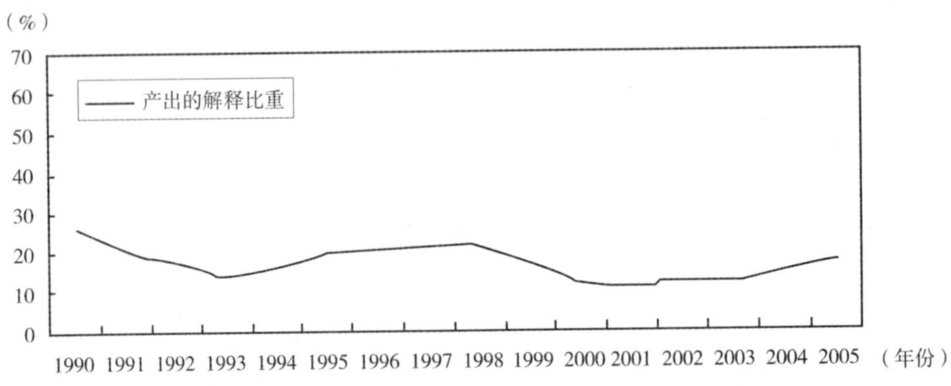

图 4a 能源消费的递归预测方差分解（基于 DAG）

导致了二氧化碳排放总量的显著增加，从而体现为能源消费对二氧化碳排放的作用力度呈阶段性上升的趋势。与此同时，由图 3c 与图 4c 我们可知，对于拥有全球人口总数 1/5 的

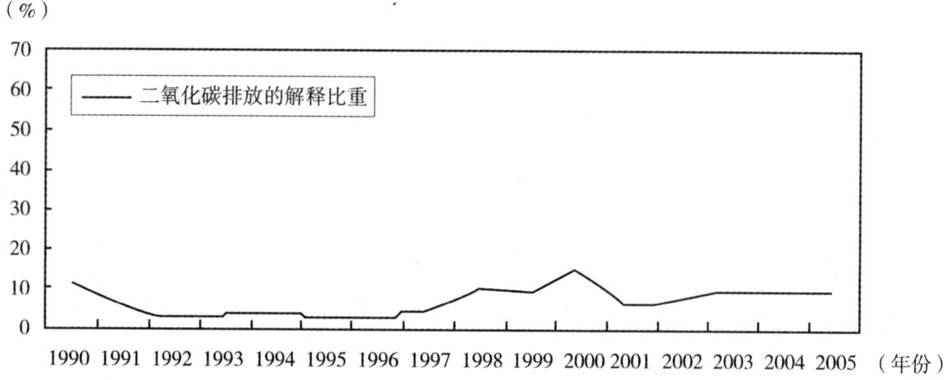

图 4b　能源消费的递归预测方差分解（基于 DAG）

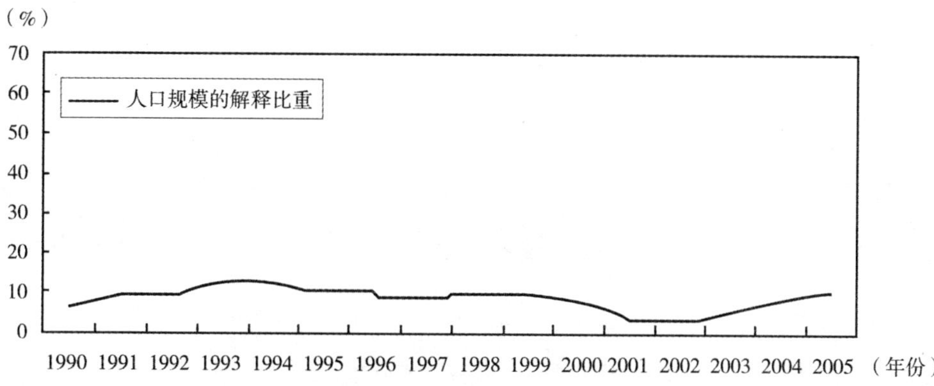

图 4c　能源消费的递归预测方差分解（基于 DAG）

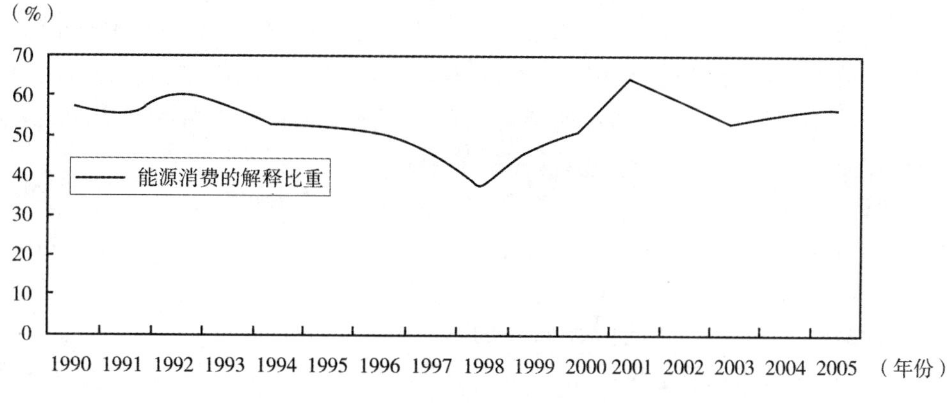

图 5a　产出的递归预测方差分解（基于 DAG）

中国，基于“生存排放”、“城市化”以及“改善民生”等的基本需要，庞大的人口基数对“能源消费”与“二氧化碳排放”长期保持着显著的影响，在绝大多数递归期内，人

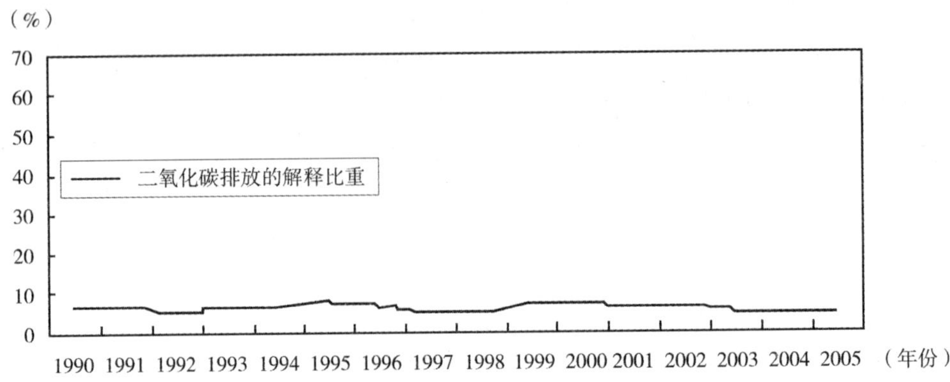

图 5b　产出的递归预测方差分解（基于 DAG）

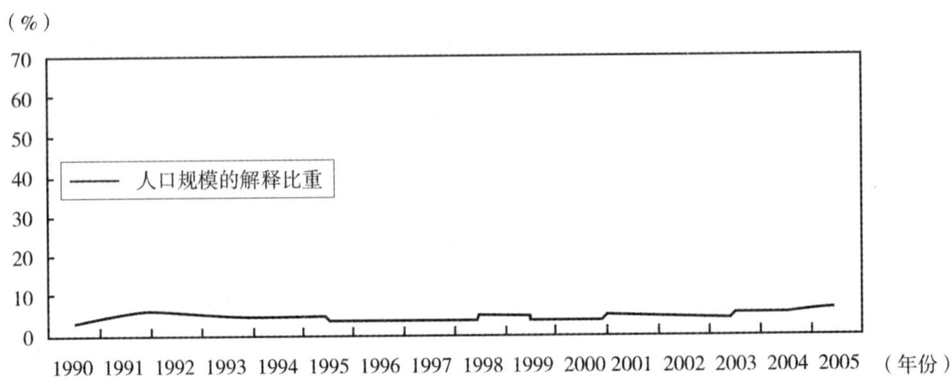

图 5c　产出的递归预测方差分解（基于 DAG）

口规模对“二氧化碳排放”以及“能源消费”的变动影响均在 20% 以及 10% 以上。此外，图 3b 显示，在绝大多数递归期内，“经济增长”对“二氧化碳排放”的影响力度基本保持在 10% 左右，因此，除了通过“能源消费”这一间接的作用机制，中国还通过自身经济生产行为而对“碳排放”产生了直接的影响。

图 4a 的递归分析结果显示，在绝大多数递归期内“经济增长”对“能源消费”的影响力度基本保持在 15% 以上，这就充分地表明在现阶段“粗放式”、“高能耗”的经济增长方式下，经济增长对能源的刚性需求呈现显著增加的趋势，从而导致中国“能源消费”的变动在很大程度上可归因于“经济增长”的影响。

图 5a ~ 图 5c 的分析结果也显示，“能源消费”是支撑“经济增长”的战略性的因素，其影响力度基本保存在 60% 以上，因此，中国是一个能源依赖型国家。此外，我们还发现，“碳排放”同样是作用“经济增长”的重要因素，在递归期内其影响力度基本保持在 10% 左右。这就充分地表明，对于处于快速工业化、城市化进程的中国，现阶段任何大规模“节能减排”的措施都将不可避免地对其经济增长产生显著的冲击与影响。

此外，由以上的递归分析我们也可以看出，基于不同样本期的分析结果并不改变，因此，本文基于 DAG 的分析结论是可靠的、稳健的。

（五）稳健性分析——广义预测方差分解分析

在以上分析的基础上，为了进一步保证结论的可靠性与稳健性，本文采用广义预测方差分解分析方法（Pesaran 和 Shin，1998），以对“经济增长”、“能源消费”、“二氧化碳排放”之间的动态关系展开进一步的深入分析与论证。广义预测方差分解分析结果列于表 5。

由表 5 的分析结果我们可知，广义预测方差分解分析与基于有向无环图的预测方差分解分析所得出的结论相吻合。表 5 的分析结果显示，“能源消费”对“二氧化碳排放”有着决定性的影响，无论是在短期还是在中长期，“能源消费”均对“二氧化碳排放”的解释比重基本稳定在 30% ~40%，与此同时，“能源消费”的预测方差分解分析则显示，中国“能源消费”在很大程度上可归因于“经济增长”影响，从而形成了由“经济增长”⇒“能源消费”⇒“二氧化碳排放”的作用机制。此外，“二氧化碳排放”的广义预测方差分解分析还显示，“经济增长”同样对“二氧化碳排放”产生直接的影响，其解释比重基本稳定在 10% ~18%。

表 5 广义预测方差分解

预测期	CO_2	EC	Y	POP	INV
二氧化碳排放的预测方差分解					
1	41.493	25.629	18.656	5.278	8.944
2	39.268	32.202	15.006	2.529	10.995
3	39.215	34.536	13.463	1.936	10.850
4	39.367	34.732	13.120	2.125	10.656
5	38.881	34.844	13.209	2.288	10.778
6	38.212	36.664	12.421	1.953	10.749
7	37.584	39.161	10.950	1.871	10.433
8	36.559	40.445	9.967	3.006	10.023
9	35.080	39.112	10.527	5.655	9.626
10	34.426	35.594	12.546	8.099	9.334
能源消费的预测方差分解					
1	28.454	46.067	12.257	0.061	13.161
2	29.954	47.601	9.676	0.504	12.265
3	30.209	47.935	8.407	1.432	12.018

续表

预测期	CO_2	EC	Y	POP	INV
能源消费的预测方差分解					
4	29.324	47.567	7.817	3.256	12.037
5	29.050	45.964	7.930	5.469	11.586
6	31.248	44.053	8.177	6.017	10.505
7	34.015	43.555	7.787	5.081	9.561
8	35.425	43.969	7.116	4.491	8.998
9	35.251	43.808	7.195	4.940	8.806
10	34.301	41.893	8.967	5.662	9.177
产出的预测方差分解					
1	19.302	11.422	42.930	1.955	24.392
2	18.095	11.212	42.088	1.461	27.145
3	17.774	12.755	41.179	0.961	27.330
4	18.075	14.904	39.920	0.706	26.394
5	18.670	17.445	38.093	0.630	25.162
6	19.256	19.956	36.001	0.695	24.092
7	19.558	21.928	34.152	0.900	23.462
8	19.431	23.091	32.890	1.262	23.325
9	18.948	23.505	32.237	1.779	23.531
10	18.338	23.429	31.990	2.385	23.859

更为重要的是，基于广义预测方差分解分析我们同样发现，“能源消费”是作用“经济增长”的重要因素，其影响力度在中长期高达23%左右，而“二氧化碳排放”同样对“经济增长”产生显著的影响，其解释比重基本保持在19%左右，因此，“能源消费”与“碳排放”是现阶段支撑中国经济增长的战略性要素。这与基于“有向无环图”的预测方差分解分析结论相一致。

（六）与传统研究方法的对比分析

我们与传统的Granger因果检验以及Choleski方差分解的结论进行对比分析，以进一步阐述本文应用DAG技术方法的必要性、合理性与创新性。

首先，我们对“经济增长”、“能源消费”与“二氧化碳排放”进行Granger因果检验，检验结果列于表6。由表6我们可以清楚地看出，Granger因果检验对滞后项的选择十分敏感，基于不同滞后阶数会得出不同的结论（Abdullah 和 Rangazas，1988；Gujarati，2003）。其中，当滞后阶数分别取值为 1、2、3 时，检验统计量均表明不存在由“二氧化碳排放”到“经济增长”的因果关系。然而，当滞后阶数取值为 4 或 5 时，检验结果则显示存在着由“二氧化碳排放”到“经济增长”的因果关系。类似地，当滞后阶数取值为 1 或 2 时，我们可推论出不存在由“能源消费”到“二氧化碳排放”的因果关系。然而，当滞后阶数分别取值为 3、4、5 时，检验结果则显示存在着由“能源消费”到“二氧化碳排放”的因果关系。此外，表 6 的 Granger 因果检验更是表明，中国不存在由“能源消费”到“经济增长”因果关系，也不存在由“经济增长”到“能源消费”因果关系，这与本文基于 DAG 的方差分解分析所得出的结论相违背，由此我们也可以看出，在实际检验中，传统的 Granger 因果检验方法常常过于关注因果关系在统计意义上的显著性，而忽略了其在经济意义上的显著性（Sims，1972；Abdullah 和 Rangazas，1988）。

表 6 Cranger 因果检验

	Lag = 1	Lag = 2	Lag = 3	Lag = 4	Lag = 5
$\Delta CO_2 \to \Delta Y$	0.2492 [0.618]	0.180 [0.914]	1.378 [0.711]	9.771 ** [0.044]	9.706 * [0.084]
$\Delta Y \to \Delta CO_2$	2.745 * [0.098]	5.672 * [0.059]	6.249 * [0.100]	3.345 [0.502]	13.704 ** [0.018]
$\Delta EC \to \Delta CO_2$	2.358 [0.125]	3.930 [0.140]	8.488 ** [0.037]	15.610 *** [0.004]	9.484 * [0.091]
$\Delta CO_2 \to \Delta EC$	0.662 [0.416]	0.908 [0.635]	1.378 [0.711]	2.528 [0.640]	2.152 [0.828]
$\Delta EC \to \Delta Y$	0.241 [0.624]	0.227 [0.893]	0.795 [0.851]	4.017 [0.404]	4.327 [0.503]
$\Delta Y \to \Delta EC$	1.679 [0.195]	4.056 [0.132]	5.090 [0.165]	3.281 [0.512]	5.185 [0.394]

注：中括号里的值为 P 值；***、**及 * 分别表示在 1%、5% 及 10% 显著性水平上拒绝“不存在 Granger 因果关系”的原假设。

Sims（1980）提出的 Choleski 预测方差分解方法在现代经济学研究领域得到了极其广义的应用。具体而言，本文 VAR 系统包含了 5 个变量，因此，在实际的 Choleski 预测方差分解中，我们可设置 120 种不同的排序（order）。在表 7 中，我们只列出其中两种不同排列的 Choleski 方差分解的结果，其中（a）表示按照 INV、CO_2、POP、EC 以及 Y 的次序进行 Choleski 方差分解，而（b）则表示按照 EC、INV、POP、CO_2 以及 Y 的次序进行 Choleski 方差分解。

表7 基于不同排序的 Choleski 预测方差分解

排序	预测期	CO_2	EC	Y	POP	INV
二氧化碳排放的预测方差分解						
(a)	1	78.444	0.000	0.000	0.000	21.556
(b)	1	23.039	61.766	0.000	14.922	0.274
(a)	4	62.467	2.613	4.154	7.837	22.929
(b)	4	15.306	74.737	4.154	5.424	0.380
(a)	8	50.169	7.870	8.043	15.188	18.731
(b)	8	9.578	75.582	8.043	5.720	1.077
(a)	10	46.412	6.625	9.852	20.026	17.085
(b)	10	8.281	65.150	9.852	15.211	1.506
能源消费的预测方差分解						
(a)	1	36.864	25.454	0.000	9.112	28.569
(b)	1	0.000	100.000	0.000	0.000	0.000
(a)	4	34.087	15.465	5.067	23.217	22.164
(b)	4	2.240	87.589	5.067	4.917	0.187
(a)	8	48.451	10.658	7.870	17.218	15.805
(b)	8	5.685	77.222	7.870	7.735	1.488
(a)	10	45.265	9.888	10.740	18.470	15.637
(b)	10	6.004	71.384	10.740	9.642	2.230
产出的预测方差分解						
(a)	1	13.100	2.407	26.780	0.895	56.818
(b)	1	8.814	26.607	26.780	5.803	31.996
(a)	4	10.766	1.352	23.652	0.976	63.254
(b)	4	5.687	35.718	23.652	2.358	32.585
(a)	8	14.748	3.418	17.836	8.190	55.807
(b)	8	3.920	55.248	17.836	2.744	20.252
(a)	10	12.986	3.424	17.184	10.878	55.527
(b)	10	3.418	54.526	17.184	4.924	19.948

由二氧化碳排放的预测方差分解结果可以清楚地看出，当按照（b）次序进行 Choleski 方差分解，分析结果表明"二氧化碳排放"的波动有62%～76%是由"能源消费"的冲击所引起的，"能源消费"是决定"二氧化碳排放"的关键因素。然而，我们按照（a）次序进行 Choleski 方差分解，分析结果则显示，"能源消费"对"二氧化碳排放"的解释比重仅为3%～8%，"能源消费"对"二氧化碳排放"的影响力度并不显著。

同样地，我们按照（a）次序对"能源消费"进行 Choleski 方差分解，分析结果表明，

“能源消费”的变动有相当大的比重可归因于“二氧化碳排放”的冲击，其解释比重高达34%～48%。然而，我们按照（b）次序进行Choleski方差分解，分析结果则显示，“能源消费”主要归因于自身扰动的影响（解释比重高达71%以上），与“二氧化碳排放”并无显著关系（解释比重最高仅为6%）。类似地，产出的方差分解结果显示，在（a）次序下“能源消费”与“产出”并无显著关系，其解释程度却仅为1%～3%，而（b）次序的方差分解结果则显示，“能源消费”是影响“产出”的关键因素，其解释比重在中长期达到了55%。

通过以上的对比分析，我们可以清楚地看出Granger因果检验对滞后阶段的选择十分敏感，基于不同的滞后阶数可得出不同的结论，并且过于关注因果关系在统计意义上的显著性；与此同时，传统Choleski方差分解的结果同样并不稳健，基于不同排序的结论有着迥异的变化（Pesaran和Shin，1996；Enders，2004；Yang等，2006b），由此可见，本文对包含5个变量之多的VAR系统展开研究，采用DAG技术方法显得十分必要。DAG技术通过分析变量间扰动项的同期因果关系，为我们对VAR扰动项进行结构性分解提供了“基于数据”（data－determined）的客观依据，进而避免了上述传统研究方法的主观局限性，并使得本文在研究方法上具有较好的创新性。

五、结　论

本文首次采用最新发展的“有向无环图”技术方法，对中国“经济增长”、“能源消费”与“二氧化碳排放”的动态关系展开深入研究，并结合前沿的递归分析方法，考察中国“增长—能源—排放”关系随时间的演变轨迹，由此提出现阶段中国发展低碳经济的若干启示，从而为政策当局对未来能源和环境经济政策的选择与安排提供理论分析与经验检验的参考依据。

本研究发现，现阶段中国存在着由“经济增长”→“能源消费”→“二氧化碳排放”的关系链。究其缘由，因为中国的经济发展水平较低，能源生产与利用技术较为落后，从而使得中国经济增长方式呈现出“粗放式”、“高能耗”的显著特征；而且，由于经济发展需要大量“廉价”的能源支撑，中国现阶段形成了以煤炭为主的能源消费结构，因此，经济增长对能源消费的刚性需求导致了二氧化碳排放的大幅增加，从而形成了由“经济增长”→“能源消费”→“二氧化碳排放”的作用机制。这就同时意味着，在中国现阶段“粗放型”的增长方式下，随着经济的发展，二氧化碳排放也将显著增加，这将使得中国面临着更加严峻的生态环境问题，因此，加快产业结构调整、转变“粗放型”生产方式显得尤其重要。此外，本文也指出，在能源消费和二氧化碳排放的相互影响关系中，二氧化碳排放同样可以反作用于能源消费。

参考文献

[1] 陈诗一. 能源消耗、二氧化碳排放与中国工业的可持续发展 [J]. 经济研究, 2009 (4).

[2] 陈诗一. 工业二氧化碳的影子价格: 参数化和非参数化方法 [J]. 世界经济, 2010 (8).

[3] 林伯强. 中国"十二五"能源低碳转型四大调整 [EB/OL]. 中国节能产业网, 2011-1-6.

[4] 林伯强, 蒋竺均. 中国二氧化碳的环境库兹涅茨曲线预测及影响因素分析 [J]. 管理世界, 2009 (4).

[5] 彭水军, 包群. 中国经济增长与环境污染——基于广义脉冲响应函数法的实证研究 [J]. 中国工业经济, 2006 (5).

[6] 吴巧生, 陈亮, 张炎涛, 成金华. 中国能源消费与GDP关系的再检验——基于省际面板数据的实证分析 [J]. 数量经济技术经济研究, 2008 (6).

[7] 徐瑞娥. 当前我国发展低碳经济政策的研究综述 [J]. 经济研究参考, 2009 (66).

[8] 杨子晖. 财政政策与货币政策对私人投资的影响研究——基于有向无环图的应用分析 [J]. 经济研究, 2008 (5).

[9] 杨子晖. "经济增长"与"二氧化碳排放"关系的非线性研究: 基于发展中国家的非线性Granger因果检验 [J]. 世界经济, 2010 (10).

[10] Abdullah D. A. and Rangazas, P. C. Money and the business cycle: Another look. Review of Economics and Statistics, 1988 (70): 680-685.

[11] Akbostanci E., Turut-Asik, S. and Tunc, GI. The relationship between income and environment in turkey: Is there an environmental kuznets curve. Energy Policy, 2009 (37): 861-867.

[12] Ang J. B. Economic development, pollutant emissions and energy consumption in malaysia. Journal of Policy Modeling, 2008 (30): 271-278.

[13] Apergis N. and Payne J. E. CO_2 emissions, energy usage, and output in central america. Energy Policy, 2009 (37): 3282-3286.

[14] Apergis N. and Payne J. E. The causal dynamics between coal consumption and growth: Evidence from emerging market economies. Applied Energy, 2010 (87): 1972-1977.

[15] Awokuse T. Export-led growth and the japanese economy: evidence from VAR and directed acyclic graphs. Applied Economics Letters, 2005 (12): 849-858.

[16] Awokuse T. Trade openness and economic growth: Is growth export-Led or import-Led? Applied Economics, 2008 (40): 161-173.

[17] Awokuse T., Chopra A. and Bessler D. A. Structural change and international stock

market interdependence: Evidence from asian emerging markets. Economic Modelling, 2009 (26): 549 - 559.

[18] Bernanke, B. Alternative explanations of the money - income correlation. Carnegie - Rochester Conference Series on Public Policy, 1986 (25): 49 - 99.

[19] Coondoo D. and Dind, S. Causality between income and emission: A country group - Specific econometric analysis. Ecological Economics, 2002 (40): 351 - 367.

[20] De Bruyn S. M., van der Bergh J. C. J. M. and Opschoor J. B. Economic growth and emissions: Reconsidering the empirical base of environmental kuznets curves. Ecological Economics, 1998 (25): 161 - 175.

[21] Dekker A., Sen K. and Young M. Equity market in the asia pacific region: A comparison of the orthogonalized and generalized VAR approaches. Global Finance Journal, 2001 (12): 1 - 33.

[22] Demiralp S. and Hoover K. D. Searching for the causal structure of a vector autoregression. Oxford Bulletin of Economics and Statistics, 2003 (65): 745 - 767.

[23] Dinda S. Does environment link to economic growth. Human Security and Climate Change, 2005: 1 - 26.

[24] Dinda S. and Coondoo D. Income and emission: A panel - data based cointegration analysis. Ecological Economics, 2006 (57): 167 - 181.

[25] Elyasiani E., Kocagil A. E. and Mansur I. Information transmission and spillover in currency markets: A generalized variance decomposition analysis. The Quarterly Review of Economics and Finance, 2007 (47): 312 - 330.

[26] Enders W. Applied econometric time series (2nd edition). New York: John Wiley & Sons, 2004.

[27] Ghosh S. Examining carbon emissions economic growth nexus for india: A multivariate cointegration approach. Energy Policy, 2010 (38): 3008 - 3014.

[28] Grossman G. M. and Krueger A. B. Environmental impacts of the north american free trade agreement. NBER Working Paper, 1991.

[29] Gujarati, Damodar N. Basic econometrics (4th Edition). McGraw - Hill, 2003.

[30] Halicioglu F. An econometric study of CO_2 emissions, energy consumption, income and foreign trade in turkey. Energy Policy, 2009 (37): 1156 - 1164.

[31] Hoover K. Automatic inference of the contemporaneous causal order of a system of equations. Econometric Theory, 2005 (21): 69 - 77.

[32] Jalil A. and Mahmud S. F. Environment kuznets curve for CO_2 emissions: A cointegration analysis for China. Energy Policy, 2009 (37): 5167 - 5172.

[33] Kraft, J. and Kraft, A. On the relationship between energy and GNP. Journal of Energy and Development, 1978 (3): 401 - 403.

[34] Lean HH and Smyth R. CO_2 emissions, electricity consumption and output in ASEAN. Applied Energy, 2010 (87): 1858 – 1864.

[35] Lindmark M. An EKC – pattern in historical perspective: carbon dioxide emissions, technology, fuel prices and growth in sweden, 1870 – 1997. Ecological Economics, 2002 (42): 333 – 347.

[36] Maddison D. and Rehdanz K. Carbon emissions and economic growth: homogeneous causality in heterogeneous panels. FNU – 163, Hamburg University and Centre for Marine and Atmospheric Science, Hamburg, 2008.

[37] Moneta A. Graphical causal models and VARs: an empirical assessment of the real business cycles Hypothesis. Empirical Economics, 2008 (35): 275 – 300.

[38] Narayan P. K., Smyth R. Multivariate granger causality between electricity consumption, exports and GDP: Evidence from A panel of middle eastern countries. Energy Policy, 2009 (37): 229 – 236.

[39] Ozturk I. A literature survey on energy – Growth nexus. Energy Policy, 2010 (38): 340 – 349.

[40] Pearl J. Causality. Cambridge: Cambridge university Press, 2000.

[41] Pesaran MH and Shin Y. Cointegration and speed of convergence to equilibrium. Journal of Econometrics, 1996 (71): 117 – 143.

[42] Pesaran MH and Shin Y. Generalized impulse response analysis in linear multivariate models. Economics Letters, 1998 (58): 17 – 29.

[43] Sims, Christopher A. Money, income, and causality. The American Economic Review, 1972 (62): 540 – 552.

[44] Sims, Christopher A. Macroeconomics and reality. Econometrica 48, 1980: 1 – 48.

[45] Sims, Christopher A. Are forecasting models usable for policy analysis. Federal Reserve Bank of Minneapolis Quarterly Review, 1986 (10): 2 – 16.

[46] Soytas U. and Sari R. Energy consumption, economic growth, and carbon emissions: challenges faced by an EU candidate member. Ecological Economics, 2009 (68): 1667 – 1675.

[47] Soytas U., Sari R. and Ewing T. Energy consumption, income, and carbon emissions in the united states. Ecological Economics, 2007 (62): 482 – 489.

[48] Spirtes P., Glymour C. and Scheines R. Causation, prediction, and search. MIT Press, Cambridge, MA, 2000.

[49] Stern D. I. The rise and fall of the environmental kuznets curve. World Development, 2004 (32): 1419 – 1439.

[50] Swanson N. R. Review of: causality: model, reasoning, and inference (Judea Pearl). Journal of Economic Literature, 2002 (40): 925 – 926.

[51] Swanson N. R. and Granger C. W. J. Impulse response functions based on a causal ap-

proach to residual orthogonalization in vector autoregressions. Journal of The American Statistical Association, 1997 (92): 357 -367.

[52] Wang Z. Dynamics and causality in industry - Specific volatility. Journal of Banking&Finance, 2010 (34): 1688 -1699.

[53] Wang Z., Yang, J. and Li Q. Interest rate linkages in the eurocurrency market: contemporaneous and out - of - Sample granger causality tests. Journal of International Money and Finance, 2007 (26): 86 -103.

[54] Yang J., Balyeat R. B. and Leatham D. J. Futures trading activity and commodity cash price volatility. Journal of Business Finance and Accounting, 2005 (32): 295 -321.

[55] Yang J., Guo, Hui and Wang Z. International transmission of inflation among G -7 countries: A data - determined VAR analysis. Journal of Banking & Finance, 2006a (30): 2681 -2700.

[56] Yang J., Hsiao C., Li Q. and Wang Z. The emerging market crisis and stock market linkages: further evidence. Journal of Applied Econometrics, 2006b (21): 727 -744.

[57] Yemane W. R. Disaggregated industrial energy consumption and GDP: The case of shanghai. Energy Economics, 2004 (26): 69 -75.

[58] Yu E. S. H. and Choi J. Y. The causal relationship between energy and GNP: An international comparison. Journal of Energy and Development, 1985 (10): 249 -272.

[59] Yu E. S. H. and Hwang B. K. The relationship between energy and GNP: further results. Energy Economics, 1984 (6): 186 -190.

[60] Zhang X. P. and Cheng X. M. Energy consumption, carbon emissions, and economic growth in China. Ecological Economics, 2009 (68): 2706 -2712.

中韩新能源产业合作的经济效应实证研究*

尹勇晚[1]　龚驰[2]　李天国[3]

（1. 仁川大学，韩国仁川　406－722；2. 首尔国立大学，韩国首尔 151－742；3. 延边大学，吉林延吉　133002）

【摘　要】本文主要探讨中韩新能源领域的合作，尤其是对两国新能源领域中合作的经济效应进行评估。为了评价合作的经济效应，本文建立新能源合作的相对收益指数，并利用向量自回归模型（VAR）探寻能源合作指数（ECI）和贸易、GDP之间的关系，从而论证中韩新能源产业合作的重要性。

【关键词】中韩；新能源；产业合作；VAR；脉冲反应；方差分解

一、引　言

进入21世纪以来，能源成为每个国家经济发展中需要解决的核心议题。随着经济的发展，大量的传统矿产能源消耗和温室气体等问题日益威胁到人类生存环境，开发和使用新能源不仅可以优化能源消耗，保护生态环境，保障能源安全，而且有利于经济增长方式的转变，推动可持续发展。但是大多数新能源存在着能源分布分散、低密度等问题，无法在短期内取代传统矿产资源。新能源比传统能源产业更需要国际技术合作开发。

东北亚作为世界上经济最为活跃的地区之一，中国、日本、韩国等国在经济发展过程中，都依赖大量的能源。而三国虽然在贸易、投资、金融等各领域展开交流，却从未达成真正意义上的能源合作。东北亚地区合作机制的长期欠缺，加之最近的领土纠纷等问题使得能源合作停滞不前。东北亚地区如果不建立能源开发合作体系，将受到来自高消耗能源问题的增长瓶颈，对经济发展产生不良影响。建立区域内新能源合作开发机制，推动可持续发展和绿色经济，将对各国经济产生深远影响。

一些研究曾经针对国际能源合作进行过探讨，但大多数不是实证研究，并且这些研究很难用于分析双边效应。相关文献分为两种，一种是关于东北亚能源合作开发，另一种为

---

* 本文选自《经济理论与经济管理》2011年第4期。

作者简介：尹勇晚（1955～），男，韩国人，仁川大学经济系教授，经济学博士；龚驰（1981～），男，贵州贵阳人，首尔国立大学经济系博士研究生；李天国（1979～），男，吉林龙井人，延边大学经济管理学院教师，首尔国立大学经济系博士研究生。

能源消耗与经济增长之间的关系。

韦布鲁—邦德和斯特恩（Wybrew - Bond 和 Stern）从供给选择、国际联系和地缘政治、能源市场中的自由主义和竞争以及环境考虑因素四个方面分析了亚洲国际能源合作。他们重点谈到天然气的开发，认为未来天然气合作取决于三方面因素。首先是天然气市场中的私有化和自由化，其次是从西伯利亚扩展的跨国输送管道和萨哈林岛海底天然气项目的成果，最后是朝鲜半岛的统一，使得西伯利亚管道穿过朝鲜到达韩国。赵全胜（Zhao）考察了能源合作中的领导能力的转变，认为最大的障碍来自战略和政治层面。中日关系持续地受历史问题和美国在东北亚的作用两个因素的影响。朴根旭（Paik）认为，考虑到俄罗斯的地理位置和俄罗斯的东北亚能源出口，区域内具有很大的能源合作潜力。这不仅要求区域内的密切合作，而且还与包括俄罗斯在内的区域共同对外政策有关。加文和李（Gavin 和 Lee）认为欧洲模式可以为东北亚国家提供很好的启动经验。文斯特拉（Veenstra）认为，东北亚地区建立能源合作需要一个从下到上的过程，当然自上而下的合作也要同时做好准备。他认为能源合作必须建立在稳固的几个基础议题之上。例如，能源效率相关的技术转让、共同储备、安全输送和旨在提高话语权的共同对外政策等。文斯特拉以欧盟为例，强调技术转让将在东北亚地区能源合作中起到巨大作用。哈耶斯和希普尔（Hayes 和 Hippel）分析了当前东北亚能源供需现状后，归纳出引起东北亚地区能源消耗的能源供需方面的驱动力。他们还阐述了能源消耗带来的影响。

另外还有一些研究涉及能源消耗和经济增长。这些研究结论都不尽相同，尚未达成一致，也无法给出分析双边经济效应的有力工具。这些结论不仅在不同国家之间不同，而且对于同一国家，随检验方法的不同得出的结论也不一致。卡夫特和卡夫特（Kraft 和 Kraft）第一次研究了能源消耗和收入的关系。他们通过使用 1947 ~ 1974 年的美国数据，证明了从收入到能源消耗的单方向的因果关系。后来阿伯色扎和巴格赫斯塔尼（Abosedra 和 Baghestani）也得出了相同的结论。于和黄（Yu 和 Hwang）用 1947 ~ 1979 年的年度数据得到了能源消耗和收入之间不存在任何因果关系的结论。于和崔（Yu 和 Choi），艾若尔和于（Erol 和 Yu）在对美国的研究中得到了相同的结论，但对韩国和菲律宾的研究，其结论却并不一致。斯登（Stern）用向量自回归模型（VAR）检验了美国能源使用和 GDP 之间的关系。他用加权的能源质量指数取代了整个能源消耗进行检验，发现随能源度量方法的不同，结论也随之变化。陈（Cheng）分别采用双变量分析和多变量分析方法，发现能源使用和 GNP 之间不存在任何因果关系。马西赫和马西赫（Masih 和 Masih）考察了亚洲六国的整个能源消耗和实际收入之间的协整关系，发现在印度、巴基斯坦和印度尼西亚等国存在两者的协整关系，但在马来西亚、新加坡和菲律宾却不存在。通过向量误差修正模型（VECM），他们认为，在印度，能源消耗与收入有单方向因果关系；而对于印度尼西亚而言，收入是能源消耗提高或下降的原因；而在巴基斯坦存在双方向的因果关系。当 VAR 模型运用到其他三个国家时，没有发现任何因果关系。包晓天用协整和误差修正模型考察了中国台湾 1980 ~ 2007 年电消耗和经济增长的关系。结果显示两者之间存在协整关系。他用附加误差修正项的误差修正状态空间模型来预测电消耗和实际 GDP 的同步性。他相信在长期的误差修正状态空间模型是最佳模型，因为实际 GDP 和电消耗存在协整关系。奥兹图克等（Ozturk 等）使用了 51 个国家 1971 ~2005 年的能源消耗和经济增长的面板数据，通过面板协整方法验证了能源消耗和经济增长的关系，研究结果显示对于这些国家不存在显著因果关系。

目前关于这一议题仍然存在争论，我们必须小心对待实证结论，尤其在使用格兰杰因果分析时注意解释其经济联系。总之，虽然相关文献考察了国际能源合作，但实证研究却很少，并且无法通过有效方法分析双边的经济效应。本文的主要目的就是考察和比较中韩新能源产业的国际合作的经济效应。通过检验对 GDP 和贸易的影响，回答为什么中韩需要能源合作。特别地，本文建立新的指数来测量能源效率对两国带来的经济影响。本文由以下几个部分构成：第二部分总结东北亚新能源发展现状，第三部分阐述中韩两国贸易结构和贸易联系，第四部分通过 VAR 模型分析中韩能源合作带来的经济效应，第五部分为结论。

二、东北亚新能源发展现状

在东北亚地区，中国以高速经济发展显示出巨大的经济发展潜力。日本作为世界第二大经济体（2010 年变为第三），拥有资本和先进技术优势。韩国在摆脱亚洲金融危机之后，经济状况日趋好转。中国、日本、韩国作为东北亚地区的主要经济体，占全世界 GDP 的 1/5。中韩两国尽管政治和经济体制不同，但两国经济显示出日益加深的依存关系。表 1 列出了三国的重要经济信息。

表 1　2009 年中日韩三国主要经济指标

项目	韩国	中国	日本
面积（千平方公里）	9.9	960	37.8
人口（百万）	48.64	1330.14	126.8
GDP（万亿美元）	0.81	4.814	5.108
GDP 排名	14	3	2
人均 GDP（购买力平价，美元）	28000	6 600	32 600
实际 GDP 增长率（%）	0.2%	8.7%	0.2%
外汇储备（百万美元）	271	2399	1074
对外贸易总额（百万美元）	668.5	925.9	2115.5
出口（百万美元）	355.1	516.3	1 194
进口（百万美元）	313.4	409.6	921.5

数据来源：世界发展指标．http：//data. worldbank. org/data – catalog/world – development – indicators，表 2 同。

总体上，中日韩三国的经济增长速度超过了世界平均增长速度。表 2 中反映了世界三

大经济体的整体信息。东北亚地区拥有15亿人口（占全世界人口的22.41%），拥有全世界16.79%的GDP，其贸易总额占世界贸易总额的15.3%。表1和表2充分体现了东北亚地区的重要地位，其新能源发展也将对世界绿色增长发挥重要的影响。

由于中日韩等高能耗国家都面临着能源安全问题，从2004年开始就出现建立地区能源安全合作的构想。但由于未达成共识，这种努力只换来部分成果。

表2　2008年中日韩三国、欧盟与美国信息比较

地区	人口		GDP		对外贸易总额	
	数量（百万）	全球占比（%）	数量（百万美元）	全球占比（%）	数量（百万美元）	全球占比（%）
中日韩	1500	22.41	10166	16.79	4963130	15.30
欧盟	326	4.87	13581	22.43	9211907	28.41
美国	304	4.54	14093	23.27	3466514	10.69

与其他国家相比，中国人均能源占有量很低，却消耗了大量的自然资源。中国也是东北亚地区最大的新能源和可再生能源出口国，但由于研发不足，技术仍然无法达到世界水平。韩国拥有一些先进的能源研究、开发和制造技术，而日本在很多新能源领域中拥有领先技术。因此相比较而言，日本在与中国和韩国的能源开发合作中，缺乏积极性。所以笔者将主要考察中国和韩国的新能源合作。表3反映了世界新能源的潜在资源。从中可以看出，相对于常规能源，新能源的开发潜力非常大。2008年，世界普通能源消耗达到11294.9百万吨油当量，而可利用的新能源为2008年能源消耗的数千倍。因此，如果我们能充分开发任何一种新能源，经济发展都不再会受到能源短缺带来的制约。实际上，在东北亚地区，日本之所以开发包括太阳能等多种新能源，是因为日本的能源短缺。日本在长期内作为世界经济强国，依靠新能源技术优势，建立起开发新能源方面的主导地位。这也是为什么日本不愿意与其他国家合作开发新能源的原因。

表3　全世界新能源开发潜力

单位：万亿吨油当量/年

种类	理论储量	现实利用量
太阳能	13000000	>13000
风能	140	46
生物质能	600	48～119
地热能	3400000000	1200
海洋能	130	11

数据来源：闫张等．我国新能源产业发展战略研究［J］．商业时代，2009（26）．

和日本一样，韩国的自然资源也很匮乏。几乎所有的常规能源（石油、天然气、煤炭）均依赖于进口。因此在世界金融危机以后，韩国政府于 2009 年提出了“绿色增长战略”，同时将投资 107 兆韩元发展绿色经济，并计划将能源消耗中的可再生能源的消耗比例从 2007 年的 2. 1% 提高到 2030 年的 11%，同时将可再生能源的产值由 2007 年的 5 亿美元提高到 2030 年的 1300 亿美元。

中国现在是最大的 CO_2 排放国，第二大能源消耗国，第三大石油进口国。中国政府从 1980 年开始就积极扶持新能源产业，从而使中国成为世界第二大风能产出国，最大的太阳能电池制造国。但是由于对 R&D 的投入不足，其关键技术没能获得太大的突破。

根据国际能源署的信息，新能源主要可以分为 10 种。其中，中日韩三国中，日本的垃圾能源制造技术高于中韩两国。利用固体废料发电，日本产能 15757 百万度，是中国的 6. 82 倍，是韩国的 630. 28 倍。韩国则覆盖了 6 种新能源领域。中国主要领先于风能，而垃圾发电是其弱项。从而我们很容易发现三国间新能源的比较优势所在。虽然每个国家都声称支持一般能源安全与合作开发，但无法有效推动区域能源合作。由于在区域能源往来中每个国家的作用和需求不同，而且各国所处的经济发展阶段相异，它们更愿意按照各自的不同需求去进行独立或双边能源开发。

共同利益和互惠是经济合作的基石，能够保障有序和持久的合作。能源和技术合作也将促进国家间其他领域的合作。

图 1 反映了 2007 年中日韩三国新能源利用状况，从某种角度反映了新能源领域技术开发程度。日本每万人新能源利用为 2. 259 百万度/万人，而中国和韩国的这一指标分别只有 0. 083 百万度/万人和 0. 212 百万度/万人。这说明中韩两国在新能源技术上落后日本很多。从这方面看，由于日本在技术上短期内存在着绝对的优势，这将使得日本不愿意共享新能源技术而与中韩两国进行国际合作。这也是本文注重分析中韩两国合作的主要出发点。

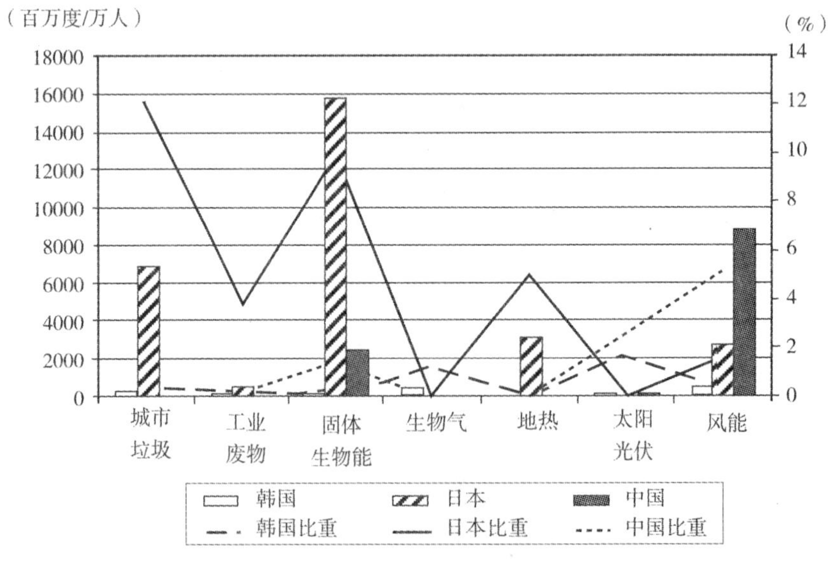

图 1 2007 年中日韩三国新能源利用状况

图2比较了中日韩及世界能源效率。如前所述，从图2中可以看到日本能源效率在三国中最高，也反映了日本在东北亚地区中更愿意成为能源技术的供应者而不是合作者。

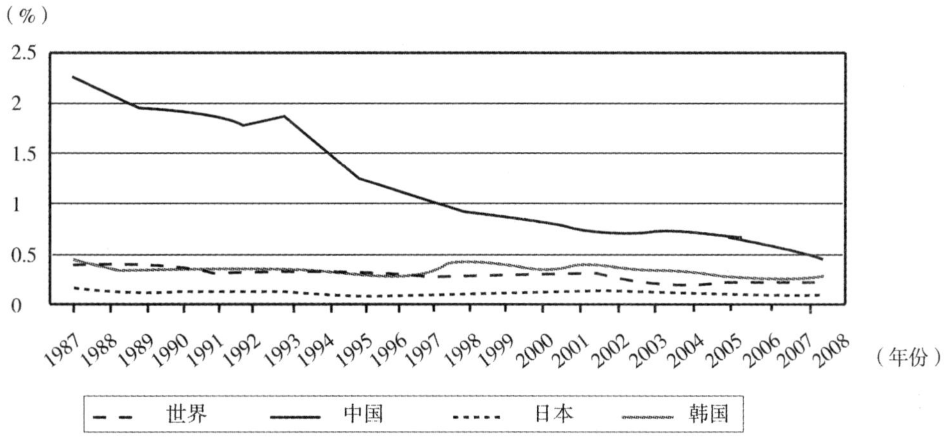

图2　中日韩三国及世界能源效率

资料来源：BP Statistical Review of World Energy 2009［EB/OL］. http：//doc. mbalib. com/view/49be57587091f1c5b4729d818bdd517b. html，2010－12－16，图4同。

所以笔者将重点放在分析中国和韩国在新能源产业的合作问题上。在经济动因背景下的中韩新能源合作将具有特殊意义，将对东亚地区其他国家之间的有效多边合作提供借鉴。

三、新能源合作指数的建立

到目前为止，很多研究者分析了能源消费与经济增长的相互关系，但没有发现一个有效的方法来衡量国际新能源产业合作的效应。通过前面的分析我们已经明确了发展新能源产业的紧迫性和国际合作的必要性，接下来笔者将通过实证来分析中韩两国新能源合作的重要性。

在新能源合作开发问题上，不公平和单方面的合作都将无法持久下去。合作的前提条件是合作双方必须要有共同利益，而且愿意合作。如果将经济利益抛到一边来讲，新能源合作将维护区域能源安全，保障能源供应的稳定性和持久性，并且可以缓解环境压力。很多研究者都得出了类似的结论。非经济的共同利益已经构建了东北亚新能源产业合作的非经济基础，因此没有必要再讨论非经济领域的影响。本文将只考虑经济领域的影响，分两步建立该合作效应指数。第一步，找出能代表两国经济共同利益的东西，共同利益是合作的基础。第二步，找出在新能源合作的状况下能代表潜在获利能力的东西。

如图 3 所示，共同利益可以分为经济利益和非经济利益，而经济利益又可分为贸易利益和非贸易利益。广义上来说，大的经济体因为其收入较高，因而倾向于大量进口，并且由于其生产很多种类的产品，也吸引着其他国家大量消费它的产品。因此，贸易反映着经济的规模，特别是对于贸易导向国而言更是如此。由于东北亚地区国家大多实行贸易导向政策，在贸易领域涉及重要的国家利益。本文重点讨论经济利益中的贸易利益。

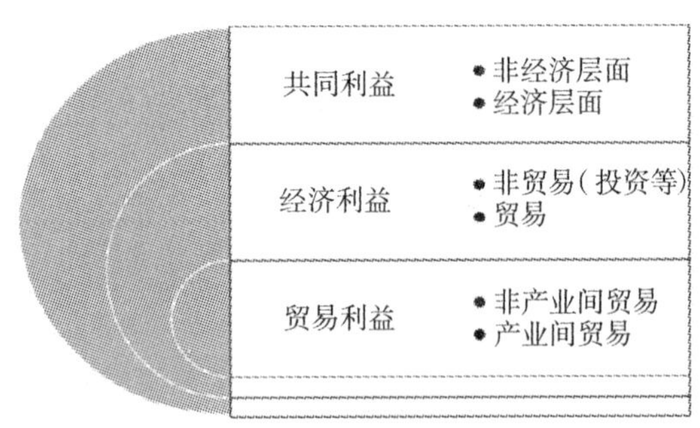

图 3　共同利益分解图

图 4 为东北亚地区中日韩三国出口占 GDP 的比重。其中，中国与韩国的这一比重较高，反映了对外贸易对国家经济的重要性。

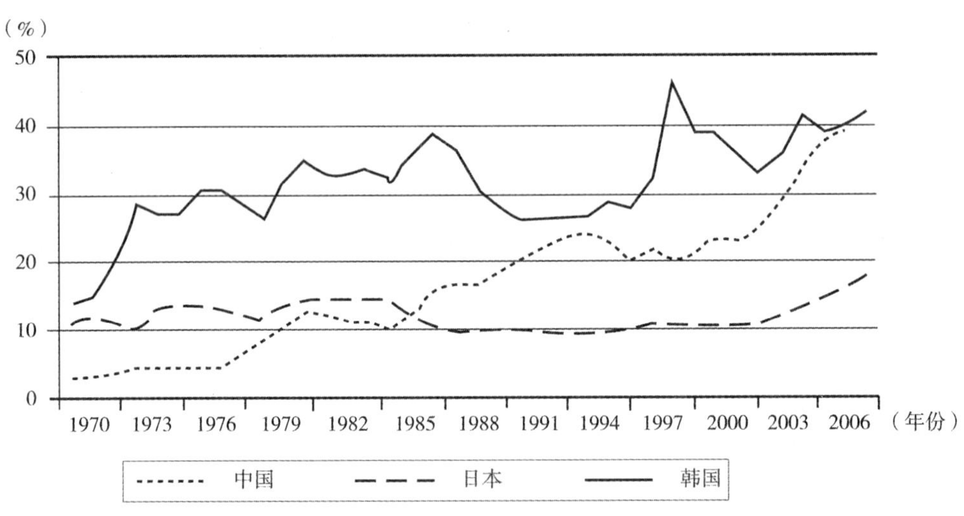

图 4　1970 ~ 2006 年中日韩三国出口占 GDP 的比重

为了建立新能源合作评价指数，我们先找出代表共同利益的指标，然后制定潜在利益指标，最后建立合作评价指数。产业内贸易指数由 Grubel - Lloyd 指数发展而来，主要用

于评价两国之间产业内贸易联系程度。其计算方法如下：

$$IIT = 1 - \frac{\sum_i |X_i - M_i|}{\sum_i |X_i + M_i|}$$

产业内贸易指数在所有产业贸易中不存在产业内贸易时取0，所有产业贸易都属于产业内贸易时取1。指数取值越大，表示两国产业内贸易程度越大。

有研究表明，产业内贸易指数与一国的人均收入、市场规模、要素禀赋相似度和跨国企业经营呈正相关关系。由于产业内贸易指数可以大体上同时反映两国整体经济信息、产业联系、收入水平、市场规模、要素禀赋相似程度以及跨国公司经营活动，所以可以成为一种代表性指标。另外，外商直接投资作为两国之间经济联系的另一个重要指标，它通过由跨国公司的经营来完成产业内贸易。由于产业内贸易指数不仅可以代表贸易部门，也可以反映国际投资领域，因此它可以作为反映两国共同经济利益的一个指标。

笔者假设新能源产业可以提高生产效率，降低其他一般能源价格。由于新能源的广泛应用不可避免地会冲击一般能源市场，降低对一般能源的依赖，因此这种假设具有一定合理性。我们可以定义：

$$RECG_i = \frac{ECG_i}{ECG_w}$$

式中，ECG_i 代表 i 国每单位 GDP 能耗；ECG_w 代表世界的单位 GDP 能耗。此时，$RECG_i$ 是 i 国单位 GDP 能耗在世界单位 GDP 能耗中的比重，它代表着 i 国的能源效率。这里的能耗是指一般意义的能源消耗，包括石油、天然气、煤炭、核能以及水利电消耗。本文将各种能源单位换算成石油当量。如果 RECG 越接近于 1，则能源效率越接近世界平均水平。一国的 RECG 越高，反映能源效率提升的潜力越大，同时又反映当前的能源效率越低。RECG 的另外一个好处在于它可以消除一般能源价格带来的效应，使得可以反映开发新能源带来的潜在获利空间。

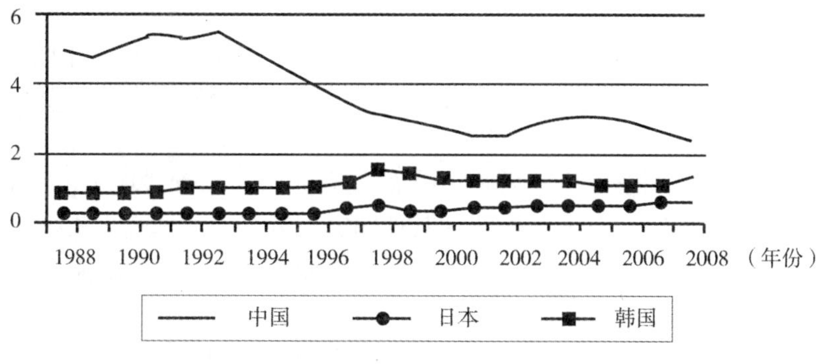

图 5　1988～2008 年中日韩三国 RECG 趋势

从图 5 中，我们可以看到中国新能源开发潜在的获利空间。韩国的潜在获利空间处于世界平均水平，而日本的获利空间较小。

基于以上两个指标，笔者建立新能源合作指数（ECI）来代表两国在新能源领域合作带来的潜在报酬，即：

$ECI_i = IIT \times RECG_i$

从上式我们可以看到，IIT 与 ECI 正相关，代表着经济联系越紧密，新能源合作带来的利益越多，进而增加合作可能性。而 RECG 可以反映潜在的获利空间，取值越大，合作的利益也就越大。

在图 6 我们可以看到，2008 年中国 ECI（取值 1.15）接近于韩国（取值 0.84）的两倍。中国通过新能源开发带来的获利空间高于韩国。两国独立开发带来的利益将会有限，中韩两国 ECI 反映中韩需要通过合作来提高能源效率。

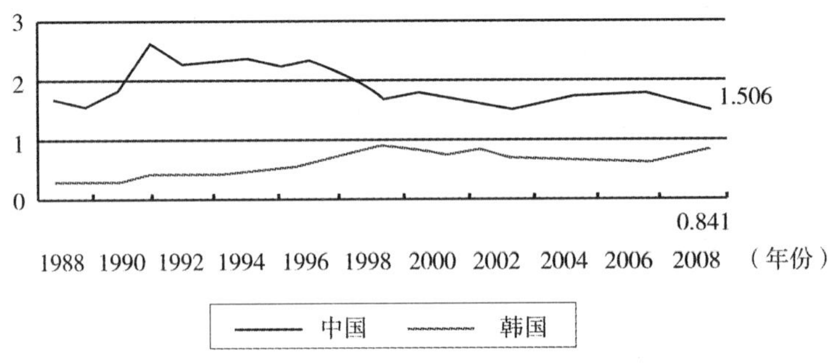

图 6　1988 ~ 2008 年中国与韩国 ECI 趋势分布图

四、VAR 模型实证分析

考虑到研究的需要以及数据的可获得性，笔者将基于 1988 ~ 2008 年的 ECI 和 GDP、两国内部贸易总额、国际能源价格等年度数据，通过建立计量模型来分析新能源产业合作的效应。

这里，笔者将强调新能源产业合作的潜在的获利能力。尽管消耗了很多的世界能源，中国的新能源消耗相对较小，而且种类也比其他国家少得多。韩国也大相径庭。因此从一定程度上来说，中韩无法决定世界新能源的价格。在此笔者将假设国际能源价格（能源价格将受到新能源价格的较大影响）是外生的。

因为本文的数据是时间序列数据，笔者将对数据做单位根检验，来观察序列是否平稳。假如数据是非平稳数列，回归时将会出现伪回归。这里笔者对 GDP、内部贸易总额、国际能源价格取对数是为了缩小变数单位（避免数值大小差异过大而影响最后数值的可比较性）。而国际能源价格，笔者是根据各种能源的价格进行加权计算得到的。通过单位根检验我们得到表 4。

表 4 单位根检验结果

项目	DECIC	DECIK	DLGDPC	DLGDPK	DLTRADE	LPRICE
ADF 值	-4.408 129*	-3.177268*	-1.898512	-3.755225*	3.359310*	-2.262128
临界值（5%水平）	-3.673 616	-3.029 97	-1.607051	-3.673616	-3.02997	-1.959071

注：*代表 $p<5\%$；DLGDPC 的临界值在 10% 的水平；D 代表差分。

表 4 的结果显示，除了国际能源价格通过了 ADF 检验以外，其他各变量均存在一阶单整，即均为 I（1）过程。因此我们可以利用 VAR 模型来表达各变量之间的关系，并展现各变量对于某个冲击所带来的脉冲响应，并对它们进行相应的方差分解。因此，笔者将建立如下 VAR 模型：

$$y_t = \alpha_1 y_{t-1} + \cdots + \alpha_p \beta_{t-p} + \beta X_t + \varepsilon_t$$

式中，y_t 是 5 维内生变量矢量，y_t =（DLECIC，DLECIK，DLGDPC，DLGDPK，DLTRADE）。这 5 维内生变量分别代表中国和韩国的新能源合作指数，中国和韩国的 GDP 以及双边贸易额，由于所有内生变量均不平稳，因此对所有变量进行一阶差分，形成平稳序列。X_t 是 1 维外生变量矢量；X_t =（Lprice）；t 为时间；p 为滞后阶数，而 ε_t 则是误差矩阵，α_1，…，α_n 是系数矢量。

为了建立 VAR 模型，估计滞后阶数 p 是必须要做的。在这里，笔者全面地考虑了 LR 检验、AIC 检验和 SC 检验等 6 种检验方法。基于表 5 的检验结果，FPF 检验值、AIC 检验值和 HQ 检验值都建议选择 2 阶滞后。由此笔者将建立 VAR（2）模型。

表 5 VAR 模型滞后阶数的选择

Lag	LogL	LR	FPE	AIC	SC	HQ
0	93.32243	NA*	211E-11	-10.39087	-10.14581*	-10.36651
1	121.697	36.72008	1.66E-11	-10.78789	-9.31751	-10.64173
2	161.68	28.22328	8.35e-12*	-12.55059*	-9.8549	-12.28263*

注：*表示根据标注选择的滞后阶数。

根据 AR 根的图形检验（见图 7），各特征根的倒数均在单位圆内，这表示 VAR（2）模型是平稳的。这将保证我们后文脉冲反应分析和方差分解的显著性。

分别施加一个标准差冲击给中韩的 ECI，我们可以得到两国 GDP 和区内贸易总量的脉冲响应图（见图 8）。在图 8 中，水平轴表明脉冲反应的滞后时期（单位为年），纵轴表示各变量的脉冲反应值。它显示了提高 ECI 后给相关因数的脉冲反应。虚线描绘了二倍标准偏差。从该图中我们可以发现，用一个正的冲击给中国的 ECI（图 8 左侧），仅中国的 GDP 开始时短暂地做出负的反应并接着振荡，但最终总效应为正，约 0.0031。而另外两个变量虽然在某些时期出现负的反应，但总的效应都为正，分别为 0.214、0.365（见表 6）。根据图 8，我们还可以知道冲击可以带来 25 期的影响。

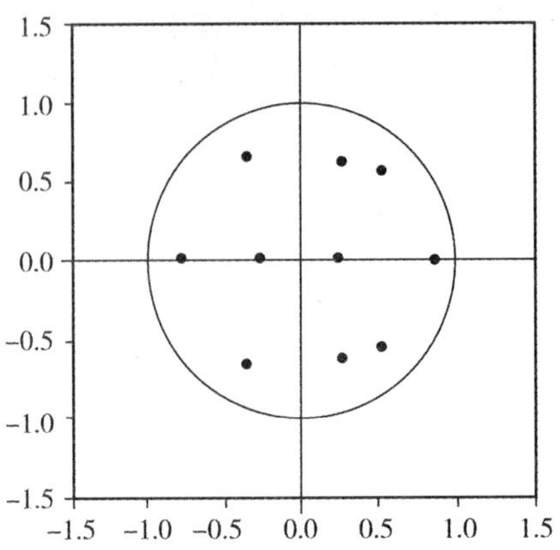

图 7 AR 特征方程根的倒数图

表 6 相关变量的总脉冲响应

响应		DLGGDPC	DLGGDPK	LGTRADE
脉冲	ECIC	0.031	0.214	0.365
	ECIK	0.0099	-0.121	-0.0696

在脉冲反应的振荡中出现的负效应可以认为是由于投资及发展新能源产业所带来的相关替代成本引起的。而这些负面的效应很快会被新能源产业合作所带来的效益所中和，这是总效应为正的一种解释，也符合笔者前文所推测的情况。然后我们再观察图 8 的右侧，也就是给韩国 ECI 一个正的冲击，其效用能延续 25 期。我们可以看出仅中国的 GDP 的反应一开始为正并大幅波动，而其最后的总效应为正，约 0.0099。但是，韩国的 GDP 和两国间贸易总额却没有给我们一个满意的结果，虽然反应波幅较大，但最后的总效应却为负，分别为 -0.121 和 -0.0696。

因为韩国能耗水平已经很低，潜在的获利能力已经有限，新能源产业不能轻易地带来足够大的利益来中和相关的成本支出。但是我们仍然可以说新能源产业的合作是必要的，因为相关经济指标对中国的 ECI 的反应很强烈，使得加总反应为正。这个结果也与我们预测的一致。

下面笔者将利用方差分解的方法来分析每个变量对中韩 GDP 和两国间贸易总额的贡献度。这里，笔者将预测 50 期。从长期来看（见图 9），中韩 GDP 和两国间贸易总额的波动在很大程度上是因为两国的 ECI。这就是说，两国的经济将在很大程度上依靠新能源产业合作的潜在获利能力。而通过图 9，我们还可以得到这些影响因子的排序表（见表 7）。从表 7 来看，GDP 的变化没有显著地解释 GDP 本身，而新能源产业合作持续地为两国的经济和贸易做出贡献。这与我们以前分析的一致，具有现实意义。而表 7 中贸易可以解释 GDP 的增长，而 GDP 不能解释贸易在某种程度上可以证明本文模型理论的准确性。

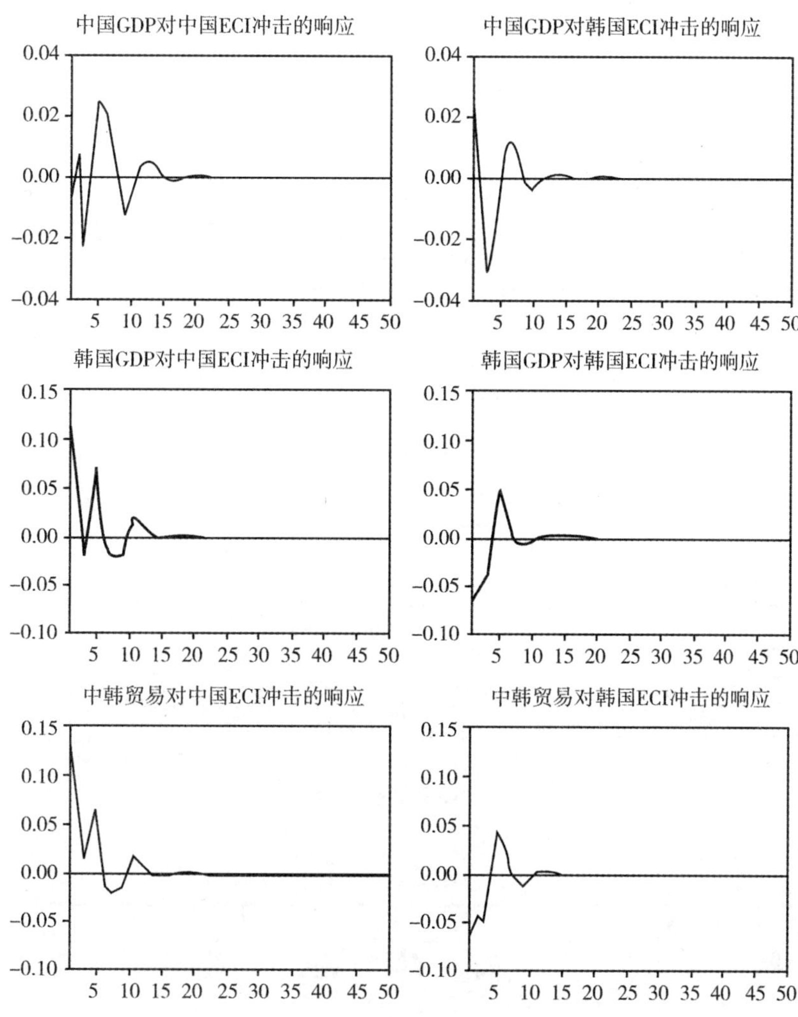

图 8 相关变量的脉冲响应图

表 7 相关变量贡献序列表

次序	DGDPC	DGDPK	DTRADE
1	DECIK (28.81%)	DECIC (37.22%)	DECIC (46.1%)
2	DECIC (23.50%)	DLTRADE (28.19%)	DLTRADE (27.32%)
3	DLGDPC (22.98%)	DECIK (21.03%)	DECIK (15.49%)
4	DLTRADE (22.22%)	DLGDPC (6.81%)	DLGDPK (5.73%)
5	DLGDPK (2.49%)	DLGDPK (6.75%)	DLGDPC (5.37%)

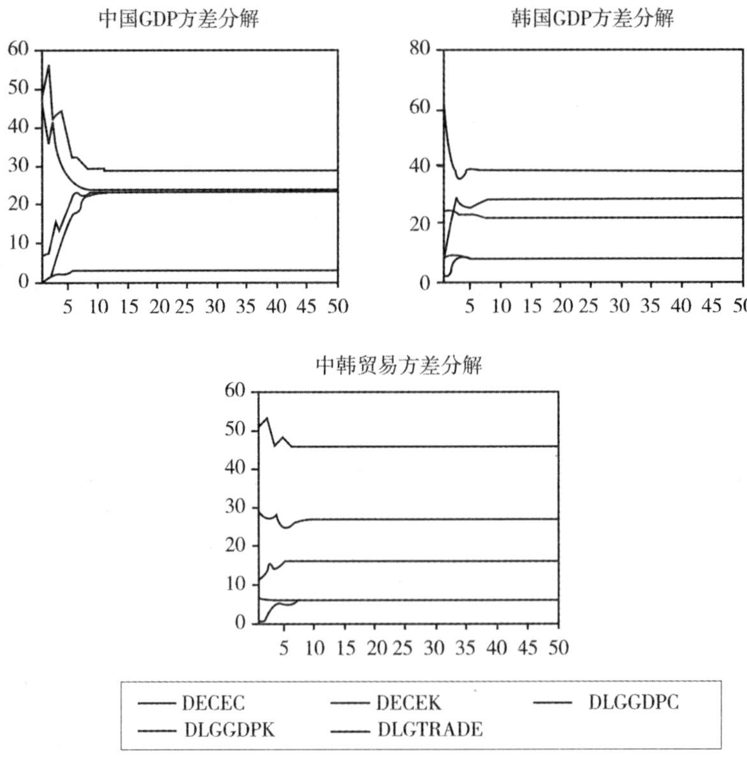

图9 方差分解图（50期）

五、结　论

根据以上的分析，我们可以总结出以下几点：

（1）本文介绍了一种衡量国际合作效应的方法。

（2）中韩两国长期持续的经济增长都将依靠提高能源的消费效率。新能源产业的投资与合作都将是一个好的选择。而且由于新能源产业可以提高潜在的获利能力以及对环境的亲和性，从而使得发展新能源产业来替代常规能源成为可持续发展的一个重点。

（3）GDP 自身的重要性在 VAR 模型中并未显著地体现。这是因为，能源效率与 GDP 本身就存在着正向关系。如果我们片面地强调 GDP 增长自身重要性的话，我们将无法发现新能源产业合作的重要性。

（4）两国能源消耗的基数是很高的。因此，从短期来说通过简单降低能源消耗量来提高未来的潜在获利能力是不现实的。而从可持续发展的角度来看，我们应该集中发展新能源产业，特别是当今正处在世界常规能源将会在未来的几十年耗尽的大背景下。

(5) 基于新能源产业的特点，中韩两国需要相互合作，特别是新能源产业的发展需要在技术、资金和管理上投入巨额资金。VAR 模型分析的结果也说明两国的合作是互惠互利的。

综上所述，在前文的分析中我们知道中韩两国在能源方面均面临着三方面的危机：供给和需求、价格、环境。因此新能源产业的发展刻不容缓。而通过 VAR 模型分析，中韩两国的新能源产业的合作不仅具有现实需求，并且符合两国政治经济发展战略。特别是两国的共同利益是双边新能源产业合作的基础。新能源产业的合作不仅能提高两国的能源安全，也为世界能源市场的稳定起到了重要的作用。当然，两国间存在着一些摩擦与变数，但是我们相信，新能源产业的合作将是不可逆转的发展趋势，其发展前景不容忽视。中韩两国应该从全局出发掌握整体发展趋势和优势因素，合作提高两国新能源产业的发展水平。

参考文献

[1] I. Wybrew - Bond, J. Stern. Natural gas in asia - the challenges of growth in China, India, Japan, and Korea. Oxford University Press, 2002.

[2] Quan - sheng Zhao. Japan s leadership role in east asia: Cooperation and competition between Japan and China. Policy and Society, 2004, 23 (1).

[3] K. W. Paik. Russia s oil and gas export to northeast Asia. Asia - Pacific Review, 2005, 12 (2).

[4] B. Gavin, S. S. Lee. Regional energy cooperation in north east asia: Lessons from the european experience. Asia Europe Journal, 2007, 5 (3).

[5] A. V. Veenstra. Establishing energy cooperation in northeast asia: Implications from the experiences of the european union. The Institute of Electrical Engineers of Japan Working Paper, 2008.

[6] Peter Hayes, David Von Hippel. Security in northeast Asia. Global Asia, 2009, 1 (1).

[7] U. Soytas, R. Sari. Energy consumption and GDP: Causality relationship in G - 7 countries and emerging markets. Energy Economics, 2003 (25).

[8] J. Kraft, A. Kraft. On the relationship between energy and GNP. Journal of Energy and Development, 1978 (3).

[9] Salah Abosedra, Hamid Baghestani. New evidence on the causal relationship between united states energy consumption and gross national product. The Journal of Energy and Development, 1989 (14).

[10] E. S. H. Yu, B. K. Hwang. The relationship between energy and GNP, further results. Energy Economics, 1984 (6).

[11] E. S. H. Yu, J. Y Choi. The causal relationship between energy and GNP: An interna-

tional comparison. Journal of Energy and Development, 1985 (10).

[12] U. Erola, E. S. H. Yu. Time series analysis of the causal relationship between US energy and employment. Resources and Energy, 1987 (9).

[13] D. I. Stern. Energy and economic growth in the USA. Energy Economics, 1993 (15).

[14] B. S. Cheng. An investigation of cointegration and causality between energy consumption and economic growth. Journal of Energy and Development, 1995 (21).

[15] R. Masih, A. M. M. Masih. Macroeconomic activity dynamics and granger causality: New evidence from a small developing economy based on a vector error – correction modeling analysis. Economic Modeling, 1996 (13).

[16] Hsiao – Tien Pao. Forecast of electricity consumption and economic growth in taiwan by state space modeling. Energy, November, 2009 (34).

[17] I. Ozturk, A. Aslan, H. Kalyoncu. Energy consumption and economic growth relationship: Evidence from panel data for low and middle income countries. Energy Policy, 2010 (38).

[18] Y. M. Yoon, C. Gong, T. D. Yeo. A CGE analysis of free trade agreements among China, Japan, and Korea. Journal of Korea Trade, 2009 (13).

[19] Appleyard. Trade theory & policy. McGraw – Hill. New York. 1997.

[20] Grubel, G. Herbert, P. J. Lloyd. Intra – industry trade. New York: John Wiley & Sons, 1975.

[21] C. H. Kim, Y. C. Choi. Intra – Industry trade of Korea: Its trends and determinants. Economic Papers, Bank of Korea, 2001 (4).

ANALYSIS OF THE COOPERATION OF NEW ENERGY INDUSTRY BETWEEN KOREA AND CHINA

Yoon Young – man[1] GONG Chi[2] LI Tian – guo[3]

(1. University of Incheon, Incheon 406 – 722, Republic of Korea; 2. Seoul National University, Seoul 151 – 742, Republic of Korea; 3. Yanbian University, Yanji, Jilin 133002, China)

Abstract: This paper analyzed the new energy industry cooperation between China and Korea, and forecasted the economic effects of the cooperation. To evaluate the necessity of the cooperation, we used the intra – industry index to build a new index that can represent the relative gains of cooperators from improving energy efficiency. The vector auto regression model (VAR) helped us to find the significant relationships among the energy cooperation index, trade relations, and GDP. Based on the results, we could quantify the economic effects of the new energy industry cooperation between China and Korea.

Key words: China and Korea; New Energy; Industry Cooperation; VAR; Impulse Resonance; Variance Decomposition

改革化石能源补贴可以支持清洁能源发展*

姚昕　蒋竺均　刘江华
（厦门大学中国能源经济研究中心，福建厦门 361005）

【摘要】能源补贴是使生产者或消费者的能源价格偏离市场价格的政府干预，在发展中国家是一个非常重要的问题。能源补贴通过对能源消费、能源效率以及能源结构影响进而影响社会可持续发展这一根本目标。本文在考虑外部成本的情况下，采用价差法估算了中国 2007 年的终端能源价格补贴，结果表明：2007 年中国的能源补贴占 GDP 的 4.51%。其中对成品油的补贴最多，其次是煤炭和电力。与化石能源过度补贴相反的是，政府对清洁能源发展的现有补贴规模很小，还不能弥补清洁能源完全发电成本。CGE 模型结果表明：取消化石能源补贴，能显著减少一次能源消费和二氧化碳排放，但对宏观经济的冲击较大。如果在取消能源补贴的同时，将补贴投入清洁能源部门，对宏观经济将有正面影响，对社会可持续发展意义重大。

【关键词】能源补贴；价差法；宏观经济影响

一、引　言

2009 年 9 月在 G20 匹兹堡峰会及其间进行的联合国气候变化峰会上，20 国集团提出了在“减少化石燃料补贴同时防止对最贫困阶层的不利冲击”上，致力于“在中期之后合理化并逐步停止无效率的鼓励过度消费的化石燃料补贴”。G20 峰会的草案要求国际能源署（IEA）、欧佩克（OPEC）和世界银行系统研究能源补贴问题。研究包括如何将取消能源补贴对经济社会产生的负面影响最小化，如何平衡化石燃料补贴和清洁能源补贴，促进节能和减少温室气体的排放。

补贴是政府用以实现经济、社会和环境目标的多种政策工具中的一种。特别是能源补贴，能够弥补由于能源外部性导致的市场失灵，在国际竞争中保护国内企业，避免潜在的失业，减少能源贫困，为特定的社会群体提供更多的现代能源服务（UNEP/IEA，2002）。

---

* 本文选自《金融研究》2011 年第 3 期。

作者简介：姚昕，厦门大学中国能源经济研究中心助理教授；蒋竺均、刘江华，均为厦门大学中国能源经济研究中心博士生。

目前化石能源补贴占总能源补贴的绝大部分，但对化石能源的补贴，通常会导致低效或无效的能源消费，造成能源消费过度和二氧化碳等污染气体排放增加。而且化石能源补贴还将社会推向消费和生产无效的路径。一方面是对化石能源的依赖，另一方面补贴会锁定某些技术而将其他更有前景的技术排除在外。因此，为了提高能源效率，减少排放，有必要改革化石燃料补贴。考虑到其在经济和社会中的重要作用，化石能源补贴改革将产生深刻影响，所以有必要对化石燃料补贴深入讨论。能源补贴改革的主要挑战在于提供现代能源服务的同时，还要应付气候变化。而且对于发展中国家，经济发展和消除贫困是首要目标。因此，能源补贴改革应围绕可持续发展的三个方面：经济增长、减少贫困和减少环境污染。

G20 提出化石能源补贴改革是为了促进温室气体减排，而发展清洁能源是减少温室气体排放的另一项重要措施，因此两者的最终目标是一致的。现阶段清洁能源的基本特点是环境效益好，而经济效益不突出。发展和推广清洁能源，无法规模化商业化的主要原因就是高成本。清洁能源中除了水电以外，其他的发电成本都高于传统的化石能源发电，没有和传统化石能源发电竞争的优势。由于对清洁能源的前期研发投入是巨大的，要发展清洁能源，仅靠发电企业自发的投入是无法实现的。因此，清洁能源的发展，尤其在国内基本没有电力市场机制条件下，清洁能源的发展和推广离不开政府的财政补贴和政策上的扶持，只有两者的有机结合，才能有效地促进清洁能源的发展。

支持清洁能源发展的政策有许多形式，如直接的投资补贴或优惠、税收激励和减免、税收优惠或免除、绿色证书交易、直接公共投资或融资、低息贷款和信贷担保、建立风险投资基金和实施污染者付费制度，其中最直接最有效的就是国家的补贴政策，各个国家的清洁能源补贴政策如表 1 所示。

表 1　主要国家清洁能源补贴政策

	补贴政策
美国	投资补贴，优税优惠，低息贷款，实行净电表制
英国	配额制，通过“化石燃料税”对电网企业补贴，通过“可循环绿色溢价”对发电企业补贴
荷兰	为风机和风力资源测试的研发提供支持，为风电场提供税收返还
意大利	配额制，并进行初始投资补贴
日本	2005 年前采用投资补贴，2005 年后实行净电表制

虽然中国作为发展中国家，考虑到经济转型不可避免导致的社会不平等，转型阶段中补贴的理由更充分，有时候是必需的。但目前中国面临着能源稀缺和二氧化碳排放的挑战，能源补贴应该引起政府的重视。中国的能源补贴主要用于化石燃料补贴，这些补贴降低了能源效率，增加了能源消费，加剧了环境污染，威胁到经济社会的可持续发展。而且由于补贴制度僵硬和政策障碍，有的补贴实行结果也与最初的目标相悖。因此化石能源补贴已经阻碍了中国能源价格改革的进程。反之，对清洁能源的补贴一方面能促进清洁能源的发展，减缓能源需求迅速增长的压力；另一方面能够有效地减少排放。因此，中国的能

源补贴改革势在必行。为了设计更合理的补贴机制和补贴改革进程，对中国的化石燃料和清洁能源补贴应该有深入的分析。直观上看，取消化石能源补贴最直接的结果就是能源价格的上涨。而增加清洁能源补贴将降低清洁能源的成本。但目前中国的能源补贴究竟有多大，改革化石能源补贴对经济、社会和环境究竟会有什么影响，增加对清洁能源的补贴将在多大程度上促进经济增长等问题都是不确定的，而这些问题将直接影响能源补贴改革进程，迫切需要解决。

因此，本文将对中国的能源补贴进行初步的估计与政策模拟。在文章的第二部分，首先回顾有关能源补贴的现有研究；第三部分介绍能源补贴的计算方法；第四部分定量分析中国对化石能源和清洁能源的补贴规模；第五部分利用 CGE 模型，模拟能源补贴政策改变的宏观经济影响；最后是本文结论与政策建议。

二、对能源补贴的研究综述

对能源补贴的研究多集中在补贴规模。OECD（1992）估算政府每年的能源净补贴为 2350 亿美元，其中非 OECD 国家能源的净补贴为 2540 亿美元，OECD 的净税收为 190 亿美元。世界银行（1997）估算 20 个最大的非 OECD 国家的化石燃料补贴为 480 亿美元，OECD 为 100 亿美元。美国能源部（DOE）（1999）估算美国 1999 年的能源补贴为 62 亿美元，占能源生产总值的 1%，其中化石燃料占了近 50%。IEA（1999）估算 8 个最大的非 OECD 国家[①]在 1998 年的能源补贴为 950 亿美元，占整个非 OECD 国家的 60%。终端能源价格比市场价格低 1/5。EEA（2004）估计欧盟 15 国 2001 年的能源补贴总额为 292 亿欧元。其中：对固体燃料的补贴为 130 亿欧元，对油气的补贴为 87 亿欧元，对核能的补贴为 22 亿欧元，对可再生能源的补贴为 53 亿欧元。Stern 报告（2006）基于 2005 年数据，估算对化石能源的补贴为 1800 亿～2000 亿美元。用于低碳能源大约 330 亿美元，其中可再生能源 100 亿美元，核能 160 亿美元，生物燃料 60 亿美元。CSI（2009）估计了对生产侧的化石能源补贴为 1000 亿美元，主要集中在 OECD 国家，覆盖了 80% 的核电和可再生能源发电以及 2/3 的生物质燃料生产。IEA（2006）估计 2005 年 20 个最大的非 OECD 国家的能源消费补贴总额为 2200 亿美元，其中化石燃料补贴为 1700 亿美元。全球的能源补贴每年为 3000 亿美元左右，占 GDP 的 0.7%。化石燃料中，对石油产品的补贴最多，为 900 亿美元。IEA（2010）估计 2008 年对化石燃料消费的补贴为 5570 亿美元。其中，对成品油的补贴为 3120 亿美元，对天然气的补贴为 2040 亿美元，对煤炭的补贴为 400 亿美元。世界银行（2009）则估计一年对于生产和消费的化石能源补贴将近 7000 亿美元，约为世界 GDP 的 1%。可以看出，能源补贴额很大，而且发展中国家的补贴远大于发达国家。但补贴主要都是用于化石能源，对可再生能源的补贴的比例还比较小。

对于取消能源补贴的影响，IEA（1999）估计，如果取消最大的 8 个非 OECD 国家的能源补贴，一次能源消费和二氧化碳排放分别减少 13% 和 16%，8 国的经济增长率年均增

① 8 个国家为：中国、印度、俄罗斯、南非、印度尼西亚、伊朗、哈萨克斯坦和委内瑞拉。

加0.73%。OECD（2000）估计，如果取消全球用于降低工业和电力部门化石燃料使用价格的补贴，到2010年，全球二氧化碳排放减少6%以上。Saunders 和 Schneider（2000）利用GTEM模型研究表明：对于能源生产国，取消能源补贴，能源价格立刻上升，由此导致能源消费减少，能源出口增加。由于国际能源市场的供给增大，国际市场能源价格下降，其他进口国家的能源消费可能会增加（如欧盟）。但世界的总能源消费量将减少，二氧化碳排放也将减少。IEA（2010）分析得到：若在2011～2020年逐步取消对化石燃料消费的补贴，相比没有取消补贴的基准情景，全球的一次能源消费将减少5.8%，能源相关的二氧化碳排放将下降6.9%。

国内外对中国能源补贴改革的研究很少，国际上较全面的还是IEA（1999）的研究，但该研究迄今已有10余年。而国内学者对于中国能源补贴问题的研究大多集中于定性分析。庄贵阳（2006）指出中国节能和可再生能源政策的不足，需要改革能源补贴政策，为减排提供经济激励。庄幸（2006）提出在国家投融资体系中建立可再生能源专项资金，用于可再生能源的研究开发、技术推广、标准制定、投资补助、价格补贴和宣传教育等方面。张国兴等（2008）应用机制设计理论，研究了政府对秸秆替代燃煤发电的补贴策略。在能源补贴中，大多数学者都认为由于价格机制和补贴机制的缺陷导致了补贴的低效或无效，林伯强、蒋竺均等（2009）通过估计不同收入群体获得的电力补贴，说明了中国目前无目标的居民电力补贴机制缺乏效率和公平。由于能源是以富人消费更多为特征，因此大部分补贴最终流入到不需要补贴的高收入人群。而贫困人群获得的补贴却很少。虽然 Lin 和 Jiang（2010）初步估计了中国的化石能源补贴规模，但由于未考虑外部成本，低估了补贴数量及其宏观影响。

三、能源补贴的估算方法

（一）价差法

估计能源补贴，本文选择价差法（The Price－Gap Approach）估计中国的能源补贴。首先，价差法是目前接受和使用范围最广的估算方法。其次，中国的大部分补贴都是消费者补贴。价差法的理论框架由 Corden（1957）建立，其基本思想是对消费者的补贴降低了能源产品的终端价格，因此导致了比没有补贴时更多的消费。McCrone（1962）将其简单地运用于英国1962年的农业补贴。世界银行的 Larsen 和 Shah（1992）将其引入广阔的公共领域的研究，他们把价差和弹性相结合，估计了能源补贴的社会和环境成本。OECD（1998）采用价差法，分析了化石燃料自由贸易对环境的影响。IEA（1999）采取价差法分析了如果对8个国家取消能源补贴的影响。

但价差法也存在局限性：第一，价差法只能计算对终端能源消费价格的补贴，无法估算对生产者提高终端价格的补贴。而且，价差法只能估计各种能源补贴的净价格影响，因此价差法不能计算和政府政策有关的所有效率的损失。第二，我们的研究仅限于补贴的静态影响，它比较了给定情形下有与没有能源补贴的影响，而假定其他的保持不变。但事实上，如果取消能源补贴，经济中的很多因素都会随之发生改变的。可以肯定的是，取消能源补贴的动态影响可能会比静态的影响更大。它包括：价格透明度的增加，竞争增加引起效率的提高，技术进步，特别是对能源效率的改进等。价差法的局限性说明：我们的研究是低估而不是高估了能源补贴。因此我们的结果可以看作是能源补贴成本的下限（IEA，1999）。

（二）价差法的方法论

1. 确定终端消费价格①和基准价格②，计算价差 PG

PG = 基准价格 - 终端消费价格 （1）

2. 计算价差对能源需求的影响

取消能源价格补贴的影响取决于需求函数的形式。根据 IEA（1999），我们采用的需求函数是不变弹性需求函数。函数的表达式为：

$q = p^{1}$ （2）

对能源需求的影响可表示为：$\Delta q = Q_0 - Q_2$

其中：

$\ln Q_1 = \varepsilon \times (\ln P_1 - \ln P_0) + \ln Q_0$ （3）

Δq 表示取消能源补贴减少的能源需求；ε 表示长期需求价格弹性；P_0 和 Q_0 分别表示在取消价差前的能源价格和需求量；P_1 和 Q_2 分别表示取消价差后的能源价格和需求量。

四、中国能源补贴的估算

在 IEA（2010）和 Lin 和 Jiang（2010）的研究中，没有考虑能源消费过程中所产生的外部成本。但只有将外部成本内部化，才能反映燃料的真实价格。所以我们把能源消费产生的外部成本纳入基准价格中③，以 2007 年为基准年，估算在考虑外部成本的情况下，中国 2007 年对化石能源以及电力的补贴规模。

---

① 终端消费价格就是能源消费者实际支付的价格。

② 基准价格就是没有价格补贴时的有效价格，它等于消费最后一个商品的边际成本，反映的是国际竞争市场的商品交易价格或者长期边际生产成本（LRMC）。出口商品的基准价格 = 离岸价 + 国内的运费 + 增值税；进口商品的基准价格 = 到岸价 + 国内的运费 + 增值税；非贸易商品基准价格 = 生产成本 + 国内的运费 + 增值税。

③ 本文讨论的外部成本主要指使用过程中产生的外部成本。

(一) 各种燃料终端价格和基准价格

1. 原煤

在近30年的煤炭价格改革中，中国煤炭基本实现了市场化。但由于电价一直处于政府管制下，电煤的价格依然受政府干预，仍没有实现市场化。所以本文对煤炭的补贴重点分析的是对电煤的补贴。秦皇岛港作为我国最大的煤炭中转港口、北煤南运的主要通道的"主枢纽港"下水煤炭、出口煤炭均占全国沿海港口下水总量的40%以上。同时作为国内煤炭专线大秦铁路的终端口，因此秦皇岛地区的煤炭价格很大程度上能够反映全国的煤炭交易价格。在煤炭中，用于发电的主要是动力煤。因此电煤的代表性品种选择秦皇岛的动力煤乙。秦皇岛煤炭运输的主要航线有：秦皇岛—广州、秦皇岛—上海和秦皇岛—宁波。我们以这三地的平均运费①作为秦皇岛煤炭海运费，为94.6元/吨。

外部成本根据茅于轼等（2008）的估算，煤炭燃烧的外部环境成本为91.7元/吨（主要是生成的二氧化硫、氮氧化物等产生的，不包括生成二氧化碳的外部成本），再扣除部分目前通过排污费补偿（只针对 SO_2 征收）的部分得到煤炭燃烧的外部成本为79.1元/吨。

2. 成品油②

对成品油的补贴分为汽油、柴油、燃料油③。而且由于数据的限制，在计算中，各种成品油没有区分不同消费群体可能最终接受的价格不同，因此，我们假定：不同行业接受的最终消费价格是相同的，都是由国家发改委制定的零售价格。对于消费量中的进口部分，基准价格等于进口价格+税费+运输费（即到岸完税价④+运输费）；对于消费量中的国内生产部分，原则上是参考出口价格。但我们发现，2007年中国的汽油和柴油的出口价格甚至还低于国家发改委制定的消费价格。因此我们有理由相信：中国为了增加其出口产品在国际市场的竞争力，对出口部分也进行了补贴。如果此时还选择出口价格作为国内生产用于国内消费部分的基准价格是不合理的。因此我们选择国际市场价格作为参考的基础，参考价格等于国际市场价格+税费+运输费。目前，中国在上海期货交易市场存在燃料油期货。因此我们认为，国内燃料油的销售价格与国际市场价格一致，对燃料油的补贴主要是对进口部分的补贴。

美国国家研究所（The US National Research Council）（2009）估计了能源生产和使用的外部成本。结果表明汽油用于交通运输产生的外部成本平均为29.8美分/加仑，即

① 中国煤炭运输和销售协会。

② 本文没有计算煤油，一方面是因为煤油消费的品种多，价格差异大；另一方面煤油的消费相对较小。

③ 炼油行业内所谓的燃料油，是指一类专门用作各种类型工业燃烧设备（包括锅炉等）燃料的油品，它不包括汽油和轻柴油。燃料油主要由石油的裂化残渣油和直馏残渣油制成的，其特点是黏度大，含非烃化合物、胶质、沥青质多。燃料油有许多品种，但是就其多数而言，基本属于比较黏稠的重质燃料。

④ 到岸完税价 = {[（油价+运输保险费）×吨桶比×汇率×（1+关税税率）+消费税额]×（1+增值税率）+吨油港口费}÷品质比率。

809.9 元/吨[①]。

3. 天然气

目前，中国天然气多采用以成本加成法为主并适当考虑市场需求的定价方法。天然气的最终价格由出厂价、管输价和城市配气价组成。出厂价是全国统一价，管输价和城市配气价对于不同的气田、不同的管线、不同的城市，其价格就有所不同。

本文以天然气的国际价格作为国内生产部分的基准，选择的是美国 Henry Hub 的价格。2007 年，Henry Hub 天然气的价格是 6.95 美元/百万英热[②]，折合 1.89 元/立方米。目前国内对天然气的终端消费价格主要分为三类：民用、工业和公共事业。我们将根据分类分别计算。由于天然气价格各省的差异较大，我们选择全国 36 个城市的平均水平作为计算依据。2007 年，全国民用天然气的平均价格为 2.15 元/立方米。工业用天然气平均价格为 2.47 元/立方米；公共事业用天然气平均价格为 2.09 元/立方米[③]。

对于天然气使用的外部成本，根据美国国家研究所（The US National Research Council）（2009）的估计得到。

4. 化石燃料电力

中国的电价一直是根据历史水平以及需要的新增费用（燃料、建设、运营与维修成本以及规定利润的平均值）而行政性地决定。中国的电价有两个特点：第一，中国的整体电价水平低于发达国家；第二，工业电价高于居民电价，存在交叉补贴。终端电价包括上网电价、输配电价和政府性基金和附加。根据 2007 年电价执行情况监管报告，2007 年全国平均居民生活用电电价为 501.04 元/千千瓦时，大工业用电电价为 544.34 元/千千瓦时，非、普工业用电电价为 722.99 元/千千瓦时，商业用电电价为 881.95 元/千千瓦时。对于电力这种基本不对外交易的商品，基准价格反映的就是长期边际生产成本。电力是二次能源，根据林伯强和姚昕（2009），电力的消费可以看作不产生外部成本。

5. 清洁能源

我国清洁能源的上网价格同样都是由政府制定执行的。我国的水电价格稳定，全国平均上网电价为 0.25 元/千瓦时。作为对《可再生能源发电价格和费用分摊管理试行办法》关于可再生能源发电定价和费用分摊机制的补充，发改委 2009 年 7 月底最新发布的《关于完善风力发电上网电价政策的通知》，按风能资源状况和工程建设条件，将全国分为四类风能资源区，相应制定风电标杆上网电价。四类资源区风电标杆电价水平分别为每千瓦时 0.51 元、0.54 元、0.58 元和 0.61 元。根据国家发改委的公布，甘肃敦煌 10 兆瓦并网光伏发电厂的发电示范工程特许权项目，最终以每度电 1.09 元的价格中标。此后，国家能源局允许其他未中标的竞标方也可参与跟标，每家获得的份额为 10 兆瓦，核定的上网

---

① 1 美国加仑 =3.7854 升；在 25℃时，汽油密度为 0.739，1 吨汽油 =1353 升；柴油密度为 0.86，1 吨柴油 =1163 升。

② 数据来源：BP statistical review full report workbook，2008。

③ 数据来源：根据中经网经济统计数据库的天然气的月数据平均得到。

电价就是 1.09 元/千瓦时。根据《可再生能源发电价格和费用分摊管理试行办法》中关于可再生能源发电定价和费用分摊机制，由国务院价格主管部门分地区制定标杆电价，生物质能发电的电价标准由各省（自治区、直辖市）2005 年脱硫燃煤机组标杆上网电价加补贴电价组成，补贴电价标准为每千瓦时 0.25 元。另外，发电项目自投产之日起 15 年内享受补贴电价，运行满 15 年后取消补贴电价。核电的发电成本由运行费、基建费和燃料费三部分组成。核电站的运行费和火电站的差不多。基建费比较高，燃料费一般。我国的核电电价是一厂一价，有的采用分期建设，甚至是一机一价。其中，浙江秦山一期和二期、广东大亚湾核电站核电的上网电价均为 414 元/千千瓦时，江苏田湾核电站的上网电价为 455 元/千千瓦时。我们选择具有代表性的秦山和大亚湾核电站的上网电价。

清洁能源补贴计算中的基准价格我们选取清洁能源的发电成本。根据 21 世纪世界可再生能源网的报告（2005），对于大水电而言，其发电成本为 3 ~ 4 美分/千瓦时。对于装机容量为 1 ~ 20MW 的生物质电站的发电成本为 5 ~ 12 美分/千瓦时，并且这个发电成本在一定时间内将不会出现明显的降低。根据美国皮尤全球气候变化中心（2009）的最新研究报告，对于大于 1MW 装机的风力发电在 9 ~ 12 美分/千瓦时，依据资源条件不同而变化。其中，初始建造成本为 1900 ~ 2400 美元/千瓦，运营和维护成本为 1 美分/千瓦时。对于集中式太阳能热发电（Concentrating Solar Power，CSP）的成本为 24 ~ 29 美分/千瓦时，其中初始建造成本为 3800 ~ 4800 美元/千瓦，运营和维护成本为 3 美分/千瓦时。而对于规模大于 10MW 的太阳能光伏发电，发电成本为 28 ~ 42 美分/千瓦时，其中初始建造成本为 5000 ~ 7500 美元/千瓦，运营和维护成本为 1 美分/千瓦时。因此在同时考虑太阳能热和光伏发电时，其发电成本为 24 ~ 42 美分/千瓦时。美国的核电成本相对较低，根据 Energy Utility Cost Group 公布的数据显示：2007 年美国核电的发电成本为 2.866 美分/千瓦时，其中包括 1.832 美分/千瓦时的运营和维护成本，0.449 美分/千瓦时的燃料成本以及 0.585 美分/千瓦时的资本成本。

研究中我们还考虑了增加清洁能源发电对输电线的投资要求。根据 ERCOT（2008）研究，我们计算出单位风力发电量增加引起的电网投资为 1.215 ~ 1.979 元/千瓦时，总投资为 2134.05 亿 ~ 5454.63 亿元。我们暂时只考虑了增加风电需要增加的输电线路投资，如果考虑到因为风电的间歇性等对电力调度的影响，投资将更大。对于太阳能发电并网引起的额外输电线的投资，我们假定与风电一致。因此对于风能和太阳能发电，在成本中还要考虑这部分额外增加的成本。考虑这部分成本，风能和太阳能的实际成本将增加。

同化石能源一样，我们也考虑清洁能源发电的外部成本。我们综合了 OECD（2005），EEA（2006）等多种对各种能源发电外部成本估算的报告，各种能源发电的外部成本概括如表 2 所示。

表 2　各能源发电的外部成本

单位：欧分/千瓦时

	煤炭	石油	天然气	水电	风电	太阳能发电	生物质发电	核电
下限	4.1	4.4	1.3	0.4	0.1	0.6	1.2	0.2
上限	7.3	7.0	2.3	0.5	0.2	1.5	1.6	0.4

（二）中国各种能源需求的价格弹性

由于数据的限制，我们无法计算各种能源产品的交叉价格弹性，因此忽略各种能源产品间的交叉价格弹性。本文采用计量模型，分别估计了各行业对各种能源需求的价格弹性①，结果如表 3 所示。

表 3　能源需求的价格弹性

	需求的价格弹性		需求的价格弹性
煤炭		天然气	
发电	-0.529	居民	-0.310
成品油		工业	-0.584
居民	-0.230	电力	
交通	-0.269	居民	-0.158
工业	-0.193	工业	-0.600

注：对于终端消费部分的分类，我们在表中仅列出了消费量所占比例较大的几种最主要的类别。

虽然电力生产的来源不同，但最后都体现为标准的电流。因此消费者对各种清洁能源产生的电的弹性是一样的。

（三）对中国化石能源补贴估计

表 4　2007 年中国化石能源补贴估计

	补贴率（%）	补贴量（亿元）	占总补贴比例（%）	占 GDP 比例（%）	取消补贴减少的能源需求	减少的能耗（百万吨标煤）
煤炭	34.6	4162.2	37.01	1.67	286.2（万吨）	204.5
汽油	23.7	1274.1	11.33	0.51	349.5（万吨）	5.14
燃料油	32.1	557.1	4.95	0.22	299.4（万吨）	4.28
柴油	22.7	2407.5	21.41	0.96	764.9（万吨）	11.1
天然气	30.1	964.0	8.57	0.39	110.9（亿立方米）	14.7
火电	8.2	1881.9	16.73	0.76	484.7（亿千瓦时）	5.95
合计	—	11246.8	100.00	4.51		245.7

① 由于篇幅限制和估计的参数较多，本文仅列出了各燃料消费价格弹性的结果。计量模型的因变量都是燃料的消费量，自变量是影响消费量的因素，除了价格以外，不同用途的燃料其影响因素不同。如在交通用油中，就要考虑汽车保有量；在发电用煤中，考虑了发电量；在居民电力消费中，需要考虑居民的可支配收入。

通过表4可以看出，在考虑了各种能源的外部成本以后，2007年中国由于实行低价的能源政策导致的终端能源补贴的规模高达11246.8亿元，占当年GDP的4.51%。其中，对包括汽油、柴油和燃料油的成品油的补贴最多，为4238.7亿元，占当年GDP的1.69%。这是因为2007年国际油价持续增长，但国内油价的上调却相对滞后。其次是对煤炭的补贴，达到了4162.2亿元，占总补贴的比例为37.01%，占GDP的1.67%。这主要是因为电煤价格以及政府对运输能力的管制，煤炭价格实际是放而未开。对电力消费的净补贴达到了1881.9亿元，占总补贴的16.73%，占2007年GDP的0.76%。取消能源补贴，将减少能源消费245.7百万吨标准煤，约占2007年一次能源消费总量的9.25%。这表明取消能源补贴，价格的提高能促进能源利用效率的改善，从而减少能源的消费。

（四）中国清洁能源补贴估计

2007年，中国对清洁能源的补贴为53.79亿元①，这部分补贴是国家财政已经支付的。但如果要满足可再生能源的上网需求，特别是风电和太阳能发电，相比目前1年不到2亿的可再生能源发电电网接入补贴，对电网的投资将大幅增加，这必将增加清洁能源的发电成本。此外，清洁能源发电过程中产生的负外部成本也应纳入实际发电成本中。也就是说，目前对清洁能源的补贴并没有完全弥补所有的发电成本。清洁能源的完全成本包括生产成本、满足清洁能源发电对电网的新增投资成本和外部成本。为了完全弥补清洁能源的发电成本，需要的补贴规模见表5。

表5　2007年清洁能源发电的补贴估计

单位：亿元

	弥补所有成本需要的补贴	
	下限	上限
水电	—	—
风电	86.01	142.09
太阳能发电	0.29	0.52
生物质发电	27.10	38.48
核电	46.01	59.38
总计	159.41	240.47

如果要完全弥补清洁能源的发电成本，那么2007年对清洁能源的补贴将达到159.4亿~240.5亿元。这说明目前的补贴规模远不能弥补清洁能源的发电成本，对于鼓励清洁

① 对清洁能源的补贴主要是可再生能源电价附加资金补贴。可再生能源电价附加资金补贴包括可再生能源发电项目上网电价高于当地脱硫燃煤机组标杆上网电价的部分、公共可再生能源独立电力系统运行维护费用、可再生能源发电项目接网费用，以及纳入补贴范围的秸秆直燃发电亏损项目。

能源的发展作用是非常有限的。所以中国要提高清洁能源的发电比例，就需要进一步大幅度增加对清洁能源的补贴。在纳入所有成本后，由于水电的成本价格远远低于最终销售电价，所以对水电是没有补贴的。对风电的补贴最多，这主要是因为新增输电线投资主要是因为风电引起的。而生物质发电和核电的新增成本主要是外部成本的增加引起的。

五、能源补贴利用的宏观经济影响

根据前文的分析，中国的能源补贴量巨大，占整个社会 GDP 的 4.51%。能源补贴在增加财政负担的同时，还导致了过度的能源消费，从而导致污染排放增加，造成沉重的环境压力。目前中国能源补贴的改革已经刻不容缓。但由于能源补贴的涉及面广，取消能源补贴是否会对宏观经济产生影响？是什么影响呢？而且在中国，更多时候，作为宏观政策的方法，能源补贴被当作是解决部分社会问题的唯一路径。而事实上，能源补贴是实现某一社会政策的有效途径吗？是否还有更好的方法呢？为了解决以上的问题，本文以下部分将通过构建中国能源环境可计算一般均衡模型（CGE）①，模拟分析在取消能源补贴，及取消后将部分补贴进行再分配两种情景的宏观经济影响。

首先我们模拟了取消所有能源补贴之后的宏观经济影响，具体结果如表 6 所示。

表 6　能源补贴取消的宏观经济影响

单位：%

	GDP	就业	单位 GDP 能耗	CO_2 排放	SO_2 排放
变化率	-6.52	-5.86	-9.00	-10.66	-10.80

从表 6 可以看出，如果在取消补贴后，福利有较大幅度的下降，同时对宏观经济有负面影响。GDP 和就业将分别下降 6.52% 和 5.86%。对环境的影响均为负，即将减少环境的污染，单位 GDP 能耗将降低 9.00%。影响最大的是二氧化碳和二氧化硫的排放，将降低约 10%。这说明了对于中国这样的发展中国家，提高能源价格是改善能源效率和减少排放的一个关键因素。但由于目前中国正处于转型阶段，经济增加直接与社会发展和稳定紧密联系，由能源补贴改革导致的对 GDP 和就业等宏观经济变量的大的负面的冲击将成为一个现实的挑战。CGE 的模拟结果也证实了简单化的完全取消能源补贴并不是一项合理的政策，我们应该寻求更加完善的政策组合。

通过上文的分析看出，取消化石燃料补贴将减少 11246.8 元的财政支出，而完全弥补清洁能源发电还需要新增补贴投入。因此我们按完全弥补外部成本的清洁补贴数量，将部

① 本文采用的 CGE 模型由厦门大学能源经济研究中心开发构建。对模型的其他相关设定，参见姚昕和孔庆宝（2009）。

分取消化石燃料节省的资金投入到清洁能源部门。结果表明：将各种清洁能源的新增补贴投入到各清洁能源部门，对宏观经济有显著的正影响。而且投入越多，正的影响越大。由于计算的补贴增量是以区间表示，因此分为下限和上限的不同影响。具体结果见表7。

表7 增加清洁能源投入的宏观经济影响

单位:%

	GDP	就业	单位 GDP 能耗	CO_2 排放	SO_2 排放
下限	0.034	0.026	-0.075	-0.055	-0.017
上限	0.046	0.033	-0.099	-0.076	-0.023

当新增投入为下限时，GDP 和就业将分别增长 0.034% 和 0.026%，单位 GDP 能耗将降低 0.075%。对环境的影响均为负，即将减少环境的污染。二氧化碳和二氧化硫的排放将分别减少 0.055% 和 0.017%。当新增投入为上限时，即进一步增加清洁能源的投入，GDP 和就业将分别增长 0.046% 和 0.033%，单位 GDP 能耗将降低 0.099%。二氧化碳和二氧化硫的排放将分别减少 0.076% 和 0.023%。应该注意到，CGE 模拟中从化石能源部门转移到清洁能源部门的补贴数额不大，仅占化石能源补贴总额的 0.01% ~0.02%，随着转移的补贴数额的增加宏观经济影响会更加显著。

六、结论和政策建议

（一）本文的主要结论

本文以价差法定量分析了 2007 年中国对终端能源消费的补贴以及取消补贴的影响。分析表明：中国的能源补贴规模较大。2007 年，中国的化石能源补贴高达 11246.8 亿元，占当年 GDP 的 4.51%。而如果取消化石能源补贴，CGE 结果表明二氧化碳排放将减少 10.66%。由此也说明减少或取消化石能源补贴，是减少能源消费和二氧化碳排放的有效方法。

CGE 的模拟结果表明：简单取消化石能源补贴，对宏观经济有较大的冲击，GDP 和就业将分别下降 6.52% 和 5.86%。但如果同时将部分补贴投入清洁能源部门，对宏观经济有正影响，能抵消部门取消化石燃料补贴产生的负影响。对环境的影响较大，特别是对二氧化碳和二氧化硫的排放，而且单位 GDP 能耗也将下降。对清洁部门新增的补贴仅用于完全弥补清洁能源的发电成本，如果在此基础上，进一步增加对清洁能源的补贴，促进经济增长和就业，减少排放的效果将更加显著。

（二）本文的政策建议

本文的政策含义在于：能源补贴有其存在的合理性，但其也常常面临补贴过多和补贴方式不当等问题，其最终就是补贴的实际结果与最初设想的结果相去甚远，甚至相悖。发展中国家对化石能源的补贴就属于此类补贴，所以补贴机制的改革势在必行。对于中国这样正处于城市化进程加快，能源供需矛盾突出，环境恶化加剧，可持续发展受到威胁的发展中国家而言，更是如此。由于能源补贴涉及面广，而且改革最可能的直接影响就是推动能源价格的上涨，因此必须考虑能源补贴改革对经济、社会和环境可能带来的影响。简单取消能源补贴的做法并不可取。

政策制定者通常认为，取消能源补贴就等同于放弃社会政策目标。事实上，能源补贴是解决社会问题的一个方法，但并不是唯一的方法，有时也不是最优的方法。改革补贴可以通过更好的办法实现某一社会政策目标（如提高对贫困人群的服务水平），并且不会与其他社会目标冲突。比如改善社会保障系统，对于贫困人群来说，它比低能源价格可能更有效。事实也表明，取消能源补贴，利用减少或取消能源补贴而节省的资金，直接用于社会福利项目融资，包括直接增加收入、健康和教育投资等，不仅能促进经济增长和就业，还能显著降低单位 GDP 能耗和污染排放，能缓解经济、能源和环境之间的矛盾，促进社会的可持续发展，而且其成本也远远低于能源补贴。能源补贴改革并不是独立的，必须将其纳入一个更广泛的经济和社会改革中。能源补贴改革应该与财政改革和环境税改革齐头并进，建立更完善的能源税收制度。

增加清洁能源的补贴有重要的意义。一方面，能够拉动经济的增长，特别是新能源产业的发展，同时还能减轻环境压力。另一方面，发展清洁能源，能够降低煤炭等化石能源的消费，优化能源消费结构，降低对化石能源的依赖，提高能源安全。因此，清洁能源能缓解经济、能源和环境之间的矛盾，促进社会的可持续发展。

随着化石能源的严重消耗和日近枯竭，能源价格不断上涨，全球气候变化问题的严峻，大力发展风能、太阳能、生物质能等清洁能源日益迫切，制定合理有效的清洁能源价格和补贴机制是推动清洁能源发展的关键。不同类型清洁能源，由于技术发展水平和资源条件的不同，需要不同的定价和补贴机制。要综合考虑清洁能源发展对经济社会的影响，在获得清洁能源发展的好处时，尽量将其负的影响降到最低。按照国家发改委的规划从现在到 2020 年，清洁能源将有较大发展，利用化石补贴改革提供相应的清洁能源发展资金，将是一条可行之路。

参考文献

［1］林伯强，蒋竺均，林静．有目标的电价补贴有助于能源公平和效率［J］．金融研究，2009（11）．

［2］林伯强，姚昕．电力布局优化与能源综合运输体系［J］．经济研究，2009（6）．

［3］茅于轼，盛洪，杨富强等．煤炭的真实成本［M］．煤炭工业出版社，2008.

［4］吴利学．中国能源效率波动：理论解释、数值模拟及政策含义［J］．经济研究，2009（5）.

［5］姚昕，孔庆宝．中国能源综合运输体系及其宏观影响［J］．金融研究，2010（4）.

［6］张国兴，郭菊娥，席酉民．政府对秸秆替代煤发电的补贴策略研究［J］．管理评论，2008（5）.

［7］庄贵阳．能源补贴政策及其改革——为减排提供经济激励［J］．气候变化研究进展，2006（2）.

［8］庄幸．促进可再生能源发展的国家行动和政策［J］．环境经济杂志，2006（4）.

［9］Bumiaux , Martin and Oliveira Martins. The effects of existing distortions in energy markets on the cost of policies to reduce COZ emissions; Evidence from GREEN. Paris: OECD, 2008.

［10］Corden Max . The calculation of the cost of protection. Economic Record, 1957（33）: 29 – 51.

［11］ERGOT. Energy Reliability Council of Texas. ERGOT' s competitive renewable energy zone transmission optimization study. Austin: ERGOT, 2008.

［12］European Environment Agency（EEA）. Energy subsidies in the european union; A brief overview. Copenhagen: EEA, 2004.

［13］Global Subsidies Initiative. Achieving the G20 call to phase out subsidies to fossil fuels, policy brief. International Institute for Sustainable Development, Geneva, 2009（10）.

［14］IEA. World energy outlook. insights, looking at energy subsidies: Getting the prices right. Paris: OECD, 1999.

［15］IEA. World energy outlook. Paris: OECD, 2006.

［16］IEA. Energy prices and taxes; quarterly statistics. OECD Publishing, 2010.

［17］Larsen Bjorn, Shah Anwar. World foeail fuel subsidies and global carbon emissions. World Bank Working Paper WPS 1002, Washington, DC, 1992.

［18］Lin Boqiang, Bang Zhujun. Estimates of energy subsidies in China and impact of energy subsidy reform. Energy Economics, Forthcoming, 2010.

［19］McCrone Gavin. The economics of subsidising agriculture: A study of british policy. Allen and Unwin, London, 1962.

［20］National Research Council of the National Academies. Hidden costa of energy: Unpriced consequences of energy production and use, 2009.

［21］OECD. Environmental effects of liberalising fossil fuels trade; results from the OECD green model. Unclassified Document No. COM/TD/ENV（2000）38/FINAL Paris: OECD, 2000.

[22] OECD. Environmentally harmful subsidies; challenges for reform. Paris: OECD, 2005.

[23] Organization for Economic Development and Cooperation (OECD). Improving the environment through reducing subsidies. Paris: OECD, 1998.

[24] Renewable Energy Policy Network for the 21 st Century. Renewable 2005 Global Status Report, 2005.

[25] Saunders M., Schneider K. Removing energy subsidies in developing and transition economics. ABARE Conference Paper, 2000.

[26] Stern N. The economics of climate change: The stem review. Report to the Cabinet Office, HM Treasury. Cambridge: Cambridge University Press, 2006.

[27] The Pew Center on Global Climate Change. Wind and Solar Electricity: Challenges and Opportunities, 2009.

[28] United Nations Environment Programme (UNEP) and IEA. Energy subsidy reform and sustainable development: challenges for policymakers. Background Paper, 2002.

[29] United States Department of Energy (DOE) /Energy Information Administration (EIA). Federal energy market interventions 1999: primary energy. Washington D. C.: US DOE/EIA, 1999.

[30] World Bank. Expanding the measure of wealth; Indicators of environmentally sustainable development. Washington D. C.: World Bank, 1997.

[31] World Bank. World development report. Washington D. C.: World Bank, 2009.

The Reform of Subsidies for Fossil Energy Can Support the Development of Clean Energy

Yao xin Jiang Zhujun Liu Jianghua

(China Energy Economic Research Center of Xiamen University)

Abstract: Energy subsidy is a form of government intervention resulting in a deviation of actual energy price from a specified benchmark price. Energy subsidies have important implications for sustainable development through their effects on energy use, efficiency and the types of fuels that are used. With the consideration of the external cost in the process of energy consumption, this paper applies the price – gap approach to estimate the Chinese energy subsidies in 2007. The results indicate that Chinese energy subsidies are equivalent about 4. 51% of GDP in 2007, of which oil produces subsidies were the majority, subsequently was the coal and electricity sector.

However, the subsidies to the clean energy are relatively small, which could not support the generation cost. The quantitative analysis of CGE model shows that removing energy subsidies will result in decreasing energy demand and emissions significantly, but will have large negative impacts on macroeconomic variatiles. If imputing a certain proportion of the subsidy savings to encourage clean energy development, there will be a positive impact on macroeconomy variables and benefit sustainable development.

Key Words: energy subsidies; price - gap approach; macroeconomic impact

如何在保障中国经济增长前提下完成碳减排目标*

林伯强　孙传旺
（厦门大学中国能源经济研究中心）

【摘要】2009 年中国政府提出了 2020 年的碳强度目标，该目标是以保证经济增长为前提的。预测结果显示，2020 年单位 GDP 二氧化碳排放量较 2005 年可以下降 43.5%，这与政府的低碳目标基本吻合。对中国而言，保持较高的经济增长速度，同时意味着能源消费和二氧化碳排放的增速也较高。未来一段时期，提高能源效率是减少碳排放的主要途径。能源强度的改善有利于全要素生产率的提高，对经济增长同样具有拉动作用。城市化进程不会减缓，但可以为政府促进减排提供机会。中国的低碳经济转型战略应以节能为主、发展清洁能源为辅。

【关键词】经济增长；碳强度指标；能源效率

一、引　言

在“十一五”规划中，中国政府提出，2010 年单位国内生产总值（单位 GDP）能耗（能源强度）在 2005 年的基础上下降 20%。2009 年 11 月，国务院首次发布了中国的减排目标，承诺到 2020 年，单位 GDP 的碳排放（即碳强度）在 2005 年的基础上下降 40% ~45%。能源强度是指，一国在一定时期单位 GDP 所消耗的能源量，通常以吨标煤/万元产值来表示。一定 GDP 所消耗的能源使用量的减少（即节能），或者一定量的能源生产出更多的 GDP，都代表着能源强度的改善①。但能源强度指标主旨在于，为满足经济发展提供稳定和可持续的能源供给量。碳强度计算的是，一国在一定时期内二氧化碳排放量与单位 GDP 的比，以吨二氧化碳/万元产值，或吨碳/万元产值来表示。碳强度指标既受能源效率影响，也受能源结构的影响，涉及能源质量问题，比如，清洁能源在能源结构中

---

* 本文选自《中国社会科学》2011 年第 1 期。

作者简介：林伯强，厦门大学中国能源经济研究中心教授；孙传旺，厦门大学中国能源经济研究中心博士研究生。

① 本文中的节能是指，在相同能源消费的情况下，提供更多的产品或服务的行为。在保证相同产出的前提下，提高能源效率等于节能。因此，与传统节能概念不同，文中的节能包括一个相对量的概念，而不仅仅是绝对能源使用量的减少。

的比例等。与能源强度一样，碳强度也与经济增长相关。这与发达国家的碳减排有根本区别，发达国家的碳减排是绝对量的减排，而中国的碳减排是与 GDP 相关的相对量减排。

中国目前处于城市化、工业化快速发展阶段，主要特征是经济增长速度快、能源需求增长快且具有刚性、能源结构以煤为主。中国采用碳强度作为减排目标，是符合这一经济发展阶段性特征的。作为发展中国家，经济发展对现阶段的中国至关重要。碳强度目标与经济增长直接相关，达到某个碳强度目标，可以通过减少碳排放、增加 GDP 或两者同时进行来实现。因此，如何完成中国的碳强度目标，既是能源总量和能源结构的问题，也是经济增长的问题。

本文通过分析中国经济增长的影响因素，对经济增长函数进行时变参数估计，预测未来十年中国经济增长的趋势。在此基础上，研究中国至 2020 年的碳排放及其影响因素。最终考察在保证经济增长的前提下，中国是否可以完成承诺的碳强度指标，并提出相关政策建议。

二、2020 年中国经济发展预测

（一）模型与数据描述

我们采用索洛增长模型，同时根据王小鲁等和 Fleisher 等的研究结果①，将模型设定为：

$$Y_t = A_t K_t^{\alpha} H_t^{\beta} \tag{1}$$

其中：Y 是总产出，K 是物质资本存量，H 是人力资本存量，常数 A 表示技术发展水平，α 是平均物质资本产出份额，β 是平均人力资本产出份额。本文将产业结构、城市化水平以及能效水平引入模型，作为影响全要素生产率变化的解释变量。模型（1）扩展成为以下形式：

$$Y_t = A_0 e^{r_1 \circledR IS_t + r_2 \circledR UR_t + r_3 \circledR EE_t} K_t^{\alpha} H_t^{\beta} \tag{2}$$

其中：t 表示年份。总产出 Y 采用各年《中国统计年鉴》的 GDP 数据，运用 GDP 平减指数调整为 1952 年不变价，下同。物质资本存量 K，采用永续存盘法，根据张军等的估计方法计算得到②。人力资本存量 H，用不同受教育水平的劳动力数量乘以受教育年限

① 王小鲁，樊纲，刘鹏．中国经济增长方式转换和增长可持续性［J］．经济研究，2009（1）；B. Fleisher, Haizheng Li and Min Qiang Zhao, Human Capital, Economic Growth, and Regional Inequality in China. Journal of Development Economics, 2010, 92（2）：215 – 231.

② 张军，吴桂英，张吉鹏．中国省际物质资本存量估算：1952 ~ 2000［J］．经济研究，2004（10）．

加总得到，2007 年之前数据来源于王小鲁等的研究，2008 年数据为笔者更新①。IS 表示第二、第三产业比重之和，即非第一产业的比重。直观上看，第一产业比重下降对 GDP 具有正向的影响。UR 表示城市化率的变化。根据各国发展经验，城市化进程加快将促进经济增长。EE 为能效水平变量。一般而言，EE 对经济的作用是正向的，即能效水平越高，对经济的贡献越大。另外，提高能效需要更多的投入，必须付出一定的经济代价，如果这一代价大于拉动效应，那么提高能效的短期作用可能会使经济增长速度减缓②。r_1、r_2、r_3 分别为全要素生产率（Total Factor Productivity，TFP）三个影响变量的系数。

本研究采用 1952～2008 年的时间序列数据，共 57 个样本点。数据均来自于历年《中国统计年鉴》、《新中国五十五年统计资料汇编（1949～2004）》以及中经网统计数据库。

（二）经济增长影响因素的固定参数估计

我们将模型（2）两边同时取对数，得到以下方程：

$$\ln Y_t = C + \alpha \ln K_t + \beta \ln H_t + r_1 IS_t + r_2 UR_t + r_3 EE_t + \varepsilon_t \quad (3)$$

对模型（3）的初步回归结果表明其存在序列相关，本文采用了 ARMA（1，1）方法校正。为了检验规模报酬不变的假设，即 $\alpha + \beta = 1$，我们利用了 Wald 检验方法，结果如表 1 所示。

表 1　模型（3）Wald 检验结果

原假设	F 统计量	P 值
$\alpha + \beta = 1$	0.651	0.424

$P > 0.1$ 表明在 10% 的显著性水平上，不能拒绝原假设，即证实了规模报酬不变。因此可以将模型（3）转换为：

$$\ln(Y_t/H_t) = C + \alpha \ln(K_t/H_t) + r_1 IS_t + r_2 UR_t + r_3 EE_t + \varepsilon_t \quad (4)$$

运用 ADF 方法检验数据的平稳性，结果表明，以上时间序列在 5% 的显著性水平上均无法拒绝存在单位根的零假设。进行一阶差分后，所有序列均平稳，说明它们是 I（1）一阶单整序列。对模型（4）残差序列的 ADF 单位根检验结果显示，在 1% 显著水平下，残差序列不存在单位根，避免了非平稳时间序列可能存在的伪回归偏差，以上变量满足协整关系。即从长期来看，物质资本、人力资本、产业结构、城市化水平与能效水平能够稳定影响 GDP。

$$\ln(Y/H) = \underset{(-6.41)}{-4.116} + \underset{(5.34)}{0.396} \ln(K/H) + \underset{(3.80)}{0.019} IS + \underset{(2.45)}{0.049} UR + \underset{(2.90)}{0.029} EE$$

① 王小鲁，樊纲，刘鹏．中国经济增长方式转换和增长可持续性［J］．经济研究，2009（1）．

② 陈诗一．节能减排与中国工业的双赢发展：2009～2049［J］．经济研究，2010（3）．

$\overline{R^2} = 0.985$　　　　　　DW = 1.754

括号内为 t 统计量。以上结果表明所有变量系数符号都显著，同时 DW 统计量显示，模型不存在自相关。其中 $\alpha = 0.394$，$\beta = 0.606$，物质资本的弹性约为 0.4，表明 1952 ~ 2008 年，物质资本增加 1% 能够拉动 GDP 约 0.4% 的增长。而产业结构优化、城市化水平提高、能效水平改善对生产率和 GDP 均有正向的拉动作用。从贡献程度上看，在近 20 年里，TFP 进步成为仅次于物质资本积累的经济增长第二动因。在改革开放前，产业结构的调整是促进生产率提高的主要原因。而伴随城市化进程的加快，城市化水平对 TFP 的贡献在近十年最为明显①。尽管能效水平对 TFP 的贡献率整体影响还很小，但"十一五"规划纲要对能效提出了约束性指标，确定单位 GDP 能耗比"十五"规划期末下降 20%，表明发展经济的同时重视节能减排已经成为未来经济可持续发展的重要方面。我们将 GDP 的拟合值与真实值进行比较（见图 1），发现除了个别年份的波动比较大，其他年份估计值均接近真实值。因此通过模型（4）拟合的情况与真实经济情况较吻合，解释力度较好。

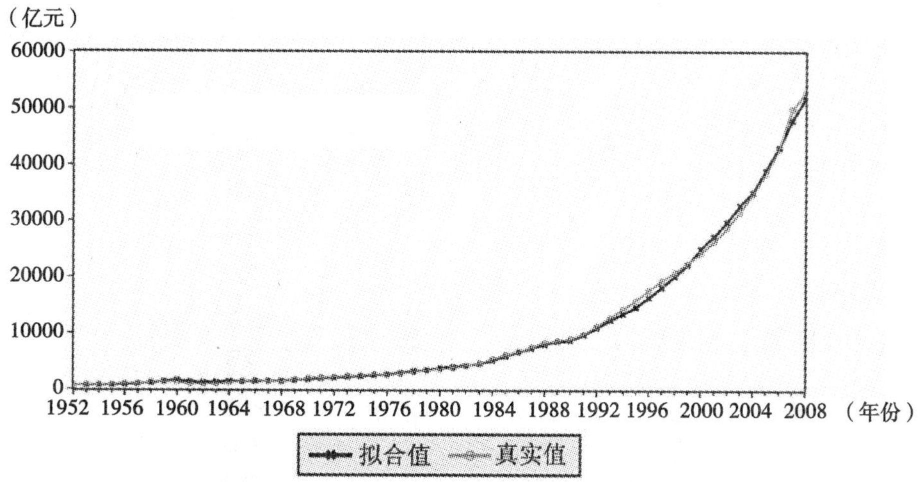

图 1　1952 ~ 2008 年中国国内生产总值真实值与拟合值对比

资料来源：相关年份的《中国统计年鉴》。

（三）经济增长的时变参数分析

在有关中国经济增长的研究中，不同学者对生产函数参数（尤其是物质资本的产出弹

---

① 改革开放前城市化率的增长速度为每年 0.23 个百分点，而近十年这一速度提高到了 1.23 个百分点，相当于平均每年有约 1600 万人口从农村向城市转移。根据历年《中国统计年鉴》和《新中国五十五年统计资料汇编（1949 ~ 2004）》相关数据计算。

性）的设定观点不一①，但基本都是采用固定参数的计量方法。在分析中国经济增长的动因和贡献度时，我们沿用此法，得到1952～2008年的平均物质资本产出弹性约为0.4。考虑到改革开放以来，政策、制度和国内外经济环境的变化，物质资本、人力资本以及其他变量同经济增长之间的参数关系也会随之变化。而固定参数计量方法一般只能表现出静态或者平均的变化规律，无法表现出不同时期由于不可观测原因而产生的变量之间的动态变化关系。为了揭示变量之间的这种变化关系，我们在本部分进一步采用可变参数模型，利用卡尔曼（Kalman）滤波方法，基于状态空间模型（State Space Model）对生产函数的一系列参数的时变情况进行动态研究。

我们将模型（4）改写，构建中国经济增长动因分析的时变参数模型。其中信号方程为：

$$\ln(Y_t/H_t) = c_1 + sv_{1t}\ln(K_t/H_t) + sv_{2t}IS_t + sv_{3t}UR_t + sv_{4t}EE_t + v_t \tag{5}$$

参数sv_{1t}、sv_{2t}、sv_{3t}、sv_{4t}是随时间而变化的，可以表现出解释变量随着时间的变迁对经济增长的影响。

状态方程表示为：

$$sv_{1t} = \phi_1 sv_{1t-1} + u_{1t} \tag{6}$$

$$sv_{2t} = \phi_2 sv_{2t-1} + u_{2t} \tag{7}$$

$$sv_{3t} = \phi_3 sv_{3t-1} + u_{3t} \tag{8}$$

$$sv_{4t} = \phi_4 sv_{4t-1} + u_{4t} \tag{9}$$

状态方程采用一阶自回归过程AR（1）形式。模型中五个扰动项v_t、u_{1t}、u_{2t}、u_{3t}和u_{4t}被假定均值为0，方差一定，而且相互之间不相关。

由于新中国成立初期（20世纪五六十年代）国内外环境和制度均不稳定，导致估计结果在这段时间的较多年份出现较明显的异常值。因此我们选择改革开放后30年（1978～2008年）经济增长过程中各变量参数变化情况进行讨论（见图2）。

物质资本的产出弹性由1978年的0.66开始逐年下降。根据边际报酬递减规律，一种要素相对稀缺性下降，将导致该要素的产出弹性下降。在改革初期，由于资本积累速度达到年均11.2%，是改革前的1.6倍，因此物质资本的产出弹性下降幅度很大。在物质资本积累速度不断加快的同时，人力资本的增长速度在近20年来却呈下降趋势，因此物质资本的产出弹性会相对降低，近十年稳定在0.4左右。物质资本产出弹性的变化走势也反映出我国近30年的经济增长主要是由资本投资拉动的。

产业结构调整对TFP的影响系数呈现出一种U形的变化趋势。改革开放初期，第一产

---

① G. C. Chow, Capital Formation and Economic Growth in China [J]. The Quarterly Journal of Economics, 1993, 108 (3): 809－842; 张军，施少华. 中国经济全要素生产率变动：1952～1998 [J]. 世界经济文汇，2003 (2); Yan Wang and Yudong Yao, Sources of China s Economic Growth 1952－1999: Incorporating Human Capital Accumulation [J]. China Economic Review, 2003, 14 (1): 32－52; 王小鲁，樊纲，刘鹏. 中国经济增长方式转换和增长可持续性 [J]. 经济研究，2009 (1); 张帆. 中国的物质资本和人力资本估算 [J]. 经济研究，2000 (8); 郭庆旺，贾俊雪. 中国全要素生产率的估算：1979～2004 [J]. 经济研究，2005 (6).

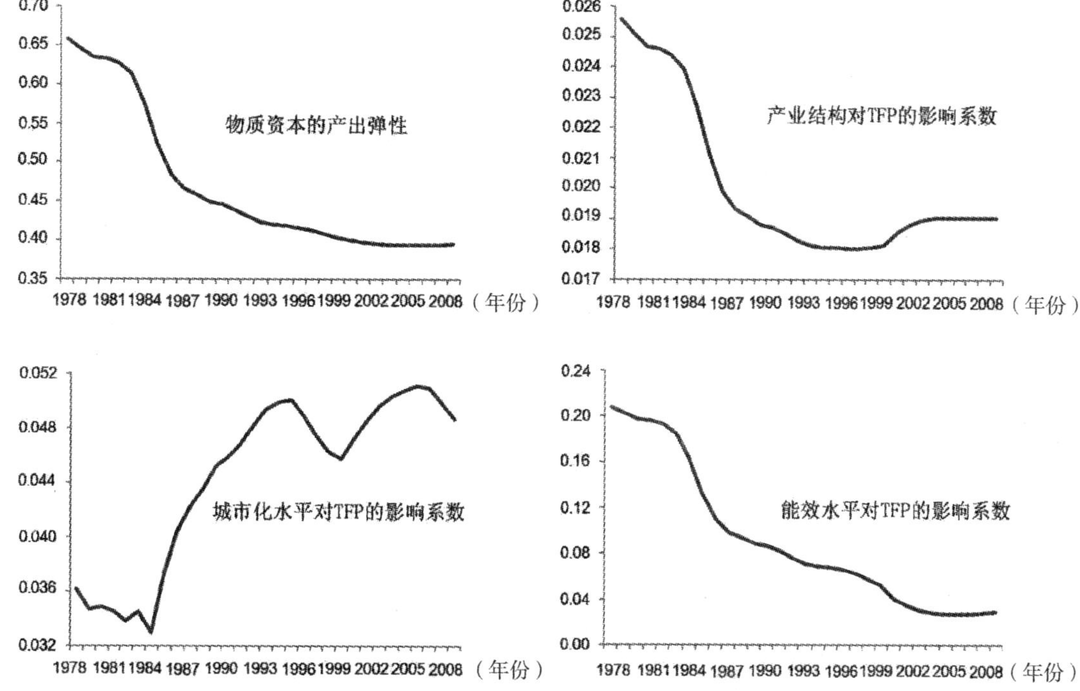

图 2　经济增长时变参数分析结果

业比重为 30% 左右，之后这一比例迅速下降，1993 年农业比重已经降到了 20% 。在农业比重下降较快的 15 年里，资源配置集中于效率更高的第二、第三产业，使得这一时期产业结构调整对 TFP 的影响系数也是相对较大。1998 年之后，基础设施（包括交通、能源等）的建设加强，同时随着开放步伐的加快，中国承接国际分工取得了工业的进一步发展，外贸顺差增大。这使得产业结构对 TFP 的影响再次得到了提高。

城市化水平变化对 TFP 的影响系数总体上呈现上升的趋势。改革开放初，城市人口不到 20% ，城市化进程相对也较缓慢，对整体经济的拉动作用还不明显。而在 1985 年之后，城市化速率明显加快，这一时期城市化对 TFP 的影响系数明显提高。经济活动聚集在城市中具有明显的技术外溢作用，同时城市化有利于物质资本与人力资本的积累和协作，促进分工，扩展市场，优化资源配置。1995 年之后，城市化对生产率的影响系数处在一个较高的水平。城市化的顺利推进是未来中国经济增长中重要的结构变革因素①。能效水平对 TFP 的影响系数逐渐缩小，说明中国在节能减排上做出努力的同时也付出了一定的经济代价。节能减排可能并不一定有利于提高经济增长率，因为改善能效需要增加投资和提高成本，这会使产品价格升高，降低其在市场中的相对竞争力。实际上，能效提高的意义涉及一个短期与长期、政策与市场的问题。研发节约稀缺性资源的技术，需要的前期投资较

① 中国经济增长与宏观稳定课题组．城市化、产业效率与经济增长［J］．经济研究，2009（10）．

大，在市场机制运作下短期内经济性难以体现。如果政策能够给予足够的引导与扶持，使节约资源的技术比相对耗费资源的技术更有优势，那么节约资源技术会迅速替代其他耗费资源技术，成为市场的主体。因此长期来看，能效的不断提高对经济的拉动作用会进一步增强。从影响系数符号上看，改革开放以来，能源效率提高的整体效应仍是正向的，而且2004年之后，影响系数有逐渐增强的趋势。这说明近年来一系列淘汰落后产能、推动节能减排等政策对经济增长与生产率提高均具有较好的效果。

综合时变参数的分析结果，改革开放以来，物质资本、人力资本以及其他变量对经济增长的影响系数存在着较明显的变化。人力资本与城市化的影响系数上升，而物质资本、产业结构与能效水平的影响系数则逐渐下降并趋于稳定。

（四）未来10年中国经济增长预测

考虑到未来中国经济运行将面临复杂的内外部环境，我们将从物质资本、人力资本、产业结构、城市化水平和能效水平五个方面，采用情形分析法对不同阶段中国经济发展的前景进行模拟预测。我们设定三种情形：基准情形、高速情形与低速情形。其中基准情形是以过去和当前的发展规律为基础，并根据当前的变化趋势进行延伸。具体设定见表2。

表2 基准情形各解释变量增长率的设定

	2009~2010年	2011~2015年	2016~2020年
物质资本积累程度	15.0%	14.0%	12.0%
人力资本积累速度	2.4%	2.2%	2.0%
产业结构	2020年非第一产业比重为92%		
城市化水平	2020年城市化率达到60%		
能效水平	2015年单位GDP能耗比2010年下降14% 2020年单位GDP能耗比2015年下降12%		

注：要素的积累速度是该阶段的平均速度。

物质资本和人力资本在2001~2008年的平均增长速度为15%和2.4%。有研究显示，中国工业化将在2020年前后基本实现①。同时考虑到未来优化要素积累型的增长方式以及大规模固定资产更新，我们设定了要素积累的速度②。这与王小鲁等对要素增长率的假设基本一致③。产业结构的变化趋势根据发达国家（美国、日本、英国、法国、德国等）在

① 陈佳贵等．中国工业化进程报告——1995~2005年中国省域工业化水平评价与研究［M］．社会科学文献出版社，2007.

② 林毅夫，苏剑．论我国经济增长方式的转换［J］．管理世界，2007（11）．

③ 王小鲁，樊纲，刘鹏．中国经济增长方式转换和增长可持续性［J］．经济研究，2009（1）．

工业化阶段的第一产业结构比重的变化程度来进行设定①。城市化率根据麦肯锡全球研究院的报告估计②。能效水平依据中国历史产业结构与能源强度变化情况，并参考发达国家在工业化后期能效水平演化规律进行设定，该设定与林伯强和杜立民的设定基本一致③。其他两个情形分别以基准情形为参照系，高速情形假设相对乐观的发展趋势，而低速情形则更多考虑了经济运行的不确定因素。

表 3　2009 ~ 2020 年经济增长率预测

单位:%

	2009 ~ 2015 年	2016 ~ 2020 年
高速情形	9.1	8.0
基准情形	8.4	7.0
低速情形	7.5	6.0

基于三种情形的预测结果显示（见表 3），在基准情形下，2020 年之前中国经济仍将保持较快发展，2005 ~ 2020 年均保持 8.3% 的增长速度。其中，2009 ~ 2015 年为 8.4%，2016 ~ 2020 年为 7.0%。从增长动因分析，在不同情形下，TFP 对经济增长贡献的变化最大。以基准与高速两种情形为例，高速情形的 TFP 对经济增长的贡献度要比基准情形平均高出约 0.7 个百分点。换句话说，尽管三种情形设定的要素积累速度有差异，但是这种差异并不是影响增长率变化的关键因素，对未来经济增长率起主要作用的是生产率的进步。

三、经济增长对二氧化碳排放的影响

中国在改革开放的前 20 年，二氧化碳排放量仅上升了 2.1 倍，平均每年以 3.8% 的速度增加，小于同期的经济增长速度④。从 2000 年开始，工业化与城市化进程加快，能源需求平均每年以 10.2% 的速度增长，导致了二氧化碳排放量的大幅度上涨⑤。本部分分析二氧化碳排放的影响因素，预测 2020 年中国的二氧化碳排放量；并通过敏感性分析，讨论重工业比重、城市化水平以及能效水平变动对二氧化碳减排的影响。进一步讨论在满足经济快速发展的条件下，中国如何完成承诺的 2020 年的减排目标。

① 根据世界银行数据库，中等收入国家（人均产值在 1000 ~ 10000 美元）第一产业比重在 6% ~ 11%。中国正处在由中低收入国家向中高收入国家转变的过程中。在工业化完成之前，第二产业仍为主导。

② 麦肯锡全球研究院．迎接中国十亿城市大军［R］．麦肯锡全球研究院研究报告，2008 (3).

③ 林伯强，杜立民．我国能源效率的影响因素及“十二五”节能潜力估计［D］．厦门大学中国能源经济研究中心工作论文，2009.

④ BP：Statistical Review of World Energy.

⑤ 中华人民共和国国家统计局．中国统计年鉴（2010).

（一）二氧化碳排放的影响因素分解

为了分析二氧化碳排放的影响因素，我们引入 Kaya 恒等式①。

$$C=\frac{GDP}{P}\cdot\frac{E}{GDP}\cdot\frac{C}{E}\cdot P \tag{10}$$

其中：C 表示二氧化碳排放量，P 表示总人口，E 表示能源消费。通过 Kaya 恒等式，我们可以从人均 GDP（GDP/P）、单位 GDP 能耗（E/GDP）、能源碳强度（C/E）和人口（P）四个层面解释影响二氧化碳排放量的驱动因素。借助 Ang 的对数平均迪式分解法（Logarithmic Mean Divisia Index，LMDI），对所有因素进行无残差分解，将 0 时期到 T 时期的二氧化碳排放的变动量表示成为各个解释变量贡献份额的线性表达式②。

$$\Delta C=\Delta C_G+\Delta C_S+\Delta C_I+\Delta C_P \tag{11}$$

其中：ΔC 表示二氧化碳总变动量，ΔC_G 表示人均 GDP 变化对二氧化碳总变化的贡献，ΔC_S、ΔC_I 和 ΔC_P 分别表示单位 GDP 能耗、能源碳强度以及人口总量变动的贡献。

$$\Delta C_G=L(C_T,\ C_0)\cdot\ln(G_T/G_0) \tag{12}$$

$$\Delta C_S=L(C_T,\ C_0)\cdot\ln(S_T/S_0) \tag{13}$$

$$\Delta C_I=L(C_T,\ C_0)\cdot\ln(I_T/I_0) \tag{14}$$

$$\Delta C_P=L(C_T,\ C_0)\cdot\ln(P_T/P_0) \tag{15}$$

其中：T 和 0 表示 T 时期与 0 时期，G、S、I 和 P 分别表示人均 GDP、能源强度、能源碳强度和人口总量。$L(A,\ B)=(A-B)/(\ln A-\ln B)$③。

对以上四个贡献因素进一步分解，将产业结构、城市化水平、能效水平与能源消费结构等因子引入恒等式，可以更直观地解释二氧化碳排放量变动的原因。由于篇幅有限，我们仅以 ΔCG 为例，对人均 GDP 的贡献进行分解。

$$\frac{GDP}{P}=\sum_n\frac{GDP_n}{P_n}\cdot\frac{P_n}{\sum_n P_n}=\sum_n W_n\cdot U_n \tag{16}$$

其中：n 表示人口结构，n=1，2（1 表示城市人口，2 表示农村人口）。U_n 可以表示城市人口或农村人口占总人口的比例，代表城市化因素。而 W_n 表示城市或农村人均 GDP，代表收入因素。根据 Ang 提出的分解法进一步分解④。

$$\Delta C_G=\Delta C_W+\Delta C_U=\frac{\Delta G_W}{\Delta G}\text{®}\,\Delta C_G+\frac{\Delta G_U}{\Delta G}\cdot\Delta C_G \tag{17}$$

---

① Y. Kaya. Impact of Carbon Dioxide Emission Control on GNP Growth: Interpretation of Proposed Scenarios. Intergovernmental Panel on Climate Change Response Strategies Working Group, 1989.

② B. W. Ang. Decomposition Analysis for Policymaking in Energy: Which is the Preferred Method? . Energy Policy, 2004, 32 (9): 1131-1139.

③ B. W. Ang, F. Q. Zhang and Ki-hong Choi. Factorizing Changes in Energy and Environmental Indicators through Decomposition. Energy, 1998, 23 (6): 489-495.

④ B. W. Ang. The LMDI Approach to Decomposition Analysis: A Practical Guide. Energy Policy, 2005, 33 (7): 867-871.

$$\Delta G = \Delta G_W + \Delta G_U$$
$$= \sum_n L\ (\theta_{nT},\ \theta_{n0}) \cdot \ln\ (W_{nT}/W_{n0}) + \sum_n L\ (\theta_{nT},\ \theta_{n0}) \cdot \ln\ (U_{nT}/U_{n0}) \qquad (18)$$

$$\theta_n = W_n \cdot U_n \qquad (19)$$

其中：ΔC_W 和 ΔC_U 分别表示影响二氧化碳变动的收入因素和城市化因素，ΔG 是人均收入总变化量，ΔG_W 和 ΔG_U 分别表示收入因素和城市化因素产生的人均收入的变化。

同理，对 ΔC_S 和 ΔC_I 进行分解之后，式（11）可以表示为：

$$\Delta C = \Delta C_W + \Delta C_U + \Delta C_E + \Delta C_Y + \Delta C_C + \Delta C_P \qquad (20)$$

其中：ΔC_E、ΔC_Y 和 ΔC_C 分别表示影响二氧化碳变动的能源强度因素、产业结构因素和能源消费结构因素①。

（二）2020 年二氧化碳排放量预测及影响因素分析

根据前文对未来经济增长的基准预测，在保证中国 2020 年基本实现工业化与城市化的情况下，意味着 2005～2020 年中国将保持年均 8.3% 的经济增长率。同时，在该基准情形下，产业结构、城市化率与能源水平也必须满足一定约束。换句话说，按照基准情形，中国经济能保持较快经济增长，并且在 2020 年基本实现工业化与城市化的目标。

通过我们对二氧化碳的增量进行分解，2005～2020 年的排放增量可以用六个因素进行解释。为保持研究的一致性与连续性，我们继续沿用表 2 的相关设定，这意味着该设定保证了 2005～2020 年 8.3% 的经济增长速度。对于 2020 年人口数的预测，我们利用中国人口信息网数据②。能源结构以林伯强和蒋竺均有规划约束情形下的一次能源消费结构为基础进行设定③。能源消费结构调整对二氧化碳排放的影响，在林伯强等的文章中已经做了详细论述，因此本文不再继续讨论能源消费结构变化对排放的影响④。本文重点考察在前文中纳入经济增长模型的变量，即产业结构、城市化水平与能源效率对二氧化碳排放量的影响。

关于产业结构中各产业比重的设定，我们参考了 20 世纪中后期一些国家的发展经验。在基准情形下，我们设定 2020 年第三产业比重基本同第二产业持平⑤。重工业比重参考何晓萍等的研究⑥。

---

① 根据各种化石能源的碳排放系数基本不变的假定，单位碳排放系数影响为 0，因此能源消费结构因素与能耗碳强度的贡献是相等的。人口总量变动的贡献无须分解，因此等同于人口增长因素。

② 中国人口信息网，http：//www.cpirc.org.cn/tjsj/tjsj_cy_detail.asp？id＝1422.

③ 林伯强，蒋竺均．中国二氧化碳的环境库兹涅茨曲线预测及影响因素分析［J］．管理世界，2009（4）．

④ 林伯强，姚昕，刘希颖．节能和碳排放约束下的中国能源结构战略调整［J］．中国社会科学，2010（1）．

⑤ 这与陈佳贵等的研究结论类似。陈佳贵等．中国工业化进程报告——1995～2005 年中国省域工业化水平评价与研究．

⑥ 何晓萍，刘希颖，林艳苹．中国城市化进程中的电力需求预测［J］．经济研究，2009（1）．

表 4　二氧化碳排放的基准情形设定

	情形描述
GDP 增长率	2009～2015 年：8.4%；2016～2020 年：7.0%
人口总量	2020 年达到 14.3 亿
城市化率	2020 年达到 60%
能效水平	2015 年单位 GDP 能耗比 2010 年下降 14% 2020 年单位 GDP 能耗比 2015 年下降 12%
产业结构	2020 年一产 8%，二产 46%，三产 46%；重工业比重 65%
能源结构	煤：65.0%；石油：14.5%；天然气：5.5%；其他：15.0%

按基准情形的设定，我们得到在保证 2005～2020 年年均 8.3% 的经济增速下，中国 2020 年二氧化碳排放量为 103.9 亿吨，较 2005 年增长了约 48 亿吨。该结果与林伯强和蒋竺均利用协整方法与马尔科夫模型预测的结果较接近①。进一步计算碳强度指标，结果表明，2020 年单位 GDP 二氧化碳排放量较 2005 年可以下降 43.5%，这与政府的碳减排目标基本吻合。

考虑到一方面情形设定与未来现实的情况可能存在误差，另一方面政策的调整可能会对某些变量产生影响，从而影响对 2020 年二氧化碳排放的预测。因此我们就 GDP 平均增速、重工业比重、城市化率以及能效水平的变化程度进行敏感性分析，研究这些变量略微调整对二氧化碳减排产生的影响。

根据基准情形的设定，2005～2020 年 GDP 年均增速为 8.3%，2020 年重工业比重为 65%，城市化率达到 60%。同时 2010～2015 年能源强度下降 14%，2015～2020 年能源强度下降 12%，即 2020 年较 2010 年累计下降约 24%。我们在此情形设定的基础上，假设其他变量保持不变的情况下，略微调整以上某个变量，进行单变量的敏感性分析，重新预测 2020 年二氧化碳的排放量（见图 3）。

通过二氧化碳排放量对 GDP 增速的敏感性分析，可以看出，2005～2020 年 GDP 的平均增速从 8.3% 下降至 8.2%，对二氧化碳减排将产生正面的影响，可以减少约 1.4 亿吨排放，而经济增长速度的提高则将导致二氧化碳排放的增加。若增速达到 8.4%，2020 年二氧化碳排放达到 105.1 亿吨。重工业比重的变化，对二氧化碳排放也将造成一定的影响，2020 年重工业比重从 65% 下降到 64%，可以减少二氧化碳排放 0.7 亿吨，如果上升到 66%，将增长二氧化碳排放 0.6 亿吨。若结构调整的力度较大，使得重工业的比重下降到 60%，那么 2020 年的二氧化碳排放量可以控制在 100.6 亿吨左右。而重工业比重保持在 2008 年 70% 水平的话，排放将上升至 107.2 亿吨。通过比较可以看出，产业结构因素中重工业比重调整的作用相当明显。基准情形下，产业结构因素的碳减排贡献为 5.5 亿吨，而重工业比重仅调整 1 个百分点的减排贡献就可以达到 0.7 亿吨。基准情形中 2020 年城市化率设定为 60%，如果达到 61%，将增加排放 0.9 亿吨，而下降到 59%，将减少

① 林伯强，蒋竺均．中国二氧化碳的环境库兹涅茨曲线预测及影响因素分析［J］．管理世界，2009（4）．

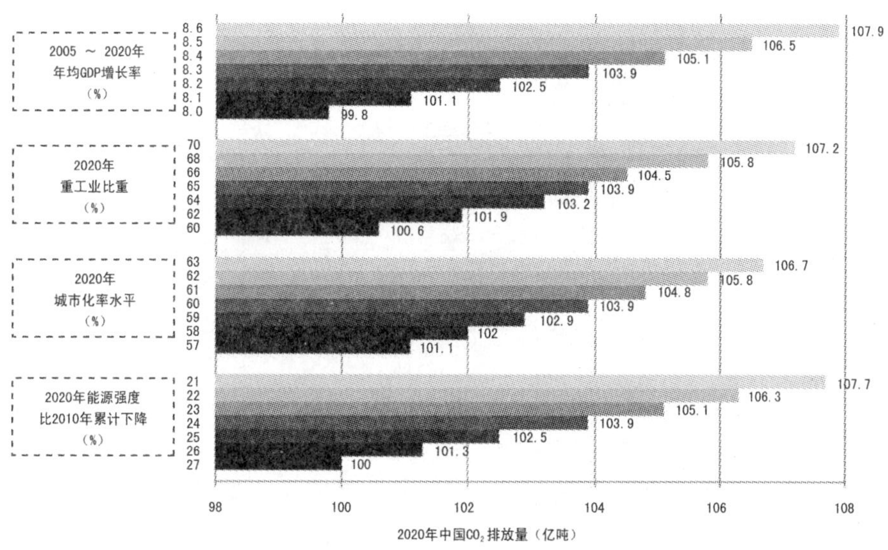

图3　基准情形下2020年二氧化碳排放量的单变量敏感性分析

排放1.0亿吨。大致上看，在其他变量固定不变的情况下，城市化比重在60%附近上升和下降1%，对排放的影响在1亿吨左右。能效水平变化程度是除了GDP之外的三个变量中最敏感的。如果2020年的能源强度比2010年累计多下降1个百分点，可以减少二氧化碳排放量1.4亿吨。反之，若能源强度上升，也将导致排放量较大幅度的增加。综合比较以上敏感性分析结果可以发现，优化影响因素导致的碳排放量下降幅度往往要略大于反向变化时的排放增加量。

由于不同变量之间可能存在交叉效应，有必要进一步分析两个变量同时变动的情形①。我们分别讨论经济增长率与能源强度、重工业比重与城市化率两对变量的变化对二氧化碳排放量的影响（见图4）。第一，对变量的变动满足经济增长速度快就很难兼顾效率的客观发展规律。2005～2020年GDP年均增速提高至8.6%，同时2020年的能源强度比2010年累计下降21%，将增加基准情形下2020年碳排放约8亿吨。而重视能源效率并适当减缓经济增速，将对碳减排产生积极的影响。第二，对变量的变动满足中国工业化与城市化共同推进的阶段性特点。结果显示，城市化进程与重工业化进程加快，将导致碳排放的增加。而适当减缓城市化速度并调整工业结构，可以减少二氧化碳排放约6亿吨。

根据前文对经济增长的分析，除了基准情形，对于未来中国经济运行还存在高速情形与低速情形。我们同样采用LMDI的方法，计算出高速情形与低速情形下，2020年中国二氧化碳的排放量。高速情形下2005～2020年GDP平均增长率为9.0%，2020年二氧化碳排放总量为120.4亿吨。低速情形下2005～2020年GDP平均增长率为7.5%，2020年二

① 由于两个变量同时变动的敏感性分析假设情形比较多，基于篇幅考虑，我们主要选择其中两种有代表性的情况进行重点讨论。

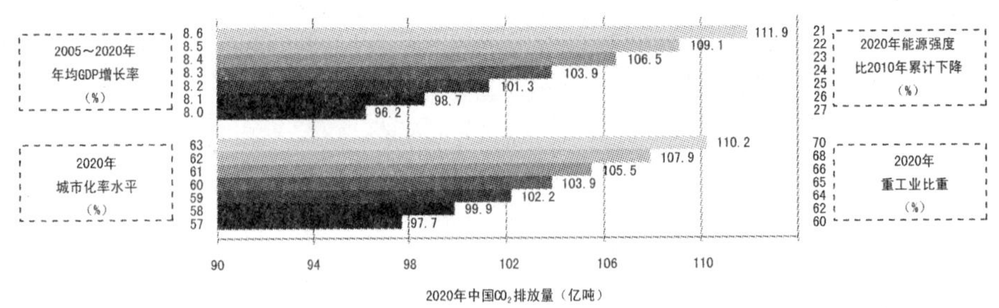

图 4　基准情形下 2020 年二氧化碳排放量的双变量敏感性分析

氧化碳排放总量为 90.8 亿吨。

我们进一步研究二氧化碳增量的影响因素，从收入因素、城市化因素、能源强度因素、产业结构因素、能源消费结构因素与人口增长因素六个方面进行分解（见图 5）。通过图 5 可以看到，收入因素、城市化因素与人口增长因素对二氧化碳排放增量有正向作用，能源强度因素、产业结构因素与能源消费结构因素对增量具有负向的影响。三种情形都显示，收入因素对二氧化碳排放增量的影响是最大的，这表明经济增长率越高，二氧化碳排放量增长得越快。城市化因素对二氧化碳排放增量的作用也很明显，在基准情形下将增加二氧化碳排放 15 亿吨，而高速情形下城市化对增量的贡献达到 20 亿吨。对增量起到最显著负向作用的是能源强度因素。在基准情形下，通过能效的改善可以减排约 29 亿吨二氧化碳，即使在低速情形下，这种碳减排影响也可以达到 26 亿吨。这表明，通过运用先进的节能技术替代落后产能的方式来实现碳减排，是发展低碳经济较有效的一种途径。

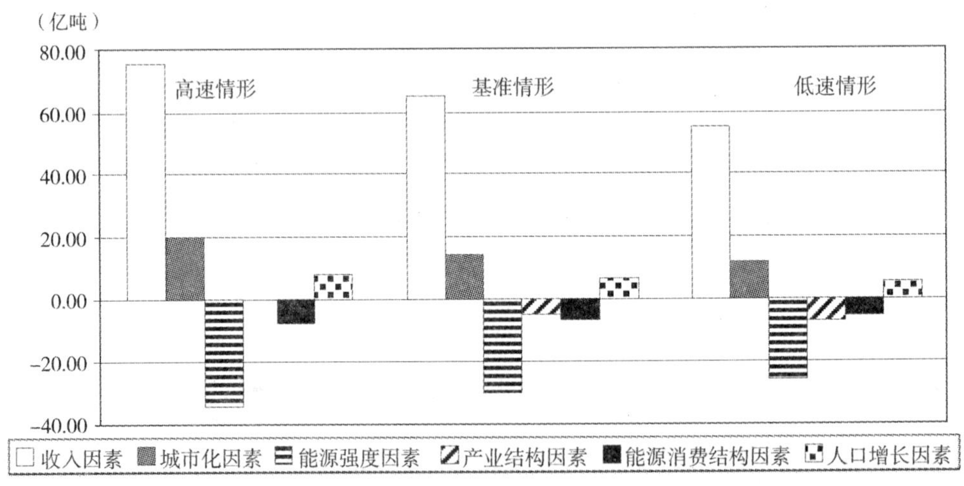

图 5　不同增长情形下二氧化碳排放增量分解

优化能源消费结构，特别是提高非化石能源在一次能源中的比重对碳减排的贡献，在

基准情况下可以达到接近7亿吨二氧化碳。产业结构因素在三种情形中的差异较大，基准情形下对碳减排的贡献为5.5亿吨，约是能源强度因素的1/5，这与王灿等的研究结果基本一致①。低速情形下产业结构因素的贡献为7.5亿吨，而高速情形下还不到1亿吨。三种情形结果的对比表明，中国现阶段经济增长速度和增长特征不利于碳减排。

（三）如何在保障经济增长的前提下完成减排目标

根据三种经济增长情形下的二氧化碳排放总量，我们发现，经济增长速度越快，二氧化碳排放总量越大。基准情形下，在保证中国2020年基本实现工业化与城市化的前提下，中国需要8.3%的增长速度，同时碳强度目标也可以实现。而高速情形与低速情形下，2020年单位GDP二氧化碳排放量比2005年分别下降40.6%和44.7%（见表5）。由于三种情形分别都对产业结构、能源效率以及能源结构施加了一定约束（从图5看，无论哪种情形，三种因素对减排的贡献都超过40亿吨），因此从目标完成情况上看，40%~45%的碳强度目标基本都能实现，说明政府承诺的碳强度目标区间的合理性。但是从绝对量上看，高速情形的排放量却要比低速情形高约30亿吨，这一数量相当于欧盟15国2007年的排放量。另外，对比三种情形的碳强度目标完成情况，低速情形比高速情形的完成效果更好。这表明经济增长的速度不仅与二氧化碳排放量呈反向关系，同时与碳强度之间也存在反向关系。将经济增长的重心放在考虑增长速度的时候，就很难兼顾效率，导致增长的方式往往会偏向于粗放，忽视对经济结构的调整。这进一步表明，增长方式的选择将决定减排目标的完成情况。换句话说，必须是一种有约束、有目标的经济增长，才能实现2020年的减排目标。例如能源强度的约束，根据国家发展和改革委员会2010年3月的统计，2009年较2005年末能源强度降低了14.4%，距离“十一五”的目标还有一定距离。降低能源强度需要淘汰落后产能，需要技术和资金的投入，我们在三种增长情形中都设定了未来10年的能源强度目标，就是对未来经济增长的一种约束。同样，产业结构和能源结构的调整也是经济增长的约束。而减排目标则是在满足一系列约束情况下的经济增长中实现的。

表5 不同增长情形下的经济增长与碳强度目标

	高速情形	基准情形	低速情形
2005~2020年平均GDP增长率（%）	9.0	8.3	7.5
2020年二氧化碳排放量（亿吨）	120.4	103.9	90.8
2020年比2005年碳强度下降比重（%）	40.6	43.5	44.7

① 王灿，陈吉宁，邹骥．基于CGE模型的CO_2减排对中国经济的影响［J］．清华大学学报（自然科学版），2005，45（12）．

根据图5，我们发现能源强度、能源结构和产业结构的调整，对减排目标的实现起到了积极的意义。同时结果还表明，无论在何种情形中，能源强度因素都是减排最重要的因素。而产业结构调整的作用却相对较小，这是由中国正处于工业化与城市化快速发展阶段、对高耗能产业的刚性需求所决定的。因此，在保证经济增长的前提下实现碳减排，节能应该是一个主要手段。

四、结论和政策建议

2009年中国政府对国际社会承诺，到2020年单位GDP碳排放在2005年基础上下降40%~45%，这是以保障经济增长为前提的碳减排目标。以此为背景，本文系统而深入地研究了中国经济增长和二氧化碳排放的主要影响因素，并在此基础上提出，在保证中国经济增长前提下如何完成碳排放目标的政策建议。

本文首先采用索洛增长模型，引入产业结构、城市化率与能效水平等带有经济发展阶段性特征的变量，分析中国经济增长的推动因素，同时借助状态空间模型，动态考察各解释变量对经济影响系数的变化趋势。结果说明，中国经济仍将保持较快增长速度，2005~2020年GDP的平均增长率为8.3%。

其次，通过因素分解，我们从收入、城市化、能源强度、产业结构、能源消费结构和人口增长六个方面考察二氧化碳排放量的变化情况。分析表明，按基准情形2020年中国将排放二氧化碳103.9亿吨，而高速增长情形与低速增长情形下的碳排放量分别是120.4亿吨和90.8亿吨。收入是导致现阶段碳排放增加的主要因素，城市化因素的作用次之①。

能源强度因素具有最明显的碳减排作用。而就产业结构因素看，现阶段经济发展（即城市化和工业化进程）不利于中国减排二氧化碳。基准情形下对变量的敏感性分析表明，能效水平变化对二氧化碳排放的影响最为明显，说明中国以往的节能政策需要坚持并深化。

结合经济增长和碳排放分析，我们的结论是：2020年单位GDP二氧化碳排放量较2005年可下降43.5%，这与政府的低碳目标基本吻合。进一步对可能出现的不同经济增长率进行情景分析，也验证了政府承诺的碳强度目标区间的合理性。如果政府有意识地加大改变能源结构的力度，减少煤炭在能源消费总量中的比例，中国有望在2020年超额完成承诺的低碳目标。

据此，我们提出中国的低碳转型战略以及相关的政策建议。

第一，客观认识目前经济增长和能源现状。中国目前的经济增长、能源消费和碳排放带有很强的阶段性特征。我国面临的许多经济和发展问题，如高耗能、高排放、粗放式经

① 虽然方法不同，本研究的结果与现有的一些研究得出的结论基本一致。

济增长、重工化经济结构、能源效率比较低等，都是与中国现阶段的高速经济增长相对应的。如果至 2020 年中国仍保持较高的经济增长速度，能源消费也需要保持较高的增长速度，那么，提高能源效率将是一个减少碳排放的主要途径。

第二，政府的低碳政策路径。工业化、城市化发展阶段具有经济增长快和能源需求刚性特征，同时中国面临着二氧化碳排放约束，中国现阶段经济发展需要兼顾和平衡这两个方面。我们的研究结论说明，政府可以利用政策去鼓励提高能效和引导产业结构的优化，通过节能来减少碳排放。能源强度的改善还将有利于全要素生产率的提高，对经济增长同样具有拉动作用。这样，减少碳排放和增加 GDP，都有利于完成低碳目标。

第三，我们不能减缓城市化进程，但可以利用城市化进程。城市化是发展中国家从低收入转变为中等收入国家的必由之路。从现在到 2020 年，中国将基本完成城市化过程，这是中国经济发展、进入中等收入国家行列的一个关键时期。因此，中国的城市化进程不会中断，但是，我们可以使城市化进程成为节能减排的机会，因为城市能源消费是全球碳排放的主要来源。同时，城市化进程也是生活方式选择的过程，有为政府的政策引导和合理的城市发展战略与规划，可以带来更为低碳的城市生活方式。

第四，中国的低碳转型战略。低碳可以通过节能也可以通过改变能源结构来实现。一般来讲，改变能源结构，主要是减少化石能源（煤炭）在能源总量中所占的比例，这会推高能源成本，从而对经济增长产生负面影响。而本文的研究结果说明，在城市化和工业化进程中，能效水平提高对 TFP 的影响越来越大，对经济增长率的正面影响也越来越大。本文的研究结果还说明，节能具有最明显的碳减排作用。因此，中国现阶段的低碳经济转型战略应该是以节能为主，发展清洁能源为辅。那么，配合中国现阶段低碳经济转型的能源战略调整，也必须以节能为主、发展清洁能源为辅。

第五，低碳转型战略的宏观措施。按照“十一五”能源强度指标的处理方式，“十二五”规划可能需要把碳强度约束指标分配到各个省。与“节能为主，发展清洁能源为辅”的低碳转型的战略相一致，“十二五”规划可仍然以能源强度指标为主，同时设立相应的碳强度目标。

预期原油供给威胁与外部价格传导*
——一个液态生物质能源缓解能源安全危机的视角

许庆　范英
（上海财经大学财经研究所）

【摘要】本文建立一个以燃料乙醇为例的理论模型及分析框架，分别分析在短期和长期市场出清情况下，过分依赖国际原油输入条件下的经济安全隐患。研究表明，原油依赖将造成经济风险，要实现我国经济可持续发展，可以通过大力发展燃料乙醇产业，调节能源结构，改变过分依赖传统汽油的局面，从而达到缓解国际原油波动影响和保障民生的目的。

【关键词】能源供给；能源价格波动；燃料乙醇

一、引　言

中国的经济持续增长伴随着能源消耗的同步增加，在我国能源消费结构中，原油占到总量的20%左右，它与电力构成能源体系中两大主要能源类型。近年来，高增长下的中国通过大量进口石油，保证经济快速发展。2010 年，我国原油表观消费量首次突破 4 亿吨，而进口原油达 2. 39 亿吨，对外依存度已经突破 50%。我国国内原油产能已经接近饱和，对国际原油输入的依赖越来越大，这将导致我国面临能源供给和能源价格安全的双重压力。为了缓解能源供给安全压力，国家已经在海外积极拓展油田投资和开发，着力解决原油供给问题。但是，现阶段国际形势为我国原油的海上运输蒙上了一层阴影，以日本、韩国及其外围列岛构成的我国外海第一岛链①，若出现政治动荡，会对石油海运造成阻隔之势。马六甲海峡是我国航海贸易运输的主要咽喉，从该海峡运输的石油占总进口石油的4/5以上（马晓宇等，2007），而美国在东南亚（特别是泰国）的势力渗透更是试图掐住马六甲海峡这个国际海运的咽喉，若遭遇紧张国际形势，中国的原油输入障碍将直接影响能源安全和国民经济运行。另外，我国没有国际石油的定价权，大量原油输入国内，其价格传导效应将十分明显，国际原油价格的居高不下将会影响国民经济运行的成本，甚至可

* 本文选自《世界经济文汇》2011 年第 4 期。

① 第一岛链是指北起日本群岛、琉球群岛，中接台湾岛，南至菲律宾、大巽他群岛的链形岛屿带。

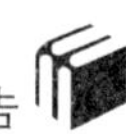

能会引起通货膨胀。

能源从供给和价格两个方面对经济造成影响。一方面，能源的充足供给保证经济稳定发展。龚志民（2006）从可持续发展角度出发测算了能源缺口下的中国经济；东部地区能源与经济之间的互动机制基本形成（于全辉和孟卫东，2008），能源缺口一旦出现，将直接导致我国经济增长的重点区域的产出减少。能源缺口对产业的影响程度不一，能源密集型产业较非能源密集型产业更易受到供给影响（Lee 和 Ni，2002），所以，我国以劳动密集型和能源密集型产业为主的产业结构对能源的依赖程度理应引起我们的警觉。赵涛等（2009）利用嵌入能源消费的 CD 函数模型，推导并实证研究了能源与经济增长之间相互依存、相互影响的辩证关系，再次验证了能源作为基础要素投入的重要性。另一方面，能源作为工业产出的基础性原料，其价格波动将通过生产成本反映在价格体系的各个层面。Davis 和 Haltiwanger（2001）通过分析油价波动对创造就业和失业的影响，发现石油价格和货币政策造成的失业作用要比创造就业的作用大得多。林伯强和王锋（2009）研究了能源价格上涨对我国一般价格水平的影响，指出各类能源价格上涨导致指数上涨幅度最大的是 PPI 和 GDP 平减指数，并可能引起成本推进型的通货膨胀。

在国际能源价格出现波动和全球能源供给紧张的局面下，众多学者将目光转向液态生物质燃料的发展。然而中国发展液态生物质燃料的必要性一直存在争议，争议的焦点在于：第一，生物质燃料是否是缓解原油安全威胁的唯一途径；第二，全面发展生物质燃料是否会导致对耕地资源配置的影响；第三，全面推广生物质燃料是否会影响使用燃料的机械设备的技术改进或者替换问题；第四，生物质燃料较传统能源是否具有优越的成本收益率。明确回答上述问题是后续研究的重要前提。

首先，石油产品（汽油和柴油等）是交通运输和动力机械的能源，不能被煤炭直接替代，电力替代（如电动汽车）的可能性从短期来看也不高。这是因为：液态能源的发动机已经广泛深入社会生活，通过液态质的生物质燃料替代具有较好的可持续性，巴西、美国和欧盟等国家和地区的生物质燃料利用给出了很好证明。目前巴西的汽车均使用 100% 生物乙醇或 22% ~25% 的混合乙醇汽油；欧盟出台政策规定将生物柴油使用混合比例到 2020 年提高至 10%；美国更是通过立法明确了燃料乙醇作为替代燃料的社会地位（曹俐和吴方卫，2010）。上述各国的生物质燃料产业的发展，一方面充分发掘了当地的资源禀赋（如巴西甘蔗含糖量居世界首位，美国的玉米产量世界第一），另一方面在生物质燃料的技术研发方面有重要成果。反观中国，国民经济处于快速发展阶段，对燃料的需求将持续一段时间，因此通过各类能源作物的生产来提炼生物燃料存在可行性。

其次，中国液态生物质燃料，特别是燃料乙醇的原料已经过渡到非粮食作物的阶段，即通过边际土地的开发避免“与粮争地”问题的出现。2007 年出台的《可再生能源中长期发展规划》中也明确提出不再增加以粮食为原料的燃料乙醇生产能力，合理利用非粮食生物质原料生产燃料乙醇，提出扶持以木薯、甘薯、甜高粱等为原料的燃料乙醇技术。在这个前提下，中国液态生物质燃料的发展不会对有限耕地的配置造成负面影响。

最后，发展液态生物质燃料的可能影响属于外部性范畴。液态生物质燃料在生产和利用过程中的正负外部性并存。正外部性包括：在能源安全约束和经济持续增长背景下，当石油供给出现缺口时，生物质燃料弥补汽油和柴油所带来的经济溢出，表现在对整体经济的促进、对资本和劳动要素合理配置的优化和吸纳农村剩余劳动力的贡献；非粮能源作物种植、原料搜集和燃料利用过程，生物质燃料具有在固碳释氧、保持水土、温室气体减排等方面的生态溢出效应。而负外部性指的是生产液态生物质燃料过程中的能源消耗以及燃料推广使用过程中的成本，甚至包括原料种植对生态环境的可能影响。对上述问题的既有研究还没有明确结论，特别是对外部性问题涉及的研究不多。但是从宏观经济层面分析，中国正处于能源需求的关键阶段，增长对中国而言十分重要。虽然液态生物质燃料的生产成本较传统能源没有优势，甚至略高于传统能源，表面上不具有竞争力，但由于液态生物质燃料发展存在外部性，发生了市场失灵现象。只要清醒认识影响生物质燃料产业市场失灵的真正原因，充分分析该产业对社会经济作用的机理，厘清正外部性和负外部性的综合影响，通过政府补贴等手段，就可以达到既能弥补能源缺口又能健康发展液态生物质燃料产业的目的，而国外生物质燃料利用较好的国家就是良好例证①。

众多学者也对液态生物质燃料的社会经济影响做了研究。中国的能源安全和粮食安全因石油价格和生物原料将受到国际市场波动的影响（Yang 等，2008），寻求发展新的生物质燃料原料将十分必要，同时能够给供给不足的汽油提供有益的补充。发展非粮液态生物质燃料能够避开可能的“与粮争地”和“与人争粮”困境。张锦华等（2008）通过构建燃料乙醇的行为分析框架，分析了短期和长期动态均衡下的生物能源发展对粮食安全的影响，并给出通过开发非粮食原料来补充能源供给缺口和避免粮食安全的建议。王子博（2009）利用历史数据构建潜在产出测算模型，认为液态生物质燃料（燃料乙醇和生物柴油）作为汽油或柴油的替代品，对缓解能源缺口具有重大意义。章辉和吴方卫（2009）通过对未来汽油市场的供给情况的预测，分析模拟了我国发展燃料乙醇对我国能源安全和经济发展的影响，得出燃料乙醇对缓解汽油需求和保障经济可持续增长具有一定作用的结论。上述研究从不同层面分析了液态生物质燃料发展的可能影响，但是较少将液态生物质燃料乙醇的补充对原油供给和原油价格波动同时联系起来。

液态生物质燃料产业发展正外部性中的经济溢出是值得关注的话题，特别是对经济增长的影响不容忽视。为此，需要准确分析发展燃料乙醇对我国能源供给不足和价格波动的潜在威胁缓解机理进行梳理。同时，当我国面临因能源供给不足造成的产出不足以及因价格传导引致的成本推进型通货膨胀时，燃料乙醇的补充途径如何？对其研究具有指导性意义。本文首先分析目前中国能源结构与国际能源价格对中国的影响，进而建立一个以燃料

① 2009 年，美国燃料乙醇产量突破 2000 万吨油当量，巴西也突破 1300 万吨油当量，欧盟的生物柴油产量在 2010 年为 2200 万吨，而中国的燃料乙醇仅有 100 万吨左右，生物柴油则更少。

乙醇为例的理论模型及分析框架，基于原油供给不足和原油价格过度波动所引起的国民经济影响，并结合我国液态生物质燃料产业的实际状况，回答生物质能源的发展对国家能源安全、国民经济的影响及可能的解决路径。

二、中国燃料乙醇产业发展必要性的现实依据：能源结构与价格冲击

（一）能源结构、原油对外依存度与燃料乙醇利用现状

1990年以来，中国的GDP从4.5万亿元增长至2009年的34万亿元以上①。在这个过程中，能源消费总量也呈现同趋势增长。1990年全国能源消费总量仅为9.7亿吨标准煤，而到2009年已经超过30亿吨标准煤。从增长速度分析，历年GDP增速一直维持在8%以上，并于1992年和2007年前后达到高位。相对而言，能源增长速度的波动较为明显，整体呈现波浪形曲线。在1999年前后的能源消耗增速一度下降至原点，随后于2005年前后达到高位，在2008年国际金融危机后下滑势头较为明显。

中国能源消费的绝对数量一直不断增加，而能源消费结构长期以来没有发生根本性变化。原煤比重远远高于其他能源，一直维持在70%左右。原油的消费比重仅次于原煤，平均维持在20%左右。其余能源的比重与前两类能源差距明显。

中国原油消费数量不断上升，2009年达到3.8亿吨。中国原油国内产量一直维持在较为稳定的水平，较大幅度提升国内产能很难实现。因此，随着中国经济的发展，对原油需求剧增，从国际进口原油成为主要选择。例如，2003年中国原油净进口量超过1亿吨，到2009年已经突破2亿吨，对外依存度已经高达53%。在煤炭和电力充分自给的情况下，中国原油供给出现了不容忽视的危机。居高不下的能源强劲需求以及无法逆转的原油大量进口，导致中国的经济增长面临能源供给安全问题。

燃料乙醇是汽油的有益补充，而中国的燃料乙醇产量2008年仅为102万吨油当量②，2009年仍然维持在这个水平，但是汽油的消费量在2008年已经达到6145万吨，是燃料乙醇总量的60倍左右，明显的能源结构差异反映出中国燃料乙醇产业整体规模不足的状态。按燃料乙醇生产原料划分，中国的燃料乙醇产业发展可以分为以粮食作物为原料和以非粮食作物为原料两个过程。中国最早的燃料乙醇研究和发展规划开始于20世纪80年代中期。发展初期的侧重点是燃料乙醇生产技术的实验室科学研究。

---

① 2009年不变价格计算。

② 数据来源：2010年《BP能源统计年鉴》。

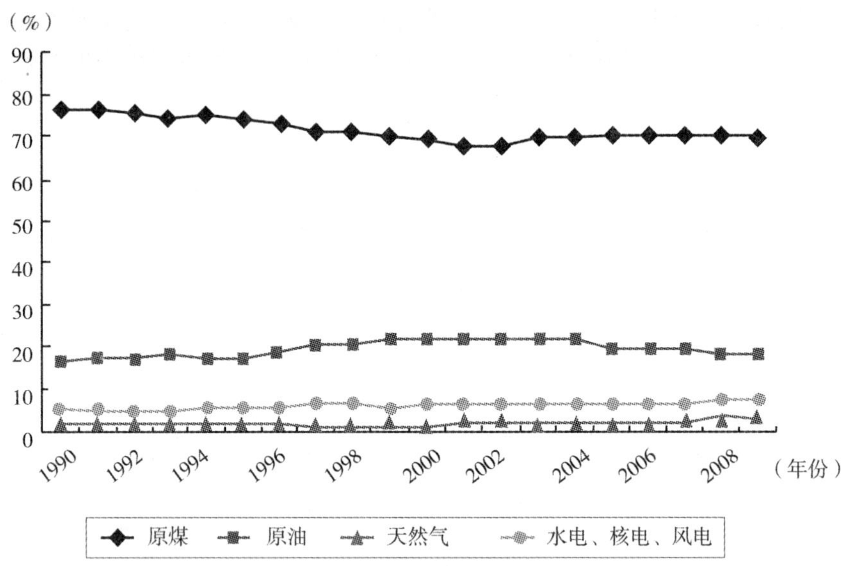

图1　中国能源结构

数据来源：《中国统计年鉴》(2010)，《中国能源统计年鉴》(2010)。

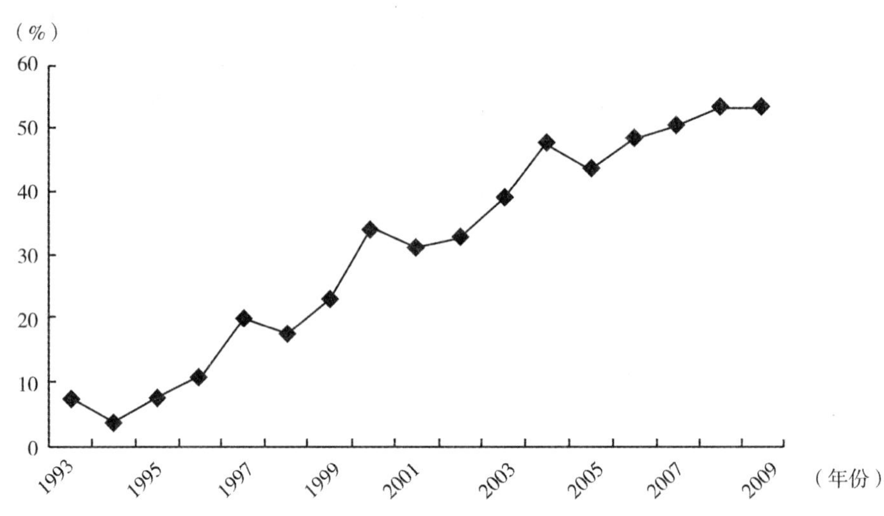

图2　中国原油对外依存度

数据来源：《中国统计年鉴》(2010)，《中国能源统计年鉴》(2010)。

20世纪90年代后期，燃料乙醇生产开始进入试点阶段，这个阶段的特点是国家投入资金建设燃料乙醇的生产基地，并给予相应的政策扶持。随着中国陈化粮的消耗和中央政府对粮食安全的逐步重视，以粮食作物为原料的燃料乙醇项目受到限制。2007年颁布的《可再生能源中长期发展规划》中明确提出，不再增加以粮食为原料的燃料乙醇生产能力。在这个背景下，2007年政府批准在广西建立以木薯为原料的燃料乙醇企业，年生产能力为

20 万吨，并于 2008 年初正式投产。纤维素生产燃料乙醇研究工作已接近完成实验室研究阶段，步入中试和产业化培育阶段，其中，中国科学院于 2007 年启动了“纤维素乙醇的高温发酵和生物炼制”重大项目，山东大学微生物技术国家重点实验室也有相应研究课题，同时来自华东理工大学、天津大学、中国农业科学院麻类研究所和陕西师范大学等高校和研究机构都在进行创新性研究。虽然纤维素产业化生产尚未实现，但是现有的以粮食作物为原料的燃料乙醇生产企业也在积极拓展纤维素应用的领域。中国的燃料乙醇生产技术正在不断创新，更高效率的提炼技术推陈出新。美国、巴西和欧盟的经验说明，燃料乙醇是目前技术最成熟、使用最大且商业化程度最好的生物燃料，乙醇混合汽油的性能与传统汽油相似，可以预见，中国的生物质燃料产业具有广阔的市场前景。

（二）国际原油价格的冲击：燃料乙醇产业发展的现实依据

外部冲击对国内能源价格存在影响（中国经济增长与宏观稳定课题组，2008），而国内能源价格上涨对经济体系也会产生影响：外部价格输入将提高下游产品的生产成本，之后会移动一国的菲利浦斯曲线并造成通货膨胀的压力。能源价格上涨主要通过两个渠道影响中国的价格水平，第一是通过生活资料的渠道直接反映到消费者价格指数（CPI）上，第二是以原材料和生产要素价格上涨的形式，从工业产业链的上游传导到下游，间接地影响生产者价格指数（PPI）和消费者价格指数（林伯强和王锋，2009）。

向量自回归（VAR）模型可用于时间序列系统的预测和随机扰动对变量系统的动态影响。该方法避开了结构建模方法中需要对系统中每个内生变量关于所有内生变量滞后值函数的问题。在向量自回归的基础上，可以通过脉冲响应函数随机扰动项的一个标准差变动来考察它对内生变量及其未来取值的影响。为了反映国际原油价格对国内各类价格体系的影响，本文下面进行 VAR 脉冲响应分析，考察随机扰动所产生的影响以及其影响的路径变化。

下面利用 VAR 脉冲分别对国际原油价格与燃料动力价格、工业品出厂价格指数（PPI）和居民消费价格指数（CPI）变动进行分析。对平稳性检验结果分析可知（如图 3、图 5 和图 7 所示），VAR 模型的全部特征根倒数均在单位圆内，这说明 VAR 模型平稳，进而可以分析国际原油价格变动对国内燃料动力购进价格、工业品出厂价格指数（PPI）和居民消费价格指数（CPI）的冲击影响。从脉冲结果可知（如图 4、图 6 和图 8 所示），国际原油价格波动对上述三类价格的冲击存在明显稳定性，国际原油价格对国内燃料动力购进价格、工业品出厂价格指数和居民消费价格指数都有正向影响，这进一步说明原油对外依赖将带来对国内市场冲击的威胁的判断。

通过上述分析可知，中国的能源结构和国际能源价格环境都显现出液态生物质燃料产业发展的必要性，而其中燃料乙醇产业如何缓解可能的能源安全威胁需要进一步分析。

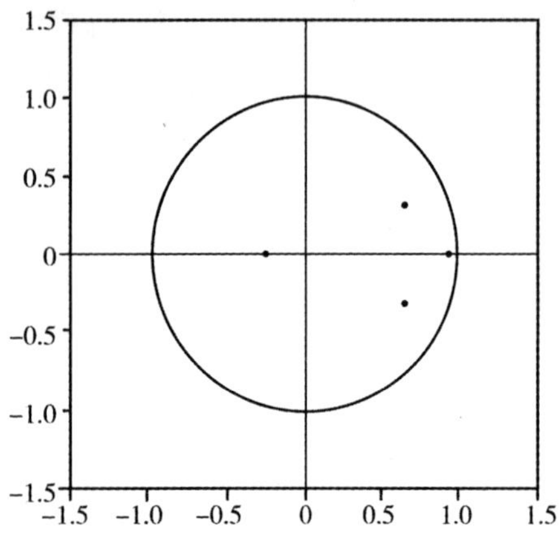

图 3　VAR 平稳性检验

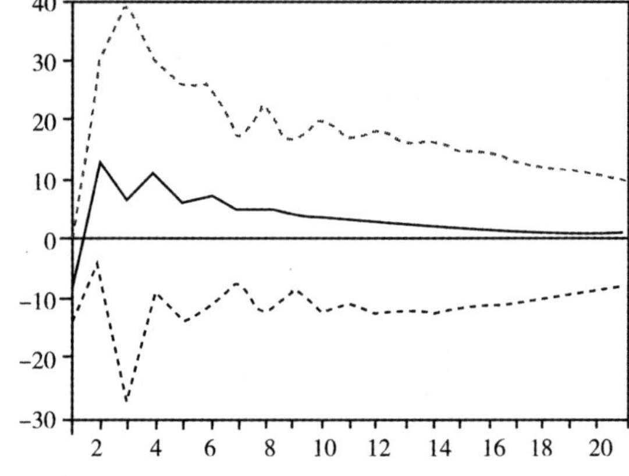

图 4　国际原油价格对燃料动力价格的脉冲效应

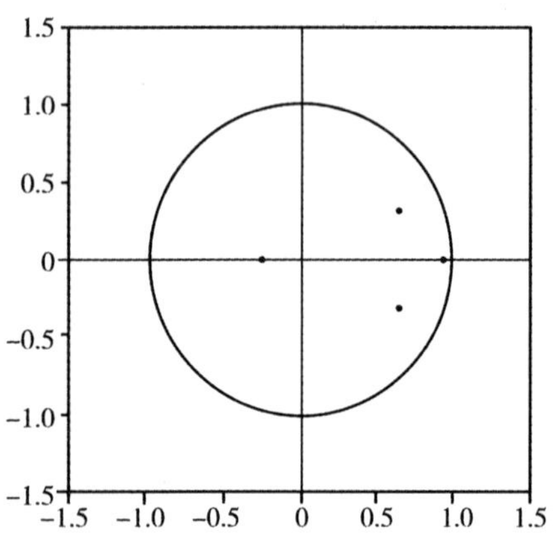

图 5　VAR 平稳性检验

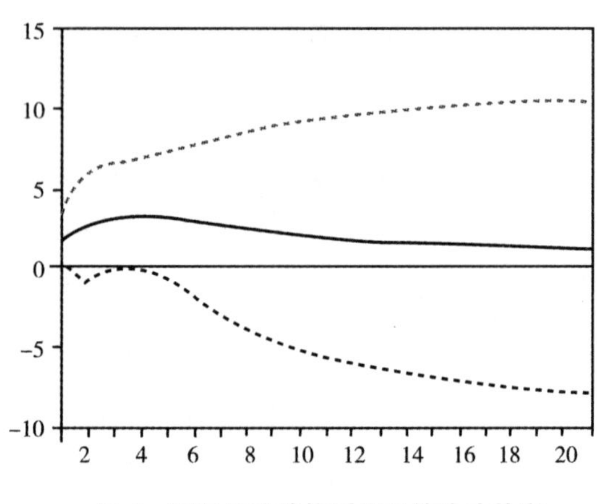

图 6　国际原油价格对 PPI 的脉冲效应

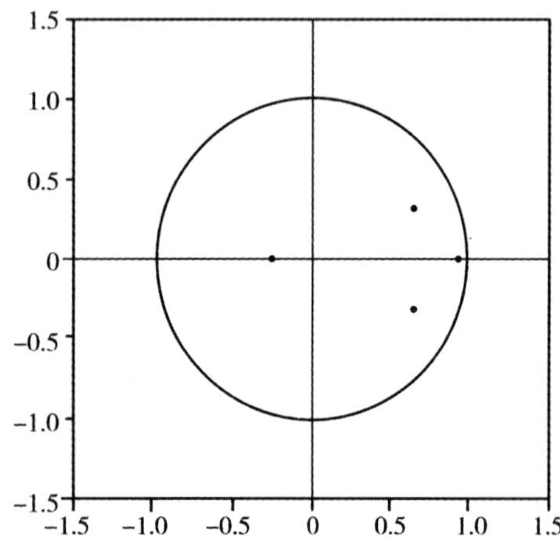

图 7　VAR 平稳性检验

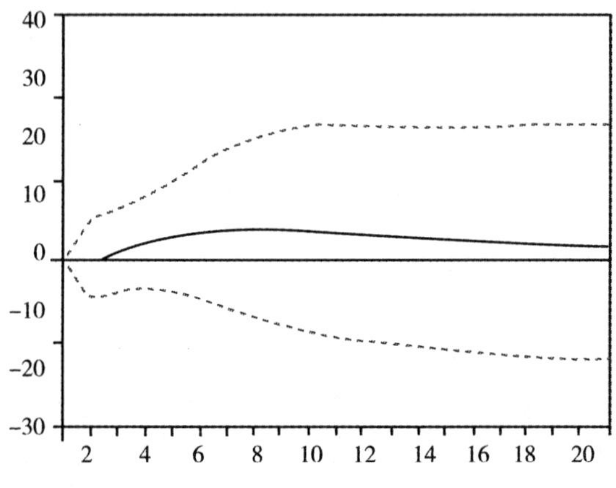

图 8　国际原油价格对 CPI 的脉冲效应

数据来源：《中国统计年鉴》（2010），《中国能源统计年鉴》（2010），《BP 能源统计年鉴》（2010）。

三、模型的基本假设

本研究着眼于汽油和燃料乙醇构成的液态能源市场。D（x）代表液态能源市场的总需求，S（x）代表液态能源市场的总供给，在局部均衡分析中，取得均衡时满足：

$$D(x) = S(x) \tag{1}$$

把总需求分成两个部分：x_1 代表汽油数量，x_2 代表燃料乙醇数量，表示总需求的液态生物质燃料需求部分，并且假定化石燃料和燃料乙醇的使用效果相近，即两者具有明显替代性。总需求表达式为：

$$D(x) = D(x_1) + D(x_2) \tag{2}$$

通常情况下，影响液态能源市场的总需求有如下因素：汽油的价格（P_p），燃料乙醇价格（P_b），政府对燃料乙醇消费的补贴（P_s），居民收入（Y），国内生产总值（G）。通过下述函数表示：

$$D(x_1) = F_1(\overset{-}{P}_p, \overset{+}{P}_b, \overset{+}{Y}, \overset{+}{G})^{①} \tag{3}$$

$$D(x_2) = F_2(\overset{+}{P}_p, \overset{-}{P}_b, \overset{+}{Y}, \overset{+}{G}, \overset{+}{P}_s) \tag{4}$$

其中，字母上方符号表示该变量变动对函数的影响，如 $\overset{-}{P}_p$ 表示 P_p 价格上升将导致 D（x_1）需求量下降。

由此，总需求可表示为：

$$D(x) = F(P_p, P_b, Y, G, P_s) \tag{5}$$

在现有文献中需求分析的主要方法有：近似理想需求模型（Almost Ideal Demand System，AIDS）、线性近似模型（Linear Approximate Almost Ideal Demand System，LA/AIDS）、FAO 需求预测中的各种恩格尔曲线模型以及恩格尔函数模型。考虑到本研究的一般性探讨，本文采用较易分析的双边对数形式，即：

$$\ln D(x_1^t) = a_1' \ln P_p^t + a_2' \ln P_b^t + a_3' \ln Y^t + a_4' \ln G^t \tag{6}$$

$$\ln D(x_2^t) = a_1'' \ln P_p^t + a_2'' \ln P_b^t + a_3'' \ln Y^t + a_4'' \ln P_s^t + a_5'' \ln G^t \tag{7}$$

$$\ln D(x) = a_1 \ln P_p^t + a_2 \ln P_b^t + a_3 \ln Y^t + a_4 \ln P_s^t + a_5 \ln G^{t\,②} \tag{8}$$

另外，本文把总供给分成两个部分，即液态化石燃料汽油的供给函数 S（x_1）和生物乙醇供给函数 S（x_2），其中 S（x_1）包含国内原油产出和国外原油进口，可表示为：

$$S(x) = S(x_1) + S(x_2) \tag{9}$$

通常情况下，影响总供给的因素有：燃料乙醇价格（P_b），汽油提炼的技术进步

① 式（3）中函数 F_1 中的自变量都是 D（x_1）的自变量，自变量变动对通过影响 x_1 后作用于 D（x_1），下同。

② 式（8）中 a_1 和 a_2 的符号是由式（6）、式（7）对应系数决定，考虑到现阶段汽油使用的绝对性比重，燃料乙醇的替代不会对整体能源结构产生根本性改变，认为合并后的式（8）中的符号与式（6）符号相同。

(T_1)，影响原油供给的冲击（Shock）（包括国际原油供给不足和国际原油价格过快上涨），燃料乙醇生产的技术进步（T_2），生产燃料乙醇的生产补贴（I），燃料乙醇原料的开发和生产成本（C）通过下述函数表示：

$$S(x_1) = G_1(\overset{+}{P_p}, \overset{+}{P_b}, \overset{+}{T_1}, \overset{-}{Shock}) \tag{10}$$

$$S(x_2) = G_2(\overset{+}{P_p}, \overset{+}{P_b}, \overset{+}{T_2}, \overset{+}{I}, \overset{-}{C}) \tag{11}$$

在农业供给分析中，现有研究主要运用一般性里昂惕夫生产函数模型、投入需求系统模型等，本研究运用农业供给反应模型。为便于对比分析，供给分析仍然采用双边对数形式，即：

$$\ln S(x_1) = b_1'\ln P_p^t + b_2'\ln P_b^t + b_3'\ln T_1^t + b_4'\ln shock_b^t \tag{12}$$

$$\ln S(x_2) = b_1''\ln P_p^t + b_2''\ln P_b' + b_3''\ln T_2^t + b_4''\ln I^t + b_5''\ln C^t \tag{13}$$

$$\ln S(x) = b_1\ln P_p^t + b_2\ln P_b^t + b_3\ln T_1^t + b_4\ln T_2^t + b_5\ln I^t + b_6'\ln C^t + b_7\ln shock \tag{14}$$

四、框架分析与解决路径

框架分析是一种较为理想的分析方法，它依赖严格的前提假设和约束设定。为了满足分析的合理性，本文对液态能源市场进行宏观假定：第一，能源消费结构中，燃料乙醇对汽油的替代是通过乙醇汽油形式进行，且此种替代可以瞬时完成。

第二，国家为了确保粮食安全和避免因粮价上涨带来的通货膨胀，不提倡使用粮食作物（如玉米）生产液态生物质燃料，本框架中所涉及的燃料乙醇都是指由非粮作物原料生产的燃料乙醇。

第三，国家财政有能力通过补贴和其他倾斜政策促进边际土地开发和非粮作物原料的种植。

第四，燃料乙醇具有替代和互补的双重性。乙醇汽油中的燃料乙醇与该部分汽油是互补的关系，而作为混合状态下的乙醇汽油与传统汽油是替代关系。

（一）开放经济下的市场出清：需求不变，供给结构可变

在短期内，我国经济对能源的需求不变，但是不同的能源结构下的经济运行平稳性不同，本节试图通过能源供给角度分析国际原油价格波动对我国经济生活的影响，回答缓解能源安全的途径和出路。

情形 1：短期市场出清下的汽油供给

t 期的汽油需求比例为 $a^t\%$，t+1 期的比例调整为 $a^{t+1}\%$，短期市场出清条件下有：

$$S(x_1^t) = a^t\% D(x^t) \tag{15}$$

$$S\ (x_1^{t+1}) = a^{t+1}\%D\ (x^{t+1}) \tag{16}$$

因为短期需求不变，当 $a^t\% \leq a^{t+1}\%$，有：

$$S\ (x_1^t) \leq S\ (x_1^{t+1}) \tag{17}$$

此时出现能源需求结构调整，两边取对数可得：

$$b_1'\ln P_p^t + b_2'\ln P_b^t + b_3'\ln T_1^t + b_4'\ln Shock' < b_1'\ln P_b^{t+1} + b_2'\ln P_p^{t+1} + b_3'\ln T_1^{t+1} + b_4'\ln Shock^{t+1} \tag{18}$$

短期内考虑技术进步不发生变化，$T_1^{t+1} = T_1^t$，则：

$$\frac{P_p^{t+1}}{P_p^t} > \left(\frac{Shock^{t+1}}{Shock^t}\right)^{-(b_4'/b_1')} \cdot \left(\frac{P_b^{t+1}}{P_b^t}\right)^{-(b_2'/b_1')} \tag{19}$$

当中国经济未能改变对传统汽油的依赖时，中国国内油价将受到国际油价波动的直接影响。从式（19）可知，国内汽油价格 P_p 的上升幅度受到国际原油价格（Shock）以及燃料乙醇价格 P_b 的直接影响。由于燃料乙醇在液态化石能源的结构所占比例较小，其价格变动对汽油价格的影响程度有限。由此可知，我国国内汽油价格直接受制于国际市场原油价格。一旦出现短期能源价格过快上涨，高依存度下的中国国内油价势必同步上涨，从而传导至国民经济的其他行业领域，并最终通过 PPI 和 CPI 等价格指数显现出来。

情形 2：短期市场出清下的燃料乙醇供给

t 期的汽油需求比例为 $a^t\%$，t+1 期的比例调整为 $a^{t+1}\%$，短期市场出清条件下有：

$$S\ (x_2^t) = (1 - a^t\%)\ D\ (x^t) \tag{20}$$

$$S\ (x_2^{t+1}) = (1 - a^{t+1}\%)\ D\ (x^{t+1}) \tag{21}$$

因为短期需求不变，当 $(1 - a^t\%) \leq (1 - a^{t+1}\%)$，有：

$$S\ (x_2^t) \leq S\ (x_2^{t+1}) \tag{22}$$

此时出现能源需求结构调整，两边取对数可得：

$$b_1''\ln P_p^{t+1} + b_2''\ln P_b^{t+1} + b_3''\ln T_2^{t+1} + b_4''\ln I^{t+1} + b_5''\ln C^{t+1} < b_1''\ln P_p^t + b_2''\ln P_b^t + b_3''\ln T_2^t + b_4''\ln I^t + b_5''\ln C^t \tag{23}$$

短期内，燃料乙醇生产的技术进步 T_2 和开发和生产成本 C 不变，那么可得：

$$\frac{P_p^{t+1}}{P_p^t} < \left(\frac{P_b^{t+1}}{P_b^t}\right)^{-(b_2''/b_1'')} \left(\frac{I^{t+1}}{I^t}\right)^{-(b_4''/b_1'')} \tag{24}$$

从燃料乙醇发展对国内汽油价格的影响角度分析可以看出，由于乙醇汽油和传统汽油的替代关系，汽油价格 P_p 可以依靠大量的燃料乙醇 P_b 输入市场得到释放，即利用乙醇汽油的价格来影响传统汽油的价格。国家对燃料乙醇生产和使用的补贴越高，燃料乙醇的价格越便宜，由此可以带动传统汽油价格的下降。所以，要降低国内传统汽油的价格波动，可以通过扩大燃料乙醇的市场注入实现。

推论一：在开放经济条件下，国际原油通过价格传导影响我国汽油价格，在需求不变的条件下，我国面临能源价格波动安全隐患。如果我国液态能源市场仍以传统汽油为主，那么国际原油价格的波动将通过价格传导影响我国一般价格水平，甚至导致成本推进型的通货膨胀；如果我国液态能源市场的结构得到优化，可以通过扩大燃料乙醇供给，以及乙醇汽油价格的调控缓解因外部原油价格造成的国民经济影响。

（二）开放经济条件下的长期市场出清：供给可变

在长期状态下，能源供给可变，我国将面临来自国际原油价格波动和原油供给不足的双重压力，本节试图通过分析上述情形出现时的能源结构分配问题，探讨如何通过发展液态生物质燃料乙醇来缓解因能源安全带来的不利影响。

情形1：燃料乙醇供给总量不变条件下的国外原油价格影响

燃料乙醇供给不变，随着我国液态能源需求的增加，能源结构趋向于传统汽油的主导优势的加强。由此，我国传统汽油的供给和需求在第t期和第t+1期可分别表示为：

$$S\left(x_1^t\right)=D\left(x_1^t\right) \tag{25}$$

$$S\left(x_1^{t+1}\right)=D\left(x_t^{t+1}\right) \tag{26}$$

两式相减处理可得：

$$\frac{P_p^{t+1}}{P_p^t}=\left(\frac{P_b^{t+1}}{P_b^t}\right)^{(a_2'-b_2')/(b_1'-a_1')}\left(\frac{Y^{t+1}}{Y^t}\right)^{a_3'/(b_1'-a_1')}\left(\frac{G^{t+1}}{G^t}\right)^{a_4'/(b_1'-a_1')}$$

$$\left(\frac{T_1^{t+1}}{T_1^t}\right)^{(-b_3')/(b_1'-a_1')}\left(\frac{\text{Shock}^{t+1}}{\text{Shock}^t}\right)^{(-b_4')/(b_1'-a_1')} \tag{27}$$

由式（27）可知，我国的原油价格波动方向与国民经济增长的波动方向相同，由于燃料乙醇的供给幅度不变，其价格对汽油价格的波动不造成影响。当不存在外部原油价格冲击时，通过提高我国汽油提炼和使用的技术可以一定程度上保证物价稳定（P_p）和经济增长（G）。但是，出现外部原油价格波动时，我国将面临稳定物价和保证经济持续快速增长的矛盾，这是因为中国存在较高的原油对外依存度，要控制国内汽油价格的上升幅度只能通过闲置汽油的使用，这将导致GDP的减少。若要保证国民经济的持续增长，只能通过牺牲高物价带来的社会分配成本。由此可见，我国过高的原油对外依存度将面临成本推进型的通货膨胀与经济增长放缓的双重压力。

情形2：燃料乙醇供给总量不变条件下的国外原油供给影响

如果燃料乙醇供给不变，随着我国液态能源需求的增加，能源结构趋向于传统汽油的主导优势的加强，这时出现k%的原油进口缺口。我国传统汽油的供给和需求在第t期和第t+1期可表示为：

$$S\left(x_1^t\right)=D\left(x_1^t\right) \tag{28}$$

$$(1-k\%)\,S\left(x_1^{t+1}\right)=D\left(x_1^{t+1}\right) \tag{29}$$

两式相减处理可得：

$$\frac{G^{t+1}}{G^t}=e^{-(a_4')^{-1}k\%}\cdot S\left(x_1^t\right)^{1/a_4'}\left(\frac{P_p^{t+1}}{P_p^t}\right)^{-(a_1'/a_4')}\left(\frac{P_b^{t+1}}{P_b^t}\right)^{-(a_2'/a_4')}\left(\frac{Y^{t+1}}{Y^t}\right)^{-(a_3'/a_4')} \tag{30}$$

当我国出现外部原油供给不足时，我国GDP面临增速放缓的威胁。此时，原油缺口比例k%越高，GDP增长速度减少的幅度$e^{-(a_4')^{-1}\cdot k\%}$越大，来自汽油价格和燃料乙醇的价格缓解将无任何作用。由此可见，在我国燃料乙醇发展空间没有得到扩展时，由于国际原

油供给紧张将直接导致我国国民经济产出减少的严重后果。

情形3：燃料乙醇供给增加条件下的国外原油价格影响

假设我国开始扩大燃料乙醇原料的种植，燃料乙醇产量按照m%速度增长。由此，在第t期和第t+1期我国燃料乙醇所占比例分别为$q^t\%$和$q^{t+1}\%$：

$$q^t\% D(x^t) = S(x_2^t) \tag{31}$$

$$q^{t+1}\% D(x^{t+1}) = (1+m\%) S(x_2^t) \tag{32}$$

当燃料乙醇的加快供给未能根本改变能源结构时，即$(1+m\%)\frac{q^t\%}{q^{t+1}\%}>1$，此时有：

$$\frac{P_p^{t+1}}{P_p^t} > \left(\frac{P_b^{t+1}}{P_b^t}\right)^{-\frac{a_2}{a_1}} \left(\frac{Y^{t+1}}{Y^t}\right)^{-\frac{a_3}{a_1}} \left(\frac{G^{t+1}}{G^t}\right)^{-\frac{a_4}{a_1}} \left(\frac{P_s^{t+1}}{P_s^t}\right)^{-\frac{a_5}{a_1}} \tag{33}$$

由此可见，我国过高的原油对外依存度将面临成本推进型的通货膨胀与经济增长放缓的双重压力。

当燃料乙醇的加快供给已经根本改变能源结构时，即$(1+m\%)\frac{q^t\%}{q^{t+1}\%}<1$，此时有：

$$\frac{P_p^{t+1}}{P_p^t} < \left(\frac{P_b^{t+1}}{P_b^t}\right)^{-\frac{a_2}{a_1}} \left(\frac{Y^{t+1}}{Y_t}\right)^{-\frac{a_3}{a_1}} \left(\frac{G^{t+1}}{G^t}\right)^{-\frac{a_4}{a_1}} \left(\frac{P_s^{t+1}}{P_s^t}\right)^{-\frac{a_5}{a_1}} \tag{34}$$

此时可以保证在高增长下的汽油价格波动平缓，还可以利用对燃料乙醇的补贴来降低乙醇汽油的价格，同时完成经济高速增长和价格水平基本稳定的任务。

情形4：燃料乙醇供给增加条件下的国外原油供给影响

假设我国开始扩大燃料乙醇原料的种植，燃料乙醇产量按照m%速度增长，那么在第t期和第t+1期我国燃料乙醇所占比例分别为$q^t\%$和$q^{t+1}\%$，此时若出现国际原油供给紧张的局面（k%为正常条件下的原油供给缺口），即：

$$q^t\% D(x^t) = S(x_2^t) \tag{35}$$

$$(1-k\%) q^{t+1}\% D(x^{t+1}) = (1+m\%) S(x_2^t) \tag{36}$$

当燃料乙醇的加快供给未能根本改变原油缺口带来的能源供给不足时，即$\frac{(1+m\%)q^t\%}{(1-k\%)q^{t+1}\%}>1$，此时有：

$$\frac{G^{t+1}}{G^t} < \left(\frac{P_p^{t+1}}{P_p^t}\right)^{\frac{a_1}{a_4}} \left(\frac{P_b^{t+1}}{P_b^t}\right)^{\frac{a_2}{a_4}} \left(\frac{Y^{t+1}}{Y^t}\right)^{\frac{a_3}{a_4}} \left(\frac{P_s^{t+1}}{P_s^t}\right)^{\frac{a_5}{a_4}} \tag{37}$$

所以，我国仍将面临因能源缺口导致的经济增速放缓的困境。

当燃料乙醇的加快供给已经根本改变能源结构时，即$\frac{(1+m\%)q^t\%}{(1-k\%)q^{t+1}\%}<1$，此时有：

$$\frac{G^{t+1}}{G^t} > \left(\frac{P_p^{t+1}}{P_p^t}\right)^{\frac{a_1}{a_4}} \left(\frac{P_b^{t+1}}{P_b^t}\right)^{\frac{a_2}{a_4}} \left(\frac{Y^{t+1}}{Y^t}\right)^{\frac{a_3}{a_4}} \left(\frac{P_s^{t+1}}{P_s^t}\right)^{\frac{a_5}{a_4}} \tag{38}$$

此时可以保证在高增长下的汽油价格波动平缓，还可以利用对燃料乙醇的补贴来降低乙醇汽油的价格，同时完成经济高速增长和价格水平基本稳定的任务。

推论二：在开放经济条件下，国际原油通过价格传导影响我国汽油价格。在供给可变的条件下，要解决我国面临能源价格波动安全隐患，需要大力推动我国液态生物质燃料乙醇的供给，改变我国以传统汽油为绝大多数比例的供给结构，缓解国际原油价格的波动对我国一般价格水平波动产生的负面影响。如果我国液态能源市场的结构得到根本性优化，可以保证国内经济保持较快速度增长而不会受到能源供给安全的威胁。

五、结　论

我国国内原油产能上升空间有限，经济增长引致的对原油的需求将从国外进口补充，由此造成的国际原油输入的依赖将威胁我国能源安全和国民经济的运行。

（一）调节能源结构将缓解国际油价的输入性影响

短期市场出清条件下，我国对液态燃料的需求不变，国际原油将从价格渠道影响我国经济增长。外部油价通过价格传导影响我国汽油价格，从而我国面临能源价格波动安全隐患。如果我国液态能源市场仍以传统汽油为主，那么国际原油价格的波动将影响我国一般价格水平，甚至导致成本推进型的通货膨胀。我国若扩大燃料乙醇在能源结构中的比例，使得液态能源市场的结构得到优化，那么当我国遇到国际原油价格波动时，燃料乙醇扩大供给，可以缓解因外部原油价格造成的国民经济影响。

（二）增加燃料乙醇产能将最终缓解能源安全

在长期市场出清的开放经济条件下，国际原油通过价格传导和供给缺口影响我国经济和民生。首先，在供给可变条件下，国际原油价格将快速影响国内汽油价格，进而造成一般物价水平的波动，引起因通货膨胀造成的民生问题。要解决我国面临能源价格波动安全隐患，需要大力推动我国液态生物质燃料乙醇的供给，改变我国以传统汽油为绝大多数比例的供给结构。其次，如果因为政治原因，国际原油供给出现输入性障碍，我国的经济增长将面临增速放缓的不利局面，唯有使我国液态能源市场的结构得到根本性优化，加大燃料乙醇的开发利用，才能保证我国的国内经济保持较快速度增长从而不会受到能源供给安全的威胁。

六、政策调整

从现阶段看，国际油价波动和原油的高对外依存度没有对中国经济产生重大影响，但随着中国经济运行不断深入，国际政治风云变幻，能源安全问题将越发突出。从本文的分析结果来看，中国可以通过原料开发政策、研发政策和补贴政策推进燃料乙醇产业的快速发展。

（一）以项目带动原料开发

考虑到发展液态生物质燃料的“与粮争地”和“与人争粮”的潜在威胁，国家发展和改革委员会在《关于加强玉米加工项目建设管理的紧急通知》中明确提出，中国将坚持以非粮作物为主，积极稳妥地推动生物燃料乙醇产业发展。使用非粮的替代产品生产燃料乙醇是解决扩大燃料乙醇生产规模和可持续发展的有效途径。木薯、甘薯和甜高粱是较为理想的生产原料，但是中国现阶段对上述原料的产业化种植仍然处于起步阶段，还未大面积推广。2007 年，中国在广西建立以木薯为原料的广西中粮生物质能源有限责任公司，年设计产量 20 万吨，成为国内首家定点生产非粮燃料乙醇企业。目前，广西北海国发海洋生物产业股份有限公司、广西新天德能源公司等广西木薯乙醇企业已经具备 50 万吨产能，并已启动海南椰岛木薯乙醇 10 万吨/年规划、广东华灵集团木薯乙醇 50 万吨/年的规划。现有的燃料乙醇企业项目已经考虑到“近原料”的因素，这些做法都是为了避免增加过多的生产成本考虑。考虑到非粮原料的分布，中国可以省级项目为龙头，以点带面逐步铺开开发燃料乙醇原料的道路。通过制定科学合理规划，在资源丰富的区位建立大型燃料乙醇生产汽油平台，根据加工业就近原料基地且交通方便的原则，就近种植和开发当地能源作物，尽量避免来自运输和半成品产业内贸易的成本。

（二）加快第二代生物质能源提炼和运输技术研发

我国的纤维素资源十分丰富，主要有草、秸秆、农作物壳皮、树枝、落叶、林业边脚余料等。但是，利用纤维素生产燃料乙醇仍然受到制约，主要是由于纤维素乙醇存在生产技术和工艺的限制，所以其研究大部分还停留在实验室和中试阶段。中国政府应当在纤维素的预处理、水解和发酵三步重要的生物转化过程同时加强研发力度，同时打造国际交流平台，让国内的研究进入国际同类研究中去，争取早日实现提炼技术的突破。中国已经开始产业化的探索，其中，利用秸秆类纤维素水解提炼的企业和研发单位分布在山东、河南、南京、北京、黑龙江、上海、安徽和苏州等地，涉及的作物有玉米秸秆、甜高粱秸秆以及其他农作物秸秆等。黄季焜和仇焕广（2010）指出，以纤维素为原料生产生物燃料乙醇有八大关键技术需要进一步研究，而影响我国产业化程度最大的是原料预处理技术，其次是纤维素酶的生产技术。

中国应该首先开发廉价高效的木质纤维预处理技术和平台，通过依托此平台不断探索新的预处理技术。其次，开发低成本、高效的纤维乙醇专用水解酶，降低开发成本；开发高效全糖发酵技术，着重关注基因工程方法的运用，降低生产成本。此外，还要完善原料收集和运输体系，试点配备专业搜集工人作业，保证高效安全。

（三）优化燃料乙醇的各阶段补贴

中国对燃料乙醇生产和消费的补贴从 2002 年开始，经历了保本微利补贴、定额补贴和弹性补贴三个阶段（曹俐和吴方卫，2010）。现有的燃料乙醇补贴应从中间投入环节、附加值要素投入环节、产出环节、消费环节和研发环节进行针对性补贴。面对各个环节的众多补贴，更应该理性对待。

首先，要明确发展燃料乙醇产业的发展地位和目标。居高不下的原油消费催生了燃料乙醇产业发展的条件。2010 年，我国原油表观消费量首次突破 4 亿吨，达 4.39 亿吨，而进口原油达 2.39 亿吨，对外依存度已经突破 50%。作为我国能源多元化的战略之一的生物燃料乙醇的发展，政府应该根据我国生物燃料乙醇的资源潜力以及当前的技术水平科学测算并规划确定生物燃料乙醇在能源多元化战略中的比重，进而确定生物乙醇的发展数量、速度与规模。

其次，要根据实际情况制定生物燃料乙醇的补贴原则。深入调查研究不同省市国土资源的状况，尤其是可用于种植木薯、甘薯和甜高粱的边际性土地资源的状况以及纤维素乙醇的资源潜力，结合当前生物乙醇的技术水平，切实做好关于相关原料基地的建设和产业规划的全盘部署工作。同时，补贴金额应与国际油价挂钩，采用动态平衡的原则，建立与国际油价挂钩的生物燃料乙醇动态补贴机制，在国际油价涨跌时，根据成本和油价的波动情况，规避在油价持续低迷时企业业绩的不稳定性，实现总体动态平衡。

最后，要继续完善生物燃料乙醇补贴的措施。在中间投入环节，对非粮能源作物的补贴，采取直接价格支持，税收减免，现金直接补贴等手段。对购买非粮能源作物种子以及相应农业机械予以直补，购买化肥可以实行免征增值税等；在附加值要素环节，加大资本领域的补贴力度，对非粮生物乙醇的生产设备，对边际土地资源的开发和利用和从事非粮生物乙醇的劳动力予以直接现金奖励或政策倾斜；在产出环节，适当放宽进入门槛，实施与国际油价挂钩的基于产出的动态补贴；在消费环节，加强对生物乙醇储运、分销、销售环节的设施投入的补贴，可在试点省市的生物乙醇网点的建设上予以税收优惠和贷款贴息；在研发环节，建立生物燃料乙醇的研发专项资金，对于研究机构以无偿资助为主，支持国内研究机构和企业在生物燃料乙醇核心技术方面提高创新能力。

参考文献

［1］曹俐，吴方卫．中美生物燃料乙醇补贴政策比较研究［J］．中国软科学，2009（12）：16－26．

［2］龚志民．基于我国能源缺口模型的能源可持续发展探析［J］．能源技术与管理，2006（1）：113－115．

［3］黄季焜，仇焕广．我国生物燃料乙醇发展的社会经济影响及发展战略与对策研究［M］．科学出版社，2010．

［4］林伯强，王锋．能源价格上涨对中国一般价格水平的影响［J］．经济研究，2009（12）：66－79．

［5］马晓宇，张子阳，胡利明．中国石油在马六甲海峡运输的安全研究［J］．中国水运，2007（1）：28－30．

［6］王子博．论中国的产出缺口与宏观经济运行［J］．商场现代化，2009（2）：353－354．

［7］于全辉，孟卫东．基于面板数据的中国能源与经济增长关系［J］．系统工程，2008（6）：68－72．

［8］赵涛，尹彦，李晅煜．能源与经济增长的相关性研究［J］．西安电子科技大学学报（社会科学版），2009（1）：33－39．

［9］章辉，吴方卫．经济增长、能源消费与生物燃料乙醇发展——对生物燃料乙醇发展影响宏观视角的实证分析［J］．林业经济，2009（3）：39－45．

［10］张锦华，吴方卫，沈亚芳．生物质能源发展会带来中国粮食安全问题吗？——以玉米燃料乙醇为例的模型及分析框架［J］．中国农村经济，2008（4）：4－15．

［11］中国经济增长与宏观稳定课题组．外部冲击与中国的通货膨胀［J］．经济研究，2008（5）：4－18．

［12］Davis，S. J. and J. Haltiwanger. Sectoral job creation and destruction response to oil price changes. Journal of Monetary Economics，2001（48）：465－512.

［13］Lee，K. and S. Ni. On the dynamic effects of oil Price shocks：A study using industry level data. Journal of Monetary Economics，2002（49）：823－852.

［14］Yang，Jun，Huanguang Qiu，Jikun Huang and S. Rozelle. Fighting global food price rises in the developing world：the response of China and its effect on domestic and world markets. Agriculture Economics，2008（39）：453－464.

能源消耗、二氧化碳排放与 APEC 地区经济增长*
——基于 SBM - Undesirable 和 Meta - frontier 模型的实证研究

刘玉海　武鹏

【摘要】针对以往效率测算方法存在的缺陷以及跨国研究中制度的异质性问题，本文采用 SBM - Undesirable 模型和 Meta - frontier 生产函数这一综合分析框架，在能源消耗和二氧化碳排放的双重约束条件下，测算了 APEC 地区 17 个成员 1980 ~ 2007 年的经济增长效率，并对双重约束下经济增长效率的影响因素进行了计量检验。研究发现，除了发展中国家群组之外，发达国家群组和东亚新兴经济体群组中有部分国家（和地区）在个别年份位于潜在最佳生产技术的共同边界上；各群组的共同技术效率（MTE）和共同技术比率（MTR）平均值从高到低的排序均依次为发达国家、东亚新兴经济体和发展中国家；人均 GDP、工业化水平、人口密度、劳均资本以及对外开放程度等因素对双重约束下 APEC 地区共同技术效率具有显著影响，但对三大群组技术效率的影响方向及程度则呈现出不尽相同的结果。

【关键词】经济增长效率；SBM - Undesirable 模型；Meta - frontier 生产函数

一、引　言

二氧化碳等温室气体的排放，主要来源于不可再生的石化燃料等能源消耗；而能源则是过去三百年世界各国经济得以快速发展的必要投入之一。换言之，在能源使用技术和消费结构均不会发生快速转变的情形下，一国经济的不断发展将必然需要消耗更多的石化能源，这意味着将排放出更多的二氧化碳等温室气体。UNFCCC（2007）指出，虽然目前仅有 38 个工业化国家（和地区）在《京都议定书》第一减排期承担二氧化碳减量排放的必要义务，但是将减排责任扩展到所有涉及温室气体排放的国家或地区将是未来的整体发展趋势，亦即可以预期世界各国（和地区）都将承担程度不一的减排责任。成立于 1989 年的亚太经济合作组织（APEC）包括了世界上经济最发达的国家和经济增长速度最快的发

---

* 本文选自《经济评论》2011 年第 6 期。

作者简介：刘玉海，南开大学经济学院；武鹏，中国社科院经研所。

展中国家（和地区），其地区生产总值在全球金融危机之前已占到全球总量的57%，但其二氧化碳排放量也占到了全球总量的大约60%，因而APEC在温室气体减排中责无旁贷。虽然一国承诺温室气体减排将不可避免地对其经济发展造成一定程度的不利影响，但是节约能源和减排气体的根本途径却也依赖于一国生产效率和全要素生产率的提升（Hu和Kao，2007）。因此，在能源和环境的双重约束下衡量APEC地区经济增长效率并据此探寻效率改善的策略，理应成为研究APEC成员在积极承担减排义务的同时又能保持经济持续较快发展的关注焦点所在（Tonn，2003）。

近年来，国内外已有诸多学者从不同角度对包含温室气体排放等非合意性产出的效率和生产率测算进行了积极有益的探索。例如，Hailu和Veeman（2001）将非合意性产出直接作为一种投入并运用非参数分析法评估了加拿大造纸业的环境全要素生产率；Färe等（2007）则提出了一种产出导向的环境方向性距离函数，并以此测度了美国92家火电厂的环境技术效率和污染减排成本。然而，上述处理非合意性产出的效率和生产率测算方法，要么扭曲了实际投入产出关系或者变量背后的技术转换率，要么没有考虑到投入变量和产出变量的松弛性问题，因而其度量的效率值均是有偏的或者不准确的。另外，在对APEC地区经济增长进行跨国研究的文献中，有些学者虽然对APEC全要素生产率增长进行了测算，但却没有考虑温室气体排放等环境问题（Chambers等，1996；Chang和Luh，1999；Färe等，2001a；Wu，2004；王兵、颜鹏飞，2007）；有些学者虽然考虑了温室气体排放问题，但却未考虑能源消耗的重要影响，更重要的是忽视了跨国研究中各国因制度不同而导致的生产边界差异（王兵等，2008）。针对以往效率测算方法存在的缺陷以及跨国研究中制度的异质性问题，本文采用SBM - Undesirable模型和Meta - frontier生产函数这一综合分析框架，在能源消耗和二氧化碳排放的双重约束条件下，测算了APEC地区17个成员1980~2007年的经济增长效率，并对双重约束下经济增长效率的影响因素进行了计量检验。

本文余下部分结构安排如下：第二部分较为详细地阐述了本文的研究方法——SBM - Undesirable模型和Meta - frontier生产函数，并解释了指标选取和数据处理的具体过程；第三部分在计算APEC地区各群组国家（和地区）投入和产出平均变化率并进行相关分析的基础上，测算了能源和环境双重约束下APEC地区的群组技术效率、共同技术效率和共同技术比率，并将两者结合起来对三大群组以及各群组内国家或地区的经济增长状况进行了分析；第四部分将共同技术效率和群组技术效率分别作为被解释变量，利用面板计量模型对各种可能影响经济增长效率的相关因素进行回归；第五部分则是本文的研究总结。

二、研究方法与数据处理

（一）SBM – Undesirable 模型

数据包络分析（DEA）是运用线性规划方法来评价相同类型的多投入、多产出的决策单元（DMUs）是否技术有效和规模有效的一种非参数效率评价方法（Cook 和 Seiford，2009）。由于具有无须事先确定函数关系，仅需投入产出变量数据以及可分析决策单元无效因素等诸多优点，DEA 方法已成为评价相对效率最流行的技术工具之一（Seiford 和 Thrall，1990；Abbot，2006）。目前，国内外应用 DEA 方法测算相对效率的文献主要集中于 CCR – DEA 模型或 BCC – DEA 模型，这两种模型所依赖的基本假设均是以尽可能少的投入生产尽可能多的产出。然而，除了产生合意性产出（Desirable Outputs）之外，现实生产和社会活动过程中往往亦会产生空气污染物和危险废弃物等诸多非合意性产出（Undesirable Outputs）①。在非合意性产出存在的情况下，生产效率评价的基本假设理应修正为以尽可能少的投入生产尽可能多的合意性产出和尽可能少的非合意性产出（Cooper 等，2007）。

为了将非合意性产出纳入 DEA 效率评价框架之中，国外学者从不同的角度对此进行了积极有益的探索。第一种方法称为投入产出转置法，亦即直接将非合意性产出作为投入变量进行处理（Hailu 和 Veeman，2001；Ramanathan，2002），这种方法扭曲了实际投入产出的关系，可能得到与现实不一致的效率衡量结果（Murty 和 Russell，2002）。第二种方法称为正向属性转换法，亦即将非合意性产出通过两步转移或倒数运算转换为合意性产出进行处理（Scheel，2001；Seiford 和 Zhu，2002），这种方法扭曲了变量背后的技术转换率，可能导致效率求解过程中的技术无效（Atkinson 和 Dorfman，2002）。第三种方法称为方向性距离函数法，是目前处理非合意性产出的最常用方法，其在构造环境 DEA 技术和一般化 Shephard 距离函数的基础上，对非合意性产出的减少和合意性产出的增加进行同比例的处理（Färe 等，2001b，2004，2007；Zofio 和 Prieto，2001；等等），这种方法较好地解决了非合意性产出的效率评价问题；但其在评价过程中对非合意性产出的减少和合意性产出的增加进行的是同比例的处理（亦即径向处理），没有考虑到投入变量和产出变量的松弛性问题，因而度量的效率值是有偏的或者不准确的（Tone，2001；Zhou 等，2006）。

Tone（2001）所构建的 SBM – DEA 模型将松弛变量直接纳入目标函数之中，这不仅

---

① 有些文献中，将合意性产出（Desirable Outputs）称为好产出（Good Outputs），而将非合意性产出（Undesirable Outputs）称为坏产出（Bad Outputs）。为了与 SBM – Undesirable 模型保持一致，本文统一采用非合意性产出（Undesirable Outputs）这一表述方式。

解决了投入和产出变量的松弛性问题，而且避免了径向和角度选择差异所造成的偏误。基于此，本文采用在 SBM - DEA 模型基础上发展起来的且考虑非合意性产出的 SBM - Undesirable 模型，以更加准确地测算能源和环境双重约束下 APEC 地区经济增长效率。假定生产系统有 n 个决策单元，其投入变量、合意性产出和非合意性产出可分别表示为 $x \in R_+^m$，$y^g \in R_+^{s_1}$ 和 $y^b \in R_+^{s_2}$，相应地分别定义矩阵 $X = [x_1, \cdots, x_n] \in R_+^{m \times n}$，$Y^g = [y_1^g, \cdots, y_n^g] \in R_+^{s_1 \times n}$，以及 $Y^b = [y_1^b, \cdots, y_n^b] \in R_+^{s_2 \times n}$，其 $X > 0$，$Y^g > 0$，$Y^b > 0$，规模报酬不变下生产可能性集 P 可以定义为：$P = \{(x, y^g, y^b) \mid x \geqslant X\lambda, y^g \leqslant Y^g\lambda, y^b \geqslant Y^b\lambda, \lambda \geqslant 0\}$，其中 λ 是 R_+^n 上的一个非负权重向量。那么，基于规模报酬不变的 SBM - Undesirable 模型可表示为模型（1），其中，s^-、s^g 和 s^b 分别表示投入、合意性产出和非合意性产出的松弛变量。目标函数 ρ^* 是关于 s^-、s^g、s^b 严格递减的，并且 $0 \leqslant \rho^* \leqslant 1$。当且仅当 $\rho^* = 1$，即 $s^- = 0$、$s^g = 0$、$s^b = 0$ 时，决策单元才是有效率的；当 $\rho^* < 1$ 时，即 s^-、s^g、s^b 三者中至少有一个不等于零时，决策单元是无效率的，因而存在着投入产出上改进的必要性。模型（1）是一个非线性规划模型，可以通过 Charnes - Cooper 转换方法将其转换为线性规划模型进行求解。

$$\rho^* = \min \frac{1 - \frac{1}{m}\sum_{i=1}^{m}\frac{s_i^-}{s_{i0}}}{1 + \frac{1}{s_1 + s_2}\left(\sum_{r=1}^{s_1}\frac{s_r^g}{y_{r0}^g} + \sum_{r=1}^{s_2}\frac{s_r^b}{y_{r0}^b}\right)} \tag{1}$$

$$\text{s. t.} \quad x_0 = X\lambda + s^-,\ y_0^g = Y^g\lambda - s^g,\ y_0^b = Y^b\lambda + s^b$$

$$s^- \geqslant 0,\ s^g \geqslant 0,\ s^b \geqslant 0,\ \lambda \geqslant 0$$

（二）Meta - frontier 生产函数

以 DEA 方法测算决策单元的经济增长效率时，其潜在假设为决策单元（DMU）具有相类似的技术水平，以便进一步探究 DMU 的技术无效率是源自其管理不当还是其制度环境。然而，当所研究的对象为跨国家的样本时，由于在要素禀赋、产业结构和经济制度等方面均存在较为明显的差异，各国所面对的生产边界必然存在一定程度的差异；此时，倘若继续使用总体样本资料进行经济增长效率的评估，将无法准确地刻画各国真实的生产效率。针对这一问题，Battese 和 Rao（2002）提出共同边界生产函数（Meta - frontier Production Function）的分析框架，首先依据一定标准将 DMU 划分为不同群组，然后利用随机边界分析方法（SFA）构建出所有 DMU 的共同边界和各组 DMU 的群组边界，测算出 DMU 的共同技术效率和群组技术效率，进而比较两者之间的技术缺口比率（Technology Gap Ratio，TGR）。然而，该研究以所有 DMU 均有潜力达到相同技术水平为前提假设，这可能导致所估计的共同边界无法包络所有的群组边界（Rao 等，2003）。为此，Battese 等（2004）延续原有研究思路，以线性规划方法代替 SFA 方法来估计所有 DMU 的共同边界，从而有效地解决了上述问题。

在此基础上，O'Donnell 等（2008）进一步建立了以 DEA 方法构建共同边界和群组边界的分析框架，并将共同技术效率分解成群组技术效率和共同技术比率（Meta - technology Ratio，MTR）两者之间的乘积①。共同边界和群组边界的区别主要在于所涵盖的技术组合不同。在多投入多产出的 DEA 模型中，决策单元（DMU）通过投入（$x \in R_+^M$）得到产出（$y \in R_+^L$）。在涵盖所有样本投入产出组合的情况下，DMU 所面对的是共同技术集合（Meta - technology Set）：$T^{meta} = \{(x, y) \mid x \geq 0; y \geq 0; x \cdot can \cdot produce \cdot y\}$，所对应的生产可能性集 P 可定义为：$P^{meta}(x) = \{y \mid (x, y) \in T^{meta}\}$，这一生产可能性集的上界即为共同边界（Meta - frontier）。此时，根据经典的效率理论，等价于共同技术效率（Meta Technical Efficiency）的共同距离函数（Meta - distanceFunction）可以表示为：

$$0 \leq D^{meta}(x, y) = \inf_{\theta}\left\{\theta > 0 \mid \left(\frac{y}{\theta}\right) \in T(x)\right\} = TE^{meta}(x, y) \leq 1 \qquad (2)$$

同理，如果依据恰当的标准将所有样本划分为 k 个子群组，DMU 所面对的是所在群组的技术集合 $T^k = \{(x, y) \mid x \geq 0; y \geq 0; x \cdot can \cdot produce \cdot y\}$，所对应的生产可能性集可定义为：$P^k(x) = \{y \mid (x, y) \in T^k\}$，这一生产可能集的上界即为群组边界（Group - frontier）。此时，等价于群组技术效率（Group Technical Efficiency）的群组距离函数可以表示为：

$$0 \leq D^k(x, y) = \inf_{\theta}\left\{\theta > 0 \mid \left(\frac{y}{\theta}\right) \in T^k(x)\right\} = TE^{group-k}(x, y) \leq 1 \qquad (3)$$

Battese 等（2004）指出，群组边界具有以下特性：①对任何群组 k 而言，若 $(x, y) \in T^k$，则 $(x, y) \in T$；②若 $(x, y) \in T$，则必定存在一个群组 k 满足 $(x, y) \in T^k$；③$T^{meta} = \{T^1 UT^2 U^L UT^k\}$，意指共同技术集合必定为群组技术集合的包络集合；④若 $P^{meta}(x)$ 是凸性的，并不意味着 $P^k(x)$ 也必定是凸性的。其中，特性（3）意味着共同边界是一条不低于群组边界的包络曲线，结合式（2）和式（3）进而可以得出：$D^{meta}(x, y) \leq D^k(x, y) \Rightarrow TE^{meta}(x, y) \leq TE^{group-k}(x, y)$。基于此，DMU 实际产出在群组边界上所对应的产出水平相对于其在共同边界上所对应的产出水平的比值，可以定义为共同技术比率（MTR），其运算表达式如下：

$$0 \leq MTR^k(x, y) = \frac{D^{meta}(x, y)}{D^k(x, y)} = \frac{TE^{meta}(x, y)}{TE^{group-k}(x, y)} \leq 1 \qquad (4)$$

式（4）表示，在相同的要素投入水平下，DMU 在群组 k 的生产技术下相比于在共同边界生产技术下进行生产的技术差距。换言之，若 MTR 越高，则其实际使用的生产技术越接近潜在的生产技术水平，这意味着其技术水平越高；反之亦然。式（4）可进一步整理为式（5），这表明代表潜在技术水平的共同边界技术效率可以进一步分解成两部分：一部分是代表实际技术水平的群组边界技术效率；另一部分是由特定群组制度环境所造成的

① O'Donnell 等（2008）认为，技术缺口比率（TGR）的增加，实际上是群组技术向共同边界追赶的具体表现，其所描述的本质上是“技术缺口减少”这一正面含义。以“缺口”一词进行表述容易造成名词定义上的混淆，因此以共同技术比率（MTR）进行表述更为恰当。

群组边界技术和共同边界技术之间的技术差距。

$$TE^{meta}(x, y) = TE^{group-k}(x, y) \times MTR^{k}(x, y) \quad (5)$$

（三）指标选取与数据来源

APEC 地区包括 21 个成员，根据数据的可得性，我们选取了其中 17 个国家（地区）1980～2007 年的投入和产出数据作为研究样本①。Iyer（2006）认为，一国所具备的技术水平与其经济发展程度密切相关，而人均 GNI 和人均 GDP 则是区分经济发展程度的最重要标准。借鉴他们的研究方法，并依照世界银行对各国家或地区的分类标准，我们将研究样本划分为三个群组：发达国家，包括美国、日本、加拿大、澳大利亚、新西兰；东亚新兴经济体，包括新加坡、中国香港、韩国和中国台湾；发展中国家，包括墨西哥、智利、马来西亚、秘鲁、泰国、中国、菲律宾和印度尼西亚。

Kumar（2006）指出，在进行跨国家层面的生产效率和全要素生产率的评估时，通常根据内生增长理论选取资本和劳动作为投入变量，而选取实际 GDP 作为产出变量。环境约束下生产率测算的经典文献通常选取温室气体排放作为非合意性产出（Picazo－Tadeo 等，2005；Färe 等，2006；等等）。Zhou 等（2008）则指出，能源消耗量目前已成为衡量效率和生产率方面必要的投入指标之一。基于此，本文的产出指标包括合意性产出和非合意性产出，投入指标则包括劳动投入、能源投入和资本投入。具体说明如下：

（1）合意性产出。选用各国家或地区以 1990 年为基期按照 GDP 缩减指数计算而得的实际 GDP 作为代理变量。除中国台湾之外的数据均来自联合国统计数据库（United Nations Statistics Division，UNSD），中国台湾的数据则来自台湾统计资讯网和《台湾统计年鉴》。

（2）非合意性产出。选用各国家或地区的二氧化碳排放量作为代理变量，这是因为 CO_2 排放量在全部温室气体排放量中所占比例高达 80%。CO_2 排放量的数据主要来自世界银行的世界发展指数数据库（World Development Index，WDI），部分缺失数据则来自世界资源研究院的气候分析指标数据库（Climate Analysis Indicators Tool，CAIT）。

（3）劳动投入。选用各国家或地区的实际劳动投入作为代理变量，实际劳动投入由当年劳动力总量和就业率相乘而得。除中国台湾之外的数据均来自 WDI 数据库，中国台湾的数据则来自台湾统计资讯网和《台湾统计年鉴》。

（4）能源投入。选用各国家或地区的能源使用量作为代理变量。除中国台湾之外的数据均来自 WDI 数据库，中国台湾的数据则来自台湾统计资讯网和《台湾能源统计手册》。中国台湾的能源统计单位为千公升油当量（KLOE），而 WDI 数据库中的能源统计单位为千吨油当量（KTOE）。为了保持度量单位一致，按照 1KTOE＝1160KLOE 的换算公式进行

① 俄罗斯 1990 年之前的统计数据基本缺失，文莱和巴布亚新几内亚在样本期间内的能源使用量统计数据均存在严重缺失，越南在样本期间内的劳动力总数和实际就业率统计数据均存在较严重缺失。有鉴于此，我们从研究样本中将这四个国家予以剔除。

相应换算。

（5）资本投入。选用各国家或地区的实际资本存量作为代理变量。实际资本存量是根据永续盘存法计算而得，具体计算公式为 $K_{it}=K_{it-1}(1-\delta_{it})+I_{it}$。其中，$K_{it}$是指第 i 个国家或地区在第 t 年的资本存量；$\delta_{it}$为经济折旧率①；$I_{it}$为不变价投资额。使用永续盘存法的关键在于不变价投资的获取、经济折旧率的确定以及基期资本存量的计算。其中，不变价投资是以 1990 年为基期根据投资价格指数通过对资本形成总额（Gross Capital Formation）进行平减计算而得的，相关数据来自 UNSD 数据库。根据可得的 1970～2007 年各国（和地区）不变价投资 I_{it}，通过对不变价投资的对数和时间之间进行回归，可以模拟得到 1900～1969 年各国（和地区）的投资序列。在此基础上，可将永续盘存法公式通过迭代变换为（Wu，2004）：

$$K_{it}=\sum_{k=0}^{t-1901}(1-\delta_{it})^{k}I_{it-k}+(1-\delta_{it})^{t-1900}K_{i1900} \tag{6}$$

式（6）表明，只要得到 1900 年的资本存量和合适的经济折旧率，就可计算求得各国（和地区）历年的实际资本存量。基于 1900 年的资本存量到 1970 年将折旧完毕的基本事实，我们在此假设 1900 年的资本存量为 0。Wu（2004）和王兵等（2007，2008）在研究 APEC 地区全要素生产率增长时，对资本存量估算所采用的经济折旧率为 7%，为了与以往文献的研究成果进行比较分析，本文亦将经济折旧率确定为 7%②。

表 1　1980～2007 年 APEC 地区及三大群组投入产出指标的描述性统计分析

指标	APEC 地区	按经济发展程度划分的三大群组		
		发达国家	东亚新兴经济体	发展中国家
产出指标				
实际 GDP（百万美元）	755962.709	2117030.909	171181.229	197685.824
	(1652113.050)	(2545652.752)	(149732.045)	(313429.466)
二氧化碳排放量（千公吨）	781697.483	1413334.532	537849.300	508848.416
	(1403262.926)	(1910427.364)	(809007.996)	(1105701.672)

① 理论上而言，利用永续盘存法估算资本存量时，式中出现的应为资本重置率而非资本折旧率。只有当资本品相对效率是按照几何方式递减时，折旧率和重置率才是相等的（乔根森，2001；黄勇峰等，2002；张军等，2005）。但是，考虑到跨国样本相关数据的可得性问题，本文仍沿用目前绝大多数文献中对资本重置率和折旧率不加区分的处理方式，并采用资本品相对效率的直线递减方式摊提折旧。

② Hall 和 Jones（1999）研究 127 个国家生产率增长表现时，对资本存量的估算所采用的通用折旧率为 6%；Wu（2004）研究 APEC 地区生产率增长时，虽然对资本存量的估算所采用的折旧率为 7%，但他还指出发达国家和发展中国家的折旧率存在一定的差异。为此，我们以 6% 的经济折旧率作为第二种方案，以发达国家、东亚新兴经济体和发展中国家的折旧率分别为 7%、5% 和 4% 作为第三种方案，重新估算了资本存量并计算了经济增长效率，但是发现这三种方案的最终结果基本没有差异。

续表

指标	APEC 地区	按经济发展程度划分的三大群组		
		发达国家	东亚新兴经济体	发展中国家
投入指标				
实际劳动投入（万人）	6312.415	4252.409	815.773	10348.240
	(14917.647)	(4776.405)	(717.960)	(20599.179)
实际资本存量（百万美元）	1748432.040	4828473.758	402350.274	496446.848
	(3610310.380)	(5451617.704)	(403278.714)	(799360.683)
能源使用量（千吨油当量）	261303.884	561911.071	52864.669	177644.000
	(515006.460)	(755694.450)	(58245.316)	(346120.407)

注：未标示括号数字为变量的平均值；标示括号数字为变量的标准差。

数据来源：本文根据 UNSD、WDI、CAIT、台湾统计资讯网等数据库以及《台湾统计年鉴》、《台湾能源统计手册》等相关资料整理而得。

三、双重约束下经济增长效率的实证结果分析

（一）APEC 地区各群组国家（和地区）投入产出平均变化率分析

表 2 显示了 1980 ~ 2007 年 APEC 地区三大群组国家（和地区）投入和产出的平均变化率。从合意性产出的变化情况来看，样本期间内三大群组实际 GDP 增长率从高到低的排序依次为东亚新兴经济体、发展中国家和发达国家，对应的增长率依次为 5.86%、5.10% 和 2.85%。这一结果与内生经济增长理论中的收敛假说并不一致，而与 Kumar（2006）的研究结论保持一致，亦即 APEC 地区的经济增长率随着收入水平的提高并未呈现出逐渐收敛的趋势。从非合意性产出的变化情况来看，三大群组 CO_2 排放量增长率从高到低的排序依次为发展中国家、东亚新兴经济体和发达国家，对应的增长率分别为 4.86%、4.14% 和 1.45%。由此可见，三大群组的 CO_2 排放量增长率排序与实际 GDP 增长率排序并不一致，这在一定程度上可能是由于绝大多数发展中国家目前尚处于粗放型的经济增长阶段。将能源作为投入指标是本文的一大特色，从表 2 中可看出三大群组能源使用量增长率排序与实际 GDP 增长率排序保持一致，亦即其从高到低的排序也依次为东亚新兴经济体、发展中国家和发达国家，对应的增长率依次为 5.90%、4.09% 和 1.67%。这从一个侧面反映出两者之间存在着密切的联系。

从劳动投入和资本存量的变化情况来看，东亚新兴经济体和发展中国家的增长率均高于发达国家，其中这两大群组的实际资本存量增长率分别高达 6.87% 和 5.88%。这在一

定程度上反映出劳动尤其是资本要素积累在这些非发达国家经济增长中起着非常重要的作用，甚至可能是其中某些国家经济增长的重要源泉。新古典增长理论认为，相对于技术进步推动的经济增长，要素积累推动的经济增长虽然在短期内会呈现出快速的增长态势，但是从长远来看将最终受制于有限的要素资源投入而不可持续。例如，Krugman（1994）认为东亚经济奇迹仅仅是个神话。然而，需要加以注意的是上述推论将经济增长的动力全部归因于要素投入的增加，而忽视了生产技术逐步迈向潜在共同边界最佳技术水平的追赶效应，尤其是忽视了生产效率提高在经济增长中所起的重要作用（Färe 等，2001）。此外，除美国之外的 APEC 成员迄今均已签署《京都议定书》，这表明各成员均有意识对 CO_2 排放实施一定的管制，而实施 CO_2 排放管制将不可避免地对各成员经济增长效率产生一定程度的影响。本文采用 SBM - Undesirable 模型和 Meta - frontier 生产函数这一分析框架，目的在于探求经济增长的传统测算衡量方法所忽视的或无法解决的问题。

表 2　1980～2007 年 APEC 地区各群组国家（和地区）投入和产出平均变化率

地区名称	实际劳动投入变化率	实际资本存量变化率	能源使用量变化率	实际 GDP 变化率	CO_2 排放量变化率
发达国家					
美国	0.0134	0.0407	0.0099	0.0294	0.0082
日本**	0.0057	0.0250	0.0152	0.0234	0.0089
加拿大**	0.0161	0.0401	0.0128	0.0272	0.0104
澳大利亚*	0.0193	0.0397	0.0220	0.0334	0.0203
新西兰**	0.0155	0.0300	0.0238	0.0289	0.0248
平均值	0.0140	0.0351	0.0167	0.0285	0.0145
东亚新兴经济体					
新加坡*	0.0255	0.0637	0.0689	0.0701	0.0279
中国香港*	0.0158	0.0660	0.0438	0.0525	0.0361
韩国*	0.0230	0.0875	0.0658	0.0674	0.0517
中国台湾*	0.0170	0.0476	0.0574	0.0443	0.0498
平均值	0.0203	0.0687	0.0590	0.0586	0.0414
发展中国家					
墨西哥*	0.0284	0.0351	0.0252	0.0365	0.0210
智利*	0.0264	0.0580	0.0457	0.0469	0.0426
马来西亚*	0.0322	0.0790	0.0709	0.0621	0.0787
秘鲁*	0.0282	0.0424	0.0094	0.0260	0.0261
泰国*	0.0185	0.0613	0.0605	0.0576	0.0769
中国*	0.0163	0.0961	0.0456	0.0972	0.0580

续表

地区名称	实际劳动投入变化率	实际资本存量变化率	能源使用量变化率	实际 GDP 变化率	CO_2 排放量变化率
菲律宾*	0.0268	0.0335	0.0233	0.0310	0.0273
印度尼西亚*	0.0240	0.0651	0.0465	0.0509	0.0579
平均值	0.0251	0.0588	0.0409	0.0510	0.0486

注：①各国（和地区）投入和产出的平均变化率为几何平均值，而三大群组的平均值则为算术平均值。②标示“*”的国家（和地区）为截至2010年10月28日已签署《京都议定书》的国家（和地区）；标示“**”的国家为《京都议定书》中的附件B国家，按照协议规定，它们在2008~2012年的温室气体排放量必须在1990年排放水平上平均减少5.2%。

（二）APEC 地区群组技术效率、共同技术效率以及共同技术比率分析

共同技术效率（MTE）和群组技术效率（GTE）是DMU分别以共同边界和群组边界为比较基准所得到的距离函数值，分别反映了其在相同投入水平下实际产出到共同边界产出和群组边界产出的距离①。从各群组的MTE平均值来看，三大群组从高到低的排序依次为发达国家、东亚新兴经济体和发展中国家，如表3所示。其中，发达国家的平均共同技术效率为0.9022，这表明若采用潜在共同边界技术进行生产，其仍将有9.78%的效率改善空间；同理，东亚新兴经济体和发展中国家仍将分别有11.54%和28.59%的效率改善空间。在发达国家群组中，平均群组技术效率表现最佳的国家是美国，其对应的GTE值和MTE值分别为0.9717和0.9583；表现最差的国家则为新西兰，其对应的GTE值和MTE值分别为0.8419和0.8303。这表明，将非合意二氧化碳排放纳入生产效率衡量框架之后，与发达国家群组边界生产技术相比较，美国和新西兰在生产上仍有2.83%和15.81%的效率改善空间；而与所有样本共同边界生产技术相比较，两国则仍分别有4.17%和16.97%的效率改善空间。同理，在东亚新兴经济体中，与群组边界生产技术相比较，GTE表现最佳的中国香港和表现最差的韩国在生产上仍有6.46%和11.63%的效率改善空间；而与共同边界生产技术相比较，两国（地区）则仍分别有7.61%和19.39%的效率改善空间。在发展中国家群组中，与群组边界生产技术相比较，GTE表现最佳的秘鲁和表现最差的马来西亚在生产上仍有3.16%和17.04%的效率改善空间；而与共同边界生产技术相比较，两国则仍分别有19.69%和28.31%的效率改善空间。

共同技术比率（MTR）反映了特定群组制度环境所造成的群组技术水平与潜在共同边界技术水平之间的缺口。当MTR越高时，表示DMU的实际技术水平越接近于共同边界技术水平，亦即表明相应制度环境条件下的技术水平越高。从表3可以看出，三大群组的

① 本文是在考虑非合意性二氧化碳排放的前提下测算APEC地区各群组国家或地区的技术效率的。因此，共同技术效率亦可称为共同环境效率（Meta Environmental Efficiency），群组技术效率亦可称为群组环境效率（Group Environmental Efficiency），而共同技术比率则可称为共同环境技术比率。

MTR 平均值从高到低的排序同样依次为发达国家、东亚新兴经济体和发展中国家。这表明不同国家群组之间确实存在生产技术水平上的差异，而且经济发展程度越高的国家群组，其生产技术水平相应地越高。其中，发达国家的共同技术比率为 0.9796，这表明其采用的环境技术水平能够达到潜在共同边界环境技术水平的 97.96%；同理，东亚新兴经济体和发展中国家所采用的平均环境技术水平能够分别达到潜在共同边界环境技术水平的 95.83% 和 78.21%。在发达国家群组中，平均共同技术比率最高的国家是新西兰。这表明，将非合意二氧化碳排放纳入生产效率衡量框架之后，新西兰在发达国家群组制度环境条件下的环境技术水平最高。具体而言，新西兰的 MTR 值为 0.9962，这意味着其采用的实际环境技术水平能达到潜在共同边界环境技术水平的 99.62%。同理，中国香港和秘鲁分别在东亚新兴经济体和发展中国家群组制度环境下的环境技术水平最高，它们采用的实际环境技术水平分别能够达到潜在共同边界环境技术水平的 98.77% 和 82.93%。

表 3 1980～2007 年 APEC 地区效率和共同技术比率平均值及其平均变化率

地区名称	效率及共同技术比率平均值			效率及共同技术比率平均变化率（%）		
	Geff	Meff	MTR	Geff－r	Meff－r	MTR－r
发达国家						
美国	0.9717	0.9583	0.9863	－0.1327	0.0104	0.1739
日本**	0.8952	0.8894	0.9915	0.1083	0.1421	0.0938
加拿大**	0.9369	0.9295	0.9921	0.1194	0.0957	0.0245
澳大利亚*	0.9603	0.9024	0.9397	－0.1064	0.2795	0.4723
新西兰**	0.8419	0.8303	0.9962	－0.2137	－0.4459	－0.0308
平均值	0.9212	0.9022	0.9796	－0.0450	0.0164	0.1467
东亚新兴经济体						
新加坡*	0.9195	0.9074	0.9868	0.8189	0.9342	0.7214
中国香港*	0.9354	0.9239	0.9877	0.6608	0.7173	0.5197
韩国*	0.8837	0.8061	0.9122	1.4298	0.4683	－1.2472
中国台湾*	0.9153	0.9009	0.9435	0.4365	0.5458	0.4416
平均值	0.9135	0.8846	0.9583	0.8365	0.6664	0.1089
发展中国家						
墨西哥*	0.9337	0.7271	0.7987	0.1927	－0.2011	－0.6140
智利*	0.9476	0.7429	0.8140	－0.3843	－0.3472	－0.2350
马来西亚*	0.8296	0.7169	0.7642	1.0265	1.1463	0.3378
秘鲁*	0.9684	0.8031	0.8293	－0.1828	0.0264	－0.1519
泰国*	0.9236	0.6543	0.8084	0.4073	0.7828	0.4702
中国*	0.9074	0.7635	0.7753	0.8726	0.6407	0.4175

续表

地区名称	效率及共同技术比率平均值			效率及共同技术比率平均变化率（%）		
	Geff	Meff	MTR	Geff - r	Meff - r	MTR - r
菲律宾*	0.9324	0.6983	0.7489	0.2410	0.2436	0.3207
印度尼西亚*	0.8740	0.6067	0.6945	0.3314	0.6772	0.3530
平均值	0.9158	0.7141	0.7821	0.3143	0.3527	0.0023

注：①Geff 和 Geff - r 分别为群组技术效率 TEgroup - k 的平均值和平均变化率；Meff 和 Meff - r 分别为共同技术效率 TEmeta 的平均值和平均变化率；MTR 和 MTR - r 分别为共同技术比率的平均值和平均变化率。②标示“*”的国家（和地区）为截至2010 年10 月28 日已签署《京都议定书》的国家（和地区）；标示“**”的国家为《京都议定书》中的附件 B 国家，按照协议规定，它们在2008 ~2012 年的温室气体排放量必须在1990 年排放水平上平均减少5.2%。

共同技术效率变化率（RMTE）和群组技术效率变化率（RGTE）分别表示样本期间内 DMU 实际产出与共同边界产出和群组边界产值之间距离的变动情况；共同技术比率变化率（RMTR）则表示样本期间内 DMU 由现有技术水平向最佳生产技术水平的追赶效应。表3 显示，在发达国家群组中，加拿大的群组技术效率在样本期间内呈现出最大幅度的提升，具体而言，其 GTE 提升了 0.1194%，而其共同技术效率则提升了 0.0957%；新西兰的群组技术效率则呈现出最大幅度的下降，亦即其在样本期间内 GTE 下降了 0.2137%，而其共同技术效率和共同技术比率则分别下降了0.4459%和0.0308%。结合表2 中投入产出的变化情况，可以发现，虽然新西兰的生产效率在发达国家群组中位居末位，但其实际 GDP 增长率在相应群组中则位居第三位。经济增长理论告诉我们，要素投入累积、生产效率提升以及技术水平提高是区域经济增长的三大源泉。在生产效率和技术追赶均出现下降的情况下，新西兰的实际 GDP 却仍能保持较高的增长率，据此可以推断要素投入积累是新西兰经济增长的主要源泉。然而，要素累积推动的经济增长从长远来看是不可持续的，因此新西兰应逐步转变经济增长方式，致力于推动本国生产效率的提升或技术水平的提高。

在东亚新兴经济体中，群组技术效率提升最快的国家是韩国，增长幅度达 1.4298%，而共同技术效率提升最快的则是新加坡，增长幅度为 0.9342%。更进一步从共同技术比率的变化情况来看，除了韩国之外其他三个国家或地区的技术水平在样本期间内均呈现出持续向潜在最佳技术水平追赶的趋势。由此可见，韩国虽然在群组中表现出最好的经济成长态势，但由于其技术水平在样本期间内是衰退的，这导致其在代表最佳技术水平的共同边界上的经济表现却反而在群组中是最差的。结合表2 投入产出的变化情况，可以发现，在共同技术效率表现欠佳而技术水平又出现衰退的情况下，韩国的实际 GDP 仍呈现出较快的增长态势，这很大程度上得益于其要素投入的增加。相比之下，在要素投入增长速度不如韩国的情况下，新加坡的实际 GDP 增长率却更快，这在很大程度上得益于其生产效率的提高和技术水平的提升，亦即可以认为新加坡是属于技术和效率导向的经济增长形态。

在发展中国家群组中，中国的群组技术效率呈现出最大幅度的提升，具体而言其

GTE 提升了 0.8726%，而其共同技术效率和共同技术比率则分别提升了 0.6407% 和 0.4175%。结合表 2 可知，除了得益于较快的要素投入累积之外，中国的高速经济增长还得益于生产效率的提升以及技术水平的提高。智利的群组技术效率和共同技术效率均呈现出最大幅度的下降，亦即其 GTE 和 MTE 分别下降了 0.3843% 和 0.3472%；此外，智利的共同技术比率（MTR）也呈现出下降的态势，下降幅度为 0.2350%。结合表 2 可以发现，在群组技术效率和共同技术效率均表现欠佳而技术水平又出现衰退的情况下，智利的实际 GDP 增长率在发展中国家群组中仍能位居第五位，据此可以推断要素投入积累是智利经济增长的主要源泉。此外，我们还发现，墨西哥的群组技术效率虽然呈现出正向提升，但由于其技术水平在群组内衰退最为明显，这导致其在共同边界上的经济表现反而相对较差。

四、双重约束下经济增长效率的影响因素分析

（一）变量说明与模型构建

有关经济增长效率影响因素的选择依据，学术界迄今尚无正式理论可供参考。为了在能源和环境双重约束下考察区域经济增长效率的影响因素，我们一方面需要考察市场竞争状况、基础设施建设、要素投入结构、研发创新投入以及对外开放程度等诸多影响经济增长效率的传统因素，另一方面还需要考察国民生产总值、产业结构变迁、地区人口密度等影响地区二氧化碳排放的相关因素。借鉴以往文献的研究成果（Yoruk 和 Zaim，2005；Kumar，2006；王兵，2008；等等），并考虑到跨国数据的可得性问题，我们最终选取了人均 GDP、产业结构变迁、地区人口密度、对外开放程度和要素投入结构五个影响变量。其中，除了人均 GDP 的数据来自联合国统计数据库（United Nations Statistics Division）之外，其他四个变量的相关数据均来自世界银行的 WDI 数据库。指标选取说明如下：

环境库兹涅茨曲线假说（Environmental Kuznets Curve，EKC）认为，环境质量和收入水平之间存在一种“倒 U 型”的发展轨迹（Grossman 和 Krueger，1995；Panayoutou，1997；Ravallion 等，2000；等等）。为此，我们在回归模型中引入以不变价格衡量的人均 GDP 作为地区收入水平的代理变量。Färe 等（2001a）认为，一个国家或地区工业部门的内部构成会影响到其二氧化碳的排放量。为此，我们在回归模型中引入地区工业增加值在 GDP 中所占比例这一解释变量作为地区产业结构的代理变量。人口密度的增加将意味着地区经济活动更加频繁，而这将必然对地区二氧化碳排放产生一定程度的影响（Friedl 和 Getzner，2003）。为此，我们在回归模型中引入地区人口密度这一解释变量。Kumar（2006）认为，以每单位劳动力所拥有的资本量来衡量的劳动资本投入结构，必将影响到

地区生产效率和全要素生产率。为此，我们在回归模型中引入以不变价格衡量的劳均资本这一解释变量。对外开放程度不仅会影响到一国生产效率和技术水平的提高，而且可能会对当地的生态环境产生一定程度的影响（Taskin 和 Zaim，2001；Yoruk 和 Zaim，2005；等）。为此，我们将在回归模型中引入进出口贸易总额在地区 GDP 中所占比重这一解释变量。

综合上述分析，在实际回归计量过程中，我们将以不变价格衡量的人均 GDP 的对数（lnGDP）、地区工业增加值在 GDP 中所占比例（industry）、地区人口密度（popden）、以不变价格衡量的劳均资本（percapital）以及进出口贸易总额在地区 GDP 中所占比重（openness）等作为解释变量；而为了考察上述解释变量和被解释变量之间的二次型关系，我们还在实际回归模型中引入了上述解释变量的平方项。此外，为了考察《联合国气候变化框架公约》的签署对各国经济增长效率的影响，我们还引入代表气候公约签署时间的虚拟变量 UNFCCC，签署时间之后的取值为 1，此前的年份取值为 0。面板回归计量模型如式（7）所示，其中被解释变量 TE_{it}^{h} 表示第 i 个国家或地区在时间 t 的经济增长效率。当 h = meta 时，TE_{it}^{h} 表示各国家或地区的共同技术效率；当 h = group - k 时，TE_{it}^{h} 表示三大群组中各国家或地区的群组技术效率。β_{0i} 是回归模型的截距项，β^{T} 表示各解释变量的待估计系数，x_{it} 表示影响经济增长效率的解释变量，ε_{it} 是服从正态分布的随机误差项。

$$TE_{it}^{h} = \beta_{0i} + \beta_{x_{it}}^{T} + \varepsilon_{it} = \beta_{0i} + \beta_1 lnGDP_{it} + \beta_2 lnGDP_{it}^2 + \beta_3 industry_{it} + \beta_4 industry_{it}^2 + \beta_5 popden_{it} + \beta_6 popden_{it}^2 + \beta_7 openness_{it} + \beta_8 openness_{it}^2 + \beta_9 percapital_{it} + \beta_{10} percapital_{it}^2 + UNFCCC_{it} + \varepsilon_{it} \quad (7)$$

（二）面板计量估计结果分析

根据被解释变量的不同，我们分别估计了以 APEC 地区共同技术效率、发达国家群组技术效率、东亚新兴经济体群组技术效率和发展中国家群组技术效率作为被解释变量的四个面板计量模型，其中每个模型均包括随机效应估计和固定效应估计；但四个模型的 Hausman 检验均显示，拒绝随机效应模型而接受固定效应模型。此外，我们还采用 Hausman 检验对变量的内生性进行了检验，当以 10% 的显著水平作为内生性检验 P 值显著与否的判断标准时，以上四个面板计量模型均拒绝存在内生性问题的假设。限于论文的篇幅，我们仅在此汇报固定效应模型的估计结果，如表 4 所示。我们将首先分析各种因素对于能源和环境双重约束下 APEC 地区共同技术效率的具体影响，然后分析这些因素对于双重约束下 APEC 地区三大群组的群组技术效率的具体影响。

表 4　APEC 地区及三大群组经济增长效率影响因素的面板估计结果

解释变量	APEC 地区（TE^{meta}）		APEC 地区三大群组					
			发达国家（$TE^{group-k}$）		东亚新兴经济体（$TE^{group-k}$）		发展中国家（$TE^{group-k}$）	
	系数	t 值	系数	t 值	系数	t 值	系数	t 值
C	3.1825***	15.9641	3.4302*	1.9314	0.6537*	0.1528	4.8403**	3.5833
lnGDP	-1.4327***	14.3040	-0.7438***	-2.8523	-0.1127*	-0.2692	1.0793***	4.1075
$lnGDP^2$	0.0834***	15.1403	0.0521***	2.9055	0.0573	0.7804	-0.0837	-3.2318
industry	-0.6405**	-2.4710	0.4153	0.9302	-1.4509***	-4.3281	-0.5942	1.1025
$industry^2$	0.5301**	1.6137	0.1524	0.2590	1.6734***	4.1611	0.3026	1.5203
popden	0.3521***	9.6823	0.2782***	2.9405	-0.0107	-0.0426	-0.3592**	-2.2463
$popden^2$	-0.0394***	-6.2051	-0.0217**	-2.4084	-0.0098	-0.2105	0.1340**	6.4302
openness	0.1573***	5.8312	0.1529***	5.2850	-0.0414	-1.5201	-0.3142***	-3.0142
$openness^2$	-0.0609***	-6.1450	-0.0623***	-6.3972	0.0467	1.7370	0.1193	1.4323
percapital	-0.0598***	-16.3071	-0.0394***	-14.5141	-0.1692***	-10.3723	-0.2057***	-5.4580
$percapital^2$	0.0132***	9.8914	0.0109***	10.2715	0.0483***	8.4074	0.0836**	4.2305
UNFCCC	0.0215	0.3742	0.0362***	0.5293	0.0319*	0.4842	0.0207	0.3961
F 值	51.4735		68.9107		23.8263		38.9794	
调整 R^2	0.5638		0.8259		0.6861		0.7394	
内生性检验	0.1352		0.8475		0.8983		0.1837	
Hausmanχ^2 检验	142.2504		53.0838		71.5147		136.4302	

注：TE^{meta}表示共同技术效率；$TE^{group-k}$表示群组技术效率。“***”、“**”、“*”分别表示估计系数在 1%、5%和 10%水平上显著。

在能源和环境双重约束下 APEC 地区共同技术效率的影响因素中，除了虚拟变量 UNFCCC 之外，其他解释变量的系数在统计上均具有明显的显著性。其中，人均 GDP 的对数与共同技术效率（MTE）呈负相关关系，而其平方的对数则与共同技术效率呈相关关系，这表明 APEC 地区人均 GDP 与其共同技术效率之间存在一种“U 型”关系。这一结论不同于王兵等（2008）所发现的 APEC 地区人均 GDP 与全要素生产率之间呈“倒 U 型”关系的结论。一个可行解释是，当收入水平较低时，消费者最关心的是满足日常生活基本需求；随着收入水平的不断提高，消费者对产品品质的要求将逐步提高，甚至转向环境友好型产品的消费。消费者环保意识的觉醒将促使政府针对生产厂商制定一系列严格的环保法规，而这在短期内将可能增加部分企业的生产费用，但从长期来看会激发企业一定程度的技术创新，从而有利于生产效率的提高。表 4 还显示，工业增加值所占份额与共同技术效率呈负相关关系，而其平方项则与共同技术效率呈正相关关系，这表明 APEC 地区工业增加值所占份额与其共同技术效率之间存在一种“U 型”关系。这一结论与 Yoruk 和 Zaim

（2005）在 OECD 国家的研究发现以及王兵等（2008）在 APEC 地区的研究发现保持高度一致。这意味着当一个国家或地区的工业化程度超过某一转折点时，其生产效率将呈现出加快发展的态势。

地区人口密度与共同技术效率呈正相关关系，而其平方项则与共同技术效率呈负相关关系，这表明 APEC 地区人口密度与其共同技术效率之间存在一种“倒 U 型”关系。这可能是因为人口密度的增加意味着经济活动更加活跃，这将促进 GDP 的高度增长，但是当人口密度超过一定限度时，与 GDP 增长相伴而生的二氧化碳将消耗更多的处理成本，而一旦 CO_2 的处理成本超过 GDP 增长的收益，此时人口密度的进一步增加将会降低地区生产效率。此外，对外开放程度与共同技术效率之间呈正相关关系，而其平方项则与共同技术效率之间呈负相关关系，这表明 APEC 地区对外开放程度与其共同技术效率之间存在一种“倒 U 型”关系。这一结论不同于王兵等（2008）所发现的 APEC 地区开放程度与其全要素生产率之间呈线性负相关关系的结论。该结论的一个可行解释是，一个国家或地区的对外开放程度越高，则其越容易得到具有环保效果的生产技术，从而对其生产效率产生正面的影响；但是，对外开放程度越高的地区将会吸引越多的境外资本进驻从事生产活动，而这将导致更多的二氧化碳排放，当二氧化碳的处理成本足够高的时候，必将会对生产效率产生负面的影响。

劳均资本与共同技术效率呈负相关关系，而其平方项则与共同技术效率呈正相关关系，这表明 APEC 地区人均资本与其共同技术效率之间存在一种“U 型”关系。这一结论不同于 Kumar（2006）和王兵等（2008）所发现的两者之间呈简单的线性负相关关系的结论。这可能是因为，在经济发展的初级阶段，一个国家或地区为了加速地区经济发展而更加偏好资本的投入数量，这就往往有意或无意地忽视了地区环境保护，从而对地区生产效率产生不利的影响；但是，随着经济发展程度的不断提高，其将更加重视资本的投入质量，从而对包含环保效果的资本投入表现出更大的偏好，这将对其生产效率产生积极正面的影响。计量结果还显示，虚拟变量 UNFCCC 与 APEC 地区共同技术效率虽然存在正相关关系，但在统计上并不显著。这表明《气候公约》的签署对于能源和环境双重约束下 APEC 地区经济增长效率的影响并不明显。这一结论与王兵等（2008）的研究发现保持高度一致。

从三大群组技术效率影响因素的计量估计结果来看，同样的解释变量对于群组技术效率的影响方向和影响程度在三个群组之间均呈现出不尽相同的结果。这表明，由于经济发展程度的不同，同样的影响因素对于各群组技术效率所造成的影响方式会有所不同。从人均 GDP 来看，发达国家群组和东亚新兴经济体的人均 GDP 与其群组技术效率之间均呈现出一种“U 型”关系，不同的是前者的这种关系在统计上非常显著，而后者这种关系在统计上则不显著；在发展中国家群组，人均 GDP 与群组技术效率之间呈正相关关系而且在统计上非常显著，而其平方项则与群组技术效率之间呈负相关关系但在统计上非常不显著，这在一定程度上反映了发展中国家的追赶效应。从工业增加值所占份额来看，东亚新兴经济体和发展中国家群组的工业份额与其群组技术效率之间均呈现出一种“U 型”关系，不同的是前者的这种关系在统计上非常显著，而后者的这种关系在统计上则不显著；在发达国家群组中，工业份额及其平方项与其群组技术效率之间均呈正相关关系，但在统计上均不显著，这可能是因为到20世纪80年代时发达国家的工业化程度已经超过其转折点，其后一国的工业化程度越高则将越有利于其生产效率的提高（Yoruk 和 Zaim，2005）。

地区人口密度对于三大群组技术效率的影响则表现出相当大的差异。在发达国家群组中，人口密度与其群组技术效率之间呈现出一种“倒U型”关系，而且在统计上非常显著；在东亚新兴经济体，两者之间呈线性负相关关系，但在统计上并不显著；与发达国家群组的结果正好相反，发展中国家群组的人口密度与其群组技术效率之间则呈现出一种“U型”关系，而且在统计上较为显著，这可能是因为发展中国家目前正处于经济快速发展的阶段，地区人口密度增加所带来的经济收益尚远远大于其负面影响。从对外开放程度来看，发达国家群组的开放程度与其群组技术效率之间存在一种“倒U型”关系，而且在统计上非常显著；在东亚新兴经济体群组，两者之间呈现出一种“U型”关系，但在统计上很不显著；在发展中国家群组中，开放程度与群组技术效率之间呈负相关关系且在统计上非常显著，而其平方项则与群组技术效率之间呈正相关关系但在统计上并不显著，这可能是因为在国际产业转移的大背景下发展中国家的开放程度越高，将吸引越多的境外资本入驻从事生产活动，而这在强调经济发展而环保意识相对淡薄的情况下，将会导致更多的二氧化碳排放，从而对生产效率造成不利的影响。劳均资本对于三大群组技术效率的影响则表现出高度一致的结果，亦即三大群组的劳均资本与其群组技术效率之间均存在一种“U型”关系并且在统计上均非常显著。计量结果还显示，三大群组的虚拟变量系数均为正值，但仅发达国家群组在统计上是显著的。这表明《联合国气候变化框架公约》的签署对于发达国家和东亚新兴经济体的技术效率均具有一定程度的正向冲击，而对发展中国家的影响则相对不明显。

五、结　论

以往的效率测算方法，要么没有将二氧化碳等非合意性产出纳入到效率测算框架之中，要么虽然考虑了非合意性产出的影响但却忽视了投入变量和产出变量的松弛性问题，这都将导致其度量的效率值存在不同程度的偏误。此外，在效率和生产率的跨国比较中，由于各国（和地区）在要素禀赋、产业结构和经济制度等方面均存在较为明显的差异，这就导致各国（和地区）所面对的生产边界必然存在一定程度的差异；此时，倘若继续使用总体样本资料进行经济增长效率的评估，将无法准确地衡量各国真实的生产效率。有鉴于此，本文采用能够处理非合意性产出和投入产出松弛性问题的 SBM - Undesirable 模型以及能够同时构建共同边界和群组边界的 Meta - frontier 生产函数这一综合分析框架，在能源消耗和二氧化碳排放的双重约束条件下，对亚太经合组织（APEC）17 个成员 1980 ~ 2007 年的

经济增长效率进行了测算，并进而对双重约束下经济增长效率的影响因素进行了计量检验。

效率测算结果显示，在 APEC 经济体中，除了发展中国家群组之外，发达国家群组和东亚新兴经济体群组中均有部分国家（和地区）在个别年份位于潜在最佳生产技术的共同边界上。从各群组的共同技术效率（MTE）和共同技术比率（MTR）平均值来看，三大群组从高到低的排序均依次为发达国家、东亚新兴经济体和发展中国家。这表明不同国家群组之间确实存在生产技术水平上的差异，而且经济发展程度越高的国家群组，其生产技术水平相应地越高。

面板估计结果表明，人均 GDP、工业化水平、劳均资本、人口密度以及对外开放程度等因素对能源和环境双重约束下 APEC 地区共同技术效率与三大群组技术效率的影响方向及影响程度呈现出不尽相同的表现。具体而言，人均 GDP 与技术效率之间关系的计量结果在一定程度上反映出 APEC 地区的发展中国家具有较强的追赶效应。工业化水平的实证结果则反映了当一个国家或地区的工业化程度超过某一转折点时，其生产效率将呈现出加快发展的态势，这意味着发展中国家通过加快其工业化进程可以较快地提高其经济增长效率。劳均资本与技术效率之间存在一种显著的“U 型”关系，这表明随着经济发展程度的不断提高，发展中国家将要并且应该更加重视资本的投入质量，从而对包含环保效果的资本投入表现出更大的偏好，这将对其生产效率产生积极正面的影响。地区人口密度与技术效率之间关系的计量结果则表明，对于正处于快速发展阶段的发展中国家而言，地区人口密度增加所带来的经济收益尚远远大于其负面影响，这意味着发展中国家通过适度地推进其城市化进程可以有效地获取城市化所带来的集聚经济效益。对外开放程度与技术效率之间关系的实证结果显示，在国际产业转移的大背景下发展中国家的开放程度越高，将吸引越多的境外资本入驻从事生产活动，而这在强调经济发展而环保意识相对淡薄的情况下，将会导致更多的二氧化碳排放，从而对生产效率造成不利的影响，这表明发展中国家在强调招商引资数量的同时应该逐步重视其引资质量的提高。计量结果还显示，《联合国气候变化框架公约》的签署仅对发达国家的生产效率具有明显的正向冲击，而对东亚新兴经济体和发展中国家的影响则均不明显。

参考文献

［1］黄勇峰，任若恩. 中国制造业资本存量永续盘存法估计［J］. 经济学（季刊），2002（2）.

［2］乔根森著. 生产率——第一卷：战后美国经济增长［M］. 中国发展出版社，2001.

［3］王兵，颜鹏飞. 技术效率、技术进步与东亚经济增长：基于 APEC 视角的实证分析［J］. 经济研究，2007（5）.

［4］王兵，吴延瑞，颜鹏飞. 环境管制与全要素生产率增长：APEC 的实证研究［J］. 经济研究，2008（5）.

［5］张军，吴桂英，张吉鹏. 中国省际物质资本存量估算：1952~2000［J］. 经济研

究，2004（10）.

[6] Abbott, M. The productivity and efficiency of the australian electricity supply industry. Energy Economics, 2006, 28 (4): 444 -454.

[7] Atkinson, S. E., and R. H. Dorfman. Bayesian measurement of productivity and efficiency in the presence of undesirable outputs. Journal of Econometrics, 2005, 126 (2): 445 -468.

[8] Battese, G. E., and D. S. P. Rao. Technology gap, efficiency and a stochastic meta - frontier function. International Journal of Business and Economics, 2002, 1 (2): 87 -93.

[9] Battese, G. E., C. J. O'Donnell, and D. S. P. Rao. A meta - frontier frameworks production function for estimation of technical efficiency and technology gap for Firms operating under different technology. Journal of Productivity Analysis, 2004, 21 (1): 91 -103.

[10] Chambers, R. G., R. Färe, and S. Grosskopf. Productivity growth in APEC countries. Pacific Economic Review, 1996, 1 (3): 181 -190.

[11] Chang, C., and Y. Luh. Efficiency change and growth in productivity: The asian growth experience. Journal of Asian Economics, 1999, 10 (4): 551 -570.

[12] Cooper, W. W., L. M. Seiford, and K. Tone. Data envelopment analysis: A comprehensive text with models, applications, references and DEA - Solver software. Germany Springer LLC Press, 2007.

[13] Cook, W. D., and L. M. Seiford. Data envelopment analysis (DEA) —Thirty years on. European Journal of Operational Research, 2009, 192 (1): 1 -17.

[14] Färe, R., S. Grosskopf, and D. Margaritis. APEC and the Asian economic crisis: Early signals from productivity trends. Asian Economic Journal, 2001a, 15 (3): 325 -342.

[15] Färe, R., S. Grosskopf, and C. Pasurka. Accounting for air pollution emissions in measuring state manufacturing productivity growth. Journal of Regional Science, 2001b, 41 (6): 381 -409.

[16] Färe, R., S. Grosskopf. Modeling undesirable factors in efficiency evaluation: comment. European Journal of Operational Research, 2004, 157 (1): 242 -245.

[17] Färe, R., S. Grosskopf, and W. L. Weber. Shadow prices and pollution costs in U. S. agriculture. Ecological Economics, 2006, 56 (1): 89 -103.

[18] Färe, R., S. Grosskopf, and C. Pasurka. Environmental production functions and environmental directional distance functions. Energy, 2007, 32 (7): 1055 -1066.

[19] Friedl, B., and M. Getzner. Determinants of CO_2 emissions in a small open economy. Ecological Economics, 2003, 45 (1): 133 -148.

[20] Grossman, G. M., and A. B. Kruger. Economic growth and the environment. Quarterly Journal of Economics, 1995, 110 (7): 353 -377.

[21] Hall, R. E., and C. I. Jones. Why do some countries produce so much more output per worker than others? Quarterly Journal of Economics, 1999, 114 (1): 83 - 116.

[22] Hailu, A. T. S., and C. T. Veeman. Non - Parametric productivity analysis with undesirable outputs: An application to the canadian paper industry. American Journal of Agricultural Economics, 2001, 83 (3): 805 - 816.

[23] Hu, J. L., and C. H. Kao. Efficient energy - saving targets for APEC economics. Energy Policy, 2007, 35 (4): 373 - 382.

[24] Iyer, K., A. Rambaldi, and K. K. Tang. Globalization and the technology gap: Regional and time evidence In leading economic and managerial issues involving globalization, ed. J. M. Aurifeille, S. Svizzero, and C. Tisdell. New York: Nova Science Publishers Press, 2006.

[25] Krugman, P. The myth of asia's miracle. Foreign Affairs, 1994, 73 (6): 62 - 79.

[26] Kumar, S. Environmentally sensitive productivity growth: A global analysis rsing malmquist - luenberger index. Ecological Economics, 2006, 56 (2): 280 - 293.

[27] Murty, S., and R. Russell. On modeling pollution henerating technologies. University of Warwick Working Paper Series, 2002, No. 02 - 14.

[28] O'Donnell, C. J., D. S. P. Rao, and G. E. Battese. Meta - frontier frameworks for the study of firm - level efficiency and technology ratios. Empirical Economics, 2008, 34 (3): 231 - 255.

[29] Panayotou, T. Demystifying the environmental kuznets curve turning a black box into a policy tool. Environment and Development Economics, 1997, 58 (2): 465 - 484.

[30] Picazo - Tadeo, A. J., E. Reig - Martinez, and F. Heranadez - Sancho. Directional distance functions and environmental regulation. Resource and Energy Economics, 2005, 27 (3): 131 - 142.

[31] Ravallion, M., Heil, M., and J. Jalan. Carbon emissions and income inequality. Oxford Economic Paper, 2000, 52 (1): 651 - 669.

[32] Ramanathan, R. Combining indicators of energy consumption and CO_2 emissions: A cross - country comparison. International Journal of Global Energy Issues, 2002, 17 (3): 214 - 227.

[33] Scheel, H. Undesirable output in efficiency valuations. European Journal of Operational Research, 2001, 132 (2): 400 - 410.

[34] Seiford, L. M., and Zhu, J. Modeling undesirable factors in efficiency evaluation. European Journal of Operational Research, 2002, 142 (1): 16 - 20.

[35] Taskin, F., and O. Zaim. The role of international trade on environmental efficiency: A DEA approach. Economic Modeling, 2001, 18 (4): 1 - 17.

[36] Tone, K. A slacks - based measure of efficiency in data envelopment analysis. Eu-

ropean Journal of Operational Research, 2001, 13 (2): 498 -509.

[37] Tonn, B. An equity first, risk based framework for managing global climate change. Global Environmental Change, 2003, 13 (1): 295 -306.

[38] UNFCCC. Kyoto protocol to the united nations framework convention on climate change, 2007, Available at http: //www. greenhouse. gov. au/international/kyoto/.

[39] Wu, Y. Openness, productivity and growth in the APEC economies. Empirical Economics, 2004, 29 (3): 593 -604.

[40] Yoruk, B., and O. Zaim. Productivity growth in OECD countries: A comparison with malmquist Indices. Journal of Comparative Economics, 2005, 33 (5): 401 -422.

[41] Zhou, P., B. W. Ang, and K. L. Poh. Slacks - based efficiency measures for modeling environmental performance. Ecological Economics, 2006, 60 (1): 111 -118.

[42] Zhou, P., B. W. Ang, and K. L. Poh. A survey of data envelopment analysis in energy and environmental studies. European Journal of Operational Research, 2008, 189 (1): 1 -18.

Energy Consumption, Carbon Dioxide Emission and Regional Economic Growth in the APEC Economies

Liu Yuhai and Wu Peng

Abstract: We use synthetically the SBM - Undesirable Model and the Meta - frontier Production Function to measure the economic growth efficiency of the 17 economies in the APEC from 1980 to 2007 under the dual constraints of energy consumption and carbon dioxide emissions, and then estimate the influences of different factors on the economic growth efficiency. The findings show that, there are some countries from the developed countries and the Asian new economies in some year underling the meta - frontier which stands for the potentially best technology level; the rankings both of the MTE and MTR are the developed countries, the Asian new economics, the developing countries; and the impacts of the factors on the MTE, such as the GDP per capita, industrialization level, population density and so on, are all very significant, but both of the impact direction and the impact extent of these factors on the GTE are different.

Key Words: Economic Growth Efficiency; SBM - Undesirable Model; Meta - frontier Production Function

中国碳排放强度的波动下降模式及经济解释*

陈诗一

（复旦大学中国社会主义市场经济研究中心）

【摘要】本文对改革开放以来中国工业两位数行业二氧化碳排放强度变化的主要原因进行分解，发现能源强度降低或者能源生产率的提高，是二氧化碳排放强度波动性下降的主要且直接的决定因素，能源结构和工业结构调整也有利于碳排放强度降低。本文从工业减排历史进程的视角对这些影响因素的不同效应进行了解释。

【关键词】二氧化碳强度；因素分解；能源生产率；结构调整

一、中国碳排放现状和碳强度变化模式

2009 年 11 月 25 日国务院常务会议决定，到 2020 年中国单位国内生产总值二氧化碳排放将比 2005 年下降 40% ~45%，并作为约束性指标纳入国民经济和社会发展中长期规划及制定相应的国内统计、监测和考核办法。这是中国第一次提出二氧化碳减排的量化指标，也是世界主要国家中第一个把碳减排与 GDP 指标挂钩的国家。中国在应对气候挑战上的表率作用不但赢得了国际社会的好评，而且以碳强度作为相对减排指标也充分考虑到了中国作为发展中国家发展仍然是第一要务的国情，符合低碳经济的发展方向，有利于形成助推中国经济转型的倒逼机制和长效机制（陈诗一，2010a）。本文以中国工业部门碳减排的历史为例来探寻影响二氧化碳排放强度降低的主要决定因素，以便为未来实施碳强度减排约束性指标提供有益的政策建议。

（一）二氧化碳排放总量变化

中国经济的高增长带有明显的高投资、高能耗和高污染排放的粗放型特征。以大气污染的主要成分二氧化碳排放为例（见图 1）①，中国二氧化碳排放从 1953 年的 1.46 亿吨平

---

* 选自《世界经济》2011 年第 4 期。

① 图 1 和图 2 中工业二氧化碳排放和能源消费总量为笔者根据本文所使用两位数行业的相应数据加总而得。全文提供的以及所有图表依赖的数据未作特别说明的都由作者根据统计年鉴提供的相关数据整理并计算而得，此后不再进行说明。

稳增长到1996年的34.5亿吨，其间只有“大跃进”时期碳排放有所跃升；1996年后，碳排放在经历了短暂的五六年下降或停滞后开始一路飙升至2008年的67.3亿吨。图2的跨国对比更能看出中国碳排放之大。20世纪60~70年代中国二氧化碳排放量比较低，与德国、日本相差无几；改革开放以来，中国碳排放显著上升，甩开了德国、日本和印度，不断逼近美国。以2006年为例，中国二氧化碳排放为58.8亿吨，接近于美国的63.6亿吨，远高于印度、日本和德国的13.9亿吨、13.6亿吨和8.8亿吨。有研究指出，中国已于2007年超过美国成为全球二氧化碳最大排放国，这无疑给中国的碳减排增加了来自国际方面的压力（陈诗一，2010b；王锋等，2010）。从二氧化碳排放的产业构成来看，工业部门显然是主要排放源，其中又包括化石燃料的燃烧与水泥、石灰、钢铁等工业生产过程的排放。从图1大概看出，改革开放以来，平均只占全国40%左右的工业GDP伴随着占全国84.2%的二氧化碳排放；特别是21世纪以来，随着工业再次重型化，工业二氧化碳排放占全国排放的比例更高达90%以上。

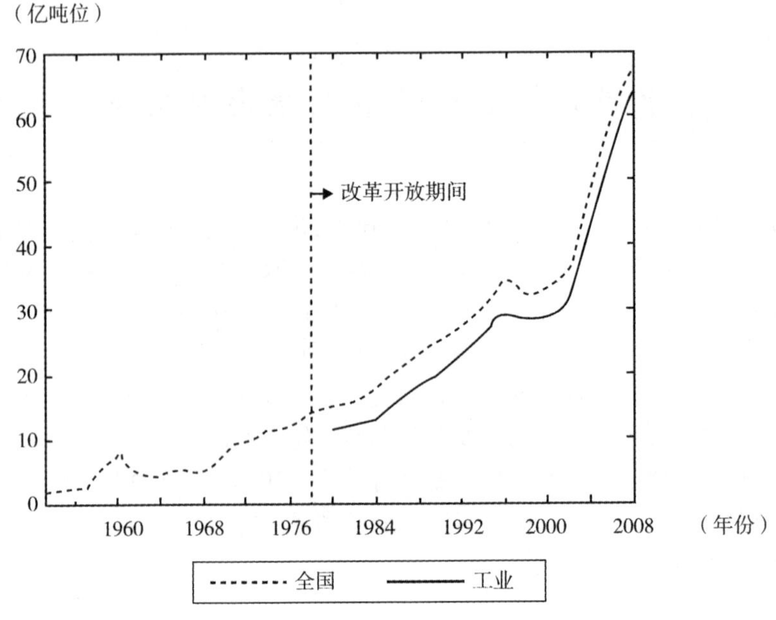

图1　中国二氧化碳排放总量（1953~2008年）

中国正处在工业化进程之中，能源和污染排放密集型的钢铁、水泥和化工等行业在可以预见的将来仍然会在经济中发挥不可替代的基础作用。

（二）二氧化碳排放强度的波动性下降模式

除了20世纪90年代中后期之外，中国工业的二氧化碳排放总量一直处于上升趋势，

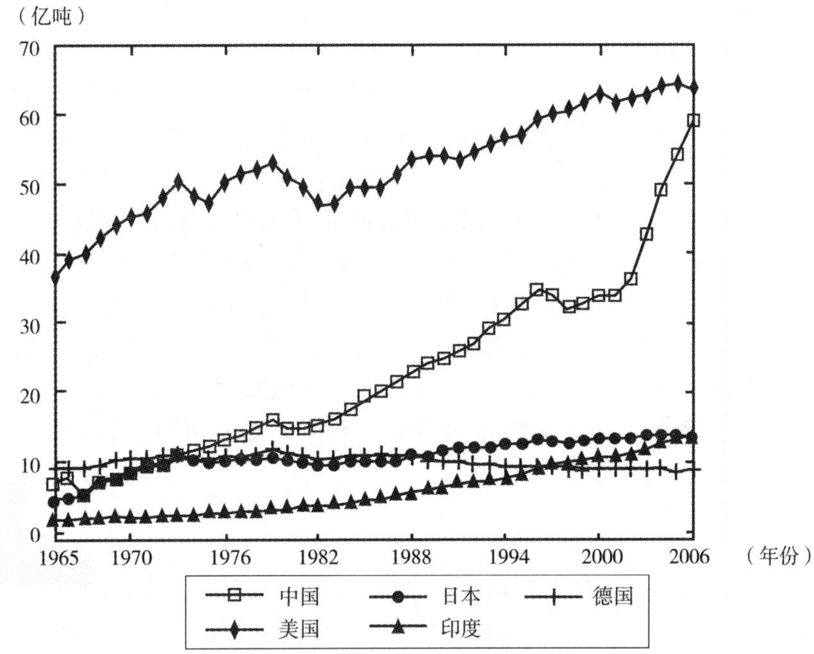

图 2　主要国家二氧化碳排放比较（1965～2006 年）

注：跨国或跨地区比较的图 2、图 8 和图 9 由笔者根据 2007 年《世界能源统计年鉴》数据计算并绘制。

但是由图 3 可以看出，整个改革开放期间工业二氧化碳排放强度在波动中保持着基本的下降趋势①。工业碳强度定义为单位工业增加值伴生的二氧化碳排放量，其倒数即碳生产力，就是单位二氧化碳排放所产出的工业增加值。碳强度的总体下降意味着碳生产力的提高，说明了中国工业的二氧化碳减排在整个改革开放期间还是卓有成效的，中国的工业化事实上正处于低碳化进程之中。

由于二氧化碳排放主要由化石燃料燃烧所致，因此二氧化碳减排与化石能源使用紧密相关。为应对能源短缺，中国政府早在 1980 年就确定了能源节约政策，改革初期，随着以乡镇企业为代表的轻工业的迅速发展，工业碳强度即有所下降；但是 20 世纪 80 年代总的政策还是鼓励能源生产，以小煤矿为代表的能源和排放密集型小企业快速发展，这虽然缓解了能源供应的紧张局面，但也造成了资源过度开发和严重的环境污染，所以，80 年代后期碳排放强度回升，政府不得不从 80 年代末开始对煤炭市场进行整顿治理。随着 20 世纪 90 年代初全球可持续发展概念的提出，中国也建立起真正的环保意识，再次强调 1980 年提出的“节约与开发并举”的能源方针，对能源生产从 80 年代的鼓励改变为 90 年代后的限制生产，因此，我们看到了进入 90 年代后碳排放强度的再次下降。20 世纪 90 年代中期到 21 世纪初，与抓大放小的国企所有制改革相对应，中国关停并转了 10 多万家

① 图 3 中工业全行业二氧化碳排放强度根据两位数行业碳强度加权平均而得，权重为各自工业总产值份额。

能源和排放密集型中小企业，导致中国二氧化碳排放绝对量在此前一直上升的基础上首次出现了较大下降或停顿（见图 1 和图 2），碳排放强度在该期间也出现了最大下降落差，下降幅度达56%（见图3）。尽管从21 世纪初，中国再次出现了重化工业化倾向，2004 年碳强度一度升高到每万元增加值排放 12. 1 吨二氧化碳，但是其后碳排放强度下降趋势依然得到了保持。这与国家 2004 年颁布《节能中长期专项规划》、2005 年制定《可再生能源法》、2006 年“十一五”规划提出能源强度降低 20% 和主要污染物排放总量减少 10% 的节能减排约束性指标以及 2007 年出台《中国应对气候变化国家方案》等政策和措施不无关系。温家宝在哥本哈根气候峰会上也用一组数据说明了中国是近年来节能减排力度最大的国家。中国的二氧化碳排放强度虽然一直在下降，而且比美国的下降速度快很多，但是数值仍然很高，以 2004 年为例，中国每百万美元 GDP（2000 年可比价）排放出 2755 吨二氧化碳，是美国同年 549 吨排放量的 5 倍多，由此可见中国碳强度减排的空间还很大。

图 3　中国工业二氧化碳排放强度（1980 ~ 2008 年）

二、文献综述

（一）分解技术文献综述

能源和环境领域的因素分解方法中的分解对象包括能源消耗、能源强度、能源消费弹性、二氧化碳排放和排放强度等，分解形式又分为加法和乘法分解两种。从分解技术来看，主要分为指数分解法、投入产出结构分解法和非参数距离函数分解法三种类型。Ang 和 Zhang（2000）曾对 1999 年前 124 篇利用分解技术进行研究的文献进行了综述，其中 109 篇运用了指数分解法，只有 15 篇是结构分解，可见指数分解法占主体地位。Ang 等（2003）又对其后的研究作了补充综述。

指数分解法源自传统的 Laspeyres 指数和 Paasche 指数，流行于 20 世纪七八十年代，代表性研究可见 Doblin（1988）和 Ang（1993），其中 Park（1992）对拉氏指数法作了很好总结。拉氏指数分解法还被延伸来分解劳动生产率中的结构效应，即所谓份额转移（shift - share）法（Timmer 和 Szirmaj，2000；李小平和卢现祥，2007）。在拉氏指数分解之后，Boyd 等（1987）又提出了另一类算术平均的迪氏（Divisia）指数分解法并运用于美国工业能耗分析。Liu 等（1992）进一步提出了适应性加权 Divisia 指数分解法。这类迪氏指数分解法在 90 年代开始流行，代表性研究如 Greening 等（1998）、Fisher - Vanden 等（2004、2006）、Liu（2006）、Fan 等（2007）等。

总体而言，1995 年前提出的分解方法存在两个缺陷，即分解残差项的存在（其中 Laspeyres 指数分解残差项最大，适应性加权 Divsia 指数分解的残差较小）和零数值影响计算的问题。为此，Sun（1998）、Zhang 和 Ang（2001）提出了一个修正的 Laspeyres 指数分解法，即根据“联合产生均等分配”的原则将残差均摊给各主要因素，最终导致完全分解。使用该方法对中国能源或碳排放进行分解的文献有 Zhang（2003）、Steenhof（2006）、张军和刘君（2008）、Zhang 等（2009）。

Ang 和 Choi（1997）、Ang 等（1998）提出了一个修正的分别基于乘法和加法的 Divisia 分解方法，即对数均值 Divisia 指数（Logarithmic Mean Diviais Index，LMDI）分解法，该法既可以导致完全分解，且零数值也可以进行技术处理。根据 Fisher 提出的理想指数所要满足三项检验（时间互换检验、因子互换检验和循环检验）的要求，只有修正 Laspeyres 指数分解法和 LMDI 方法能够通过这三项理想指数检验。修正 Laspeyres 指数分解法多用于加法分解，而且因素多于 3 个公式将非常复杂，而 LMDI 方法能够进行加法和乘法分解并可以互相转换，因此，实际应用中 LMDI 方法要优于修正 Laspeyres 指数分解法①。使用 LMDI 方法的研究文献也很多，如 Wang 等（2005）、Wu 等（2005）、徐国泉等（2006）、Liu 等（2007）、主春杰等（2006）、刘红光和刘卫东（2009）、宋德勇和卢忠宝（2009）、王锋等（2010）。

最新发展起来的能够进行完全分解的指数分解方法还有 Chung 和 Rhee（2001）提出的均值变化率指数法和 Albrecht 等（2002）提出的 Shapley 数值法，不过其应用尚不多见。

投入产出结构分解法利用投入产出比较静态技术把产业（或部门）之间或内部的结构效应从能源消耗或二氧化碳排放中分解出来，该方法可以看作 Laspeyres 指数分解法的一个更详细版本，由于采取矩阵运算形式，因此只能进行加法分解或增量分解，具体可见 Rose 和 Casler（1996）以及 Hoekstra 和 Van den Bergh（2002）的综述。

一般来说，指数分解法适用于时间序列数据或面板数据，既可以进行跨期研究，也可以进行连续时点环比分析；而结构分解法使用隔几年才发布一次的投入产出表，只能进行跨期研究，但是时点少也许能赋予其更丰富的截面信息，可以进行更多的结构分解分析。Hoekstra 和 Van den Bergh（2003）对指数分解和结构分解两种方法进行了详细比较。另外，结构分解具有非唯一性，即分解为 n 个因素的结构分解形式有 n! 个，为避免海量计算，实际中分解因素只采用两极分解平均值，降低了计算量，但是得到的也只是近似值。使用投入产出结构分解法的文献也不少，比如 Chang 等（2008）、Guan 等（2008）、Kahrl 和 Roland - Holst（2009）、Weber（2009）、Wood（2009）、Zhang（2010）、张友国（2010）等。

Wang（2007）利用非参数产出距离函数把能源生产率分解为生产效率和技术进步等因素，涂正革和肖耿（2009）把产出增长分解为要素投入效应、环境全要素生产率、环境结构效应和污染管制效应等。

（二）对中国二氧化碳排放分解的文献综述

Wang 等（2005）仅仅从 3 种一次能源维度对中国 1957～2000 年二氧化碳排放总量数据进行了分解，发现代表技术因素的能源强度的降低是减少碳排放的最重要的因素，而能源结构和对可再生能源的投入也起到一定的作用，经济增长则带来碳排放的增加。Wu 等（2005）从 6 个部门、6 种能源和 28 个省 3 个维度将中国 1985～1999 年二氧化碳排放量完全分解为结构效应、强度效应和规模效应 3 个部分计 12 个因素，特别发现 1996～1999 年中国二氧化碳排放的下降或停滞主要是由能源强度的降低和工业部门劳动生产率增速减慢所引起，结构调整的碳减排效应并不明显。

徐国泉等（2006）把 1995～2004 年的人均碳排放分解为能源结构、能源生产率和经济发展等因素，发现能源生产率提高和能源结构调整难以抵消由经济的快速增长拉动的中

① Ang（2004）从理论基础、适应性、易使用和解释等角度给出了优先选择 LMDI 分解法的结论。

国碳排放量增长。主春杰等（2006）将1988~2004年中国部分省市二氧化碳排放总量分解成5个主要影响因素（即化石燃料的排放系数、能源消费结构、能源强度、人均GDP和人口总数），发现中国在二氧化碳总量上实现了很大程度的减排，主要原因是能源生产率的提高。Fan等（2007）分解了1980~2003年中国碳排放强度的影响因素，发现碳排放强度的下降主要由能源强度下降所引起，能源结构变化的影响因素也很重要。Liu等（2007）将1998~2005年工业36个行业的二氧化碳排放分解为5个因素，发现工业经济发展和工业终端能源强度是最重要的驱动因素。他们因工业统计口径所限无法研究1997年前的数据。

Chang等（2008）对1989~2004年中国台湾二氧化碳排放的影响因素进行分解，发现能源强度、能源结构的低碳化变化、出口水平和内部最终需求是碳排放的重要影响因子。Ang（2009）研究了中国1953~2006年二氧化碳排放的影响因素，结论表明技术进步和经济对国外技术的吸收能力与二氧化碳排放负相关，而能源消费、高收入和高贸易开放度则与碳排放正相关。林伯强和蒋竺均（2009）发现影响中国人均二氧化碳排放的主要因素除了人均收入外，还包括能源强度、产业结构和能源消费结构，特别是能源强度中的工业能源强度。

刘红光和刘卫东（2009）将1992~2005年工业碳排放量分解为6个因素，发现经济总量增长、能源利用效率低以及以煤为主的能源消费结构是导致中国碳排放大量增加的主要原因，而行业结构调整和技术等因素对碳减排的作用并不明显。宋德勇和卢忠宝（2009）也从3种一次能源和6个部门两个层次分解了1990~2005年中国碳排放的影响因素及其周期性波动，发现20世纪90年代以来，4个阶段不同经济增长方式的差异是碳排放波动的主要动因，特别是2000~2004年高投入、高排放、高能耗的经济增长方式直接导致了碳排放的显著增加。Zhang等（2009）将1991~2006年中国分产业部门的二氧化碳排放分解为4个因素（碳强度、能源强度、结构变化、经济发展），发现经济发展有最大正向效应，能源强度降低则对碳排放起到了较大的抑制作用。王锋等（2010）从6个产业部门和8种能源对中国1995~2007年二氧化碳排放的影响因素进行分解，发现人均GDP是最大驱动因素，其中1997~1999年中国二氧化碳排放下降的主要驱动因素是工业部门能源生产率的提高或能源强度的下降。

张友国（2010）和Zhang（2010）基于投入产出表对中国的二氧化碳排放或强度进行了结构分解，前者得出了能源强度是主要影响因素的相似结论；而后者把碳排放分解为GDP变化贡献、经济结构、分配结构和碳系数变化4个因素，从行业结构的角度解释碳排放的变化。

三、方法和数据

（一）LMDI 分解法

本文使用乘法形式的对数均值 Divisia 指数（LMDI）分解法对工业二氧化碳排放强度进行分解。令 Y、C 和 CI 代表工业全行业工业增加值、二氧化碳排放及其强度，i 和 j 分别表示 38 个工业两位数行业和 3 种一次能源种类（煤炭、原油和天然气）①，C_{ij}、E_{ij}、EC_{ij}、ES_{ij}分别表示第 i 个行业和第 j 类能源的二氧化碳排放、能源消费、二氧化碳排放系数和能源消费种类结构，E_i、Y_i、EI_i、S_i 代表第 i 个行业的能源消费、工业增加值、能源强度和工业结构（工业增加值份额）。工业全行业的二氧化碳排放强度可以等价表示成：

$$CI=\frac{C}{Y}=\frac{\sum_{i=1}^{38}\sum_{j=1}^{3}C_{ij}}{Y}=\sum\sum_{ij}\frac{C_{ij}}{E_{ij}}\cdot\frac{E_{ij}}{E_i}\cdot\frac{E_i}{Y_i}\cdot\frac{Y_i}{Y}=\sum\sum_{ij}EC_{ij}\cdot ES_{ij}\cdot EI_i\cdot S_i \quad (1)$$

定义如下一个对称的对数权重方程：

$$L[a,b]=\begin{cases}\dfrac{a-b}{\ln a-\ln b} & a\neq b\\ a & a=b\end{cases} \quad (2)$$

工业全行业二氧化碳排放强度环比发展指数按照 LMDI 乘积分解方法，可以完全分解为以下 4 个影响因子项：

$$RCI=CI^t/CI^{t-1}=RCI_{ec}\cdot RCI_{es}\cdot RCI_s\cdot RCI_{ei}=\exp\left\{\sum\sum_{ij}\frac{L[CI_{ij}^t,CI_{ij}^{t-1}]}{L[CI^t,CI^{t-1}I}\ln\left[\frac{ES_{ij}^t}{ES_{ij}^{t-1}}\right]\right\}\cdot$$

$$\exp\left\{\sum\sum_{ij}\frac{L[CI_{ij}^t,CI_{ij}^{t-1}]}{L[CI^t,CI^{t-1}]}\ln\left[\frac{S_i^t}{S_i^{t-1}}\right]\right\}\cdot\exp\left\{\sum\sum_{ij}\frac{L[CI_{ij}^t,CI_{ij}^{t-1}]}{L[CI^t,CI^{t-1}]}\ln\left[\frac{EI_i^t}{EI_i^{t-1}}\right]\right\} \quad (3)$$

其中，t 和 t－1 表示相邻两期，RCI 代表碳强度总发展指数，RCI_{ec}、RCI_{es}、RCI_s 和 RCI_{ei}则是分解而成的 4 个因子环比发展指数，即碳排放系数指数、能源结构指数、工业结构指数和能源强度指数。由于本文计算二氧化碳排放时假定 3 种一次能源的碳排放系数固定不变，因此方程右端的 RCI_{ec}项实际为 1，最终分解而成的因子只有 3 项②。

---

① 《中国能源统计年鉴》将能源消费种类划分为 9 类（煤炭、焦炭、原油、汽油、煤油、柴油、燃料油、天然气和电力）。本文只选择其中的煤炭、原油和天然气 3 种一次能源进行分解。由于在部门终端能源消费中，电力消费并不直接产生二氧化碳，属于二次能源，因此没有把电力归入能源分解种类。许多文献在分解能源种类时既包括原油又包括成品油容易造成重复估算二氧化碳排放的问题，本文没有采纳。

② 王锋等（2010）和张友国（2010）所分解的第 1 个因素也都是碳排放系数效应，他们采用与本文相同的处理方法假定各种化石能源的碳排放系数在计算过程中均保持不变，因此最后该效应或为 1，或只剩下化石能源之外的电力热力的碳排放系数变化。

（二）面板数据

本研究使用变量为1980～2008年中国工业38个两位数行业的工业增加值、能源消费和二氧化碳排放，其中工业增加值和能源消费根据历年相关统计年鉴数据整理而得，而统计年鉴并没有直接提供二氧化碳排放数据，必须估算，对这些数据的整理和估算方法参考了陈诗一（2009）和张军等（2009）的研究。下面分别进行介绍。

1. 工业增加值

为了与1994年中国财税制度的根本性改革相衔接，从1995年开始，工业统计指标体系和指标含义都有了较大的调整。如工业总产值、工业中间投入等指标均按不含增值税的价格计算，工业净产值改为工业增加值，应交增值税单独加到工业增加值中。从相关年份《中国统计年鉴》和《中国工业经济统计年鉴》中，可以获得1992年后的工业分行业当年价工业增加值和1992年以前的工业净产值数据。其中，1985年、1992年工业增加值和工业净产值是同时提供的。因此，本文主要基于对应的工业净产值来构造1991年前分行业工业增加值序列。根据统计年鉴的定义，工业增加值中包括工业净产值中没有的折旧、大修理基金和非物质生产部门的劳务费；而工业净产值中包括增加值中没有的企业对非物质生产部门的支付如利息支出等，即：工业增加值＝工业净产值－支付给非物质生产的费用－利息支出＋固定资产折旧＋大修理基金。其中，各行业支付给非物质生产的费用、利息支出和大修理基金难以获得，但是统计年鉴基本上提供了我们所需要的1991年前的分行业本年折旧数据而不需要另外去进行估算。因此，本文计算1991年前当年价工业增加值的公式为：工业增加值＝工业净产值＋提取的折旧基金。

1986年第二次全国工业普查《工业经济统计资料》提供了1985年分行业工业净产值、提取的折旧基金和工业增加值数据，完全满足上述计算公式。最后利用2009年《中国城市（镇）生活与价格年鉴》提供的工业分行业工业品出厂价格指数对工业增加值进行平减，由此获得1990年为基年的1980～2008年可比价分行业工业增加值。

2. 能源消费和二氧化碳排放

历年《中国统计年鉴》和《中国能源统计年鉴》提供了1980～2008年工业分行业能源消费总量以及煤炭、原油和天然气的消费量数据，这些都是实物量数据，单位分别为万吨标准煤、万吨煤炭、万吨原油和亿立方米天然气。世界上温室气体排放量多是通过化石能源消费量推算得来①，本文主要以煤炭、原油和天然气3种一次能源为基准来核算中国工业分行业的二氧化碳排放量。

① 参见IPCC温室气体清单指南（2006年）。王锋等（2010）也对温室气体特别是二氧化碳排放的计算进行了详细介绍。

根据2006年联合国政府间气候变化专门委员会（IPCC）为《联合国气候变化框架公约》及《京都协议书》所制定的《国家温室气体清单指南》第二卷（能源）第六章提供的参考方法，二氧化碳排放总量的计算公式如下：

$$C = \sum_{j=1}^{3} C_j = \sum_j E_j \cdot NCV_j \cdot CEF_j \cdot COF_j \cdot [44/12] \quad (4)$$

除了上面已经定义的变量之外，C_j 代表第j类能源产生的二氧化碳排放量（单位为万吨）。NCV为2007年《中国能源统计年鉴》附录4提供的中国3种一次能源的平均低位发热量。CEF为IPCC温室气体清单提供的碳排放系数。由于没有直接提供煤炭的排放系数，而中国原煤产量分类比重多年来变化不大，一直以烟煤为主，占75%～80%，无烟煤占20%左右，因此，本文根据IPPC提供的烟煤和无烟煤碳排放系数的加权平均值来计算煤炭的碳排放系数。COF是碳氧化因子（本文煤炭设定为0.99，原油和天然气为1）。44和12分别为二氧化碳和碳的分子量。由于能源消耗单位的不统一，必须换算成中国能源度量的统一热量单位标准煤，各种能源折算标准煤系数由同期《中国能源统计年鉴》提供。本文最终所估算的中国煤炭、原油和天然气的二氧化碳排放系数为每万吨标准煤分别排放2.763万吨、2.145万吨和1.642万吨二氧化碳。

数据不同，选择的分解方法自然也不同。本文拥有1980～2008年中国工业38个两位数行业的面板数据，因此选择了38个行业和3种能源这两个维度对中国工业二氧化碳排放强度进行分解的LMDI方法，这样既可以进行Laspeyres指数分解法所不适用的乘法分解和环比发展指数分析，又可以进行结构分解法因受限于投入产出表而不能进行的连续时点环比分析。本文的研究对象集中于工业部门，分析了近40个两位数行业，研究行业数目之多在现有文献中尚没有发现；本研究跨度为1980～2008年，研究样本区间长，可以进行其他文献所不能进行的各时期的不同碳强度变化模式研究，这一点可以看作本文与已有文献的主要不同。如综述所叙，一些文献分解的因素较多，部分原因是它们使用了包含三次产业部门和省级地区维度数据的原因，但是因素较多带来的一个共同问题就是变化模式多，进行兼容性解释比较困难，而且大部分文献只是对分解后因素变化的描述，鲜有给出其背后合理的经济和政策解释，即使对因素进行了细分，也仍然没有超出强度效应、结构效应、产出效应和规模效应这几个大方面的因素。基于此，本文把碳强度变化只分解成强度效应和结构效应两大因素。后者再进一步分为能源结构和工业结构两个因素。与其他分解文献不同，本文旨在集中对这些因素变化模式后的历史经验和政策寓意进行解释和分析。由于不是对二氧化碳排放总量进行分解，所以一般不分解出产出效应和规模效应。

四、工业碳排放强度变化的因素分解和解释

图4绘制出中国工业全行业二氧化碳排放强度环比发展指数及其分解组分指数的趋

势图。由该图可见，碳强度指数虽然起伏较大，但是更多的年份为负增长，近 30 年中只有 7 个年份是正的增长，其中 1995 年后只有 2004 年一年碳强度是增加的，因此总体上碳强度表现出波动中下降的趋势。由图 4 还可以看出，二氧化碳排放强度指数的变化模式更多由能源强度指数或者说能源生产率来解释，它们表现出高度相似的波动性，两条指数线多处重叠。虽然能源结构效应和工业结构效应与碳强度指数的相关性较弱，但还是体现一定的解释力。表现在表 1 各时期碳强度指数和 3 种因子指数的平均值上①，能源强度指数与碳强度指数更相近，而能源结构指数和工业结构指数的数值则和碳强度指数相去较远。就整个改革开放时期而言，工业二氧化碳排放强度指数平均下降了 4.55 个百分点，其中，能源强度指数平均下降 3.82 个百分点，工业结构指数只下降了 1.23 个百分点，而能源结构指数却上升了 0.48 个百分点②。下面分别就 3 个影响因素的变化模式进行具体解释。

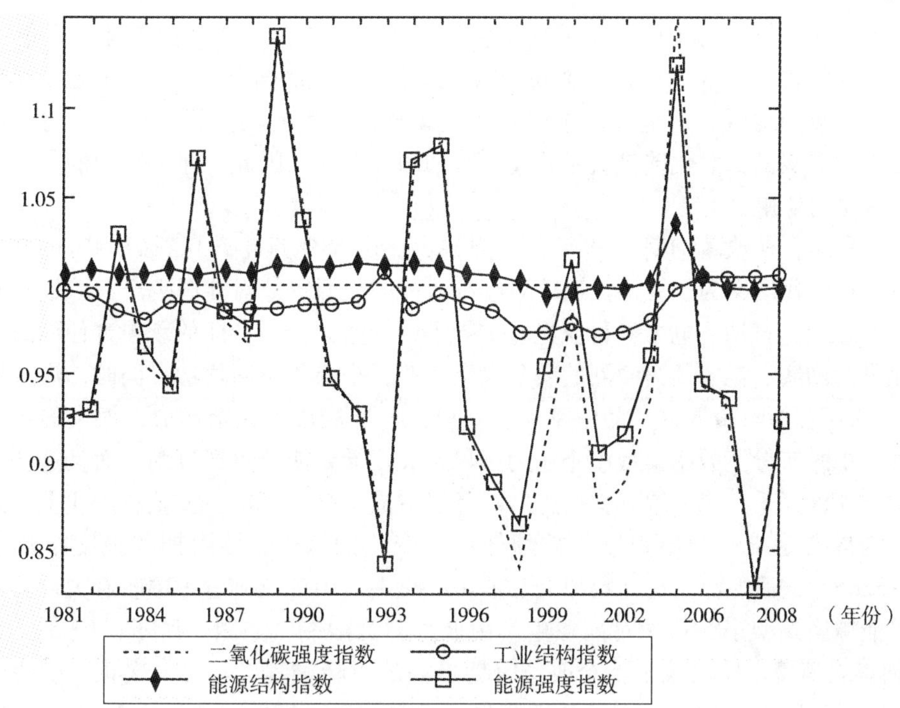

图 4　中国工业二氧化碳排放强度环比发展指数及其因素分解（1981 ~ 2008 年）

① 表 1 各子时期是根据图 3 工业全行业碳强度变化模式不同进行划分的。
② 由表 1 数值计算而得。

表 1　工业碳强度指数及其 LMDI 因素分解跨期平均值

时期区间	碳强度指数	能源结构指数	因素分解工业结构指数	能源强度指数
1981 ~ 1990 年	0.9883	1.0069	0.9877	0.9938
1990 ~ 1995 年	0.9615	1.0101	0.9915	0.9600
1995 ~ 2004 年	0.9206	0.9999	0.9781	0.9412
2004 ~ 2008 年	0.9502	1.0045	1.0015	0.9445
1981 ~ 2008 年	0.9545	1.0048	0.9877	0.9618

（一）能源结构效应

由图 5 可见，煤炭是中国的主要能源资源，其次为石油。在中国工业一次能源消费中，煤炭平均约占 74.2%，是世界上几个以燃煤消费为主的国家之一，同时也是全球煤烟型污染最为严重的地区，这是造成中国二氧化碳排放强度高的主要原因。在化石能源当中，不洁净的煤炭的二氧化碳排放系数高于石油和天然气。因此，能源结构的变化对工业碳强度排放是有影响的。

如图 5 所示，从改革初期到 1995 年，煤炭占比由 68% 逐年升高到 78.4% 的峰值，这与 20 世纪 80 年代国家为了缓解长期计划经济造成的能源短缺对能源生产采取鼓励政策相关。中国的煤炭、石油、电力等行业先后实行了以行业包干为特征的承包责任制改革，其中市场化最为彻底、竞争最为激烈的就是煤炭产业，小煤矿不断增加；同时，煤炭双轨制价格于 1994 年在所有资源性产品中率先基本放开，煤炭市场完全形成，煤炭的生产也达到了顶峰。小煤矿等能源密集型小企业的盲目发展，导致能源生产过剩，而且这些小煤矿大多采取破坏性开采，未采取环保措施，对环境造成了严重污染。反映在图 4 上，这段时期能源结构指数是唯一与碳强度指数降低反向变化的因子，该时期碳强度指数下降了 1.17% ~3.85%，而能源结构指数却上升了 0.69% ~1.01%。随着中国政府大量关停并转小煤矿等能源密集型小企业并对能源生产由鼓励转为限制，如图 5 所示，1995 年之后到 21 世纪初煤炭消费占比出现了整个改革时期唯一的下降进程，其占一次化石能源的比例降至 2000 年最低的 70.89%。如果包括非化石一次能源，煤炭消费量比重则降至 2000 年的 66%，石油、天然气、水电、核电、风能、太阳能等所占比重上升到 2000 年的 34%。反映在图 4 和表 1，这段时期是能源结构指数唯一对碳强度降低起促进作用的时期，也是 3 个因子平均指数同时下降的时期，尽管能源结构指数负增长数值很小。随着 21 世纪以来的工业再次重型化，煤炭占比又开始回升，2008 年达至新高 75.9%；相应地，能源结构指数也出现 0.45% 的正增长，导致能源结构在整个时期的最终正增长效应，对碳强度的降低起到一个阻碍的作用。

当然，能源结构对碳强度的影响总体上是比较小的，这是因为调整能源结构在根本上

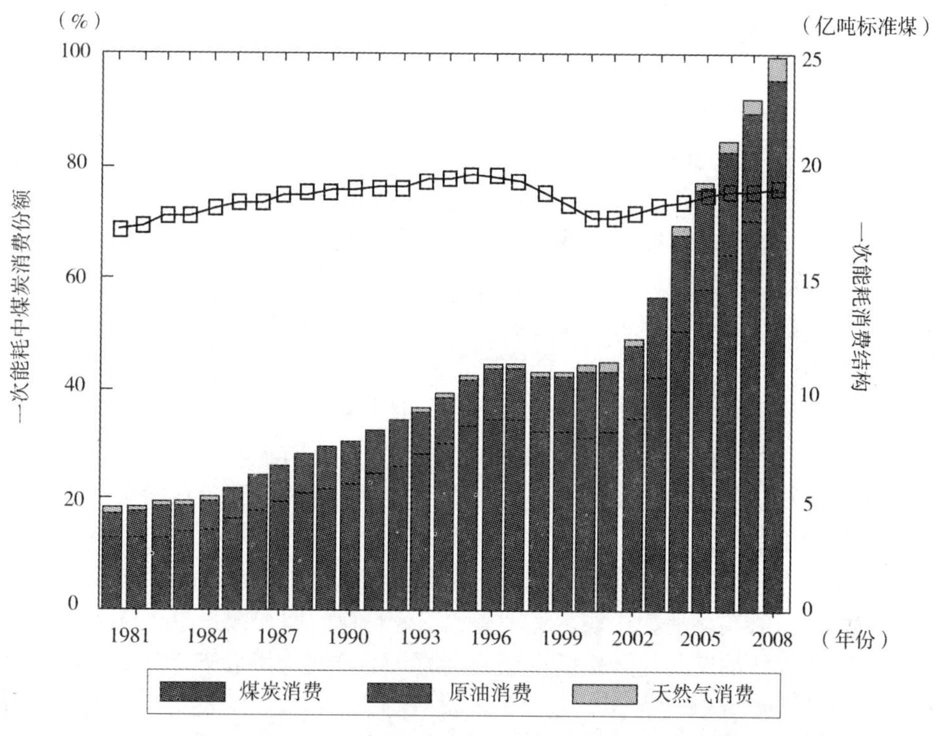

图 5　中国工业一次能耗中煤炭、原油和天然气消费量构成（柱形）与相应的煤炭份额变化（曲线）（1980～2008 年）

受到能源资源禀赋的制约，各个国家在统计能源消费种类构成时前后数值比较一致。比如，中国和美国分别为全球第一和第二大煤炭消费国，大量的燃煤发电也使得两国的温室气体排放量最大。因此，考虑到中国以煤为主的能源资源结构和消费结构，短期内中国通过调整能源结构来减少二氧化碳排放量和降低碳强度的潜力并不大；但是长期而言，通过大力发展洁净煤技术和核电、水电、风能、太阳能等清洁能源以及鼓励新能源和可再生能源的开发，以煤炭为主体的能源结构将会向清洁能源结构方向发展。中国目前已经提出在 2020 年前非化石能源占一次能源消费比重达到 15% 的明确目标，这将有力促成未来碳强度减排。

（二）工业结构效应

从图 4 和表 1 可以看出，相对于能源结构指数只有一个时期对碳强度减排起促进作用，工业结构指数则在大部分样本期内对碳强度下降都起正面作用，只有重化工业化的最后一个时期其作用是负面的。工业结构是经济结构的重要组成部分，工业结构的调整是指在工业经济增长过程中，生产要素在技术、效率和效益不同的工业行业之间重新流动和配置并最终达到各行业产值比重发生变化的过程。结构调整是经济可持续增长的重要源泉，也是当今各国转变经济发展方式的根本途径，Timmer 和 Szirmai（2000）曾经将结构调整对经济增长的正向影响称为结构红利假说。

具体到本文，工业结构调整被刻画为生产要素在低能耗、低污染、低排放的轻工业和高新技术行业与高投资、高能耗、高排放的重化工业行业之间的流动。图6分别根据2004年各行业能源消费和二氧化碳排放总量由低到高的排序，把所有38个样本行业分为低能耗组和能耗密集型组别（每组各19个行业，排放组别同此）、低排放组和污染排放密集型行业，并绘制出两个组别工业增加值份额的变化趋势曲线。很显然，改革开放以后，原先以重工业优先发展的赶超发展战略已经改变成轻重工业并重发展，以乡镇企业、民营企业和外资企业为代表的轻工业得到了快速发展。所以，图6所示的低能耗和低排放组别的工业增加值份额在20世纪80年代和90年代都呈明显的上升趋势，相对应，能耗和排放密集型组别的产出份额逐年下降。图4和表1所示的工业结构指数呈现与碳强度指数同向的负增长，可见，生产要素向更高效率的低能耗、低排放行业的重新配置对碳强度降低有着促进作用，结构红利是存在的。尤其需要指出的是，为了应对国有企业的财务危机，中央从20世纪90年代中期开始进行以建立现代企业制度为目标的国有企业所有制改革，其中特别关停并转迁了10多万家高能耗和排放密集型的小企业。这是此前从来没有过的节能减排措施，所以这一时期能耗和排放密集型重化工业行业的增加值份额下降得更快，它对二氧化碳排放强度降低的正向促进作用也是最大的，工业结构指数下降达2.19个百分点。21世纪以来的工业再次重型化在图6上也显示得很清楚，排放密集型行业的增加值份额停止了20年来的下降趋势，与低排放组别的份额基本持平，而能源密集型行业的产出份额有所上升，且高于70%。表现在图4和表1上，工业结构指数第一次出现0.15个百分点的正增长，对碳强度下降也由促进转为阻碍作用。

整体而言，能源结构效应和工业结构效应对碳强度降低的影响力都不大，但是从历史数据分析来看影响方向却相反，前者主要起阻碍作用，后者起到了促进作用。因此，有必要进一步促进生产要素由高能耗和排放密集型行业，向高加工度化和技术集约化的轻工业与高新技术行业流动，努力实现后者比前者的更快发展，依靠信息技术革命为碳强度减排做出切实的贡献，这是中国特色新型工业化道路的必由之路。

（三）能源强度效应

与大多数对二氧化碳排放总量或强度进行分解的研究文献一样，本研究也得出了能源强度降低是驱动碳强度降低的主要原因，能源强度指数与碳强度指数值最为接近（见表1），两条指数曲线大部分时期重叠，只在能源结构和工业结构变动比较剧烈的20世纪90年代中后期相差远一些（见图4）。二氧化碳排放的实质是能源消耗，能源生产率是能源强度的倒数，可见，二氧化碳排放强度减排根本上取决于能源强度的降低或者说能源生产率的提高，与节能减排密不可分。导致碳强度下降有直接减排和间接减排两种因素，这里由于能源生产率提高所导致的碳强度下降就是直接减排效应，而前述的能源结构和工业结构调整则属于间接减排机制。

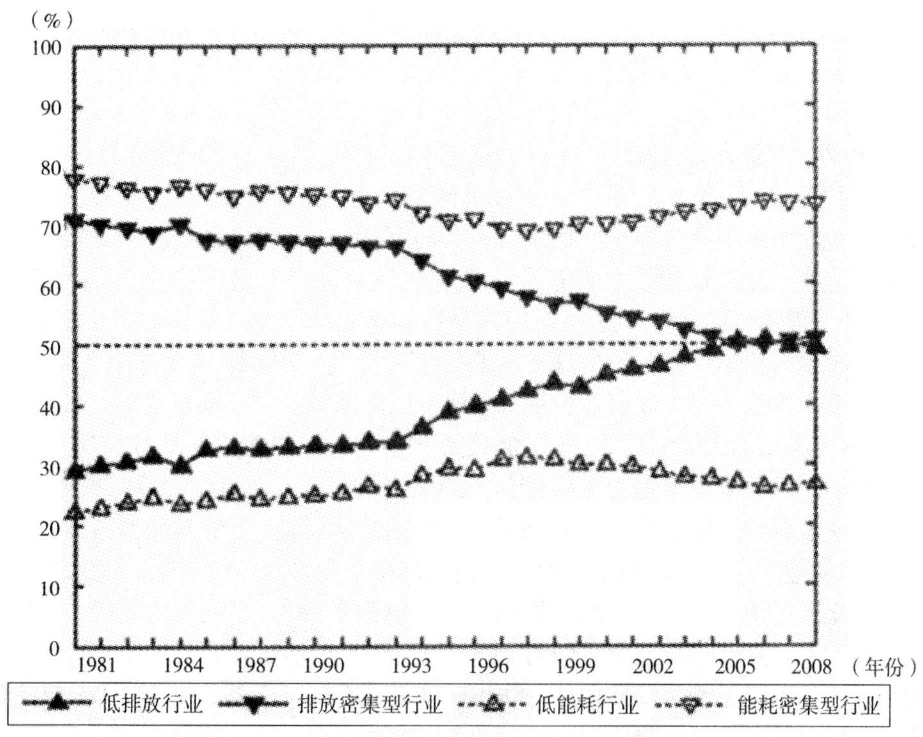

图 6 中国工业低排放和高排放行业、低能耗和高能耗行业的产出结构演化（1980～2008 年）

1953 年全国能源消费只有 0.54 亿吨标准煤，改革开放初期的 1978 年，能源消费为 5.7 亿吨标准煤，而到了 2008 年，全国能源消费已经达到了 28.5 亿吨标准煤。图 7 绘制了工业全行业能源消费总量和能源强度变化以及 1980～2008 年能源强度降低的分行业贡献，其中，工业全行业能源强度变化以及分行业贡献份额计算所使用的权重也是工业总产值。1980 年和 2008 年工业能源消费分别为 4.48 亿吨和 24.9 亿吨标准煤，占到了全国能源消费的 74.4% 和 87.5%，可见能源在工业部门的投入需求变得越来越大。与此相对应，图 1 显示的 1980 年和 2008 年工业二氧化碳排放占全国排放的比例分别高达 76.1% 和 96.3% 就不奇怪了，较高的煤炭消费份额和煤炭的二氧化碳排放系数在其中更起到了一个放大作用。

图 3 和表 1 根据二氧化碳排放强度的变化模式把整个改革时期分为了 4 个阶段，图 7（a）能源消耗及其强度的变化也大致上服从相似的模式。在 1995 年以前，能源消耗稳步提高，能源强度波动中下降，平均下降了 2.28%。同样，从 1996 年到 21 世纪初工业的剧烈改革时期，工业能源消费一改此前的上升趋势转而原水平踏步不前，工业能源强度也出现了整个改革时期最长的下降进程，从 1995 年每万元增加值 9.14 吨标准煤下降到 2003 年的 4.15 吨标准煤，平均下降了 7.68%，能源生产率显著提高。21 世纪以来重化工业化现象的再次出现也反映在能源消费和能源强度的变化上，房地产和汽车工业的急剧扩张、基础设施投资的持续加大、机电和化工等资源密集型产品出口份额的增加等带动了采掘

业、石油和金属加工业、建材及非金属矿物制品业、化工和机械设备制造等能源密集型行业的急剧膨胀。如图7（a）所示，工业能源消费陡峭上升，能源强度在大的下降趋势中出现了短暂回升。图7（b）则绘制了工业全行业能源强度2008年相对于1980年的下降百分比中各两位数行业的贡献份额。中国工业全行业1980年每万元增加值消耗11.7吨标准煤，2008年则下降到3.2吨标准煤，累计下降幅度大约为73%。其中，计算机、电子与通信设备制造业引致下降9%，贡献最大；医药制造业、金属制品业、通用设备制造业、专用设备制造业、交通运输设备制造业、电气机械及器材制造业也都分别贡献了2%～6%，累计降低能源强度26%。近一半的能源强度降低由以上高新技术行业完成，说明大力发展高新技术行业不仅是工业信息技术革命的需要，而且能够为新型工业化所必需的低碳革命做出重大贡献。轻工业行业也是工业能源强度降低的主要贡献者，比如纺织业贡献了5%的下降幅度，农副食品加工业、食品制造业、饮料制造业、烟草加工业、服装业、皮羽制品业的贡献份额也分别为1%～3%。当然，传统重工业行业的节能减排和更新改造对工业全行业能源强度的降低也功不可没，比如化学原料及化学制品制造业的贡献接近5%，塑料制品业、非金属矿物制品业、黑色金属冶炼及压延加工业、有色金属冶炼及压延加工业、化学纤维制造业、造纸及纸制品业贡献的下降额度都分别为1%～3%，17个重化工业行业累计降低能源强度大约为21%。所有38个两位数行业只有两个行业对工业整体能源强度的下降起到了反向的抑制作用，这就是石油和天然气开采业以及石油加工及炼焦业，它们分别引致能源强度上升0.5和3.1个百分点，因此未来对这两个行业的能源生产率提高要更加重视。

中国工业能源强度的整体下降趋势说明了能源生产率在持续改善之中，许多文献都在探求中国能源生产率提高背后的原因。Garbaccio等（1999）研究认为技术进步是中国能源强度下降的主要原因。由于技术是一种无形资本，所以许多文献往往用研发支出来间接推算技术进步。Fisher－Vanden等（2004、2006）研究发现煤炭价格改革、能源部门R&D支出推动的技术创新①、国有企业所有制改革②和高能耗行业向低能耗行业的工业结构调整是1997～1999年中国工业能源强度下降的主要驱动因素，而内部技术发展对通过FDI或市场转移的外国技术的吸收具有重要作用。Mukherjee和Zhang（2007）也把技术进步看做是中国工业改革成功的关键，认为通过广泛吸纳FDI和建立外资企业，中国从发达国家引进了先进技术和知识。Fisher－Vanden和Jefferson（2008）指出，过去25年中国的科技创新激励已经由国家主导下放到企业、研究机构和大学主导，技术市场也在迅速发展③。王锋等（2010）也把1997～1999年中国工业部门能源强度下降的深层次原因归结为研发

① 即便不是能源要素节约型的技术偏向路径，至少也是能源中性的技术进步。

② 大量研究认为非国有企业比国有企业具有更高的技术效率和资源利用效率（姚洋和章奇，2001）。

③ 《中国科技统计年鉴（2009）》给出的历年数据显示，全国R&D支出由1995年的348.7亿元增加到2008年的4616亿元。其中，研究与开发机构占用由1995年的146.4亿元增加到2008年的811.3亿元；高等学校占用由1995年的42.3亿元增加到2008年的390.2亿元；企业占用由2000年的537亿元上升到2008年的3381亿元，特别是大中型工业企业占用的R&D支出由1995年的141.7亿元增加到2000年的353.4亿元，在维持40%左右的份额后快速增加到2008年的2681.3亿元，其份额也上升到58.09%。

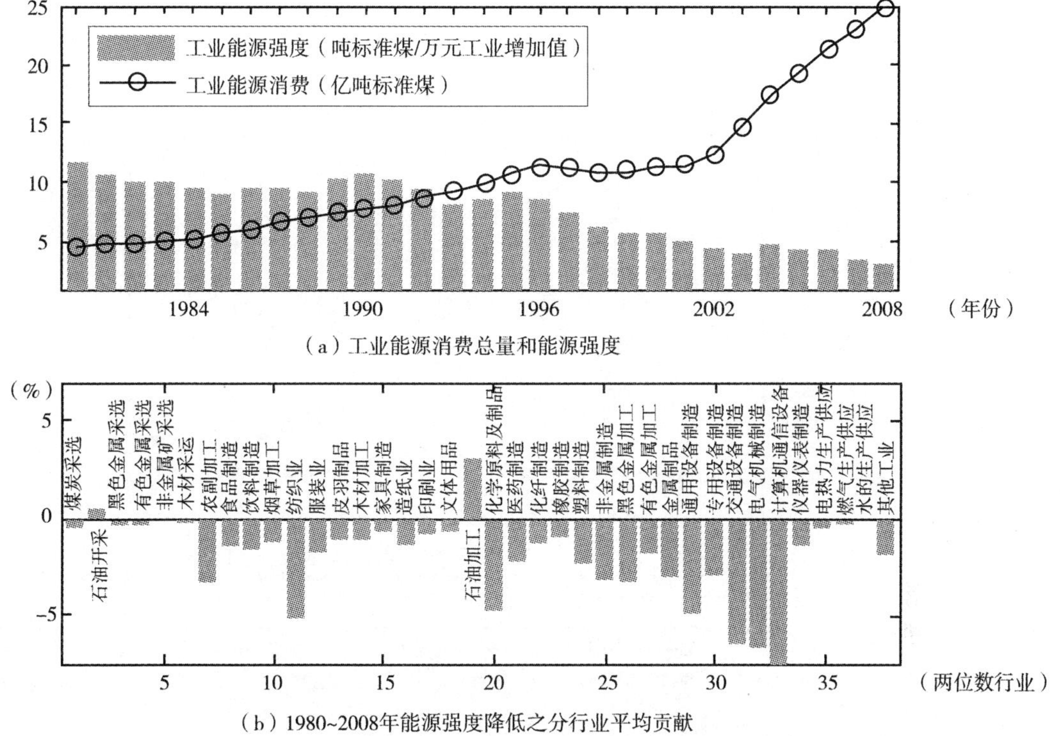

图7　工业全行业能源消费总量、能源强度变化及其分行业贡献（1980～2008年）

经费支出大幅度提高所推动的技术进步和工业企业所有制结构的变化。

如前所述，改革开放以来，中国能源生产率有了很大提高，而且从图8也可以看到，中国能源强度下降相对于其他主要经济体是最快的，只是在2002年后有所回升；但是，中国的能源强度绝对值还是太高，仍然有很大的下降空间。以2004年为例，中国能源强度为每万美元GDP（2000年价格）消耗9.9万吨标准油，这个数值远高于美国、德国、日本、中国香港①的2.3万吨、1.9万吨、1.1万吨和1.4万吨标准油，即使比印度的6.5万吨标准油也要高。从图9能源消费总量的跨国比较来看，中国节能的国际压力更大。改革开放后，中国能源消耗快速增加，特别是21世纪以来急剧飙升，直逼美国。2006年，中国能源消耗量为1696.8百万吨油当量，仅次于美国的2326.4百万吨油当量，远高于日本、印度和德国的520.3百万吨、423.2百万吨和328.5百万吨油当量。国际能源署的最新能源报告甚至认为中国在2009年已经超过美国成为世界第一大能源消耗国。从能源加工、转换、贮运和终端利用综合效率来看，不同的能源品种和能源结构会产生不同的组合效率，虽然中国目前的能源利用效率比1980年已经提高了近10个百分点，但是根据吴巧生和成金华（2006）提供的2004年各国能源利用效率的比较看，中国为36.46%，比美

① 此处的“中国能源强度”指中国大陆地区的能源强度，不包括中国香港等地区（编者加）。

国、日本、法国的49.9%、51.43%和65.45%低很多。由此可见，中国的能源利用效率也有很大的提升空间。

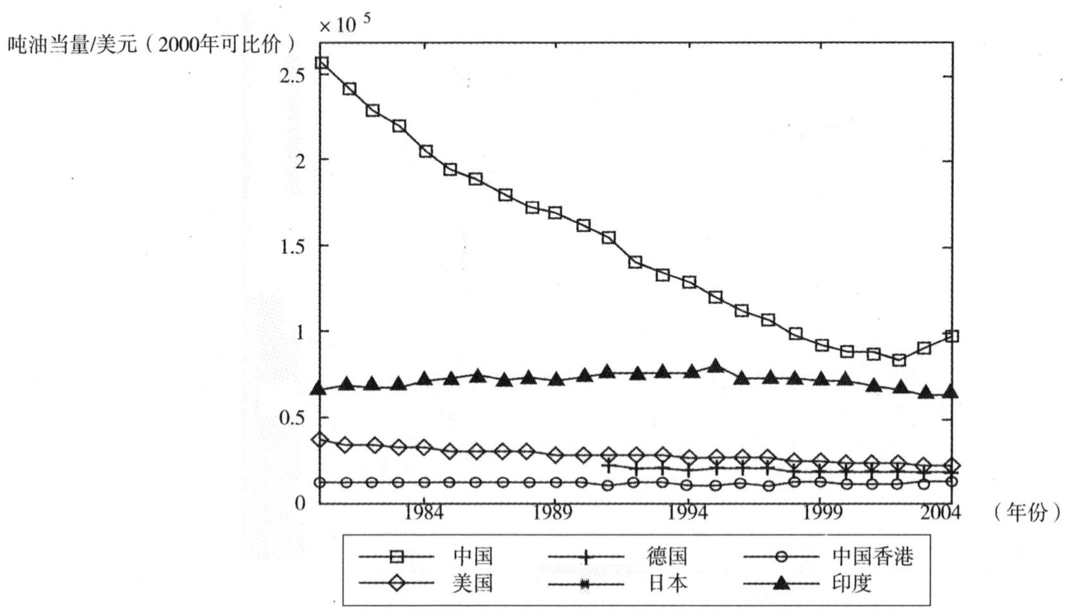

图8 主要经济体能源强度比较（1980～2004年）

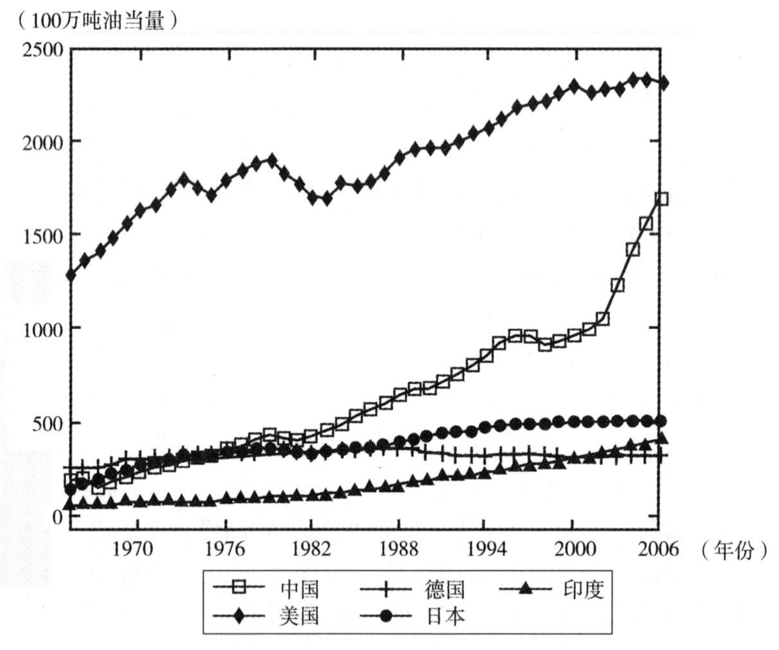

图9 主要经济体能源消耗总量比较（1965～2006年）

五、结论及政策建议

基于本文对中国工业38个两位数行业在1980～2008年二氧化碳排放强度的LMDI分解结果，可以得出间接的结构效应（能源结构和工业结构）和直接的能源强度是影响工业碳强度波动性下降的主要因素，其中，能源强度的降低又最为重要。张坤民等（2008）指出，以低排放和低污染为基础的低碳经济模式，其实质是要提高能源生产率和优化能源结构，其核心是技术创新和发展观的转变。未来应该紧紧围绕这些影响因素来实施合理的节能减排政策，特别是执行能够切实提高能源生产率的措施，为中国未来碳强度约束性指标的成功实现提供充分的政策保障。

参考文献

［1］陈诗一. 能源消耗、二氧化碳排放与中国工业的可持续发展［J］. 经济研究，2009（4）.

［2］陈诗一. "低碳转型"会导致经济减速吗？［N］. 解放日报，2010a－07－26.

［3］陈诗一. 节能减排与中国工业的双赢发展：2009～2049［J］. 经济研究，2010（b）.

［4］李小平，卢现祥. 中国制造业的结构变动和生产率增长［J］. 世界经济，2007（5）.

［5］林伯强，蒋竺均. 中国二氧化碳的环境库兹涅茨曲线预测及影响因素分析［J］. 管理世界，2009（4）.

［6］刘红光，刘卫东. 中国工业燃烧能源导致碳排放的因素分解［J］. 地理科学进展，2009（2）.

［7］宋德勇，卢忠宝. 中国碳排放影响因素分解及其周期性波动研究［J］. 中国人口·资源与环境，2009（3）.

［8］涂正革，肖耿. 环境约束下的中国工业增长模式研究［J］. 世界经济，2009（11）.

［9］王锋，吴丽华，杨超. 中国经济发展中碳排放增长的驱动因素研究［J］. 经济研究，2010（2）.

［10］吴巧生，成金华. 中国工业化中的能源消耗强度变动及因素分析［J］. 财经研究，2006（6）.

［11］徐国泉，刘则渊，姜照华. 中国碳排放的因素分解模型及实证分析：1995～2004［J］. 中国人口·资源与环境，2006（6）.

［12］姚洋，章奇. 中国工业企业技术效率分析［J］. 经济研究，2001（10）.

[13] 张军，陈诗一，Jefferson. 结构改革与中国工业增长 [J]. 经济研究，2009 (7).

[14] 张军，刘君. 中国的能源消费模式变化及其解释 [J]. 学术月刊，2008 (7).

[15] 张坤民，潘家华，崔大鹏. 低碳经济论 [M]. 中国环境科学出版社，2008.

[16] 张友国. 经济发展方式变化对中国碳排放强度的影响 [J]. 经济研究，2010 (4).

[17] 中国能源和碳排放研究课题组. 2050 中国能源和碳排放报告 [M]. 科学出版社，2009.

[18] 主春杰，马忠玉，王灿，刘子刚. 中国能源消费导致的 CO_2 排放量的差异特征分析 [J]. 生态环境，2006 (5).

[19] Albrecht J., Francois D. and Schoors K. A shapley decomposition of carbon emissions without residuals. Energy Policy, 2002 (30): 727 - 736.

[20] Ang B. W. Sector Disaggregation, structural change and industrial energy consumption: An approach to analyze the interrelationships. Energy, 1993, 18 (10): 1033 - 1044.

[21] Ang B. W. Decomposition analysis for policymaking in energy: Which is the preferred method? Energy Policy, 2004 (32): 1131 - 1139.

[22] Ang B. W. and Choi K. H. Decomposition of aggregate energy and gas emission intensities for industry: a refined divisia index method. Energy, 1997, 18 (3): 59 - 73.

[23] Ang B. W., Liu, F. L. and Chew E. P. Perfect decomposition techniques in energy and environmental analysis. Energy Policy, 2003, 31 (14): 1561 - 1566.

[24] Ang B. W. and Zhang F. Q. A survey of index decomposition analysis in energy and environmental studies. Energy, 2000 (25): 1149 - 1176.

[25] Ang B. W., Zhang F. Q. and Cho i K. H. Factorizing changes in energy and environmental indicators through decomposition. Energy, 1998, 23 (6): 489 - 495.

[26] Ang J. B. CO_2 emission, research and rechnology transfer in China. Ecological Economics, 2009, 68 (10): 2658 - 2665.

[27] Boyd G. A., McDonald J. F., Ross M. and Hanson D. A. Separating the changing composition of US manufacturing production from energy efficiency improvements: A divisia index approach. Energy, 1987, 8 (2): 77 - 96.

[28] Chang Yih F., Charles L. and Lin S. J. Comprehensive evaluation of industrial CO_2 emission (1989 - 2004) in Taiwan by input? output structural decomposition. Energy Policy, 2008, 36 (7): 2471 - 2480.

[29] Chung H. S. and Rhee H. C. A residual - free decomposition of the dources of carbon dioxide emissions: a case of the korean industries. Energy, 2001, 26 (1): 15 - 30.

[30] Doblin C. P. Declining energy intensity in the US manufacturing sector. Energy, 1988, 9 (2): 109 - 135.

[31] Fan Y., Liu L. C., Wu, G., Tsa i H. T. and Wei Y. Changes in carbon intensity in China: empirical findings from 1980 – 2003. Ecological Economics, 2007 (62): 683 – 691.

[32] Fisher – Vanden K. and Jefferson G. H. Technology diversity and development: evidence from China's industrial enterprises. Journal of Comparative Economics, 2008, 36 (4): 658 – 672.

[33] Fisher – Vanden K., Jefferson G. H., Liu H. and Tao Q. What is driving China's decline in energy intensity? Resource and Energy Economics, 2004 (26): 77 – 97.

[34] Fisher – Vanden K., Jefferson G. H., Ma J. and Xu J. Technology development and energy productivity in China. Energy Economics, 2006 (28): 690 – 705.

[35] Garbaccio R. F., Ho M. S. and Jorgenson D. W. Why has the energy – ouptut ratio fallen in China? Energy, 1999, 20 (3): 63 – 91.

[36] Greening L. A., Davis W. B. and Schipper L. Decomposition of aggregate carbon intensity for the manufacturing sector: comparison of declining trends from 10 OECD countries for the period 1971 – 1991. Energy Economics, 1998, 20 (1): 43 – 65.

[37] Guan D. B., Hubacek K., Weber C. L., Peters G. P. and Reiner D. M. The drivers of chinese CO_2 emission from 1980 to 2030. Global Environmental Change, 2008 (18): 626 – 634.

[38] Hoekstra R. and Van den Bergh J. C. J. M. Structural decomposition analysis of physical flows in the economy. Environmental and Resource Economics, 2002, 23 (3): 357 – 378.

[39] Hoekstra R. Comparing structural and index decomposition analysis. Energy Economics, 2003 (25): 39 – 64.

[40] Kahri F. and Roland – Holst D. Growth and structural change in China's energy economy. Energy, 2009, 34 (7): 894 – 903.

[41] Liu C. C. A study on decomposition of industry energy consumption. International Research Journal of Finance and Economics, 2006 (6): 73 – 77.

[42] Liu X. Q., Ang B. W. and Ong H. L. The application of the divisia index to the decomposition of changes in industrial energy consumption. Energy, 1992, 13 (4): 161 – 177.

[43] Liu L., Fan Y., Wu G. and Wei Y. Using LMDI method to analyze the change of China's industrial CO_2 Emissions from final fuel Use: An empirical analysis. Energy Policy, 2007, 35 (11): 5892 – 5900.

[44] Mukherjee A. and Zhang X. Rural industrialization in China and india: role of policies and institutions. World Development, 2007, 35 (10): 1621 – 1634.

[45] Park S. H. Decomposition of industrial energy consumption – An alternative method. Energy Economics, 1992, 14 (4): 265 – 270.

[46] Rose A. and Casler S. Input – output structural decomposition analysis: A critical appraisal. Economic Systems Research, 1996, 8: 33 – 62.

[47] Steenhof P. A. Decomposition of electricity demand in China's industrial Sec-

tor. Energy Economics, 2006 (28): 370 -384.

[48] Sun J. W. Changes in energy consumption and energy intensity: A complete eecomposition model Energy Economics, 1998 (20): 85 -100.

[49] Timmer M. P. and Szirmai A. Productivity growth in asian manufacturing: The structural bonus Hypothesis examined. Structural Change and Economic Dynamics, 2000 (11): 371 -392.

[50] Wang C. Decomposing energy productivity change: A distance function approach. Energy, 2007 (32): 1326 -1333.

[51] Wang C., Chen J. and Zou J. Decomposition of energy - related CO_2 emission in China: 1957 -2000. Energy, 2005 (30): 73 -83.

[52] Weber C. L. Measuring structural change and energy use: Decomposition of the US economy from 1997 to 2002. Energy Policy, 2009, 37 (4): 1561 -1570.

[53] Wood R. Structural decomposition analysis of Australia's greenhouse gas emissions. Energy Policy, 2009, 37 (11): 4943 -4948.

[54] Wu L., Kaneko S. and Matsuoka S. Driving forces behind the stagnancy of China's energy - related CO_2 emissions from 1996 to 1999. Energy Policy, 2005, 33 (3): 319 -335.

[55] Zhang F. Q. and Ang B. W. Methodological issues in cross - country/ region decomposition of energy and environmental indicators. Energy Economics, 2001 (23): 179 -190.

[56] Zhang Z. Why did the energy intensity fall in China's industrial sector in the 1990s? The relative importance of structural change and intensity change. Energy Economics, 2003 (25): 625 -638.

[57] Zhang M., Mu H., Ning Y. and Song Y. Decomposition of energy - related CO_2 emission over 1991 -2006 in China. Ecological Economics, 2009, 68 (7): 2122 -2128.

[58] Zhang Y. Structural decomposition analysis of sources of decarbonizing economic development in China: 1992 -2006. Ecological Economics, 2009, 68 (8 -9): 2399 -2405.

上海市终端能耗变动模式及驱动因素研究*
——基于 LMDI 分解的上海市与全国和东中西部地区比较分析

严法善[1]　吴若沉[2]

（1. 复旦大学经济学院　2. 复旦大学计算机科学与技术学院）

【摘要】本文使用 LMDI 分解对 1995 ~ 2007 年上海市的能源终端消耗模式及其驱动因素进行研究，并与中国按地区的分解结果进行比较分析。结论显示，能源强度和生产部门产业结构变动对上海终端能耗起到主要促降作用，而资本深化则发挥主要的促涨作用。同时，上海交通运输产业的终端能耗增长迅速，在节能工作中应该予以重点关注。

【关键词】终端能耗；能源强度；产业结构；资本深化

一、上海市终端能源消耗模式的变化趋势

上海作为中国经济最发达的地区，从 2001 年《上海市国民经济和社会发展第十个五年计划纲要》提出建设国际经济、金融、贸易和航运中心以来开始进入了经济转型的快车道。然而，上海市由投资和能耗驱动的增长模式与全国相比不尽相同，有必要对其进行比较分析（陈诗一等，2010）。上海终端能源消费在 1995 ~ 2007 年从 3200 万吨标准煤快速上涨到 8600 万吨标准煤，同期全国的终端能耗从 10 亿吨标准煤上涨到 26 亿吨标准煤。这其中东部的终端能耗在研究期间内都占到全国终端能耗的 45% 以上且不断上升，中部所占比例从 31% 下降到了 26%，西部所占比例则基本维持在 23% 左右。图 1 和图 2 分别表现了 1995 ~ 2007 年上海和中国的终端能耗走势及其产业构成。

如图 1 和图 2 所示，上海市和全国的终端能耗变化模式一样都在 2003 年后出现了急剧上涨。在研究期间内，工业部门在上海和全国都是终端能耗最大的行业，然而，工业在上海的终端能耗中所占的比例从 1995 年超过 74% 下降到了 2007 年的 59% 左右，相比之下，工业在全国以及东中西部地区终端能耗中所占比重基本都维持在 70% 左右。上海市与全国在终端能耗产业构成方面另一个显著区别在于，上海的交通运输业在终端能耗中所占比例是仅次于工业的第二大行业，且从 1995 年的 9% 左右上升到了 2007 年的接近 22%，

---

* 本文选自《世界经济文汇》2011 年第 2 期。

作者简介：严法善，复旦大学经济学院；吴若沉，复旦大学计算机科学与技术学院。

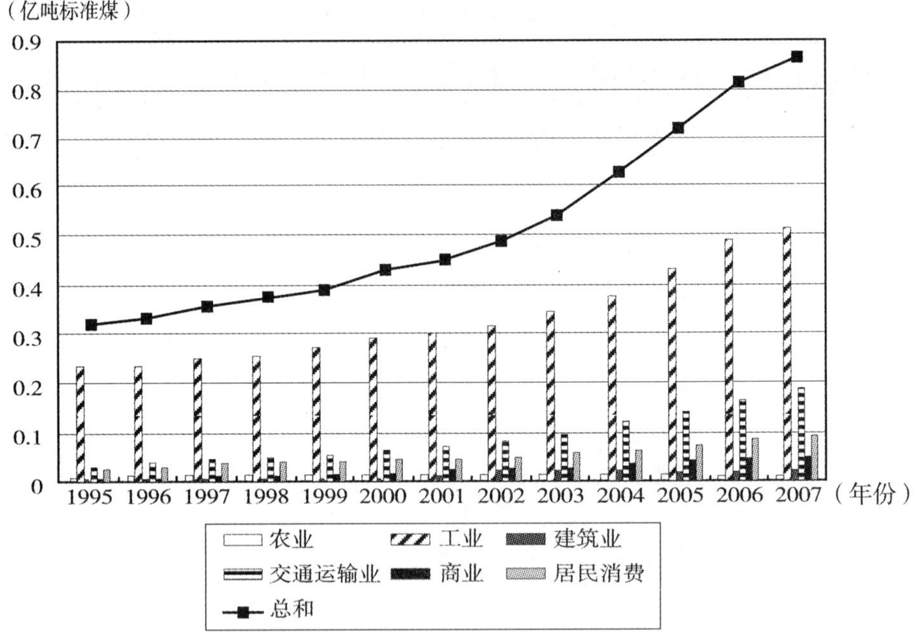

图1　上海市终端能耗的产业构成

比重逐年提高，显示以交通运输业为代表的第三产业在终端能耗中所占的比例正在加大。反观居民消费部门，上海居民消费在终端能耗中的比例始终维持在10%左右，而全国则从1995年的15%左右下降到了2007年的约11%。

图3绘制了上海市各产业的能源强度①。总体来看，上海市的能源强度水平要低于全国的平均水平，且与全国各地区相比表现出以下几点特别之处：第一，在全国及各地区，工业都始终是能源强度最大的部门，且数值在不断下降，仅在2004年左右略有回升后转为下降；然而对上海市来说，工业能源强度在1996年就被交通运输业超过，除2005年、2006年略有回升外，上海工业的能源强度也在不断下降。第二，上海的交通运输业在1996年超过工业成为能源强度最高的行业，而且交通运输业的能耗强度上升幅度很大，从1995年的每万元GDP消耗1.58吨标准煤上升到2007年的3.61吨标准煤，而全国以及各地区交通运输业的能源强度都出现了波动，其中中部总体上还在下降。这一现象预示交通运输业将在上海市“十二五”节能减排工作中处于重要地位。第三，上海市的农业、建筑业、商业以及居民消费部门能源强度均高于全国各地区水平，但上海市生产部门的总体能源强度低于全国各地区水平。

① 为节省篇幅，全国和东中西部地区的能源强度图暂略。

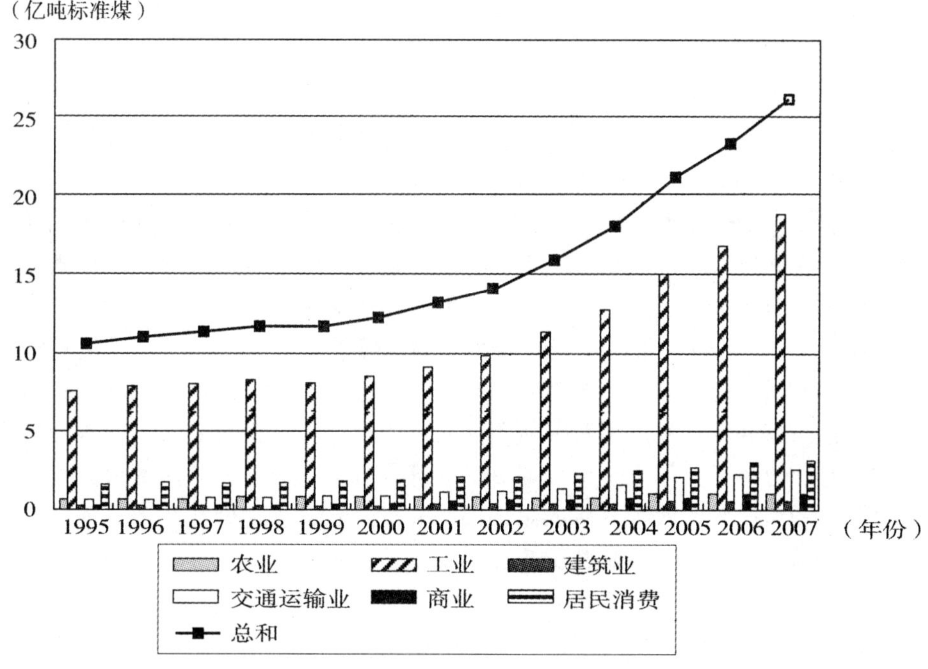

图 2　全国终端能耗的产业构成

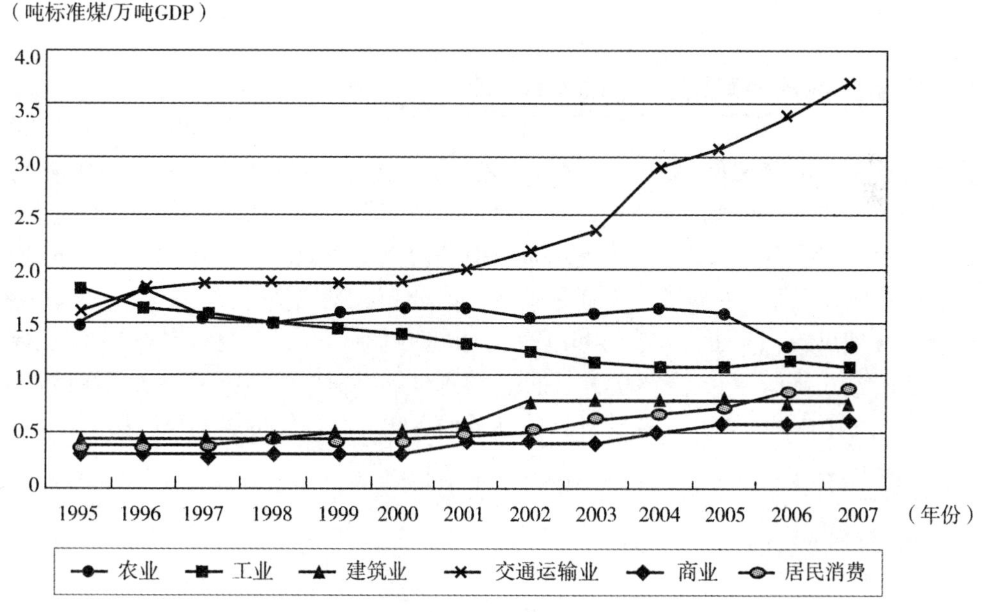

图 3　上海市各产业能源强度变化趋势

急剧增加的能源消耗总量不仅给上海市及全国经济转型带来了压力，还给“十二五”

期间节能减排约束性指标的完成带来了极大难度。本文将分别利用基于各地区、产业、能源种类的三维 LMDI 分解法对全国以及基于产业和能源种类的两维 LMDI 分解法对上海市的能源消耗总量的影响因素进行分解分析，以便为未来节能减排提供有益的政策建议。目前对全国能源消耗总量及其强度进行分解分析的文献不少，比如 Zhang（2003）、Fisher - Vanden 等（2004，2006）、高振宇和王益（2007）、梁进社等（2007）、张军和刘君（2008）等，他们采用的分解方法一般包括指数分解法和投入产出结构分解法，通常把能源消费总量、能源强度或能源消费弹性系数分解为强度效应、结构效应、产出效应和规模效应，分解形式又分为加法和乘法两种。而研究上海市能源消费的文献极少，仅有的文献有唐忆文等（2005）、夏梅兴和唐忆文（2006）等，但是对上海市能耗总量进行分解分析的尚未见到。本文所选择的 LMDI 分解法还有一个好处，即既可以进行 Laspeyres 指数分解法所不能的乘法分解和环比发展指数分析，又可以进行结构分解法受限于投入产出表而不能的连续时点环比分析，具体方法论介绍见下一部分。第三部分和第四部分分别对上海市和全国终端能耗初级分解和次级分解的结果进行分析，并重点讨论有利于节能的结构和强度因子。第五部分为结论性评注和政策含义讨论。

二、方法与数据

（一）全国终端能耗的三重 LMDI 分解

鉴于 Ang 与 Liu（2001）提出的 LMDI 分解法具有分解完全以及归并一致的特性，本文采用基于中国东中西部地区、行业以及能源种类层面上的三重 LMDI 分解法对全国终端能耗进行分解[①]。用下标 i＝1，2，3 表示东、中、西部三个地区，j＝1，2，…，6 表示 6 个行业，即农业、工业、建筑业、交通运输业、商业和居民消费部门，k＝1，2，3，4 表示 4 种能源（即煤炭、石油、天然气和电力）。由于中国一直经历着持续的资本深化现象，本文与先前研究（比如 Wu 等，2005）不同，特别分解出资本积累影响因子以探讨资本驱动型增长方式对中国和上海市终端能耗模式变动的影响。全国终端能耗分解如下：

$$E=\sum_{i=1}^{3}\sum_{j=1}^{6}\sum_{k=1}^{4}E_{ijk}=\sum_{i=1}^{3}\sum_{j=1}^{5}\sum_{k=1}^{4}\frac{E_{ijk}}{E_{ij}}\frac{E_{ij}}{Y_{ij}}\frac{Y_{ij}}{Y_{i}}\frac{Y_i}{K_i}K_i+\sum_{i=1}^{3}\sum_{j=6}\sum_{k=1}^{4}\frac{E_{ijk}}{E_{ij}}\frac{E_{ij}}{TPI_{ij}}PI_{ij}PN_{ij} \tag{1}$$

式（1）各个变量的定义见表 1。

① 本文东中西部地区划分参照陈诗一和张军（2008）的标准，即东部地区包括北京、天津、上海、浙江、江苏、福建、广东、辽宁、山东、河北、海南 11 个省市，中部地区包括山西、吉林、黑龙江、安徽、江西、河南、湖北、湖南 8 个省份，西部地区包括内蒙古、广西、四川、重庆、贵州、云南、陕西、甘肃、青海、宁夏、新疆 11 个省，计 30 个省市自治区。没有包括西藏等。

表 1　本文所使用变量符号的定义

变　量	定　义
E_{ijk}	第 i 地区第 j 行业第 k 种能源终端消费
E_{ij}	第 i 地区第 j 行业能源终端消费
Y_{ij}	第 i 地区第 j 行业产出
Y_i	第 i 地区总产出
K_i	第 i 地区资本存量
TPI_{ij}	第 i 地区居民总收入
PI_{ij}	第 i 地区居民人均收入
PN_{ij}	第 i 地区居民总人数

对式（1）中变量进行如下变换：令 $ES_{ijk} = E_{ijk}/E_{ij}$ 代表能源结构，即第 i 地区第 j 行业第 k 种能源的终端消费比例；令 $EIP_{ij} = E_{ij}/Y_{ij}$ 表示第 i 地区第 j 行业能源强度，即第 i 地区第 j 行业（生产部门）单位产出所需终端能耗；令 $SP_{ij} = Y_{ij}/Y_i$ 代表第 i 地区生产部门产业结构；令 $ACP_i = Y_i/K_i$ 表示第 i 地区平均资本生产率，即单位资本存量所生成的产出；用 K_i 表示第 i 地区的资本存量；令 $EIR_{ij} = E_{ij}/TPI_{ij}$ 代表第 i 地区居民消费部门的能源强度；PI_{ij} 为第 i 地区的居民人均收入；PN_{ij} 为第 i 地区居民人数。则式（1）可变形为：

$$E = \sum_{i=1}^{3}\sum_{j=1}^{5}\sum_{k=1}^{4} ES_{ijk}EIP_{ij}SP_{ij}ACP_iK_i + \sum_{i=1}^{3}\sum_{j=6}\sum_{k=1}^{4} ES_{ijk}EIR_{ij}PI_{ij}PN_{ij} \tag{2}$$

经过变换，式（2）可以写为如下因子连乘的形式：

$$D_{tot} = D_{ES}D_{EIP}D_{SP}D_{ACP}D_KD_{EIR}D_{PI}D_{PN} \tag{3}$$

式（3）中的三重分解因子可大致分为三类，即强度因子（D_{EIP}，D_{EIR}，D_{ACP}，D_{PI}）、结构因子（D_{ES}，D_{SP}）和规模因子（D_K，D_{PN}）。

（二）上海市终端能耗的二重 LMDI 分解

上海市的终端能耗分解与全国方法类似，只是除去地区层面，分解式如下：

$$E = \sum_{j=1}^{6}\sum_{k=1}^{4} E_{jk} = \sum_{j=1}^{5}\sum_{k=1}^{4} \frac{E_{jk}}{E_j}\frac{E_j}{Y_j}\frac{Y_i}{Y}\frac{Y}{K}K + \sum_{j=6}\sum_{k=1}^{4}\frac{E_{jk}}{E_j}\frac{E_j}{TPI_j}PI_jPN_j \tag{4}$$

类似地，式（4）可以转换为如下形式：

$$E = \sum_{j=1}^{5}\sum_{k=1}^{4} ES_{jk}EIP_jSP_jACP_K + \sum_{j=6}\sum_{k=1}^{4} ES_{jk}EIR_jPI_jPN_j \tag{5}$$

其他分解与全国情况均类似，不再赘述。

（三）数据

上述分解所需原始数据均摘自《新中国 60 年统计资料汇编》（2010），现对数据作如下说明：

（1）由于年鉴中各种能源使用了不同的单位进行统计，煤炭和石油使用“万吨”为单位，天然气使用“亿立方米”，电力则使用“亿千瓦时”，因此必须将其转换为以标准煤为统计单位。根据2009年《中国统计年鉴》给出的各种类能源与标准煤之间的转换表，以及每种能源的组成比例，可以得出上述四种能源与标准煤的转化标准。

（2）由于本文使用了资本存量作为上海市及全国终端能耗的因子，因此本文采用张军等（2004）的方法对中国各省、直辖市、自治区的资本存量进行估算。另外，本文中所有价值量，即经济产出、人均收入和资本存量等均以1995年作为基年进行了价格平减。

三、终端能耗总分解结果讨论

1995～2007年这一研究时间段按照五年计划分为三个阶段，即“九五”时期（1996～2000年）、“十五”时期（2001～2005年）以及“十一五”规划前两年（2006～2007年）。如式（6）所示，本文将中国各地区和上海市终端能耗的驱动因素分解为8个因子。表2显示了各因子在各个阶段对全国以及上海市终端能耗的平均贡献，图4绘制了上海市终端能耗在总分解中分出的各因子指数的相对重要性，各因子大小为相应期间的累计变化。图5则绘制出了全国终端能耗的因素分解情况。

表2　全国和上海市终端能耗总分解因子各阶段指数年平均变化

	阶段	D_{tot}	D_{ES}	D_{EIP}	D_{SP}	D_{ACP}	D_K	D_{EIR}	D_{PI}	D_{PN}
中国	1996～2000年	1.0301	1.0001	0.9418	1.0045	0.9770	1.1115	0.9986	1.0026	1.0014
	2001～2005年	1.1153	0.9998	0.9894	1.0127	0.9800	1.1239	1.0074	1.0027	1.0007
	2006～2007年	1.1095	1.0004	0.9675	1.0133	0.9749	1.1519	1.0036	1.0029	1.0009
	1996～2007年	1.0780	1.0000	0.9657	1.0094	0.9779	1.1233	1.0031	1.0027	1.0010
	阶段	D_{tot}	D_{ES}	D_{EIP}	D_{SP}	D_{ACP}	D_K	D_{EIR}	D_{PI}	D_{PN}
上海	1996～2000年	1.0612	0.9990	0.9696	0.9875	0.9814	1.1237	1.0024	1.0034	1.0003
	2001～2005年	1.1067	1.0001	0.9912	0.9981	1.0117	1.0936	1.0100	1.0003	1.0006
	2006～2007年	1.1030	1.0005	0.9989	0.9766	1.0766	1.0373	1.0086	1.0027	1.0007
	1996～2007年	1.0869	0.9997	0.9834	0.9901	1.0094	1.0964	1.0066	1.0020	1.0005

由表2可见，“九五”计划期间，全国和上海市的节能效果均最佳，终端能耗年均增长分别为3%和6.1%左右。在此期间，全国节能工作成效明显好于上海市，这一阶段全国GDP年均增长10.3%，远高于终端能耗增长速度。根据《中国的环境保护（1996～2005)》白皮书，这一阶段国家通过抓大放小对国有企业进行了卓有成效的所有制改革，

关停并转了8.4万家高能耗高污染的小企业，从而为此阶段的节能工作打下了良好的基础。反观上海市，尽管这一阶段也是上海市终端能耗增长最慢的时期，但其增长速度仍然高于全国平均水平，由政府性公司主导投资驱动型增长的“上海模式”以及国有资产重组缓慢是导致这一现象的主要原因。“十五”规划期间全国和上海市都出现了工业再次重型化的倾向，终端能耗增速在所有时期都是最快的，年均增长率分别达到11.5%和10.67%。其中，全国在2003~2005年终端能耗年均上涨14.8%，而同期GDP年均仅上涨12.9%，这是1995年以来中国能源弹性系数第一次也是仅有的一次超过1的时期；而同期，上海市的终端能耗也依然快速增长，但是增长速度始终小于GDP增长速度。“十五”期间上海市政府确定了六大支柱产业，即石油精细化工、钢材、生物医药、电子信息、成套设备和汽车产业，它们中大部分都属于高耗能的工业，因此“十五”期间上海市终端能耗的迅速上涨也就不足为奇了。由于“十五”期间节能效果不佳，国家“十一五”规划首次提出了降低能源强度20%的节能约束性指标，因此可以看到“十一五”规划的头两年中，全国与上海市的终端能耗增长速度均略有放缓，但绝对增速仍然达到10.9%和10.3%。

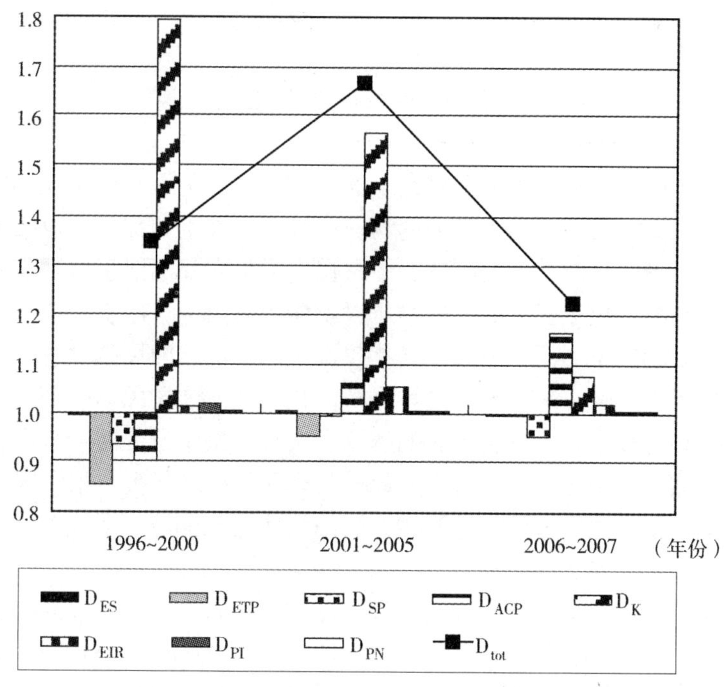

图4　上海市终端能耗驱动因素分解

结合表2各驱动因子的平均贡献以及图4和图5各因子在各期间的累计变化，可以发现资本存量、生产部门能源强度和资本生产率以及生产部门产业结构对全国和上海市而言

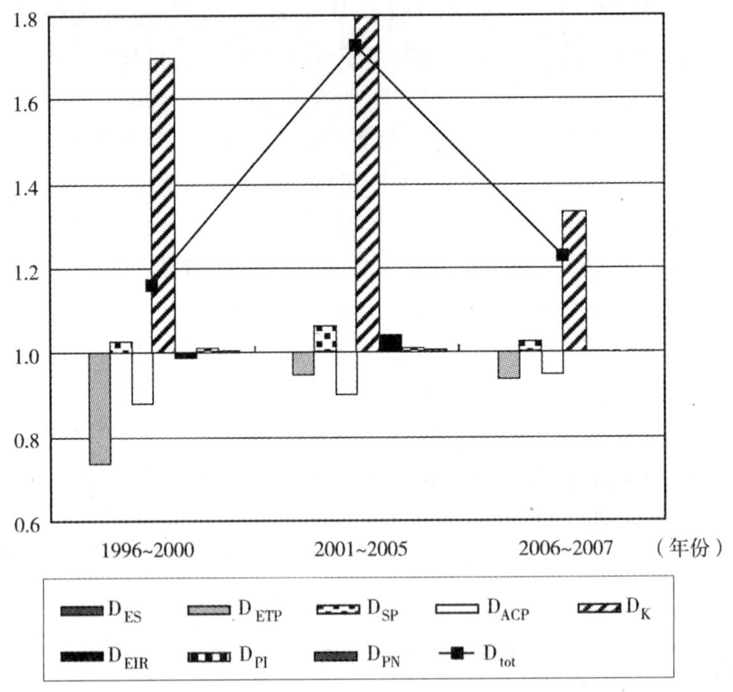

图5　全国终端能耗驱动因素分解

都是贡献最大的4个因子。其中资本存量在全国和上海市都是最大的正向影响因子，生产部门能源强度则是最大的负向影响因子。平均资本生产率和生产部门产业结构在全国和上海市起到的作用有所不同：前者在全国情况中是仅次于生产部门能源强度的第二大负向影响因子，在上海市则是仅次于资本存量的第二大正向影响因子；后者在全国是仅次于资本存量的第二大正向影响因子，而在上海市则是仅次于生产部门能源强度的第二大负向影响因子。对于这几个因子，将在第四节中具体分析。相比之下，居民消费部门的3个因子对终端能耗的贡献都相对较小，不具备显著的解释意义。就整个研究时期来看，中国和上海市的终端能耗年均增长分别为7.8%和8.7%。从全国来看，有6个正向因子，按贡献从大到小分别为资本存量、生产部门产业结构、居民消费能源强度、居民人均收入、居民人数以及能源结构（年均贡献分别为12.33%、0.94%、0.30%、0.27%、0.10%、0.004%）；有2个负向因子，为生产部门能源强度和平均资本生产率（年均贡献率分别为-3.43%和-2.21%）。从上海市来看，有5个正向因子，为资本存量、平均资本生产率、居民消费能源强度、居民人均收入和居民人数（年均贡献分别为9.64%、0.94%、0.66%、0.20%、0.048%）；有3个负向因子，即生产部门能源强度、生产部门产业结构和能源结构（年均贡献分别为-1.66%、-0.99%和-0.03%）。

由上述分解结果可以看出，由资本存量所代表的资本深化对中国和上海市的终端能耗都有着重大的促进作用。就全国平均而言，这种由投资驱动的粗放型增长方式显然是能源消耗急剧增长的主要原因，而且这种作用还在逐期增加。张军（2002）早就指出，中国经济对投资的依赖程度极高，与劳动力相比，投资增长速度过快。而对于上海市，由政府主导的经济发展模式使得上海市经济对投资的依赖更为严重，但是上海市由资本深化所代表的粗放式增长模式对终端能耗的促增作用在逐期降低，第三阶段已下降到年均3.7%，这与全国资本存量年均贡献连年上升不同（全国资本存量的贡献在第三阶段已经达到惊人的15.2%），表明上海市已经率先改变依赖投资的粗放式经济增长模式，转而向更加科学、可持续的发展方式转变。资本积累对上海市终端能耗影响的减小也表明，今后上海市将很难继续在诸如投资等方面对节能减排有所作为，低悬的果实已经摘尽，节能空间正在缩小，“十二五”期间必须按照如表2所示在促进能耗下降的驱动因子上下功夫，通过提高生产部门能源生产率和降低资本强度的直接节能以及优化生产部门产业结构和所有部门能源结构的间接节能相结合来进一步推动节能工作。

反观居民消费部门，居民的终端能耗在全国均为仅次于工业的第二大能耗部门，在东、中、西部分别占到12%、13%和17%左右，但是居民终端能耗所占比重在全国各地区均出现不同程度的下降，其中西部下降最为明显，从1995年的20%下降到2007年仅占12%。消费部门的因子对终端能耗的贡献均较小，其中居民人数更是接近1，即贡献接近于0，这是由于居民人数变化幅度非常小，对终端能耗也就不会产生太大的影响。对于上海市，居民消费在终端能耗中所占比例不及交通业，且始终维持在10%左右，变化幅度非常有限。通过前面列出的各因子年均贡献，可以看出上海市居民消费部门的贡献比全国的大，这与上海市居民较高的消费水平（如对汽车的消费）有紧密关系。居民人均收入对中国和上海市的终端能耗的促升作用表明，中国经济仍处于库兹涅茨曲线的上升段。然而，中国不能“躺”在库兹涅茨曲线上等待拐点，而是应当采取积极行动，尽快将经济带入可持续的发展模式中，使得中国经济能够又好又快地发展。

四、重要因子的次级分解结果及讨论

本文所使用多重分解法的好处就是可以对重要的驱动因子进行次级分解，从而可以更深入地理解各因子对终端能耗增长的影响。需要说明的是，所谓对因子的次级分解，是对其变量本身的分解，而非对其指数的分解。

（一）资本存量的次级分解

资本存量对全国和上海市而言都是促进能源消耗的最大正向因子，显示能耗密集型的企业本质上也多是资本密集型的。图6绘制出中国各地区和上海市的资本存量变化。图7则描述该资本存量变量在地区层面进行次级分解的累计量结果。

从图中可见，与中国的资本深化现象相对应，中国各地区的资本存量均在不断上升，东、中、西部地区的资本存量分别从1995年的5.8万、1.9万和1.9万亿元上升到2007年的28.7万、10.1万和9.2万亿元。资本劳动比数据也通常拿来描述资本深化的程度，中国东、中、西部地区的资本—劳动比在整个研究期间均在迅速上升，分别从人均2.3万、0.92万和1.0万元（1995年）上升到每人9.5万、4.2万和4.6万元，这也佐证了中国的资本深化现象。而次级分解显示全国各地区在不同时期内对能源消耗都起着正向的促进作用（因子大于1），也就是说，全国各地区的资本存量都呈上升趋势。其中，东部地区对全国资本存量总量的贡献最大，在“九五”和“十五”计划时期，累计贡献都达到53%，年均贡献8.8%，在“十一五”的头两年中，年均贡献也达到7.9%；相比之下，中部地区在三个阶段中年均贡献分别为2.3%、2.5%和4.3%，西部地区则为2.0%、2.5%和3.4%，中西部地区对全国资本存量积累的贡献比较相似。由此可见，东部地区是投资的重点目的地，这是由东部优势的沿海地理位置、相对较为完善的基础设施和较为发达的经济决定的，当然基于投资和能耗之间的高度相关性，东部地区的快速发展也是造成我国能源消耗急剧增长的主要地区因素。

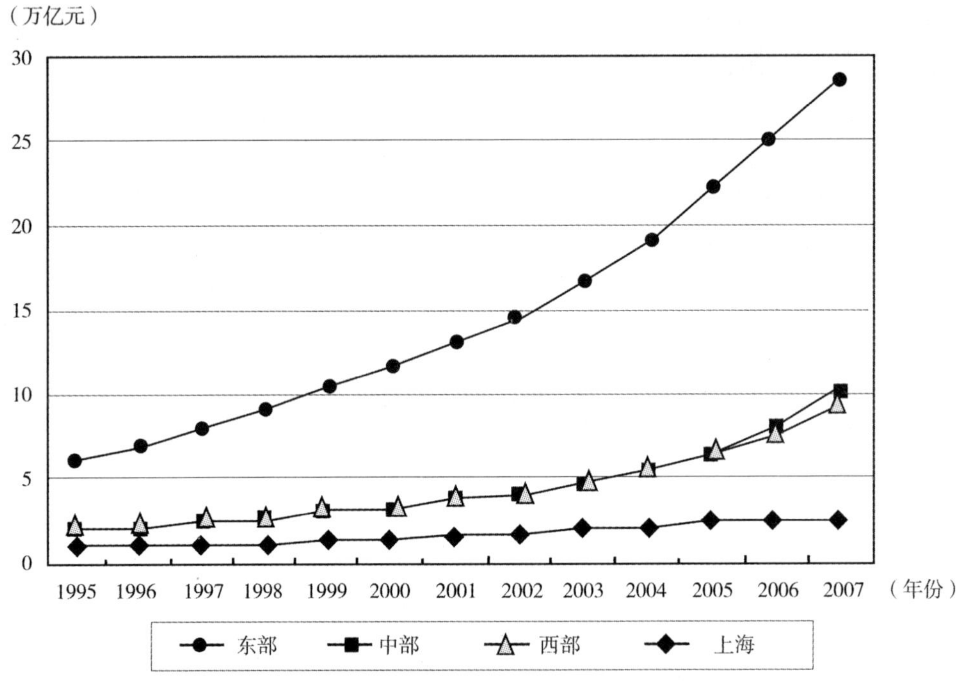

图6　全国各地区及上海市资本存量

就上海市而言，资本存量增长率从1996年的19.8%一路下降到2001年的9.8%，随后逐步上升到2005年的11.5%，在2006年和2007年又急速下降到3.8%和4.5%。可见，上海市资本存量积累趋势在20世纪90年代中后期总体上是逐步下降的，这与同期上海市

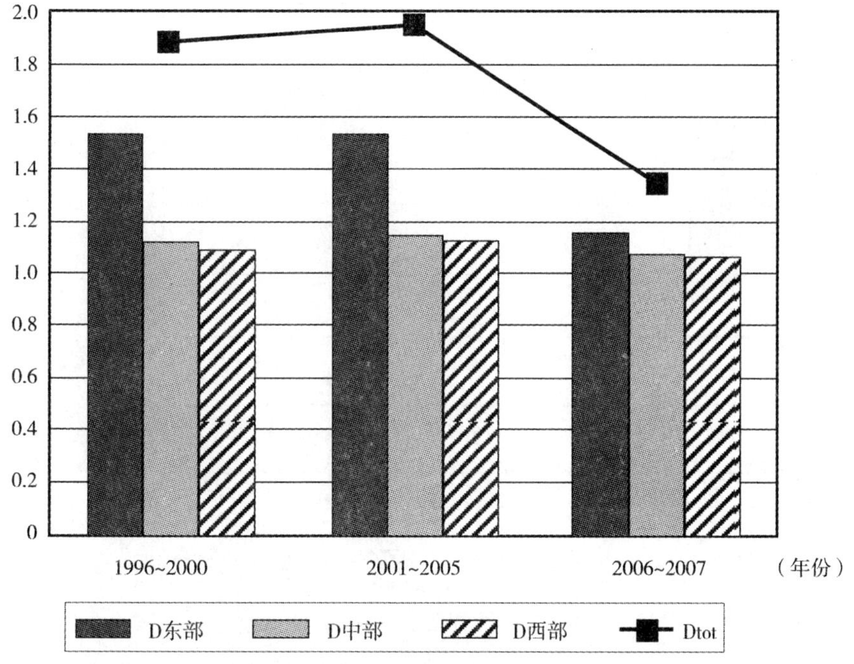

图7 资本存量按地区层次次级分解结果

工业比重下降有关；而2001年后资本存量增长加快与这一时期全国范围内的再次重工业化趋势一致。而上海市的产业结构调整以发展金融业和航运业等现代服务业为方向也导致近年来对资本密集型工业投入的下降。尽管对制造业等工业的发展在未来上海市结构调整中的地位还有争论，但是，上海市作为“长三角城市群”的核心城市，将资本密集和能耗密集的重工业转移至其他城市也是相对合理的，高资本密度低能耗低排放的高新技术产业应该是未来上海市第二产业发展的首选。

（二）强度因子次级分解

1. 对生产部门能源强度的次级分解

生产部门能源强度在全国和上海市都是降低能耗的最大负向因子，能源强度的倒数是能源生产率，通过降低能源强度和提供能源的使用效率可以发挥直接节能的作用。在本文第一部分我们曾经介绍了中国各地区和上海市生产部门各行业的能源强度变化。这里的图8则绘制出全国生产部门能源强度按地区层面进行的次级分解结果。

首先就全国各地区生产部门各行业能源强度来看，工业和交通运输业都是6个行业中能源强度最大的两个部门。对于工业而言，东、中、西部地区的能源强度分别为每万元GDP2.5吨、4.5吨和4.4吨标准煤（1995年）以及每万元GDP1.4吨、2.2吨和2.6吨标准

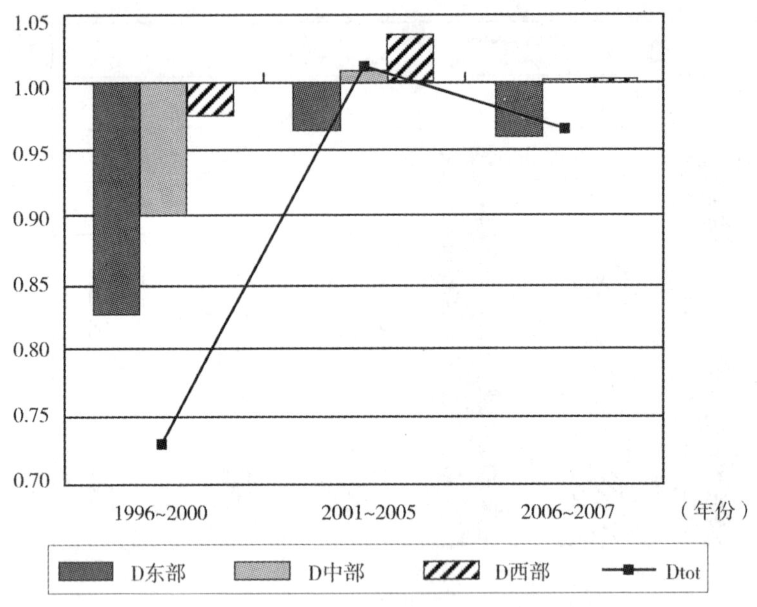

图 8　生产部门能源强度按地区次级分解

煤（2007 年），在整个时期内呈下降趋势，仅在 2004 年左右出现过反弹，而这也是工业再次重型化的必然结果。而且，东部地区的工业能源强度明显低于中西部地区。Fisher - Vanden 等（2004）指出，工业能源强度降低的主要原因是 R&D 投入的加大、企业所有制改革以及能源价格的变动，因此，中国在“九五”时期进行的“抓大放小”国企改革、对能耗和污染密集型小企业的关停并转以及私人资本的进入对中国工业的能源强度的降低起到了重要影响作用。同时，2003 年开始的能源价格普遍上涨也对中国工业能源强度的下降起到了促进作用。再看交通运输业，东、中、西部地区的能源强度分别为每万元 GDP1. 2 吨、1. 7 吨和 2. 2 吨标准煤（1995 年）以及每万元 GDP1. 7 吨、1. 4 吨和 2. 2 吨标准煤（2007 年），可以发现，全国各地区的交通能源强度都呈现先降后升的趋势，当然交通运输业在全国终端能耗中所占比例不是很大，因此对全国总体的生产部门能源强度影响不大。生产部门的另外三个行业的能源强度都比较低，且变化幅度也不大，对总体影响较小。由表 2 可知，三个阶段中生产部门能源强度对全国终端能耗的年均促降作用分别为 -5. 8%、-1. 1% 和 -3. 3%，这主要是由于在终端能耗中占到主要地位的工业能源强度较大幅度下降所致。另外，前面提到的“抓大放小”政策使得能源强度在第一阶段中对全国终端能耗产生的降低作用最为明显；而第二阶段，即“十五”时期的再次重工业化导致这一阶段的促降作用相对较弱；而由此导致国家在第三阶段，即“十一五”期间强制规定能源强度减少 20%，第三阶段能源强度对能耗总量的促降作用也确实有所加强。图 8 则显示，东部地区对中国生产部门能源强度的影响始终为负，而中部和西部地区则均在第二阶段转为较大的正向影响，尽管在第三阶段这种正向影响开始下降，这也许是由于“十五”阶段伊始中国将工业中高能耗的行业逐步向中西部地区转移所致。

上海市情况与全国有所不同。首先，工业的能源强度明显比全国低且不断下降，不仅低于中西部地区，即使与东部地区平均水平相比也明显处于较低的水平。数值上，上海市工业能源强度从每万元 GDP1.8 吨标准煤（1995 年）下降到了 1.0 吨标准煤（2007 年）。其次，与工业不同，农业的能源强度远高于全国的水平，这主要是由于上海市的农业受土地面积影响，有很大一部分采用了类似于发达国家的高新技术农业基地，虽然在产量上有明显优势，却导致能源强度较高，但是由于农业在上海市终端能耗中所占比例甚微，因此影响不大。另外，上海市交通运输业的能源强度一直在上升，且高于全国水平，从每万元 GDP1.6 吨标准煤（1995 年）上升到了 3.6 吨标准煤（2007 年）。上海市的能源强度对终端能耗的促降作用较全国小，在三个阶段分别只有年均 3.1%、0.88% 和 0.11%。如前所述，上海市的能源强度在“九五”期间受到政府主导大型企业以及未彻底进行“抓大放小”改革的影响对终端能耗产生的促降作用明显不如全国；而第二阶段中，在上海市确立能耗水平较高的 6 大支柱产业的情况下，虽然经济保持了每年两位数的增长，能源强度却有所上升，促降作用更是进一步“缩水”，甚至在 2003~2005 年，对终端能耗产生促涨作用。尽管 2009 年上海市政府在《关于加快推进上海市高新技术产业化的实施意见》中提出着重发展新能源、民航制造、先进装备、生物医药、电子信息制造、新能源汽车、海洋工程装备、新材料、软件和信息服务九大高科技产业以取代“十五”期间提出的 6 大支柱产业的制造业战略，其成效还有待检验，也超出了本文的研究区间。

从整个时期来看，中国和上海市的能源强度都有所降低，但是却依然处于一个较高的水平，尤其是以交通运输业为代表的新兴第三产业的能源强度还在上升（这一情况在上海市尤其严重），因此应着重注意降低这类行业的能源强度，进一步提高能源效率，以达到促进节能的作用。

2. 对资本生产率的次级分解

平均资本生产率表示单位资本所产出的 GDP，其在全国为仅次于生产部门能源强度的第二大负向因子，在上海市为仅次于资本存量的第二大正向因子。图 9 绘制了中国各地区以及上海市的资本生产率变化趋势。图 10 则绘制了全国平均资本生产率在地区层面上进行次级分解的结果。

由图可见，中国各地区的平均资本生产率基本处于不断下降中，东、中、西部地区分别从 0.56、0.76 和 0.56（1995 年）下降到了 0.45、0.49 和 0.39（2007 年）；在整个时期内，仅东部地区在最后两年出现了资本生产率的小幅回升。由于平均资本生产率是资本强度的倒数，这一现象意味着中国各地区的资本强度都在上升。表 2 显示，平均资本生产率在三个阶段对中国终端能耗分别做出年均 -2.3%、-2.0% 和 -2.5% 的负向贡献。而图 10 则显示，全国平均资本生产率虽然在下降，但是下降速率在降低，表明全国范围内资本生产率的恶化趋势得到了遏制，这也可以解释为什么全国层次上资本生产率对能耗具有促降作用了。图 10 同时显示，东部地区在前两个阶段对全国平均资本生产率产生负向贡献，在最后一个阶段转正，这与东部地区在 2006 年和 2007 年资本生产率的回升趋势有

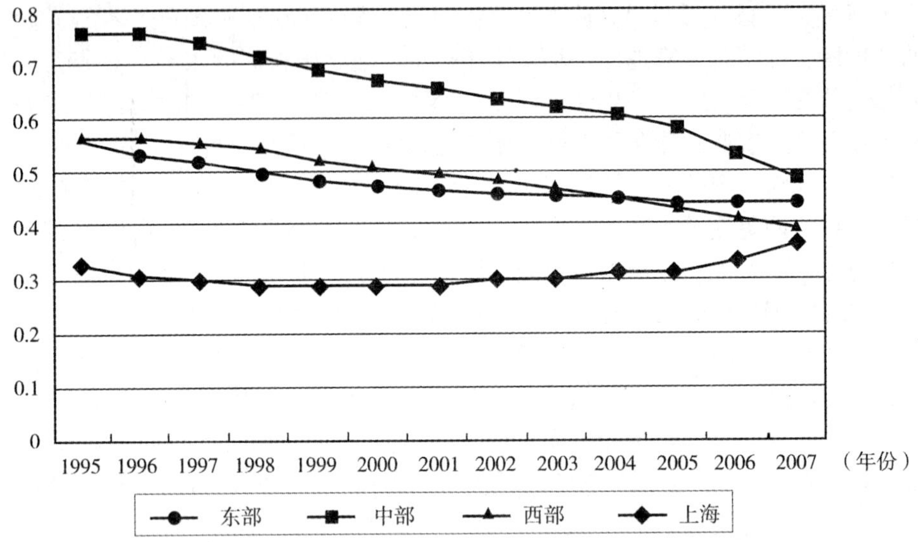

图 9　全国各地区及上海市平均资本生产率变化

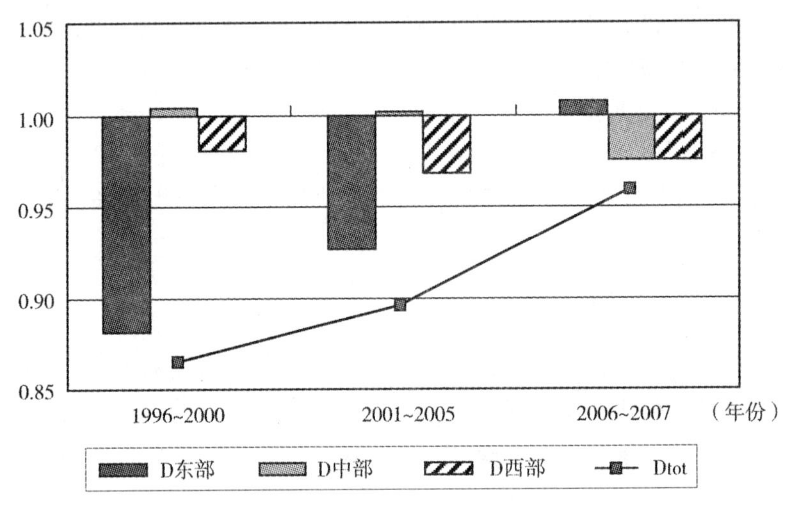

图 10　资本生存率按地区次级分解

关；中部地区在前两个时期贡献为正，而最后一个时期转负，这与中部地区具有较高的资本生产率且在第三阶段下降较快相关；西部地区在三个阶段对资本生产率的作用都是促降的，这是因为西部地区本身资本生产率较低而且一直在快速下降。

与全国情况不同，上海市的平均资本生产率从 2000 年开始逐步上升，且促进终端能耗上升，表明上海市的资本效率开始提高。上海市平均资本生产率先是从 1995 年的每人 0.32 万元下降到 1999 年的每人 0.29 万元，随后又上升到了 2007 年的每人 0.37 万元，而其对上海市终端能耗产生的贡献在三个阶段分别为年均 -1.9%、1.2% 和 7.7%。“九五”

期间上海市政府主导的企业改革滞后于全国的“抓大放小”所有制改革。上海市社科院2005年发布的《上海市经济增长方式转变》研究报告也认为政府主导的“上海增长模式”虽然创造了经济高速增长，却导致资本边际效应连年下降。因此，上海市政府在随后的“十五”期间提出了6大支柱产业的发展战略，这些高能耗产业的发展导致了平均资本生产率的上升，也导致了资本生产率对终端能耗产生了促涨作用，第三阶段该正向贡献年均达到7.7%，超过了资本存量的年均3.7%成为最大的正向因子。

（三）结构因子的次级分解

1. 对能源结构因子的进一步分解

结构因子由能源结构因子和生产部门产业结构因子构成。总体而言，结构因子发挥间接节能的作用，其中受制于资源禀赋，能源结构因子对终端能耗的影响较小。但是作为8个因子中唯一覆盖所有6个行业的因子，能源结构因子对终端能耗的影响比其他几个因子都更加全面，因此这里专门对它进行分析。图11绘制出上海市的能源结构，为节省篇幅，东中西部地区的能源结构图暂不报告。

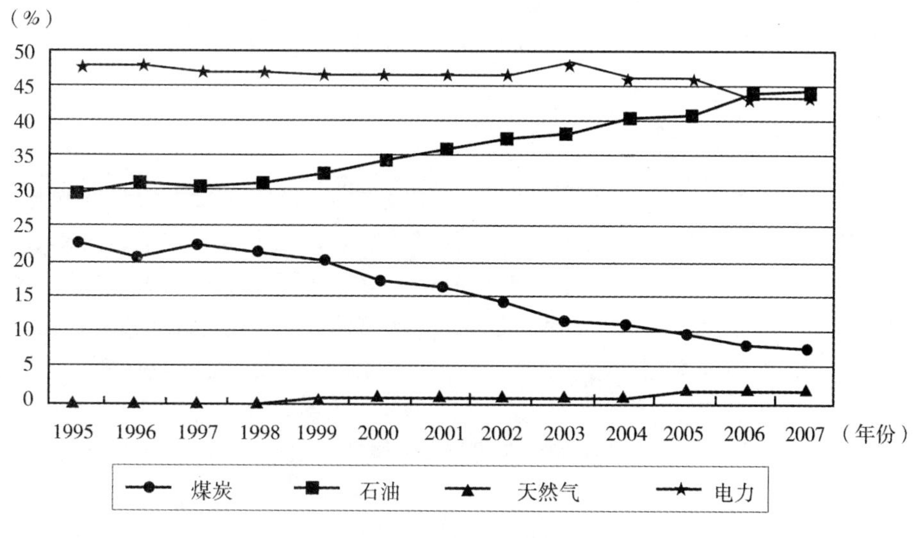

图11　上海市能源结构

从全国角度来看，能源结构在第一和第三阶段对终端能耗起到了微弱的促涨作用，而在第二阶段起到了同样微弱的促降作用，在全时期的贡献几乎为零。其作用甚为微小的主要原因是中国整体上依然将煤炭作为主要能源，在全国终端能耗中，只有东部的煤炭终端消费占总的终端能耗从1995年的39.7%下降到了2007年的23%，中部和西部煤炭所占比例虽然也有较为明显的下降（分别从51.8%和50.3%下降到了39.7%和30.3%），但是仍然占着主要地位，而且这还是在计入电力的情况下得出的结论，考虑到中国电力供给主要依靠火力，而火力电厂的主要能源依然是煤炭及其制成品，煤炭在中国终端能耗中所占比例将会更大。事实上，煤炭在三种主要一级能源的终端消费中所占比例分别达到东部的66.0%和47.9%（分别对应为1995年和2007年，下同）、中部的79.0%和69.7%以及西部的77.4%和59.1%。因此，从中国整体角度来看，能源结构调整受制于富煤贫油的资源禀赋而对终端能耗变化的贡献微乎其微也就不足为奇了。

从上海市的角度来看，能源结构对上海市终端能耗在第一阶段产生了-0.1%的促降作用，在随后两个阶段产生了微弱的促涨作用。与全国煤炭占主导地位的能源结构不同，石油在上海市能源结构变化中占主导地位，在电力在终端能耗中始终占45%左右的情况下，石油所占比例从1995年的29.7%一路上升到2007年的44.9%，而石油在三种一级能源中所占比例更是从1995年的56.6%上升到了2007年的80.5%，占有绝对主导地位。由于石油的热效率较煤炭略高，因此能源结构的变化在整个时期对上海市的终端能耗起到了微小的促降作用。另外，交通运输业值得特别关注，不仅其终端能耗在上海市所占比例从1995年的9.2%上升到了2007年的21.5%，其能源结构也与其他行业有着重大区别，石油在交通业终端能耗中所占比例一直在90%以上，平均达到了92.7%，在2007年达到了95.1%。考虑到交通也在终端能耗中所占比例不断上升，应该格外重视石油及其制成品在交通运输业中的利用效率，以进一步加强该行业的节能工作，同时加大更为清洁的电力在交通业终端能耗中所占比例（目前仅占4%～5%）也是该行业节能可以采取的一项重要举措。

2. 对生产部门产业结构因子的次级分解

产业结构因子在全国和上海市扮演了不同的角色，对全国它是仅次于资本存量的第二大正向因子，而在上海市则是仅次于生产部门能源强度的第二大负向因子，由此可以看出上海市能源消耗与全国相比还是具有明显的差异。图12绘制出了上海市产业结构变化（生产部门各行业GDP占总GDP的比重，加总为生产部门5个行业GDP占全国总GDP比重），东中西部地区产业结构图暂略。图13则绘制了全国产业结构在行业层面上的次级分解结果。

中国各地区产业结构最主要的相似点就是工业都是占比最大的行业，其中东、中、西部的工业比重分别从43.3%、36.6%和33.9%（1995年）上升到了53.7%、42.0%和43.3%（2007年），而第二产业所占比重到2007年时均已超过50%。相比之下，农业的比重则在持续下降，尤其是东部地区，第一产业占比在2007年已降至10%以下（为6.8%），但中西部地区农业仍在经济中占有一定的比重；第三产业在全国各地区的比重均先上升，随后在21世纪初期又略有降低，这与21世纪初的再次重工业化促使工业所占比例进一步提高有关。从上述观察可以发现，全国的工业产出所占比重仍然在上升（第二产业作为一个整体也是如此），表明中国的产业结构升级仍然处在初期阶段，而这样的产业结构导致其在三个阶段分别对中国终端能耗产生年均0.45%、1.3%和1.3%的促涨作用。

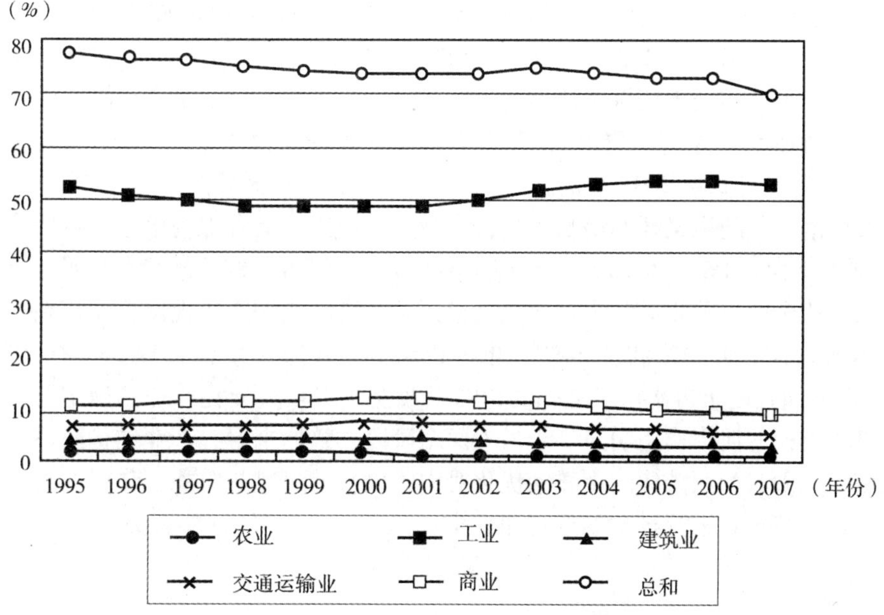

图 12　上海市生产部门产业结构变动

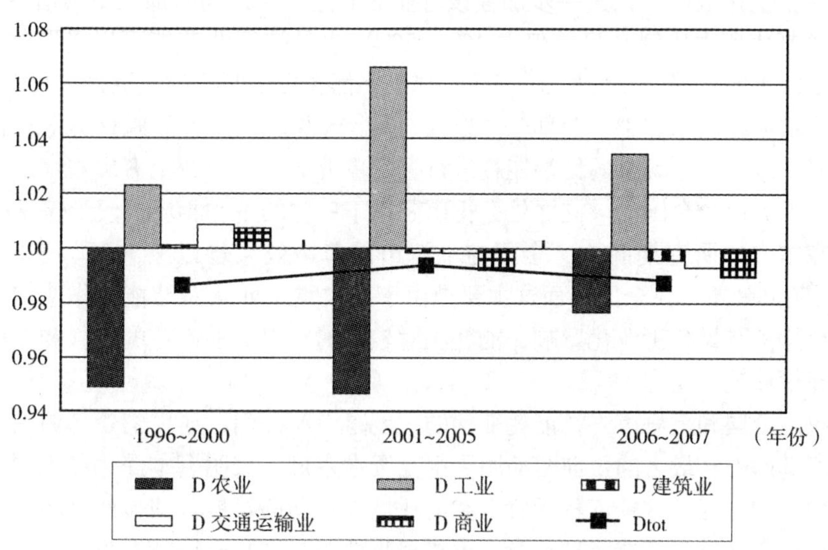

图 13　生产部门产业结构按行业层次次级分解

图 13 显示，在按行业进行的产业结构次级分解中，农业对产业结构的贡献始终为负，而工业始终为正，且在第二阶段贡献较大，而其他的行业对产业结构的贡献则表现为正负波动。另外，产业结构的总指数始终为负，表明生产部门 GDP 在总 GDP 中的比例波动中下降，消费部门正发挥较大作用。

上海市的情况与全国有着较大的区别。首先，第三产业在1999年取代第二产业成为最大的一个产业，且第二产业所占比重仅在2003～2005年出现小幅上升，其余时间一直在下降。工业比重整体处于缓慢下降状态，仅在21世纪头几年出现了小幅上涨，在整个时期内基本维持在50%左右。与第二产业不同，第三产业所占比重总体上在逐步上升，从1995年的40.8%上升到了2007年的52.6%，但是与全国情况类似，也在21世纪前几年出现了小幅回落，但随后又开始增长。其次，与全国相比，上海市的第一产业所占比例更加微小，1995年为2.4%，到2007年已降至不足1%，仅为0.84%。由此可见，上海市的产业结构调整比全国成熟相对领先，而且已经开始对终端能耗产生促降作用，在三个阶段分别为年均1.25%、0.19%和2.34%，也可以看到，在第二阶段，即2001～2005年的“十五”计划期间，由于再次重工业化的影响以及上海市6大支柱产业的确定与发展，产业结构对终端能耗的促降作用明显小于另外两个阶段。整体来看，产业结构对终端能耗的影响比能源结构大，产业结构的调整和优化对中国以及上海市的节能工作将起到至关重要的作用，应进一步对其进行科学的规划和安排。

五、结论及政策分析

中国和上海市的终端能源消耗在1995～2007年都经历了明显的上涨，本文用LMDI分解法对中国终端能耗在东、中、西部三个地区、6个行业以及4种能源种类上进行了三重分解，并用同一方法对上海市的终端能耗进行了二重分解，以比较上海市在终端能耗模式变动和驱动因素方面与全国的异同之处，得出了以下一些结论和相应的政策建议：

第一，在本文的研究期间内，全国与上海市的节能效果均以“九五”期间为最佳，“十五”期间明显最差，在全国层面这主要是由于再次重工业化对节能工作造成的负面影响，在上海市除了受重化工业化影响，能耗相对较高的6大支柱产业的确立和发展也使得上海市节能速度放缓。

第二，决定全国和上海市终端能耗变动的主要是生产部门，居民消费部门的影响相对较小。在生产部门中，最大的正向驱动因子都是资本存量，表明资本深化过程同时也是终端能耗加速增长的过程，这种依赖于资本和能耗投入驱动的发展模式显然是粗放和不可持续的。上海市资本存量对终端能耗的影响正在逐步减弱，这与全国情况不同，这也许意味着上海市的发展方式转变已经初见成效。

第三，能源强度在全国和上海市都是最大的负向因子。不同的是，全国的工业能源强度对生产部门能源强度的变化起到决定性作用，工业能源强度的降低也是能源强度对终端能耗促降作用的主要来源。与此不同，上海市的工业能源强度明显低于全国各地区的水平，且下降速度也相当有限，表明上海市工业需要有进一步推进节能工作的新思路。另外，上海市交通运输业的能源强度迅速上升，因此要特别关注该行业的节能工作，以免在其占终端能耗比重越来越大的情况下，导致上海市能源强度作用发生反转。

第四，平均资本生产率对全国和上海市的作用不同。在全国范围内，平均资本生产率的下降速度正在逐步减缓，表明中国资本效率有所改善，对终端能耗产生促降作用。上海市的资本生产率与全国情况不同，在第二、第三阶段转为促进终端能耗增长，甚至在最后一阶段取代资本存量成为第一大正向因子，这与政府主导的投资驱动式增长模式有关。

第五，能源结构对终端能耗的影响在全国和上海市均较为有限。对于全国，受到能源资源禀赋的限制，中国短期内很难改变以煤炭作为主要能源的结构，而这也导致该因子近期内很难对节能工作产生重大影响。上海市的能源结构总体上对其终端能耗产生促降贡献，这与石油在上海市能源结构中所占比例较高且逐步上升有密切关联。上海市的煤炭和石油消费比例平均为 30% 和 68%，要优于全国的能源消费结构（对应比例为 64% 和 32%），但与世界发达国家相比，上海市天然气消费比例明显偏低，只有 2%（上海市发展和改革委员会，2006）。上海市要扩大天然气来源，抓紧开拓天然气市场，重点发展天然气发电、城市燃气和工业用气，力争尽快实现天然气消费量在一次能源结构中的比重达到 10% 以上。

第六，相对能源结构，生产部门产业结构对终端能耗产生的作用要明显得多。由于工业在全国产业结构中所占比重逐步上升，该因子对全国终端能耗产生正向影响，表明中国的产业结构升级仍然任重道远。相比之下，上海市的产业结构对其终端能耗产生负向影响，这与工业比重不断下降，第三产业比重逐渐上升密不可分。值得注意的是，交通运输业所占比重及其在上海市终端能耗中所占比重的显著上升使其成为上海市今后节能减排必须重点关注的行业。

参考文献

［1］陈诗一，严法善，吴若沉. 资本深化、生产率提高与中国二氧化碳排放变化——产业、区域、能源三维结构调整视角的因素分解分析［J］. 财贸经济，2010（12）.

［2］陈诗一，张军. 中国地方政府财政支出效率研究：1978～2005［J］. 中国社会科学，2008（4）：65－18.

［3］高振宇，王益. 我国生产用能源消费变动的分解分析［J］. 统计研究，2007（3）：52－57.

［4］梁进社，郑蔚，蔡建明. 中国能源消费增长的分解——基于投入产出方法［J］. 自然资源学报，2007（6）：853－864.

［5］上海市发展和改革委员会. 上海能源白皮书［M］. 上海人民出版社，2006.

［6］唐忆文，沈露莹，郭宏超，郭建利. 上海能源消费结构与能源战略［J］. 上海经济研究，2005（2）：52－61.

［7］夏梅兴，唐忆文. 上海市经济发展与能源弹性系数变动研究［J］. 上海经济研究，2006（1）：50－59.

［8］张军. 资本形成、工业化与经济增长：中国的转轨特征［J］. 经济研究，2002

(6)：3－13.

[9] 张军，刘君. 中国能源消费模式的转变及其解释 [J]. 学术月刊，2008 (7)：60－68.

[10] 张军，吴桂英，张吉鹏. 中国省际物质资本存量估算：1952～2000 [J]. 经济研究，2004 (10)：35－44.

[11] Ang B. W. and F. L. Liu, 2001. A new energy composition method: Perfect in decomposition and consistent in aggregation. Energy, 26, 537－548.

[12] Fisher－Vanden, K., G. H. Jefferson, H. Liu and Q. Tao, 2004. What is driving China's decline in energy intensity? Resource and Energy Economics, 26, 77－97.

[13] Fisher－Vanden, K., G. H. Jefferson, J. Ma and J. Xu, 2006. Technology development and energy productivity in China. Energy Economics, 28, 690－705.

[14] Wu, L., S. Kaneko and S. Matsuoka, 2005. Driving forces behind the stagnancy of China's energy－related CO_2 emissions from 1996 to 1999: the relative importance of structural change, intensity change and scale change. Energy Policy, 33 (3), 319－335.

[15] Zhang, Z., 2003. Why did the energy intensity fall in China's industrial sector in the 1990s? The relative importance of structural change and intensity change. Energy Economics, 25, 625－638.

中国火力发电企业区域调度的能源效率松弛测度分析*

夏晓华[1] 史 丹[2] 李鹏飞[3]
(1. 中国人民大学中国经济改革与发展研究院 2. 中国社会科学院财政与贸易经济研究所
3. 李鹏飞，中国社会科学院工业经济研究所)

【摘要】 发电企业的节能调度试点，是中国减排措施的一项创新尝试。本文利用松弛效率测度分析工具，对中国 1902 家火力发电企业进行了经济环境效率评价。我们考虑两种潜在区域电力调度方案：其一是独立发电企业在省网内优化调度；其二是独立发电企业在跨省区域间优化调度。通过对不同区域调度方案节能潜力、节能成本及其分布的核算，本文提出了完善我国节能发电调度的相关建议。

【关键词】 节能调度；松弛测度；节能潜力；节能成本

一、引 言

区别于传统电力调度和市场机制调度模式，以引导社会实现低碳化为目标的节能调度是在现有制度环境下，落实国家能源政策，优化现有电力调度网络的创新尝试。2007 年，我国颁发的《节能发电调度办法（试行)》，特别强调对同类型火力发电机组按照能耗水平由低到高排序，节能优先；当能耗水平相同时，按照污染物排放水平由低到高排序。从江苏、河南、广东、四川、贵州五省启动的试点来看，节能发电调度确实在促进电力企业节能降耗方面发挥了积极作用（Gao 和 Li，2001）。根据南方电网公司提供的数据，2008 年南方电网范围内火电按煤耗排序发电节约了 121.2 万吨标准煤，减少碳排放 86.6 万吨；2009 年节约了 229.3 万吨标准煤，减少碳排放 163.8 万吨（史丹等，2011）。对中国火力发电企业节能调度潜力和调度模式选择进行研究，对推进和完善节能调度实践具有重要意义。

基于松弛效率测度的绩效评价考虑了投入与产出之间可能存在的松弛条件，进而克服了传统数据包络分析中要求投入和产出之间等比例变化的不足（Cook 和 Seiford，2009)。

---

* 本文选自《财贸经济》2011 年第 11 期。

作者简介：夏晓华，中国人民大学中国经济改革与发展研究院讲师；史丹，中国社会科学院财政与贸易经济研究所副所长、研究员；李鹏飞，中国社会科学院工业经济研究所副研究员。

松弛效率测度被广泛运用于对不同类型企业效率的实证评价中。Sueyoshi 和 Goto（2001）采用松弛调整数据包络分析模型，对日本发电企业 1984～1993 年的绩效做了实证研究；Liu 和 Tone（2008）采用三阶段数据包络分析方法来控制统计噪声和环境因素，对 1997～2001 年日本银行的绩效做了实证分析；Saranga（2009）基于松弛测度采用两阶段效率评价方法对印度汽车配件行业进行效率评价，分析了存货、技术转让、资本管理等对印度汽车配件行业绩效的影响；Cheng 等（2010）考察了台湾 34 家国际旅游宾馆的绩效，对影响该行业绩效的相关因素和企业竞争优势做了分析；Sueyoshi 和 Goto（2011）将企业运营效率和环境效率同时纳入数据包络分析模型中，对日本化石燃料发电企业的绩效做了分析，发现 2004～2008 年，《京都议定书》的实施并未影响样本企业的效率。

尽管国内学者对环境绩效和经济绩效做了大量实证研究，如刘立涛、沈镭（2010）对我国区域能源效率的时空演进做了实证分析，綦建红、陈小亮（2011）对进出口变化与能源使用效率之间的关系做了实证分析，但对不同区域间节能发电调度可能带来的影响尚未见文献报道。本文拟基于松弛测度数据包络分析方法，对我国 1902 家火力发电企业的效率做出评价，并考虑不同区域调度模式下的节能潜力和节能成本，以便为我国节能调度的实施和完善提供决策依据。

二、松弛效率测度的绩效评价

我们运用 Zhou 等（2006）提出的松弛测度效率评价方法，分别计算环境效率分步测度和经济相对测度。考虑生产过程中，投入 $x \in R_+^N$，以生产出一系列意愿产出 $y \in R_+^M$，同时伴随非意愿产出 $b \in R_+^H$。假设 k（=1，2，…，K）个企业利用 n（=1，2，…，N）种投入，获得 m（=1，2，…，M）种意愿产出，同时伴随 j（=1，2，…，J）种非意愿产出。

（一）环境经济分步测度

一个典型的考虑非意愿产出的 DEA 模型，对应的环境效率绩效评价估计方法为：

$$PEI = \lambda^* = \min\lambda$$

$$\begin{aligned} \text{s.t.}\quad & \sum_{k=1}^{K} z_k x_{nk} \leqslant x_{n0},\ n = 1, 2, \cdots, N \\ & \sum_{k=1}^{K} z_k y_{mk} \geqslant y_{m0},\ m = 1, 2, \cdots, M \\ & \sum_{k=1}^{K} z_k u_{jk} = \lambda u_{j0},\ j = 1, 2, \cdots, J \\ & z_k \geqslant 0,\ k = 1, 2, \cdots, K \end{aligned}$$

但是，该模型并未考虑投入和非意愿产出的松弛条件。为了弥补这一缺陷，可以将上

式获得的最优值 λ^* 引入到下述数学规划问题中：

$$\rho^* = \min \left\{ t - \frac{1}{N}\sum_{n=1}^{N} S_n^- / x_{n0} \right\}$$

$$\text{s.t.} \quad \sum_{k=1}^{K} z_k x_{nk} + S_n^- = x_{n0}, \quad n = 1, 2, \cdots, N$$

$$\sum_{k=1}^{K} z_k y_{mk} - S_m^+ = y_{m0}, \quad m = 1, 2, \cdots, M$$

$$\sum_{k=1}^{K} z_k u_{jk} = t\lambda^* u_{j0}, \quad j = 1, 2, \cdots, J$$

$$t + \frac{1}{M}\sum_{m=1}^{M} S_m^+ / y_{m0} = 1$$

$$z_k \geqslant 0, \ k = 1, 2, \cdots, K; \ S_n^-, \ S_m^+ \geqslant 0$$

如果同时考虑环境效率和经济效率，那么我们可以获得基于松弛测度的环境绩效指数：$SBEI_1 = \lambda^* \times \rho^*$。

（二）经济相对测度

第一步估计 DMU_0 在无非意愿产出约束下的经济效率，计算如下线性规划问题：

$$\theta_1^* = \min \left\{ t - \frac{1}{N}\sum_{n=1}^{N} S_n^- / x_{n0} \right\}$$

$$\text{s.t.} \quad \sum_{k=1}^{K} z_k x_{nk} + S_n^- = x_{n0}, \quad n = 1, 2, \cdots, N$$

$$\sum_{k=1}^{K} z_k y_{mk} - S_m^+ = y_{m0}, \quad m = 1, 2, \cdots, M$$

$$t + \frac{1}{M}\sum_{m=1}^{M} S_m^+ / y_{m0} = 1$$

$$z_k \geqslant 0, \ k = 1, 2, \cdots, K; \ S_n^-, \ S_m^+ \geqslant 0$$

当非意愿产出存在时，CRS 环境下的经济效率可以表示为：

$$\theta_2^* = \min \left\{ t - \frac{1}{N}\sum_{n=1}^{N} S_n^- / x_{n0} \right\}$$

$$\text{s.t.} \quad \sum_{k=1}^{K} z_k x_{nk} + S_n^- = x_{n0}, \quad n = 1, 2, \cdots, N$$

$$\sum_{k=1}^{K} z_k y_{mk} - S_m^+ = y_{m0}, \quad m = 1, 2, \cdots, M$$

$$\sum_{k=1}^{K} z_k u_{jk} = t u_{j0}, \quad j = 1, 2, \cdots, J$$

$$t + \frac{1}{M}\sum_{m=1}^{M} S_m^+ / y_{m0} = 1$$

$$z_k \geqslant 0, \ k = 1, 2, \cdots, K; \ S_n^-, \ S_m^+ \geqslant 0$$

我们定义另一基于环境绩效的效率测度：

$$SBEI_2 = \theta_1^* / \theta_2^*$$

由于 θ_1^* 和 θ_2^* 分别度量了非意愿产出存在与否时的经济效率，可以用来评价环境管制对经济效率的影响。注意到 $SBEI_2$ 不可能为大于 1 的正数，因为如果 $SBEI_2 = 1$，那么 θ_1^* 和 θ_2^* 相等。这意味着将传统的 DEA 方法转换到环境 DEA 方法时，不会影响到决策单位的经济效率。如果 $SBEI_2$ 小于 1，则意味着效率决策单位在环境管制下的投入增加或意愿产出减少，即环境管制下存在着管制成本，其量化度量为 $1 - SBEI_2$。该度量与产出水平的乘积是环境管制的机会成本（Gaim 和 Taskin，2000）

三、数据来源、处理及分析

本文选取的数据来源为中国电力企业联合会编撰的《2008 年电力工业统计资料汇编》。由于部分发电企业的数据缺失，我们可以获得全国 1902 家发电企业的样本。样本的省际分布为北京 13 家、天津 33 家、河北 118 家、山西 113 家、山东 264 家、内蒙古 85 家、辽宁 93 家、吉林 44 家、黑龙江 98 家、上海 27 家、江苏 289 家、浙江 180 家、福建 20 家、安徽 49 家、广西 13 家、广东 126 家、贵州 17 家、云南 24 家、河南 108 家、湖北 19 家、湖南 43 家、四川 25 家、江西 25 家、陕西 36 家、甘肃 18 家、青海 6 家、宁夏 10 家。我们将装机容量视为资本的替代物，同时将发电量视为意愿产出，将煤炭消费视为非意愿产出。将煤炭这类能源消费视为非意愿产出的思想是受到 Lozano 和 Gutiérrez（2008）的启发。另外，由于数据包含厂用电率数据，可以计算获得发电过程中所消耗的厂用电率数据，因此我们将厂用电也视为生产过程中的投入。

考虑到中国电网的结构，我们分别分析两种情形下的发电公司效率和节能成本。其一，发电公司通过省级电网进行节能优化；其二，发电公司在跨省的区域电网之间进行节能优化。前者主要是考虑到我国电网以省份为基础的特点；后者是基于跨省电网调度的可行性。事实上，2010 年，南方电网开始了跨省电网调度的试点和全面实施，国家能源局也于 2010 年底发布了指导南方电网节能发电调度的工作实施方案。

（一）基于省网调度的效率分析

我们按照独立发电公司的地域分布特点，分别计算不同独立发电企业的经济环境效率，并比较独立发电企业的经济环境绩效。注意到，$SBEI_1$ 和 $SBEI_2$ 从不同角度对发电企业的经济环境绩效做了评价。表 1 列示了基于省网调度的效率均值结果。

表 1　基于省网调度的效率测算均值

	λ^*	ρ^*	$SBEI_1$	θ_1^*	θ_2^*	$SBEI_2$
北京	0. 5050	0. 8423	0. 4752	0. 6661	0. 8441	0. 8044

续表

	λ^*	ρ^*	$SBEI_1$	θ_1^*	θ_2^*	$SBEI_2$
天津	0.3127	0.7827	0.2913	0.7648	0.7751	0.9870
河北	0.1541	0.7694	0.1464	0.6741	0.7145	0.9444
山西	0.1654	0.6761	0.1408	0.5045	0.5858	0.8766
山东	0.0978	0.6842	0.0889	0.4692	0.5339	0.8842
内蒙古	0.1641	0.6951	0.1464	0.6200	0.6556	0.9433
辽宁	0.1591	0.70486	0.1427	0.5638	0.6456	0.8912
吉林	0.3316	0.7700	0.3031	0.4536	0.6238	0.7638
黑龙江	0.2571	0.7941	0.2497	0.6457	0.7271	0.9006
上海	0.4502	0.7924	0.4046	0.7057	0.8020	0.8812
江苏	0.1034	0.7336	0.0940	0.5142	0.5516	0.9404
浙江	0.1543	0.7740	0.1472	0.4621	0.5326	0.8930
福建	0.3550	0.7927	0.3316	0.6323	0.7186	0.8922
安徽	0.3456	0.7374	0.3092	0.6732	0.7163	0.9427
广西	0.5521	0.5521	0.5091	0.7623	0.8527	0.8933
广东	0.2413	0.7656	0.2129	0.5892	0.6498	0.9215
贵州	0.7034	0.9324	0.6741	0.8580	0.8980	0.9592
云南	0.4067	0.8239	0.3732	0.7504	0.8308	0.9079
河南	0.2908	0.7319	0.2728	0.5231	0.6203	0.8700
湖北	0.6191	0.8916	0.5812	0.8417	0.9152	0.9253
湖南	0.3720	0.7884	0.3581	0.5635	0.7353	0.7869
四川	0.4434	0.6958	0.3757	0.6660	0.7367	0.9106
江西	0.3484	0.7104	0.3298	0.6350	0.7451	0.8560
陕西	0.3795	0.6855	0.3439	0.6602	0.7599	0.8719
甘肃	0.4694	0.8234	0.4197	0.8215	0.8263	0.9927
青海	0.6936	0.8640	0.6827	0.8478	0.9233	0.9220
宁夏	0.7024	0.9862	0.6982	0.8528	0.9143	0.9366

$SBEI_1$ 同时包含了环境效率和经济效率，那么它可以视为评价个体经济和环境效率的一个度量。$SBEI_1$ 是一个标准化的指数，其值的大小可以大致反映区域内部发电企业的差异程度。从计算结果来看，发电企业省内差异最小的省份为宁夏、青海和贵州三省。山东和江苏省内发电企业的环境和运营绩效差异较大。

$SBEI_2$ 反映了管制成本的差异程度，其均值大小可以大致反映区域内发电企业管制成本的集中程度。如果区域内该效率指数的均值较大，说明区域内发电企业整体上集中在较小的管制成本，即发电企业的管制成本分布较为均衡。从表 1 的计算结果来看，如果按照省网来进行调度，发电企业的管制成本在甘肃和天津的分布最为均衡，吉林省的管制成本分布差异离散程度最大。

根据前述计算结果，可以计算出在省网之间进行节能调度可能获得的最大节约用煤百分比。表2列出了省网调度的最大节能潜力与节能成本估计。由于这一百分比是建立在发电厂生产过程的理论计算上，没有考虑地域之间的差异、电网的详细分布、需求侧差异等因素的影响，因此最大可能节约用煤百分比的相对比较更有意义。根据计算结果，通过省网节能调度，节能潜力最大的省份为内蒙古，按照潜力从大到小排列分别为：内蒙古、山东、江苏、广东、山西、四川、河北、河南、天津、安徽、甘肃、吉林、上海、黑龙江、云南、福建、浙江、北京、江西、湖北、贵州、广西、湖南、陕西、宁夏、青海。根据节能成本从大到小排序依次为：吉林、浙江、湖南、河南、广东、黑龙江、山东、山西、福建、上海、宁夏、北京、江西、贵州、辽宁、湖北、内蒙古、江苏、四川、云南、安徽、河北、广西、陕西、天津、青海、甘肃。如果在省网内部进行节能优化调度，全国火力发电厂的节能成本是每减少1吨用煤的产出损失约为295千瓦时电力。

表2 省网调度的最大节能潜力与节能成本估计

地区	最大可能节约用煤量百分比	节能成本（千瓦时/吨煤）
北京	14.6778	215.7413
天津	21.4990	36.6728
河北	24.3103	62.8819
山西	25.6153	350.2522
山东	30.2142	363.4442
内蒙古	32.9111	111.3382
辽宁	26.1736	155.6429
吉林	19.1460	971.4565
黑龙江	17.5996	400.0077
上海	18.4478	314.8059
江苏	28.3245	94.5336
浙江	15.4872	877.9985
福建	16.2371	341.9839
安徽	20.7906	73.1304
广西	12.6328	57.3607
广东	27.3863	415.0995
贵州	12.8235	155.8946
云南	16.7216	86.5714
河南	24.1053	531.2529

续表

地区	最大可能节约用煤量百分比	节能成本（千瓦时/吨煤）
湖北	13.4420	114.3690
湖南	12.3118	589.9276
四川	24.6959	94.1770
江西	14.4680	183.0794
陕西	12.6732	54.9875
甘肃	20.0845	9.1193
青海	4.8584	15.3073
宁夏	11.3283	247.4257
全国	22.9909	295.2813

（二）基于区域电网调度的效率分析

在考虑中国现有电网结构的条件下，另一种可能的节能调度或发电机组优化方式是在区域间实现跨省调度。表3列出了我国区域电网的布局情况。我国目前有两家主要的电网公司：国家电网公司和南方电网公司。通常情况下，不同区域电网之间的电力调度比较少见。表4列示了区域电网调度的效率测算均值。从计算结果来看，在区域电网内部，发电企效率差异最大的是西北电网；管制成本在发电企业分布最均衡的电网企业是华东电网。

表3　中国区域电网布局

公司	区域电网	包含省份
国家电网公司	华北电网	北京、天津、河北、山西、山东
	华东电网	上海、浙江、江苏、安徽、福建
	华中电网	湖北、湖南、河南、江西、四川、重庆
	东北电网	辽宁、吉林、黑龙江、内蒙古东部
	西北电网	陕西、甘肃、宁夏、青海、新疆、西藏
南方电网公司	南方电网	广东、广西、云南、贵州、海南

表4　基于区域电网调度的效率测算均值

	λ^*	ρ^*	$SBEI_1$	θ_1^*	θ_2^*	$SBEI_2$
华北电网	0.0926	0.6943	0.0818	0.4694	0.5241	0.9033
东北电网	0.0872	0.7270	0.0787	0.3795	0.4702	0.8441
华东电网	0.1018	0.7784	0.0952	0.4627	0.5055	0.9293

续表

	λ^*	ρ^*	$SBEI_1$	θ_1^*	θ_2^*	$SBEI_2$
南方电网	0.2281	0.7444	0.1960	0.5616	0.6153	0.9229
华中电网	0.2207	0.7149	0.2004	0.4791	0.5729	0.8578
西北电网	0.3560	0.8245	0.3311	0.6991	0.7517	0.9281

表 5 列出了跨省区域网调度的最大节能潜力与节能成本估计结果，通过局域电网的节能调度，节能潜力按照从大到小排列依次为：东北电网、华北电网、南方电网、华中电网、华东电网和西北电网。节能成本按照从大到小排列依次是：东北电网、华中电网、华东电网、南方电网、华北电网和西北电网。如果在跨省区域间进行节能优化调度，全国火力发电厂的节能成本是每减少 1 吨用煤的产出损失约为 485.5675 千瓦时。

表 5　跨省区域网调度的最大节能潜力与节能成本估计

	最大节约用煤量潜力百分比	节能成本（千瓦时/吨煤）
华北电网	33.4614	333.1716
东北电网	36.8785	884.8500
华东电网	27.9445	491.9298
南方电网	31.2006	385.6267
华中电网	29.9167	505.5627
西北电网	18.4634	85.9291
全国	30.9424	485.5675

我们不妨比较二者在节能潜力和节能成本上的差异。首先，在节能潜力上，跨省区域间的节能调度将更大幅度地增加节能可能性；其次，在节能成本上，跨省区域间的节能调度也提高了节能成本。跨省区域间调度的节能潜力提升是由于发电资源的优化配置在更大的范围内进行，但这种优化将提升节能成本。即政策的制定者不得不在节能收益与节能成本间合理决策，实现资源最优配置和节能调度计划的合理安排。

四、结论与建议

本文基于松弛效率测度对中国 1902 家火力发电企业做了经济环境效率评价。我们考虑了两种优化配置方案：其一，独立发电公司在省网内部进行优化调度；其二，独立发电公司在跨省区域间进行优化调度。我们分别计算了不同情形之下，每一家发电公司对应的经济环境效率，给出了这些效率的详细计算结果，获得了不同情形下的最大可能节能潜力

和节能成本，同时对不同情形下的节能潜力和节能成本做了实证分析，其结论可为中国节能发电调度的未来发展提供决策依据。

我们认为，在实现火力发电公司的节能调度和优化配置时，应该注意如下几点：

第一，权衡节能收益与节能成本，优化配置方案。通过比较跨省区域间的节能调度和省网节能调度在节能潜力和节能成本上的差异，可以发现，首先，在节能潜力上，跨省区域间节能调度将更大幅度地增加节能可能性；其次，在节能成本上，跨省区域间的节能调度提高了节能成本。跨省区域间调度的节能潜力提升是由于发电资源的优化配置在更大的范围内进行，但这种优化将提升节能成本。即政策的制定者不得不在节能收益与节能成本之间进行合理决策，实现资源最优配置和节能调度计划的合理安排。

第二，必须有效区分节能潜力和节能成本，理顺利益方关系。无论是跨省区域间的节能调度，还是省网节能调度，不同调度主体的节能潜力与节能成本之间存在差异。节能潜力大的调度主体并不必然节能成本低；反之亦然。在制定我国火力发电企业的节能政策时，必须充分考虑这种差异性，理顺不同利益方的相关关系。

第三，有序推动节能调度，制定合理的计划安排。由于不同调度主体之间的利益存在巨大差异，同时考虑到节能调度制度本身的不完善性，在制定节能调度的推进计划时，需要充分考虑利益关联方的技术、环境和经济因素，制定详细的计划安排，以有序推动节能调度。

参考文献

[1] 史丹等. 电网在构建低碳能源系统的作用评价方法及模型研究 [R]. 中国社会科学院工业经济所研究报告，2010.

[2] 刘立涛，沈镭. 中国区域能源效率时空演进格局及其影响因素分析 [J]. 自然资源学报，2010 (12).

[3] 綦建红，陈小亮. 进出口与能源利用效率：基于中国工业部门面板数据的实证研究 [J]. 南方经济，2011 (1).

[4] Cheng, H., Lu, Y., Chung, J. Improved slack - based context - dependent DEA - A study of international tourist hotels in Taiwan. Expert Systems with Applications, 2010 (37): 6452 - 6458.

[5] Cook, W. D., Seiford, L. M. Data envelopment analysis (DEA) - Thirty years on. European Journal of Operational Research, 2009 (192): 1 - 17.

[6] Gao, C., Li, Y. Evolution of China's power dispatch principle and the new energy saving power dispatch policy. Energy Policy, 2010 (38): 7346 - 7357.

[7] Liu, J., Tone, K. A multistage method to measure efficiency and its application to Japanese banking industry. Social - Economic Planning Sciences, 2008 (42): 75 - 91.

[8] Lozano, S., Gutiérrez, E. Non - parametric frontier approach to modeling the relationships among population, GDP, energy consumption and CO_2 emissions. Ecological Econom-

ics, 2008 (66): 687 -699.

[9] Sueyoshi, T. , Goto. M. Slack - adjusted DEA for time series analysis: Performance measurement of Japanese electric power generation industry in 1984 - 1993. European Journal of Operational Research, 2001 (133): 232 -259.

[10] Sueyoshi, T. , Goto. M. DEA approach for unified efficiency measurement: Assessment of Japanese fossil fuel power generation. Energy Economics, 2011 (33): 292 -303.

[11] Zaim, O. , Taskin, F. Environmental efficiency in carbon dioxide emissions in the OECD: a Non - parametric approach. Journal of Environmental Management, 2000 (58): 95 -107.

[12] Zhou, P. , Ang, B. W. , Poh, K. L. Slack -based efficiency measures for modeling environmental performance. Ecological Economics, 2006 (60): 111 -118.

中国工业部门资本能源替代问题研究*
——基于元分析的视角

黄光晓[1]　林伯强[2]

（1. 厦门大学工商管理博士后流动站　2. 厦门大学中国能源经济研究中心，福建厦门 361005）

【摘要】本文采用元分析方法对有关中国工业部门资本能源替代问题的研究文献进行量化分析。我们采用元回归模型对采用超越对数生产函数模型来估算 Morishima 替代弹性和交叉价格弹性的研究样本进行分析，发现不同研究者对诸如规模报酬、技术中性等模型假设前提的设定差异是造成研究结果异质性的主要原因。在对这些影响模型估算结果的因素进行控制后，我们重新估算了中国工业部门的资本能源替代弹性，结果表明两者的替代关系是确定的，长期而言，通过加大资本要素的投入可以减少工业部门的能源消耗。

【关键词】元分析；资本一能源替代；超越对数成本函数；替代弹性

一、导　言

能源替代是能源经济学研究中一个非常重要的问题，也是一个一直困扰经济学界的问题。能源替代分为内部替代和外部替代，前者主要是能源结构优化问题，而后者主要包括能源、资本、劳动力在内的社会资源有效配置问题。能源内部替代的主要途径包括提高石油、天然气在一次能源消费中的比例，开发新能源和可再生能源，以及提高能源开发利用各环节的效率等；能源外部替代则是在能源相对价格变化的基础上，通过调整其他要素投入比例来实现能源投入的边际生产最优化并进而达到节约能源的目的。相对而言，能源内部替代取决于技术的长期演化发展，而能源的外部替代可以在较短时期内通过要素的重新配置组合来实现。另外，外部替代还能够减少经济对能源价格波动的敏感性，这点在当前情形下尤其重要。因此，能源外部替代尤其是能源与资本替代问题是当前研究的焦点。

对于资本与能源的替代关系，国外较早开展了相关研究，但是对于两者之间究竟是替代的关系还是互补的关系还存在较大分歧。争论的双方以大量的实证检验，借助超越对数

---

* 本文选自《金融研究》2011 年第 6 期。

作者简介：黄光晓，厦门大学工商管理博士后流动站；林伯强，厦门大学中国能源经济研究中心。

生产函数等模型给出了各类资本能源的替代弹性系数，试图证明自己的观点。对于众多不同的研究结果，如何从中得出较为一致的结论，Koetse 等（2008）的研究工作给了我们一个启示。借助元分析（Mete - analysis）这一新的统计方法，他们对筛选出的 34 份关于资本能源替代问题的文献进行了总结，通过元回归模型（Meta regression model）对这些研究结果中产生分歧的因素进行分析，并重新计算获得了短期和长期资本能源替代弹性。

元分析也被译为荟萃分析或综合分析，是一种文献的量化综述手段。它通过系统收集同一命题的多项独立研究，对包括研究方法、数据结构等在内的文献特征进行概括，通过适当的统计学方法分析可能导致出现研究结论差异的各种影响因素，并提供一个量化的分析结果来解释这些研究间存在的结论不一致性问题。元分析的概念最早出现在医学研究领域，在 1955 年由 Beeche 在研究安慰剂的治疗干预效果问题上首次提出其雏形，1976 年教育心理学家 Glass 进一步按照其思想发展为“合并统计量”，并称为“Mete - analysis”。目前，元分析在教育学、心理学、医学、生态学中已经被广泛应用，Stanley 等（1989）最早在经济学领域使用元分析方法，他们还设计出了元回归模型对经济学问题进行分析，随后元分析方法逐渐在经济学研究领域中开始得到推广和应用。

虽然目前国内对于中国工业部门的资本能源替代问题研究仍处于起步阶段，但也累积了一定数量的文献，可以从中筛选出一些研究方法较为类似但结论却存在分歧的研究文献。本文希望通过对中国工业部门资本能源替代弹性变化的元分析研究，从中获得这些研究中存在的结论不一致问题的解释及未来研究的改进方向。

二、资本能源的关系与替代弹性

在大多数能源经济问题的实证研究中，采用技术进步中性假设的常替代弹性生产函数（CES）最为常见。但是考虑到实际经济系统中各种投入要素对产出的影响并不仅仅与该投入要素的变化相关，而且各种投入要素的技术进步也不相同。显然 CES 不能全面反映投入要素间的相互作用和关系。因此，早期针对能源替代问题的研究大多采用超越对数生产函数（TPF）来进行。TPF 是一种变弹性生产函数，可以视为任何形式生产函数的二阶泰勒级数近似。但是，TPF 和 CES 一样，在估计能源与其他要素之间替代关系时，存在一些问题，包括：①TPF 假设所有投入要素都是内生的，这样在使用线性回归方法进行分析时会与其假设冲突，进而导致能源与其他要素之间的替代弹性估计发生偏差；②在估计能源与其他要素之间替代弹性时，采用的是交叉价格弹性（CPE），只能简单地估算出单一要素需求对价格变化的反应程度，不能测算出单位投入要素比例的变化对能源价格变化的反应程度，即所谓的净替代弹性。

相对于生产函数，成本函数更侧重于从经济的角度而不是技术的角度来分析投入要素与产出的关系，能够发现产出结构的变化，有助于发现当能源价格发生变化时，单位产品

之间的能源与其他要素之间的真实替代效应。因此，目前国际上对能源资本替代问题的研究大多采用超越对数成本函数（TCP）。虽然TCP不具有自对偶性，不能够通过最优化手段从超越对数函数中得到，但是仍可视为任何形式生产函数对数形式二阶泰勒级数的近似。

我们构建一个基于TCP的数理分析模型，来分析替代弹性和要素替代效应及各种替代弹性之间的关系。考虑一个四要素的生产函数：Q = Q（K，L，E，M）；其中，K代表资本，L代表劳动力，E代表能源，M代表原材料。如果要素价格和产出水平外生给定，那么也可以用成本函数来表示，即：

$C = C(P_K, P_L, P_E, P_M, Q) = Q \cdot c(P_K, P_L, P_E, P_M)$；其中，C为总成本，$P_K$、$P_L$、$P_E$、$P_M$分别为各投入要素的价格，$c(P_K, P_L, P_E, P_M)$为要素的单位成本。

采用TCP形式，即：

$$\ln C_t = \alpha_0 + \ln Q_t + \sum \alpha_i \ln P_{it} + \frac{1}{2}\sum\sum \beta_{ij} \ln P_{it} \ln P_{jt} + \varepsilon_t \tag{1}$$

其中，α_i是分布参数，度量与投入要素价格无关的成本份额；β_{ij}是替代参数，度量成本份额如何随要素价格而变化。根据Shephard定理，对要素价格求微分可得相应的要素需求，即：$X_i = \partial C/\partial P_i$；对式（1）两边要素价格的对数求偏导，即：

$$S_{it} = \alpha_i + \sum \beta_{ij} \ln P_{jt} \tag{2}$$

式（2）为成本份额方程，其中$S_{it} = \partial \ln C_t / \partial \ln P_{it} = \frac{P_{it}\partial C_t}{C_t \partial P_{it}} = \frac{P_{it}X_{it}}{C_t}$，表示第i种要素投入的成本在总成本中所占的比例。如果考虑规模报酬变化以及技术进步的作用（技术非中性），可以在式（2）中增加产出项和时间趋势项，即：

$$S_{it} = \alpha_i + \sum \beta_{ij} \ln P_{jt} + \gamma_{iy} \ln Y + \theta_{it} T \tag{3}$$

式（2）和式（3）还需满足以下的约束条件，即：加总约束，$\sum_i \alpha_i = 1$；同质性约束，$\sum_i \gamma_i = 0$，$\sum_i \theta_i = 0$，$\sum_i \beta_{ij} = \sum_j \beta_{ji} = 0$，对称性约束，$\beta_{ij} = \beta_{ji}$。

替代弹性的概念最早是由Hicks在1932年提出来的，他认为生产要素相对价格的变动会刺激创新，使技术向着更经济的利用生产要素的方向发展，并提出了Hicks替代弹性概念，即两种要素比例的变化率与边际技术替代率的变化率之比，它反映了投入要素边际技术替代率的变动所引起的其在投入要素总量中相对比例的变动。Hicks替代弹性的缺陷在于其估计过程需要在设定其他投入要素不变的情况下，通过两个要素投入方程进行。显然，这种估计方式是有偏的，因为它无法在某一要素价格发生变化时使得所有要素组合达到一种最优的状态。1934年，Allen和Hick对Hicks替代弹性进行改进，并由Uzawa在1962年进行了证明，提出了所谓的Allen－Uzawa偏替代弹性，也称为Allen替代弹性（AES），它也可以在前述的TCP模型框架下通过式（4）进行估算，即：

$$AES_{ij} = (\hat{\beta}_{ij} + S_i S_j) / S_i S_j \tag{4}$$

AES被国外学者广泛用于要素替代的实证研究中。但是，AES同样也是有偏估计，而且存在许多缺陷无法克服。比如，AES无法提供两种要素投入量的相对比例及等量曲线，也无法通过边际替代率来解释，因此AES并不能充分解释两种要素之间的替代关系。1938

年，Allen 又提出了交叉价格弹性（CPE），它反映的是一种要素价格发生变化时另一种要素投入量的变化，即：

$$CPE_{ij}=S_j\cdot AES_{ij}=(L\hat{\beta}_{ij}+S_iS_j)/S_i \quad (5)$$

但是，CPE 也只能简单地描述要素之间的绝对替代率，从资本能源替代的角度来说，也就是能源价格上涨后资本需求量变化。但是 CPE 无法对两种要素之间的相对替代率（净替代率），即要素投入比例变化对相对价格变化的反应程度提供合理的解释，因为即使能源价格上升导致资本投入量的需求减少，也不等于说是单位产品的资本投入量相对能源投入量下降，反而单位产品的资本投入量可能出现上升。

Morishima（1967）提出的 Morishima 替代弹性（MES）则是一种相对替代率，可以通过 Hicks 替代弹性和两种以上要素投入替代率的整合获得，即：

$$MES_{ij}=CPE_{ij}-PE_i \quad (6)$$

其中，PE_i 是要素自价格弹性。通过 MES 和 CPE 的比较，不仅可以估计两种要素投入比例对相对价格变化的反应程度，而且还可以区别要素替代在宏观和微观层面的差异。

表1 几种要素之间替代弹性的比较

替代弹性	定义	产出	其他要素 $x_k\neq x_i$，x_j	其他要素价格 $p_k\neq p_i$，p_j	替代条件
CPE	$CPE_{ij}=-\frac{\partial \ln x_i}{\partial \ln p_j}$	给定	可变	给定	$CPE_{ij}>0$
AES	$AES_{ij}=\frac{1}{s_j}\frac{\partial \ln x_i}{\partial \ln p_j}$	给定	可变	给定	$AES_{ij}>0$
MES	$MES_{ij}=\frac{\partial \ln(x_i/x_j)}{\partial \ln p_j}$	给定	可变	给定	$MES_{ij}>0$

从式（6）可以导出：$$MES_{KE}=\frac{\partial \ln(K)}{\partial \ln(p_E)}-\frac{\partial \ln(E)}{\partial \ln(p_E)}=\frac{\partial \ln(K/E)}{\partial \ln(p_E)} \quad (7)$$

式（7）表示当能源价格上涨时，资本与能源之间的要素投入比例发生变化，通过投资节能减排技术，就能够达到减少能耗的目的。MES_{KE} 表示资本能源替代弹性，表示技术创新的节能潜能。由式（6）可知，由于要素的自价格弹性小于零，即 $PE_E<0$，所以，当 $MES_{KE}>0$ 时，如果 $CPE_{KE}>0$，则资本能源之间呈替代关系；当 $MES_{KE}<0$ 时，如果 $CPE_{EE}<0$，则两者呈互补关系，但是如果 $CPE_{KE}>0$，也就是出现资本能源之间的替代关系不确定情形，也就是说虽然随着能源价格的上升，导致宏观层面上的资本投入量减少，但是微观层面上（单位产品），资本能源投入量比却是上升的。其背后的经济学含义是，在宏观层面，替代表现为经济性替代，即能源价格上升会使得社会需求偏向非能源密集型产品，从而导致能源密集型产品需求下降，而由于能源密集型产品往往也是资本密集型产品，因而能源价格上升通过社会需求结构的变化诱使资本投入量也随之下降；在微观层

面，替代表现为技术性替代，即生产企业会加大资本投入量以减少能源投入量，进而降低生产成本。

三、中国工业部门的能源资本替代问题研究

中国目前所处的社会经济发展阶段决定了工业部门是能源消耗的重点部门。为促进社会经济的可持续发展，中国政府推出了一系列的政策措施，大力推动节能减排。但是，工业部门节能降耗所取得的成效并不理想。相对而言，能源内部替代主要依靠技术突破和高成本投资，而能源外部替代则侧重于要素结构调整和理顺价格形成机制，进而提高要素的利用效率并降低总的生产成本。考虑到目前中国的资本供给相对充裕，且长期以来储蓄大于投资和长期贸易顺差带来的流动性过剩；同时，中国的能源进口受到国际政治经济环境的制约，因此，通过资本对能源的替代，不仅可以解决过剩资本投资的问题，降低能源对外依存度，而且还能优化产业结构。

国内学术界对中国工业部门的资本能源替代问题直到近几年才开始重视，目前也积累了一些研究成果，但是不同的研究者得出的结论也不同（见表2）。这些研究主要通过生产函数或成本函数的模型框架来分析不同的资本能源替代弹性。当然，不同的研究者所采用的具体模型和数据也会存在差异。

表2　现有关于中国工业部门资本能源替代研究文献的基本情况

研究者	估计量（KE）			模型	投入要素	样本期间	规模报酬不变	技术中性	替代效应
	CPE	AES	MES						
郑照宁等	√			TPF	K、L、E	1978～2000	是	是	确定
杨中东	√	√	◎	TCP	K、L、E	1978～2005	是	是	确定
鲁成军等	√		√	TCP	K、L、E	1978～2005	是	不是	不确定
郑超愚等	√		√	TCP	K、L、E	1978～2005	是	不是	不确定
陶小马等	√		√	TCP	K、L、E、M	1980～2007	不是	不是	不确定
刘养军		√		TPF	K、L、E	1978～2004	是	是	确定
国涓等	◎		√	TCP	K、L、E	1978～2007	是	是	确定
张惠真	√		√	TCP	K、L、E	1996～2007	是	是	确定
Fan 等	◎		√	TCP	K、L、E	1979～2003	不是	不是	分阶段
Ma 等	◎	√	◎	TCP	K、L、E	1994～2005	不是	不是	确定

注：√表示数据由原有研究提供，◎表示数据由本文作者在原文数据上根据公式计算获得。

在目前研究中国工业部门资本能源替代的文献中所采用的模型虽然主要是基于TPF或

TCP 模型框架，但是仍存在较大的差异。第一，模型所包含的要素不同，除了陶小马等（2009）的研究外，一般的研究没有将原材料要素纳入模型中。第二，模型的假设前提不同，较为深入的研究都考虑到了规模报酬和技术进步因素的影响。第三，模型数据一般采用时间序列数据，时间涵盖整个改革开放至今，但 Fan 等（2010）将序列分为两段，以 1993 年的中国深化市场化改革为分界，得出两个阶段资本能源替代效应的不同结果，而 Ma 等（2008）采用的是跨省份的面板数据。此外，杨中东（2007）的研究仅局限在制造业（产值占工业产值的 80% 以上），其他研究均采用工业整体数据。第四，模型一般没有对能源类型或资本类型进行区分，而是采用集合数据（aggregate data）来进行分析，但郑超愚等（2008）和 Ma 等（2008）的研究则采用了细分类型的能源数据进行分析。

四、中国工业部门资本能源替代的元分析

国外对于资本能源替代的实证研究也存在同样的结论不一致现象。针对这一问题，Koetse 等（2008）借助元分析方法，对美国和欧盟的资本能源替代的实证研究进行了分析，指出这些研究的结论不一致性主要来源于模型设定、数据结构等因素；在控制这些因素后，重新估算了美国和欧盟的短期和长期资本能源替代弹性。参照 Koetse 等（2008）的研究思路，我们借助元分析方法对中国工业部门资本能源替代问题的现有研究成果进行再分析，找出造成研究结论差异的影响因素，并重新估算了中国工业部门的资本能源替代弹性。

根据 Fleiss 等（1991）的定义，元分析方法主要用来比较和综合针对同一学科的某一问题所取得的研究成果，比较和综合的结论是否有意义，则取决于这种研究是否满足特定的条件。元分析的步骤一般是在确定选题之后，对相关的文献进行收集和筛选，然后计算效应量（effect sizes），并对其进行异质性（heterogeneity）检验；在确定了其存在异质性之后，应用元回归方法来解释这种异质性产生的来源，加以控制重新评估该命题的研究潜力。

1. 样本的选取及统计性描述

在进行元分析前，首先必须确定研究目标，尽可能地收集与之有关的所有文献，减少选择偏倚。其次在筛选收集到的文献时，要求纳入样本的研究要遵循以下标准：研究必须是采取定量分析方法，衡量结果的方法相同或类似，总体的特点一致。需要注意的是，由于能够发表的文章大都是统计结果显著的文章，而结果不显著的文章很可能不被发表。所以，所选择的文章要包括公开发表的和未发表的，至少要从每一类中随机抽取一部分，从而保证对结果的判断和解释的主观性减到最小。根据上述原则，我们首先从国内外关于研究中国工业部门资本能源替代的文献中筛选出了 10 个文献（见表 2）作为样本；其次考

虑到文献中是否提供后续元分析所需的诸如资本投入占总成本份额等较为详细的数据，我们剔除了郑照宁等（2004）和刘养军（2008 ）两个文献。此外，根据 Koetse 等（2008）的筛选要求，出现能源自价格弹性为正的文献也应被剔除，因为其违反了要素价格的凹函数性质。在我们的样本中只有陶小马等（2009）的文献出现了这种情况，对此我们采纳其解释，即中国政府对能源价格管制和市场不完善造成能源价格扭曲导致这一现象的发生，故我们未将该文献剔除出样本。这样，我们共获得 8 个样本文献，其中 CPE_{KE}和 MES_{KE}的样本量各为 106 个。

2. 确定综合统计量

筛选完样本之后，还需要确定综合统计量，即所谓的效应量。在生物、医学等领域一般将效应量定义为试验组均值和控制组均值差与控制组的标准差之比，即：$ES=(\mu_e-\mu_c)/\sigma$，其中，μ_e 和 μ_c 分别为实验组和控制组的均值，σ 为控制组的标准差。

Stanley（1989）认为在经济学领域研究中，效应量一般不采用上述定义，而是将其转化成一个统一的可比较的量值，通常可以采用文献中其他的统计量，如回归系数、弹性系数、均值、t 值、F 值等。由于文献中得出的结论可能有多个，如果单个研究中的估计结果不止两个，则在众多的估计结果中取均值，并确定与该统计量相关的标准差。那么，效应量 ES 和其标准差 SE 可以定义为：

$$ES=\bar{X}=\sum x_i/n;\ SE=s/\sqrt{n} \tag{8}$$

其中，n 是样本容量，而 s 是若干个估计结果 x 的标准差。

我们针对的研究结果是 CPE_{KE}和 MES_{KE}，因此单个研究的效应量就是这两个弹性系数计算结果的均值，假设 CPE_{KE}与 PE_E 的相关系数 $r=0$，其方差可以通过下式获得，即：

$$var(CPE_{KE})=(1/S_K)^2\times var(\hat{\beta}_{KE});\ var(MES_{KE})=var(CPE_{KE})+var(PE_E) \tag{9}$$

3. 样本的异质性检验

一般认为，各项独立研究之间的结果差异可能归于两个来源：一是随机抽样误差所致，即组内方差；二是对象源于不同的总体，即使干预的措施和其他情况都一样，其实际效应也不相同，即所谓的组间方差。因此，在进行元回归分析之前，必须对各项独立研究效应量的异质性进行检验。元分析中的异质性检验是为了判断各独立研究结果是否具有可合并性。通常采用 Q 统计量进行异质性检验，假设 ES 代表第 i 项研究的真实效应量 θ_i 的估计量（$i=1,\cdots,k$），$\omega_i=1/SE^2$ 表示其对应的方差的倒数。

基于假设：H_0：$\theta_1=\cdots=\theta_k=\theta$ 或 $\sigma^2(\Theta)=0$；H_1：$\theta_1\neq\cdots\neq\theta_k$ 或 $\sigma^2(\Theta)\neq0$

检验统计量：$$Q=\sum\omega_i(ES_i-\overline{ES})^2=\sum_{i=1}^{k}\omega_i ES_i^2=(\sum_{i=1}^{k}\omega_i ES_i)^2/\sum_{i=1}^{k}\omega_i \tag{10}$$

Q 统计量服从自由度为 k－1 的 χ^2 分布，当其大于临界值的时候，拒绝原假设，即存在异质性。Q 值会随研究数目的增多而增大，可以利用自由度来控制研究数目对 Q 值的影响。我们计算得到的 Q 值都远大于临界值，证明样本文献研究结果存在异质性。

4. 元回归分析模型

元回归分析通过收集以往研究的回归结果（如回归系数、变量的统计检验量等），并以收集的结果作为研究对象建立回归模型。元回归分析的主要目标是：①检验研究结论是否存在不一致性；②如果存在不一致性，原因是什么，影响程度如何；③更为可靠的结论是什么。

元回归的一般形式为：$Y_j = \alpha_0 + \beta\sqrt{df_j} + \sum\alpha_k Z_{jk} + \varepsilon_j$ （11）

其中 j = 1，…，N，k = 1，…，M，N 为独立研究的文献数目；M 为文献中的不同研究特征数目。Y_j 表示第 j 篇文献中所关心的变量的效应量；α_0 是截距项，df_j 是自由度，即第 j 篇文献中的样本量的大小，β 是自由度平方根的系数；Z_{jk} 称为调节变量或哑变量，表示样本文献中的研究特征，用来解释不同文献结果的系统性差异生成原因，其系数 α_k 用来解释特定文献中某一特征与其他文献的偏离程度，它也是我们真正关注的参数估计值，ε_j 是随机扰动。元回归模型主要是通过确定入选文献的重要研究特征或者是模型选择特征来对现有研究进行整合，并且通过调节变量来反映差异。哑变量的选择可以从以下几方面来考虑：①变量特征，即入选的文献都使用了哪些变量对经济现象进行解释，同时忽略了哪些变量；②模型特征，即入选的文献在研究同一个经济现象时采用了哪些模型，哪些方法；③数据特征，即入选的文献采用了什么数据类型和数据集，数据的来源等。

我们对表 2 中所列文献的研究特征进行归纳，提出元回归模型中所采用的哑变量（是 = 1，否 = 0）。在变量特征方面，设置两个哑变量：能源类型细分，局限于制造业；在模型特征方面，设置三个哑变量：投入要素包含原材料、规模报酬、技术非中性；在数据特征方面，设置 2 个哑变量：时序数据分段、面板数据。从回归（见表 3）结果中，可以获得在对中国工业部门资本能源替代弹性研究中，相关的研究特征对具体研究结果的影响情况。

表 3　元回归模型参数 α_k 的估计结果

影响因素	CPE	MES	影响因素	CPE	MES
能源分类	-0.058 ** (0.021)	0.071 * (0.073)	含原材料投入	-0.021 ** (0.112)	0.043 * (0.241)
仅限制造业	0.323 ** (0.216)	0.419 * (0.125)	规模报酬	0.192 ** (0.101)	0.228 ** (0.213)
时序分段	0.007 * (0.031)	0.019 ** (0.071)	技术非中性	0.057 * (0.056)	0.121 * (0.077)
面板数据	0.011 ** (0.091)	0.009 ** (0.145)			

注：**、* 分别代表 1% 和 5% 的统计显著性。

在变量特征方面，能源类型细分对研究结果的系统性差异影响不显著，这可能是由于中国的能源结构长期保持以煤炭为主的趋势造成的；变量仅限于制造业对系统性差异的影响显著，考虑到中国制造业重化倾向（带有资本、能源密集型特征，尤其是以钢铁、有色等高能耗产业），不论是 CPE 或是 MES，制造业的资本能源替代关系较为明显，这与史红亮等（2010）的研究结论是吻合的。在模型特征方面，是否含原材料要素投入对系统性差异的影响不显著，这与中国要素市场化有关，由于其他生产原材料基本上已经实现了市场化，因此资本、能源等要素显然受到管制与之脱节，这与 Berndt（1979）的结论一致；模型设定规模报酬不变对系统性差异影响显著，而且是造成资本能源替代弹性被低估的原因，这也证明了在节能减排过程中，关停小型、高能耗企业的政策是正确的，规模越大的企业或者形成规模化经营的产业，其对能源价格波动的调节和适应能力更强，可以通过成资本能源替代来减少能源消耗；模型设定技术中性对系统性差异的影响不显著，Koetse 等（2008）将其归结于能源技术效率提高可能带来的反弹效应，这会抵消掉能效提高带来的好处，甚至可能反而增加能源消耗。在数据特征方面，分段数据和面板数据对系统性偏差的影响不显著，这与 Koetse 等（2008）的结论不同，前者可能是由于其采用两次石油危机作为时序数据分割点，西方发达国家工业对石油依赖不断加重，因此不同阶段的资本能源替代弹性存在较大变化，相对而言，中国工业部门的能源需求主要以煤炭为主，虽然 1993 年就不断深化市场化进行改革，但能源、资本等要素市场仍长期处于管制状态，因此时序分段对研究的总体影响不大；后者则与我们的样本局限性有关，国内对于资本能源替代问题基本没有采用跨部门的面板数据，而从长期来看，面板数据能够更好地反映要素需求的结构性变化，这对研究要素替代问题非常重要，这也是未来相关研究需要改进和注意的方向。

我们通过控制那些影响研究结果系统性差异的因素，重新设定了中国工业部门的资本能源替代研究的三要素 TCP 模型框架，假设存在规模报酬，技术中性，采用国涓等（2010）提供的从 1978 ~ 2007 年的工业部门资本、劳动、能源价格指数及相应的成本份额数据，粗略估算了中国工业部门的资本能源替代弹性，$CPE_{KE}=0.24$，而 $MES_{KE}=0.61$，证明了两者间的替代关系是存在的。与 Koetse 等（2008）重新估算的 1979 ~ 2000 年美国和欧洲的资本能源替代系数（美国的 $CPE_{KE}=0.52$，而 $MES_{KE}=1.06$；欧洲的 $CPE_{KE}=0.47$，而 $MES_{KE}=0.79$）相比明显偏小。Koetse 等（2008）认为欧洲资本能源替代系数低于美国的原因主要是欧洲对要素市场尤其是能源市场进行了管制，使得欧洲能源价格受到一定程度的扭曲，造成资本能源比价不能很好地反映要素间的合理关系。正如林伯强（2010）所指出的那样，中国能源市场同样存在管制和由此带来的能源价格扭曲，而且程度明显要高于发达国家，这不仅妨碍了中国电力等能源供应不能满足中国现阶段的能源刚性需求，而且也妨碍了通过资本替代来减少能源消耗的政策途径。

五、结论与建议

通过元分析方法，我们对在关于中国工业部门的资本能源替代问题研究中存在的结果不一致问题进行了分析。元回归模型的参数估计结果表明，TCP 模型框架中的规模报酬不变假设对替代弹性的估算影响较大，而由于中国要素市场的管制，诸如原材料投入、技术中性、时序分段等研究特征对系统差异性的影响不大。同时，虽然是否采用面板数据对现有研究的系统差异性影响并不显著，但是采用跨部门的面板数据仍应是未来关于中国工业部门的资本能源替代问题研究的改进方向，因为它可以更加精确地显示中国工业结构调整过程中，资本能源间替代关系的演化趋势和替代效果。

另外，经过控制这些影响因素重新估计的中国工业部门资本能源替代弹性表明两者间的替代关系是存在的，而且如果中国逐渐解除对要素市场尤其是能源市场的管制，那么通过增加资本投入可以减少工业部门的能源消耗，这对中国的节能减排政策无疑具有较为明确的指导意义。

参考文献

[1] 国涓，郭崇慧，凌煜. 中国工业部门能源反弹效应研究 [J]. 数量经济技术经济研究，2010 (11)：114 - 126.

[2] 刘养军. 自然资本的替代性研究 [J]. 复旦大学，博士论文.

[3] 林伯强. 危机下的能源需求和能源价格走势以及对宏观经济的影响 [J]. 金融研究，2010 (1)：46 - 56.

[4] 鲁成军，周端明. 中国工业部门的能源替代研究——基于对 Allen 替代弹性模型的修正 [J]. 数量经济技术经济研究，2008 (5)：30 - 42.

[5] 史红亮，陈凯. 我国钢铁行业能源—资本—劳动的替代弹性分析 [J]. 工业技术经济，2010 (11)：110 - 116.

[6] 陶小马，邢建武等. 中国工业部门的能源价格扭曲与要素替代研究 [J]. 数量经济技术经济研究，2009 (11)：3 - 16.

[7] 郑超愚，鲁成军. 中国工业部门的能源替代与政策选择 [C]. 工作论文，2008.

[8] 郑照宁，刘德顺. 考虑资本—能源—劳动投入的中国超越对数生产函数 [J]. 系统工程理论与实践，2004 (5)：51 - 54.

[9] 杨中东. 对我国制造业的能源替代关系研究 [J]. 当代经济科学，2007，29 (3)：1 - 6.

[10] 张惠真. 中国制造业生产要素的替代研究 [J]. 商业时代，2010 (13)：110 - 115.

[11] Berndt E. R. , Wood D. O. Engineering and econometric interpretations of energy -

capital complementarity. American Economic Review, 1979 (69): 342 -354.

[12] H. Ma et al. China's energy economy; Technical change, factor demand and interfactor/interfuel substitulion. Energy Economics, 2008 (30): 2167 -2183.

[13] H. Stanley, S. Jarrel L. Meta - Regression analysis; A quantitative method of literature survey. Journal of Economic Surveys, 1989, 3 (2): 61 -70.

[14] Mark J. Koetse, et al. China's energy economy; Technical change, factor demand and interfactor/interfuel substitution. Energy Economics, 2008 (30): 2167 -2183.

[15] Morishima M. A few suggestion on the theory of elasticity. Economic Review, 1967 (8): 22 -28.

[16] Stanley T. D. , and Jarre IL S. B. Met - Regression analysis: A quantitative method of literature reviews. Journal of Economic Surveys, 1989 (3): 161 -170.

[17] Ying Fan, Hua Liao, Yi - wing Wei. Can market oriented economic reforms contribute to energy efficiency improvement? Evidence from China. Energy Policy, 2007 (35): 2287 -2295.

The Study of Capital - energy Substitution in the Chinese Industrial Sector: A Meta - analysis

Huang Guangxiao Lin Boqiang

Abstract: This paper presents the results of a meta - analysis on empirical studies of capital - energy substitution in the Chinese industrial sector. The authors use a meta - regression model to deal with the Morishima substitution elasticity and cross - price substitution elasticity samples. The finding suggests that these two types of substitution elasticity samples can to a large extent be explained by the model assumptions on such as returns to scale and technological changes. Controlling for potential sources of misspecification and aggregation bias, the authors recalculate the elasticity of capital - energy substitution. The result shows that technological substitution potential is large in the long - run for the Chinese industrial sector.

Key Words: mete - analysis, capital - energy substitution, trap - log cost function; substitution elasticity

第二节 英文期刊论文精选

英文论文的检索主要根据影响力因子选择经济综合类近年排名居前的 10 种刊物，以及能源经济方面具有影响力的 5 种刊物。经济学期刊分别是：Journal of Political Economy、Quarterly Journal of Economics、Econometrica、Brookings Papers on Economic Activity、Review of Economic Studies、Journal of Economic Literature、Journal of Finance、American Economic Review、RAND Journal of Economics、Journal of Financial Economics 十种；能源经济相关期刊分别是：Energy Policy、Energy Economics、Ecological Economics、Journal of Environmental Economics and Management、Resource and Energy Economics。

对于上述期刊 2011 年的所有文献进行题目、摘要和关键词中相关内容的检索。经检索，共得到相关文献 699 篇。分别为：Energy Policy，587 篇；Energy Economics，73 篇；Ecological Economics，21 篇；Resource and Energy Economics，12 篇；Journal of Environmental Economics and Management，5 篇；Journal of Political Economy，1 篇。在这 699 篇文献中，我们按照研究主题进行了分类筛选，分为以下类别：能源与经济增长；能源的供给（使用）与需求（消费）；能源安全；能源效率；能源价格；能源财税及其他方面政策；低碳节能、碳排放与环境影响；其他（能源技术和能源成本等）。每类的文章数量如下：能源与经济增长 22 篇；能源的供给（使用）与需求（消费）70 篇；能源安全 21 篇；能源效率 47 篇；能源价格 36 篇；能源财税及其他方面政策 59 篇；低碳节能、碳排放与环境影响 167 篇；其他 39 篇；合计 461 篇。

根据上述分类，我们遴选出这 461 篇文章；排除掉的 238 篇文章多数以观点探讨和情况介绍为主。在这 461 篇文章中，我们考虑到研究主题的分布和论文质量，精选出 20 篇论文介绍如下。

Title: Long Run Trends in Energy – related External Costs

Author: Fouquet R.

Periodical: Ecological Economics

Date: December 2011

Abstract: This paper considers how energy – related external costs change through time. It focuses on one of the key periods in the history of energy. After a period of declining coal prices and soaring consumption which fuelled the Second Industrial Revolution, the nineteenth century British economy was externalising the social costs of energy production and consumption on a massive scale. Rising from 25% in the 1820s, an estimated 60% ~70% of the average social costs of coal were externalised in the 1880s, imposing damages close to 20% of GDP. The eventual decline in air pollution concentration (around 1900) occurred fifty years later than was broadly socially optimal. This experience highlights the evolution of the demand for and supply of environmental quality in the context of economic growth, and the nature of related market and government failures, implying the necessity for adaptation rather than encouraging mitigation. This experience may offer lessons for climate analysis and policy – making.

Key Words: External costs; Energy; Coal; Economic growth; Historical; Air pollution

文章名称：能源相关外部成本的长期趋势

作者：富凯·R.

期刊名称：生态经济学

出版时间：2011 年 12 月

摘要：本文考虑了能源相关的外部成本如何随时间变化，关注了能源历史的一段关键时期。历史上有一段煤价下降、消费量猛增的时期，这刺激了第二次工业革命，19 世纪英国经济在很大规模上外部化了能源生产和消费的社会成本；平均的煤炭外部化的社会成本从 19 世纪 20 年代的 25% 增加到 19 世纪 80 年代的 60% ~70%，对 GDP 造成的损害接近 20%。最终大气污染浓度的下降大概发生在社会最优的 50 年后（大约在 1900 年前后）。这一经验强调了在经济增长的背景下对环境质量需求和供给的演进，以及相关的市场和政府失灵的特征，意味着适应的必要性胜过鼓励减排。这一经验会对气候分析和政策制定提供帮助。

关键词：外部成本；能源；煤炭；经济增长；历史性；大气污染

Title: Dynamics of Final Sectoral Energy Demand and Aggregate Energy Intensity

Author: Lescaroux F.

Periodical: Energy Policy

Date: January 2011

Abstract: This paper proposes a regional and sectoral model of global final energy demand. For the main end - use sectors of consumption (industrial, commercial and public services, residential and road transportation), per - capita demand is expressed as an S - shaped function of per - capita income. Other variables intervene as well, like energy prices, temperatures and technological trends. This model is applied on a panel of 101 countries and 3 aggregates (covering the whole world) and it explains fairly well past variations in sectoral, final consumption since the beginning of the 2000s. Further, the model is used to analyze the dynamics of final energy demand, by sector and in total. The main conclusion concerns the pattern of change for aggregate energy intensity. The simulations performed show that there is no a priori reason for it to exhibit a bell - shape, as reported in the literature. Depending on initial conditions, the weight of basic needs in total consumption and the availability of modern commercial energy resources, various forms might emerge.

Key Words: Energy demand; Modeling; Energy intensity

文章名称：终端部门能源需求和总能源强度的动力学

作者：列卡鲁·F.

期刊名称：能源政策

出版时间：2011 年 1 月

摘要：本文提出了全球最终能源需求的地区和部门的模型，对于主要的终端能源消费部门（工业，商业和公共服务，居民和公路运输），人均需求是人均收入的 S 形函数；其他变量也有影响，如能源价格，气温和技术趋势。这一模型应用于 101 个国家和 3 个大类（涵盖全世界）的面板数据，它很好解释了从 2000 年起部门最终能源消费的变动。另外，模型用于分析最终能源需求的动力学。主要的结论是与总的能源强度变动的形式有关的。进行的模拟说明了没有先验的理由显示是如文献中所说的钟形的。根据初始条件总消费中的基本需求的比重以及现代商业能源资源的可用性的不同，可能出现各种形式。

关键词：能源需求；建模；能源强度

Title: Industrial Electricity Demand for Turkey: A Structural Time Series Analysis

Author: Dilaver Z., Hunt L. C.

Periodical: Energy Economics

Date: March 2011

Abstract: This research investigates the relationship between Turkish industrial electricity consumption, industrial value added and electricity prices in order to forecast future Turkish industrial electricity demand. To achieve this, an industrial electricity demand function for Turkey is estimated by applying the structural time series technique to annual data over the period 1960 to 2008. In addition to identifying the size and significance of the price and industrial value added (output) elasticities, this technique also uncovers the electricity Underlying Energy Demand Trend (UEDT) for the Turkish industrial sector and is, as far as is known, the first attempt to do this. The results suggest that output and real electricity prices and a UEDT all have an important role to play in driving Turkish industrial electricity demand. Consequently, they should all be incorporated when modelling Turkish industrial electricity demand and the estimated UEDT should arguably be considered in future energy policy decisions concerning the Turkish electricity industry. The output and price elasticities are estimated to be 0.15 and -0.16 respectively, with an increasing (but at a decreasing rate) UEDT and based on the estimated equation, and different forecast assumptions, it is predicted that Turkish industrial electricity demand will be somewhere between 97 and 148 TWh by 2020.

Key Words: Turkish Industrial Electricity Demand; Energy Demand Modelling and Forecasting; Structural Time Series Model (STSM); Future scenarios

文章名称：土耳其工业电力需求：结构时间序列分析

作者：迪拉韦尔·Z.，亨特·L. C.

期刊名称：能源经济学

出版时间：2011 年 3 月

摘要：本文研究土耳其工业电力消费，工业增加值和电力价格之间的关系，以预测未来土耳其工业电力需求。为实现这一目标，应用结构时间序列技术建立了土耳其的工业电力需求函数，使用了 1960~2008 年的年度数据。除了识别价格和工业增加值（产出）弹性的大小和显著性外，这一技术也揭示了土耳其工业部门电力的潜在能源需求趋势，也是就目前所知的首次尝试。结果表明，产出和实际电力价格以及潜在能源需求趋势都对驱动土耳其工业电力需求起到了重要作用。因此，当对土耳其工业电力需求建模时，它们都应该包括在内，估计的潜在能源需求趋势应该考虑在未来有关土耳其的电力工业的能源政策决定中。估计产出和价格的弹性分别为 0.15 和 -0.16，潜在能源需求是增长的（但增长率下降），根据估计的等式和不同的预测假设，到 2020 年土耳其工业电力需求会达到 97 万亿~148 万亿瓦时间的某个点。

关键词：土耳其工业电力需求；能源需求模型和预测；结构时间序列模型；未来情景

Title: Measuring Energy Security: Trends in the Diversification of Oil and Natural Gas Supplies

Author: Cohen G., Joutz F., Loungani P.

Periodical: Energy Policy

Date: September 2011

Abstract: We present evidence on one facet of energy security in OECD economies—the extent of diversification in sources of oil and natural gas supplies. Viewed from the perspective of the energy - importing countries as a whole, there has not been much change in diversification in oil supplies over the last decade, but diversification in sources of natural gas supplies has increased steadily. We document the considerable cross - country heterogeneity in the extent of diversification. We also show how the extent of diversification changes if account is taken of the political risk attached to suppliers; the size of the importing country; and transportation risk.

Key Words: Energy security; Energy independence; OECD energy use

文章名称：衡量能源安全：石油和天然气供给的多样化趋势

作者：科恩·G.，佐茨·F.，朗甘尼·P.

期刊名称：能源政策

出版时间：2011 年 9 月

摘要：我们研究了 OECD 国家能源安全问题的一方面——石油和天然气供给来源的多样化程度。以能源进口国作为整体的视角来看，过去 10 年石油供给的多样化方面没有多少变化，但是天然气供给源头的多样化程度稳步增加。我们证明了在多样化方面不同国家间存在显著的异质性。我们还说明了如果考虑供给者的政治风险、进口国的大小以及运输风险、多样化程度如何变化。

关键词：能源安全；能源独立；OECD 能源使用

Title: Energy Security and Sustainability in Northeast Asia

Author: von Hippel D. , et al.

Periodical: Energy Policy

Date: November 2011

Abstract: "Energy Security" has typically, to those involved in making energy policy, meant mostly securing access to oil and other fossil fuels. With increasingly global, diverse energy markets, however, and increasingly transnational problems resulting from energy transformation and use, old energy security rationales are less salient, and other issues, including climate change and other environmental, economic, and international considerations are becoming increasingly important. As a consequence, a more comprehensive operating definition of "Energy Security" is needed, along with a workable framework for analysis of which future energy paths or scenarios are likely to yield greater Energy Security in a broader, more comprehensive sense. Work done as a part of the Nautilus Institute's "Pacific Asia Regional Energy Security" (PARES) project developed a broader definition of Energy Security, and described an analytical framework designed to help to compare the energy security characteristics - both positive and negative - of different quantitative energy paths as developed using software tools such as the LEAP (Long-range Energy Alternatives Planning) system.

Key Words: Energy security; East Asia

文章名称：东北亚的能源安全和可持续性

作者：希佩尔·D. 等

期刊名称：能源政策

出版时间：2011 年 11 月

摘要：对于制定能源政策的人来说，"能源安全"通常意味着保证石油和其他化石燃料的可获得性。然而，随着全球能源市场以及源于能源转化和使用的跨国问题日益多样化，旧的能源理念不再突出，其他问题，包括气候变化以及其他的对环境、经济和国际形势的考虑变得越来越重要。其结果是需要更全面可行的对"能源安全"的定义，同时也需要可行的分析框架，分析在更宽泛意义上的能促进能源安全的未来能源路径或情景。作为 Nautilus 研究所"亚太地区能源安全"项目的一部分，我们发展了能源安全的更宽的定义，并描述了用来比较能源安全特征的分析框架，特征包括正面的和负面的，使用了如 LEAP（长期能源替代计划）系统这样的软件工具来进行定量的不同能源路径分析。

关键词：能源安全；东亚

Title: Export Orientation and Domestic Electricity Generation: Effects on Energy Efficiency Innovation in Select Sectors

Author: Urpelainen J.

Periodical: Energy Policy

Date: September 2011

Abstract: Why are some countries developing many energy efficiency innovations, while others are lagging behind? I argue that export orientation and electricity at low variable cost from nuclear and hydropower plants have an interactive effect on energy efficiency innovation. Export – oriented countries have strong incentives to invest in energy efficiency innovation, as they are in a position to export these technology innovations for global markets. But if inexpensive electricity is supplied in a country, the domestic demand for energy efficiency innovation is missing, and so the home market cannot serve as a springboard for international commercialization. I test this theory against international patent data on energy efficiency innovation in insulation, heating, and lighting for 22 OECD countries, 1991 ~ 2007. The statistical analysis indicates that export orientation has large positive effects on energy efficiency innovation in countries that do not rely on nuclear and hydroelectricity.

Key Words: Energy efficiency; Technology innovation; Electricity generation

文章名称：出口导向和国内发电：所选部门能源效率创新的影响

作者：乌尔佩莱宁·J.

期刊名称：能源政策

出版时间：2011 年 9 月

摘要：为什么一些国家发展了许多能源效率的创新，而另一些会落后？我认为出口导向和来自于核电和水电的低可变成本电力在能源效率创新上有互动效应。出口导向的国家因其位于向全球市场出口技术创新的位置，有较强的能源效率创新的投资激励。但是如果一个国家的电力供给昂贵，国内能源效率创新的需求就会失去，并且国内市场也不能作为国际商业化的跳板。我使用 1991 ~ 2007 年 22 个 OECD 国家在绝缘、加热和照明方面的能源效率创新的国际专利数据来检验这一理论。数据分析说明，在不依赖核能和水电的国家，出口导向对能源效率创新有很大的正效应。

关键词：能源效率；技术创新；发电

Title: Review of Policies and Measures for Energy Efficiency in Industry Sector

Author: Tanaka K.

Periodical: Energy Policy

Date: October 2011

Abstract: Energy efficiency in industry plays key roles in improving energy security, environmental sustainability and economic performance. It is particularly important in strategies to mitigate climate change. The evidence of great potential for cost – effective efficiency – derived reductions in industrial energy use and greenhouse gas (GHG) emissions have prompted governments to implement numerous policies and measures aimed at improving their manufacturing industries' energy efficiency. What can be learned from these many and varied initiatives? This paper provides foundation for policy analysis for enhancing energy efficiency and conservation in industry, by surveying more than 300 policies, encompassing about 570 measures, implemented by governments in IEA countries, Brazil, China, India, Mexico, Russia and South Africa. It outlines the measures' main features, their incidence of use, and their connections with specific technical actions and key stakeholders (i. e., how and where measures affect the energy efficiency of industry). It also examines the key features underlying the measures' success: ①potential to reduce energy use and CO_2 emissions cost – efficiently; ②ease of policy development, execution and assessment and ③ncillary societal effects.

Key Words: Industry energy efficiency; Policy review; Typology and categorization

文章名称：工业部门能源效率政策和措施的回顾

作者：田中·K.

期刊名称：能源政策

出版时间：2011 年 10 月

摘要：在改善能源安全、环境可持续性和经济成效方面工业能源效率扮演着重要角色，在减轻气候变化的策略方面也特别重要。具有成本效益能获得效率的减少工业能源使用和温室气体排放的巨大潜力，推动政府实行了许多目标在于改进制造业能源效率的政策和措施。从这些各样的行动中我们能学到什么？本文研究了由 IEA 国家，巴西、中国、印度、墨西哥、俄罗斯和南非政府推行的超过 300 项政策，包括了约 570 项措施，为加强工业能源效率和节约的政策分析提供了基础；概述了措施的主要特征，使用的影响范围，以及与具体技术行为和关键利益相关者的联系（即措施如果以及在何处影响工业的能源效率）。文章同样考察了措施成功的主要特征：①减少能源使用和二氧化碳排放的成本效益潜力；②政策易于制定、执行和评估；③有辅助的社会效应。

关键词：工业能源效率；政策回顾；类型与分类

Title: The Allocative Cost of Price Ceilings in the U. S. Residential Market for Natural Gas

Author: Davis L. W., Kilian L.

Periodical: Journal of Political Economy

Date: February 2011

Abstract: A direct consequence of restricting the price of a good for which secondary markets do not exist is that, in the presence of excess demand, the good will not be allocated to the buyers who value it the most. We demonstrate the empirical importance of this allocative cost for the U. S. residential market for natural gas, which was subject to price ceilings during 1954 ~ 1989. Using a household – level, discrete – continuous model of natural gas demand, we estimate that the allocative cost in this market averaged $ 3.6 billion annually, nearly tripling previous estimates of the net welfare loss to U. S. consumers.

Key Words: Natural gas regulation; Price ceilings; Allocative cost; Deadweight loss

文章名称：美国居民天然气市场价格上限的配置成本

作者：戴维斯·L. W.，基利恩·L.

期刊名称：政治经济学杂志

出版时间：2011 年 2 月

摘要：在存在超额需求的情况下，对不存在二级市场的商品限制价格的直接结果是商品不会配置给对其评价最高的买者。我们对 1945 ~ 1989 年美国居民天然气市场的这种受约束于价格上限的配置成本进行了实证。我们使用了家庭层面天然气需求的离散连续模型，我们估计这个市场的配置成本为平均每年 36 亿美元，几乎是之前估计的消费者净福利损失的三倍。

关键词：天然气管制；价格上限；配置成本；额外损失

Title: Interdependencies in the Energy - bioenergy - food Price Systems: A Cointegration Analysis

Author: Ciaian P., Kancs D. A.

Periodical: Resource and Energy Economics

Date: January 2011

Abstract: The present paper studies the interdependencies between the energy, bioenergy and food prices. We develop a vertically integrated multi - input, multi - output market model with two channels of price transmission: a direct biofuel channel and an indirect input channel. We test the theoretical hypothesis by applying time - series analytical mechanisms to nine major traded agricultural commodity prices, including corn, wheat, rice, sugar, soybeans, cotton, banana, sorghum and tea, along with one weighted average world crude oil price. The data consists of 783 weekly observations extending from January 1994 to December 2008. The empirical findings confirm the theoretical hypothesis that the prices for crude oil and agricultural commodities are interdependent including also commodities not directly used in bioenergy production: an increase in oil price by 1 $/barrel increases the agricultural commodity prices between 0.10 $/tonne and 1.80 $/tonne. Contrary to the theoretical predictions, the indirect input channel of price transmission is found to be small and statistically insignificant.

Key Words: Energy; Bioenergy; Crude oil; Prices; Food; Renewable fuels; Cointegration; Bioenergy CGE

文章名称：能源—生物能—食物价格系统的相关性：一个协整分析

作者：茨安·P.，堪克斯·D. A.

期刊名称：资源与能源经济学

出版时间：2011年1月

摘要：文章研究了能源、生物能和食物价格间的相关关系。我们发展了垂直整合的多投入、多产出市场模型，模型具有两个价格传导渠道：一个直接的生物能渠道和一个间接的投入渠道。我们通过将时间序列分析机制应用于九种主要的交易农产品价格——包括玉米、小麦、米、糖、黄豆、棉花、香蕉、高粱和茶，以及一个加权平均的世界原油价格，检验了理论假设。数据是由从1994年1月到2008年12月的783周观测值组成。实证结果证实了理论假设，原油价格和农产品是相互依赖的，也包括没有直接用于生物能生产的商品：油价每桶上涨1美元，农产品价格每吨上涨0.10~1.80美元。与理论预测相反，价格传导的间接投入渠道是不重要的且统计上不显著。

关键词：能源；生物能；原油；价格；食物；可再生燃料；协整；生物能CCE

Title: When Does a Carbon Tax on Fossil Fuels Stimulate Biofuels?

Author: Timilsina G. R., Csordás S., Mevel S.

Periodical: Ecological Economics

Date: December 2011

Abstract: A carbon tax is an efficient economic instrument to reduce emissions of carbon dioxide released from fossil fuel burning. If designed properly, it could also help significantly to promote renewable energy. Using a multi - sector, multi - country computable general equilibrium model this study investigates under what circumstances a carbon tax would help stimulate penetration of biofuels into the energy supply mix for road transportation in various countries and regions around the world. This study shows that a carbon tax cum biofuel subsidy policy, where a carbon tax is introduced to fossil fuels and part of the tax revenue is used to finance the biofuel subsidy, would significantly help stimulate market penetration of biofuels. On the other hand, a carbon tax alone policy, where the entire tax revenue is recycled to households through a lump - sum transfer, does not help stimulate biofuels significantly even at higher tax rates. Although the carbon tax cum subsidy policy would cause higher loss in economic output at the global level as compared to the carbon tax alone policy, the incremental loss is relatively small. The key policy insight drawn from the study is that if a carbon tax were to be implemented in an economy for the purpose of climate change mitigation, recycling part of its revenue to finance biofuel subsidies would significantly help stimulate biofuels.

Key Words: Carbon tax; Biofuels; Energy supply; Climate change; CGE modeling; Policy instruments

文章名称：什么时候化石燃料的碳税会促进生物燃料?

作者：迪米尔西纳·G. R.，乔尔达什·S.，穆维·S.

期刊名称：生态经济学

出版时间：2011 年 12 月

摘要：碳税是减少化石燃料燃烧释放的二氧化碳排放的有效经济工具。如果设计得当，它也能够极大推进可再生能源。使用多部门多国的可计算一般均衡模型，本文研究的环境是：在世界多个国家和地区碳税会促进生物燃料进入到公路运输的能源供给混合中。研究说明了碳税暨生物燃料补贴政策——当对化石燃料引入碳税，部分税收用于财政给予生物燃料补贴——会极大促进生物燃料进入市场。另外，单独的碳税政策——全部税收通过一次性转移支付循环到居民——不能很大程度促进生物燃料，即使是在较高的税率下。尽管在全球层面与单独的碳税政策相比，碳税暨补贴政策会引起经济产出较高的损失，但增量损失是相对较小的。研究得到的关键的政策观点是，如果一个经济体出于减轻气候变化的目的要推行碳税，收入的循环部分进行生物燃料补贴会极大促进生物燃料。

关键词：碳税；生物燃料；能源供给；气候变化；CGE 模型；政策工具

Title: Linking Least – cost Energy System Costs Models with MCA: An Assessment of the EU Renewable Energy Targets and Supporting Policies

Author: Oikonomou V., et al.

Periodical: Energy Policy

Date: May 2011

Abstract: There are several technoeconomic modeling approaches that provide quantitative results such as costs and the level of achievement of certain renewable energy (RE) policy targets. These approaches often do not consider other important factors for policy implementation (such as socio – political aspects and stakeholders' preferences). Recent multicriteria analysis (MCA) approaches attempt to integrate these multiple aspects in decision making process. In this respect, aim of this paper is to combine technoeconomic modeling and MCA approaches in a general analytical framework incorporating multiple aspects. Each method in an RE policy interaction problem can feed in the necessary policy information for the subsequent steps of an ex – ante and an ex – post assessment in a decision tree, starting from recognizing the need for implementing a new policy in parallel to the incumbent ones, assessing the actual policy costs and finally identifying the social acceptability of these RE policies.

Key Words: Renewable energy scenarios; Multicriteria; Policy interactions

文章名称：将最低能源系统成本模型与多标准分析相联系：欧盟可再生能源目标和支持政策的评估

作者：奥克纳姆·V. 等

期刊名称：能源政策

出版时间：2011 年 5 月

摘要：有许多技术经济模型方法会提供定量结果，比如成本以及达到某种可再生能源政策目标的水平。这些方法通常没有考虑政策执行的其他重要因素（如社会政治方面和利益相关者偏好）。近来的多标准分析方法试图整合这决策制定过程的多个方面。本文研究的目的是在包含多个方面的一般分析框架下，结合技术经济模型和多标准分析方法进行分析。在决策树中，可再生能源政策相互作用问题的每种方法都能为后续步骤的事前和事后评价提供必要的政策信息，从认识实施与现行政策并行的新政的需求，评估实际的政策成本，到最后确认社会对这些可再生能源政策的接受度。

关键词：可再生能源情景；多标准；政策相互作用

Title: Green Tax Reforms and Habits

Author: de Miguel C. , Manzano B.

Periodical: Resource and Energy Economics

Date: January 2011

Abstract: Using a dynamic general equilibrium model, we explore the role of habit formation when analyzing green tax reforms under the double dividend hypothesis. We assume increases in energy taxes and adjust capital taxation in a revenue – neutral framework to evaluate the effects on welfare. Since the existence of an environmental dividend is uncontroversial, we mainly focus on the efficiency dividend. Our findings show that, when taxes on household energy consumption increase, habits and transitional dynamics alter household decisions, and change the efficiency dividend. However, when the tax increase is on energy used as an input, reform always induces a welfare cost in terms of efficiency. In this case, habits play a less important role.

Key Words: Green tax reform; Habit formation; General equilibrium

文章名称：绿色税收改革和习惯

作者：米格尔·C.，曼扎诺·B.

期刊名称：资源与能源经济学

出版时间：2011 年 1 月

摘要：我们使用动态一般均衡模型分析了双重红利假说下的绿色税改革，探究了习惯形成的作用。我们假设在税收中性框架下增加能源税和调整资本税，来评价福利的效果。由于环境红利的存在是没有争议的，我们主要关注效率红利。我们发现，当居民能源消费征税增加，习惯和转变的动态过程会改变家庭决定，并且改变效率红利。然而，当对能源作为输入使用的征税增加，在效率方面改革总会引起福利成本。这种情况下，习惯发挥不太重要的作用。

关键词：绿色税改革；习惯形成；一般均衡

Title：What Should We Expect from Innovation? A Model – based Assessment of the Environmental and Mitigation Cost Implications of Climate – related R&D

Author：Bosetti V.，et al.

Periodical：Energy Economics

Date：June 2011

Abstract：This paper addresses two basic issues related to technological innovation and climate stabilization objectives：can innovation policies be effective in stabilizing climate? To what extent can innovation policies complement carbon pricing（taxes or permit trading）and improve the economic efficiency of a mitigation policy package? To answer these questions，we use an integrated assessment model with multiple externalities and an endogenous representation of the technical progress in the energy sector. We evaluate a range of innovation policies，both as stand – alone and in combination with other mitigation policies. Our analysis indicates that innovation policies alone are unlikely to stabilize global concentration and temperature. As for the benefits of combining climate and innovation policies，we find efficiency gains of 10%（6 USD Trillions in net present value terms）for a stringent climate policy，and 30%（3 USD Trillions）for a milder one. However，such gains are reduced when more plausible（sub – optimal）global innovation policy arrangements are considered.

Key Words：Climate change；Environmental policy；Energy R&D fund；Stabilization costs

文章名称：我们应该从创新中期望什么？基于模型的环境和减排成本评估对气候相关研发的启示

作者：波塞蒂·V. 等

期刊名称：能源经济学

出版时间：2011 年 6 月

摘要：本文研究与技术创新和气候稳定目标相关的两个基本问题：创新政策在稳定气候方面是有效的吗？在何种程度上创新政策可以作为碳定价（碳税或许可交易）的补充来改进减排政策包的经济效率？为回答这些问题，我们使用能源部门有多外部性和一个技术进步内生解释的综合评价模型。我们评估了一系列的创新政策，单独的或者与其他减排政策联合的。我们的分析指出，单独的创新政策不大可能稳定全球排放浓度和气温。而气候政策和创新政策联合会有好处，我们发现紧迫的气候政策效率增进 10%（6 万亿美元净现值），温和的政策增进 30%（3 万亿美元）。但是，当考虑看起来更合理的（次优的）全球创新政策安排时，这种增进会被削弱。

关键词：气候变化；环境政策；能源研发基金；稳定成本

Title: How Emission Certificate Allocations Distort Fossil Investments: The German Example

Author: Pahle M., Fan L., Schill W.

Periodical: Energy Policy

Date: April 2011

Abstract: Despite political activities to foster a low – carbon energy transition, Germany currently sees a considerable number of new coal power plants being added to its power mix. There are several possible drivers for this "dash for coal", but it is widely accepted that windfall profits gained through free allocation of ETS certificates play an important role. Yet the quantification of allocation – related investment distortions has been limited to back – of – the envelope calculations and stylized models so far. We close this gap with a numerical model integrating both Germany's particular allocation rules and its specific power generation structure. We find that technology specific new entrant provisions have substantially increased incentives to invest in hard coal plants red to natural gas at the time of the ETS onset. More precisely, disproportionate windfall profits compared more than half the total capital costs of a hard coal plant. Moreover, shorter periods of free allocations would not have turned investors' favours towards the cleaner natural gas technology because of pre – existing economic advantages for coal. In contrast, full auctioning of permits or a single best available technology benchmark would have made natural gas the predominant technology of choice.

Key Words: Electricity sector investments; Windfall profits; ETS allocations

文章名称：排放许可的分配如何扭曲化石投资：德国的例子

作者：帕勒·M.，范·L.，希尔·W.

期刊名称：能源政策

出版时间：2011 年 4 月

摘要：尽管政治活动促进向低碳能源转变，德国当前仍有数量可观的新的燃煤发电厂加入电源结构。这种“煤的猛增”有几种可能的驱动，不过普遍接受的是对通过免费分配的 ETS 许可获得暴利起了重要作用。然而，分配相关的投资扭曲的定量化目前被限制在简单粗略的计算和城市化模型里。我们使用整合德国特殊分配规定和特定发电结构的数值模型来弥补这一空缺。我们发现，在 ETS 开始时，特定技术的新进入者有巨大增加的激励投资是无烟煤电厂而不是天然气。更准确地说，无烟煤电厂有总资本成本一半以上的不相称的暴利。此外，较短的免费分配时期不会使投资者偏好转向更清洁的天然气技术，因为煤的现有的经济优势。相反，完全拍卖许可或者最佳技术标准会使天然气成为主导的技术选择。

关键词：电力部门投资；暴利；排放交易体系分配

Title: Exploring the Bargaining Space within International Climate Negotiations Based on Political, Economic and Environmental Considerations

Author: Mendoza Beltran A., et al.

Periodical: Energy Policy

Date: November 2011

Abstract: This study provides a conceptual framework for exploring the bargaining space within international climate negotiations based on important economic, political and environmental considerations. Based on it, we analyse combinations of the proposed emission reduction ranges for Annex I countries as a group (25% ~40% below 1990 levels) and non - Annex I as a group (15% ~30% below baseline) by 2020 to limit global warming to 2℃. We use results of the FAIR model with costs estimates based on two energy system models. We conclude that the range of targets that comply with a set of criteria for economic, political and environmental considerations is smaller than that by environmental considerations alone. More specifically, we find that according to our criteria, a 30% Annex I reduction target below 1990 levels, combined with a 20% non - Annex I reduction target below baseline emission levels (i. e. 20 to 30% above 2005 levels), is the only combination of targets fulfilling all our criteria for both energy system models. Otherwise, reaching the 2℃ target becomes less likely, technically infeasible, or non - Annex I abatement costs are likely to exceed those of Annex I, a result, which we consider less plausible from a political viewpoint in our conceptual framework.

Key Words: Abatement costs; Two degree target; Copenhagen accord

文章名称：探究基于政治、经济和环境考虑的国际气候谈判的讨价还价空间

作者：门多萨·A. 等

期刊名称：能源政策

出版时间：2011 年 11 月

摘要：本研究探究了基于政治、经济和环境考虑的国际气候谈判的讨价还价空间。我们据此分析了不同的减排范围组合——附件一国家的（在 1990 年水平上减少 25% ~40%）和非附件一国家的（减少基线的 15% ~30%），到 2020 年限制全球变暖 2℃。我们使用 FAIR 模型的结果和根据两种能源系统模型估计的成本。我们认为遵从一系列经济、政治和环境考虑组合的目标范围是小于单独考虑环境的。更具体地说，我们发现根据我们的标准，附件一国家减排目标在 1990 年水平下 30%，非附件一国家减排目标在基准排放水平下 20%（在 2005 年水平上 20% ~30%），是仅有的对两种能源系统都完全满足我们标准的目标组合。否则，完成 2℃ 目标可能性很小，技术上不可行，或者非附件一国家减排成本有可能超过附件一国家，我们认为在我们的概念框架下从政治角度看是不太合理的。

关键词：减排成本；两种程度目标；哥本哈根协定

Title: Industry Evolution, Rational Agents and the Transition to Sustainable Electricity Production

Author: Safarzynska K. , van den Bergh J. C. J. M.

Periodical: Energy Policy

Date: October 2011

Abstract: Guiding a transition to low carbon electricity requires a good understanding of the substitution of old by new technologies in the electricity industry. With the aim of explaining historical change from coal to gas in the British electricity industry, we develop a formal model of technological change, where energy technologies diffuse through the construction of new power plants. We considered two model versions: with rational and boundedly rational investors. In each model version, we look at the causal relations between price and output setting mechanisms, fuel and labour use, and investment decisions for different institutional arrangements. We quantify model parameters on data for the United Kingdom. We find that the version of the model with rational investors is capable of replicating well core features of UK electricity history. This includes a rapid diffusion of gas in electricity production, the evolution of the average size of newly installed plants, and a high percentage of electricity sales covered by (forward) contracts - for - difference. In this model setting, nuclear and renewable energies have no chance to diffuse on the market. In the version of the model with boundedly rational investors, nuclear power typically dominates electricity production. We discuss implications of our modelling results for making a transition to low carbon electricity in the future.

Key Words: Electricity; Endogenous investments; Low carbon economy

文章名称：产业演进，理性主体和可持续电力生产转变

作者：萨瓦林斯卡·K.，范登博格·J. C. J. M.

期刊名称：能源政策

出版时间：2011 年 10 月

摘要：引导向低碳电力转变需要对电力行业的新旧技术替代有很好的认识。我们建立技术变迁形式模型，其中能源技术通过新建电厂扩散，目的是为了解释英国电力工业中从煤到天然气的历史变化。我们考虑两个模型版本：理性投资者和有限理性投资者。在每个模型版本中，我们研究价格和输出机制、燃料和劳动使用以及不同制度安排的投资决定间的因果关系。我们用英国数据确定模型参数。我们发现，理性投资者版本的模型能够很好模拟英国电力历史的核心特征，包括电力生产中天然气的快速扩散，新建电厂平均规模的演进，以及电力销售中差价合约的高比例。在有限理性投资者版本的模型中，核电主导电力生产。我们讨论了我们的模型结果对未来向低碳电力转变的启示。

关键词：电力；内生投资；低碳经济

Title: Multi - region Input - output Analysis of CO_2 Emissions Embodied in Trade: The Feedback Effects

Author: Su B., Ang B. W.

Periodical: Ecological Economics

Date: November 2011

Abstract: Energy - related CO_2 emissions embodied in international trade have been widely studied by researchers using the environmental input - output framework. Despite the increasing interest in using the multi - regional input - output (MRIO) model by researchers, few studies have looked into the mechanism of feedback effects. We introduce a method called the stepwise distribution of emissions embodied in trade (SWD - EET) to reveal how the emissions embodied in trade are absorbed by a country's final demands through a series of allocation steps. A country's indirect absorption patterns and its indirect trade balance of emissions from bilateral trade with other countries are also studied based on the proposed method. An empirical study using the data of Asian economies shows significant differences in the "consumption - based" emission estimates for some economies due to feedback effects through international trade. The differences can be largely captured by the first step or the first two steps of the adjustment procedure in the SWD - EET analysis. Other findings and some recommendations are also presented.

Key Words: Input - output analysis; Emissions embodied in trade; Consumption - based emissions; Feedback effects; Stepwise distribution analysis

文章名称：贸易中隐含二氧化碳排放的多地区投入产出分析：反馈效应

作者：苏·B.，洪·B. W.

期刊名称：生态经济学

出版时间：2011 年 11 月

摘要：研究者们使用环境投入产出框架广泛研究了国际贸易中隐含的与能源相关的碳排放。尽管研究者对使用多地区投入产出模型越来越感兴趣，却很少有研究探寻反馈效应的机制。我们使用叫作逐步贸易隐含排放分布的方法揭示贸易中隐含的排放如何通过一系列分配步骤被一国最终需求吸收。根据所提出的方法，还研究了一国的间接吸收方式，以及一国来自与其他国家双边贸易排放的间接贸易平衡。实证研究使用了亚洲经济体的数据，由于国际贸易的反馈效应，对于一些经济体"基于消费"的排放估计存在显著差异。差异很大程度上可以由所进行分析中的调整过程的第一步和头两步得到。文章还提出了其他发现和一些建议。

关键词：投入产出分析；贸易中隐含排放；基于消费的排放；反馈效应；逐步分布分析

Title：An Assessment of Factors Impacting Canada's Electricity Sector's GHG Emissions

Author：Steenhof P. A., Weber C. J.

Periodical：Energy Policy

Date：July 2011

Abstract：In this article we develop and then implement a decomposition model of Canada's electricity sector in order to assess multiple factors impacting on trends in greenhouse gas emissions from the sector, with a focus on the impact of climate and energy policy on emissions for the time period spanning from 1990 to 2008. The analysis shows that during these years, the primary factors driving changes in emissions included changes in electricity demand, changes in the generation mix of electricity, and weather, but that government policy and programs had only minor impacts on emissions. Although having relatively lesser impacts compared to the aforementioned factors, the most significant policy related factors included efforts to increase renewables in the generation mix through programs such as renewable portfolio standards and incentives for wind generators.

Key Words：Electricity; Emissions; Decomposition

文章名称：加拿大电力部门温室气体排放的影响因素评估

作者：斯蒂恩霍夫·P. A.，韦伯·C. J.

期刊名称：能源政策

出版时间：2011 年 7 月

摘要：在本文中，我们建立和实现了一个加拿大电力部门的分解模型，来评价多因素对部门温室气体排放的影响，主要关注 1990～2008 年气候和能源政策对排放的影响。分析表明，在这段时期，导致排放变化的主要因素包括电力需求变化、电源结构变化，以及天气，但政府政策和规划仅有较小的影响。尽管与前述因素相比有相对较小的影响，最重要的政策相关因素包括通过规划增加电源结构中可再生能源的努力，例如可再生能源组合的标准以及风力发电的激励。

关键词：电力；排放；分解

Title: At Home and Abroad: An Empirical Analysis of Innovation and Diffusion in Energy Technologies

Author: Verdolini E., Galeotti M.

Periodical: Journal of Environmental Economics and Management

Date: March 2011

Abstract: This paper contributes to the induced innovation literature by extending the analysis of supply and demand determinants of innovation in energy technologies to account for international knowledge flows and spillovers. We select a sample of 38 innovating countries and study how knowledge related to energy – efficient and environmentally friendly technologies flows across geographical and technological space. We demonstrate that higher geographical and technological distances are associated with lower probabilities of knowledge flow. Next, we use previous estimates to construct internal and external knowledge stocks for a panel of 17 countries. We then present an econometric analysis of the supply and demand determinants of innovation accounting for international knowledge spillovers. Our results confirm the role of demand – pull effects, proxied by energy prices, and of technological opportunity, proxied by the knowledge stocks. Our results show that spillovers between countries have a significant positive impact on further innovation in energy – efficient and environmentally friendly technologies.

Key Words: Innovation; Technology diffusion; Knowledge spillovers; Energy technologies

文章名称：国内和国外：能源技术创新和扩散的实证分析

作者：韦尔多利尼·E.，加莱奥蒂·M.

期刊名称：环境经济与管理杂志

出版时间：2011 年 3 月

摘要：本文对诱发性创新的研究有所贡献，扩展了能源技术创新的供给和需求决定因素分析，解释国际知识的流动和溢出。我们选择了 38 个创新国家的样本，研究了具有能源效率且环境友好的技术在地理和科技空间的流动，以及知识与其如何联系。我们论证了较高的地理和技术差距是与较低可能性的知识流动相联系的。接下来，我们使用前面的估计建立 17 个国家内部和外部知识存量的面板。然后我们对解释国际知识外溢的创新的供给和需求决定因素进行计量分析。我们的研究结果证实了需求拉动效应的作用，由能源价格代表，以及技术机会的作用，由知识存量代表。我们的研究结果显示，国家间的外溢效应对具有能源效率且环境友好技术的进一步创新有显著的积极影响。

关键词：创新；技术扩散；知识外溢；能源技术

Title: Designing a Friendly Space for Technological Change to Slow Global Warming

Author: Nordhaus W.

Periodical: Energy Economics

Date: April 2011

Abstract: What is the best strategy to encourage research and development on new energy technologies in a market economy? What steps can ensure a rapid and efficient transition to an economy that has much lower net carbon emissions? This paper shows that, under limited conditions, a necessary and sufficient condition for an appropriate innovational environment is a universal, credible, and durable price on carbon emissions. Such a price would balance the marginal damages from carbon emissions against the marginal costs of abating emissions; it should not contain a correction factor for inducing technological change. This result, which the paper calls "price fundamentalism", applies principally to the market - oriented part of research and innovation. It is subject to qualifications regarding the efficacy of intellectual property protection and the proper level of carbon prices, and it applies primarily to market sectors. The role of appropriate prices on emissions is a central part of public policies to encourage technologies to combat global warming.

Key Words: Technological change; Global warming; Innovation

文章名称：为减缓全球变暖的技术变革设计友好空间

作者：诺德豪斯·W.

期刊名称：能源经济学

出版时间：2011 年 4 月

摘要：在市场经济下什么是鼓励研发新的能源技术的最佳策略？怎样的步骤能够保证快速高效地向较低净碳排放的经济转变？本文表明，在限制条件下，对于合适创新环境的一个充分必要条件是碳排放的普遍、可靠和持久的价格。这样的价格会平衡碳排放的边际损害与减排的边际成本；它不应该包括引致技术变革的修正因子。这一结论，本文称作“价格原教旨主义”，主要应用于市场导向的研究和创新。它受限制于知识产权保护效率和碳价格的合适水平，主要应用于市场部门。排放的适当价格是鼓励全球变暖技术的公共政策的核心部分。

关键词：技术变革；全球变暖；创新

第三章　2011 年能源经济学图书精选

第一节　中文图书精选

2011 年能源领域中文图书选择范围主要来自中国国家图书馆馆藏目录、亚马逊、当当网、京东商城。通过检索和初步筛选，2011 年能源领域出版图书共计 90 册，大致可以分为 6 类。其中，能源经济管理类 37 册、国际关系类 15 册、法律类 2 册、工程技术类 10 册、研究报告类 15 册、畅销等其他类 11 册。本报告选录主要以经济管理类为主，经济管理类中文图书又大致涉及能源领域的五个研究领域：能源效率、能源安全、可再生能源、能源与环境、城市与农村能源消费。本书兼顾五个研究领域，从经济管理类中文图书中选择了 15 本 2011 年出版的中文图书。

书名：《能源经济学》
作者：魏一鸣　焦建玲　廖华　编著
出版时间：2011 年 2 月
出版社：科学出版社

内容提要：《能源经济学》一书以能源经济与管理问题为主线，将能源战略与政策的研究纳入经济学研究框架，系统地介绍了能源需求与能源供给、能源市场、能源价格、能源效率、能源要素替代和能源贸易与能源金融等核心问题。在强调基础性和系统性的同时，本书注重把握现代能源经济与管理问题的发展趋势，吸收了最新发展与研究成果，并注重深入浅出和与中国实践的结合。

《能源经济学》一书共包括八章内容。第一章——导论，主要介绍了能源经济学的研究对象和方法、能源经济学的形成与发展以及能源经济学科与其他相关学科的联系。第二章——能源需求。主要包括能源需求的基本概念、能源需求的主要影响因素、能源需求预测建模。第三章——能源供给。主要包括能源供给的基本概念、能源供给的主要影响因素以及能源供给预测。第四章——能源市场。主要包括能源市场均衡分析、能源市场的非均衡分析、税收与能源配置以及能源市场规制。第五章——能源价格。主要包括能源定价理论、石油输出国组织与国际石油价格、能源价格对市场配置的调节、能源价格与一般价格水平以及能源价格与经济增长。第六章——能源效率。本章介绍了能源效率的内涵、能源效率的测度、能源效率的测度指标与方法以及能源强度的分解。第七章——能源要素替代。主要包括了要素替代与能源需求和能源与其他要素的替代性。第八章——国际能源贸易与能源金融。主要包括国际能源贸易、能源金融化与能源期货市场、能源期货市场的有效性以及能源期货市场的价格风险管理功能。

本书的独特之处在于：一是以能源经济与管理问题为主线，把经济学中的相关理论贯穿到能源经济复杂系统中，从能源市场供需着手，探讨能源市场资源配置效率，能源价格与能源市场以及宏观经济之间的关系，强调教材的基础性和系统性。二是突出能源资源的要素禀赋特性，注重能源与其他要素的替代性、各类能源之间的替代性、能源与技术的相互关系等。三是注重在探讨经典的能源经济学问题的同时，力求引入国际国内最新的研究方法和研究成果，并结合中国的实际问题给出研究案例。

书名：《战后日本能源政策》
作者：尹晓亮　著
出版时间：2011 年 3 月
出版社：社会科学文献出版社

内容提要：《战后日本能源政策》一书通过对日本"二战"以后业已实践且臻于成熟的能源政策及其管理体系进行综合性、多角度、多层面的研究，旨在为构筑我国能源安全战略，建设资源节约型和环境友好型社会提供了可资借鉴的参考。同时，阐明了日本能源政策的价值取向及其运行机理，对中日未来的能源合作与博弈不无裨益。本书的研究路径是以"时间为纵轴、问题为横轴"，把历史学的理论研究方法作为基本，参照能源经济学、地缘政治学和国际关系学等多学科理论，提出并运用"变化—应对"的分析框架，史论结合，系统、翔实地论述了"二战"后日本为舒缓、释放和突破能源"瓶颈"约束，弱化、规避和解决各时期出现的能源问题，在内政和外交上采取的制度安排与政策设计。

《战后日本能源政策》一书共包括七部分内容。第一部分导论。主要阐述了日本能源政策研究对中国的借鉴意义、目前国内对日本能源研究的现状以及本书研究的主线与内容。第二部分能源供应危机期——以煤炭为主的能源增产政策。本部分认为"二战"后初期日本能源政策"路径依赖"于战时统制经济。而且，正是得益于这种能源管理体制，日本才在短时期内规避了能源"瓶颈"约束，从而为经济复兴和高速发展提供了能源动力。第三部分能源需求激增期——以石油为主的综合能源政策。本部分主要梳理了日本煤主油从型能源政策的转变，分析了综合能源政策的确立及实施效果，提出以油主煤从型能源政策体制代替煤主油从型能源政策体制，是两种体制竞争的必然结果。推动两种体制演变并使二者产生体制竞争的主要因素就是日本经济体制由统制封闭型向相对自由开放型的转变以及能源革命带来的石油全球化、市场化。第四部分两次石油危机期——以应对危机为主的能源政策。本部分提出日本能源危机管理的政策策略是以两次石油危机为契机，从多角度、全方位、宽领域渐次进行的一系列政策安排。第五部分能源局势稳定期——以 3E 协调为主的能源政策。本部分提出日本能源政策通过"二战"后 60 年的历练，政策目标也从为解决经济复兴期的能源供应危机、经济高速增长期的能源需求激增问题以及两次石油危机的单一能源安全目标，到 20 世纪 80 ~ 90 年代发展变化成了既要谋求能源安全也要确保能源效率、环境保护的多级目标。第六部分能源形势动荡期——新国家能源安全战略的确立。本部分认为为确保能源安全，日本在能源外交的实施过程中，始终举国一致、官民一致的团队精神，企业与企业之间、中央政府与地方政府之间、政府与民众之间建立了行动上互动、信息上互通的协作机制。第七部分分析了日本能源政策的演进路径及其效果、日本突破能源“瓶颈”约束的政策分析以及日本能源政策中的局限性及其展望。

本书的独到之处在于：一是通过对“二战”后日本能源供给状况的实证分析，发现日本国内能源虽然极其匮乏，但能源短缺问题并未成为日本经济可持续发展的“瓶颈”约束，由此得出了“日本能源的对外高依存度，并未给日本带来长期、事实上的高风险”的结论。这一见解对“能源对外依存度高则风险度高”的绝对化认识构成挑战。作者以日本为实例进一步论证的“一国能源禀赋与其经济发展水平并不能直接等同”、“能源约束可以通过政策设计和制度安排解决”的观点不无启示性意义。二是依据日本的实践，大胆提出并论证了日本能源政策的“钟摆效应”。即“二战”后日本为确保能源安全在应对不同阶段的能源问题时，其制定和实施的能源政策总是在国家管制和市场机制间倚重选择，左右摆动。这一观点的理论性意义在于，一国的能源体制及其政策不能墨守成规，必须与时俱进、适时调整、不断创新，既不能持续停留在国家垄断经营上，亦不能追求完全自由放任式的市场配置，因时因地寻求国家权力和市场机制间的有机结合点和平衡点甚为关键。三是细致解析了日本如何把石油危机转化为经济发展的契机、如何把能源危机的无序或应急管理纳入有序及预防的常态管理，进而通过对制度安排绩效的评析，得出日本通过法律约束机制设计、激励相容机制、官民并举机制、教育引导机制，撬动和动员了非政府参与主体力量，共同构建了应对能源危机的社会公治模式这一具有实践参考价值的结论。

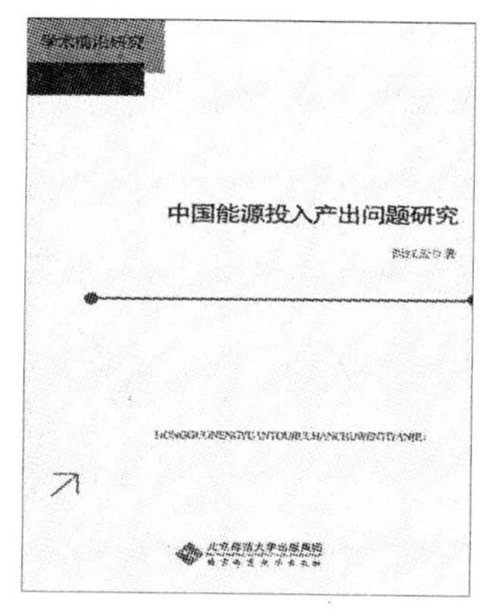

书名：《中国能源投入产出问题研究》

作者：尚红云　著

出版时间：2011年3月

出版社：北京师范大学出版社

内容提要：本书以能源与经济、能源与环境之间的关联性为依据，借鉴国际上前沿性投入产出方法，结合计量经济方法，以能源与经济、能源与环境的关联性分析为中心，从技术、效率、结构、总量等多个角度对我国能源消耗对经济增长的促进作用，能源消耗带来的环境问题进行经济和技术分析，通过实证分析过程揭示经济增长对能源消耗的影响机理，能源消耗对经济增长的制约性，能源消耗对环境的直接影响与间接影响。

《中国能源投入产出问题研究》一共分为七章。第一章——引论部分及简要概述。第二章——能源投入产出基础理论及模型拓展。本章主要内容一是引入了能源投入产出相关系数和基本模型体系，为能源投入产出模型的拓展奠定基础。二是详细述评了能源与经济的前沿性投入产出关联模型及其在各国的应用，讨论了模型的优点和在应用上的局限性，为中国能源投入产出问题的探讨提供了方法基础和研究思路。第三章——中国能源消耗现状及其存在的问题。本章主要内容有：从能源消耗结构、各种能源生产和消耗的阶段性变化与特点、能源消耗的行业特点、28个行业的能源消耗强度差异等方面描述了中国能源消耗的现状；从能源供需缺口、能源结构优化、单位GDP能耗、能源消耗引发的环境问题等方面探讨能源消耗存在的问题。第四章——中国能源投入产出结构分解分析。本章利用能源投入产出双极分解模型研究中国能源消耗变动的影响因素，体现经济、技术因素对能源消耗变动的影响。第五章——中国能源投入对经济增长的贡献。本章主要实证分析中国能源投入对经济增长的贡献，体现能源投入产出的积极效应。第六章——中国能源投入带来的环境压力测算。本章主要实证研究中国能源投入与环境污染的关联，体现能源投入产出的负面效应。第七章——促进我国能源与经济、环境协调发展的政策建议。

本书的独特之处在于：一是通过梳理国际上有关能源投入产出的前沿性模型，研究这些模型成立的理论背景，评价这些模型的优缺点，最终找到适用于中国能源问题研究的投入产出模型。二是基于若干种能源消耗的投入产出平衡方程建立能源消耗总量变动的双极分解模型，以及体现能源消耗变动部门贡献的双极分解模型。三是基于若干个部门的投入产出模型建立工业大气污染物排放量变动的Laspeyres分解模型，以此来研究我国13个工业部门两个不同年度间三种大气污染物排放变动的影响因素；测算各种影响因素对污染物排放变动的影响大小和影响方向；测算三种污染物排放变动的部门贡献。

书名：《中国能源效率与其影响因素研究》
作者：张瑞　著
出版时间：2011 年 4 月
出版社：经济日报出版社

内容提要：《中国能源效率与其影响因素研究》一书借鉴能源科学、经济学、管理学、计量经济学的有关理论与方法，以 MATLAB、EVIEWS 等作为计算工具，在分析了能源消费与经济增长关系的基础上，定量研究了技术进步、产业结构、能源消费结构与能源效率之间的关系，弥补了此方面定量研究的空白。本书还从区域能源效率差异的角度出发，分析了工业化进程对区域能源效率差异的影响，为缩小区域能源效率差异提出了相关对策。

《中国能源效率与其影响因素研究》一书共分为七章。第一章——绪论。主要介绍了能源效率及其影响因素研究的目的与意义，总结了国内外研究能源效率因素的相关文献。第二章——中国能源消费与经济增长的关系。讨论能源消费与经济增长之间的关系，应用单整、协整以及 Granger 因果关系检验的方法，建立协整与误差修正模型，对中国能源消费总量、主要类型能源消费量与经济增长之间的关系进行实证分析。从能源消费弹性系数的角度，对中国能源消费与经济增长的关系进行评价。第三章——技术进步对能源效率影响的实证分析。分析技术进步对能源效率的影响机理，给出技术进步水平与能源效率之间的定量关系。在计算节能量与节能率的基础上，给出技术进步节能率的测算方法，并基于此方法，应用我国不同时期的数据，对中国的技术进步节能率进行测算。从能源效率的角度，给出技术进步与能源价格、能源研发投入的关系模型。第四章——产业结构变动对能源效率的实证分析。分析产业结构变动对经济增长、能源消费的影响，建立各产业比重与能源效率动态回归模型。建立能源强度变化的全分解模型，计算产业结构变动对能源强度变动的影响份额。第五章——能源消费结构对能源效率影响的实证分析。分析了能源消费结构对能源效率的影响，提出以提高能效为导向的能源消费结构优化基本思路与具体措施。第六章——中国工业化进程中区域能源效率差异实证研究。分析了中国工业化进程中区域能源效率差异，提出解决缩小地区能源效率差距的方法。第七章——结论与展望。给出本书的主要结论及其创新点，对研究中存在的问题以及以后进一步工作的内容提出建议。

本书的独特之处在于：一是建立了能源强度变化的全分解模型，计算出了产业结构变动对能源强度变动的影响份额；建立了能源效率与能源消费比重的协整模型。二是基于熵统计的方法对省级能源效率的差异进行了分析，建立了各区域经济增长与能源消费的面板

模型，分析了区域间能源消费弹性系数差异；建立了工业化对区域能源消费影响的面板协整模型，分析了伴随着技术进步与产业结构变动的工业化进程对各区域能源效率的影响；建立了经济增长差距与能源效率差距的收敛性模型，实证分析了区域经济增长差距拉动或缩小对能源效率差距所产生的影响。

书名：《中国能源供应体系研究》
作者：史丹等　著
出版时间：2011 年 5 月
出版社：经济管理出版社

内容提要：本书将能源供应体系分为四大体系：能源供应的物质体系、能源供应的安全保障体系、能源供应的清洁体系、能源供应的价格体系。根据本研究，我国已经形成比较齐全的能源供应物质体系。但是体系内发展不平衡，主要表现为运输和生产能力的不平衡，先进技术应用的不平衡，生产规模和经济效益的不平衡，能源投资与能源需求的不平衡，传统能源资源开发与新能源、可再生能源开发的不平衡。在四大体系中，能源供应的清洁体系建设是最为薄弱的，其不仅依赖于政府的推动和产业发展，而且还依赖于消费者与市场的选择；同时，能源价格体系建设是能源供应体系中最为困难的，因为能源价格涉及各方的利益，如果没有合理的能源价格体系，我国稳定、合理、清洁的能源供应体系建设就会缺乏经济手段。而在市场经济条件下，与行政管理手段相比，经济手段往往是事半功倍的。

《中国能源供应体系研究》一书包括四篇共计十章内容。第一篇，能源供应的物质体系，共分三章。第一章主要考察我国能源资源储备、分布及其开采情况。第二章主要研究我国能源加工转换与能源运输。第三章研究能源投资和能源工业。这一篇运用大量的数据、图表对我国从能源资源开采、能源加工转换到能源运输销售、能源投资和能源工业进行纵向和横向的对比分析，展现其变化趋势和存在的不足，由此可以基本掌握我国能源供应能力现状。第二篇，能源供应安全保障体系，共包括三章。第一章主要研究能源安全概念、能源安全的一般性和特殊性、我国能源供应面临的主要风险与挑战。第二章探讨建立能源安全保障体系的内部条件和外部环境。第三章介绍了世界能源资源储量分布、生产与贸易的基本态势，部分发达国家能源发展战略和安全保障措施。第三篇，能源供应的清洁体系，共分为两章。第一章主要介绍了化石能源清洁利用技术的发展现状，关于解决污染排放问题的制度理论与政策设计。第二章探讨了清洁可再生能源在当前发展的现状与未来的比较优势，分析了我国发展清洁可再生能源的必要性和存在的主要障碍，世界其他国家发展清洁可再生能源的做法与经验，我国加快发展清洁可再生能源政策措施。第四篇，能源供应的价格体系，共分为两章。第一章介绍了能源定价的理论与方法，我国能源价格定价机制的演变及能源价格体制改革，提出了如何深入我国能源价格体制改革，能源价格体系的作用及构造等。第二章研究能源价格水平的变动及其价格承受力。本章主要的特点是定性分析与定量分析相结合，系统地回顾与评价我国各品种能源价格的定价机制与改革过程，我国能源价格水平的变动趋势，结合能源价格波动及其引发的能源价格风险问题，提出了能源价格承受力的概念和分析法。

本书具有以下三个突出特点：一是全面性。本书将能源供应体系界定为四个部分：能源供应的物质体系、能源供应的安全保障体系、能源供应的清洁体系、能源供应的价格体系。采用定性与定量分析相结合的方法，系统深入地研究了中国能源供应物质体系、安全保障体系、清洁体系、价格体系的现状，指出了中国能源供应体系建设过程中存在的问题及其原因，并提出了构建稳定、经济、清洁的能源供应体系的基本构想以及相应的政策措施，体现了多维度、多视角、多层次的全面性特点。二是创新性。本书对能源供应体系进行了全面阐述，认为能源供应体系应该包括物质体系、安全保障体系、清洁体系和价格体系四个方面。这一提法丰富了中国能源供应体系的内涵，扩大了能源供应体系研究领域，完善了能源供应体系研究的框架，对能源经济研究和中国能源领域体制改革都具有一定意义。本书对能源安全研究的视角、方法以及提出的具有新意的观点在国内学术界得到了一致认可，丰富了国内能源安全课题研究的内容。三是应用性。本书不仅提出了构建中国能源供应体系的战略构想，还提出了一些具有可操作性的相关政策建议，可供有关部门决策时参考，对如何进一步优化中国能源供应体系具有较好的应用价值。

书名：《世界能源政治与中国国际能源合作》
作者：余建华等　著
出版时间：2011 年 5 月
出版社：长春出版社

内容提要：本书主要从分析当代国际关系中的能源（以石油和天然气为主）政治和安全因素入手，在剖析相关能源政治的国际关系理论基础上，对国际能源格局、供求态势及油气地缘政治的发展演变进行系统考察，全面阐析 21 世纪初国际油气竞争态势和各国不同类型的对外能源战略，在探讨战略机遇期的中国为解决能源“瓶颈”（尤其是石油安全）问题而在国内实施可持续能源发展战略的同时，通过总体的综合分析与分区的实证考察，详尽研讨中国能源国际化经营的“走出去”战略和加强国际能源合作的历史演进、基本特征、成败得失、机遇障碍和应对之策，最后立足于诸多数据和实例，对“中国能源威胁论”进行综合解析和驳斥，揭示 21 世纪中国在能源问题上坚持“科学发展”和“和平发展”国策方针的有机结合，在新能源安全观的指导下，谋求与世界各国互利共赢的国际能源合作。

《世界能源政治与中国国际能源合作》一书共八章内容。第一章，在对能源进行定义分析和分类基础上，以两次世界大战和历次中东战争、两伊战争与海湾战争为例，对能源的政治属性做出透彻的论述，同时厘清国际能源安全政策和国际能源安全合作的孕育与形成过程。第二章，以多维理论视角对国际能源政治研究进行阐析，分别从地缘政治理论、相互依存理论、非传统安全理论和能源外交论等国际关系相关理论流派对能源政治与能源安全的概念和内涵进行综合论析。第三章，以最新数据概述全球能源消费结构、国际油气资源分布的地缘特征和世界能源供需格局的结构性矛盾，对世界油气格局的未来前景和目前全球方兴未艾的新能源浪潮进行展望和评估。第四章，阐析近百年来以油气资源、市场、通道的角逐与竞争为核心的国际能源地缘政治发展的三个重要阶段；在此基础上，探析 21 世纪全球能源格局的演变走向；并对各国围绕里海能源开发及油气输出管线所展开的竞争。第五章，分别考察美国、欧盟及其成员国和日本等传统能源消费国，东盟国家、印度和韩国等亚太新兴能源消费国，以及中东、苏联、非洲和拉美地区的能源资源国各具特色的对外能源战略，并总结出各国对外能源战略的特点。第六章，客观分析我国当前能源瓶颈问题的成因及其对国家能源安全的影响。第七章，总结、论述中国能源企业“走出去”战略和国际能源合作战略的发展阶段、总体特征、制约因素及应对策略。第八章，主要就中国与亚太、独联体、非洲、中东以及欧美地区国家所展开的国际能源合作的现状、障碍与机遇进行有的放矢的评估考察，并相应提出一系列具体的政策建议。

本书的独创之处在于：一是揭示当前与国际关系演变密切相关的全球能源格局主要特征。二是总结出世界主要国家对外能源战略的重要特点。三是划分了改革开放至今我国国际能源合作战略大致经历的三个发展阶段。四是基于大量的事实材料和系统的理论分析，有力批驳了21世纪以来国际上涌动的“中国能源威胁论”。

书名：《中国对外贸易的能源环境影响——基于隐含流的研究》
作者：陈红敏 著
出版时间：2011 年 7 月
出版社：复旦大学出版社

内容提要：《中国对外贸易的能源环境影响——基于隐含流的研究》一书首先在改进传统的隐含能和隐含碳分析架构的基础上，核算了我国 1997～2006 年对外贸易中的隐含能和隐含碳进出口情况，分析了其对我国能源环境的影响。其次又着重考察了出口贸易中隐含能和隐含碳投入的 GDP 效应和就业效应。最后从贸易角度寻找缓解我国能源环境压力的途径。主要结论包括：我国对外贸易中隐含能和隐含碳的大量出口和净出口，以及由此带来的能源环境影响问题，本质上不是规模问题，不是技术问题，而是一个结构问题。而我国长期以来 GDP 导向的贸易增长策略是导致我国结构性问题的根本原因。对我国而言，贸易的发展从 GDP 导向转向就业导向，并逐步向人力资本密集型方向发展；从横向的产品结构调整转向纵向的向产业链高附加值部分的调整，以及健康的国内市场的培育，将有助于我国在全球化中更好地平衡能源环境压力与国家利益。

《中国对外贸易的能源环境影响——基于隐含流的研究》一书共包括八章内容。第一章是对外贸易发展与能源环境约束。主要介绍了本书研究背景和研究思路、技术路线。第二章是自由贸易对资源和环境的影响。主要对贸易与环境现有研究进行了综述与评价。第三章是对外贸易中隐含流的研究现状与问题，主要介绍了隐含流分析的缘起、主要技术及其发展、隐含流对能源环境影响、中国对外贸易中隐含的能源和污染流核算。第四章从隐含流角度看中国对外贸易的能源环境压力。主要包括中国对外贸易中的隐含能估算、中国对外贸易中的隐含碳排放估算、对外贸易对中国能源环境的压力。第五章是隐含流出口对国内增加值和就业的影响。主要包括从资源投入产出的角度考察贸易的能源环境影响、隐含流出口对国内增加值和就业的影响。第六章是贸易的规模、结构和技术因素对隐含能的影响。主要包括影响因素的分解分析，贸易的规模、结构和技术因素对隐含能出口变化的影响，进出口贸易的规模、结构和技术因素对隐含能净出口的影响。第七章是能源环境压力下的贸易调整策略。主要包括贸易对能源环境压力的结构性根源、从“微笑曲线”看中国出口贸易的能源环境压力、可持续发展的贸易调整策略。第八章是结论与展望。

本书的创新之处在于：第一，将“隐含能”和“隐含碳”等概念统一在“隐含流”概念的基础上，尝试建立了以“虚拟进口国”假设为原则的隐含流分析架构。并提出了基于“虚拟进口国”假设的较为简单的进口技术系数的选择方法，以简化对来自不同国家进口产品隐含能的计算。该方法在分析单一国家对外贸易中的隐含流时，弥补了采用“进口同质性假设”或“进口替代假设”，以及其他随意性过大的技术系数选择方式的不足，同时又比多区域的投入产出方法更为灵活简便。第二，尝试建立了同时包含能源消费和生产过程碳排放的隐含碳核算框架。传统的隐含碳核算中主要侧重对能源消费导致的碳排放的核算，而忽视了工业生产过程排放导致的产品中的生产过程隐含碳排放。为了适应我国工业过程碳排放比重不断上升的现实情况，本书尝试扩大了传统的能源消费的隐含碳核算框架，以同时包含生产过程的隐含碳排放，并与传统的方法具有兼容性。

书名：《中国农村能源消费问题研究》
作者：朱立志　刘静　等著
出版时间：2011 年 8 月
出版社：中国农业科学技术出版社

内容提要：在现代农业和新农村建设的发展过程中，能源消费将不断加快增长幅度，但由于技术和设备以及政策和法规等方面还不够完善，农村地区的能源利用效率还很低，碳排放量和污染物排放量越来越大。同时，农业是生物质能源原料生产部门，在生物质能源产业化中占有主要地位。因此，在国家能源发展战略部署中，农村能源领域责任重大，必须进行相关研究，提出对策建议。本书从不同方面对农村能源进行了研究，涉及中国农村能源消费总体状况、典型地区农村能源消费结构、农村能源消费理论、发达国家能源消费升级的经验和启示、中国农村能源消费升级研究、中国农业生产性能源消费结构评价与影响因素分析和农村地区生物质能源开发研究等农村能源领域的主要方面。

《中国农村能源消费问题研究》一书共六章内容。第一章中国农村能源消费状况分析。本章介绍了中国农村煤炭、石油、电力、秸秆、薪柴、沼气的消费状况。并且就中国典型地区农村生活生产能源消费结构做了详细的分析。第二章中国农村能源消费理论分析。主要内容有中国农村生活能源消费需求影响因素以及中国农村能源安全与国家能源安全的关系。第三章世界典型发达国家能源消费升级的经验和启示。本章分别介绍了美国、法国、德国和日本等国家能源消费升级的经验以及对中国的启示。第四章中国农村能源消费升级研究。本章首先对中国农村能源消费升级弹性做了研究，并且选择了四川、湖南、新疆、河北等典型地区农村能源消费升级弹性做了测算。此外，本章选取了 12 个村级样本、105 个农户样本对农户能源消费升级进行了实证研究。第五章中国农业生产性能源消费结构评价与影响因素分析。主要内容包括对农业生产性能源消费结构进行评价、农业生产性能源影响因素的分析。第六章中国农村生物质能源开发研究。本章内容包括对河南省、湖南省永顺县等地区的生物质能源利用进行了实证研究，通过调查问卷选择模型对农户沼气实施效益、农户沼气采纳行为进行了研究。

书名：《中国钢铁业能源效率研究》
作者：史红亮　陈凯　著
出版时间：2011 年 9 月
出版社：经济科学出版社

内容提要：本书以研究我国钢铁行业能源效率为核心，在分省市、分经济区的地域基础上，系统分析了钢铁行业近几十年来能源效率的变化趋势，钢铁行业全要素能源效率与全要素生产率的内在关系，研究了技术因素、资本与非资本可替代性、能源消费品种的可替代性、产业和产品结构因素、能源价格因素、产权因素、出口结构因素对钢铁行业能源效率的影响。主要结论有：一是只要保持钢铁能耗年均下降幅度在 4.59% 的水平上，就可以实现钢铁行业能源消费总量的“零增长”，将钢铁行业能耗总量保持在 2008 年的水平上；钢铁行业的全要素能源效率与区域经济的发展水平呈现“U”型关系。二是我国钢铁行业能源效率的提高主要是由技术进步推动的，当技术进步促进能源效率提升时，就会受到技术效率相对下降对能源效率的抑制。其次为产业集中度和产权结构，对外贸易因素对钢铁行业能源效率贡献较小。

《中国钢铁业能源效率研究》一书共包括十一章内容。第一章对能源效率研究文献进行了梳理，从能源效率的定义、能源效率研究方法、能源效率与经济增长的关系、能源效率与技术进步的关系、能源效率与结构调整的关系、能源效率与能源价格的关系、能源效率与要素替代的关系七个方面进行详细陈述。第二章对我国钢铁行业的基本情况，包括钢铁行业产能变动、产品结构变动、固定资产投资状况、技术进步趋势、钢铁行业的产权结构变动、规模结构变动、能源消费结构和变动情况进行了量化描述分析。第三章基于 Laspeyres 指数分解模型把我国钢铁行业能源消耗总量的变动分解为钢铁行业的经济增长效应和钢铁行业能源强度效应。第四章基于 DEA 的非参数分析，对我国钢铁行业 28 个省、自治区、直辖市 1992～2008 年的全要素能源效率（TFEE）的变化进行了测算，对比了钢铁行业全要素能源效率与单要素能源效率之间的联系；并按 7 大经济区对我国钢铁行业全要素能源效率的区域差异和节能潜力进行了分析。第五章基于动态 DEA 的非参数 Malmquist 指数法，分析了我国钢铁产业 1992～2007 年我国 28 个省、自治区、直辖市钢铁行业全要素生产率以及中国 7 大经济区钢铁行业全要素生产率变动。第六章针对以往用于估计要素替代率的经济模型存在的不足，以超越对数成本函数和可变替代弹性为基础，以能源、劳动、资本为投入要素建立了一个超越对数生产函数模型，估算了我国钢铁行业能源、资本、劳动力的产出弹性和替代弹性。第七章基于我国的 7 大经济区，把我国钢铁行业能源消耗强度的变动分解为结构份额变动和效率份额变动。第八章使用我国钢铁行业1984～2009年煤炭、石油、电力能源消费数据和价格数据，再将煤炭、石油消费比重进入系统方程，系统考察了钢铁行业各能源品种能耗强度的自价格弹性和交叉价格弹性。第九章基于我国钢铁行业2002～2008年的21个省、自治区、直辖市面板数据，对钢铁行业技术进步、行业平均规模、行业集中度、钢铁行业产权结构、行业对外贸易程度与钢铁行业的全要素能源效率长期均衡关系进行了估算；在此基础上，使用向量误差修正模型，利用脉冲响应函数和方差分解模型对钢铁行业全要素能源效率与其影响因素之间的短期动态关系作进一步分析。第十章在前面章节研究的基础上，从技术进步与扩散、能源价格的调整和用能钢铁企业的限制、产能和产品的结构调整等方面，对我国钢铁产业如何有效地提高能源使用效率，提出了对应措施建议。第十一章为结论与展望。

本书的独特之处在于，一是对能效研究领域的深化。运用各种具体分解模型、超越对数生产函数模型和向量误差修正模型对能源效率进行重新评估，得出了一些有意义的结论。二是拓展了能源效率研究领域。目前相关能源效率的研究文献，在研究层面上集中在国家或者工业层面，缺乏对单个具体行业能源效率的系统研究。

书名：《中国农村发展中的能源、环境及适应气候变化问题》
作者：林而达　杜丹德　孙芳等　编著
出版时间：2011 年 9 月
出版社：科学出版社

内容提要：中国是一个农业大国，大量、分散的农村人口以及各地不同的自然条件和经济发展水平使得农村的能源问题远比城市复杂得多。改革开放以来，中国的农村经济取得了快速发展，同时也在能源环境和气候变化方面面临着巨大挑战。一是农村能源消费快速增长，农村生活用能商品化程度低；二是与能源利用相关的环境问题突出；三是农村为最容易受气候变化不利影响的地区。本书研究的目的是通过文献分析与中外案例分析相结合，为中国未来农村发展、解决农村能源环境问题以及农村应对气候变化问题提供政策建议。本书首先分析了我国农村发展中的能源问题，即我国农村能源的现状（包括农村能源的种类、消费方式等）；农村能源发展存在的问题；不同用途的农村能源未来的发展趋势以及未来农村能源建设的政策建议。其次研究了由农村能源问题所引发的农村环境问题，如农村能源发展产生的传统污染物增加带来的环境问题；污染物传输引起的环境问题；农村能源发展衍生的气候变化问题等，进而研究如何提高我国农村能效、实现能源可持续利用、发展低碳经济的国家机遇与挑战；如何采用市场机制解决农村能源问题引发的环境问题；以及农村能源、适应气候变化与粮食安全的对策。最后根据以上科学研究，提出相关的政策建议。

《中国农村发展中的能源、环境及适应气候变化问题》一书共包括八章内容。第一章，绪论。第二章，中国农村能源、环境和气候变化问题概述。主要介绍了中国农村能源问题的演变以及中国农村能源、环境和气候变化问题的政策背景。第三章，中国农村能源利用的趋势与挑战。主要内容包括中国农村能源利用的现状以及农村能源消费存在的问题，并对未来农村能源需求进行了展望。第四章，农村能源消费的环境效应分析。本章分别对商品能源、传统能源以及农村可再生能源环境效益进行了分析。第五章，农村能源、环境和适应气候变化的国际经验。本章介绍了国外能源研究的经验启示以及国外农村地区适应气候变化的经验。第六章，农村适应和减缓气候变化的政策选择。本章提出中央政府需要建立政策和基金制度来提高农村地区减缓和适应气候变化的能力，其中包括通过节能建筑和依靠可再生能源等。第七章，农村应对气候变化的案例研究。本章介绍了畜牧业节能清污增产增收、农村地区生物质能发电、农林部门温室气体减排、灾后重建等案例。第八章，政策建议。

本书的独特之处在于：一是比较全面地介绍了中国农村能源消费的现状与存在的问题，为中国农村能源问题研究提供了基础背景和数据索引。二是案例研究。包括国外农村能源利用的案例，以美国、爱尔兰等国家为例描述了现代型能源供应与农村发展之间的关系，并识别发展过程中存在的障碍。另外本书还进行了中国农村应对气候变化的典型案例研究，例如畜牧业节能清污增产增收、农村地区生物质能发电、农林部门温室气体减排、灾后重建等案例，这些典型案例研究使得政策建议更加具有可操作性。

书名：《中国能源效率问题研究》
作者：魏楚 著
出版时间：2011 年 9 月
出版社：中国环境科学出版社

内容提要：提高能源效率是破解当前中国经济发展中面临的能源紧缺与环境污染两大困境的必经之路。研究中国的能源效率问题，需要解决以下三个主要问题："什么是能源效率"、"中国的能源效率怎样"以及"哪些因素影响能源效率"。本书即是一个受上述"问题驱动"的实证分析。通过运用经济增长理论、生产率理论、环境经济理论等知识，利用非参数 DEA 方法构建全要素框架下的能源效率模型，根据不同层面数据，对中国及各地区的能源效率进行评价，并借助计量模型对能源效率差异进行解释，以寻求能源效率背后诸多影响因素的影响机制、路径、方向和大小，从而为当前我国的节能减排实践提供一定的启示。

《中国能源效率问题研究》一书包括五个部分共九章内容。第一部分即第一章，回答了"为什么要研究中国的能源效率问题？"从中国能源的供给、需求、利用以及环境污染四个层面，刻画出当前我国为实现可持续发展所面临的巨大困境与挑战，从而引出能源效率研究的重要性、必要性及本书研究的动机，同时介绍了本书采用的技术路线图与研究基本框架。

第二部分即第二章和第三章，回答了"什么是能源效率？如何测度能源效率？"首先在第二章对以往研究进行梳理与概括，沿着单要素能源生产率框架和多要素生产率框架两条主线，对不同的概念、定义、研究方法与结果进行述评，并总结了当前的研究缺陷及未来有待深入的方向。接着，在第三章中定义了本书将要采用的基于 DEA 方法的全要素能源技术效率模型、全要素能源经济效率模型和全要素能源相对效率模型。

第三部分即第四章和第五章，回答了"在国际上，中国的能源效率水平怎样？为什么？"在第四章中，作者通过观察 1980～2003 年全球 96 个国家（地区）的投入产出数据，发现了中国的全要素能源技术效率非常落后，其中的一个重要原因在于中国的规模效率低下。在第五章中，作者额外考虑了投入要素的价格信息，利用 35 个国家和地区 1998～2003 年的数据对全要素能源经济效率进行考察，发现了中国能源效率低下的另一个重要原因在于：要素的配置效率低下，而配置效率较低主要是由于我国能源相对价格较低所致。

第四部分即第六章和第七章，回答了"我国各地区的能源效率是否有差异？"在第六章中，作者利用省级面板数据对 1995～2007 年的全要素能源相对效率进行了评价，发现东、中、西部地区存在着巨大的能源效率差异，而产业结构、产权制度、资本深化、能源结构等因素都能够用于解释能源效率的地区差异性。为了进一步控制住地区差异性，在第七章中选择了浙江省，以浙江省内11市的工业经济为研究对象，评价这些地区在1999～2006年的工业能源效率，发现地区工业经济的规模大小、技术水平、外资引入程度、信息化程度等因素也能够解释能源效率的地区间差异。

第五部分即第八章和第九章，回答了“我国能否实现节能减排目标？代价有多大？”。在第八章中作者对我国节能减排目标的可行性进行了深入探讨，利用2005～2007年中国29个省的要素投入、经济产出和污染物数据，对各地区的节能潜力与减排潜力进行了评价，并加总为全国的节能潜力与减排潜力。此外，对于节能减排的经济代价进行了估算，发现其潜在产出损失为实际产出的0.36%左右，是完全可以承受的。第九章为结论和启示。

《中国能源效率问题研究》一书的独特之处在于：第一，在生产理论、环境经济理论基础上，运用非参数DEA方法构建出全要素框架下的能源效率模型。第二，尝试结合传统生产理论与环境经济学的最新进展，将污染物纳入全要素生产率框架，从而在一个新的视野下考察能源效率。第三，考虑投入要素的价格信息，利用35个国家和地区的面板数据测算了各国全要素能源经济效率，并分解出投入要素的配置效率，为解释中国能源低效提供另一个新的视角。第四，对中国节能减排目标可行性进行了分析，并进行情景分析，还估算了节能减排所带来的潜在产出损失。

书名：《中国能源利用效率问题研究》
作者：史丹等　著
出版时间：2011 年 10 月
出版社：经济管理出版社

内容提要：提高我国能源利用效率是破解当前中国经济发展中面临的能源短缺与环境污染两大困境的必经之路，是我国能源发展战略中的重要内容。研究中国的能源效率问题以及节能潜力，需要回答以下三个主要问题：什么是能源效率、中国的能源效率现状以及影响能源效率的因素。能源效率问题既是一个理论问题，也是具有很强现实性的课题。因此，本书特别注重理论研究和现实研究相结合，分别从国家、地区、行业三个层次对能效现状、影响因素及节能潜力进行深入分析，并且在研究的基础上提出了建设性政策建议与措施。

《中国能源利用效率问题研究》一书分三篇，共二十二章。第一篇是“总论篇”，在介绍能源利用效率含义与度量的基础上，总结了主要发达国家能源利用效率的变动趋势，阐述了提高能源利用效率的意义，测算了中国能源利用效率改进的潜力，分析了增长方式、产业结构、自然环境因素、能源相对价格等价格对能源利用效率的影响，并对高耗能行业能源利用效率及其区域差异、能源利用效率波动的原因与政策冲击进行了估算。第二篇是“行业篇”，对水泥、有色金属、钢铁、石化、机械、电力、家电、大型公共建筑、交通运输 9 个重点耗能行业的发展状况、能源消耗、节能工作进展、能源效率提高潜力进行了深入分析，并提出了有针对性的政策建议。考虑到机场作为一种重要的公共建筑，在建筑节能方面发挥着重要的示范作用，此部分特别介绍了国外建设新一代环保节能机场的政策措施和管理经验，并结合中国民用机场节能环保的措施，提出了加强新一代环保节能机场建设的政策建议。第三篇是“政策篇”，在梳理总结中国节能财政政策存在的问题的基础上，通过借鉴国外节能财政政策的先进经验，明确了中国节能财政政策的发展目标和支持方向，并提出了加强和完善中国节能财政政策的政策建议。此外，为了使课题研究成果具有更强的指导性和针对性，通过实地调研，详细介绍了北京市和广东省的能源利用状况、节能政策及其实施效果、下一阶段节能形势与政策建议。

本书的创新之处在于：一是理论突破。主要体现在结合工业化发展阶段，比较系统地搭建了一个研究我国能源利用效率影响因素的分析框架。在这个框架中，既能分析产业结构对能源利用效率的影响，又能研究技术进步、体制变革、价格变化等因素对能源利用效率的作用机制，还能区分中国各地区理论节能潜力和实际节能潜力。二是研究方法的创新。主要体现在以下三个方面：①在国内学者中首次采用随机动态一般均衡模型来研究能源利用效率波动问题，利用数值模拟对我国能源利用效率波动进行分析，并通过脉冲试验方法讨论提高能源效率的政策工具；②在国内学者中首次将自然环境因素纳入能源利用效率的实证分析中，提出了更有针对性的区域节能目标估算方法；③在估算我国各地区能源利用效率的潜力时，综合采用了单要素和全要素两种方法进行分析，更加准确地估算各个地区能源利用效率。

书名：《交通能源消费及碳排放研究》
作者： 史立新　主编
出版时间： 2011 年 10 月
出版社： 中国经济出版社

内容提要： 从世界范围看，交通既是能源消费和碳排放的大户，也是推动石油消费增长的主要因素，在各国节能减排中都占据重要地位。国际经验表明，经济发展水平越高，交通占能源消费的比例也越大。按照这一规律，未来随着我国经济社会快速发展，交通占全国能源消费的比例仍将呈上升趋势，交通领域节能减排的责任更加重要，任务也更加艰巨。

《交通能源消费及碳排放研究》一书包括三部分共六章。第一部分即概要，主要介绍了交通能耗及碳排放的分析方法、国际比较以及对我国交通节能减排的几点建议。第二部分即第一章交通、能源与气候变化。主要介绍了世界能源消费特征、世界能源消费与气候变化、世界交通能源消费以及世界交通二氧化碳排放。第三部分即第二章至第六章，分别介绍了美国、日本、欧盟、中国以及巴西印度、俄罗斯等国家的交通能耗及碳排放。

《交通能源消费及碳排放研究》一书的独特之处在于：一是在汲取国内外已有研究成果的基础上，建立了交通能耗及其碳排放分析框架；二是从全球视角审视交通能耗及其碳排放情况，阐明交通节能减排的重要意义；三是以提出的分析框架为工具，以官方发布的统计数据为基础，对美国、日本、欧盟和“金砖四国”的交通能耗及其碳排放情况展开实证分析，并在此基础上进行国别比较，归纳总结具有普遍适用性的一般规律，为促进我国交通节能减排提供参考和借鉴。

书名：《西部地区能源资源优势与长期经济增长》
作者：蔡圣华 牟敦国 李智 方梦祥 著
出版时间：2011 年 11 月
出版社：浙江大学出版社

内容提要： 科学合理地开发利用西部能源资源，不仅对西部地区经济社会发展具有重要的推动作用，而且对促进我国经济发展方式转变、产业结构调整具有重要的战略意义。实施西部的开发政策 10 年来，以“西电东送、西气东输”等重点工程为代表的西部地区能源建设促进了西部地区的经济发展，为地方经济带来了资金和技术，而且大规模基础设施的建设改善了西部地区的交通运输条件，有利于东、西部优势互补，协调发展。

《西部地区能源资源优势与长期经济增长》一书以西部能源资源开发和西部区域经济发展为主题，运用计量经济分析、区域经济发展理论、可计算一般均衡模型等数量经济分析方法系统地分析了东部地区对西部地区的能源需求如何为西部经济的发展提供腾飞的契机，并对能源资源开发可能对西部经济体系造成的影响以及东西部各自禀赋和经济特点形成的东西部经济相互依赖、相互促进的关系做了详细的定量分析。

《西部地区能源资源优势与长期经济增长》一书共包括五章。第一章，能源需求的经济分析。本章分析了能源需求与经济增长的关系；实证分析了我国石油、煤炭、电力和天然气的需求与经济发展的关系，并对未来的需求趋势做了预测。第二章，我国产业结构变动和能源需求变化预测。本章从产业结构发展与国民收入水平之间关系的决定要素出发，分析了产业结构的变化具有“内生性”特点，即使只考虑本国经济对产品的需求，我国的产业结构在未来一段时期内将依然走重化工的路子，从而对能源的需求持续上升。如果没有在能源转化技术方面取得革命性的进展，我国的能源需求将持续上升，对西部的能源开发也就更为紧迫。第三章，西部能源资源的开发利用现状。本章通过对相关统计数据的整理、比较，支出合理开发利用西部能源资源，对于缓解全国能源供需缺口、优化能源资源开发利用格局、调整产业结构、实现国民经济长期发展具有举足轻重的作用。第四章，西部能源开发对社会、经济增长的影响。重点分析了国家对西部能源开发对西部经济发展所带来的有利于经济腾飞的各方面好处。规模较大投资和经济体系自身固有的乘数效应将极大地促进西部经济规模增长，并且这些投资对西部经济的发展起到了推动作用，促进西部各个产业产出水平、技术水平和就业水平的提高。本章同时指出了西部开发可能面临的风险及对西部经济体系可能产生的负面影响。第五章，西部能源开发面临的问题及其政策工具。基于各地区宏观经济数据，分析了东部经济体现长期以来对西部经济体系的资金支

持，并进一步指出随着东部地区对西部地区的能源需求，这种资金支持将会呈现扩大趋势。无论通过财政转移支付的形式还是通过资源交易的形式，东部对西部地区的资金支持将会促进西部“荷兰病”的发展。如何防范“荷兰病”的发展，对制造业的支持成为关键。本章还从税收优惠的角度对比分析了所得税与流转税优惠对治疗“荷兰病”的效果。

书名：《能源资源开发利用与中国能源安全研究》
作者： 张生玲等　著
出版时间： 2011 年 11 月
出版社： 经济科学出版社

内容提要： 本书在厘清国内外复杂的能源开发利用格局基础上，将能源资源合理开发利用和保障国家能源安全之间的关系作为研究对象，探讨构建保障国家能源安全的战略组合，即合理开发和利用国内化石能源资源、合理进口和开发海外化石能源、合理开发和利用新能源，再加上提高能源利用效率和适当的战略石油储备，最大限度地提升国家能源安全水平。本书研究得出的主要结论有：第一，当前能源安全的内涵至少应包括三方面的内容：一是能源供应多元化；二是能源利用高效、安全；三是利用海外能源的成本最小化。第二，从当前来看，保障国家能源安全的基本目标是缩小“能源缺口”。通过能源进口、新能源和可再生能源的应用、提高能源利用效率都能有效降低国内“能源缺口”，提升能源安全的水平，而这三种措施之间存在直接的替代关系。第三，提高能源利用效率在保障能源安全方面意义深远。一是提高能源利用效率基本不受军事力量或复杂国际政治形势等“传统安全问题”的影响，是突破资源约束的根本途径。二是由于产业结构、技术水平、能源结构、生产工艺、作业管理与改善能源利用效率密切相关，因此它内容广泛，手段灵活。三是提高能源利用效率来保障能源安全能够降低一国在能源上的总支出，并减少能源贸易或海外开发往往伴随着的庞大的额外开支。第四，从更为宏观的层面分析，保障中国能源安全，就是为了支撑经济社会的可持续发展。

《能源资源开发利用与中国能源安全研究》一书共包括八章内容。第一章是总论，对全书的研究进行概括。主要探讨国家能源安全的内涵及其演变，论述能源资源合理开发利用与能源安全之间的关系，提出合理开发与利用国内外化石能源资源，合理开发和利用非化石能源资源，提高能源利用效率，可以降低国内“能源缺口”，提升国家能源安全水平。第二章是中国能源安全的理论分析。主要是应用规范经济学分析方法，建立理论模型，对中国能源安全进行理论探讨，并分别分析影响能源安全（或降低能源缺口）的几大要素——国内化石能源供给、国外化石能源供给、新能源和可再生能源、能源利用效率以及战略石油储备等，得出提升国家能源安全的相关思考。第三章是中国能源开发利用中的环境约束。主要分析中国能源开发与利用对环境的影响，展望中国能源开发与利用的环境约束前景，分析环境友好型能源开发利用的国际经验，最后提出缓解能源开发利用环境约束的对策思考。第四章和第五章分别分析中国化石能源开发与利用，海外化石能源进口与投资开发。主要分析国内化石能源开发与利用现状、进口化石能源和海外投资与开发现状，展望国内外化石能源开发与利用前景，最后提出保障国家能源安全的对策思考。第六章是中国非化石能源的开发与利用。主要分析中国非化石能源开发利用现状以及存在的问题，展望中国非化石能源开发与利用前景，最后提出保障国家能源安全的对策思考。第七章是基于国家能源安全的能源利用效率。主要分析中国能源利用效率现状以及存在的问题，展望中国能源利用效率的前景，最后提出减少能耗、保护环境，保障国家能源安全的对策思考。第八章是保障中国能源安全的管理与政策。主要梳理中国现行的石油、煤炭、天然气，新能源和可再生能源的管理与政策，在借鉴主要国家能源管理与政策的基础上提出中国未来能源管理与政策的调整方向，即建立以预防风险，保障国家能源安全为前提的政策体系。

第二节　英文图书精选

21 世纪以来，尤其是最近几年来，能源问题尤其是能源安全及其引发的气候变化、温室效应、可再生能源开发与应用已成为政治层面、经济层面、社会层面、生态环境层面乃至国际关系层面上的重要议题之一。从 2011 年能源前沿报告所选取的外文书籍中，显现的一个重要的特点就是对新能源和能源可持续性问题的探讨与关注大量增加，这反映了当前所谓的“新能源革命”不仅是媒体大众热议的话题，而且也是当前学术研究探索的重要对象。当前国外相关研究对可再生能源发展给予了“理性”的分析和解读，同时，并就可再生能源能否保证能源安全和经济社会的可持续性发展给出了不同的论证，相信本报告所选取的 20 本涵盖机构报告和著名学者专著的书籍会给予读者不一样的“答案”，并获得更多的益处。

书名：《能源、安全与世界重构的探索》

The Quest: Energy, Security and the Remaking of the Modern World

作者： Daniel Yergin

出版时间： 2011 年 9 月 20 日

出版社： Penguin

内容摘要： 毫无疑问的是，能源在全球政治和经济格局演变进程中所发挥着关键的作用。从北京拥挤的街道到里海沿岸，从中东的冲突到国会山与硅谷，本书作者试图告诉我们石油市场的内幕、石油国家的崛起、为控制石油资源的种族冲突以及能源企业之间的兼并等问题，以此来述说围绕石油所演绎的全球经济和地缘政治格局的变化将会继续影响和改变我们的世界。

《能源、安全与世界重构的探索》全书共分为以下部分：第一部分主要介绍的是 1991 年海湾战争以来所形成的一个全新的、更加复杂的石油新世界。分章节介绍了俄罗斯能源帝国的重建、里海油气管道的争议和博弈、石油巨头之间的相互逐鹿、石油国家遭受的“资源诅咒”、石油供应危机的加剧、伊拉克战争的真相、国际油价受供求波动而大幅走高，以及中国快速崛起面临的能源“机遇”与“挑战”等问题。第二部分着重介绍了能源安全尤其是未来的能源供应安全。作者围绕“世界会用完石油吗?”的疑问，通过探索未来石油的来源、非常规能源包括天然气的作用、液化天然气市场的构建，以及能源行业革命性的创新来肯定能源供应安全问题。第三部分讲述了电力时代，作者通过回顾爱迪生开启的第一个电能输送系统革命的事情，讲述了世界电气化革命的趋势。电力无论是对发达国家还是对发展中国家无疑都发挥着关键性的作用。然而，随着“耗电小器件”的普及和广泛应用，电力的需求将会面临挑战。第四部分讲述了气候变化如何从最初的实验室研究课题成为众人皆知的广泛话题的问题。作者透露，相关的研究结果表明，存在的风险不是全球降温而是全球变暖，因此，21 世纪气候问题将成为一个全球性的政治议题。第五部分主要探讨的是新能源，亦即“可再生能源的重生”和技术革新。作者忧虑地指出了可再生能源产业发展道路上充满的政治斗争、争议、挫折和绝望，但也不无欢喜地指出了信心和幸运：庞大的全球产业、大规模的商业化应用等。

《能源、安全与世界重构的探索》一书最后指出，当前基于能源的共识在未来不确定性意外的影响下会对人们的观点、国家能源政策以及国际关系产生或正或负的效应，然而不管能源结构如何改变，能源以及能源挑战将仍旧会是未来时代的主题。

书名：《能源政治》

Energy Politics

作者：Brenda Shaffer

出版时间：2011 年 2 月 10 日

出版社：University of Pennsylvania Press

内容摘要：关于诸多国家与其领导者批评“石油与政治的结合”的声音似乎是耳熟能详了，如由美国领导的伊拉克战争被批评为是“为石油而战”。当石油出口国过分使用能源作为其实现外交目标的工具时，欧洲和美国就会谴责能源出口国利用能源作为“武器”，而拒绝接受其作为标准的和合法的外交手段。众多种种，使得能源政治一直是一个颇受争议并越发显得重要的论题。《能源政治》一书作者认为能源和政治是内在的相联系的。现代的生活——从商品的生产到旅游和休闲的方式，再到发动战争的方法——严重依赖于获取的能源资源。一个国家获取和使用能源资源的能力很大程度上决定着这个国家的经济发展、社会稳定、生活品质以及环境的可持续。能源供应可以视为是区域合作的基础，但同时也是引发能源需求（消费）国与能源生产国之间冲突的导火线。

《能源政治》一书共分为十二个章节。第一章主要介绍的是能源和国家政权类型，尤其是对能源生产国的国家结构、经济状况进行分析；第二章讲述的是不同国家围绕能源问题所实施和推行的经济外交政策，作者强调了能源资源作为外交政策的必要性和危险性；第三章讲述的是油气管道布局的趋势和国际政治问题；第四章指出了基于能源供应和需求的不足，以及欧美等国家对石油出口国运用石油外交政策的不满很容易引发的冲突问题，如伊拉克战争；第五章介绍的是能源供应安全问题；第六章针对当前全球气候变化问题指出了能源资源尤其是常规能源引发的问题；第七章至第十二章分别对俄罗斯、欧洲、美国、中国、伊朗和沙特阿拉伯六个国家能源资源需求状况进行了分析，并对其各自资源禀赋和未来国际间围绕能源安全问题可能引发的外交政策等问题进行了详细的阐释。

《能源政治》一书的独到之处在于：作者为能源如何影响国家和区域政治发展，以及外交政策的方式提供了一个广阔的分析视角。不同于以往学术研究主要关注围绕石油而展开的政治问题，作者对能源政治的研究范围扩展到了不仅包括天然气和替代能源资源，甚至也对气候变化、全球资源分配以及国家间协调合作政策等诸多领域进行了翔实的分析；同时，作者也对全球六大能源生产和消费大国（俄罗斯、欧盟、美国、中国、伊朗和沙特阿拉伯）之间政治和能源的相互关系进行了实证分析。

书名：《电耗：绿色能源的神话和未来燃料》

Power Hungry：*The Myths of*“*Green*”*Energy and the Real Fuels of the Future*

作者： Robert Bryce

出版时间： 2011 年 4 月 26 日

出版社： Public Affairs；Reprint edition

内容摘要：“绿色工作”和一个“清洁能源的未来”的承诺引起了大众的广泛关注。然而在《电耗：绿色能源的神话和未来燃料》一书中，作者极具争议性的明确表示这种愿景需要重新审视。我们不能甚至在不久将来的任何时候都不可能放弃碳基燃料的应用，原因很简单，这是因为碳基燃料向我们提供了苛求的马力，同时，残酷的现实是石油、煤炭和天然气就在我们身边，当然基于社会需求的燃料要求我们做出明智的投资决策。在《电耗：绿色能源的神话和未来燃料》一书中，作者向我们清晰地展示了实现全球能源行业的转变需要具体做些什么。

《电耗：绿色能源的神话和未来燃料》一书共分为四大部分，三十个章节。第一部分包括第一章至第七章，主要讲述了电力的探索历程，着重分析了能源转型的缓慢进程，从木材到煤炭再到石油；同时，基于能源效率的分析，作者指出了电力强度提升和煤炭燃料成本下降的事实，并指出了若没有石油资源，我们将必须依赖煤炭资源。第二部分包括第八章到第二十章，主要讲述的是“绿色”能源神话问题。本部分按照章节内容分别就“绿色”风能和太阳能神话、风能减少二氧化碳排放的问题、丹麦的能源模式及其借鉴、风能减少天然气需求，以及“绿色”能源将会建设战略商品进口和创造“绿色就业”，征收碳税、电动车和煤炭的替代等问题进行了具有争议性的分析和论证。第三部分包括第二十一章至第二十八章，是对天然气和核能发电问题的探讨。作者基于当前社会公众对天然气和核能的青睐，来解释为什么这两种能源会被当下所选择。并指出，随着天然气供应的逐渐增多，其对应的成本就会下降，最终引起消费者对天然气的广泛应用；同时，作者回顾了美国天然气短暂的历史和相关规则制度的不足之处，等等。第四部分包括第二十九章和第三十章，主要探讨的是未来能源燃料问题。作者指出了要对“绿色”燃料进行重新思考并对此问题给出了相关建议，最后，作者提出了对未来真正实现便宜和丰富能源资源的展望。

《电耗：绿色能源的神话和未来燃料》一书的独创之处在于：作者通过丰富的事实材料和相关研究，令人信服地相信可再生能源资源将会在我们未来能源结构中占据重要地位，但作者对此的态度是谨慎的，同时，其慎重地指出可再生能源等“绿色”能源并不是我们解决未来能源问题的可行的“灵丹妙药”。

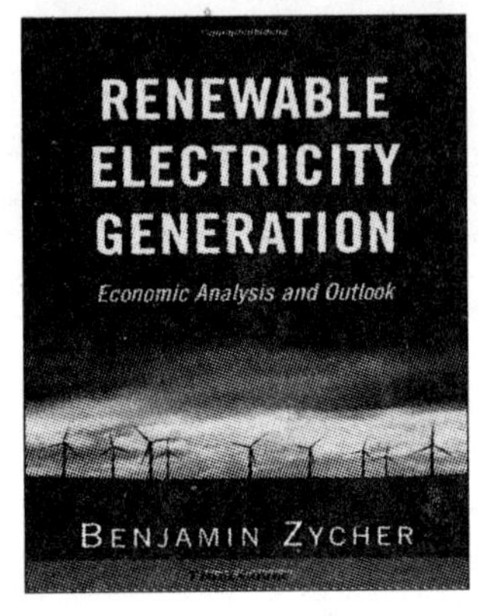

书名：《可再生能源发电：经济分析与展望》

Renewable Electricity Generation: Economic Analysis and Outlook

作者： Benjamin Zycher

出版时间： 2011 年 10 月 27 日

出版社： AEI Press

内容摘要： 可再生能源能否为我们提供足够的电力供应，以及用可再生能源发电是否在经济上可行，一直以来就颇受争议。《可再生能源发电：经济分析与展望》一书通过对可再生能源尤其是作为常规能源替代的风能和太阳能用来发电的前景进行了分析和展望。研究结论使得作者指出旨在促进可再生能源广泛应用的优惠政策并没有达到预期目标，相反也引发了深层次的问题。

《可再生能源发电：经济分析与展望》一书共分为四个章节。第一章主要讲述的是支持可再生能源发电的相关公共政策。作者指出旨在促进可再生能源发电的政策相当的多，如提供直接和间接的补贴形式，以及要求使用一定比例的新能源用来发电在特定的市场上。然而，事实上，政策并没有达到预期效果，美国的可再生能源发电比例依然很低，并且发展进程缓慢。作者指出，市场之所以抵制新能源投资是基于新能源自身的问题——竞争的局限性，较高的成本和较低的可靠性。第二章主要讲述的是影响可再生能源发电的有关问题。具体来看，主要的相关问题表现在以下三个方面：一是可再生能源含量并不集中；二是地理分布的局限性；三是产能因素以及风能和太阳能的间断性。上述因素的存在就需要配套设施的大量投资，进而引发成本的大量上升。第三章主要是对可再生能源支持政策原因的概述，作者指出以下五个因素决定了相关部分应该对可再生能源进行补贴支持。具体来看：一是"幼稚产业"理论，作者指出可再生能源与常规能源发电技术相比不具有竞争性；二是"公平竞争"的争议，常规技术的补贴给予了可再生能源人为的竞争劣势；三是外部性问题引发的"公平竞争"问题，常规能源发电引发的负外部性同样为其提供了成本优势；四是资源耗竭（或可持续性）的观点，支持新能源是为了缓解常规能源的可持续利用；五是"绿色就业"的观点，政策支持可再生能源会扩大就业和增强经济竞争力。然而，作者认为以上的政策支持理由并不是很充分，反而引发众多问题，如作者认为可再生能源的使用并不能实现"绿色就业"的增加，无论是风能还是太阳能发电都是成本很高而且没有效率，净经济效应为负值，因此作者得出基于市场竞争的能源政策才是实现能源资源有效运用的关键所在。第四章主要讲述的是天然气市场发展的建议和展望。

基于以上分析，不难发现《可再生能源发电：经济分析与展望》的独创之处在于：作者认为当前用来支持可再生能源发电的补贴或相关优惠政策并不能实现政策预期，这为我们提供了很多的思考空间。

书名：《智能电网可再生能源系统的设计》

Design of Smart Power Grid Renewable Energy Systems

作者： Benjamin Zycher

出版时间： 2011 年 8 月 2 日

出版社： Wiley－IEEE Press

内容摘要： 当开始进入 21 世纪的第二个十年和体会到全球变暖时，我们必须接受如何创建、产生、配置和使用能源的根本性变化。发展可持续能源，因而减少或消除我们的碳足迹，并有效地利用能源资源是至为关键的。智能电网可再生能源系统可谓是电气工程领域一个革命性的概念，旨在设计成为能够使终端消费者控制他们个体的能源需求。智能电网可再生能源系统的设计通过应用不同于经典办法的方式整合电气工程的三个领域——电力系统工程、电力电子技术和电能转化系统——实现智能电网可再生能源系统的设计和模拟。

《智能电网可再生能源系统的设计》一书共分为八个章节。从总体架构来看，作者首先对能源和电力的演化进行了回顾，然后介绍电网背后的基本概念，并深入分析了电网分布式发电系统中转换器的模拟和智能电网系统的设计。光伏微网和风能系统被视为是可再生能源资源，最后章节作者分析了电网中的潮流和微网，以及电网故障研究。按具体章节主体内容来看，第一章主要介绍的是能源和文明社会及相互关系。作者基于化石能源在文明社会沿革的回顾，指出了能源资源的不可持续性和全球气候变暖的趋势，并进而引出了核能这一替代能源的分析，着重指出了电能系统时代的来临和绿色可再生能源资源的重要作用等。第二章主要讲述的是电网，作者着重分析了电网系统的构建、电网的基本概念以及电能消费的计算问题；同时对电网变压器设计的相关问题进行分析，并对微网系统、三相变压器和输电网线进行了模拟。第三章主要讲述的是对微电网电力系统转换器的模拟。内容涉及单相、三相直流或交流逆变器的分析。第四章主要介绍的是智能电网系统，从电网的运营到电网运营的控制，从负荷—频率的控制到备用电能的计算，作者都进行了详细的分析；同时，作者引入了智能电网的基本概念，并对智能电网的开发和智能微电网可再生绿色能源系统等进行了分析。第五章主要讲述的是太阳能微电网系统。作者分别就太阳能的转换进程（以火电厂为例）、光伏材料、光伏特性、光伏效率、光伏系统的设计、光伏绩效的测评、电池储备系统以及光伏发电技术现状等进行了分析。第六章主要介绍的是风能微电网系统。第七章主要讲述的是对电网系统和微电网系统中的潮流分析，内容涉及电网分析中的电压计算、潮流问题以及潮流问题解决的先进方法等。第八章是对电网和微电网障碍问题的研究。

本书的独创之处在于：不仅为从事相关问题学习的学生提供了关于介绍新能源资源和智能电网的基本概念等基础知识，而且也为相关问题的研究人员和政策制定者提供了有益的参考。

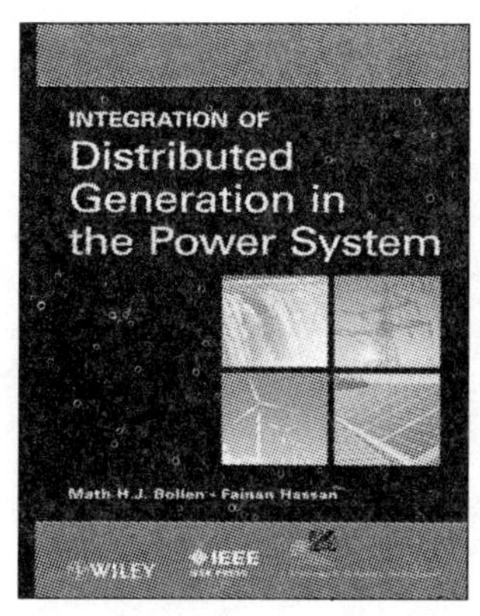

书名：《电力系统中分布式发电的整合》

Integration of Distributed Generation in the Power System

作者： Math H. J. Bollen ， Fainan Hassan

出版时间： 2011 年 8 月 9 日

出版社： Wiley – IEEE Press

内容摘要： 由于可再生能源资源地理空间的特性，其通常被视为是分布式电源。无疑这些资源尤其是可再生能源发电的应用需要电网这一载体发挥关键性的作用。然而，具有争议的问题涉及分布式发电的电网真实的托管容量。《电力系统中分布式发电的整合》一书通过介绍系统化和公开化的方法来量化分布式发电在电力系统中的效应，系统的范围要么局限于特定的区域性电网，要么是整个电网。同时，本书就如何计算和增加不同类型电网托管容量和分布式发电种类进行了阐述分析。

《电力系统中分布式发电的整合》一书共分为九个章节。第一章主要为背景的介绍，作者就电网系统的特性和功能进行了分析，指出电网的主要职能是确保电力资源从产地到消费地的输送，同时为所有的消费者维持一个可接受的稳定的电压质量，并使得提供的服务能够实现成本的最低化。由于稳定可靠和低价的电力容易受到停电等事件影响，因此基于各种原因作者认为引入分布式发电到电力系统就显得很有必要。第二章和第三章主要讲述的分别是新发电源和电力系统，第四章到第八章主要讲述的是分布式发电对电力系统特定方面的影响。具体来看，第二章主要介绍的是新类型发电背后的不同能源种类，尤其强调了风电和太阳能发电。通过对电力系统的简要回顾，第三章引入了“托管容量方法”（Hosting Capacity Approach）。这种方法是在确保电力系统不影响运营绩效的情况下，能够并入的最大电量。第四章主要介绍的是分布式发电并网引发的超负荷风险和对应损耗的增加。第五章为超高压引发的风险。第六章着重分析了电力质量扰动层次的增加问题。第七章是针对分布式发电并网出现的问题而采取的保护手段可能引发的错误运营，以及其对电力系统稳定和运营的影响（第八章）。第九章为结论部分，作者强调研究范围的局限性。

《电力系统中分布式发电的整合》一书独创之处在于：一是本书对可再生能源分布式发电在整个现代电力系统运营情况进行了广泛的探讨，如对可再生能源、电力系统绩效、超负荷和电耗、不同电压和电力输送，以及故障和保护进行了详细的分析。二是本书第一次系统阐述了“托管容量方法”，并就围绕分布式发电并网整合引发的问题进行了细致的分析。比如，过载和损耗增加的风险。三是本书引证的文献和事例丰富，思路清晰，对从事电力工程学（包括电力学和可再生能源）的人员具有重要的参考价值。

书名：《气候变化和全球能源安全：技术和政策选择》

Climate Change and Global Energy Security: Technology and Policy Options

作者：Marilyn A. Brown，Benjamin K. Sovacool

出版时间：2011 年 8 月 12 日

出版社：The MIT Press

内容摘要：应对气候变化和提高能源安全是21世纪全球面临的两大挑战。《气候变化和全球能源安全：技术和政策选择》一书的作者向我们翔实地展示了用于增强全球能源安全的最先进的商业可行的技术，并以此来减轻气候变化的影响。作者基于对采用此种技术面临的各种障碍和对支持此种技术的公共政策的批评进行了评估，认为社会已拥有有效的技术来应对气候变化，并且在经济上和技术上都是可行的，包括高效运输、可再生能源和需求侧管理等。同时，作者也对当前世界上已成功运营的可用来减少温室气体排放和提高能源安全方法进行了案例分析。从丹麦的能源政策和风力发电到巴西的乙醇项目，从中国的炉灶改良项目到美国的有毒物质排放清单。最后，作者认为对气候变化和能源安全两大挑战的有效应对，可以使我们继续维持经济增长、能源供应和保护自然生态环境，而不是在两者之间进行权衡取舍。

《气候变化和全球能源安全：技术和政策选择》一书共分为九个章节。第一章主要讲述的是作者写作此书的目的和内容结构，首先分析了社会技术方法，然后针对当前能源使用所引发的气候变化和能源安全问题进行分析。第二章描述了全球经济发展中的四个资源密集型部门——电力供应、交通、农林业和废弃物与水——应对全球温室气体的排放负有主要的责任。同时，通过对科学和气候变化后果的分析，作者着重强调了转变能源和气候技术与政策的必要性，本章也对政策冲突进行了描述。由于温室气体的产生来源于人类的活动，而且限制温室气体排放的技术是丰富和多元的。基于此，第三章主要关注的是对一系列旨在提高能源安全和减少气候变化影响的可行性技术的分析。不难发现，围绕全球气候变化的许多科学和政策对话关注的是如何减少温室气体排放。第四章拓展了这一话题，包括对“地理工程”（Geo - engineering）和“适应”（Adaptation）方法的阐释，以及对其应用在气候变化问题中所发挥作用进行了乐观的分析。第五章主要对当前阻碍气候友好型技术在全球市场上快速普及应用的因素进行了分析。本章作者首先介绍了市场失灵、公共产品和政策失效等概念，然后列举了20种类障碍因素，最后作者对“碳锁定”概念及影响进行分析。第六章提出了公共政策机制类型学，并对不同评估政策方法进行了概述，包括成本收益分析、有效成本分析和相关混合方法；最后作者对碳定价等问题进行了探讨分析。第七章政策的实施应该是多角度的，此外政策的成功实施要求结合利益相关方的不同利益诉求；同时，本章对全球行动的五个好处（连续性、规模经济、公平、溢出效应的削减和交易成本最小化）给予了评价。第八章则为具体国家在应对气候变化和能源安全问题上的有益做法的案例研究。第九章为结论部分，作者指出合作的、进步的和连贯一致的政策将会有助于我们应对两大挑战。

书名：《能源、生物燃料与发展：巴西与美国的比较》

Energy, Bio Fuels and Development: Comparing Brazil and the United States

作者： Edmund Amann，Werner Baer，Donald V. Coes

出版时间： 2011 年 1 月 20 日

出版社： Routledge

内容摘要： 尝试摆脱化石能源并实现能源资源的多样化是一项涉及经济、社会和环境生态的重要事项。《能源、生物燃料与发展：巴西与美国的比较》一书首次专业性地描述了这一问题，并就巴西这个发展中国家和美国这个发达国家进行了比较分析。作者对两国生物燃料发展进程的前因后果进行了鲜明的分析，无论是巴西的甘蔗还是美国的玉米，关于生物燃料积极效果已经显现，巴西开发生物燃料以使其能够大幅减少外部能源冲击的影响。此外，本书也对目前全球为了促进生物燃料发展的相关国家政策进行了讨论与分析。作者在本书试图尝试回答的问题是很复杂并彼此间相互依赖的，亦即如何实现整个人类社会从依赖于非可再生能源转向以替代性能源资源为主。

《能源、生物燃料与发展：巴西与美国的比较》一书共分为四个部分（二十三个章节）。第一部分主要描述的是宏观经济和能源冲击事件分布的维度问题。本部分包括第二章到第八章，分别介绍了巴西和美国受石油价格冲击而对宏观经济造成的影响，巴西发展进程中的能源和收入分布情况，关于石油资源的有限性，不同时期巴西能源对经济的制约，巴西的石油价格和通胀问题以及基于石油、能源贸易和经济效率的巴西能源自立等内容。第二部分主要讲述的是能源市场变化的社会、区域和环境影响问题。本部分包括第九章到第十四章，主要描述的是巴西气候变化、能源利用和长期经济增长，巴西能源和能源密集型部门地域上的相互关系，在甘蔗产地工人与乙醇企业工人工资的决定因素，生物燃料对巴西贫穷阶层的影响以及巴西石油公司的寡头垄断等。第三部分描述的主要是生物和替代燃料的影响，其内容包括第十五章到第二十二章，具体内容包括美国生物燃料的发展引发下一代的生物经济，基于生物能源、土地利用、食物安全和生命周期的分析，以农业为基础的能源资源对巴西土地利用的影响，以及基于空间面板数据分析甘蔗种植的扩大及其对社会福利的影响等。第四部分为本书的结论部分。作者始终认为虽然生物燃料会对食物生产和农村居民生活产生负面影响，但不应该认为生物燃料就是一个“潘多拉魔盒”。

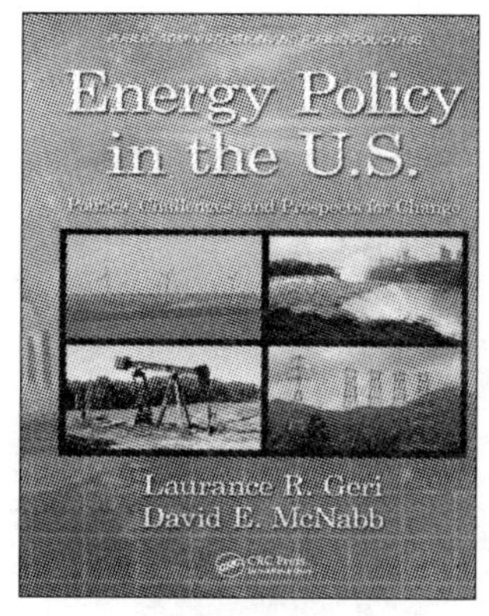

书名：《美国能源政策：政治、挑战与变革展望》

Energy Policy in the U. S.: Politics, Challenges, and Prospects for Change

作者：Laurance R. Geri, David E. McNabb

出版时间：2011 年 6 月 3 日

出版社：CPC Press

内容摘要：向选举产生和被委任的官员提供基于重要认识的政策建议，《美国能源政策：政治、挑战与变革展望》无疑是一次勇敢的尝试。本书向我们展示了重要能源政策和美国政策进程（包括政策制定的历史、目标、行动的方式和结果）的一个鸟瞰。在本书中，作者前半部分着重分析的是通过回顾美国能源政策历史，识别政策制定者，以及对当前替代政策的成本与收益，经济与政治现实问题的鲜明阐述来分析能源政策问题。同时，作者对利益相关方及其试图影响能源政策的企图进行的分析，并强调供求对能源委员会关于能源节约和替代能源开发过程中的重要作用。本书的后半部分作者深入研究了能源政策战略问题，包括经济和规则的选择，以及影响能源政策的要素（如国际合作的重要性）。

《美国能源政策：政治、挑战与变革展望》一书共分为两大部分，十一个章节。第一部分主要讲述的是美国能源政策制定过程中面临的主要挑战。在本部分，作者首先在第一章分析了能源政策的政治现实问题，并对能源政策的玄机和能源政策的职能，以及美国能源部门与能源在商业、工业和农业中的应用，最后基于能源供求的分析，作者认为美国的能源面临供不应求的困境。第二章讲述了美国能源政策的转型。作者基于气候变化和能源需求的新特点，并以此进行预测，认为石油峰值已经出现，综合这些因素能源政策的目标已经发生改变；同时，作者围绕碳的社会成本和碳价的争议进行了分析。第三章描述的是公共政策制定的艺术和科学性。第四章主要介绍的是对可持续能源政策的长期探寻问题，作者回顾了 1945 年以来美国的能源政策历史，并指出了不同时段，能源政策目标的差异性，当前背景下，能源政策关注的主要是能源效率、能源节约和环境保护。第五章讲述的是实现一个平衡能源政策的困难性。第六章围绕当前能源政策机构所关注的问题进行分析，具体来看，这些问题包括气候变化和美国经济、核能的作用、对石油进口的关注等。第二部分主要讲述的是推动能源转型的政策。在第七章中，作者强调在能源政策中引入补贴和加强规制的重要性。第八章分析的是因税收和市场机制形成的政策。作者引入了联邦能源税费、碳税、新能源组合标准，以及上网电价等，并强调了干预在能源政策中的作用。第九章讲述的是关于能源的国际合作。第十章讲述的是作者基于构建一个新能源未来的政策问题，如对化石燃料征收碳税和应对温室气体泄漏问题等。第十一章基于墨西哥海湾漏油的影响，作者对能源政策的变化方向进行了展望，其认为一个广泛参与的和容许多方倾听与诉求的政策会发挥积极作用。

书名：《一个可持续世界的能源》

Energy for a Sustainable World

作者：Nicola Armaroli，Vincenzo Balzani

出版时间：2011 年 1 月 25 日

出版社：Wiley - IEEE Press

内容摘要：长期以来，人类所居住的地球向我们提供了丰富的物质，然而随着人口的增长和经济的发展，能源需求、气候变化等因素使得地球之家面临着可持续发展的急迫性。《一个可持续世界的能源》一书通过权衡各种利弊，向我们展示了一个有关能源问题的宏观视角，作者权衡考虑的不仅有经济和社会因素，还有环境生态等。从历史的视角，作者向我们解释了能源资源的发展历程和一个基本的概念，其认为建立在化石能源基础上的能源系统是不可持续的，同时认为能源危机不仅是一个严峻的挑战，而且也是一个使我们更加关注我们所居住的地球和所建立的文明社会的史无前例的机遇。为了实现世界的可持续性，作者展示了应用于今天和未来的替代能源资源，并对核能、太阳能光热和光伏、太阳能燃料、风能、海洋能和其他可再生能源进行了概述，与此同时，强调了电力和以氢为基础的经济越发重要。

《一个可持续世界的能源》一书共分为六个部分，十五个章节。第一部分主要讲述的是人类所居住的地球所面临的问题。作者着重在第一章分析了能源的挑战与全球增长的不平衡性，指出人口的增长与地球承载力的矛盾，经济增长与生态破坏之间的矛盾，能源与气候危机等。因此如何应对种种挑战成为无法回避的问题。同时，作者对一个概念和错误概念进行了定义，并就能源的历史进程进行回顾。第二部分主要讲述的是化石燃料种类（分别介绍了石油、天然气和煤炭资源）、各自发展历程、技术应用以及能源开采、储藏和使用等。作者肯定了其在人类社会发展进程中所发挥的积极作用，但化石燃料也遗留下了不好的东西——能源的黑暗面。第三部分主要讲述的是核能，涉及的内容有核裂变和核聚变的基本原理、核辐射、核电和核燃料，以及核反应技术等。第四部分讲述的是可再生能源，内容涉及太阳能相关的基础知识，太阳能和太阳能发电，以及太阳能燃料和其他可再生能源（水电、风能、潮汐能）；同时，在水电项目上，作者基于水电项目优缺点和对环境的影响，探索了其未来发展的潜力。第五部分主要探讨的是能源载体，主要分析了电力和氢及其相关应用与配套设施要求等。第六部分主要讲述的是作者对可持续未来景象的展望。理所当然，这种美好的预期需要我们对替代能源进行明智的选择。

书名：《终结糟糕的能源政策：气候变化的前奏》

Ending Dirty Energy Policy：*Prelude to Climate Change*

作者： Joseph P. Tomain

出版时间： 2011 年 6 月 20 日

出版社： Cambridge University Press

内容摘要： 气候变化不仅出现在美国，也在全球范围内显示，但对应的管制引发的巨大的、复杂的问题以前却没有被重视。美国，尤其是 2010 年中期选举之后，缺乏总体应对气候变化的政治意愿。虽然当前许多书籍都不同程度地谈论到气候变化问题，但《终结糟糕的能源政策：气候变化的前奏》一书却认为美国不会着手处理气候变化问题，除非转变我们的化石能源政策。毫无疑问，即使不考虑个人在气候变化上的立场，作者也认为传统的能源政策和相关规制应该被彻底地革新，正基于此，能源政策转型是有效应对气候变化的前奏。

但令人欣慰的是，一些积极的信号显示出美国将会支持我们国家从依赖于化石燃料的能源政策向依靠低碳能源资源政策转变。然而要实现青睐于能源效率和可再生能源资源的能源政策的突破，只有通过我们放弃传统的化石能源政策，设计通向开放能源市场和促进新能源生产商竞争的规章制度，同时，积极鼓励私营部门通过对能源创新进行商业化和风险投资，才能引发商业规模扩大和竞争力增强。

《终结糟糕的能源政策：气候变化的前奏》一书共分为九个章节。第一章主要讲述的是糟糕能源法律和政策的管制历史。作者对化石能源政策的管制历史进行了描述。第二章基于化石能源政策下的保护主义者政治和经济假设，作者给予了解释并指出对传统政策假设的理解有助于显示未来低碳能源政策的必要假设。第三章作者继续探讨隐藏在能源政策变革背后的思想。第四章作者基于变革能源政策下的要素被当前广泛接受的现实，指出了形成一个能源政策共识的可行性。第五章和第六章，通过展示未来交通和能源经济的电力部门如何被变革，作者给予了探讨。第七章至第九章，本书通过讨论能源规制的新形势，作者得出为了实现能源政策的变革——低碳能源，需要一系列策略的实施和推动。

书名：《风变：环境运动和全球风能产业发展》

Winds of Change: *The Environmental Movement and the Global Development of the Wind Energy Industry*

作者： Ion Bogdan Vasi

出版时间： 2011 年 1 月 12 日

出版社： Oxford University Press

内容摘要： 最近十几年来，全球风能产业呈现出爆炸性增长的态势，而且对于全球能源供应来说，风能将会继续发展巨大的潜力。虽然风能远没有达到其发展潜力，但产业发展的不平衡性和不规范性已经日益凸显。是什么因素在影响风能产业的发展，为什么一些地区或国家能够成功地实现风能产业的快速发展，而一些地区或国家却遭受了失败?《风变：环境运动和全球风能产业发展》一书认为风能产业的发展不仅取决于技术的进步和经济压力，而在很大程度上取决于环境运动的努力。作者定义和分析了环境运动推动产业发展的三种路径：一是通过影响可再生能源政策的采用与实施；二是创造消费者对清洁能源的需求；三是改变能源部门的制度逻辑。本书作者不仅通过使用量化分析的方法来向读者呈现出全球风能发展的图片，而且也通过使用定性研究的方法来理解一些国家为什么会成为全球风能产业发展的翘楚，而一些国家仍发展缓慢。基于此，作者通过与可再生能源专家和社会活动家访谈，认为正是环保组织和环保活动积极参与能源政策的制定，迫使各种组织机构购买风电，以及成立推动风电场发展的专业公司来推动了一些国家成功地实现了风电产业的发展。

《风变：环境运动和全球风能产业发展》一书就风能的应用缘由和方式向我们提供了许多亮点。从本书的内容结构来看，全书共分为七个章节。第一章是前言介绍，作者主要讲述的是全球风能产业发展和环境运动状况。基于风能产业的历史发展进程，作者就风能产业在全球环境运动背景下将会有极大的发展空间给予极大的信心。第二章主要讲述的是作者的构想，其试图以环境运动对全球风能产业发展的影响来向读者勾画出影响风能产业的运动路径。基于风电产业巨大的经济社会价值肯定的同时，作者强调过分突出科技和经济因素对风能产业发展的作用是片面的，不可忽视的是社会和政治因素对风能发展的积极作用。第三章讲述的主要是环保运动和上网电价政策的制定和实施。第四章则为环保运动对推动可再生能源组合标准的积极作用。第五章作者关注的主要是不同国家或地区在面对能源挑战时如何从全球气候变化的视角来推动本国能源政策的革新。第六章作者通过向我们展示环保主义者通过身体力行成为企业家、创新者和倡议者对推动风电涡轮机制造的积极贡献。第七章作者认为，各种环保运动将会继续影响了不同国家的能源政策，推动风电成为最具潜力的发展产业。

书名：《开启能源创新：美国如何构建低成本、低碳的能源体系》

Unlocking Energy Innovation：*How America Can Build a Low - Cost*，*Low - Carbon Energy System*

作者：Richard K. Lester ，David M. Hart

出版时间：2011 年 10 月 21 日

出版社：The MIT Press

内容摘要：气候变化、世界能源供应的不安全和快速增长的能源需求是当前全球能源问题需要解决的最为紧迫和复杂的三个问题，能源创新向我们提供了解决这些问题的最好机会。然而，如果我们及时实现向可靠的、低成本、低碳能源的转型，那么美国的能源创新体系就必须进行根本性的变革。《开启能源创新：美国如何构建低成本、低碳的能源体系》一书向我们展示了重构美国能源创新体系的最新计划。这种创新体系的构建是基于充分利用国家的创业优势和公共与私人层面上的区域多样性。作者通过描画三次能源创新高潮来向我们展示如何加快新技术和商业模式的引进，而且尽快推进其在更大规模和更大范围中的应用。“一如既往”的商业模式并不能填补能源创新的鸿沟。同时，创新并不会在一厢情愿中或彼此技术褒贬中“不期而遇”。作者认为只有通过系统性、变革性的变化才能有效地帮助我们实现可持续的和安全的能源的未来。

《开启能源创新：美国如何构建低成本、低碳的能源体系》一书共分为八个章节。第一章讲述的是基于气候变化和能源问题（供应安全、需求增长等）的充分事实，我们要避免过于乐观的想法。同时，作者对美国能源创新所取得的成就给予了肯定，但其认为这种创新在进程上是缓慢的，在规模和应用范围上是有限的，因此要尽快着手启动能源创新议程。第二章讲述的是能源创新是如何发生的。作者向我们描述了包括不同层次的企业、投资家、研究机构和政府部门等许多领域中创新的一个程式化的四步过程。通过这个程式化创新过程，作者比较了美国近些年来运营的创新体系，发现了许多差距和问题，尤其是在创新的早期应用阶段，基于此，作者认为过于行政化主导的创新模式（如补贴、公共基金和碳税）并不适合对美国能源创新体系的改造。第三章至第七章阐述了相信能够推进创新的具体制度安排。第三章以电力公用事业部门的重组，亦即允许新的商业模式和技术的准入为事例，认为电力部门的重组需要精心设计。在第四章中，作者关注的视角转向了第一次创新潮。其认为能源效率在整个经济领域中的快速提高很大程度上取决于建筑物能效的提高，这得益于支持技术和设计创新的新建筑物能源标准的实施。在第五章和第六章中，作者关注的重点转向第二次创新潮，其中第五章主要讲述的是低碳能源供技术及其成本下降和应用等。第六章主要探讨的是如何推动在分布式发电、电力储备和“智能电网”领域中推进创新，以及对应的创新技术对电力供应的重要作用。第七章和第八章是作者针对推进第三次创新潮和加快构建美国新能源创新体系的建议和构思框架。

书名：《绿色能源的不实承诺》

The False Promise of Green Energy

作者：Roger E. Meiners, Andrew Morriss , William T. Bogart , Andrew Dorchak

出版时间：2011年2月16日

出版社：Cato Institute

内容摘要：似乎一直以来绿色能源承诺向我们提供的事情充满了诱惑——更多的工作、更清洁的环境、更稳定的经济、清洁丰富的电力和更少的毒素和污染物等。但相关的承诺只是问题的一方面，但承诺能否按照预期的愿景实现却是另一方面。《绿色能源的不实承诺》一书批判性和真实性地评价了绿色经济和绿色工作支持者们所谓的我们能够无风险地提高经济和环境效益的各种倡议。作者认为这种倡议最终会浪费掉纳税人数以亿计的金钱而一无所获。

《绿色能源的不实承诺》一书试图回答的问题是绿色经济的倡议是否的确“物有所值”。正是针对该问题的怀疑，作者对具有修饰性色彩的“绿色经济”进行了解读和回答。全书共分为十二个章节。第一章主要描述的是我们居住的现实世界与“绿色经济”承诺的乌托邦间的比较分析。第二章作者讨论的是绿色经济支持者将会引导我们去往哪里，在本章的后半部分中，作者提出使我们的经济“绿色化”而花费的金钱并不必然引致预期的结果。第三章主要讲述的是绿色经济的挑战，作者对绿色经济和仅关注能源使用的绿色项目进行了批评。第四章试图拆解绿色经济支持者所谓“绿色”的真实意图，作者基于研究和论证发现支持者的定义充满着矛盾和不一致性。第五章是对绿色工作的预测，作者认为错误的绿色工作倡议导致了经济模式的误用，并为公共政策奠定了不实的基础。第六章主要讲述的是一旦绿色经济倡议者反贸易议程通过实施，那么潜在的恶果将会是巨大的。第七章继续探讨绿色经济的各种经济学谬论，并指出相关的谬论得到广大支持者的大力拥护。第八章作者就绿色公共支出能够刺激经济的声明进行了批评和揭露。第九章和第十章分析了交通问题，包括汽车和卡车等交通工具对经济的积极作用和大众交通系统糟糕的经济表现。第十一章主要讲述绿色经济的“政治化”，绿色经济的支持者通过游说政府来部分启动公共财政支持政策。第十二章作者得出了本书的主题——绿色经济所导致的一系列问题使得承诺难以实现。

书名：《竞争、合同与电力市场：新视角》

Competition, Contracts and Electricity Markets: A New Perspective

作者： Jean Michael Glachant, Dominique Finon, Adrien de Hauteclocque

出版时间： 2011年7月31日

出版社： Edward Elgar Pub.

内容摘要： 如何处理长期合约与电力市场效率相关的几个问题，如长期合约和纵向一体化对电力市场竞争和电源投资等，鲜有相关的深入学术研究。《竞争、合同与电力市场：新视角》一书的出版无疑是填补了这一学术研究的空白，同时，此书作者就当前电力市场发展提供了富有新意的理论和实践视角。众所周知，一方面，长期合同能够有效保障电力生产在有效控制市场风险的情况下保持产能的持久性。另一方面，长期合同能够为不充分竞争创造条件，因而损害短期效率。

《竞争、合同与电力市场：新视角》一书会为一些领域的研究学者提供较强的吸引力，如产业领域、机构和公共部门经济学、竞争和反垄断法等；同时，本书也适宜于反垄断机构、政府政策制定部门以及电力行业资讯机构的从业人员。从内容结构来看，本书共分为四大部分，十二个章节。第一章至第五章为第一部分，主要讲述的是长期合同、投资和长期效率。分章节主要内容为：基于能源安全而进行的长期制度安排，电力市场的长期合同和技术选择，投资和电力市场竞争背景下如何利用不完全市场克服市场失效，电力市场拆分背景下的长期合同和纵向一体化的比较，以及相关的纵向关系和能源网络。第二部分包括第六章、第七章、第八章三章，主要讲述的是电力市场中的长期合同与不完全竞争状况，具体来看，电力市场研究理论模型的启示，大用户风险控制和长期签约，以及荷兰电力市场结构问题和长期合约等问题的研究。第三部分讲述的主要内容为竞争政策与长期合同在不同国家和地区电力市场中的状况，其中：第九章主要讲述的是欧洲能源市场中长期合同与竞争政策的状况；第十章则着重分析了欧洲的国家援助体制，以及长期合同与国家援助间相互关系等；第十一章作者以能源部门为研究对象，分析了欧洲竞争政策中"关键设施原则"的内容。第四部分为文章的结论部分，第十二章主要讲述了电力市场中的效率、竞争和长期合同问题，并对欧洲相关研究机构工作组的相关研究给予了概述和总结。

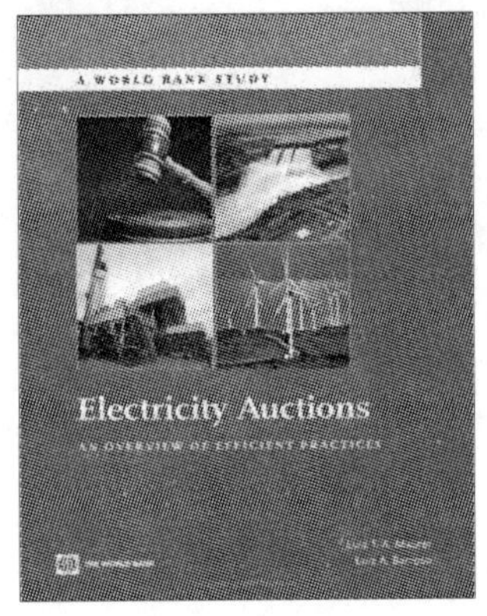

书名：《电力竞拍：有效实践的概述》

Electricity Auctions: An Overview of Efficient Practices

作者： Luiz Maurer，Luiz Barroso

出版时间： 2011 年 7 月 25 日

出版社： World Bank Publications

内容摘要： 事实上，世界上几乎每一个国家都面临着如何通过制度和金融机制的设计，来实现电力购买的成本节约和满足电力需求的挑战。从历史上来看，在亚洲、拉丁美洲和非洲的新兴国家经济体中，电力购买是相当困难的。较高的和不稳定的负荷增长率，融资渠道的限制和电力市场发展的不充分已经成为电力购买过程中主要的障碍，并因此引发一系列挑战。最近以来，关于土地利用、生物多样性、土著居民和温室气体排放等环境问题的关注更是增加了电力市场的复杂性。在过去的七年中，应用到长期电力购买合同中的竞拍，在电力部门社区中已经愈发受到关注，很大程度上是因为在新发电量的购买中竞拍已被视为是较为成功的机制。竞拍之所以引发如此广受关注的原因之一就是在一系列具有创新的竞拍安排和机制下，从不同技术（常规发电、水电厂和可再生能源）来源下的大量的发电量已经进行了合同化安排，有时参与的交易主体，无论是买方还是卖方都呈现出多元化。与此同时，竞拍已经吸引了诸多投资群体，从已成立的大型集团公司到新成立的国内和外资独立发电公司，以及初次进行电力系统投资的投资者。《电力竞拍：有效实践的概述》一书向我们展示了电力竞拍国际间实践的整体概述，同时，在本书中作者基于相关案例研究，尤其是对新兴国家的关注也进行了详实的分析。

《电力竞拍：有效实践的概述》一书共分为八个章节。由于本书是世界银行的研究报告，因此，第一章主要介绍的是本报告研究的目标、方法、受众和负责本报告的组织等。第二章主要讲述的是竞拍的基本概念，作者围绕什么是竞拍，为什么要竞拍，竞拍在电力市场应用的历史回顾，竞拍的设计与好设计的结果，什么时候不适用竞拍，以及什么是替代竞拍的购买机制。第三章讲述的是不同国家或地区电力竞拍的实践。第四章和第五章则为具体国家与地区的电力竞拍实践，作者以事例研究的方法对拉美、亚洲、大洋洲、欧洲、北美以及多边国家的电力竞拍进行了具体研究。第六章基于可再生能源日益显现的重要作用，以及许多国家推行的上网电价和其他支持可再生能源的制度，作者指出了竞拍在可再生能源体系中应用的可行性。第七章主要讲述的是竞拍实践的正向和负向的经验启示，并基于市场环境和上述启示，作者指出成功的竞拍设计的基础和一般原则等。第八章为研究的结论。

书名：《能源、可持续性和环境：技术、激励、行为》

Energy, Sustainability and the Environment: Technology, Incentives, Behavior

作者： Fereidoon P. Sioshansi

出版时间： 2011 年 4 月 28 日

出版社： Butterworth – Heinemann

内容摘要： 减少碳排放和实现经济的可持续发展是当前人类社会面临的最为复杂的问题之一。因此，基于此问题的解决，那么形成减少碳排放的方法和技术，并提供相关的步骤和远见来实现碳排放减少的要求，进而维持人类社会的健康和福利就越发显得重要。《能源、可持续性和环境：技术、激励、行为》一书是第一次清晰地解释经济和碳减排环境工程方面的问题，同时相关案例研究范围亦是广泛的（包括许多跨国工程）。

《能源、可持续性和环境：技术、激励、行为》一书共分为三大部分十九个章节。第一部分主要讲述的是可持续发展面临的挑战，在第一章到第三章中，作者围绕一系列的问题来展开本部分的叙述，亦即为什么我们使用的能源越来越多与用来做什么？能源的未来是什么？同时，作者基于人类学的视野和研究观点对能源“需求”、欲望和愿望的论述。第四章中作者主要讲述的是公平、经济增长和生命周期，并以此来讲述可持续发展的重要性。第五章基于如何解决可持续性问题，作者认为当前的消费资本主义社会是不可能有效解决能源和气候变化问题。在第六章、第七章和第八章中，作者讲述了对可持续性作为意愿和手段的疑惑，其认为能源优先的论证首先就是要设计出一个旨在节约能源的市场。第二部分主要讲述的是推进可持续发展的所谓技术性修复。本部分包括第九章至第十四章，共六个章节内容。具体来看，本部分的主要内容：一是通过绿色建筑和净零碳排放能源家庭来实现减排；二是通过有效的技术实现对家庭能源管理的高效化；三是推动相关机构选择基于能源效率的行为；四是重塑在资源限制世界中的产业能源利用；五是基于可再生能源的展望；六是确保加热系统的能效利用。第三部分主要为案例研究，作者分章节对中国为什么关注可持续发展，瑞士基于未来的可持续能源发展愿景，奥斯汀城市的碳中性之路，以及利用三个气候和能源治理的案例来分析提高全球可持续发展面临挑战的能力。

本书的独创之处在于：首次把碳排放和可持续发展两个热议的主题巧妙地结合起来进行分析，并使得全书的可阅读性大为提高。

书名：《能源政策中的危机》

The Crisis in Energy Policy

作者： John M. Deutch

出版时间： 2011 年 10 月 5 日

出版社： Harvard University Press

内容摘要： 我们的未来取决于我们如何应对能源。这一严峻的事实自 20 世纪 70 年代石油禁运以来愈发清晰，对国内的危害也随着不断的能源危机愈发严重。然而，我们的政府并没有制定出一个连贯的能源政策来应对不断发生的能源危机。《能源政策中的危机》一书作者利用其多方的背景和渊博的知识体系，独一无二地向我们解释了阻碍当前能源危机这一紧迫问题的要素。本书首先对过去 30 多年所制定能源政策的一些糊涂做法进行了历史性回顾，并且具有说服性地解释了我们可以从众多失败的战略和执行中吸取的教训。与此同时，作者指出任何一个全面的能源政策都会有三个明确的目标：一是开发一个应对气候变化的有效方法；二是实现化石燃料向可再生能源技术的转换；三是提高能源使用效率并不断减少对进口石油的依赖。然而，明确的目标为什么会走向短命或夭折？作者认为失败的原因在于我们所欢迎的但并不现实的目标，国内和国际议程的争议，以及我们在计划、政策制定和政府项目管理过程中的错误分析。难能可贵的是，《能源政策中的危机》一书表明联合国内和全球关切的必要性，以及整合技术、经济和政治因素的同样至为关键。

《能源政策中的危机》一书共分为六个章节。其中第一章主要讲述的是对美国过去 30 多年能源政策的回顾，以及造成相关能源政策失败的四个可识别的主要原因。第二章至第四章分析了所选择能源领域的政策选择与考量。这三个章节作者并不试图全面分析相关问题，但在每一个作者所关注的案例中，其试图传统智慧和基本技术现实之间的差距，同时，作者指出技术维度的分析对能源问题研究同样是至为关键的。具体来看，第二章讲述的主要是气候变化，作者对气候问题如何主导美国能源政策的争议进行了分析，同时，作者比较了布什政府和奥巴马政府应对气候变化政策和举措的差异性。第三章着重分析的是能源进口依赖所造成的能源安全问题，作者指出在本章中其试图回答的问题主要集中于两点上：一是石油进口依赖的安全成本并不只是经济因供应中断而发生的经济成本；二是有效的能力自立对美国能源政策来讲并不是一个现实的目标。第四章作者进一步证实了三个关键的技术——太阳能、生物质能和核能——将会因其很大程度上无碳排放的特性而在未来愈发显得重要。同时，作者也对新能源技术的应用所面临的机遇和挑战进行了强调。第五章主要讲述的是如何处理政府在鼓励和管理新能源技术的作用。本章中作者认为技术并不是解决问题的答案，是因为没有任何技术可以实现对环境无害；但不可否认的是，新能源技术将会逐步替代已有的技术，并向我们提供可持续的、低价的能源资源。作为本书的结尾部分，作者在第六章中提出了在处理能源问题上，美国相关部门（无论是执行机构还是能源部，以及国会）必须做出改变。同时，作者认为如果改变的进程缓慢，将会引发未来社会成员承受更大的经济成本、社会混乱和冲突。

书名：《南亚的能源与安全：合作或冲突?》

Energy and Security in South Asia：*Cooperation or Conflict*?

作者：Charles K. Ebinger

出版时间：2011 年 9 月 5 日

出版社：Brookings Institution Press

内容摘要：经济增长和日益膨胀的人口已经使南亚能源安全问题陷入危险状态。能源和电力的短缺已经严重阻碍了南亚不发达地区经济社会的发展，并因而引发了政治动荡和社会混乱。可以明确地说，南亚能源安全的困境会是 21 世纪最大的挑战之一，直接关系到大约 20 亿人口的经济状况和全球最为动荡地区的政治未来。这种能源安全的困境会继续存在吗？《南亚的能源与安全：合作或冲突?》一书认为南亚次大陆将会面临可怕的经济、社会和政治危机。同时，作者指出此困境并不是无法解决的，但解决和实现可持续的能源安全的唯一方式就是推动区域合作，这种合作不局限于次大陆范围内合作，同时也必须加强同中东、中亚和东南亚邻近地区的合作。

从本书的整体内容来看，作者对当前南亚中的每个国家所面临的能源环境和政府在处理相关问题中所遇到的困境进行了阐述。这些问题为：一是印度高速的经济增长与糟糕的电力技术设施；二是经济的发展使得印度对中东石油和天然气的依赖性日益增强；三是印度可再生能源的缓慢开发与煤炭的加速利用；四是巴基斯坦对煤炭的大规模使用；五是糟糕的能源定价引发的整个地区能源资源的浪费和短缺；六是印度和孟加拉国紧张的关系已威胁到本地区重要能源基础设施项目的建设；七是尼泊尔持续的政治动荡引发每天电力短缺达到 20 多个小时；八是水电的开发如何加速不丹的“国民幸福总值”；九是电力没有供应地区，大量燃烧薪柴造成了大量的碳排放。

《南亚的能源与安全：合作或冲突?》一书共分为八个章节。第一章主要讲述的是地区面临的一系列严峻形势，尤其是能源安全问题以及将会引发的动荡等；第二章到第五章，作者分别就次大陆不同国家面临的能源安全形势进行了相关的案例研究，具体国家为印度、巴基斯坦、孟加拉国、尼泊尔和不丹；第六章进一步突出了本地区能源挑战问题；针对能源问题的挑战，作者在第七章主要讲述的是如何推动旨在实现可持续能源安全的区域合作；第八章作者对南亚路径的前景进行了展望。

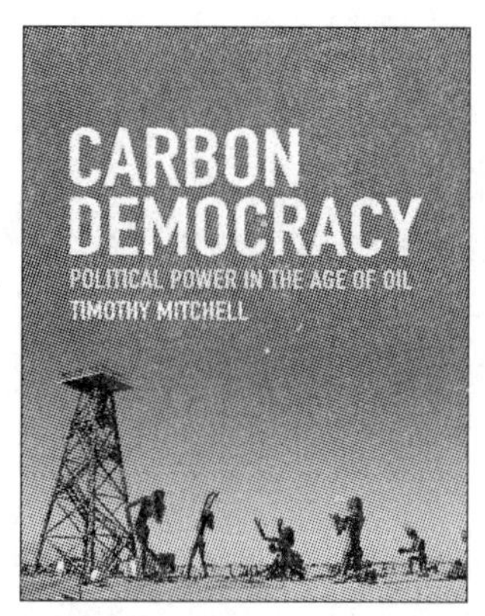

书名：《碳民主：石油时代的政治权力》

Carbon Democracy：*Political Power in the Age of Oil*

作者：Timothy Mitchell

出版时间：2011 年 11 月 7 日

出版社：Verso

内容摘要：众所周知，石油经常被视为是“诅咒”，亦即谴责石油生产国并让其定义为战争、腐败和贫富差距悬殊的国家。《碳民主：石油时代的政治权力》一书向我们讲述了一个更为复杂的故事，认为没有一个可以逃离我们整体依赖石油所引发的政治后果。在本书中，作者向我们呈现的是不同利益诉求的两个政治实体，一是类似于中东依赖于石油生产收入的政治体；二是对能源有巨大需求的政治体。针对这两个政治体制，本书研究了过去一个世纪以来与石油生产相联系的中东国家和西方的工业民主国家的现代民主体制。作者认为西方的碳民主已经建立在无限的石油供应将会不断促进经济增长的假说上的，其得出基于燃料的可耗竭性和气候变化问题使得这种模式是不可能永恒的。

《碳民主：石油时代的政治权力》一书共分为八个章节。作者认为能源和民主政治两种权力从诞生起就是相互交织的，在第一章中，作者首先就煤炭和欧美在 19 世纪晚期、20 世纪初期发展的大众政治进行了回顾。作者探讨了煤炭产业的崛起和社会运动之间的交织过程。为了继续探讨能源与民主崛起之间的关系，作者在第二章中对中东的石油产业发展进行求证。作者发现为了延缓中东石油产业的衰落，石油公司之间进行了广泛的合作。同时，在本章中，作者亦对“一战”和威尔逊“十四点”建议，以及欧洲对中东产油区的控制进行论述。在第三章中，作者向我们展示了一个不同的历史，亦即从企图控制独裁的民主体制滑向了“去民主”的所谓的“被统治者的同意”，伊拉克就是明显的例证。第四章作者对伊拉克和中东其他地区的政治力量是如何反应的，以及伊拉克是如何塑造对石油储备的控制进行了分析。同时，在本章中，作者对民主进行了两种意义上的解释，并就经济对政治宣言的挑战进行了分析。第五章主要讲述的是 20 世纪中期之后在“收入逻辑”的引导下，经济成了最为显著的政治新目标。同时，作者指出正是基于对经济增长的治理才为碳民主的管理提供了新的原因和规制模式。在第六章中，作者又回归到伊拉克和更广意义上的中东地区，作者论证了发生在 20 世纪 50 ~ 60 年代中的国内政治斗争如何转换成了同石油公司直接就控制石油问题的斗争。不可否认，OPEC 的崛起与石油的国有化密切相关。从碳民主的观点来看，我们需要对这段历程进行新的阐释。正基于此，作者在第七章中就 1973 ~ 1974 年的石油危机进行了探索。作者认为这次事件涉及的是国际金融、国家经济和石油资源治理模式的转变。随着 1979 年伊斯兰革命和 2011 年“阿拉伯之春”事件的相继发生，作者认为两大主题已经主宰中东与石油和民主的关系。一是伊斯兰政治运动的崛起使得民主进程受困；二是石油国相关军事冲突的增长。第八章作者提出了一个关于石油、所谓的全球化和伊斯兰力量之间关系的不同思维。在本书的最后部分，作者回到对当前碳民主局限性的问题上来，其认为本书所探寻的一个基于社会科技解读的碳民主将会克服相关障碍，并将塑造一个集体新的未来。

第四章　2011 年能源经济学会议综述

第一节　国内会议

2011 年，在国内物价上涨压力较大、国际经济持续动荡的背景下，中共中央、国务院坚持既定宏观调控方针，提高前瞻性和针对性，在控物价、稳增长和调结构中寻求平衡，既有效遏制了物价过快上涨，又保持了经济平稳较快发展。同时，国家能源局把 2011 年作为规划年，全力以赴推进各项能源规划，提出优化能源结构，合理控制能源消费总量，完善资源性产品价格形成机制和资源环境税费制度。国内首部能源科技规划也正式发布，体现了国家利用先进科学技术改造提升传统能源的目标和信心。这一年，有关部门也对可再生能源及新能源进行了前所未有的规范和调整。总之，2011 年，是“十二五”能源发展的定调之年。国内召开的与能源经济相关的较为重要的学术会议有 10 次。其具体内容综述如下。

1. 2010、2011 中国新能源产业经济发展年会

2011 年 1 月 8 日中国国际经济发展促进会联合全国低碳经济媒体联盟、厦门大学中国能源经济研究中心在北京召开主题为“绿色产业浪潮下的新能源”年会。

本届中国新能源产业经济发展年会是在为贯彻党中央、国务院关于“大力推进节能减排，积极开发新能源”的战略政策，围绕新能源产业发展而召开的。年会将举行绿色产业浪潮下的新能源主题论坛、“十二五”规划与新能源政策解读、分论坛——新能源与清洁能源、分论坛——碳排放的市场机制、新能源城市对话——产业布局与财税政策、中国新能源之夜主题晚会等活动，就新形势下新能源产业的热点问题进行沟通与交流，共商新能源产业发展大计。论坛将在政策、市场、技术、资本等领域倾力打造高端交流的合作平台，推动新能源产业发展，有效应对新的经济形势，推动新能源经济发展新进程。并发布 2010 中国新能源产业经济发展成果报告、2010 最具投资价值的中国新能源产业城市评价报告、2010 中国新能源产业百强县评价报告、2010 中国新能源产业发展最具影响力企业评价报告。

会上，张黎指出我们必须依托国内资源优势，提高自主创新能力，积极推进以政府为主导、企业为主体、产学研相结合的发展战略联盟，全面提升新能源产业发展水平。林伯强认为，伴随着未来10年中国工业化、城市化发展的重要进程，经济发展对能源的需求将体现出快速增长及需求呈刚性的特点。中国经济发展将面临的第一重约束表现为能源的稀缺；第二重约束指环境保护与应对气候变化的压力，能源的开发与利用将直接影响环境和气候，如何平衡好“发展”与“保护”将成为约束发展的重要问题；第三重约束为能源安全；第四重约束则关系到能源成本，它是影响经济发展的一个硬性约束。何学彦表示，能源资源节约、环境友好的绿色经济，不仅体现在生产（产业）也体现在流通（贸易）、消费（生活）、分配等经济环节。在经济发展方式转变过程中，我国新能源产业应从产业领域向消费和贸易领域延伸。周宏春指出，低碳产业可分为低碳化化石燃料、可再生能源、能源高效利用、低碳服务业四个产业。低碳经济的发展必须要有产业支撑，每一个领域、每一个行业、每一个部门都要有知识、技术和人才的支撑。

2011年9月16~18日，中国国际经济发展促进会、《中国报道》杂志社、厦门大学中国能源经济研究中心、全国低碳经济媒体在北京召开主题为“变革促进发展”的年会。

主要内容：近年来，中国在新能源和可再生能源的开发利用方面已经取得显著进展，技术水平有了很大提高，产业化已初具规模，新能源产业作为低碳经济的代表性产业得到了迅猛发展。据了解该次活动将围绕“变革促进发展”这一主题展开务实和深入的探讨，共同探索新的经济形势下新能源产业发展的现状和发展前景趋势，地方政府发展新能源产业的机遇与挑战、低碳经济发展、新能源接入并网问题与投融资等热点话题。为促进新能源产业的健康、有序发展，本届活动期间还将推出另一亮点——“年度中国新能源发展动态指数统计分析”。该指数将按城市、企业、人物、园区等类别设置，并在活动现场隆重揭晓“2011中国新能源之都”、“2011中国新能源产业百强县（县级市/区）”、“2011中国新能源产业最”。

会上，韩修国指出，发展新能源产业，不仅是对能源结构的重大调整，还代表着一种新的增长路径与发展模式，对转方式、调结构具有重要作用，从而真正地把保持经济平稳较快发展与加快经济发展方式转变有机统一起来。林伯强就能源价格机制作了主题发言。他表示在经济转型的过程中，由于整个市场化改革配套的缺位，我们的确无法实现一次性的、整体性的能源价格改革的跨越。但对于一些比较重要的改革，我们应该可以有目标、有计划地推出去。温克刚发言强调，新能源产业发展的扶持政策和实施手段要创新，否则就会影响新能源降成本的速度。除了用科技创新作为降成本的利器之外，扶持政策和实施方手段上的创新，也会使新能源扩大应用市场。

2. 第三届能源经济与管理学术研讨会

2011年10月13日~15日，在江苏召开主题为“能源资源开发利用、国家能源安全与低碳经济”的学术研讨会。国家自然科学基金委员会管理学部等单位主办，江苏大学能源发展与环境保护战略研究中心承办会议探讨了国内外能源发展战略、我国能源供需储备

及结构优化、节能减排与能源效率、低碳经济与能源战略、能源资源的可持续开发利用等问题。会议共有11个大会特邀报告和32个分组报告；范英研究员作了题为“基于成本曲线演化的减排策略研究”的大会报告、蔡圣华副研究员作了题为“中国实施碳税政策的产业竞争力影响分析”的主题报告。周鹏作了题为“我国城市客运交通部门能源回弹效应分析”的报告，冯连勇作了题为“能源峰值研究进展”的报告。在分会场的交流中，陈安平作了题为“碳减排的区域经济效应研究”的报告，张明慧作了“我国煤炭能源生产周期波动分析”的报告，陈诗一作了题为“中国各地区低碳经济转型进程评估”的报告等。

3. 第四届海峡两岸能源经济学术研讨会

2011年10月22~23日在浙江大学举办主题为“人口城市化与低碳社会转型”的学术研讨会。

近年来，大陆和台湾的经济发展取得了显著成就，但是，受资源禀赋等因素的制约，大陆和台湾都遇到了前所未有的能源挑战。构筑稳定、经济、清洁的能源供应体系，大幅度提高能源效率，减缓和适应全球气候变化，已成为海峡两岸共同关注的热点话题之一。

大会组织方邀请海峡两岸能源经济领域的多位知名专家就能源、经济、环境、社会、科技等问题作主题报告。会议在两个分论坛中共举行了8场专题研讨会，涉及能源、经济与环境模型，能源价格、能源体制与低碳经济转型，能源安全及相关法律保障，可再生能源开发等。

蒋正华作了“两岸清洁能源开发合作研究”的学术主题演讲。蒋正华教授在演讲中对未来海峡两岸清洁能源的合作前景，尤其是新能源产业的合作发展模式等问题，作了精辟分析和展望，受到了与会的能源经济与管理专家、学者们的高度肯定和好评。

会议期间，台湾经济研究院院长洪德生、中国文化大学经济学系主任柏云昌等8位知名专家、学者也应邀作了主题演讲。范英研究员在本次会议上作了“Impacts of Energy Policies on China’s Energy Demand and Carbon Emissions：A Study using DEMETER—China Model”的主题报告。蔡圣华副研究员、夏炎博士、朱磊博士分别在能源、经济与环境模型，能源价格、能源体制与低碳经济转型等会议分论坛上作了“国内碳排放权交易市场中不确定性与价格波动研究”、“基于投入产出优化模型的边际减排成本曲线演化研究”和“考虑事故概率风险的第三代核电技术投资评价”的学术报告。

4. 2011中国能源经济论坛

2011年1月8日，在北京举办主题为“现代能源产业体系：战略与展望”的经济论坛。主办方为中国能源经济研究院、《中国能源报》联合主办，中国经济发展研究会协办。

此次大会是国内能源领域的最高端会议，其宗旨是探讨现代能源体系建设，传达全国能源工作会议精神。会议全方位地探讨了现代能源产业体系建设问题，尤其是解读了现代能源产业体系内涵，剖析了新能源在现代能源产业体系中的地位，阐述了能源企业在现代能源产业体系建设中的机遇与挑战等问题。同时，会议还发布了“2010中国能源集团500

强”榜单及分析。

会上，在能源是关系国计民生的战略产业的话题上，张国宝认为，“十二五”时期，能源发展应以转变能源发展方式为主线，合理控制能源消费总量，大力调整能源结构，积极开展能源国际合作，加强科技创新能力建设，推动能源生产方式和利用方式变革，构建安全稳定经济清洁的现代能源产业体系，为全面建设小康社会提供坚实的能源保障。

就现代能源产业体系的内涵这个问题，史丹教授认为，现代能源产业体系是先进技术的载体，并拥有强大的技术研发能力和先进技术的应用能力，以合理的能源结构为支撑，同时具备大型化、集约化、市场高度集中化以及空间布局合理化等特征的现代能源产业组织体系，其建设目标在于实现安全、稳定、清洁的能源供应。曾鸣教授认为，现代能源产业体系应具有高端融合性、清洁安全性、灵活适应性和规模包容性等特征。

在现代能源产业体系建设中的矛盾与难题这个问题上，黄泰岩教授初步得出一个重要结论，即 2011 年中国处于经济调整期的中期阶段，正面临许多矛盾和困难。能源行业要全面把握当下 2011 年、2012 年的重要调整期，积蓄能量、合理投资，为迎接 2013 年、2014 年的经济高潮做好充足的准备。史丹教授认为，建设现代能源产业体系面对三大矛盾，第一个矛盾是整个经济发展和节能减排的矛盾，实际上也是当代人和后代人的矛盾。第二个矛盾是发挥比较优势和改善能源结构的矛盾，这是市场选择和政府干预的矛盾。第三个矛盾是保证能源需求和能源安全的矛盾。同时，现代能源产业体系建设过程中存在一系列难题，诸如改进能效的难题、能源运输的难题等。此外，还有能源价格改革的难题。

在构建现代能源产业体系的整体思路的问题上，张国宝指出，构建现代能源体系，要加快转变能源发展方式，推动传统能源清洁高效利用；要加快开发新能源和可再生能源；要优化能源发展布局，统筹东中西部能源开发，建设现代能源储运体系；要加强创新能力建设。

在助推新能源产业成为第四次产业革命的先导产业和主导产业的问题上，史丹教授认为，世界经济正在开始第四次产业革命，而第四次产业革命的引领产业就是新能源和新材料技术上的突破。冯飞的基本判断是：全球正在孕育新一轮的产业革命和科技革命，非化石能源对化石能源的替代趋势越来越明显。构建现代能源产业体系要努力助推新能源产业成为第四次产业革命的先导产业和主导产业。陶刚认为，对于新能源企业来说，现在是机遇与挑战并存的重要时期。新能源企业要坚持敢于挑战世界的领先企业，要敢于挑战在世界新能源行业中的主导地位，在国家新能源产业政策稳定、明确的情况下，不断深化集约发展、安全发展、清洁发展和可持续发展的理念，从技术、质量、服务全方位助推新能源产业成为未来经济发展的主导产业。

在充分发挥电力产业在现代能源产业体系中的支撑作用的问题上，曾鸣教授认为，科学发展现代能源产业体系，要从要素驱动向需求驱动转变，从数量扩张向质量提升转变，从能源产品向能源战略转变。充分发挥电力在现代能源产业体系中的支撑作用，成为涵盖新产品、新业态、新技术、新体制、新模式的“五新工程”。大力开发风电、光电、生物质发电、潮汐能发电等新型能源产品。重点发展现代电力与能源物流、电力与能源金融服

务、电力与能源贸易服务（国内、国际）等生产性服务业。研发新技术，形成符合我国资源特点的供需两侧综合资源规划方法，推行电力综合资源规划新体制。建设现代能源产业体系，着力实现产业结构和消费结构良性互动，产业发展和资源环境协调一致的生态能源产业模式。

5. 第七届中国能源投资论坛

2011 年 4 月 21 日，中国企业投资协会、中国投资协会和中国能源网在北京举办了主题“展望‘十二五’应对新挑战”的论坛。

随着中国能源产业的迅速发展，中国的能源形势和能源安全状况也日益紧张。在这机遇与挑战并存的时刻，中国企业投资协会、中国投资协会与中国能源网联合举办了这次会议。会议邀请了国家能源局和相关部委的主管领导、行业协会、金融机构、领军企业的领导共同围绕“展望‘十二五’应对新挑战”发表主题演讲，深度研讨“十二五”能源发展规划、日本核安全危机给中国核电发展带来的经验与教训、中东北非事变给中国能源战略带来的深远影响、气体能源将面临的新机遇与挑战等话题，并与业界展开热烈讨论。

会上，何永健表示，提出能源消费总量目标，是着眼于提高能源利用效率，而这是“十二五”期间能源发展思路的重大调整。未来，国家能源战略将由过去的单纯保障国民经济供应，向保障供求与调控需求并举转变。“十二五”期间，我国将基本形成“五基一带”能源开发布局。周大地发表题为“提高能源效率，优化能源投资”的主题演讲。他表示“十二五”能源工作重点应该放在需求管理上，能源发展实际上与需求管理和保障供应这两个方面密切相关。从我国的实际出发，需求管理是矛盾的主要方面，虽然现在能源投资方面还有一些障碍，但是空间还是比较大的。能源投资问题，不是万马齐奔，要进行产业优化。李景明建议，将沼气作为天然气消费缺口的补充，提升沼气在天然气产业发展中的战略地位，将其作为能源发展战略的重要组成部分。薛新民认为，核电是替代化石能源的最佳选择之一，我国当前的核能政策决定我国是不会放弃核电发展的，目前中国面临着巨大的能源需求和国际社会对中国节能减排的巨大压力，因此国家的核能发展战略是很正确的。只是在发展核能上更加强调核电建设和运营的安全性。陈卫东发表了主题演讲，对美国页岩气产业发展模式进行剖析，并通过与中国目前的页岩气产业现状的对比，对页岩气产业的发展给出了合理化的建议。

领导和专家们在会上指出，面对日本核电事故为核电产业发展带来的种种挑战和机遇，我们更应借此机会重新审视我国核电事业的发展方向，重视安全生产，促进国产化进程，尽早确立核电管理体制及其准入原则；面对中东局势动荡为国际石油市场以及世界政治经济带来的强烈冲击，我们应着力加强国际能源合作，促进国内油气产业健康发展。此外，我们还要加大对我国页岩气、煤层气以及其他非常规油气的开发力度，科学规划产业发展目标，建立自由、健康、有序的市场环境，为天然气这一优质高效能源的推广，为天然气产业持续健康的发展奠定基础。

6. 2011 中国新能源高峰论坛

2011 年 12 月 1 日，上海交通大学主办低碳能源与可持续发展的高峰论坛。

本次论坛召开旨在为与会者提供新能源领域的学术、业界之间交流的机会，以能源问题为纽带，以经济和战略问题为核心，紧扣中国当前形势，展望未来，放眼全球，寻求能源环境经济政治共赢方案，为相关部门政府官员和企业高管聚焦问题、拓展思路提供参考。

论坛首先由史立山等人发表主题演讲，随后嘉宾对“面对危机的中国新能源产业”的话题展开对话。会上，史立山认为，当前新能源发展主要问题集中在技术性和经济性方面，包括开发利用成本高、资源密度低、缺乏竞争力等问题，同时市场机制管理体系不能适应新能源大规模发展需要，尚需建立能形成核心竞争力的技术创新体系。同时他指出，未来能源结构特点将以再生能源为主题，以电力供应为核心，以智能电网为支撑。丁民丞介绍了两个部分：第一，能源行业新格局和新主题。第二，能源企业怎么面对这些挑战。诸大建指出，目前，有关新能源很多的核心技术都不在中国，到头来还是变成“中国制造”，而非“中国创新”，在能源研发、技术的进步方面也存在较大的差距。新能源发展中，在战术上我们应该谨慎，防止过热。谈及全球新能源发展带来的机遇和挑战。

7. 中国能源主题高层圆桌论坛研讨会

2011 年 7 月 8 日，对外经济贸易大学在北京举办主题为“世界能源市场与中国能源政策”的研讨会。

作为建校 60 周年系列庆祝活动之一，对外经济贸易大学举行了客座教授聘任仪式暨中国能源主题高层圆桌会议。与会学者和专家以“世界能源市场与中国能源政策”为主题就中国能源政策领域的重大背景性、方向性、前瞻性问题，进行了演讲和交流。

当前国际能源消费市场正明显“东移”，中国能源产业在核心技术、非常规技术方面均面临挑战，无论是传统非常规化石能源，还是绿色新能源，都很难通过市场转让的方式获取核心技术。中国能否在未来的能源产业中占有一席之地，科技创新是关键，而这个问题只能由中国人自己解决。对能源做出的贡献，在中国就是为中国做出的贡献，对中国做出的贡献就是对世界做出的贡献。

中国石油经济技术研究院的专家表示，理解能源市场上出现的新情况、新挑战，不但需要掌握新的动态和信息，也需要具有历史观，需要我们借助深层次的规律来认识现实。在可预见的未来，传统化石能源依然将作为世界能源消费的主要对象。

来自中石化天然气分公司的专家则提出，应加快推进天然气市场化交易进程。中国虽然是世界天然气贸易的最重要增长点，由于没有一个反映我国天然气实际消费价格水平的参考价格，所以进口的天然气价格都很高，这对我国天然气产业的发展非常不利。在相关政策逐步完善的前提下，完全可以开展天然气的现货交易，并逐步向期货交易过渡，从而形成我国自己的天然气贸易的基准价格，以利于我国在进口天然气确定价格方面具有议价的能力。

论坛环节，王思强博士、吕建中博士、谢丹博士、邱发森、张利宾博士分别就“中国的能源形势”、“世界能源产业的未来”、“中国天然气市场交易”、“能源企业内控”以及“能源行业监管”等领域发表了主题演讲。

8. 合同能源管理融资研讨会

2011 年 9 月 15 日，国家发展改革委外资和境外投资司、亚洲开发银行东亚局举办了主题为“通报我国合同能源管理发展现状及存在问题，支持政策及利用外资推动我国合同能源管理的思路和方式等”的研讨会。

为共同探讨合同能源管理模式中存在的融资难题研讨会，国家发展改革委外资和境外投资司、亚洲开发银行东亚局共同主办，中节能咨询有限公司和中国节能协会节能服务产业委员会（EMCA）承办了这次“合同能源管理研讨会”。会议介绍了我国合同能源管理的相关政策、发展前景等基本情况，分析了合同能源管理项目融资模式和典型案例。

李果辉在发言中回顾了中国“十一五”节能减排取得的成就，阐述我国“十二五”规划纲要的节能减排部署，并指出中国在推动合同能源管理机制发展，扩大节能服务产业规模方面取得了显著成绩。

保罗·海登斯在研讨会上发言。海登斯重点强调亚洲开发银行与中国各级政府合作，向节能减排领域提供了大量投资。此外，亚洲开发银行一直致力于解决中国中小企业融资难的问题。

王静波对中国合同能源管理发展的政策环境做了重点介绍。王静波从免税、奖励、帮贷和助推四方面分别解释了我国政府为推动合同能源管理制定的税收减免政策、财政奖励资金支持、EPC 会计核算和金融服务政策。王静波在发言中表示，“基本上中国支持合同能源管理的政策是全世界最好的”，并希望外资融资机构为我国节能服务产业提供融资支持。

吴道洪就我国合同能源管理的现状、挑战以及发展前景等内容，向研讨会的中外嘉宾作了一番详尽介绍。中节能咨询有限公司副总经理丁航介绍了中国合同能源管理项目融资现状。

研讨会的讨论环节由亚洲开发银行高级能源经济师郑康彬主持。来自国内外节能服务公司的代表在会上介绍了合同能源管理项目融资的具体案例，和参会代表共同分享融资经验。国内、国际融资租赁机构代表对各自的服务模式和产品模式作了详细讲解。

9. 第三届“能源·经济·发展”论坛

2011 年 10 月 23 日，国网能源研究院举办了主题为“能源新格局与电力角色”的论坛。

为研讨交流新形势下的电力工业在能源发展格局中的地位和作用，国网能源研究院主办了这次论坛。会议邀请了国家能源局等政府主管部门领导介绍能源“十二五”总量控制思路与措施、我国能源企业“走出去”的思路与要点；邀请国务院发展研究中心、社科院等权威研究机构专家介绍“十二五”经济发展布局与能源格局调整、国际能源合作中的中国定位等最新研究成果；邀请大型能源集团和跨国公司高层领导分享能源变革形势下能源企业发展转型和国际化经营的举措与经验。有170多名领导、专家和代表出席论坛，共同分析未来我国能源电力发展面临的新形势，探讨热点、难点问题和应对思路，深入交流研究成果和专家观点。

会上，吴吟指出，我国能源发展正呈现出开采西移、增速变缓、结构优化、来源多元四个特征。吴吟副局长表示，电能使用起来洁净方便、灵活高效，电力发展将促进可再生能源发展，降低单位GDP能耗，提高能源效率。在下一步解决能源矛盾过程中，远距离输电可以发挥重要作用。电网在构建能源综合运输体系中作用重大，电网的完善和强大，既可以适应风能、太阳能等间歇式电源发电的特性，又可以为分布式能源、智能电网的发展创造条件，形成多元互补的智能用电运输体系。

王敏指出，未来我国能源工业将呈现结构多元化、开发集约化、输送高效化、网络智能化、消费绿色化的崭新局面，转变电力发展方式是转变能源发展方式的重要内容和关键所在。

江冰作了题为“‘十二五’合理控制能源消费总量的思考”的发言，他指出合理控制能源消费总量，最根本的是要充分发挥市场手段，特别是市场机制的作用。

史立山作了题为“我国‘十二五’新能源发展相关问题”的发言，他表示电力确实是能源技术的核心，在未来能源转型中，电力将发挥越来越重要的功能。

卢强作了题为“对我国电力能源发展战略的一些思考”的发言，他认为促进可再生能源发展，第一个要务是发展水能，水能利用是“发展方略”之首。

黄其励作了题为“对优化发展我国电力工业的两个建议”的发言，他建议抽水蓄能机组容量占电源总量的比例应不少于10%，并应及早建设跨区特高压电网。

葛正翔作了题为“能源可持续发展与电力科技创新”的发言，分析了能源发展趋势和电网技术发展趋势，介绍了国家电网公司科技创新思路。

张运洲作了题为“我国未来能源格局的演变”的发言，分析了未来一段时期影响我国能源发展的关键因素，他强调我国能源格局总体呈现“能源结构清洁化、能源开发基地化、能源调运跨区化、能源平衡全国化”的主要特征，“电为中心”将进一步凸显，主要采用特高压交直流技术的跨区输电比重大幅上升，将在能源综合运输体系中发挥更加重要的作用。

在下午的专题演讲中，史丹、钱兴坤、李英、张希良、陈宗法、葛旭等专家分别就风电产业发展、天然气发展潜力、节能减排与能源价格、节能减碳、发电企业转型、电动汽车发展等内容作了发言。

10. 2010年中国煤炭学会经济研究专业委员会年会

2011年10月19日，中国煤炭学会经济管理专业委员会、贵州盘江投资控股集团公司

在贵州举办了2010年中国煤炭学会经济研究专业委员会年会，主题为“管理创新、企业转型、跨越发展”。

为了落实科学发展观，加快转变煤炭经济发展方式和调整经济结构，本论坛通过对我国顶级煤炭企业管理模式的经典案例分析，全面展示了改革开放及新经济环境下，煤炭企业在管理方面取得的进步。年会上，周炳军致欢迎词；申明新宣读关于发布现代大型煤炭企业经典管理案例的通知并颁发证书；张文山作了中国煤炭学会经济管理专业委员会2011年工作总结；范宝营作了以科学发展观为统领，努力实现管理自主创新能力提升的讲话。

第二节　国外会议

1. 2011 第三届国际应用能源大会（International Conference on Applied Energy）

2011年3月16~18日，在意大利佩鲁贾由佩鲁贾大学举办。

国际应用能源会议（ICAE）为国际应用能源领域高水平的国际学术会议。国际应用能源会议已于2009年在中国香港和2010年在新加坡举办过两届，在之前的会议中，与会者从不同角度审视了可持续发展这个观点，为我们在这个方向的继续前进指明了最为合适的道理。如今，科学家、利益相关者、政客以及公众已经意识到，要解决可持续发展问题不能只依靠一个方案，而是要通过一系列政策、科技和抉择。在此背景下，第三届ICAE会议将于2011年3月16~18日在意大利佩鲁贾大学召开。

在应用能源领域，可持续发展意味着节约能源、使用可再生能源以及减少污染和温室气体排放，所有这些目标都必须同时推进，不可偏废其中任何一个方面。第三届ICAE会议将评估上述三个目标并为其确定未来战略，确保这三个目标以最佳方式实现。会议对以下主要热点话题展开讨论：

（1）可再生能源和绿色能源资源及技术：包括风能、太阳能、生物质能等资源和技术；代用燃料；燃料电池和氢能；能源存储技术和生物质气化技术等。

（2）建筑节能：包括绿色和“零耗能”建筑；绿色建筑围护结构；高效节能的加热和冷却系统；热泵、储热和能源回收技术等。

（3）先进的能源技术：微型和纳米技术在能源系统中的应用；碳捕获和储存系统；燃烧和发动机技术；新颖和先进的能源转换技术等。

（4）发电能源系统：能源效率和管理；能源系统和过程的建模与优化；先进的发电、输电和自动化技术；分布式能源系统和多联产的能源系统（Poly－generation Systems）等。

（5）能源、环境和气候变化：温室气体和减缓气候变化；气候变化的政策、经济研究和建模；能源效率和安全；能源战略和规划；区域可持续发展；低碳社会和可持续发展城市；污染物排放总量控制和削减等。

2. 首届国际清洁能源大会（1st International Conference on Clean Energy）

2011 年 4 月 10 ~ 13 日，在大连由大连化学物理研究所、英国皇家化学学会共同举办。

随着经济社会的快速发展，当今人类社会正面临越来越多的全球性挑战。其中，发展所带来的环境恶化和能源短缺问题变得尤为突出，而发展可持续新能源是人类解决此类问题行之有效的方法。据统计全球能源市场价值 6 万亿美元，其中绿色清洁能源的发展最有潜力，因为只有清洁的新能源才能最大限度地降低全球灾难性气候变化的加剧。我国作为世界上最大的发展中国家，2009 年在清洁能源领域的投资总额已达 337 亿美元，约占世界总投入额的 21%，是世界上在清洁能源开发上投资最多的国家。英国皇家化学会于 2008 年专门组织有关专家和学者在全球范围内作了“能源调查报告”，报告结果显示，发展清洁能源是应对面临的诸多困境的最积极、最有效的选择，并决定发起“国际清洁能源会议”，以探讨解决能源问题的战略，前进目标、方向和路径。本会议是由英国皇家化学会发起，在全球范围内选择国家召开第一届会议。经过我国本领域专家的积极争取，首届“国际清洁能源会议”将于 4 月 10 ~ 13 日在大连化学物理研究所召开。

首届国际清洁能源大会是在全球范围内聚焦清洁能源科学问题召开的第一次会议。会议将会组织来自 25 个国家的 300 余位国内外相关领域的专家、学者以及企业和工业界代表进行为期三天的讨论，会议主要内容如下：

（1）会议探讨主题：就太阳能转化、电化学能转化与储存、生物燃料和生物质转化、氢气制备与储存、二氧化碳捕获，储存与使用、光催化与环境催化和清洁煤技术以及能源系统中的材料与纳米技术等主题展开了讨论。

（2）大连市委书记夏德仁对中科院大连化学物理研究所近年来在洁净能源领域的研究成果表示了肯定和赞扬。英国皇家化学会国际发展部经理大卫·克拉克博士表示，中国清洁能源发展的速度和质量都让人震惊。英国皇家化学会是世界上历史最悠久的化学学术团体和欧洲最大的化学学会，希望更好地同中国展开合作。

3. 2011 世界可再生能源大会（World Renewable Energy Congress - Sweden）

2011 年 5 月 8 ~ 13 日，在瑞典林雪平市由林雪平大学（Linköping University）举办，主题为“可再生能源技术的未来趋势和应用及可持续发展”。

世界可再生能源大会是一项国际科技大会，为科学家、政策制定者、工程师以及可再生能源领域的其他专家提供了讨论和知识共享的绝佳机会。2011 年瑞典世界可再生能源大会于 5 月 8 ~ 13 日在瑞典由林雪平大学召开。大会的主题是“可再生能源技术的未来趋势和应用及可持续发展”，话题涵盖可再生能源科技、节能、气候变化以及可持续能源系统，其中欧盟研讨会的演讲主题是“欧盟故事——实现 20% 的可再生能源”；跨国生物能源研讨会的主题是“扩大运输生物燃料市场”。

大会有来自 60 多个国家的 600 多位代表参加。会议组织了 130 多场讨论，展示了 550 多个演示文稿，发表了 18 篇主旨演讲，涵盖的议题如下：

（1）气候变化问题。讨论了碳汇、可再生能源和减轻气候变化等问题。

（2）政策问题。讨论了关于全球能源需求相匹配的能源政策，地方级别、家庭和能源产业方面的政策；专注于能源有效利用的问题，可再生能源快速增长的主要动力和障碍，保证投资安全性的法律和财政框架等。

（3）能源终端使用效率问题。节能技术和行为、能源项目管理、家庭和企业作为终端用户等进行讨论。

（4）可持续的城市和地区。低耗能的基础设施、可持续能源使用和城市节能方案等。

（5）低耗能建筑。绿色建筑材料和技术、低碳技术等。

（6）工业能源效率。加热和冷却过程的能源高效应用。

（7）交通运输能源的可持续发展。低排放、电动、混合动力和太阳能汽车、交通部和能源部在交通运输规划和管理方面的相互作用、可持续交通运输政策和治理。

（8）太阳能光伏技术。农村发展太阳能应用、太阳能与并网问题、市场和商业化及融资问题等。

（9）太阳能光热应用。太阳能发电过程的加热和冷却系统、热量存储技术和农村应用的推广。

（10）风能应用。海上风电、连接和整合问题、小型、微型和混合发电系统问题。

（11）生物能源技术。生物质能液态和气态化，对环境的影响等问题。

（12）地热应用。对环境的影响和可持续性问题、双循环地热发电厂技术问题、海洋热能转换问题。

4. 2011Agrion 能源会议（AGRION Energy Conference 2011）

2011 年 12 月 8 日，在美国纽约由 Agrion 主办。

Agrion 作为一个国际商业社团，致力于团结企业家、公司、投资者和领导人为能源、清洁科技和可持续性发展做出贡献。2011 年 12 月 8 日，Agrion 年度能源会议在纽约 AMA 行政会议中心举行。会议先后就能源安全、可再生能源电网融合以及住宅市场需求响应解决方案和技术三个话题进行了讨论。会议中，节能领域的相关人士回顾了 2011 年的产业发展，对关键性议题进行了重新审视，并对 2012 年进行了展望。具体会议内容和观点如下：

（1）“能源独立和国家安全”讨论。召集了专家、企业家、咨询者、政策制定者、承包商以及军方官员共同讨论，主要观点包括：能源独立和国家安全两者间的关系；如美国军队这样的征服机构是怎样追求能源独立的；哪些是有利于我们资源独立和资源整合的最有前途的能源和技术；在煤作为我们最丰富的自然资源背景下，讨论能源安全和减少能源对环境污染间的对立问题；从依旧依赖于外国能源市场和企业集团的一些欧洲国际吸取教训。

（2）“再生能源并网问题”讨论。在美国接近实现电网平价和智能电网部署的同时，扩大能源储存、建立正式的区域能源市场、为可再生能源并网建立一个激励机制的框架等方面还需要很大的提升。扩大可再生能源市场受到并网整合相关挑战，包括硬件兼容性、技术竞争性和地方与国家层面的政策等。会议中专家对“再生能源并网问题”进行了意见交换，对现状和未来可能遇到的挑战进行了梳理。主要观点包括：目前可再生能源并网的渗透率水平如何？在国家和地区实现可再生能源并网的激励是什么？能源储备需求水平或者天然气等可再生能源的间歇性过程中的最大需求水平？有哪些管理可再生能源不稳定性的策略？

（3）“住宅需求响应（DR）和实现技术”讨论。需求响应解决方案作为智能电网的基础设施和公用事业客户间的纽带连接。会议中为住宅需求响应方案探讨了生态系统使能技术和面向客户的产品；同时特别强调：客户参与、政策和激励措施、通信软件和协议、技术开放标准、互用性和室内整合等；具体话题包括：住宅市场参加 DR 计划的比例有多大？什么样的策略可以使住宅需求与经济形势相适应？住宅市场和 C&I 市场的区别：存在什么样的独特挑战？消费者是否会考虑到隐私和安全性而阻碍 DR 计划或产品？在考虑潜在的住宅 DR 计划时必须对趋势和不确定性预期进行评估？

本次会议的主旨演讲来自于安德鲁·麦克科恩的《可再生能源的摩尔定律》，探讨了在能源领域是否也可以引入一个类似于摩尔定律一样的组织原则。

5. 2011 年绿色建筑与可持续发展城市国际会议（GBSC 2011）（2011 International Conference on Green Buildings and Sustainable Cities）

由意大利博洛尼亚大学、意大利博洛尼亚省建筑师协会、意大利博洛尼亚省工程师协会、中国香港工程技术国际协会（IAET）等举办的 2011 年绿色建筑与可持续发展城市国际会议于 9 月 15 ~16 日在意大利博洛尼亚大学召开。大会旨在寻求绿色建筑与可持续发展城市领域的重要理论和实践成果，为学界和产业界的研究者们提供一个共享信息和知识的世界性平台。会议将对以下方面话题接受论文和展开专题讨论：

（1）持续城市规划。主要涉及的话题有：可持续性评估的方法和技术、环境监测和资源管理、可持续农业/天然资源开采、可持续水资源的解决方案、可持续的经济发展政策、碳排放和气候变化、城市的能源节能与再利用、城市基础设施的节能设计、城市环境可持续发展的新概念、城市高效的运输系统等。同时，在专题研讨过程中，相关人士进行了发言：Shahrooz Vahabzadeh：通过复杂的自适应系统来分析可持续城市生态的出现——在现有的情况下设计可持续发展；Loiez Bourdic：法律在能源效率和适应型城市的作用；Elisa Conticelli：评估火车站重建在城市可再生政策中的潜力：意大利案例研究；Leila Nikdela：通过与环境值相关的空间参考系统对大都市空间扩展实施管理；Inti Bertocchi：可持续发展在建筑法律方面的成就等。

（2）绿色建材。主要涉及的话题有：劣质材料和植物材料的利用、可再生和可回收材料、绿色建筑与智能建筑及认证标准、施工能耗的控制技术、节能，低碳等建筑材料、建筑物的生态友好型耗能设备和能源供应服务、可再生能源系统的控制和优化、高效率的电能储备系统等。

（3）土木工程领域的可持续性。主要涉及的话题有：如基础设施的可持续性、天然及可再生能源技术、基础设施和城市交通系统的可持续性、土木工程可持续发展中的新材料和新技术等。

（4）可持续交通运输。专题讨论中相关发言及观点有：Eshagh Rasouli Sarabi：对伊朗道路运输业的能源消耗率的分析和近年在能源消耗管理方面的政策介绍；laria Delponte：地方发展模式作为实现城市交通可持续发展的路线图；Sumant Sharma：减少对交通运输需求的新城市模型研究等。

（5）可持续水资源管理。专题讨论中相关发言及观点有：Renata Archetti：微型水电站：家用设施的可行性；Raffaella Reitano：地中海地区的集水和收水系统介绍；Lee Xia Sheng：综合性及可持续性屋顶的设计等。

（6）对现有建筑节能的改造。专题讨论中相关发言及观点有：Laura Gabrielli，Danila Longo 对意大利社会住房改造的干预措施进行评估和可行性研究；Clara Masotti 对廉价住房建设的自助改造技术；传统建筑可持续发展与公众参与等。

（7）可持续城市规划评价的模型和技术。专题讨论中相关发言及观点有：Chang Hsiao Tung 利用结构方程模型对现有的生态—社会进行区域分析；Hasim Altan 五种可持续评价系统的比较和审查；Dimitra Kyrkou 城市可持续发展的标准：标准制定为类似预定清单类型还是一个适应性的框架等。

（8）可持续能源政策与技术。专题讨论中相关发言及观点有：Angela Saade 太阳能在欧洲城市的规划；Kayla Friedman 城市与国家的能源使用：对城市能源政策和战略的影响等。

6. 2011 美国石油工程师协会数字能源会议及展览（The SPE Digital Energy Conference and Exhibition）

2011 年 4 月 9 ~ 11 日，在美国得克萨斯州由美国石油工程师协会主办，主题为“在航行在拐点——打造数字融合的石油和天然气商业”。

SPE 数字能源会议及展览于 4 月 9 ~ 11 日在美国得克萨斯州的沃兰滋举办。过去 10 年，数字能源会议提出了企业面临的主要挑战和在石油数字融合领域提出了实用的解决方案。本次会议主题是“在航行在拐点——打造数字融合的石油和天然气商业”，这说明我们的企业已经向数字集成化发展。

2011 数字能源会议将呈现推进行业向前发展的创新和为创新者、实施者及用户间提供一个合作平台。

（1）会议话题包括：数字化商业和运营流程、人工智能、远程操作、风险管理、工作流程改革等。具体如下：实时事件处理、自动化操作和优化技术；人工智能的运用；风险评估；远程操作；提升运用过程的完整性和可靠性；工作流程改造及灵活化；实现流程网络控制和网络安全；发展混合动力技术：功能领域知识和 IT 的结合；在沉浸式环境中实现推进可视化；危机管理中的数字化技术；智能基础设施的演进。

（2）会议主题演讲：2011 数字能源会议中，相关专业人士进行了相关主题演讲，如：①哈密尔顿集团的 Ashish Chitale：人工智能和判断支持技术。在未来 10 年，在 E&P 行业对自动化的需求将显著增加。例如，数据挖掘、学习、计划和知识管理。这些技术将在短期、中期以及长期的优化计算中实现不确定性评估和降低风险。本次会议将探讨人工智能技术在勘探、数据采集和综合管理方面的应用。②壳牌的 Ron Cramer：远程操作的可靠性和完整性。将会展示在远程操作的可靠性和完整性方面技术的最新进展。③Tofig Al - Dhubaib：操作流程和风险管理。④Stephen Webb：工作流程的转型。数字化技术改变了我们管理石油与天然气的方法。该技术将关注于新的工作流程和流程优化措施。⑤Antony Edwards：实时数据采集系统和企业的可扩展性。随着领域扩大和技术的进步，来自生产方面的数据几乎成倍增长。这次会议将讨论如何规划、实施、执行和适应这些系统。

7. 2011 全球可持续能源储存大会（IC - SES）（International Conference for Sustainable Energy Storage 2011）

2011 年 2 月 21 ~ 24 日，在英国贝尔法斯特由美国石油工程师协会（SPE）主办，在英国贝尔法斯特的欧罗巴酒店召开。大会为研究者们提供了一个平台，来展示他们在储能和基础设施建设方面最新的工作成果，交流和发展新想法。来自区域和国际机构超过 300 名代表出席了本次大会，分别代表大学、商界和创新公司。会议小组讨论的主题包括：

（1）储能，包括节能、紧凑型储热、智能电网等。会议专题讨论发言有：Zondag：季节性太阳能热的储存；Halime Paksoy：对苯二甲酸二甲酯（DMT）——高温热能存储的新材料；Oliver Opel：热化学储能材料的研究；Meffre：使用循环工业垃圾对太阳能进行可持续能源储存；Sarwar：对 CFD 模型使用相变材料对光伏板进行热调节的实验验证；Yongliang Li：基于制冷的调峰技术：优化和技术分析；Grant Wilson：存储优化模型：市场指数价格差前提下存储商能获得的最大收益是多少？Ning Wei Chiu：热能存储：气候变化缓解方案等。

（2）空间规划，如大型基础设施、立法与规划。会议专题讨论发言有：阿尔斯特大学教授尼尔·休伊特：低碳住房改造中面临的挑战；Geoff Nuttall：未来的能源规划；Clyde Shanks：规划能源交付项目的关键问题；英国牛津布鲁克斯大学的 Tim Marshall：大型基础设施和空间规划；阿尔斯特大学的 David Redpath：爱尔兰公用事业中的能源储存和规划技术；阿尔斯特大学的 Maeliosa Hardy：能源发展规划中的政府规制等。

（3）氢能，包括安全、储存和运输。会议专题讨论发言有：Marc Steen：储能——氢能的作用和相关的储能活动；Jay Keller：氢能储存的安全性问题；Herve Barthelemy：氢存储和运输过程中的容器承压问题；M. Bielmann 离网能源系统——氢燃料技术的机遇与挑战等。

（4）此外，还开设了海报展和“进行时”研讨会，让在读博士生能够有机会展示和讨论他们正在进行中的研究项目。

8. 2011 欧洲波浪和潮汐能源大会（EWTEC 2011）（The European Wave and Tidal Energy Conference 2011）

2011 欧洲波浪和潮汐能源大会由南安普敦大学可持续能源研究小组于 9 月 5 ~9 日举办。本次大会由南安普敦大学可再生能源教授 AbuBakr S. Bahaj 主持，美国夏威夷州长还特地发表了宣言，英国能源与气候变化大臣克里斯·休恩和南安普顿议员阿兰·怀特海德博士参加了开幕式。每两年举办一次的欧洲波浪和潮汐能源大会让全球目光聚焦波浪和洋流能量的科技转化、研究、发展以及展示。

2011 欧洲波浪和潮汐能源大会一共吸引了约 500 名参会者，提交论文 220 篇，召开了 4 场专题讨论会，5 个研习班以及 1 个综合社会项目。会议具体研讨专题如下：

（1）目前海洋资源与建模。对高能量潮汐地区用三维 CFD 技术进行数值模拟；潮汐发电站发生紊流的特性；英国各地潮汐能的阶段性和对电力的潜在贡献研究；在彭特兰湾对潮汐流的水动力特性进行建模。

（2）波浪能转换建模。用物理模型的数据对频域模型做一个 OWC 验证；用一种新的数值方法对两端封闭控制的波浪能转换器进行绩效评估。

（3）设计和优化目前海洋能源转换器。影响 SeaGen 潮汐能源系统闪烁性能的参数研究；双向通道的潮汐涡轮机的设计和研究；潮汐涡轮机中转动叶子的可靠性研究等。

（4）潮汐能源政策和标准研究。为波浪能和潮汐能转换器的效率评价研究开发最佳实践；波浪能转换器效率评价的标准；波浪能和潮汐能中的风险管理；未来五年海洋能源的实施协议；标准化对海洋能源发展的优势研究。

（5）环境评估。对波能转换器阵列可能建立的环境和生态效应的衡量；涡轮机声辐射的评估方法；波能对气候变化的影响研究等。

（6）海洋能转换器的新颖设计及安装。自由浮动阀的波能转换器；示波器（Wavestar）模型的绩效评价。

（7）针对海洋能源特征的技术开发。

9. 2011 第一届国际智能电网、绿色通信及信息技术节能科技大会（The First International Conference on Smart Grids, Green Communications and IT Energy - aware Technologies）

第一届国际智能电网、绿色通信及信息技术节能科技大会于 5 月 22 ~27 日在意大利威尼斯举办。本次大会主题鲜明，涵盖领域内的方方面面，具体如下：

（1）智能电网基础研究。具体讨论的话题有：智能电网的体系结构、建模；高效节能的智能电网通信设施；智能电网特点的协议（DNP3，ICCP）和标准；可扩展的智能电网基础设施；智能电网创新等。

（2）绿色通信。具体讨论的话题有：节能高效的通信协议和电源管理；能源效率的调制，编码，资源分配；节能协议的优化；节能高效的传输技术；高效节能的物理层和 IP 层的协议/算法；虚拟化技术的能源效率等。

（3）绿色计算。具体讨论的话题有：节能高效的服务配置；网格，云计算，数据中心，虚拟化；基础设施的节能的方法；冷却/加热节能等。

（4）节能规划。具体讨论的话题有：绿色性能指标；能源和性能分析；能源消耗和能源效率分析；在工业与家庭环境中设备能源需求预测；绿色证书等。

（5）节能汽车技术。具体讨论的话题有：替代车用能源；混合动力汽车和新的电池技术；智能充电基础设施；电动汽车和电池技术的集成；高效节能的车辆传感器网络；汽车能量优化；充电站定价模式等。

（6）智能电网技术。具体讨论的话题有：智能电网的传感器；智能电网的传输层机制；智能电网的智能电子设备（IED）；智能电网精密时间同步协议。

（7）智能电网传输设施。具体讨论的话题有：高压直流（HVDC）；柔性交流输电系统（FACTS）；自动校正变电站；光学传感器（OS ）等。

（8）智能电网管理和控制。具体讨论的话题有：AMI（先进计量基础设施）；智能电网的延迟和可靠性、安全性、流动性等问题；在智能电网中根据实时的需求——响应实现动态定价；智能电网的智能状态监测；智能电网中的容错和错误恢复；智能电网的负载均衡；智能电网的动态发现等。

（9）智能电网软件和应用。具体讨论的话题有：智能电网最终用户的软件应用程序；智能设备的固件；智能电网建模应用；地理信息系统（GIS）；需求响应控制；仪表数据管理系统（MDMS）；智能电网与风力能源一体化；智能电网的商业化等。

（10）未来挑战。具体讨论的话题有：智能电网的效率，安全性和可靠性；智能电网和可再生能源技术；消费者的积极参与；容纳和存储所有的发电；启用新的产品，服务和市场；优化资产利用率和运行效率；智能电网的立法问题等。

10. 2011 国际可再生能源并网与储能大会（亚洲）

2011 年 12 月 5 ~7 日，在北京由国家能源智能电网（上海）研发中心主办，主题为“储能与可再生能源并网”。

随着世界范围内能源短缺的日益严重，全球可再生能源飞速发展。根据世界风能协会的权威统计，截至 2010 年底，全球风电装机总量达到了 1. 97 亿千瓦。此外，根据欧洲光伏工业协会的估算，全球光伏总装机容量将于 2013 年前达到 1. 3 亿千瓦，并于 2015 年前达到 1. 3 亿千瓦。与此同时，为了保障可再生能源的可持续发展，并网与储能已经成为全球共同关注的热点问题。按照中国的“十二五”新能源规划，中国计划在 2015 年前达到 500 万千瓦的光伏和 9000 万千瓦的风电装机总量。然而，诸多问题如并网难、电网建设滞后、远距离输电、政策支持、标准化、大型光伏电场接入等问题日益突出并阻碍了中国可再生能源市场的可持续发展。此外，储能行业也凸显出在成本、技术成熟度、生命周期、可靠性、稳定性方面的诸多问题。与此同时，国家电网公司按照规划将于 2015 年基本建成坚强智能电网，并将实现接入风电 1 亿千瓦和光伏发电 500 万千瓦的目标，该目标势必大力促进中国的可再生能源并网发展，并将缓解行业所面临的诸多突出性问题。

在此背景下，由国家能源智能电网（上海）研发中心荣誉主办、赛贸投资能源事业部组织策划、无锡物联网研究院官方协办，并由国际分布式能源联盟（WADE）、国际独立发电商协会（Ippf）、日本智能社区联盟（JSCA）、Zigbee 联盟、国际能源服务网络协会（ESNA）、2011Homeplug 产业联盟官授权支持的国际智能电网大会（亚洲）（ISGCA）于 2011 年 5 月在中国北京圆满召开后，将于 2011 年 12 月 5~7 日在中国北京国航万丽大酒店召开 2011 国际可再生能源并网与储能大会（亚洲）（REIS 2011）。届时将有超过 300 位来自政府相关机构、电网公司、发电公司、电池生产企业、金融机构、科研机构、储能技术解决方案提供商、输配电设备制造商、风机制造商、光伏系统集成商、咨询机构、相关行业协会等机构的高级代表出席，共同探索可再生能源并网与储能产业的最佳发展路线与商业模式。

大会具体讨论主题如下：

（1）亚洲新能源并网市场形势分析。

（2）风能并网技术与风电运营管理。

（3）光伏发电市场的发展前景与相关政策。

（4）风能发电机组技术与并网运用。

（5）风能设备与并网运用。

（6）光伏并网发电系统的集成与相关设备。

（7）剖析逆变器等其他高新设备在光伏并网发电中的应用。

第五章　2011 年能源经济学研究文献索引

第一节　中文期刊文献索引

（一）能源效率

[1] 彭昱. 我国电力产业环境效率评价 [J]. 财经科学，2011 (2)：76 - 83.

[2] 徐盈之，管建伟. 中国区域能源效率趋同性研究：基于空间经济学视角 [J]. 财经研究，2011 (1)：112 - 123.

[3] 王丹枫. 我国能源利用效率，经济增长及产业结构调整的区域特征——基于 1995 ~ 2007 年 31 个省域数据的分位点回归分析 [J]. 财经研究，2011 (7).

[4] 孙浦阳，武力超，陈思阳. 外商直接投资与能源消费强度非线性关系探究——基于开放条件下环境“库兹涅茨曲线”框架的分析 [J]. 财经研究，2011，37 (8)：79 - 90.

[5] 夏晓华，史丹，李鹏飞. 中国火力发电企业区域调度的能源效率松弛测度分析 [J]. 财贸经济，2011 (11)：121 - 126.

[6] 李思慧. 产业集聚、人力资本与企业能源效率——以高新技术企业为例 [J]. 财贸经济，2011 (9)：128 - 134.

[7] 宣烨，周绍东. 技术创新、回报效应与中国工业行业的能源效率 [J]. 财贸经济，2011 (1)：116 - 121.

[8] 姜磊，季民河. 基于空间异质性的中国能源消费强度研究——资源禀赋、产业结构、技术进步和市场调节机制的视角 [J]. 产业经济研究，2011 (4)：61 - 70.

[9] 段文斌，余泳泽. 全要素生产率增长有利于提升我国能源效率吗？——基于 35 个工业行业面板数据的实证研究 [J]. 产业经济研究，2011 (4)：78 - 88.

[10] 孔群喜，彭骥鸣，孙苏阳. FDI 与东道国企业的能源效率——以江苏高新技术企业为例 [J]. 产业经济研究，2011 (5)：79 - 85.

[11] 王强，郑颖，伍世代等. 能源效率对产业结构及能源消费结构演变的响应 [J].

地理学报，2011，66（6）.

［12］陈媛媛，王海宁．FDI、人力资本与省际工业能源效率［J］．国际贸易问题，2011（3）：99－109.

［13］孟祥兰，雷茜．我国各省份能源利用的效率评价——基于 DEA 数据包络方法［J］．宏观经济研究，2011（10）：40－46.

［14］于永臻．能源效率提升与需求侧管理融资：机制设计和政策重构［J］．经济理论与经济管理，2011（1）：77－86.

［15］王兵，张技辉，张华．环境约束下中国省际全要素能源效率实证研究［J］．经济评论，2011（4）：31－43.

［16］陈仲常，谢小丽．中国 GDP 能源消耗强度变动趋势及影响因素解析［J］．经济学家，2011（6）：56－62.

［17］嘉蓉梅，张华．能源强度变动与技术效率的结构演变——基于四川的统计数据［J］．经济学家，2011（9）：48－53.

［18］张伟，吴文元．基于环境绩效的长三角都市圈全要素能源效率研究［J］．经济研究，2011（10）：95－109.

［19］綦建红，陈小亮．进出口与能源利用效率：基于中国工业部门面板数据的实证研究［J］．南方经济，2011（1）：14－25.

［20］齐绍洲，方扬，李锴．FDI 知识溢出效应对中国能源强度的区域性影响［J］．世界经济研究，2011（11）：69－74.

［21］金培振，张亚斌，李激扬．能源效率与节能潜力的国际比较——以中国与 OECD 国家为例［J］．世界经济研究，2011（1）：21－27.

［22］左中梅，杨力．基于 SBM 模型的中国省际全要素能源效率分析［J］．统计与决策，2011（20）：105－107.

［23］刘海滨，郭正权．基于环境因素的我国区域全要素能源效率分析［J］．统计与决策，2011（6）：86－88.

［24］丁建勋，曹梓珞．能源强度演变的倒 U 型规律与我国节能降耗内在动力研究［J］．统计与决策，2011（6）：109－112.

［25］彭远新，林振山．三元生产要素下的区域能源反弹效应研究［J］．统计与决策，2011（2）：119－121.

［26］何跃，许沛沛．我国能源强度影响因素分析及建议［J］．统计与决策，2011（22）：86－88.

［27］曹明．我国能源强度与能源价格之间的脉冲响应分析［J］．统计与决策，2011（3）：94－95.

［28］邢小军，孙利娟，周德群．中国人口结构与能源强度的协整分析［J］．统计与决策，2011（9）：86－88.

［29］薛澜，刘冰，戚淑芳．能源回弹效应的研究进展及其政策涵义［J］．中国人口·

资源与环境，2011（10）：55－59.

［30］王姗姗，屈小娥．基于环境效应的中国制造业全要素能源效率变动研究［J］．中国人口·资源与环境，2011（8）：130－137.

［31］胡萌，李坤，乔晗．山东省能源消费强度变动的结构及效率效应［J］．中国人口·资源与环境，2011（5）：164－169.

［32］马海良，黄德春，姚惠泽．中国三大经济区域全要素能源效率研究——基于超效率 DEA 模型和 Malmquist 指数［J］．中国人口·资源与环境，2011（11）：38－43.

［33］姜磊，季民河．中国区域能源效率发展演变趋势的 R/S 分形分析［J］．中国人口·资源与环境，2011（11）：33－37.

［34］曹明．中国能源经济效率动态分析及预测［J］．中国人口·资源与环境，2011（4）：81－87.

［35］滕玉华．自主研发、技术引进与能源消耗强度——基于中国工业行业的实证分析［J］．中国人口·资源与环境，2011（7）：169－174.

［36］胡宗义，刘静，刘亦文．中国省际能源效率差异及其影响因素分析［J］．中国人口·资源与环境，2011（7）：33－39.

［37］李元龙，陆文聪．生产部门提高能源效率的宏观能耗回弹分析［J］．中国人口·资源与环境，2011（11）：44－49.

［38］胡宗义，刘静，刘亦文．中国省际能源效率差异及其影响因素分析［J］．中国人口·资源与环境，2011（7）：33－39.

［39］宋枫，王丽丽．中国能源强度变动趋势及省际差异分析［J］．资源科学，2011（12）：1－14.

［40］黄德春，董宇怡，刘炳胜．基于三阶段 DEA 模型中国区域能源效率研究［J］．资源科学，2011（4）：1－9.

［41］杨冕，杨福霞，陈兴鹏．中国能源效率影响因素研究——基于 VEC 模型的实证检验［J］．资源科学，2011（1）：163－168.

［42］史红亮，陈凯．基于脉冲响应函数的中国钢铁产业能源效率及其影响因素的动态分析［J］．资源科学，2011，33（5）：814－822.

［43］余华义．中国省际能耗强度的影响因素及其空间关联性研究［J］．资源科学，2011，33（7）：1353－1365.

（二）能源消费

［1］姜磊，季民河．中国区域能源压力的空间差异分析——基于 STIRPAT 模型［J］．财经科学，2011（4）：64－70.

［2］牛晓耕，王海兰．黑龙江省能源消费结构与碳排放关系的实证分析［J］．财经问题研究，2011（8）：29－35.

[3] 周浩，傅京燕. 国际贸易提高了中国能源的消费？[J]. 财贸经济，2011 (1): 94-100.

[4] 章辉. 控制通货膨胀是否会导致石油缺口的产生——一个宏观经济的分析视角[J]. 财贸经济，2011 (6): 122-128.

[5] 查建平，唐方方，傅浩. 中国能源消费、碳排放与工业经济增长——一个脱钩理论视角的实证分析[J]. 当代经济科学，2011 (6): 81-89.

[6] 周海燕，吴宏，陈福中. 异质性能源消耗与区域经济增长的实证研究[J]. 管理世界，2011 (10): 174-175.

[7] 陈宇峰，汤余平. 产业结构调整对缓解能源区域经济冲击的影响：以浙江省为例[J]. 国际贸易问题，2011 (6): 47-58.

[8] 白万平. "十二五"期间我国控制能源消费总量、强度和结构研究[J]. 宏观经济研究，2011 (9): 93-98.

[9] 李姝，姜春海. 战略性新兴产业主导的产业结构调整对能源消费影响分析[J]. 宏观经济研究，2011 (1): 36-40.

[10] 高新才，罗捷茹. 区域能源消费水平的评价指标及影响因素分析[J]. 宏观经济研究，2011 (6): 83-89.

[11] 刘玉海，武鹏. 能源消耗，二氧化碳排放与APEC地区经济增长——基于SBM-Undesirable和Meta-frontier模型的实证研究[J]. 经济评论，2011 (6): 109-120.

[12] 史亚东. 能源消费对经济增长溢出效应的差异分析——以人均消费作为减排门限的实证检验[J]. 经济评论，2011 (6): 121-129.

[13] 刘瑞翔，姜彩楼. 从投入产出视角看中国能耗加速增长现象[J]. 经济学（季刊），2011 (3): 777-798.

[14] 吴方卫，付畅. 我国未来经济发展中成品油与原油需求估算[J]. 上海财经大学学报，2011 (6): 72-79.

[15] 杨子晖. 经济增长、能源消费与二氧化碳排放的动态关系研究[J]. 世界经济，2011 (6): 100-125.

[16] 林伯强，张立，伍亚. 国内需求、技术进步和进出口贸易对中国电力消费增长的影响分析[J]. 世界经济，2011 (10): 146-162.

[17] 严法善，吴若沉. 上海市终端能耗变动模式及驱动因素研究——基于LMDI分解的上海市与全国和东中西部地区比较分析[J]. 世界经济文汇，2011 (2): 52-68.

[18] 张路蓬，苏屹，刘晓静. 基于灰色关联的能源消耗与产业结构调整分析[J]. 统计与决策，2011 (15): 122-125.

[19] 赵晓罡，薛继亮. 基于库兹涅茨曲线模型的能源消费与经济增长动态关系研究[J]. 统计与决策，2011 (11): 130-131.

[20] 谭元发. 能源消费与工业经济增长的协整与ECM分析[J]. 统计与决策，2011 (4): 89-91.

[21] 彭涛，颜云云. 能源消费与经济增长关系的实证分析 [J]. 统计与决策，2011 (21)：139 –140.

[22] 刘海莺，赵莹. 能源消费与中国经济增长关系的实证分析 [J]. 统计与决策，2011 (3)：128 –129.

[23] 鄢琼伟，陈浩. GDP 与能源消费之间的关系研究 [J]. 中国人口·资源与环境，2011 (7)：13 –19.

[24] 孙涵，成金华. 中国工业化、城市化进程中的能源需求预测与分析 [J]. 中国人口·资源与环境，2011 (7)：7 –12.

[25] 余嘉玲，张世秋，谢旭轩. 中国居民能源消耗趋势和差异分析 [J]. 中国人口·资源与环境，2011 (S2)：351 –356.

[26] 杨玉含，刘峰贵，陈琼等，2000 ~2008 年青海省居民生活能源消费与碳排放分析 [J]. 中国人口·资源与环境，2011，21 (3)：307 –310.

[27] 刘丽萍. 云南省能源消费及二氧化碳排放分析 [J]. 中国人口·资源与环境，2011 (S1)：140 –142.

[28] 刘怡君，王丽，牛文元. 中国城市经济发展与能源消耗的脱钩分析 [J]. 中国人口·资源与环境，2011 (1)：70 –77.

[29] 刘元华，吴玉峰，李新等. 中国能源消耗增量结构分解研究 [J]. 中国人口·资源与环境，2011 (S2)：347 –350.

[30] 张明. 基于能流图的山东省能源消耗分析 [J]. 中国人口·资源与环境，2011 (7)：46 –50.

[31] 吴小翠，周兵兵，朱继业. 我国中部地区能源消费省域差异的多层次分析 [J]. 中国人口·资源与环境，2011 (S2)：357 –361.

[32] 姚永玲. 北京城市发展中的能源消耗影响因素分析 [J]. 中国人口·资源与环境，2011 (7)：40 –45.

[33] 武春友，赵奥，卢小丽等. 中国不可再生能源消耗压力驱动与强度分解 [J]. 中国人口·资源与环境，2011 (11)：61 –66.

[34] 董会忠，綦振法，史成东. 山东省工业总产值与能源消耗量的协整关系 [J]. 中国人口·资源与环境，2011 (11)：56 –60.

[35] 赵晓丽，李娜. 中国居民能源消费结构变化分析 [J]. 中国软科学，2011 (11)：40 –51.

[36] 张馨，牛叔文，赵春升等. 中国城市化进程中的居民家庭能源消费及碳排放研究 [J]. 中国软科学，2011 (9)：65 –75.

[37] 范德成，王韶华，张伟. 低碳经济目标下一次能源消费结构影响因素及其影响机理研究 [J]. 资源科学，2011 (4)：1 –10.

[38] 刘满芝，王锐，周梅华等. 中国区域煤炭消费影响效应的比较分析——基于面板数据模型的实证经验 [J]. 资源科学，2011 (9)：1641 –1649.

(三) 碳排放

［1］黄少鹏，郑涛. 碳排放的行业特征与能源需求互动：皖省路径［J］. 改革，2011 (4)：25－33.

［2］姜子昂，张华林，于智博等. 天然气利用对我国低碳经济发展的贡献分析［J］. 管理世界，2011 (1)：168－169.

［3］何晓萍. 中国工业的节能潜力及影响因素［J］. 金融研究，2011 (10)：34－46.

［4］李虹. 中国化石能源补贴与碳减排——衡量能源补贴规模的理论方法综述与实证分析［J］. 经济学动态，2011 (3)：92－96.

［5］李树林，齐中英. 基于UV表的中国对外贸易中隐含碳分析［J］. 南开经济研究，2011 (3)：45－56.

［6］陈诗一. 中国碳排放强度的波动下降模式及经济解释［J］. 世界经济，2011 (4)：124－143.

［7］王锋，冯根福. 优化能源结构对实现中国碳强度目标的贡献潜力评估［J］. 中国工业经济，2011 (4)：127－137.

［8］廖明球. 基于"节能减排"的投入产出模型研究［J］. 中国工业经济，2011 (7)：26－34.

［9］刘贞，张希良，高虎. 基于行业增长的省级可再生能源规划目标分解［J］. 中国人口·资源与环境，2011 (4)：100－104.

［10］刘晓英，张伟豪，肖潇等. 中国农村可再生能源的发展现状分析［J］. 中国人口·资源与环境，2011 (S1)：160－164.

［11］陈艳，朱雅丽. 中国农村居民可再生能源生活消费的碳排放评估［J］. 中国人口·资源与环境，2011 (9)：88－92.

［12］邓明君. 湘潭市规模以上工业企业能源消耗碳排放分析［J］. 中国人口·资源与环境，2011 (1)：64－69.

［13］刘贞，张希良，高虎. 可再生能源发展情景设计及评价研究［J］. 中国人口·资源与环境，2011 (7)：28－32.

［14］徐礼德，仝允桓. 中国农村清洁能源发展分析及建议［J］. 中国人口·资源与环境，2011 (7)：20－27.

［15］刘岩，于渤，洪富艳. 基于可持续发展的可再生能源替代动态增长模型研究［J］. 中国软科学，2011 (S1)：240－246.

［16］林伯强，孙传旺. 如何在保障中国经济增长前提下完成碳减排目标［J］. 中国社会科学，2011 (1)：64－76.

［17］宋杰鲲. 基于LMDI的山东省能源消费碳排放因素分解［J］. 资源科学，2011 (12)：1－8.

［18］刘竹，耿涌，薛冰等. 城市能源消费碳排放核算方法［J］. 资源科学，2011，33（7）：1325－1330.

［19］李虹，董亮，段红霞. 中国可再生能源发展综合评价与结构优化研究［J］. 资源科学，2011，33（3）.

［20］彭佳雯，黄贤金，钟太洋等. 中国经济增长与能源碳排放的脱钩研究［J］. 资源科学，2011（4）.

［21］蒋金荷. 中国碳排放量测算及影响因素分析［J］. 资源科学，2011（4）.

［22］黄建. 我国风电与碳捕集技术发展路径与减排成本研究——基于技术学习曲线的分析［J］. 资源科学，2011（12）：1－10.

［23］陈枫楠，王礼茂. 中国太阳能光伏产业空间格局及影响因素研究［J］. 资源科学，2011（12）：1－10.

［24］何建坤. 中国的能源发展与应对气候变化［J］. 中国人口·资源与环境，2011（10）：40－48.

（四）新能源、能源价格、安全与其他

［1］李虹，谢明华，杜小敏. 中国可再生能源补贴措施有效性研究——基于居民环境支付意愿的实证分析［J］. 财贸经济，2011（3）：102－109.

［2］尹勇晚，龚驰，李天国. 中韩新能源产业合作的经济效应实证研究［J］. 经济理论与经济管理，2011（4）：85－94.

［3］邸元，刘晓鸥. 中国风电产业政策与产业发展——一项基于风电与传统电力替代性的研究［J］. 经济理论与经济管理，2011（5）：67－74.

［4］沈大勇，龚柏华. 中美清洁能源产业争端的解决路径——中美风能设备补贴争端案的思考［J］. 世界经济研究，2011（7）：49－53.

［5］刘贞，张希良. 区域可再生能源规划仿真模型研究［J］. 统计与决策，2011（16）：60－63.

［6］陈宇峰，俞剑，崔成伟. 国际油价波动的有效市场假设与可预测性：基于 MF－DFA 模型的重新考量［J］. 财贸经济，2011（5）：129－135.

［7］伍世安. 深化能源资源价格改革：从市场、政府分轨到“市场＋政府”合轨［J］. 财贸经济，2011（5）：123－128.

［8］张建斌. 价格规制，煤炭资源与能源约束：最优开发路径试解［J］. 改革，2011（6）：78－83.

［9］许庆，范英. 预期原油供给威胁与外部价格传导——一个液态生物质能源缓解能源安全危机的视角［J］. 世界经济文汇，2011（4）：107－120.

［10］郭国峰，郑召锋. 国际能源价格波动对中国股市的影响——基于计量模型的实证检验［J］. 中国工业经济，2011（6）：26－35.

［11］沈镭，薛静静．中国能源安全的路径选择与战略框架［J］．中国人口·资源与环境，2011（10）：49－54．

［12］吕涛．突发性能源短缺的应急体系研究［J］．中国人口·资源与环境，2011（4）：105－110．

［13］刘立涛，沈镭，张艳等．中国区域能源安全差异性分析——以广东与陕西为例［J］．资源科学，2011（12）．

［14］刘劲松．中国石油产业强盛度研究［J］．财经问题研究，2011（2）：34－43．

［15］李静，方伟．长三角对外贸易增长的能源环境代价研究［J］．财贸经济，2011（5）：80－85．

［16］胡健，焦兵．我国西部能源产业技术溢出与产业集聚累积循环效应的实证研究［J］．当代经济科学，2011（4）：11－15．

［17］张建刚．中国能源行业对外直接投资发展对策与建议［J］．国际贸易，2011（4）：17－20．

［18］王颖，马风涛．出口贸易、国内能源含量与垂直专业化［J］．国际贸易问题，2011（10）：25－33．

［19］姚昕，蒋竺均，刘江华．改革化石能源补贴可以支持清洁能源发展［J］．金融研究，2011（3）：184－197．

［20］黄光晓，林伯强．中国工业部门资本能源替代问题研究——基于元分析的视角［J］．金融研究，2011（6）：86－96．

［21］谭鑫，赵鑫铖，张越．能源对中国经济及三次产业的增长阻力分析［J］．经济学动态，2011（9）：94－98．

［22］李虹，董亮，谢明华．取消燃气和电力补贴对我国居民生活的影响［J］．经济研究，2011（2）：100－112．

［23］耿晔强，马志敏．基于博弈视角下的中国与上海合作组织成员国能源合作分析［J］．世界经济研究，2011（5）：82－86．

［24］周勤，赵静，盛巧燕．中国能源补贴政策形成和出口产品竞争优势的关系研究［J］．中国工业经济，2011（3）：47－56．

［25］蔡海霞，范如国．FDI 技术溢出、能源约束与区域创新产出分析［J］．中国人口·资源与环境，2011（11）：50－55．

［26］杨福霞，杨冕，聂华林．能源与非能源生产要素替代弹性研究——基于超越对数生产函数的实证分析［J］．资源科学，2011（3）：460－467．

第二节　英文期刊文献索引

（一）能源与经济增长（22 篇）

[1] Barca S. Energy, property, and the industrial revolution narrative. Ecological Economics, 2011, 70 (7): 1309 - 1315.

[2] Belke A., F. Dobnik and C. Dreger. Energy consumption and economic growth: New insights into the cointegration relationship. Energy Economics, 2011, 33 (5): 782 - 789.

[3] Chang C. and C. F. Soruco Carballo. Energy conservation and sustainable economic growth: The case of Latin America and the Caribbean. Energy Policy, 2011, 39 (7): 4215 - 4221.

[4] Dalgaard C. and H. Strulik. Energy distribution and economic growth. Resource and Energy Economics, 2011, 33 (4): 782 - 797.

[5] de Freitas L. C. and S. Kaneko. Decomposing the decoupling of CO_2 emissions and economic growth in Brazil. Ecological Economics, 2011, 70 (8): 1459 - 1469.

[6] Eggoh J. C., C. Bangake and C. Rault. Energy consumption and economic growth revisited in African countries. Energy Policy, 2011, 39 (11): 7408 - 7421.

[7] Fei L., et al. Energy consumption - economic growth relationship and carbon dioxide emissions in China. Energy Policy, 2011, 39 (2): 568 - 574.

[8] Fouquet R. Long run trends in energy - related external costs. Ecological Economics, 2011, 70 (12): 2380 - 2389.

[9] Golam Ahamad M. and A. K. M. Nazrul Islam. Electricity consumption and economic growth nexus in Bangladesh: Revisited evidences. Energy Policy, 2011, 39 (10): 6145 - 6150.

[10] Gurgul H. The role of coal consumption in the economic growth of the Polish economy in transition. Energy Policy, 2011, 39 (4): 2088 - 2099.

[11] Kouakou A. K. Economic growth and electricity consumption in Cote d'Ivoire: Evidence from time series analysis. Energy Policy, 2011, 39 (6): 3638 - 3644.

[12] Lee C. and Y. Chiu. Nuclear energy consumption, oil prices, and economic growth: Evidence from highly industrialized countries. Energy Economics, 2011, 33 (2): 236 - 248.

[13] Lee C. and Y. Chiu. Oil prices, nuclear energy consumption, and economic growth: New evidence using a heterogeneous panel analysis. Energy Policy, 2011, 39 (4): 2111 - 2120.

[14] Li Y. and A. Oberheitmann. Challenges of rapid economic growth in China: Reconciling sustainable energy use, environmental stewardship and social development. Energy Policy, 2011, 39 (11): 6899.

[15] Menegaki A. N. Growth and renewable energy in Europe: A random effect model with evidence for neutrality hypothesis. Energy Economics, 2011, 33 (2): 257-263.

[16] Nazlioglu S., F. Lebe and S. Kayhan. Nuclear energy consumption and economic growth in OECD countries: Cross-sectionally dependent heterogeneous panel causality analysis. Energy Policy, 2011, 39 (10): 6615-6621.

[17] Niu S., et al. Economic growth, energy conservation and emissions reduction: A comparative analysis based on panel data for 8 Asian-Pacific countries. Energy Policy, 2011, 39 (4): 2121-2131.

[18] Shahbaz M., C. F. Tang and M. Shahbaz Shabbir. Electricity consumption and economic growth nexus in Portugal using cointegration and causality approaches. Energy Policy, 2011, 39 (6): 3529-3536.

[19] Sharif Hossain M. Panel estimation for CO_2 emissions, energy consumption, economic growth, trade openness and urbanization of newly industrialized countries. Energy Policy, 2011, 39 (11): 6991-6999.

[20] Wang S. S., et al. CO_2 emissions, energy consumption and economic growth in China: A panel data analysis. Energy Policy, 2011, 39 (9): 4870-4875.

[21] Wang Y., et al. Energy consumption and economic growth in China: A multivariate causality test. Energy Policy, 2011, 39 (7): 4399-4406.

[22] Zhang Y. Interpreting the dynamic nexus between energy consumption and economic growth: Empirical evidence from Russia. Energy Policy, 2011, 39 (5): 2265-2272.

(二) 能源的供给 (使用) 与需求 (消费) (70 篇)

[1] Akpalu W. I. Dasmani and P. B. Aglobitse, Demand for cooking fuels in a developing country: To what extent do taste and preferences matter. Energy Policy, 2011, 39 (10): 6525-6531.

[2] Alotaibi S. Energy consumption in Kuwait: Prospects and future approaches. Energy Policy, 2011, 39 (2): 637-643.

[3] Andersen T. B., O. B. Nilsen and R. Tveteras. How is demand for natural gas determined across European industrial sectors. Energy Policy, 2011, 39 (9): 5499-5508.

[4] Apergis N. and C. Tsoumas. Integration properties of disaggregated solar, geothermal and biomass energy consumption in the U. S. Energy Policy, 2011, 39 (9): 5474-5479.

[5] Arabatzis G. and C. Malesios. An econometric analysis of residential consumption of

fuelwood in a mountainous prefecture of Northern Greece. Energy Policy, 2011, 39 (12): 8088 - 8097.

[6] Audenaert A., K. Briffaerts and L. Engels. Practical versus theoretical domestic energy consumption for space heating. Energy Policy, 2011, 39 (9): 5219 - 5227.

[7] Bakhat M. and J. Rosselló. Estimation of tourism - induced electricity consumption: The case study of Balearics Islands, Spain. Energy Economics, 2011, 33 (3): 437 - 444.

[8] Balachandra P. Modern energy access to all in rural India: An integrated implementation strategy. Energy Policy, 2011, 39 (12): 7803 - 7814.

[9] Bartusch C., et al. Introducing a demand - based electricity distribution tariff in the residential sector: Demand response and customer perception. Energy Policy, 2011, 39 (9): 5008 - 5025.

[10] Baynes T., et al. Comparison of household consumption and regional production approaches to assess urban energy use and implications for policy. Energy Policy, 2011, 39 (11): 7298 - 7309.

[11] Bernard J., D. Bolduc and N. Yameogo. A pseudo - panel data model of household electricity demand. Resource and Energy Economics, 2011, 33 (1): 315 - 325.

[12] Brand B. and J. Zingerle. The renewable energy targets of the Maghreb countries: Impact on electricity supply and conventional power markets. Energy Policy, 2011, 39 (8): 4411 - 4419.

[13] Cattaneo C., M. Manera and E. Scarpa. Industrial coal demand in China: A provincial analysis. Resource and Energy Economics, 2011, 33 (1): 12 - 35.

[14] Cayla J., N. Maizi and C. Marchand. The role of income in energy consumption behaviour: Evidence from French households data. Energy Policy, 2011, 39 (12): 7874 - 7883.

[15] Chen Z. M. and G. Q. Chen. An overview of energy consumption of the globalized world economy. Energy Policy, 2011, 39 (10): 5920 - 5928.

[16] Chung - Ling Chien J. and N. Lior. Concentrating solar thermal power as a viable alternative in China's electricity supply. Energy Policy, 2011, 39 (12): 7622 - 7636.

[17] Daly H. E. and B. P. Ó Gallachóir. Modelling future private car energy demand in Ireland. Energy Policy, 2011, 39 (12): 7815 - 7824.

[18] Deichmann U., et al. The economics of renewable energy expansion in rural Sub - Saharan Africa. Energy Policy, 2011, 39 (1): 215 - 227.

[19] Dilaver Z. and L. C. Hunt. Industrial electricity demand for Turkey: A structural time series analysis. Energy Economics, 2011, 33 (3): 426 - 436.

[20] Dilaver Z. and L. C. Hunt. Modelling and forecasting Turkish residential electricity demand. Energy Policy, 2011, 39 (6): 3117 - 3127.

[21] Ferng J. Measuring and locating footprints: A case study of Taiwan's rice and wheat

consumption footprint. Ecological Economics, 2011, 71 (0): 191 -201.

[22] Fujimori S. and Y. Matsuoka. Development of method for estimation of world industrial energy consumption and its application. Energy Economics, 2011, 33 (3): 461 -473.

[23] Geem Z. W. Transport energy demand modeling of South Korea using artificial neural network. Energy Policy, 2011, 39 (8): 4644 -4650.

[24] Hasanov M. and E. Telatar. A re - examination of stationarity of energy consumption: Evidence from new unit root tests. Energy Policy, 2011, 39 (12): 7726 -7738.

[25] Henry Chen Y. H., J. M. Reilly and S. Paltsev. The prospects for coal - to - liquid conversion: A general equilibrium analysis. Energy Policy, 2011, 39 (9): 4713 -4725.

[26] Hua J. and Y. Wu. Implications of energy use for fishing fleet - Taiwan example. Energy Policy, 2011, 39 (5): 2656 -2668.

[27] Huang Y., Y. J. Bor and C. Peng. The long - term forecast of Taiwan's energy supply and demand: LEAP model application. Energy Policy, 2011, 39 (11): 6790 -6803.

[28] Huntington H. G., Backcasting U. S. oil demand over a turbulent decade. Energy Policy, 2011, 39 (9): 5674 -5680.

[29] Jeong J., C. Seob Kim and J. Lee. Household electricity and gas consumption for heating homes. Energy Policy, 2011, 39 (5): 2679 -2687.

[30] Keane A., et al. Demand side resource operation on the Irish power system with high wind power penetration. Energy Policy, 2011, 39 (5): 2925 -2934.

[31] Keles D., D. Möst and W. Fichtner. The development of the German energy market until 2030—A critical survey of selected scenarios. Energy Policy, 2011, 39 (2): 812 -825.

[32] Kessides I. N. and D. C. Wade. Towards a sustainable global energy supply infrastructure: Net energy balance and density considerations. Energy Policy, 2011, 39 (9): 5322 -5334.

[33] Khanh Toan P., N. Minh Bao and N. Ha Dieu. Energy supply, demand, and policy in Viet Nam, with future projections. Energy Policy, 2011, 39 (11): 6814 -6826.

[34] Kim H., E. Shin and W. Chung. Energy demand and supply, energy policies, and energy security in the Republic of Korea. Energy Policy, 2011, 39 (11): 6882 -6897.

[35] Koroneos C. J., E. A. Nanaki and G. A. Xydis. Exergy analysis of the energy use in Greece. Energy Policy, 2011, 39 (5): 2475 -2481.

[36] Kowsari R. and H. Zerriffi. Three dimensional energy profile: A conceptual framework for assessing household energy use. Energy Policy, 2011, 39 (12): 7505 -7517.

[37] Krarti M. and A. Hajiah. Analysis of impact of daylight time savings on energy use of buildings in Kuwait. Energy Policy, 2011, 39 (5): 2319 -2329.

[38] Kumar S., et al. Current status and future projections of LNG demand and supplies: A global prospective. Energy Policy, 2011, 39 (7): 4097 -4104.

[39] Lescaroux F. Dynamics of final sectoral energy demand and aggregate energy intensity.

Energy Policy, 2011, 39 (1): 66 - 82.

[40] Li S., Y. Liu and J. Zhang. Lose some, save some: Obesity, automobile demand, and gasoline consumption. Journal of Environmental Economics and Management, 2011, 61 (1): 52 - 66.

[41] Limanond T., S. Jomnonkwao and A. Srikaew. Projection of future transport energy demand of Thailand. Energy Policy, 2011, 39 (5): 2754 - 2763.

[42] Liu W. and H. Li. Improving energy consumption structure: A comprehensive assessment of fossil energy subsidies reform in China. Energy Policy, 2011, 39 (7): 4134 - 4143.

[43] Mazur A. Does increasing energy or electricity consumption improve quality of life in industrial nations? Energy Policy, 2011, 39 (5): 2568 - 2572.

[44] McComas K. A., R. Stedman and P. Sol Hart. Community support for campus approaches to sustainable energy use: The role of "town - gown" relationships. Energy Policy, 2011, 39 (5): 2310 - 2318.

[45] Miah M. D., et al. Domestic energy - use pattern by the households: A comparison between rural and semi - urban areas of Noakhali in Bangladesh. Energy Policy, 2011, 39 (6): 3757 - 3765.

[46] Miller R. G. Future oil supply: The changing stance of the International Energy Agency. Energy Policy, 2011, 39 (3): 1569 - 1574.

[47] Moore A. Demand elasticity of oil in Barbados. Energy Policy, 2011, 39 (6): 3515 - 3519.

[48] Mullan J., et al. Modelling the impacts of electric vehicle recharging on the Western Australian electricity supply system. Energy Policy, 2011, 39 (7): 4349 - 4359.

[49] Narayan P. K., S. Narayan and R. Smyth. Energy consumption at business cycle horizons: The case of the United States. Energy Economics, 2011, 33 (2): 161 - 167.

[50] Neto J. C. D. L., et al. Forecasting of energy and diesel consumption and the cost of energy production in isolated electrical systems in the Amazon using a fuzzification process in time series models. Energy Policy, 2011, 39 (9): 4947 - 4955.

[51] Ngui D., et al. Household energy demand in Kenya: An application of the linear approximate almost ideal demand system (LA - AIDS). Energy Policy, 2011, 39 (11): 7084 - 7094.

[52] Sa Ad S. Underlying energy demand trends in South Korean and Indonesian aggregate whole economy and residential sectors. Energy Policy, 2011, 39 (1): 40 - 46.

[53] Sadorsky P. Financial development and energy consumption in Central and Eastern European frontier economies. Energy Policy, 2011, 39 (2): 999 - 1006.

[54] Sadorsky P. Trade and energy consumption in the Middle East. Energy Economics, 2011, 33 (5): 739 - 749.

[55] Sahakian M. D. Understanding household energy consumption patterns: When "West Is Best" in Metro Manila. Energy Policy, 2011, 39 (2): 596 - 602.

[56] Schweiker M. and M. Shukuya. Investigation on the effectiveness of various methods of information dissemination aiming at a change of occupant behaviour related to thermal comfort and exergy consumption. Energy Policy, 2011, 39 (1): 395 - 407.

[57] Sovacool B. K. Conceptualizing urban household energy use: Climbing the "Energy Services Ladder". Energy Policy, 2011, 39 (3): 1659 - 1668.

[58] Traber T. and C. Kemfert. Gone with the wind? - Electricity market prices and incentives to invest in thermal power plants under increasing wind energy supply. Energy Economics, 2011, 33 (2): 249 - 256.

[59] Trømborg E., et al. Projecting demand and supply of forest biomass for heating in Norway. Energy Policy, 2011, 39 (11): 7049 - 7058.

[60] Türkekul B. and G. Unakltan. A co - integration analysis of the price and income elasticities of energy demand in Turkish agriculture. Energy Policy, 2011, 39 (5): 2416 - 2423.

[61] van Ruijven B. J., et al. Model projections for household energy use in India. Energy Policy, 2011, 39 (12): 7747 - 7761.

[62] Visschers V. H. M., C. Keller and M. Siegrist. Climate change benefits and energy supply benefits as determinants of acceptance of nuclear power stations: Investigating an explanatory model. Energy Policy, 2011, 39 (6): 3621 - 3629.

[63] von Hippel D., T. Savage and P. Hayes. Overview of the Northeast Asia energy situation. Energy Policy, 2011, 39 (11): 6703 - 6711.

[64] Wadud Z., et al. Modeling and forecasting natural gas demand in Bangladesh. Energy Policy, 2011, 39 (11): 7372 - 7380.

[65] Wang Y., A. Gu and A. Zhang. Recent development of energy supply and demand in China, and energy sector prospects through 2030. Energy Policy, 2011, 39 (11): 6745 - 6759.

[66] Weiller C. Plug - in hybrid electric vehicle impacts on hourly electricity demand in the United States. Energy Policy, 2011, 39 (6): 3766 - 3778.

[67] Yalta A. T. Analyzing energy consumption and GDP nexus using maximum entropy bootstrap: The case of Turkey. Energy Economics, 2011, 33 (3): 453 - 460.

[68] Yu B., J. Zhang and A. Fujiwara. Representing in - home and out - of - home energy consumption behavior in Beijing. Energy Policy, 2011, 39 (7): 4168 - 4177.

[69] Zhang M. and W. Wang. Analysis of China's energy utilization for 2007. Energy Policy, 2011, 39 (3): 1612 - 1616.

[70] Zhao X. and H. Yin. Industrial relocation and energy consumption: Evidence from China. Energy Policy, 2011, 39 (5): 2944 - 2956.

（三）能源安全（21 篇）

[1] Bambawale M. J. and B. K. Sovacool. India's energy security: A sample of business, government, civil society, and university perspectives. Energy Policy, 2011, 39 (3): 1254-1264.

[2] Bazilian M., et al. Interactions between energy security and climate change: A focus on developing countries. Energy Policy, 2011, 39 (6): 3750-3756.

[3] Chaturvedi A. and S. K. Samdarshi. Energy, economy and development (EED) triangle: Concerns for India. Energy Policy, 2011, 39 (8): 4651-4655.

[4] Cohen G., F. Joutz and P. Loungani Measuring energy security: Trends in the diversification of oil and natural gas supplies. Energy Policy, 2011, 39 (9): 4860-4869.

[5] Corner A., et al. Nuclear power, climate change and energy security: Exploring British public attitudes. Energy Policy, 2011, 39 (9): 4823-4833.

[6] Fantazzini D., M. Höök and A. Angelantoni. Global oil risks in the early 21st century. Energy Policy, 2011, 39 (12): 7865-7873.

[7] Gasparatos A. Resource consumption in Japanese agriculture and its link to food security. Energy Policy, 2011, 39 (3): 1101-1112.

[8] Jewell J. Ready for nuclear energy: An assessment of capacities and motivations for launching new national nuclear power programs. Energy Policy, 2011, 39 (3): 1041-1055.

[9] Lacher W. and D. Kumetat. The security of energy infrastructure and supply in North Africa: Hydrocarbons and renewable energies in comparative perspective. Energy Policy, 2011, 39 (8): 4466-4478.

[10] Leung G. C. K. China's energy security: Perception and reality. Energy Policy, 2011, 39 (3): 1330-1337.

[11] Lilliestam J. and S. Ellenbeck. Energy security and renewable electricity trade - Will Desertec make Europe vulnerable to the "energy weapon"? Energy Policy, 2011, 39 (6): 3380-3391.

[12] Pearson I. L. G. Smart grid cyber security for Europe. Energy Policy, 2011, 39 (9): 5211-5218.

[13] Praktiknjo A. J., A. Hähnel and G. Erdmann. Assessing energy supply security: Outage costs in private households. Energy Policy, 2011, 39 (12): 7825-7833.

[14] Smith Stegen K. Deconstructing the "energy weapon": Russia's threat to Europe as case study. Energy Policy, 2011, 39 (10): 6505-6513.

[15] Teräväinen T., M. Lehtonen and M. Martiskainen. Climate change, energy security, and risk—debating nuclear new build in Finland, France and the UK. Energy Policy, 2011, 39

(6): 3434 - 3442.

[16] Toft P. Intrastate conflict in oil producing states: A threat to global oil supply? Energy Policy, 2011, 39 (11): 7265 - 7274.

[17] Toft P. and A. Duero. Reliable in the long run? Petroleum policy and long - term oil supplier reliability. Energy Policy, 2011, 39 (10): 6583 - 6594.

[18] von Hippel D. , et al. Future regional nuclear fuel cycle cooperation in East Asia: Energy security costs and benefits. Energy Policy, 2011, 39 (11): 6867 - 6881.

[19] von Hippel D. , et al. Energy security and sustainability in Northeast Asia. Energy Policy, 2011, 39 (11): 6719 - 6730.

[20] Xia X. H. , et al. Energy security, efficiency and carbon emission of Chinese industry. Energy Policy, 2011, 39 (6): 3520 - 3528.

[21] Yusta J. M. , G. J. Correa and R. Lacal - Arəntegui. Methodologies and applications for critical infrastructure protection: State - of - the - art. Energy Policy, 2011, 39 (10): 6100 - 6119.

(四) 能源效率 (47 篇)

[1] Åberg, M. and D. Henning. Optimisation of a Swedish district heating system with reduced heat demand due to energy efficiency measures in residential buildings. Energy Policy, 2011, 39 (12): 7839 - 7852.

[2] Baležentis, A. T. Balezentis and D. Streimikiene. The energy intensity in Lithuania during 1995 - 2009: A LMDI approach. Energy Policy, 2011, 39 (11): 7322 - 7334.

[3] Blackhurst M. , et al. Designing building energy efficiency programs for greenhouse gas reductions. Energy Policy, 2011, 39 (9): 5269 - 5279.

[4] Brecha R. J. , et al. Prioritizing investment in residential energy efficiency and renewable energy—A case study for the U. S. Midwest. Energy Policy, 2011, 39 (5): 2982 - 2992.

[5] Brennan T. J. Energy efficiency and renewables policies: Promoting efficiency or facilitating monopsony? Energy Policy, 2011, 39 (7): 3954 - 3965.

[6] Brounen D. and N. Kok. On the economics of energy labels in the housing market. Journal of Environmental Economics and Management, 2011, 62 (2): 166 - 179.

[7] Cheah L. and J. Heywood. Meeting U. S. passenger vehicle fuel economy standards in 2016 and beyond. Energy Policy, 2011, 39 (1): 454 - 466.

[8] Chèze B. , P. Gastineau and J. Chevallier. Forecasting world and regional aviation jet fuel demands to the mid - term (2025). Energy Policy, 2011, 39 (9): 5147 - 5158.

[9] Croucher M. Are energy efficiency standards within the electricity sector a form of regu-

latory capture? Energy Policy, 2011, 39 (6): 3602 -3604.

[10] Duro J. A. and E. Padilla. Inequality across countries in energy intensities: An analysis of the role of energy transformation and final energy consumption. Energy Economics, 2011, 33 (3): 474 -479.

[11] Frondel M. and S. Lohmann. The European Commission's light bulb decree: Another costly regulation? Energy Policy, 2011, 39 (6): 3177 -3181.

[12] Garg A., et al. Economic and environmental implications of demand - side management options. Energy Policy, 2011, 39 (6): 3076 -3085.

[13] Gaspar R. and D. Antunes. Energy efficiency and appliance purchases in Europe: Consumer profiles and choice determinants. Energy Policy, 2011, 39 (11): 7335 -7346.

[14] Graus W. and E. Worrell. Methods for calculating CO_2 intensity of power generation and consumption: A global perspective. Energy Policy, 2011, 39 (2): 613 -627.

[15] Greene D. L. Uncertainty, loss aversion, and markets for energy efficiency. Energy Economics, 2011, 33 (4): 608 -616.

[16] Grignon - Massé L., P. Rivière and J. Adnot. Strategies for reducing the environmental impacts of room air conditioners in Europe. Energy Policy, 2011, 39 (4): 2152 -2164.

[17] Kiss B. and L. Neij. The importance of learning when supporting emergent technologies for energy efficiency—A case study on policy intervention for learning for the development of energy efficient windows in Sweden. Energy Policy, 2011, 39 (10): 6514 -6524.

[18] Leighty W. and A. Meier. Accelerated electricity conservation in Juneau, Alaska: A study of household activities that reduced demand 25%. Energy Policy, 2011, 39 (5): 2299 - 2309.

[19] Lim S. and J. M. Schoenung. Measurement and analysis of product energy efficiency to assist energy star criteria development: An example for desktop computers. Energy Policy, 2011, 39 (12): 8003 -8010.

[20] Marino A., et al. A snapshot of the European energy service market in 2010 and policy recommendations to foster a further market development. Energy Policy, 2011, 39 (10): 6190 -6198.

[21] Maruejols L. and D. Young. Split incentives and energy efficiency in Canadian multi - family dwellings. Energy Policy, 2011, 39 (6): 3655 -3668.

[22] Matos F. J. F. and F. J. F. Silva. The rebound effect on road freight transport: Empirical evidence from Portugal. Energy Policy, 2011, 39 (5): 2833 -2841.

[23] McKane A. and A. Hasanbeigi. Motor systems energy efficiency supply curves: A methodology for assessing the energy efficiency potential of industrial motor systems. Energy Policy, 2011, 39 (10): 6595 -6607.

[24] Mendiluce M. and L. Schipper. Trends in passenger transport and freight energy use

in Spain. Energy Policy, 2011, 39 (10): 6466 -6475.

[25] Murphy R. and M. Jaccard. Energy efficiency and the cost of GHG abatement: A comparison of bottom - up and hybrid models for the US. Energy Policy, 2011, 39 (11): 7146 -7155.

[26] Murray A. G. and B. F. Mills. Energy Star appliance label awareness and uptake among U. S. consumers. Energy Economics, 2011, 33 (6): 1103 -1110.

[27] Pellegrini - Masini G. and C. Leishman. The role of corporate reputation and employees' values in the uptake of energy efficiency in office buildings. Energy Policy, 2011, 39 (9): 5409 -5419.

[28] Pilkington B., R. Roach and J. Perkins. Relative benefits of technology and occupant behaviour in moving towards a more energy efficient, sustainable housing paradigm. Energy Policy, 2011, 39 (9): 4962 -4970.

[29] Price L., et al. Assessment of China's energy - saving and emission - reduction accomplishments and opportunities during the 11th Five Year Plan. Energy Policy, 2011, 39 (4): 2165 -2178.

[30] Rezessy S. and P. Bertoldi. Voluntary agreements in the field of energy efficiency and emission reduction: Review and analysis of experiences in the European Union. Energy Policy, 2011, 39 (11): 7121 -7129.

[31] Ruble I. and P. Nader. Transforming shortcomings into opportunities: Can market incentives solve Lebanon's energy crisis? Energy Policy, 2011, 39 (5): 2467 -2474.

[32] Schimschar S., et al. Germany's path towards nearly zero - energy buildings - Enabling the greenhouse gas mitigation potential in the building stock. Energy Policy, 2011, 39 (6): 3346 -3360.

[33] Sola A. V. H., C. M. D. M. Mota and J. L. Kovaleski. A model for improving energy efficiency in industrial motor system using multicriteria analysis. Energy Policy, 2011, 39 (6): 3645 -3654.

[34] Solomon B. D. and K. Krishna. The coming sustainable energy transition: History, strategies, and outlook. Energy Policy, 2011, 39 (11): 7422 -7431.

[35] Sudhakara Reddy B. and B. Kumar Ray. Understanding industrial energy use: Physical energy intensity changes in Indian manufacturing sector. Energy Policy, 2011, 39 (11): 7234 -7243.

[36] Sueyoshi T. and M. Goto. DEA approach for unified efficiency measurement: Assessment of Japanese fossil fuel power generation. Energy Economics, 2011, 33 (2): 292 -303.

[37] Tanaka K. Review of policies and measures for energy efficiency in industry sector. Energy Policy, 2011, 39 (10): 6532 -6550.

[38] Turner K. and N. Hanley. Energy efficiency, rebound effects and the environmental Kuznets Curve. Energy Economics, 2011, 33 (5): 709 -720.

[39] Urpelainen J. Export orientation and domestic electricity generation: Effects on energy efficiency innovation in select sectors. Energy Policy, 2011, 39 (9): 5638 - 5646.

[40] Wang X. On China's energy intensity statistics: Toward a comprehensive and transparent indicator. Energy Policy, 2011, 39 (11): 7284 - 7289.

[41] Xu P., E. H. Chan and Q. K. Qian. Success factors of energy performance contracting (EPC) for sustainable building energy efficiency retrofit (BEER) of hotel buildings in China. Energy Policy, 2011, 39 (11): 7389 - 7398.

[42] Yan D., et al. Achievements and suggestions of heat metering and energy efficiency retrofit for existing residential buildings in northern heating regions of China. Energy Policy, 2011, 39 (9): 4675 - 4682.

[43] Yang Z., et al. Research on improving energy efficiency and the annual distributing structure in electricity and gas consumption by extending use of GEHP. Energy Policy, 2011, 39 (9): 5192 - 5202.

[44] Zachariadis T. Medium - term energy outlook for Cyprus and its policy implications. Energy Policy, 2011, 39 (10): 6631 - 6635.

[45] Zhang D., et al. The energy intensity target in China's 11th Five - Year Plan period—Local implementation and achievements in Shanxi Province. Energy Policy, 2011, 39 (7): 4115 - 4124.

[46] Zhang X., et al. Total - factor energy efficiency in developing countries. Energy Policy, 2011, 39 (2): 644 - 650.

[47] Zheng Y., J. Qi and X. Chen. The effect of increasing exports on industrial energy intensity in China. Energy Policy, 2011, 39 (5): 2688 - 2698.

（五）能源价格（36 篇）

[1] Akkemik K. A. Potential impacts of electricity price changes on price formation in the economy: a social accounting matrix price modeling analysis for Turkey. Energy Policy, 2011, 39 (2): 854 - 864.

[2] Alberini A. and M. Filippini. Response of residential electricity demand to price: The effect of measurement error. Energy Economics, 2011, 33 (5): 889 - 895.

[3] Alberini A., W. Gans and D. Velez - Lopez. Residential consumption of gas and electricity in the U. S.: The role of prices and income. Energy Economics, 2011, 33 (5): 870 - 881.

[4] Allcott H. Rethinking real - time electricity pricing. Resource and Energy Economics, 2011, 33 (4): 820 - 842.

[5] Aydin L. and M. Acar. Economic impact of oil price shocks on the Turkish economy in

the coming decades: A dynamic CGE analysis. Energy Policy, 2011, 39 (3): 1722 - 1731.

[6] Brandstätt C., G. Brunekreeft and K. Jahnke. How to deal with negative power price spikes? —Flexible voluntary curtailment agreements for large - scale integration of wind. Energy Policy, 2011, 39 (6): 3732 - 3740.

[7] Chao H. Efficient pricing and investment in electricity markets with intermittent resources. Energy Policy, 2011, 39 (7): 3945 - 3953.

[8] Chen J. China's experiment on the differential electricity pricing policy and the struggle for energy conservation. Energy Policy, 2011, 39 (9): 5076 - 5085.

[9] Chevallier J. A model of carbon price interactions with macroeconomic and energy dynamics. Energy Economics, 2011, 33 (6): 1295 - 1312.

[10] Ciaian P. and D. A. Kancs. Interdependencies in the energy - bioenergy - food price systems: A cointegration analysis. Resource and Energy Economics, 2011, 33 (1): 326 - 348.

[11] Connolly D., et al. Practical operation strategies for pumped hydroelectric energy storage (PHES) utilising electricity price arbitrage. Energy Policy, 2011, 39 (7): 4189 - 4196.

[12] Cutler N. J., et al. High penetration wind generation impacts on spot prices in the Australian national electricity market. Energy Policy, 2011, 39 (10): 5939 - 5949.

[13] Davis L. W. and L. Kilian. The Allocative Cost of Price Ceilings in the U. S. Residential Market for Natural Gas. Journal of Political Economy, 2011, 119 (2): 212 - 241.

[14] Galarraga I., M. González - Eguino and A. Markandya. Willingness to pay and price elasticities of demand for energy - efficient appliances: Combining the hedonic approach and demand systems. Energy Economics, 2011, 33, Supplement 1 (0): S66 - S74.

[15] Gelabert L., X. Labandeira and P. Linares. An ex - post analysis of the effect of renewables and cogeneration on Spanish electricity prices. Energy Economics, 2011, 33, Supplement 1 (0): S59 - S65.

[16] Gyamfi S. and S. Krumdieck. Price, environment and security: Exploring multi - modal motivation in voluntary residential peak demand response. Energy Policy, 2011, 39 (5): 2993 - 3004.

[17] Inglesi - Lotz R. The evolution of price elasticity of electricity demand in South Africa: A Kalman filter application. Energy Policy, 2011, 39 (6): 3690 - 3696.

[18] Kahouli S. Effects of technological learning and uranium price on nuclear cost: Preliminary insights from a multiple factors learning curve and uranium market modeling. Energy Economics, 2011, 33 (5): 840 - 852.

[19] Kangas H., et al. Investments into forest biorefineries under different price and policy structures. Energy Economics, 2011, 33 (6): 1165 - 1176.

[20] Kloess M. and A. Müller. Simulating the impact of policy, energy prices and technological progress on the passenger car fleet in Austria—A model based analysis 2010—2050. Ener-

gy Policy, 2011, 39 (9): 5045 - 5062.

[21] Levitt A. C., et al. Pricing offshore wind power. Energy Policy, 2011, 39 (10): 6408 - 6421.

[22] Maxwell D. and Z. Zhu. Natural gas prices, LNG transport costs, and the dynamics of LNG imports. Energy Economics, 2011, 33 (2): 217 - 226.

[23] Mewton R. T. and O. J. Cacho. Green Power voluntary purchases: Price elasticity and policy analysis. Energy Policy, 2011, 39 (1): 377 - 385.

[24] Milstein I. and A. Tishler. Intermittently renewable energy, optimal capacity mix and prices in a deregulated electricity market. Energy Policy, 2011, 39 (7): 3922 - 3927.

[25] Moutinho V., J. Vieira and A. Carrizo Moreira. The crucial relationship among energy commodity prices: Evidence from the Spanish electricity market. Energy Policy, 2011, 39 (10): 5898 - 5908.

[26] Naccache T. Oil price cycles and wavelets. Energy Economics, 2011, 33 (2): 338 - 352.

[27] Oliver H., J. Volschenk and E. Smit. Residential consumers in the Cape Peninsula's willingness to pay for premium priced green electricity. Energy Policy, 2011, 39 (2): 544 - 550.

[28] Ouyang J., et al. Economic analysis of upgrading aging residential buildings in China based on dynamic energy consumption and energy price in a market economy. Energy Policy, 2011, 39 (9): 4902 - 4910.

[29] Ratti R. A., Y. Seol and K. H. Yoon. Relative energy price and investment by European firms. Energy Economics, 2011, 33 (5): 721 - 731.

[30] Serinaldi F. Distributional modeling and short - term forecasting of electricity prices by Generalized Additive Models for Location, Scale and Shape. Energy Economics, 2011, 33 (6): 1216 - 1226.

[31] Thiam D. R. An energy pricing scheme for the diffusion of decentralized renewable technology investment in developing countries. Energy Policy, 2011, 39 (7): 4284 - 4297.

[32] Wang P., H. Zareipour and W. D. Rosehart. Characteristics of the prices of operating reserves and regulation services in competitive electricity markets. Energy Policy, 2011, 39 (6): 3210 - 3221.

[33] Weijermars R. Weighted Average Cost of Retail Gas (WACORG) highlights pricing effects in the US gas value chain: Do we need wellhead price - floor regulation to bail out the unconventional gas industry? Energy Policy, 2011, 39 (10): 6291 - 6300.

[34] Woo C. K., et al. The impact of wind generation on the electricity spot - market price level and variance: The Texas experience. Energy Policy, 2011, 39 (7): 3939 - 3944.

[35] Woo C. K., et al. Wind generation and zonal - market price divergence: Evidence from Texas. Energy Policy, 2011, 39 (7): 3928 - 3938.

[36] Yoon K. H. and R. A. Ratti. Energy price uncertainty, energy intensity and firm investment. Energy Economics, 2011, 33 (1): 67 – 78.

(六) 能源财税及其他方面政策 (59 篇)

[1] Baptista P., et al. Fuel cell hybrid taxi life cycle analysis. Energy Policy, 2011, 39 (9): 4683 – 4691.

[2] Baris K. The role of coal in energy policy and sustainable development of Turkey: Is it compatible to the EU energy policy? Energy Policy, 2011, 39 (3): 1754 – 1763.

[3] Batlle C. A method for allocating renewable energy source subsidies among final energy consumers. Energy Policy, 2011, 39 (5): 2586 – 2595.

[4] Bjertnæs G. H. Avoiding adverse employment effects from electricity taxation in Norway: What does it cost? Energy Policy, 2011, 39 (9): 4766 – 4773.

[5] Carriquiry M. A., X. Du and G. R. Timilsina. Second generation biofuels: Economics and policies. Energy Policy, 2011, 39 (7): 4222 – 4234.

[6] Dastan S. A. Analysing success of regulatory policy transfers: Evidence from Turkish energy markets. Energy Policy, 2011, 39 (12): 8116 – 8124.

[7] de Miguel C. and B. Manzano. Green tax reforms and habits. Resource and Energy Economics, 2011, 33 (1): 231 – 246.

[8] de Miguel C. and B. Manzano. Gradual green tax reforms. Energy Economics, 2011, 33, Supplement 1 (0): S50 – S58.

[9] Del Río P., A. Calvo Silvosa and G. Iglesias Gómez. Policies and design elements for the repowering of wind farms: A qualitative analysis of different options. Energy Policy, 2011, 39 (4): 1897 – 1908.

[10] Delmas M. A. and M. J. Montes – Sancho. U. S. state policies for renewable energy: Context and effectiveness. Energy Policy, 2011, 39 (5): 2273 – 2288.

[11] Delucchi M. A. and M. Z. Jacobson. Providing all global energy with wind, water, and solar power, Part Ⅱ: Reliability, system and transmission costs, and policies. Energy Policy, 2011, 39 (3): 1170 – 1190.

[12] Ediger V. S. and I. Berk. Crude oil import policy of Turkey: Historical analysis of determinants and implications since 1968. Energy Policy, 2011, 39 (4): 2132 – 2142.

[13] Fan J., et al. Energy policies for sustainable livelihoods and sustainable development of poor areas in China. Energy Policy, 2011, 39 (3): 1200 – 1212.

[14] Fernández E., R. Pérez and J. Ruiz. Optimal green tax reforms yielding double dividend. Energy Policy, 2011, 39 (7): 4253 – 4263.

[15] Flores W. C., et al. Sustainable energy policy in Honduras: Diagnosis and challen-

ges. Energy Policy, 2011, 39 (2): 551 -562.

[16] García C. Grid - connected renewable energy in China: Policies and institutions under gradualism, developmentalism, and socialism. Energy Policy, 2011, 39 (12): 8046 -8050.

[17] Goto H. , M. Goto and T. Sueyoshi. Consumer choice on ecologically efficient water heaters: Marketing strategy and policy implications in Japan. Energy Economics, 2011, 33 (2): 195 -208.

[18] Haar L. N. and N. Marinescu. Energy policy and European utilities' strategy: Lessons from the liberalisation and privatisation of the energy sector in Romania. Energy Policy, 2011, 39 (5): 2245 -2255.

[19] Heagle A. L. B. , G. F. Naterer and K. Pope. Small wind turbine energy policies for residential and small business usage in Ontario, Canada. Energy Policy, 2011, 39 (4): 1988 -1999.

[20] Hurlbert M. , K. McNutt and J. Rayner. Pathways to power: Policy transitions and the reappearance of the nuclear power option in Saskatchewan. Energy Policy, 2011, 39 (6): 3182 -3190.

[21] Iglesias G. , P. Del Río and J. Á. Dopico. Policy analysis of authorisation procedures for wind energy deployment in Spain. Energy Policy, 2011, 39 (7): 4067 -4076.

[22] Kaldellis J. K. Critical evaluation of financial supporting schemes for wind - based projects: Case study Greece. Energy Policy, 2011, 39 (5): 2490 -2500.

[23] Kambezidis H. D. , B. Kasselouri and P. Konidari. Evaluating policy options for increasing the RES - E penetration in Greece. Energy Policy, 2011, 39 (9): 5388 -5398.

[24] Klessmann C. , et al. Status and perspectives of renewable energy policy and deployment in the European Union - What is needed to reach the 2020 targets? Energy Policy, 2011, 39 (12): 7637 -7657.

[25] König A. Cost efficient utilisation of biomass in the German energy system in the context of energy and environmental policies. Energy Policy, 2011, 39 (2): 628 -636.

[26] Leach A. , J. Doucet and T. Nickel. Renewable fuels: Policy effectiveness and project risk. Energy Policy, 2011, 39 (7): 4007 -4015.

[27] Lin B. and Z. Jiang. Estimates of energy subsidies in China and impact of energy subsidy reform. Energy Economics, 2011, 33 (2): 273 -283.

[28] Liou H. M. Wind power in Taiwan: Policy and development challenges. Energy Policy, 2011, 39 (6): 3238 -3251.

[29] Lu X. , et al. The impact of Production Tax Credits on the profitable production of electricity from wind in the U. S. Energy Policy, 2011, 39 (7): 4207 -4214.

[30] Lucia D. J. Cruising in afterburner: Air force fuel use and emerging energy policy. Energy Policy, 2011, 39 (9): 5356 -5365.

[31] Lüthi S. and T. Prässler. Analyzing policy support instruments and regulatory risk factors for wind energy deployment—A developers' perspective. Energy Policy, 2011, 39 (9): 4876 -4892.

[32] Makajić NikolićD. , et al. Project finance risk evaluation of the Electric power industry of Serbia. Energy Policy, 2011, 39 (10): 6168 -6177.

[33] McKeown C. , A. Adelaja and B. Calnin. On developing a prospecting tool for wind industry and policy decision support. Energy Policy, 2011, 39 (2): 905 -915.

[34] Möller C. , S. T. Rachev and F. J. Fabozzi. Balancing energy strategies in electricity portfolio management. Energy Economics, 2011, 33 (1): 2 -11.

[35] Oikonomou V. , et al. Linking least - cost energy system costs models with MCA: An assessment of the EU renewable energy targets and supporting policies. Energy Policy, 2011, 39 (5): 2786 -2799.

[36] Palmer K. , et al. Federal policies for renewable electricity: Impacts and interactions. Energy Policy, 2011, 39 (7): 3975 -3991.

[37] Peters M. , et al. Shedding light on solar technologies—A techno - economic assessment and its policy implications. Energy Policy, 2011, 39 (10): 6422 -6439.

[38] Pina A. , C. Silva and P. Ferrão. Modeling hourly electricity dynamics for policy making in long - term scenarios. Energy Policy, 2011, 39 (9): 4692 -4702.

[39] Rajagopal D. , G. Hochman and D. Zilberman. Indirect fuel use change (IFUC) and the lifecycle environmental impact of biofuel policies. Energy Policy, 2011, 39 (1): 228 -233.

[40] Recalde M. Energy policy and energy market performance: The Argentinean case. Energy Policy, 2011, 39 (6): 3860 -3868.

[41] Rong F. and D. G. Victor. Coal liquefaction policy in China: Explaining the policy reversal since 2006. Energy Policy, 2011, 39 (12): 8175 -8184.

[42] Schilling M. and L. Chiang. The effect of natural resources on a sustainable development policy: The approach of non - sustainable externalities. Energy Policy, 2011, 39 (2): 990 -998.

[43] Scott C. A. , et al. Policy and institutional dimensions of the water - energy nexus. Energy Policy, 2011, 39 (10): 6622 -6630.

[44] Shrimali G. and J. Kniefel. Are government policies effective in promoting deployment of renewable electricity resources. Energy Policy, 2011, 39 (9): 4726 -4741.

[45] Strachan N. Business - as - Unusual: Existing policies in energy model baselines. Energy Economics, 2011, 33 (2): 153 -160.

[46] Strebel F. Inter - governmental institutions as promoters of energy policy diffusion in a federal setting. Energy Policy, 2011, 39 (1): 467 -476.

[47] Suding P. H. Struggling between resources - based and sustainable development

schemes—An analysis of Egypt's recent energy policy. Energy Policy, 2011, 39 (8): 4431 -4444.

[48] Timilsina G. R., S. Csordás and S. Mevel. When does a carbon tax on fossil fuels stimulate biofuels? Ecological Economics, 2011, 70 (12): 2400 -2415.

[49] Toke D. The UK offshore wind power programme: A sea - change in UK energy policy? Energy Policy, 2011, 39 (2): 526 -534.

[50] Tovar M. A. An integral evaluation of dieselisation policies for households' cars. Energy Policy, 2011, 39 (9): 5228 -5242.

[51] Trieb F., H. Müller - Steinhagen and J. Kern. Financing concentrating solar power in the Middle East and North Africa—Subsidy or investment? Energy Policy, 2011, 39 (1): 307 -317.

[52] Tsao C. C., J. E. Campbell and Y. Chen. When renewable portfolio standards meet cap - and - trade regulations in the electricity sector: Market interactions, profits implications, and policy redundancy. Energy Policy, 2011, 39 (7): 3966 -3974.

[53] Valentine S. V. Japanese wind energy development policy: Grand plan or group think? Energy Policy, 2011, 39 (11): 6842 -6854.

[54] Voudouris V., et al. The ACEGES laboratory for energy policy: Exploring the production of crude oil. Energy Policy, 2011, 39 (9): 5480 -5489.

[55] Wickramasinghe A. Energy access and transition to cleaner cooking fuels and technologies in Sri Lanka: Issues and policy limitations. Energy Policy, 2011, 39 (12): 7567 -7574.

[56] Wirl F. Taxing incumbent monopoly to foster entry. Energy Economics, 2011, 33 (3): 388 -398.

[57] Wood G. and S. Dow. What lessons have been learned in reforming the Renewables Obligation? An analysis of internal and external failures in UK renewable energy policy. Energy Policy, 2011, 39 (5): 2228 -2244.

[58] Yu J. and J. Zheng. Offshore wind development in China and its future with the existing renewable policy. Energy Policy, 2011, 39 (12): 7917 -7921.

[59] Zelenika - Zovko I. and J. M. Pearce. Diverting indirect subsidies from the nuclear industry to the photovoltaic industry: Energy and financial returns. Energy Policy, 2011, 39 (5): 2626 -2632.

（七）低碳节能、碳排放与环境影响（167 篇）

[1] Achtnicht M. Do environmental benefits matter? Evidence from a choice experiment among house owners in Germany. Ecological Economics, 2011, 70 (11): 2191 -2200.

[2] Acquaye A., A. Duffy and B. Basu. Embodied emissions abatement—A policy assessment using stochastic analysis. Energy Policy, 2011, 39 (1): 429 -441.

[3] Adams M., D. Wheeler and G. Woolston. A participatory approach to sustainable energy strategy development in a carbon - intensive jurisdiction: The case of Nova Scotia. Energy Policy, 2011, 39 (5): 2550 -2559.

[4] Alam Hossain Mondal M., J. Mathur and M. Denich. Impacts of CO_2 emission constraints on technology selection and energy resources for power generation in Bangladesh. Energy Policy, 2011, 39 (4): 2043 -2050.

[5] Algieri B., A. Aquino and M. Succurro. Going "green": trade specialisation dynamics in the solar photovoltaic sector. Energy Policy, 2011, 39 (11): 7275 -7283.

[6] Ang B. W., P. Zhou and L. P. Tay. Potential for reducing global carbon emissions from electricity production—A benchmarking analysis. Energy Policy, 2011, 39 (5): 2482 -2489.

[7] Arent D. J., A. Wise and R. Gelman. The status and prospects of renewable energy for combating global warming. Energy Economics, 2011, 33 (4): 584 -593.

[8] Ari I. and M. Aydinalp Koksal. Carbon dioxide emission from the Turkish electricity sector and its mitigation options. Energy Policy, 2011, 39 (10): 6120 -6135.

[9] Arvesen A., R. M. Bright and E. G. Hertwich. Considering only first - order effects? How simplifications lead to unrealistic technology optimism in climate change mitigation. Energy Policy, 2011, 39 (11): 7448 -7454.

[10] Assoumou E. and N. Maïzi. Carbon value dynamics for France: A key driver to support mitigation pledges at country scale. Energy Policy, 2011, 39 (7): 4325 -4336.

[11] Bahn O., et al. Energy policies avoiding a tipping point in the climate system. Energy Policy, 2011, 39 (1): 334 -348.

[12] Bampatsou C. and E. Zervas. Critique of the regulatory limitations of exhaust CO_2 emissions from passenger cars in European union. Energy Policy, 2011, 39 (12): 7794 -7802.

[13] Barca S. Energy, property, and the industrial revolution narrative. Ecological Economics, 2011, 70 (7): 1309 -1315.

[14] Bassi A. M. and J. S. Yudken. Climate policy and energy - intensive manufacturing: A comprehensive analysis of the effectiveness of cost mitigation provisions in the American Energy and Security Act of 2009. Energy Policy, 2011, 39 (9): 4920 -4931.

[15] Beheshti H. The prospective environmental impacts of Iran nuclear energy expansion. Energy Policy, 2011, 39 (10): 6351 -6359.

[16] Bi J., et al. The benchmarks of carbon emissions and policy implications for China's cities: Case of Nanjing. Energy Policy, 2011, 39 (9): 4785 -4794.

[17] Bird L., et al. Evaluating renewable portfolio standards and carbon cap scenarios in the U. S. electric sector. Energy Policy, 2011, 39 (5): 2573 -2585.

[18] Blumsack S. and J. Xu. Spatial variation of emissions impacts due to renewable ener-

gy siting decisions in the Western U. S. under high – renewable penetration scenarios. Energy Policy, 2011, 39 (11): 6962 –6971.

[19] Boeters S. and J. Koornneef. Supply of renewable energy sources and the cost of EU climate policy. Energy Economics, 2011, 33 (5): 1024 – 1034.

[20] Bosetti V., et al. What should we expect from innovation? A model – based assessment of the environmental and mitigation cost implications of climate – related R&D. Energy Economics, 2011, 33 (6): 1313 – 1320.

[21] Bredin D. and C. Muckley. An emerging equilibrium in the EU emissions trading scheme. Energy Economics, 2011, 33 (2): 353 –362.

[22] Bretschger L., R. Ramer and F. Schwark. Growth effects of carbon policies: Applying a fully dynamic CGE model with heterogeneous capital. Resource and Energy Economics, 2011, 33 (4): 963 –980.

[23] Burkett V. Global climate change implications for coastal and offshore oil and gas development. Energy Policy, 2011, 39 (12): 7719 –7725.

[24] Campbell H., et al. Efficient energy utilization and environmental issues applied to power planning. Energy Policy, 2011, 39 (6): 3630 –3637.

[25] Capros P., et al. Analysis of the EU policy package on climate change and renewables. Energy Policy, 2011, 39 (3): 1476 – 1485.

[26] Carley S. Decarbonization of the U. S. electricity sector: Are state energy policy portfolios the solution? Energy Economics, 2011, 33 (5): 1004 – 1023.

[27] Casillas C. E. and D. M. Kammen. The delivery of low – cost, low – carbon rural energy services. Energy Policy, 2011, 39 (8): 4520 –4528.

[28] Chakravorty U., A. Leach and M. Moreaux. Would hotelling kill the electric car? Journal of Environmental Economics and Management, 2011, 61 (3): 281 –296.

[29] Chandel M. K., L. F. Pratson and R. B. Jackson. The potential impacts of climate-change policy on freshwater use in thermoelectric power generation. Energy Policy, 2011, 39 (10): 6234 –6242.

[30] Chang Y., R. J. Ries and Y. Wang. The quantification of the embodied impacts of construction projects on energy, environment, and society based on I – O LCA. Energy Policy, 2011, 39 (10): 6321 –6330.

[31] Cheung H. Y. I., A. Meier and R. Brown. Energy savings assessment for digital – to-analog converter boxes. Energy Policy, 2011, 39 (3): 1312 – 1317.

[32] Chevallier J., Y. Le Pen and B. Sévi. Options introduction and volatility in the EU ETS. Resource and Energy Economics, 2011, 33 (4): 855 –880.

[33] Chung T. S., D. Patiño – Echeverri and T. L. Johnson. Expert assessments of retrofitting coal – fired power plants with carbon dioxide capture technologies. Energy Policy, 2011,

39 (9): 5609 - 5620.

[34] Creutzig F., et al. Climate policies for road transport revisited (I): Evaluation of the current framework. Energy Policy, 2011, 39 (5): 2396 - 2406.

[35] Dai H., et al. Assessment of China's climate commitment and non - fossil energy plan towards 2020 using hybrid AIM/CGE model. Energy Policy, 2011, 39 (5): 2875 - 2887.

[36] Damerau K., et al. Costs of reducing water use of concentrating solar power to sustainable levels: Scenarios for North Africa. Energy Policy, 2011, 39 (7): 4391 - 4398.

[37] Davidsdottir B. and M. Fisher. The odd couple: The relationship between state economic performance and carbon emissions economic intensity. Energy Policy, 2011, 39 (8): 4551 - 4562.

[38] de Freitas L. C. and S. Kaneko. Decomposition of CO_2 emissions change from energy consumption in Brazil: Challenges and policy implications. Energy Policy, 2011, 39 (3): 1495 - 1504.

[39] De Kleine R. D., G. A. Keoleian and J. C. Kelly. Optimal replacement of residential air conditioning equipment to minimize energy, greenhouse gas emissions, and consumer cost in the US. Energy Policy, 2011, 39 (6): 3144 - 3153.

[40] De Canio S. J. and A. Fremstad. Economic feasibility of the path to zero net carbon emissions. Energy Policy, 2011, 39 (3): 1144 - 1153.

[41] Dimitroulopoulou C. and I. Ziomas. Update of indicators for climate change mitigation in Greece. Energy Policy, 2011, 39 (10): 6495 - 6504.

[42] Dissou Y. and T. Eyland. Carbon control policies, competitiveness, and border tax adjustments. Energy Economics, 2011, 33 (3): 556 - 564.

[43] Doluweera G. H., et al. Evaluating the role of cogeneration for carbon management in Alberta. Energy Policy, 2011, 39 (12): 7963 - 7974.

[44] Doucette R. T. and M. D. McCulloch. Modeling the CO_2 emissions from battery electric vehicles given the power generation mixes of different countries. Energy Policy, 2011, 39 (2): 803 - 811.

[45] Du H., et al. CO_2 emissions embodied in China - US trade: Input - output analysis based on the emergy/dollar ratio. Energy Policy, 2011, 39 (10): 5980 - 5987.

[46] Ekins P., et al. The implications for households of environmental tax reform (ETR) in Europe. Ecological Economics, 2011, 70 (12): 2472 - 2485.

[47] Ericsson K., L. J. Nilsson and M. Nilsson. New energy strategies in the Swedish pulp and paper industry - The role of national and EU climate and energy policies. Energy Policy, 2011, 39 (3): 1439 - 1449.

[48] Esteban M., et al. Job retention in the British offshore sector through greening of the North Sea energy industry. Energy Policy, 2011, 39 (3): 1543 - 1551.

[49] Falk J. and D. Settle. Australia: Approaching an energy crossroads. Energy Policy, 2011, 39 (11): 6804 - 6813.

[50] Faucheux S. and I. Nicolaï. IT for green and green IT: A proposed typology of eco - innovation. Ecological Economics, 2011, 70 (11): 2020 - 2027.

[51] Feng X. Optimization of target speeds of high - speed railway trains for traction energy saving and transport efficiency improvement. Energy Policy, 2011, 39 (12): 7658 - 7665.

[52] Ferguson T. M. and H. L. MacLean. Trade - linked Canada - United States household environmental impact analysis of energy use and greenhouse gas emissions. Energy Policy, 2011, 39 (12): 8011 - 8021.

[53] Fitzgerald W. B., et al. Energy use of integral refrigerated containers in maritime transportation. Energy Policy, 2011, 39 (4): 1885 - 1896.

[54] Folkmanis A. J. International and European market mechanisms in the climate change agenda - An assessment of their potential to trigger investments in the Mediterranean solar plan. Energy Policy, 2011, 39 (8): 4490 - 4496.

[55] Gadenne D., et al. The influence of consumers' environmental beliefs and attitudes on energy saving behaviours. Energy Policy, 2011, 39 (12): 7684 - 7694.

[56] Gingrich S. Foreign trade and early industrialisation in the Habsburg Monarchy and the United Kingdom—Two extremes in comparison. Ecological Economics, 2011, 70 (7): 1280 - 1288.

[57] Gingrich S., P. Kušková and J. K. Steinberger. Long - term changes in CO_2 emissions in Austria and Czechoslovakia - Identifying the drivers of environmental pressures. Energy Policy, 2011, 39 (2): 535 - 543.

[58] Goldar A., J. Bhanot and K. Shimpo. Prioritizing towards a green export portfolio for India: An environmental input - output approach. Energy Policy, 2011, 39 (11): 7036 - 7048.

[59] Golusin M. and O. Munitlak Ivanovic. Kyoto Protocol implementation in Serbia as precognition of sustainable energetic and economic development. Energy Policy, 2011, 39 (5): 2800 - 2807.

[60] Gottesfeld P. and C. R. Cherry. Lead emissions from solar photovoltaic energy systems in China and India. Energy Policy, 2011, 39 (9): 4939 - 4946.

[61] Grieshop A. P., J. D. Marshall and M. Kandlikar. Health and climate benefits of cookstove replacement options. Energy Policy, 2011, 39 (12): 7530 - 7542.

[62] Grimaud A., G. Lafforgue and B. Magné. Climate change mitigation options and directed technical change: A decentralized equilibrium analysis. Resource and Energy Economics, 2011, 33 (4): 938 - 962.

[63] Grünewald P., et al. The role of large scale storage in a GB low carbon energy future:

Issues and policy challenges. Energy Policy, 2011, 39 (9): 4807 – 4815.

[64] Gujba H., Y. Mulugetta and A. Azapagic. Power generation scenarios for Nigeria: An environmental and cost assessment. Energy Policy, 2011, 39 (2): 968 – 980.

[65] Guo X., et al. Evaluation of potential reductions in carbon emissions in Chinese provinces based on environmental DEA. Energy Policy, 2011, 39 (5): 2352 – 2360.

[66] Hammond J., et al. Prospective life cycle carbon abatement for pyrolysis biochar systems in the UK. Energy Policy, 2011, 39 (5): 2646 – 2655.

[67] Hamza N. and R. Gilroy. The challenge to UK energy policy: An ageing population perspective on energy saving measures and consumption. Energy Policy, 2011, 39 (2): 782 – 789.

[68] Harmsen R., W. Eichhammer and B. Wesselink. Imbalance in Europe's Effort Sharing Decision: Scope for strengthening incentives for energy savings in the non – ETS sectors. Energy Policy, 2011, 39 (10): 6636 – 6649.

[69] Harmsen R., et al. The unrecognized contribution of renewable energy to Europe's energy savings target. Energy Policy, 2011, 39 (6): 3425 – 3433.

[70] Hassan M. N. A., P. Jaramillo and W. M. Griffin. Life cycle GHG emissions from Malaysian oil palm bioenergy development: The impact on transportation sector's energy security. Energy Policy, 2011, 39 (5): 2615 – 2625.

[71] Heinrich Blechinger P. F. and K. U. Shah. A multi – criteria evaluation of policy instruments for climate change mitigation in the power generation sector of Trinidad and Tobago. Energy Policy, 2011, 39 (10): 6331 – 6343.

[72] Herzog H. J. Scaling up carbon dioxide capture and storage: From megatons to gigatons. Energy Economics, 2011, 33 (4): 597 – 604.

[73] Hoppe T., J. T. A. Bressers and K. R. D. Lulofs. Local government influence on energy conservation ambitions in existing housing sites—Plucking the low – hanging fruit? Energy Policy, 2011, 39 (2): 916 – 925.

[74] Hu Z., J. Yuan and Z. Hu. Study on China's low carbon development in an Economy – Energy – Electricity – Environment framework. Energy Policy, 2011, 39 (5): 2596 – 2605.

[75] Hughes L. and N. Chaudhry. The challenge of meeting Canada's greenhouse gas reduction targets. Energy Policy, 2011, 39 (3): 1352 – 1362.

[76] Hwang J. J. and W. R. Chang. Policy progress in mitigation of climate change in Taiwan. Energy Policy, 2011, 39 (3): 1113 – 1122.

[77] Jaccard M., N. Melton and J. Nyboer. Institutions and processes for scaling up renewables: Run – of – river hydropower in British Columbia. Energy Policy, 2011, 39 (7): 4042 – 4050.

[78] Jalil A. and M. Feridun. The impact of growth, energy and financial development on the environment in China: A cointegration analysis. Energy Economics, 2011, 33 (2): 284 – 291.

[79] Johnson E. P. Air – source heat pump carbon footprints: HFC impacts and comparison to other heat sources. Energy Policy, 2011, 39 (3): 1369 – 1381.

[80] Kahrl F., et al. Challenges to China's transition to a low carbon electricity system. Energy Policy, 2011, 39 (7): 4032 – 4041.

[81] Kanianska R., et al. Use of material flow accounting for assessment of energy savings: A case of biomass in Slovakia and the Czech Republic. Energy Policy, 2011, 39 (5): 2824 – 2832.

[82] Kesicki F. and G. Anandarajah. The role of energy – service demand reduction in global climate change mitigation: Combining energy modelling and decomposition analysis. Energy Policy, 2011, 39 (11): 7224 – 7233.

[83] Kijazi M. H. and S. Kant. Evaluation of welfare functions of environmental amenities: A case of forest biomass fuels in Mount Kilimanjaro, Tanzania. Ecological Economics, 2011, 72 (0): 129 – 139.

[84] Kim E. and T. P. Lyon. Strategic environmental disclosure: Evidence from the DOE's voluntary greenhouse gas registry. Journal of Environmental Economics and Management, 2011, 61 (3): 311 – 326.

[85] Kim Y., H. Han and Y. Moon. The empirical effects of a gasoline tax on CO_2 emissions reductions from transportation sector in Korea. Energy Policy, 2011, 39 (2): 981 – 989.

[86] Kirat D. and I. Ahamada. The impact of the European Union emission trading scheme on the electricity – generation sector. Energy Economics, 2011, 33 (5): 995 – 1003.

[87] Komarek T. M., F. Lupi and M. D. Kaplowitz. Valuing energy policy attributes for environmental management: Choice experiment evidence from a research institution. Energy Policy, 2011, 39 (9): 5105 – 5115.

[88] Koskela S., et al. EE – IO modeling of the environmental impacts of Finnish imports using different data sources. Ecological Economics, 2011, 70 (12): 2341 – 2349.

[89] Krook Riekkola A., E. O. Ahlgren and P. Söderholm. Ancillary benefits of climate policy in a small open economy: The case of Sweden. Energy Policy, 2011, 39 (9): 4985 – 4998.

[90] La Gennusa M., et al. A model for predicting the potential diffusion of solar energy systems in complex urban environments. Energy Policy, 2011, 39 (9): 5335 – 5343.

[91] Lanz B. and S. Rausch. General equilibrium, electricity generation technologies and the cost of carbon abatement: A structural sensitivity analysis. Energy Economics, 2011, 33 (5): 1035 – 1047.

[92] Levin T., V. M. Thomas and A. J. Lee. State - scale evaluation of renewable electricity policy: The role of renewable electricity credits and carbon taxes. Energy Policy, 2011, 39 (2): 950 - 960.

[93] Li H., et al. Analysis on influence factors of China's CO_2 emissions based on Path - STIRPAT model. Energy Policy, 2011, 39 (11): 6906 - 6911.

[94] Li J. Decoupling urban transport from GHG emissions in Indian cities—A critical review and perspectives. Energy Policy, 2011, 39 (6): 3503 - 3514.

[95] Li L., et al. Energy conservation and emission reduction policies for the electric power industry in China. Energy Policy, 2011, 39 (6): 3669 - 3679.

[96] Li W., et al. China's transition to green energy systems: The economics of home solar water heaters and their popularization in Dezhou city. Energy Policy, 2011, 39 (10): 5909 - 5919.

[97] Li Y. P., G. H. Huang and X. Chen. An interval - valued minimax - regret analysis approach for the identification of optimal greenhouse - gas abatement strategies under uncertainty. Energy Policy, 2011, 39 (7): 4313 - 4324.

[98] Liang S. and T. Zhang. Managing urban energy system: A case of Suzhou in China. Energy Policy, 2011, 39 (5): 2910 - 2918.

[99] Lin B. and X. Li. The effect of carbon tax on per capita CO_2 emissions. Energy Policy, 2011, 39 (9): 5137 - 5146.

[100] Lin B., Y. Wu and L. Zhang. Estimates of the potential for energy conservation in the Chinese steel industry. Energy Policy, 2011, 39 (6): 3680 - 3689.

[101] Lin T. T. and S. Huang. Application of the modified Tobin's q to an uncertain energy - saving project with the real options concept. Energy Policy, 2011, 39 (1): 408 - 420.

[102] Lindmark M., A. Bergquist and L. F. Andersson. Energy transition, carbon dioxide reduction and output growth in the Swedish pulp and paper industry: 1973 - 2006. Energy Policy, 2011, 39 (9): 5449 - 5456.

[103] Lino F. A. M. and K. A. R. Ismail. Energy and environmental potential of solid waste in Brazil. Energy Policy, 2011, 39 (6): 3496 - 3502.

[104] Litvine D. and R. Wüstenhagen. Helping "light green" consumers walk the talk: Results of a behavioural intervention survey in the Swiss electricity market. Ecological Economics, 2011, 70 (3): 462 - 474.

[105] Liu H. and X. Liang. Strategy for promoting low - carbon technology transfer to developing countries: The case of CCS. Energy Policy, 2011, 39 (6): 3106 - 3116.

[106] Lüken M., et al. The role of technological availability for the distributive impacts of climate change mitigation policy. Energy Policy, 2011, 39 (10): 6030 - 6039.

[107] Martinsson J., L. J. Lundqvist and A. Sundström. Energy saving in Swedish house-

holds. The (relative) importance of environmental attitudes. Energy Policy, 2011, 39 (9): 5182 - 5191.

[108] McJeon H. C., et al. Technology interactions among low - carbon energy technologies: What can we learn from a large number of scenarios? Energy Economics, 2011, 33 (4): 619 - 631.

[109] Mendoza Beltran A., et al. Exploring the bargaining space within international climate negotiations based on political, economic and environmental considerations. Energy Policy, 2011, 39 (11): 7361 - 7371.

[110] Meng L., et al. China's regional CO_2 emissions: Characteristics, inter - regional transfer and emission reduction policies. Energy Policy, 2011, 39 (10): 6136 - 6144.

[111] Monahan J. and J. C. Powell. A comparison of the energy and carbon implications of new systems of energy provision in new build housing in the UK. Energy Policy, 2011, 39 (1): 290 - 298.

[112] Moriarty P. and D. Honnery. Is there an optimum level for renewable energy. Energy Policy, 2011, 39 (5): 2748 - 2753.

[113] Nasir M. and F. Ur Rehman. Environmental Kuznets Curve for carbon emissions in Pakistan: An empirical investigation. Energy Policy, 2011, 39 (3): 1857 - 1864.

[114] Okazaki T. and M. Yamaguchi. Accelerating the transfer and diffusion of energy saving technologies steel sector experience—Lessons learned. Energy Policy, 2011, 39 (3): 1296 - 1304.

[115] Olonscheck M., A. Holsten and J. P. Kropp. Heating and cooling energy demand and related emissions of the German residential building stock under climate change. Energy Policy, 2011, 39 (9): 4795 - 4806.

[116] Ozan C., S. Haldenbilen and H. Ceylan. Estimating emissions on vehicular traffic based on projected energy and transport demand on rural roads: Policies for reducing air pollutant emissions and energy consumption. Energy Policy, 2011, 39 (5): 2542 - 2549.

[117] Pahle M., L. Fan and W. Schill. How emission certificate allocations distort fossil investments: The German example. Energy Policy, 2011, 39 (4): 1975 - 1987.

[118] Park S. and Y. Lee. Regional model of EKC for air pollution: Evidence from the Republic of Korea. Energy Policy, 2011, 39 (10): 5840 - 5849.

[119] Pizer W. A., R. Morgenstern and J. Shih. The performance of industrial sector voluntary climate programs: Climate Wise and 1605 (b). Energy Policy, 2011, 39 (12): 7907 - 7916.

[120] Pugh G., et al. Energy R&D portfolio analysis based on climate change mitigation. Energy Economics, 2011, 33 (4): 634 - 643.

[121] Ravindranath N. H., et al. Biofuel production and implications for land use, food

production and environment in India. Energy Policy, 2011, 39 (10): 5737 -5745.

[122] Ren H. , et al. Promotion of energy conservation in developing countries through the combination of ESCO and CDM: A case study of introducing distributed energy resources into Chinese urban areas. Energy Policy, 2011, 39 (12): 8125 -8136.

[123] Rodriguez L. C. , et al. Biofuel excision and the viability of ethanol production in the Green Triangle, Australia. Energy Policy, 2011, 39 (4): 1951 -1957.

[124] Rout U. K. Prospects of India's energy and emissions for a long time frame. Energy Policy, 2011, 39 (9): 5647 -5663.

[125] Safarzynska K. and J. C. J. M. van den Bergh. Industry evolution, rational agents and the transition to sustainable electricity production. Energy Policy, 2011, 39 (10): 6440 -6452.

[126] Saveyn B. , D. Van Regemorter and J. C. Ciscar. Economic analysis of the climate pledges of the Copenhagen Accord for the EU and other major countries. Energy Economics, 2011, 33, Supplement 1 (0): S34 - S40.

[127] Schmidt J. , et al. Cost - effective policy instruments for greenhouse gas emission reduction and fossil fuel substitution through bioenergy production in Austria. Energy Policy, 2011, 39 (6): 3261 -3280.

[128] Schmitt W. F. , A. Szklo and R. Schaeffer. Policies for improving the efficiency of the Brazilian light - duty vehicle fleet and their implications for fuel use, greenhouse gas emissions and land use. Energy Policy, 2011, 39 (6): 3163 -3176.

[129] Schmitz A. , et al. Energy consumption and CO_2 emissions of the European glass industry. Energy Policy, 2011, 39 (1): 142 -155.

[130] Scholtens B. and R. Kleinsmann. Incentives for subcontractors to adopt CO_2 emission reporting and reduction techniques. Energy Policy, 2011, 39 (3): 1877 -1883.

[131] Seljom P. , et al. Modelling the effects of climate change on the energy system—A case study of Norway. Energy Policy, 2011, 39 (11): 7310 -7321.

[132] Shao S. , et al. Estimation, characteristics, and determinants of energy - related industrial CO_2 emissions in Shanghai (China), 1994 - 2009. Energy Policy, 2011, 39 (10): 6476 -6494.

[133] Singh K. India's emissions in a climate constrained world. Energy Policy, 2011, 39 (6): 3476 -3482.

[134] Sivaraman D. and R. E. Horne. Regulatory potential for increasing small scale grid connected photovoltaic (PV) deployment in Australia. Energy Policy, 2011, 39 (2): 586 -595.

[135] Sovacool B. K. The policy challenges of tradable credits: A critical review of eight markets. Energy Policy, 2011, 39 (2): 575 -585.

[136] Sovacool B. K. An international comparison of four polycentric approaches to climate and energy governance. Energy Policy, 2011, 39 (6): 3832 – 3844.

[137] Steckel J. C., et al. From carbonization to decarbonization? —Past trends and future scenarios for China's CO_2 emissions. Energy Policy, 2011, 39 (6): 3443 – 3455.

[138] Steenhof P. A. and C. J. Weber. An assessment of factors impacting Canada's electricity sector's GHG emissions. Energy Policy, 2011, 39 (7): 4089 – 4096.

[139] Sterner T. and M. Damon. Green growth in the post – Copenhagen climate. Energy Policy, 2011, 39 (11): 7165 – 7173.

[140] Strand J. Carbon offsets with endogenous environmental policy. Energy Economics, 2011, 33 (2): 371 – 378.

[141] Su B. and B. W. Ang. Multi – region input – output analysis of CO_2 emissions embodied in trade: The feedback effects. Ecological Economics, 2011, 71 (0): 42 – 53.

[142] Subbarao S. and B. Lloyd. Can the Clean Development Mechanism (CDM) deliver? Energy Policy, 2011, 39 (3): 1600 – 1611.

[143] Sütterlin B., T. A. Brunner and M. Siegrist. Who puts the most energy into energy conservation? A segmentation of energy consumers based on energy – related behavioral characteristics. Energy Policy, 2011, 39 (12): 8137 – 8152.

[144] Thambiran T. and R. D. Diab. Air quality and climate change co – benefits for the industrial sector in Durban, South Africa. Energy Policy, 2011, 39 (10): 6658 – 6666.

[145] Thampapillai D. J. Value of sensitive in – situ environmental assets in energy resource extraction. Energy Policy, 2011, 39 (12): 7695 – 7701.

[146] Thibert J. and M. G. Badami. Estimating and communicating food system impacts: A case study in Montreal, Quebec. Ecological Economics, 2011, 70 (10): 1814 – 1821.

[147] Upham P., J. Tomei and L. Dendler. Governance and legitimacy aspects of the UK biofuel carbon and sustainability reporting system. Energy Policy, 2011, 39 (5): 2669 – 2678.

[148] Valentine S., B. K. Sovacool and M. Matsuura. Empowered? Evaluating Japan's national energy strategy under the DPJ administration. Energy Policy, 2011, 39 (3): 1865 – 1876.

[149] van den Broek M., et al. Impact of international climate policies on CO_2 capture and storage deployment: Illustrated in the Dutch energy system. Energy Policy, 2011, 39 (4): 2000 – 2019.

[150] Wang L., L. Xu and H. Song. Environmental performance evaluation of Beijing's energy use planning. Energy Policy, 2011, 39 (6): 3483 – 3495.

[151] Wang M., et al. A local – scale low – carbon plan based on the STIRPAT model and the scenario method: The case of Minhang District, Shanghai, China. Energy Policy, 2011, 39 (11): 6981 – 6990.

[152] Wang R. , et al. Path towards achieving of China's 2020 carbon emission reduction target—A discussion of low – carbon energy policies at province level. Energy Policy, 2011, 39 (5): 2740 – 2747.

[153] Ward D. O. , et al. Consumer willingness to pay for appliances produced by Green Power Partners. Energy Economics, 2011, 33 (6): 1095 – 1102.

[154] Winkler H. , et al. South Africa's greenhouse gas emissions under business – as – usual: The technical basis of "Growth without Constraints" in the Long – Term Mitigation Scenarios. Energy Policy, 2011, 39 (10): 5818 – 5828.

[155] Xi F. , et al. Contributing to local policy making on GHG emission reduction through inventorying and attribution: A case study of Shenyang, China. Energy Policy, 2011, 39 (10): 5999 – 6010.

[156] Xu J. , L. Yao and L. Mo. Simulation of low – carbon tourism in world natural and cultural heritage areas: An application to Shizhong District of Leshan City in China. Energy Policy, 2011, 39 (7): 4298 – 4307.

[157] Xu T. and J. Flapper. Reduce energy use and greenhouse gas emissions from global dairy processing facilities. Energy Policy, 2011, 39 (1): 234 – 247.

[158] Yadoo A. , A. Gormally and H. Cruickshank. Low – carbon off – grid electrification for rural areas in the United Kingdom: Lessons from the developing world. Energy Policy, 2011, 39 (10): 6400 – 6407.

[159] Yang M. , F. Yang and X. Chen. Effects of substituting energy with capital on China's aggregated energy and environmental efficiency. Energy Policy, 2011, 39 (10): 6065 – 6072.

[160] Yao M. , H. Liu and X. Feng. The development of low – carbon vehicles in China. Energy Policy, 2011, 39 (9): 5457 – 5464.

[161] Yi W. , et al. How can China reach its CO_2 intensity reduction targets by 2020? A regional allocation based on equity and development. Energy Policy, 2011, 39 (5): 2407 – 2415.

[162] Yuan X. and J. Zuo. Transition to low carbon energy policies in China – from the Five – Year Plan perspective. Energy Policy, 2011, 39 (6): 3855 – 3859.

[163] Zhang J. , et al. Energy saving and emission reduction: A project of coal – resource integration in Shanxi Province, China. Energy Policy, 2011, 39 (6): 3029 – 3032.

[164] Zhang Y. , et al. Regional differences in the factors that influence China's energy – related carbon emissions, and potential mitigation strategies. Energy Policy, 2011, 39 (12): 7712 – 7718.

[165] Zhou N. , et al. Analysis of potential energy saving and CO_2 emission reduction of home appliances and commercial equipments in China. Energy Policy, 2011, 39 (8):

4541 -4550.

[166] Ziegler A., T. Busch and V. H. Hoffmann. Disclosed corporate responses to climate change and stock performance: An international empirical analysis. Energy Economics, 2011, 33 (6): 1283 -1294.

[167] Zilio M. and M. Recalde. GDP and environment pressure: The role of energy in Latin America and the Caribbean. Energy Policy, 2011, 39 (12): 7941 -7949.

(八) 其他 (39 篇)

[1] Allan G., et al. Levelised costs of Wave and Tidal energy in the UK: Cost competitiveness and the importance of "banded" Renewables Obligation Certificates. Energy Policy, 2011, 39 (1): 23 -39.

[2] Babcock B. A., S. Marette and D. Tréguer. Opportunity for profitable investments in cellulosic biofuels. Energy Policy, 2011, 39 (2): 714 -719.

[3] Blokhuis E., et al. Peak loads and network investments in sustainable energy transitions. Energy Policy, 2011, 39 (10): 6220 -6233.

[4] Briec W., N. Peypoch and H. Ratsimbanierana. Productivity growth and biased technological change in hydroelectric dams. Energy Economics, 2011, 33 (5): 853 -858.

[5] Chugh R., M. Cropper and U. Narain. The cost of fuel economy in the Indian passenger vehicle market. Energy Policy, 2011, 39 (11): 7174 -7183.

[6] Clastres C. Smart grids: Another step towards competition, energy security and climate change objectives. Energy Policy, 2011, 39 (9): 5399 -5408.

[7] de Hauteclocque A. and V. Rious. Reconsidering the European regulation of merchant transmission investment in light of the third energy package: The role of dominant generators. Energy Policy, 2011, 39 (11): 7068 -7077.

[8] Dhanju A., J. Firestone and W. Kempton. Potential role of power authorities in offshore wind power development in the US. Energy Policy, 2011, 39 (11): 7025 -7035.

[9] Di Corato L. and M. Moretto. Investing in biogas: Timing, technological choice and the value of flexibility from input mix. Energy Economics, 2011, 33 (6): 1186 -1193.

[10] Dowd A., et al. Geothermal technology in Australia: Investigating social acceptance. Energy Policy, 2011, 39 (10): 6301 -6307.

[11] Ernst C., et al. Battery sizing for serial plug - in hybrid electric vehicles: A model - based economic analysis for Germany. Energy Policy, 2011, 39 (10): 5871 -5882.

[12] Fellows G. K. Negotiated settlements with a cost of service backstop: The consequences for depreciation. Energy Policy, 2011, 39 (3): 1505 -1513.

[13] Green R. and N. Vasilakos. The economics of offshore wind. Energy Policy, 2011,

39 (2): 496 – 502.

[14] Hervás Soriano F. and F. Mulatero. EU Research and Innovation (R&I) in renewable energies: The role of the Strategic Energy Technology Plan (SET – Plan). Energy Policy, 2011, 39 (6): 3582 – 3590.

[15] Houghton T. and A. Cruden. Exploring future hydrogen development and the impact of policy: A novel investment – led approach. Energy Policy, 2011, 39 (3): 1318 – 1329.

[16] Hübler M. Technology diffusion under contraction and convergence: A CGE analysis of China. Energy Economics, 2011, 33 (1): 131 – 142.

[17] Kaldellis J. K., I. Ninou and D. Zafirakis. Minimum long – term cost solution for remote telecommunication stations on the basis of photovoltaic – based hybrid power systems. Energy Policy, 2011, 39 (5): 2512 – 2527.

[18] Kocoloski M., W. Michael Griffin and H. Scott Matthews. Impacts of facility size and location decisions on ethanol production cost. Energy Policy, 2011, 39 (1): 47 – 56.

[19] Krajačć G., et al. Feed – in tariffs for promotion of energy storage technologies. Energy Policy, 2011, 39 (3): 1410 – 1425.

[20] Kyle P. and S. H. Kim. Long – term implications of alternative light – duty vehicle technologies for global greenhouse gas emissions and primary energy demands. Energy Policy, 2011, 39 (5): 3012 – 3024.

[21] Laes E., G. Meskens and J. P. van der Sluijs. On the contribution of external cost calculations to energy system governance: The case of a potential large – scale nuclear accident. Energy Policy, 2011, 39 (9): 5664 – 5673.

[22] Malla M. B., et al. Applying global cost – benefit analysis methods to indoor air pollution mitigation interventions in Nepal, Kenya and Sudan: Insights and challenges. Energy Policy, 2011, 39 (12): 7518 – 7529.

[23] Martins F. R. and E. B. Pereira. Enhancing information for solar and wind energy technology deployment in Brazil. Energy Policy, 2011, 39 (7): 4378 – 4390.

[24] Martinsen T. Introducing technology learning for energy technologies in a national CGE model through soft links to global and national energy models. Energy Policy, 2011, 39 (6): 3327 – 3336.

[25] Martinsen T. Technology learning in a small open economy—The systems, modelling and exploiting the learning effect. Energy Policy, 2011, 39 (5): 2361 – 2372.

[26] McNerney J., J. Doyne Farmer and J. E. Trancik. Historical costs of coal – fired electricity and implications for the future. Energy Policy, 2011, 39 (6): 3042 – 3054.

[27] Nordhaus W. Designing a friendly space for technological change to slow global warming. Energy Economics, 2011, 33 (4): 665 – 673.

[28] Oksay S. and E. Iseri. A new energy paradigm for Turkey: A political risk – inclusive

cost analysis for sustainable energy. Energy Policy, 2011, 39 (5): 2386 -2395.

[29] Perez R., K. Zweibel and T. E. Hoff. Solar power generation in the US: Too expensive, or a bargain? Energy Policy, 2011, 39 (11): 7290 -7297.

[30] Popp D., I. Hascic and N. Medhi. Technology and the diffusion of renewable energy. Energy Economics, 2011, 33 (4): 648 -662.

[31] Pueyo A., et al. The role of technology transfer for the development of a local wind component industry in Chile. Energy Policy, 2011, 39 (7): 4274 -4283.

[32] Serletis A., G. Timilsina and O. Vasetsky. International evidence on aggregate short - run and long - run interfuel substitution. Energy Economics, 2011, 33 (2): 209 -216.

[33] Verdolini E. and M. Galeotti. At home and abroad: An empirical analysis of innovation and diffusion in energy technologies. Journal of Environmental Economics and Management, 2011, 61 (2): 119 -134.

[34] Viebahn P., Y. Lechon and F. Trieb. The potential role of concentrated solar power (CSP) in Africa and Europe—A dynamic assessment of technology development, cost development and life cycle inventories until 2050. Energy Policy, 2011, 39 (8): 4420 -4430.

[35] Weißensteiner L., R. Haas and H. Auer. Offshore wind power grid connection—The impact of shallow versus super - shallow charging on the cost - effectiveness of public support. Energy Policy, 2011, 39 (8): 4631 -4643.

[36] Weyant J. P. Accelerating the development and diffusion of new energy technologies: Beyond the "valley of death". Energy Economics, 2011, 33 (4): 674 -682.

[37] Wilbanks T. J. Inducing transformational energy technological change. Energy Economics, 2011, 33 (4): 699 -708.

[38] Willis K., et al. Renewable energy adoption in an ageing population: Heterogeneity in preferences for micro - generation technology adoption. Energy Policy, 2011, 39 (10): 6021 -6029.

[39] Zubi G. Technology mix alternatives with high shares of wind power and photovoltaics—case study for Spain. Energy Policy, 2011, 39 (12): 8070 -8077.

后 记

一部著作的完成需要许多人的默默贡献，闪耀着的是集体的智慧，其中铭刻着许多艰辛的付出，凝结着许多辛勤和汗水。

本书在编写过程中，借鉴和参考了大量的文献和作品，从中得到了不少启悟，也汲取了其中的智慧菁华，谨向各位专家、学者表示崇高的敬意——因为有了大家的努力，才有了本书的诞生。凡被本书选用的材料，我们都将按相关规定向原作者支付稿费，但因为有的作者通信地址不详或变更，尚未取得联系。敬请您见到本书后及时函告您的详细信息，我们会尽快办理相关事宜。

由于编写时间仓促以及编者水平有限，书中不足之处在所难免，诚请广大读者指正，特驰惠意。

图书在版编目（CIP）数据

能源经济学学科前沿研究报告 2011/史丹，朱彤主编．—北京：经济管理出版社，2014.12
ISBN 978-7-5096-3521-6

Ⅰ.①能… Ⅱ.①史…②朱… Ⅲ.①能源经济学—研究 Ⅳ.①F407.2

中国版本图书馆 CIP 数据核字（2014）第 283707 号

组稿编辑：张永美
责任编辑：杨　雪
责任印制：司东翔
责任校对：雨　千

出版发行：经济管理出版社
（北京市海淀区北蜂窝 8 号中雅大厦 A 座 11 层　100038）
网　　址：www.E-mp.com.cn
电　　话：（010）51915602
印　　刷：北京银祥印刷厂
经　　销：新华书店
开　　本：787mm×1092mm/16
印　　张：26.5
字　　数：581 千字
版　　次：2015 年 7 月第 1 版　2015 年 7 月第 1 次印刷
书　　号：ISBN 978-7-5096-3521-6
定　　价：79.00 元